Wolf
RVG für Einsteiger

RVG für Einsteiger

5. Auflage 2016

von

Rechtswirtin **Carmen Wolf**,
Mülheim-Kärlich

ZAP

Zitiervorschlag:
Wolf, RVG für Einsteiger, § 1 Rn 1

Hinweis
Die Ausführungen in diesem Werk wurden mit Sorgfalt und nach bestem Wissen erstellt. Sie stellen jedoch lediglich Arbeitshilfen und Anregungen für die Lösung typischer Fallgestaltungen dar. Die Eigenverantwortung für die Formulierung von Verträgen, Verfügungen und Schriftsätzen trägt der Benutzer. Autorin und Verlag übernehmen keinerlei Haftung für die Richtigkeit und Vollständigkeit der in diesem Buch enthaltenen Ausführungen.

Anregungen und Kritik zu diesem Werk senden Sie bitte an

kontakt@zap-verlag.de

Autorin und Verlag freuen sich auf Ihre Rückmeldung.

www.zap-verlag.de

Satz: Cicero Computer GmbH, Bonn
Druck: Medienhaus Plump GmbH, Rheinbreitbach
Umschlaggestaltung: gentura, Holger Neumann, Bochum
ISBN 978-3-89655-853-4

Bibliografische Information der Deutschen Nationalbibliothek
Die Deutsche Nationalbibliothek verzeichnet diese Publikation in der Deutschen Nationalbibliografie; detaillierte bibliografische Daten sind im Internet abrufbar über http://dnb.d-nb.de.

Vorwort

Das Rechtsanwaltsvergütungsgesetz (RVG) ist das maßgebliche Honorargesetz für Rechtsanwälte und daher ist das Wissen über die richtige Handhabung der Vorschriften für alle Kanzleimitarbeiter unverzichtbar. Denn nur wer richtig abrechnet, wird für seine Leistung auch „richtig“ honoriert; Unwissenheit führt in der Regel zu Gebührenverlusten.

Dieses Werk, nunmehr erschienen in fünfter Auflage und neu in Zusammenarbeit mit dem ZAP Verlag, soll es dem Nutzer ermöglichen, leicht verständlich, praxisnah und umsetzungsfähig den Einstieg in das RVG zu finden; egal ob als Lernhilfe für Auszubildende zur/zum Rechtsanwaltsfachangestellten, ob als Arbeitshilfe für bereits ausgelernte Rechtsanwaltsfachangestellte oder auch als Basiswissen für Quereinsteiger und für alle in der Rechtspflege tätigen Mitarbeiter.

In anschaulicher Weise werden die in allen typischen Bereichen in der Rechtsanwaltskanzlei anfallenden Honorare und Auslagen anhand lebendiger Beispiele dargestellt und in feinen – aber doch gebührenmäßig zu beachtenden – Varianten berechnet. Dabei wird bewusst darauf verzichtet, die Abrechnungsmodalitäten aufwändig zu kommentieren, um das Werk als praktikable Lösungshilfe für den täglichen Gebrauch nicht überzustrapazieren. Das Werk soll nicht den für den außergewöhnlichen Fall notwendigen Kommentar ersetzen.

Damit die Abrechnung nicht letztlich an der fehlerhaften Streitwertberechnung scheitert, werden auch die allgemeinen und speziellen Gegenstandswertbestimmungen des RVG behandelt.

Seitdem das RVG in Kraft getreten ist, hat sich im Zuge der Anwendung gezeigt, dass einige Lücken zu schließen sind. Auch wenn noch nicht alle Ungereimtheiten durch Rechtsprechung geklärt werden konnten, so sind doch schon einige wichtige richtungsweisende Entscheidungen ergangen. Diese wurden in diese Auflage eingearbeitet. Zudem finden sich hier zu den noch nicht abschließend geklärten Problemfällen Lösungsansätze, Argumentationshilfen und Tipps. Aber nicht nur die richtige Abrechnung der gesetzlichen Gebühren ist hier ein Thema, vielmehr wird auch auf das Erfordernis von Vergütungsvereinbarungen in bestimmten Angelegenheiten aufmerksam gemacht, wobei die derzeitigen Möglichkeiten der Vereinbarung von Erfolgshonoraren nicht fehlen. Damit aber nicht nur der eigene Vergütungsanspruch richtig berechnet wird, sondern hierüber auch ein vollstreckbarer Titel erwirkt werden kann, findet sich zudem ein ausführlicher Exkurs, der die Titulierung der Erstattungsansprüche sowohl im ordentlichen (Zivil-)Verfahren, Mahnverfahren, Vollstreckungsverfahren gegen den Gegner als auch die Vergütungsfestsetzung gegen die eigene Partei beinhaltet.

Mai 2016 *Carmen Wolf*

Inhaltsverzeichnis

§ 1 Grundsätzliches

A. Die Vergütungsvereinbarung

I. Grundsätzliches

Das Bild des Rechtsanwaltes hat sich im Laufe der Jahre grundlegend geändert: Der Rechtsanwalt ist nicht mehr der „streitende Prozessvertreter"; vielmehr besteht seine überwiegende Tätigkeit darin, präventiv zu arbeiten, Verträge zu gestalten, um Auseinandersetzungen zu vermeiden und außergerichtlich streitschlichtend als Mediator tätig zu sein. 1

Mit der am 1.7.2006 in Kraft getretenen Änderung des RVG (insbesondere Neufassung des § 34 sowie daraus folgende Veränderungen in Teil 2 des Vergütungsverzeichnisses) fordert das RVG den Rechtsanwalt auf, für eine Vielzahl von **außergerichtlichen Tätigkeiten** auf eine **Gebührenvereinbarung** hinzuwirken: Die bis zum 30.6.2006 durch Satzrahmengebühren geregelten Tätigkeiten „Beratung und Gutachten" stehen seitdem im „freien Wettbewerb": Der Anwalt kann hier verlangen, was der Mandant zahlt! 2

Aber hier ist Vorsicht geboten: Hat der Rechtsanwalt es versäumt, eine (wirksame) Gebührenvereinbarung mit seinem Mandanten zu treffen, bestimmen sich die Gebühren nach den Vorschriften des bürgerlichen Rechts; es sind also sodann „angemessene Gebühren" zu berechnen. Das ist streitanfällig, denn die Spanne zwischen den Beträgen, die der Mandant im Gebührenstreit als „angemessen" ansieht, und die Ansicht des die Gebühren geltend machenden Anwaltes wird oft groß sein: Letztlich wird dies dazu führen, dass die Rechtsanwaltskammern in Honorarprozessen mit Gutachtenaufträgen bemüht werden müssen. 3

Der neu gefasste § 34 RVG birgt aber eine weitere Gefahr: Ist eine **Gebührenvereinbarung nicht (wirksam)** getroffen worden und ist der **Auftraggeber Verbraucher**, so beträgt die Höchstgebühr für die Beratung oder für die Ausarbeitung eines schriftlichen Gutachtens höchstens 250,00 EUR, für ein erstes Beratungsgespräch 190,00 EUR. Die **Kappungsgrenze** greift also nur dann nicht, wenn der Rechtsanwalt einen Unternehmer oder eine juristische Person berät bzw. für diese/n ein schriftliches Gutachten ausarbeitet oder aber eine wirksame Vergütungsvereinbarung abgeschlossen wurde. 4

Die Kappungsgrenze für das erste Beratungsgespräch war bereits in der bis zum 30.6.2006 geltenden Fassung des RVG bekannt; die Kappungsgrenze für die Beratung oder Ausarbeitung eines schriftlichen Gutachtens – ab dem 1.7.2007 neu – kann den Rechtsanwalt, der hiervon keine Kenntnis hat bzw. diese Vorschrift nicht beachtet, letztlich dazu bringen, eine hochwertige Leistung zu „Dumping-Preisen" zu erbringen: Man stelle sich nur vor, der Mandant (Verbraucher) beauftragt den Rechtsanwalt mit 5 der Erstellung eines Gutachtens über beispielsweise die steuerlichen Auswirkungen seiner jetzigen Testamentsgestaltung, womöglich noch mit Auslandsvermögen. Oft ist diese Tätigkeit eine Arbeit von gleich mehreren Tagewerken – die unzweifelhaft bei fehlender Gebührenabrede mit 250,00 EUR nicht angemessen vergütet wäre.

6 Wie bereits vorstehend erwähnt, können die vorgenannten „Gebührenfallen" durch eine wirksame Vergütungsvereinbarung umgangen werden; auch in sonstigen Mandaten kann eine höhere als die gesetzliche Vergütung verlangt werden, wenn der Rechtsanwalt mit dem Auftraggeber vorher seine Gebühren vereinbart.

7 Natürlich ist eine Vergütungsvereinbarung nicht nur in außergerichtlichen bzw. gebührenrechtlich gesetzlich nicht geregelten Mandaten angebracht und üblich: Auch und gerade in gerichtlichen Verfahren können und werden Vergütungsvereinbarungen getroffen, z.B. in Verfahren, die für den Mandanten hohe Bedeutung haben, die aber aufgrund eines etwa geringen Gegenstandswertes sonst eventuell nicht kostendeckend bearbeitet werden könnten. Oder es werden – meist mit Unternehmen – sogenannte „Beraterverträge" geschlossen, die zum Inhalt haben, dass in allen Mandaten bestimmte Stundensätze gelten. Hiervon umfasst sind dann naturgemäß auch gerichtliche Verfahren. Hier ist es bei Abschluss des Verfahrens jedoch erforderlich, eine Gegenüberstellung von Stundenvergütung und gesetzlichen Gebühren zu fertigen, da das vereinbarte Honorar in gerichtlichen Verfahren nicht unter der gesetzlichen Vergütung liegen darf.

Merke

Eine Vergütungsvereinbarung muss, damit sie wirksam ist, nach § 4 Abs. 1 RVG vom Auftraggeber **schriftlich abgegeben** werden; sie **darf nicht in der Vollmacht enthalten** sein und **muss sich als Vergütungsabrede von anderen Vereinbarungen deutlich absetzen und als solche bezeichnet** sein. Die seinerzeitigen Vorschriften wurden allerdings ein wenig gelockert: Die Vergütungsvereinbarung muss nicht mehr zwingend alleine auf einem Blatt separiert werden; bestimmte Nebenabreden können auch zugleich getroffen werden.

8 Eine unwirksame Vergütungsvereinbarung führt jedoch nicht zur Unwirksamkeit des zugrunde liegenden Anwaltsvertrages. Vielmehr sind dann die gesetzlichen Gebühren abzurechnen (in gerichtlichen Verfahren ist das ohnehin die Mindestvergütung) oder es kann/muss das Honorar abgerechnet (ausgeurteilt) werden, das beide Parteien im Zweifel hätten vereinbaren wollen.

II. Die Vereinbarung von „Erfolgshonorar"

9 Die Frage der Zulässigkeit eines Erfolgshonorars ist in der Anwaltschaft höchst umstritten. Grundsätzlich hat der Anwalt die Pflicht zur eigenverantwortlichen Prüfung, ob eine Vergütungsabsprache seine Unabhängigkeit gefährdet. Von diesem Gedanken her kann ein totales Verbot des Erfolgshonorars zumindest nicht auf die Unabhängigkeit

des Rechtsanwaltes gestützt werden. Dennoch ist in Deutschland der Grundsatz des Verbots zur Vereinbarung von Erfolgshonoraren fest verankert – ganz im Gegensatz zu den überwiegenden EU-Mitgliedstaaten, in denen das Erfolgshonorar weitgehend als zulässig angesehen wird, sofern es sich nicht um eine Vergütung handelt, bei der der Rechtsanwalt einen Teil des erstrittenen Betrages als Honorar erhält (quota litis).

§ 49b Abs. 2 BRAO verbat bislang jedwede Vereinbarung, durch welche die Vergütung des Rechtsanwalts vom Ausgang der Sache oder vom Erfolg der anwaltlichen Tätigkeit abhängig gemacht wird.

Durch die Einfügung eines neuen Satzes 2 zu § 49b Abs. 2 BRAO im Wege des Kosten- 10
rechtsmodernisierungsgesetzes entstand die Unsicherheit, inwieweit nun doch die Erhöhung von Gebühren für den Erfolgsfall vereinbart werden dürfe. Denn Satz 2 lautet wie folgt:

> *„Ein Erfolgshonorar im Sinne des Satzes 1 liegt nicht vor, wenn nur die Erhöhung von gesetzlichen Gebühren vereinbart wird."*

Isoliert betrachtet, könnte man durchaus zu dem Schluss gelangen, dass es vertretbar ist, beispielsweise eine Vergütungsabrede mit dem Mandanten zu treffen, wonach

die Parteien vereinbaren, dass für den Fall, dass 100 % der geltend gemachten Forderung/en tituliert werden, die Verfahrensgebühr	ein 5-faches der gesetzlichen Gebühr beträgt,
50 % der geltend gemachten Forderung/en tituliert werden, die Verfahrensgebühr	ein 3-faches der gesetzlichen Gebühr beträgt,
30 % der geltend gemachten Forderung/en tituliert werden, die Verfahrensgebühr	das Doppelte der gesetzlichen Gebühr beträgt.

Eine solche Vergütungsvereinbarung wird aber voraussichtlich einer gerichtlichen Überprüfung ebenso wenig Stand halten wie eine Vergütungsvereinbarung nach Meinung *Pohls*,[1] der seinerzeit schon eine Vereinbarung **dergestalt für zulässig erachtet, dass im Erfolgsfalle beispielsweise ein 1,2-faches, 1,5-faches oder das Doppelte der gesetzlichen Gebühren geschuldet wird**.

Die **Begründung des Kostenrechtsmodernisierungsgesetzes** (BT-Drucks 15/1971, 11
232) zur Anfügung des neuen Satzes 2 zu § 49b Abs. 2 BRAO gibt in Bezug auf die Auslegung dieser neuen Vorschrift weiteren Aufschluss:

Hiernach soll das **„grundsätzliche Verbot eines Erfolgshonorars nicht angetastet werden. Gleichwohl soll eine Lockerung vorgeschlagen werden."**

1 *Pohl*, „Zulässigkeit des Erfolgshonorars de lege lata unter rechtspolitischen Aspekten", Berliner Anwaltsblatt 2005, 102 ff., insb. 106 f.

Legt man jedoch den angefügten Satz 2 zu § 49b Abs. 2 BRAO so aus wie im vorangehenden Beispiel, kommt dies einer Aufhebung des grundsätzlichen Verbots des Erfolgshonorars gleich.

12 Die bloße Lockerung des Verbotes soll nach der Begründung im Kostenrechtsmodernisierungsgesetz nur insoweit erfolgen, als **Erhöhungen der schon gesetzlich vorgesehenen Erfolgskomponenten** zulässig sein sollen. Eine erfolgsbezogene Gebühr ist etwa die in Nr. 1000 VV RVG vorgesehene Einigungsgebühr; demnach soll es z.B. zulässig sein, eine höhere als die gesetzlich vorgesehene Einigungsgebühr zu vereinbaren.

13 Zu der Frage, wie die Ergänzung zu § 49b Abs. 2 BRAO nach dem Kostenrechtsmodernisierungsgesetz zu verstehen sei, haben sich zwischenzeitlich mehrere Autoren geäußert.

Konsens besteht nach **herrschender Meinung**[2] ebenfalls – und dies steht im Einklang mit der Begründung im Kostenrechtsmodernisierungsgesetz – darin, dass nur dort, wo das Gesetz erfolgsabhängige Gebühren ausdrücklich anordnet, eine vertragliche Erhöhung vereinbart werden können soll. Damit scheidet eine „Vervielfachung der gesetzlichen Gebühren" aus, denn so werden gleichzeitig nicht erfolgsabhängige Gebühren, so zum Beispiel die Verfahrensgebühr der Nr. 3100 VV RVG oder die Terminsgebühr der Nr. 3104 VV RVG, erhöht.

Auf schriftliche Anfrage hat sich die Rechtsanwaltskammer Koblenz der herrschenden Meinung angeschlossen: Sie hat eine Erhöhung der erfolgsabhängigen Gebühren und somit die Erhöhung der Einigungsgebühr nach den Vorschriften des RVG als zulässig gewürdigt; hingegen hat sie explizit die Erhöhung der Verfahrensgebühr als unzulässig deklariert.

Danach darf also zum Beispiel vereinbart werden, dass für den Fall einer Einigung im Sinne der Nrn. 1000, 1003 VV RVG die Einigungsgebühr etwa wie folgt anfällt:

Wird 100 % der geltend gemachten Forderung/en tituliert, so fällt die Einigungsgebühr 5-fach,

wird 50 % der geltend gemachten Forderung/en tituliert, so fällt die Einigungsgebühr 3-fach,

wird 30 % der geltend gemachten Forderung/en tituliert, so fällt die Einigungsgebühr doppelt an.

Vergütungsvereinbarungen, entsprechend dem zweiten Beispiel (Erhöhung der Einigungsgebühr), dürften nach der hier vorliegenden Auskunft zumindest im Kammerbezirk Koblenz zu keiner Beanstandung führen.

2 So z.B. *Henssler*, Anwaltliche Vergütungsvereinbarungen, NJW 2005, 1539 f.

Beachtet werden sollte bei der Nutzung entsprechender Vergütungsvereinbarungen auf jeden Fall, dass die Erfolgsgebühr an die **Titulierung** der Forderung, **keinesfalls** an die **Realisierung der Forderung** geknüpft wird: Der BGH qualifiziert Vergütungsvereinbarungen, die die Fälligkeit des geschuldeten Honorars an die Leistungserbringung durch den Verfahrensgegner knüpfen, eo ipso als unzulässig, weil hierdurch unzulässige Durchsetzungsbegehren gefördert werden könnten. 14

Fazit 15

Die Gestaltung der Vereinbarung von Erfolgsvergütungen ist insoweit geklärt, als **starre aktsbezogene, nicht erfolgsabhängige Gebührenbestandteile nicht für den Erfolgsfall modifiziert** werden dürfen, **wohl aber solche**, bei denen schon der Gesetzgeber **eine Variabilität (in Bezug auf den Erfolg) vorgesehen hat**.

Sofern ein Erfolgshonorar nicht die voraussichtliche gesetzliche Vergütung bzw. die gegebenenfalls erfolgsunabhängige vertragliche Vergütung enthält, und auch keine Hinweise, welche Vergütung bei Eintritt welcher Bedingung verdient werden soll, oder wurde die Vereinbarung hierüber mündlich getroffen, so hat der Anwaltsvertrag trotzdem Bestand und so steht dem Anwalt die gesetzliche Vergütung zu.[3] 16

B. Anforderungen an die Gebührenrechnung, § 10 RVG

§ 10 RVG stellt Anforderungen an die Gebührenrechnung des Rechtsanwaltes, damit sie wirksam ist. Nur aufgrund einer wirksamen, von ihm unterzeichneten und dem Auftraggeber übersandten bzw. ausgehändigten Berechnung kann der Rechtsanwalt seine Vergütung fordern. 17

Damit eine wirksame, verbindliche Honorarnote vorliegt, muss diese

- die Angabe der Beträge je Gebühr und Auslage
- die Bezeichnung des Gebührentatbestandes („Verfahrensgebühr“, „Terminsgebühr“ o.Ä.)
- die Bezeichnung der jeweiligen Auslagen und der angewandten Kostenvorschrift
- bei gegenstandswertabhängigen Gebühren: die Angabe des Gegenstandswertes

enthalten.

- Bei Entgelten für Post- und Telekommunikationsdienstleistungen genügt die Angabe des Gesamtbetrages (Nachweis auf Anforderung).

Verlangt der Anwalt etwa im Prozess seine Vergütung ohne eine ordnungsgemäße Berechnung, die dem Honorarschuldner zugegangen sein muss, so gibt es für ihn ein „böses Erwachen“: Denn die Tatsache, dass der Anwalt seine Vergütung nur aufgrund einer ordnungsgemäßen, von ihm unterzeichneten und dem Auftraggeber mitgeteilten 18

3 OLG Düsseldorf, Beschl. v. 27.2.2012 – I-24 U 170/11, BeckRS 2012, 07547.

Rechnung einfordern kann, gehört zum Basiswissen des Rechtsanwaltes und rechtfertigt – etwa nach Flucht in die Säumnis – keine Wiedereröffnung der mündlichen Verhandlung.[4]

C. Auslagen

19 Der Rechtsanwalt hat Anspruch auf Ersatz der ihm entstandenen Auslagen wie Telefonkosten, Porto, Kopierkosten, Reisekosten und so weiter.

Die allgemeinen Auslagen, die in den jeweiligen Berechnungsbeispielen der nachfolgenden Kapitel nicht gesondert berücksichtigt werden, finden sich in Teil 7 des Vergütungsverzeichnisses wieder und werden an dieser Stelle, weil sie im Grunde jede Rechnung, unabhängig davon, welches Verfahren sie betreffen, „im Paket" vorangestellt.

I. Dokumentenpauschale

20 Die Dokumentenpauschale ist nur zu erheben, soweit Ablichtungen aus Behörden- und Gerichtsakten gefertigt wurden, die zur sachgemäßen Bearbeitung des Mandates geboten waren oder sofern diese benötigt wurden zur Zustellung an Beteiligte u.a. Personen aufgrund einer Rechtsvorschrift oder nach Aufforderung des Gerichts, allerdings nur, soweit hierfür **mehr als 100 Ablichtungen** zu fertigen waren. Zu erheben ist die Dokumentenpauschale gleichfalls, soweit zur notwendigen Unterrichtung des Auftraggebers **mehr als 100 Ablichtungen** zu fertigen waren. In sonstigen Fällen ist die Dokumentenpauschale zu erheben, wenn die Kopien im Einverständnis mit dem Auftraggeber angefertigt worden sind.

21 Die Dokumentenpauschale beträgt bei Schwarz/Weiß-Kopien für **die ersten 50 Seiten** der gefertigten Ablichtungen gemäß Nr. 7000 (1) VV RVG **0,50 EUR** pro gefertigte Abschrift; **ab der 51. Seite** (die die 100 übersteigt!) wird jede folgende Seite mit **0,15 EUR** vergütet. Zu den Ablichtungen gehören auch die weiteren Ausdrucke von den Schriftsätzen des Anwalts; das ergibt sich unmittelbar auch aus der Vorschrift Nr. 7000 Nr. 1b VV RVG, auch wenn tatsächlich betrachtet ein weiterer Ausdruck keine „Ablichtung" im engsten Sinne ist. Anders kann dies aber auch nicht gesehen werden, weil es nicht darauf ankommen kann, ob der Anwalt seine Schriftsätze kopiert oder ein weiteres Mal ausdrucken lässt.

Beispiel 1 **Dokumentenpauschale – kein Einverständnis des Mandanten**

Im erstinstanzlichen Verfahren hat der Rechtsanwalt für die Klageerwiderung 86 Fotokopien gefertigt; sie sind weder aufgrund einer Rechtsvorschrift vorgelegt

4 So OLG Koblenz, Beschl. v. 16.2.2011 – 5 U 1001/10, BeckRS 2011, 07137.

noch vom Gericht angefordert worden. Mit dem Mandanten wurde vorher über etwa anfallende Kopierkosten nicht gesprochen, so dass ein Einverständnis des Mandanten nicht ohne Weiteres unterstellt werden kann.

Da die gefertigten Kopien unter 100 liegen, gehören diese zu den allgemeinen Geschäftsunkosten und gelten somit mit der Geschäfts-/Verfahrensgebühr als abgegolten.

Beispiel 2 **Dokumentenpauschale – Einverständnis des Mandanten liegt vor**

Im erstinstanzlichen Verfahren sind insgesamt 97 Fotokopien angefallen; für die Begründung der Berufung fertigt die RA-Fachangestellte als Anlagen zum Schriftsatz 61 Fotokopien. Es wird unterstellt, dass die Fotokopien im Einverständnis mit dem Auftraggeber gefertigt wurden, so dass diese von ihm zu erstatten sind.

Da die Dokumentenpauschale in demselben Rechtszug einheitlich zu berechnen ist, es sich aber vorliegend zweifelsfrei um zwei Rechtszüge handelt, erfolgt folgende Abrechnung:

Kopierkosten I. Instanz			
1. Nr. 7000 VV RVG	50 Seiten à 0,50 EUR		25,00 EUR
2. Nr. 7000 VV RVG	47 Seiten à 0,15 EUR		7,05 EUR
Kopierkosten II. Instanz			
1. Nr. 7000 VV RVG	50 Seiten à 0,50 EUR		25,00 EUR
2. Nr. 7000 VV RVG	11 Seiten à 0,15 EUR		1,65 EUR
Zwischensumme:		58,70 EUR	
19 % Mehrwertsteuer, Nr. 7008 VV RVG			11,15 EUR
Gesamtbetrag			**69,85 EUR**

Farbkopien/-ausdrucke, die in der Herstellung wesentlich teurer sind, sind seit dem 1.7.2013 mit den doppelten Beträgen, wie sie für Schwarz/Weiß-Kopien gelten, abrechenbar, demnach mit 1,00 EUR für die ersten 50 Seiten, mit 0,30 EUR für die Folgeseiten. Insofern würden sich die Beträge dann in den vorangegangenen Beispielen Nr. 1 und Nr. 2 verdoppeln. **22**

Werden Ablichtungen in elektronisch gespeicherten Dateien überlassen, so beträgt der Ersatz dieser Aufwendungen nach Nr. 7000 (2) VV RVG 1,50 EUR. **23**

Kleinere Datenmengen, die als eine Ablichtung oder ein Ausdruck herausgegeben werden können, können aber nicht grundsätzlich mit 1,50 EUR berechnet werden. Denn die Dateiüberlassung stellt eine Alternative zur Übersendung von Fotokopien dar; im Hinblick auf die Vergütung und/oder auch gerade die Erstattungspflicht dieser Position muss dann die Notwendigkeit berücksichtigt werden. Auch und gerade auch die Herausgabe von kleineren Datenmengen in einer Vielzahl von Einzeldateien, die auch in eine Datei zusammengefasst werden könnten, führt nicht zur Vergütung jeder einzelnen **24**

Datei, da auch insoweit die Dateisplittung nicht notwendig ist.[5] Insofern schafft auch das Gesetz Abhilfe: Danach dürfen für alle in einem Arbeitsgang überlassenen Dokumente auf einem Datenträger maximal 5,00 EUR berechnet werden.

> *Merke*
>
> Die Kosten für Kopien etc. sind Auslagen des Anwaltes, die mit Mehrwertsteuer zu belegen sind, sofern die Mandantschaft hiervon nicht befreit ist (vgl. dazu Rdn 45).

II. Entgelte für Post- und Telekommunikationsdienstleistungen

25 Der Rechtsanwalt hat Anspruch auf Ersatz der Entgelte für Porto, Telefon-, Faxkosten. Nach Nr. 7001 VV RVG kann er die tatsächlichen Aufwendungen in voller Höhe verlangen. Hierzu ist es erforderlich, dass er einen entsprechenden Nachweis erbringen kann, wenn der Auftraggeber dies verlangt.

26 Alternativ dazu kann der Rechtsanwalt nach Nr. 7002 VV RVG die Entgelte für Post- und Telekommunikationsleistungen pauschal abrechnen, und zwar in Höhe von 20 % der angefallenen Gebühren, jedoch für jede Angelegenheit begrenzt auf maximal 20,00 EUR.

27 Zu beachten ist, dass die Auslagenpauschale für jede neue oder „besondere" Angelegenheit stets neu erwächst. Dies ist der Anmerkung zu Nr. 7002 VV RVG („Die Pauschale kann der Rechtsanwalt **in jeder Angelegenheit** anstelle der tatsächlichen Auslagen nach Nr. 7001 VV RVG fordern") zu entnehmen.

28 Es sollte also darauf geachtet werden, dass die Auslagenpauschale nicht unnötig „verschenkt" wird, also in Unkenntnis zu wenig berechnet wird: Denn werden Gebühren eines Verfahrens auf die Gebühren eines nachfolgenden Verfahrens angerechnet, so betrifft dies nur die Gebühren, nicht aber die Auslagenpauschale. Für die Auslagenpauschale gibt es keine Anrechnungspflicht![6] Damit steht fest, dass die Summe der in **verschiedenen Angelegenheiten** berechneten und nach Anrechnung stehen bleibenden Pauschalen nicht durch den Höchstsatz von 20,00 EUR begrenzt ist!

Beispiel 3 **Anfall mehrerer Auslagenpauschalen**

Der Rechtsanwalt ist beauftragt, für den Mandanten eine Forderung zu realisieren. Er fertigt ein außergerichtliches Aufforderungsschreiben; als der Schuldner nicht reagiert, beantragt er Mahnbescheid. Gegen diesen legt der Schuldner rechtzeitig

5 So zumindest in Bezug auf § 7 Abs. 3 JVEG: OLG Celle, Beschl. v. 10.1.2011 – 2 Ws 421/10, JurBüro 2012, 35 f.

6 So auch nunmehr: *Gerold/Schmidt/v. Eicken/Madert/Müller-Rabe*, Rechtsanwaltsvergütungsgesetz, Kommentar, 22. Aufl., 2015, Teil 7, Auslagen, Nr. 7001, 7002 VV RVG, 5. Anrechnung, Rn 41.

Widerspruch ein. Nach Einzahlung der zweiten Gerichtskostenhälfte wird das Verfahren an das ordentliche Gericht abgegeben und der Anwalt fertigt eine Anspruchsbegründung in Form einer Klageschrift.

Der Rechtsanwalt kann insgesamt 3 × (!) die Auslagenpauschale berechnen, wenn er sich nicht ohnehin für die Abrechnung des tatsächlichen Aufwandes entscheidet. Für das außergerichtliche Verfahren werden die Auslagen auf die Geschäftsgebühr der Nr. 2300 VV RVG berechnet; sodann wird das weitere Verfahren, das „Mahnverfahren“, eingeleitet. Auf die Gebühr für den Mahnbescheid nach Nr. 3305 VV RVG wird wiederum die Pauschale (oder der tatsächliche Aufwand) berechnet.

Zwar findet die Geschäftsgebühr der Nr. 2300 VV RVG gemäß Vorbemerkung 3 (4) des 3. Teils des VV RVG in Höhe eines Gebührensatzes von 1/2, maximal 0,75 Anrechnung; die Pauschale bleibt aber bestehen, denn hierfür lässt sich im RVG eine Anrechnungspflicht nicht herleiten. Nachdem der Antragsgegner Widerspruch gegen den Mahnbescheid beantragt hat und der Anwalt die Sache begründet, „verdient“ er neben der Verfahrensgebühr der Nr. 3100 VV RVG für dieses Verfahren eine weitere Auslagenpauschale. Die vorerwähnte Mahnbescheidsgebühr der Nr. 3305 VV RVG findet zwar entsprechend der dortigen Anmerkung Anrechnung auf die Verfahrensgebühr; dies gilt aber auch wieder nicht für die Auslagenpauschale.

Ergebnis:

Die Auslagenpauschale ist in vorstehendem Beispiel (sofern nicht der tatsächliche Aufwand abgerechnet wird) für folgende Verfahren zu berechnen:

- außergerichtliches Verfahren
- Mahnverfahren
- Prozessverfahren im ersten Rechtszug.

Berechnung des vorstehenden Beispiels anhand eines Gegenstandswertes von 1.500,00 EUR:

1,3 Geschäftsgebühr, Nr. 2300 VV RVG i.V.m. § 13 RVG aus 1.500,00 EUR	149,50 EUR
Auslagenpauschale, Nr. 7002 VV RVG (außergerichtliche Tätigkeit)	**20,00 EUR**
1,0 Verfahrensgebühr (Mahnbescheid), Nr. 3305 VV RVG i.V.m. § 13 RVG aus 1.500,00 EUR	115,00 EUR
– 0,65 Geschäftsgebühr, Nr. 2300 VV RVG i.V.m. § 13 RVG aus 1.500,00 EUR	– 74,75 EUR
Auslagenpauschale, Nr. 7002 VV RVG (Tätigkeit im Mahnverfahren)	**20,00 EUR**
1,3 Verfahrensgebühr, Nr. 3100 VV RVG i.V.m. § 13 RVG aus 1.500,00 EUR	149,50 EUR
– 1,0 Verfahrensgebühr, Nr. 3305 VV RVG i.V.m. § 13 RVG aus 1.500,00 EUR	– 115,00 EUR

Auslagenpauschale, Nr. 7002 VV RVG (gerichtliches Verfahren)		**20,00 EUR**
Zwischensumme	284,25 EUR	
19 % Mehrwertsteuer, Nr. 7008 VV RVG		54,01 EUR
Gesamtbetrag		**338,26 EUR**

29 In der Praxis sieht es allzu häufig leider so aus, dass lediglich die Verfahrensgebühr nebst Auslagenpauschale berechnet wird und sich nicht die Mühe gemacht wird, den Anfall der einzelnen Gebühren mit Anrechnung aufzustellen. Dies kann – bezogen auf eine Vielzahl von Akten – zu beachtlichen Verlusten führen.

30 Die nach Inkrafttreten des RVG zunächst herrschende Meinung, dass lediglich eine Auslagenpauschale auf die nach Anrechnung stehenbleibende (Rest-)Gebühr zu berechnen ist – was letztlich dazu führt, dass bei „Vollanrechnungen" (z.B. Mahnbescheidsgebühr, Widerspruchsgebühr im Mahnverfahren) keine Pauschalen zu berechnen sind – ist mittlerweile gekippt, so dass oben beschriebene Abrechnungen unbeanstandet „durchgewunken" werden.

31 Gerade der seinerzeit feste „BRAGO-Abrechner" stellt sich spätestens hier die Frage, ob die Auslagenpauschale nach RVG über eine entsprechende Rundungsvorschrift – wie es sie nach BRAGO auf volle 10 Pfennige gab – verfügt. Das Gesetz gibt hierzu selbst nichts her, so dass – sofern sich nicht eine „Üblichkeit" aus permanenter Umsetzung ergeben sollte, was der Verfasserin bislang unbekannt ist – dies zu verneinen ist. Nach den Recherchen werden Rundungen auch nicht von den gängigen Abrechnungsprogrammen der typischen Anwaltssoftware vorgenommen.

Eine Rundungsvorschrift, wie es sie seinerzeit nach der BRAGO auf 10 Pfennige oder 5 Cent gab, existiert nicht nur nicht nach dem Gesetz, sondern ergibt sich auch nicht aus der einschlägigen Kommentarliteratur.

32 Im Hinblick auf die Höhe der Auslagen sollte stets abgewogen werden, ob und wo es sinnvoll erscheint, die Pauschale abzurechnen, oder ob es nicht günstiger ist, den Nachweis im Handaktenbogen zu führen und die tatsächlichen Kosten abzurechnen.

Beispiel 4 Tatsächliche Portokosten sind höher als die Pauschale

Der Rechtsanwalt wird beauftragt, in einer Angelegenheit mit einem sehr geringen Streitwert tätig zu werden. Es wird so einiger Schriftverkehr geführt, der Anwalt versendet alleine an den gegnerischen Anwalt 4 Briefe; entsprechender Schriftverkehr mit dem Mandanten und der Rechtsschutzversicherung wird auch geführt, so dass sich folgendes Portobild ergibt:

Schreiben vom … an gegnerischen RA	0,70 EUR
Schreiben vom … an Mandant	0,85 EUR
Schreiben vom … RSV	0,85 EUR
Schreiben vom … an gegnerischen RA	0,70 EUR
Schreiben vom … an Mandant	1,45 EUR
Schreiben vom … RSV	1,45 EUR
Schreiben vom … an gegnerischen RA	0,70 EUR
Schreiben vom … an Mandant	0,85 EUR
Schreiben vom … RSV	0,85 EUR
Schreiben vom … an gegnerischen RA	0,85 EUR
Schreiben vom … an Mandant	1,45 EUR
Schreiben vom … RSV	1,45 EUR
Summe Porto	**12,15 EUR**
19 % Mehrwertsteuer, Nr. 7008 VV RVG	2,31 EUR
Gesamtbetrag	**14,46 EUR**

Abzurechnen hat der Rechtsanwalt sodann eine Gebühr in Höhe von 50,00 EUR. Würde hier die Pauschale in Höhe von 20 % berechnet, wären 10,00 EUR anzusetzen. Die Einzelberechnung ist daher für den Anwalt günstiger.

Beispiel 5 **Auslagenpauschale ist höher als die tatsächlich angefallenen Portokosten**

Der Rechtsanwalt wird beauftragt, in einer Angelegenheit mit relativ hohem Streitwert tätig zu werden. Er fordert den Schuldner einmalig zur Zahlung auf, womit die Angelegenheit sich erledigt hat. Das vorverauslagte Porto beträgt gemäß nachfolgender Aufstellung:

Schreiben vom … an gegnerischen RA	0,85 EUR
Schreiben vom … an Mandant	0,85 EUR
Schreiben vom … an Mandant	0,70 EUR
Summe Porto	**2,40 EUR**
19 % Mehrwertsteuer, Nr. 7008 VV RVG	0,46 EUR
Gesamtbetrag	**2,86 EUR**

Abzurechnen hat der Rechtsanwalt beispielsweise eine Gebühr in Höhe von 646,00 EUR. Sinnvollerweise rechnet der Anwalt die Pauschale in Höhe von 20 % der Gebühr, also den Maximalbetrag in Höhe von 20,00 EUR (plus Mehrwertsteuer) ab, da dies für ihn günstiger ist.

III. Fahrtkosten

Der Rechtsanwalt hat Anspruch auf Ersatz der ihm entstandenen Fahrtkosten für eine Geschäftsreise. Eine Geschäftsreise liegt vor, wenn das Reiseziel außerhalb der Gemeinde liegt, in der sich die Kanzlei oder die Wohnung des Rechtsanwaltes befindet. 33

34 Benutzt der Rechtsanwalt für eine Geschäftsreise ein eigenes Kraftfahrzeug, so erhält er nach Nr. 7003 VV RVG für jeden gefahrenen Kilometer 0,30 EUR. Hiermit werden die Anschaffungs-, Unterhaltungs- und Betriebskosten sowie die Abnutzung des Kraftfahrzeuges abgegolten.

Beispiel 6 **Reisekosten bei Benutzung eines PKW**

Der Rechtsanwalt ist beauftragt, für seinen Mandanten einen Termin vor einem auswärtigen Gericht wahrzunehmen. Die einfache Fahrtstrecke beträgt 250 km.

250 km × 2 × 0,30 EUR, Nr. 7003 VV RVG	150,00 EUR
19 % Mehrwertsteuer, Nr. 7008 VV RVG	28,50 EUR
Gesamtbetrag	**178,50 EUR**

35 Dient eine Reise mehreren Geschäften, so sind die entstandenen Fahrtkosten nach dem Verhältnis der Kosten zu verteilen, die bei gesonderter Ausführung der einzelnen Geschäfte entstanden wären.

Beispiel 7 **Reisekosten bei Benutzung eines PKW/Mehrere Termine an einem Tag**

Der Rechtsanwalt ist gut organisiert, legt deshalb 3 Termine auf einen Tag, die in derselben „Reiserichtung" liegen. Insgesamt entstehen dem Rechtsanwalt so Reisekosten in Höhe von 120,00 EUR.

Der Anwalt hat eine Einzelberechnung der Kosten vorzunehmen, wie sie je Mandant entstanden wären, wenn die Reise separat durchgeführt wäre. Wurden diese einzelnen Kosten aufgestellt, errechnet sich der jeweils auf den Mandanten entfallende Betrag nach dem Schlüssel:

$$\frac{\textit{Betrag der fiktiven Einzelreise} \times \textit{tatsächlichen Gesamtkosten}}{\textit{Betrag aller fiktiven Reisekosten}}$$

Mit Zahlen verdeutlicht:

Fiktive Kosten der Terminsreise für A:	70,00 EUR
Fiktive Kosten der Terminsreise für B:	80,00 EUR
Fiktive Kosten der Terminsreise für C:	100,00 EUR
Gesamte fiktive Kosten somit	**250,00 EUR**

Von den tatsächlichen Kosten in Höhe von 120,00 EUR entfällt

auf A:	$\frac{70,00 \times 120,00}{250,00}$	33,60 EUR
auf B:	$\frac{80,00 \times 120,00}{250,00}$	38,40 EUR
auf C:	$\frac{100,00 \times 120,00}{250,00}$	48,00 EUR
Summe somit		**120,00 EUR**

Damit ergeben sich folgende Abrechnungen:

Gegenüber A:

Anteilige Reisekosten	33,60 EUR
19 % Mehrwertsteuer, Nr. 7008 VV RVG	6,38 EUR
Gesamtbetrag somit	**39,98 EUR**

Gegenüber B:

Anteilige Reisekosten	38,40 EUR
19 % Mehrwertsteuer, Nr. 7008 VV RVG	7,29 EUR
Gesamtbetrag somit	**45,69 EUR**

Gegenüber C:

Anteilige Reisekosten	48,00 EUR
19 % Mehrwertsteuer, Nr. 7008 VV RVG	9,12 EUR
Gesamtbetrag somit	**57,12 EUR**

In dem Fall, dass der Rechtsanwalt seine Kanzlei an einen anderen Ort verlegt, kann **36** der Rechtsanwalt bei Fortführung eines bereits vorher erteilten Auftrages nur die Fahrtkosten verlangen, soweit sie vom alten Kanzleisitz aus entstanden wären.

Beispiel 8 | Keine (höheren) Reisekosten bei Sitzverlegung der Kanzlei

Der Rechtsanwalt verlegt seinen Kanzleisitz in eine 30 km weit entfernte, andere Gemeinde. Der Gerichtstermin für seine Mandantin, die ihn bereits vor der Kanzleiverlegung mandatiert hat, findet am Amtsgericht in demjenigen Ort statt, an dem der Anwalt zuvor seinen Kanzleisitz hatte.

Der Rechtsanwalt kann seiner Mandantin gegenüber keine Fahrtkosten abrechnen. Hätte er seinen Kanzleisitz nicht verlegt, wären nämlich keine Fahrtkosten abzurechnen gewesen, da das Reiseziel nicht außerhalb der Gemeinde lag. Die Verlegung des Kanzleisitzes kann nicht zu Lasten der Partei gehen.

Der Rechtsanwalt hat natürlich auch die Möglichkeit, andere Verkehrsmittel, z.B. Bus **37** oder Bahn oder im Einzelfall auch das Flugzeug, zu nutzen. Diese Fahrtkosten sind nach Nr. 7004 VV RVG in voller Höhe dem Mandanten weiter zu belasten, soweit sie angemessen sind.

Beispiel 9 **Reisekosten bei Benutzung öffentlicher Verkehrsmittel**

Der Rechtsanwalt nimmt für die Partei einen auswärtigen Termin wahr; er benutzt die Bahn und zahlt hierfür 68,00 EUR.

Bei der Benutzung der Bahn handelt es sich um ein angemessenes Verkehrsmittel, so dass der Anwalt die volle Erstattung von seinem Mandanten verlangen kann.

38 Dass es für den Anwalt in seiner Stellung angemessen ist, die Bahnreise per **1. Klasse** anzutreten, wurde bereits im Jahre 1996[7] vom VG Freiburg entschieden. Ein später ergangener Beschluss des OLG Celle vom 16.1.2009,[8] der eine Bahnfahrt 1. Klasse „jedenfalls für den Fall einer Anreise über eine lange Strecke (… von über 4 Stunden)" als angemessen ansieht und damit auch den Schluss nahe legen könnte, dass dies bei kürzeren Reisen nicht der Fall sein dürfte, mag als Einzelentscheidung keinen Einfluss auf eine mögliche Entscheidung der Richter bzw. Rechtspfleger in einem etwaigen Vergütungsfestsetzungsverfahren haben, da nach aktuell herrschender Meinung[9] für einen Anwalt Bahnfahrten der 1. Klasse stets zu vergüten sind und von den Gerichten bei Vergleichsrechnungen (z.B. bei der Abwägung, ob Flugkosten zu erstatten sind) auch regelmäßig die Bahnreisekosten 1. Klasse als Anhaltewert zugrunde gelegt werden.[10]

Beispiel 10 **Unangemessene Reisekosten/Fiktive Abrechnungsmöglichkeit**

Der Rechtsanwalt ist beauftragt, für seinen Mandanten im 150 km entfernten Ort einen Termin wahrzunehmen. Da es ein herrlicher Sommertag ist, beschließt er, sich ein Kleinflugzeug und einen Privat-Piloten zu mieten, um die Reise auszuführen.

Ganz offensichtlich handelt es sich bei den Kosten für die Miete des Flugzeuges und des Piloten um unangemessene Kosten für diese Reise, so dass der Anwalt gegenüber seiner Partei diese Kosten nicht abrechnen kann. Er hat allerdings die Möglichkeit, der Partei fiktiv die Kosten aufzustellen, die bei Benutzung des eigenen Pkw oder bei einem öffentlichen (angemessenen) Verkehrsmittel (z.B. Bahn 1 Klasse, siehe oben) angefallen wären und kann den errechneten Betrag dann einfordern.

7 VG Freiburg, KF-Beschl. v. 4.6.1996 – 1 K 1846/93, AnwBl 1996, 589.
8 OLG Celle, Beschl. v. 16.1.2009 – 2 W 15/09.
9 *Madert*, in: Gerold/Schmidt/v. Eicken/Madert/Müller-Rabe, Rechtsanwaltsvergütungsgesetz, Kommentar, 22. Aufl., 2015, Nr. 7003–7006, Rn 43.
10 OLG Köln, Beschl. v. 28.4.2010 – 17 W 60/10; OLG Stuttgart Beschl. v. 10.3.2010 – 8 W 121/10.

Beispiel 11 **Flugkosten sind angemessen, wenn die Reisedauer unzumutbar lang und aufwändig wäre**

Der Rechtsanwalt hat seinen Kanzleisitz im südlichsten Teil Deutschlands; der Mandant bittet ihn, den Termin, der vor einem Gericht im nördlichsten Teil Deutschlands stattfinden soll, persönlich wahrzunehmen, weil er vollstes Vertrauen genießt. Der Mandant möchte auf gar keinen Fall, dass die Terminswahrnehmung durch einen Kollegen erfolgt. Der Rechtsanwalt tritt seine Geschäftsreise per Flugzeug an.

Der Rechtsanwalt kann die vollen Flugkosten von seinem Mandanten erstattet bekommen. Diese Kosten sind angemessen, denn die Nutzung des Flugzeuges hat dem Anwalt sehr viel Zeit eingespart. Hätte der Rechtsanwalt die Reise mit seinem Pkw vorgenommen, hätte er nicht am gleichen Tag zurückreisen können; des Weiteren hätte er wohl einen Tag vor dem Termin anreisen müssen. Das wäre dem Anwalt – der in dieser Zeit einige Mandate bearbeiten und so manchen Umsatz erwirtschaften kann – nicht zumutbar; außerdem sind entsprechende Hotelkosten für Übernachtungen eingespart worden.

Merke

Bei vorgelegten steuerbaren Beträgen wie Bahn- und Taxikosten sind im gezahlten Betrag bereits Mehrwertsteuerbeträge enthalten; die gezahlten Beträge sind demnach nicht noch einmal mit Mehrwertsteuer zu berechnen (kein Doppelansatz der Steuer!), vielmehr ist die Steuer „herauszuziehen“ und auszuweisen.

IV. Tage- und Abwesenheitsgelder

Tätigt der Rechtsanwalt für seinen Mandanten eine Geschäftsreise, so kann er neben den unter Rdn 33 ff. bereits dargestellten Fahrtkosten zusätzlich Tage- und Abwesenheitsgelder in Rechnung stellen. Auch hier gilt: Eine Geschäftsreise ist nur eine Geschäftsreise, wenn das Reiseziel außerhalb der Gemeinde liegt. 39

Nach Nr. 7005 (1) VV RVG erhält der Rechtsanwalt im Falle der Abwesenheit aufgrund einer Geschäftsreise von bis zu 4 Stunden ein Abwesenheitsgeld in Höhe von 25,00 EUR. Ist er mehr als 4, aber weniger als 8 Stunden abwesend, beträgt das Abwesenheitsgeld nach Nr. 7005 (2) VV RVG 40,00 EUR; dauert die Geschäftsreise mehr als 8 Stunden, so beträgt das Abwesenheitsgeld nach Nr. 7005 (3) VV RVG 70,00 EUR. 40

Beispiel 12 **Kein Abwesenheitsgeld, wenn Reiseziel innerhalb der Gemeinde des Kanzleisitzes liegt**

Der Rechtsanwalt nimmt für seine Partei am Gericht des Kanzleisitzes einen Termin von einer 2-stündigen Dauer wahr.

Es ist kein Abwesenheitsgeld in Rechnung zu stellen, da es sich ausweislich Vorbemerkung 7 (2) des 7. Teils des VV RVG nicht um eine Geschäftsreise im Sinne des RVG handelt.

Beispiel 13 **Abwesenheitsgeld anlässlich einer Geschäftsreise mit einer Dauer von bis zu 4 Stunden**

Der Rechtsanwalt nimmt für seine Partei einen Termin vor dem Amtsgericht in Y wahr; sein Kanzleisitz ist in X; die Abwesenheit von seiner Kanzlei anlässlich dieser Geschäftsreise beträgt zwei Stunden.

Abwesenheitsgeld, Nr. 7005 (1) VV RVG, 2 Std.	25,00 EUR
19 % Mehrwertsteuer, Nr. 7008 VV RVG	4,75 EUR
Gesamtbetrag	**29,75 EUR**

Beispiel 14 **Abwesenheitsgeld anlässlich einer Geschäftsreise mit einer Dauer von 4 bis 8 Stunden**

Der Rechtsanwalt nimmt für seine Partei einen Termin vor dem Amtsgericht in Y wahr; sein Kanzleisitz ist in X; die Abwesenheit von seiner Kanzlei anlässlich dieser Geschäftsreise beträgt 6 Stunden.

Abwesenheitsgeld, Nr. 7005 (2) VV RVG, 6 Std.	40,00 EUR
19 % Mehrwertsteuer, Nr. 7008 VV RVG	7,60 EUR
Gesamtbetrag	**47,60 EUR**

Beispiel 15 **Abwesenheitsgeld anlässlich einer Geschäftsreise mit einer Dauer von mehr als 8 Stunden**

Der Rechtsanwalt nimmt für seine Partei einen Termin vor dem Amtsgericht in Y wahr; sein Kanzleisitz ist in X; die Abwesenheit von seiner Kanzlei anlässlich dieser Geschäftsreise beträgt 9 Stunden.

Abwesenheitsgeld, Nr. 7005 (3) VV RVG, 9 Std.	70,00 EUR
19 % Mehrwertsteuer, Nr. 7008 VV RVG	13,30 EUR
Gesamtbetrag	**83,30 EUR**

Beispiel 16 **Abwesenheitsgeld anlässlich einer Geschäftsreise über Nacht**

Der Rechtsanwalt nimmt für seine Partei einen Termin vor dem Landgericht in Y wahr; der Termin ist für morgens um 09.00 Uhr angesetzt, so dass er am Abend zuvor die Anreise um 19.00 Uhr antritt. Am Terminstage kommt er um 18.30 Uhr zurück.

Abwesenheitsgeld für den Anreisetag, 19.00 Uhr bis 24.00 Uhr = 5 Std., Nr. 7005 (2) VV RVG		40,00 EUR
Abwesenheitsgeld für den Terminstag, mehr als 8 Stunden, Nr. 7005 (3) VV RVG		70,00 EUR
Summe der Abwesenheitsgelder	110,00 EUR	
19 % Mehrwertsteuer, Nr. 7008 VV RVG		20,90 EUR
Gesamtbetrag		**130,90 EUR**

Führt die Geschäftsreise den Anwalt ins Ausland, so erhöht sich das Tage- und Abwesenheitsgeld um einen Zuschlag in Höhe von 50 %. Dies regelt die Anmerkung zu Nr. 7055 VV RVG. **41**

Beispiel 17 **Abwesenheitsgeld anlässlich einer Geschäftsreise ins Ausland**

Der Rechtsanwalt nimmt für seine Partei eine Gesellschafterversammlung in den Niederlanden wahr; der Termin ist für morgens um 09.00 Uhr angesetzt, so dass er am Abend zuvor die Anreise um 19.00 Uhr antritt. Am Terminstage kommt er um 18.30 Uhr zurück.

Abwesenheitsgeld für den Anreisetag, 19.00 Uhr bis 24.00 Uhr = 5 Std., Nr. 7005 (2) VV RVG		40,00 EUR
Abwesenheitsgeld für den Terminstag, mehr als 8 Stunden, Nr. 7005 (3) VV RVG		70,00 EUR
Zwischensumme	110,00 EUR	
Zuzüglich Auslandszuschlag, 50 %		55,00 EUR
Summe Abwesenheitsgelder	165,00 EUR	
19 % Mehrwertsteuer, Nr. 7008 VV RVG		31,35 EUR
Gesamtbetrag		**196,35 EUR**

V. Sonstige Auslagen

Auch auf sonstige Auslagen anlässlich einer Geschäftsreise hat der Anwalt Anspruch auf Ersatz, sofern die Kosten angemessen sind. Hier zu nennen sind beispielsweise Hotelkosten oder Parkgebühren. Diese Auslagen sind nach Nr. 7006 VV RVG in voller Höhe in Ansatz zu bringen. **42**

Beispiel 18 **Erstattung von Hotelkosten**

Der Rechtsanwalt nimmt einen knapp 400 km entfernten Termin für die Partei wahr. Die schweren Verhandlungen selbst dauern 6 Stunden; dem Anwalt ist es spät abends nicht mehr zuzumuten, nach einer langen Hinfahrt und den zähen Verhandlungen erneut die Strecke zu bewältigen. Er sucht sich ein nettes kleines Hotel mittleren Standards zur Übernachtung.

Der Rechtsanwalt kann den vollen Ersatz der Hotelkosten von seinem Mandanten verlangen, da diese angemessen sind und eine Rückreise nicht zumutbar war.

Bei der Berechnung ist zu beachten, dass aus der Brutto-Rechnung des Hotels die 7 %ige Mehrwertsteuer herauszuziehen und der Netto-Betrag dem Mandanten zuzüglich 14 % Mehrwertsteuer belastet wird.

Hotelkosten brutto (inkl. 7 % Mehrwertsteuer)		250,00 EUR
= Hotelkosten netto	233,64 EUR	
19 % Mehrwertsteuer, Nr. 7008 VV RVG		44,39 EUR
Gesamtbetrag		**278,03 EUR**

Beispiel 19 **Unangemessene sonstige Auslagen/Fiktive Abrechnungsmöglichkeit**

Der Rechtsanwalt ist beauftragt, für seinen Mandanten am 130 km entfernten Bodensee einen Termin wahrzunehmen. Da er schon immer mal der Insel Mainau einen Besuch abstatten wollte, nutzt er die Gelegenheit und quartiert sich für eine Nacht in einem Luxushotel ein. Für seinen Jaguar mietet er für diese Nacht eine eigene Garage.

Abgesehen davon, dass ein Luxushotel zur Übernachtung nicht angemessen ist, ist die Verlängerung der Geschäftsreise nicht beruflich, sondern privat veranlasst. Die Notwendigkeit der entstandenen Kosten ist nicht gegeben. Der Rechtsanwalt hätte genauso gut rechtzeitig vor Terminsbeginn abfahren und unmittelbar nach Termin wieder die Heimreise antreten können, so dass Hotel- bzw. Übernachtungskosten sowie Parkgebühren gar nicht erst angefallen wären. Er kann daher nur wie folgt abrechnen:

130 km × 2 × 0,30 EUR, Nr. 7003 VV RVG	78,00 EUR
19 % Mehrwertsteuer, Nr. 7008 VV RVG	14,82 EUR
Gesamtbetrag	**92,82 EUR**

Beispiel 20 **Erstattung von Parkgebühren**

Das zur Kanzlei ortsverschiedene Gericht befindet sich mitten in der Innenstadt; eigene Parkmöglichkeiten sind nicht gegeben, so dass der Rechtsanwalt seinen Pkw gegen Gebühr in eine Tiefgarage einstellen muss.

Die Parkgebühren, die anlässlich der Geschäftsreise entstanden sind, sind in voller Höhe von der Partei zu erstatten.

Beachte

In den vorgelegten Kosten sind i.d.R. (nicht immer: Parkbeleg prüfen!) Mehrwertsteuern bereits enthalten, so dass auf die gezahlten Beträge nicht noch einmal Mehrwertsteuer aufzurechnen ist!

a) Die Parkgebühren betragen im Fall 1 10,00 EUR; auf dem Parkbeleg ist ein Vermerk enthalten, dass hierin 19 % Mehrwertsteuer enthalten sind.

Der Anwalt rechnet wie folgt ab:

Parkbeleg brutto:	10,00 EUR
= netto:	8,40 EUR
19 % Mehrwertsteuer, Nr. 7008 VV RVG	1,60 EUR
Gesamtbetrag	**10,00 EUR**

b) Die Parkgebühren betragen im Fall 2 3,00 EUR; auf dem Parkbeleg findet sich kein Hinweis auf hierin enthaltene Mehrwertsteuer.

Der Anwalt rechnet wie folgt ab:

Parkbeleg brutto für netto:	3,00 EUR
19 % Mehrwertsteuer, Nr. 7008 VV RVG	0,57 EUR
Gesamtbetrag	**3,57 EUR**

Beispiel 21 Erstattung von Reisekosten, Abwesenheitsgeld und Hotelkosten 43

Der Rechtsanwalt nimmt für seine Partei eine Gesellschafterversammlung „am anderen Ende Deutschlands“ wahr; der Termin ist für morgens um 09.00 Uhr angesetzt, so dass er am Abend zuvor die Anreise um 19.00 Uhr antritt. Am Terminstage kommt er um 18.30 Uhr zurück. Er hat Hotelkosten in Höhe von 245,00 EUR zuzüglich Mehrwertsteuer, mithin 291,55 EUR gezahlt. Die einfache Fahrtstrecke betrug 600 km; für die Wahrnehmung des Termins hatte er ein Pauschalhonorar von 1.500,00 EUR vereinbart.

Vereinbartes Honorar		1.500,00 EUR
2 × 600 km × 0,30 EUR, Nr. 7003 VV RVG		360,00 EUR
Hotelkosten, **netto**		245,00 EUR
Abwesenheitsgeld für den Anreisetag, 19.00 Uhr bis 24.00 Uhr = 5 Std., Nr. 7005 (2) VV RVG		40,00 EUR
Abwesenheitsgeld für den Terminstag, mehr als 8 Stunden, Nr. 7005 (3) VV RVG		70,00 EUR
Zwischensumme	2.215,00 EUR	
19 % Mehrwertsteuer, Nr. 7008 VV RVG		420,85 EUR
Gesamtbetrag		**2.635,85 EUR**

VI. Haftpflichtversicherungsprämien

44 Schließt der Rechtsanwalt für den speziellen Rechtsfall eine Haftpflichtversicherung gegen Vermögensschäden ab, hat er Anspruch auf Ersatz der Prämie, soweit diese die Haftungsprämie den Höchstbetrag von 30 Mio. EUR übersteigt. Der übersteigende Betrag ist nach Nr. 7007 VV RVG von der Partei voll zu erstatten.

Beispiel 22 **Erstattung von besonderen Haftpflichtversicherungsprämien**

Der Rechtsanwalt wird in einem Mandat beauftragt, in dem es um die Frage geht, ob ein Atomkraftwerk endgültig abgestellt wird oder nicht. Der Gegenstandswert beträgt 2 Mrd. EUR. Der Rechtsanwalt schließt eigens für diesen Rechtsfall eine Vermögensschadenshaftpflichtversicherung ab.

Der Rechtsanwalt kann die Differenz zur ansonsten geltenden Vermögenshaftpflichtversicherung der Mandantschaft in Rechnung stellen.

Prämie des vorliegenden Einzelfalles	1.300,00 EUR
abzüglich Prämie der allgemeinen Vermögenshaftpflicht-versicherung bis Haftpflichtsumme 30.000.000,00 EUR	– 700,00 EUR
abzurechnen gegenüber der Mandantschaft	**600,00 EUR**

Merke

Rechnet man die Brutto-Kosten gegeneinander, ist natürlich nicht noch einmal Mehrwertsteuer aufzuaddieren; dies ist nur dann der Fall, wenn die Netto-Kosten gegeneinander gestellt werden (Voraussetzung: Der Mandant ist nicht von der Mehrwertsteuer befreit).

VII. Umsatzsteuer auf die Vergütung

45 Der Rechtsanwalt hat nach Nr. 7008 VV RVG Anspruch auf Ersatz der jeweils gültigen Umsatzsteuer (Mehrwertsteuer) auf die Vergütung, sofern nicht die Umsatzsteuer unerhoben bleibt. Der Mehrwertsteuersatz beträgt derzeit 19 %; das Wort „Vergütung" schließt die Auslagen gemäß Teil 7 des Vergütungsverzeichnisses ein.

46 Wenn der Mandant Unternehmer ist und seinen Sitz in der Europäischen Union hat, wird keine Umsatzsteuer erhoben; demgemäß kann der Anwalt sie auch nicht in Rechnung stellen.

Beispiel 23 **Keine Umsatzsteuer bei Unternehmern mit Sitz in der EU**

Die Mandantin, eine Großunternehmerin aus Belgien, beauftragt den in Deutschland ansässigen Rechtsanwalt zur Durchführung einer Firmenumstrukturierung.

Der Rechtsanwalt weist in der Kostennote sein Honorar aus, ohne die (derzeit gültige) 19 % Mehrwertsteuer hierauf zu berechnen; er führt dementsprechend auch keine Steuer an das inländische Finanzamt ab.

Allerdings könnte es sein, dass der ausländische Unternehmer – je nach dem Recht seines Staates – verpflichtet ist, in seinem eigenen Land Steuern auf die Leistungen zu entrichten. Deshalb ist es sinnvoll, in diesen Rechnungen einen Hinweis aufzunehmen, der etwa wie folgt lauten könnte: 47

> *Formulierungsbeispiel*
>
> „Als Empfänger dieser Rechnung sind Sie ggf. in (EU-Mitgliedstaat) zur Abführung der Umsatzsteuer verpflichtet, vgl. § 13b UStG.“

Wenn der Mandant kein Unternehmer ist und seinen Sitz in der Europäischen Union hat, wird Umsatzsteuer erhoben, so dass der Anwalt insoweit auch Anspruch auf Ersatz hat. 48

Beispiel 24 | Umsatzsteuer bei Privatpersonen mit Sitz innerhalb der EU

Der in Frankreich ansässige Maler beauftragt einen deutschen Rechtsanwalt zur Klärung der Frage, welche Erbschaftsteuern auf seine Kinder zukommen, wenn er verstirbt, da er neben seinem Vermögen in Frankreich noch über Ländereien in Deutschland verfügt.

Der Rechtsanwalt berechnet auf sein Honorar die 19 %ige Mehrwertsteuer, denn diese Steuer hat er an das Finanzamt abzuführen.

Wenn der Mandant im Ausland, aber außerhalb der EU seinen Sitz hat, wird keine Umsatzsteuer berechnet. Es ist insoweit unerheblich, ob der Mandant Unternehmer ist oder nicht. 49

Beispiel 25 | Keine Umsatzsteuer bei Mandanten mit Sitz im Ausland außerhalb der EU

Ein chinesischer Staatsbürger erbt von seiner in Deutschland verstorbenen Großtante ein beträchtliches Vermögen und beauftragt den deutschen Rechtsanwalt mit der Erledigung der entsprechenden Formalitäten.

Der Rechtsanwalt berechnet auf sein Honorar keine Mehrwertsteuer, da diese vom Finanzamt nicht erhoben wird.

Wird der Rechtsanwalt in einer eigenen Angelegenheit tätig, so wird ebenfalls keine Umsatzsteuer erhoben. 50

Beispiel 26 Keine Umsatzsteuer bei eigener Vertretung

Der Rechtsanwalt verklagt seinen ehemaligen Mandanten auf Zahlung des ausstehenden Honorars. Nach einem entsprechenden Termin ergeht ein stattgebendes Urteil, die Kosten des Verfahrens sind von dem Beklagten zu erstatten.

Der Rechtsanwalt verdient die Verfahrens- und Terminsgebühr; ferner die Auslagenpauschale sowie etwaige Kopierkosten. Er fertigt einen Kostenfestsetzungsantrag an das Gericht, in dem keine Umsatzsteuer enthalten ist. Da vom Finanzamt keine Umsatzsteuer erhoben wird, hat der Rechtsanwalt auch keinen Anspruch auf Ersatz, denn die Erstattung würde ihn unrechtmäßig bereichern.

§ 2 Allgemeine Gebühren

A. Die Gebührenarten

1 Teil 1 des Vergütungsverzeichnisses enthält die so genannten „Allgemeinen Gebühren“, die der Rechtsanwalt neben in anderen Teilen des Vergütungsverzeichnisses enthaltenen Gebühren verdienen kann.

2 Die Gebühren des Anwaltes in Teil 1 bis Teil 7 des Vergütungsverzeichnisses, also auch die an dieser Stelle behandelten Allgemeinen Gebühren nach Teil 1 des Vergütungsverzeichnisses, richten sich entweder nach dem Gegenstandswert, haben einen bestimmten Rahmen oder sind Festgebühren. Dies gilt es zu differenzieren:

3 **Wertgebühren** sind gegenstandswertabhängige Gebühren. Hier ist zu unterscheiden zwischen:

a) (Satz-)Rahmengebühren, z.B. Geschäftsgebühr Nr. 2300 VV RVG: Satzrahmen von 0,5 bis 2,5
b) festen Sätzen, z.B.: Verfahrensgebühr 3100 VV RVG: 1,3; Verfahrensgebühr 3200 VV RVG: 1,6.

Das bedeutet: Bei der Satzrahmengebühr (z.B. der Nr. 2300 VV RVG) bestimmt der Anwalt im Einzelfall die Höhe des Satzes der Gebühr je nach Art, Umfang, Bedeutung der Angelegenheit. Für mittelschwere Tätigkeiten mittleren Umfangs berechnet der Anwalt in der Regel die so genannte Mittelgebühr. Diese ermittelt sich bei Satzrahmengebühren durch Addieren der Rahmen und Division des Ergebnisses durch zwei. Für die Geschäftsgebühr der Nr. 2300 VV RVG mit einem Rahmen von 0,5 bis 2,5 bedeutet dies:

Unterer Rahmen 0,5 + oberer Rahmen 2,5 = 3,0

→ 3,0 : 2 = **1,5 = Mittelgebühr**.

Der feste Satz wie z.B. die 3100 VV RVG steht fest, er ist also vom Anwalt nicht veränderbar.

Bei den **Betragsrahmengebühren** bestimmt sich die jeweilige Gebühr innerhalb eines vom Gesetz vorgegebenen „Geldrahmens“, z.B. Verfahrensgebühr vor den Sozialgerichten Nr. 3102 VV RVG, Betragsrahmen von 50,00 EUR bis 550,00 EUR; Grundgebühr in Strafsachen Nr. 4100 VV RVG mit einem Rahmen von 40,00 EUR bis 360,00 EUR. Für mittelschwere Tätigkeiten mittleren Umfangs berechnet der Anwalt in der Regel die so genannte Mittelgebühr. Diese ermittelt sich bei Betragsrahmengebühren durch Addieren der Rahmen und Division des Ergebnisses durch zwei. Für die Verfahrensgebühr der Nr. 3102 VV RVG mit einem Rahmen von 50,00 EUR bis 550,00 EUR bedeutet dies:

Unterer Rahmen 50,00 EUR + oberer Rahmen 550,00 EUR = 600,00 EUR

→ 600,00 EUR : 2 = **300,00 EUR = Mittelgebühr**.

Festgebühren dagegen sind fixe Gebühren, die durch einen nicht variablen Geldbetrag festgelegt sind, z.B. Beratungshilfegebühr, Nr. 2500 VV RVG in Höhe von 15,00 EUR.

4 Sowohl bei den Allgemeinen Gebühren, den Gebühren für die außergerichtliche Tätigkeit einschließlich der Vertretung in Verwaltungsverfahren (Sozialrechtssachen) als auch in den gerichtlichen Tätigkeiten können in bestimmten Fällen Betragsrahmengebühren anfallen, die in den folgenden Kapiteln jeweils neben der gegenstandswertabhängigen Gebühr aufgeführt sind. Es handelt sich dann um bestimmte sozialrechtliche Angelegenheiten.

5 Schwierigkeiten ergeben sich in der Regel bei der Entscheidung, ob die vorliegende sozialrechtliche Angelegenheit unter Zugrundelegung von Gegenstandswerten oder aber über Betragsrahmengebühren abzurechnen ist:

6 Nach § 3 RVG ist vorgesehen, dass in Verfahren vor den Gerichten der Sozialgerichtsbarkeit, in denen das GKG nicht anzuwenden ist, Betragsrahmengebühren entstehen. In sonstigen Verfahren werden die Gebühren nach dem Gegenstandswert berechnet, wenn der Auftraggeber nicht zu den in § 183 SGG genannten Personen gehört. Dies gilt auch für die Tätigkeit außerhalb eines gerichtlichen Verfahrens. Diese Vorschrift ist wie folgt zu verstehen:

7 Das GKG ist nur dann anwendbar, wenn keine Partei zu dem Personenkreis, der in § 183 SGG genannt ist, gehört. Es sind dies:

a) Versicherte,
b) Leistungsempfänger einschließlich Hinterbliebenenleistungs-Empfänger,
c) Behinderte oder deren Sonderrechtsnachfolger.

8 Gehört mithin keine der Parteien zu diesem Personenkreis, ist das GKG anwendbar mit der Konsequenz, dass folgende Kosten und Gebühren entstehen:

a) **Gerichtskosten:**
Nach § 184 SGG fallen für das Verfahren Pauschalen in Höhe von 150,00 EUR beim Sozialgericht, 225,00 EUR beim Landessozialgericht und 300,00 EUR beim Bundessozialgericht an.

b) **Anwaltsgebühren:**
Es fallen die Verfahrensgebühr nach Nr. 3100 VV RVG in Höhe von 1,3 sowie die Terminsgebühr nach Nr. 3104 VV RVG in Höhe von 1,2 an.

9 Das wird aber nicht die Regel sein, denn in der Vielzahl der sozialrechtlichen Angelegenheiten gehört eine der beteiligten Parteien zu dem in § 183 SGG genannten Personenkreis, also zu den Versicherten, zu den Leistungsempfängern oder zu den Behinderten oder deren Sonderrechtsnachfolger.

Dann entstehen folgende Kosten und Gebühren:

a) **Gerichtskosten:**
Das Verfahren ist für die in § 183 SGG genannten Personen gerichtsgebührenfrei.

b) **Anwaltsgebühren:**
Es fallen Betragsrahmengebühren entsprechend der dafür vorhergesehenen und nachfolgend berücksichtigten Gebührenziffern.

B. Die Einigungsgebühr

Wird ein Streit oder die Ungewissheit der Parteien über ein Rechtsverhältnis durch Abschluss eines Vertrages beseitigt oder erfolgt eine Einigung im Rahmen eines nach § 36 RVG laufenden Güteverfahrens (Schiedsverfahren), erhält der Rechtsanwalt die Einigungsgebühr der Nr. 1000 VV RVG. Der Satz der Einigungsgebühr beträgt *grundsätzlich* 1,5. **10**

Beispiel 1 **Einigungsgebühr im außergerichtlichen (nicht rechtshängigen) Verfahren**

Zwischen den Parteien herrscht Streit darüber, ob eine Summe (hier: 600,00 EUR) seinerzeit schenkweise oder als Darlehen hingegeben wurde und somit, ob ein Rückzahlungsanspruch besteht oder nicht. Nachdem sich die Parteien auf neutralem Boden zusammengefunden haben, einigen sich die Parteien unter Mitwirkung ihrer jeweiligen Rechtsvertreter darauf, dass der hälftige Betrag zurückzuzahlen ist.

Neben der Geschäftsgebühr erhält der Rechtsanwalt die Einigungsgebühr nach Nr. 1000 VV RVG in Höhe eines Satzes von 1,5.

1,3 Geschäftsgebühr, Nr. 2300 VV RVG i.V.m. § 13 RVG aus 600,00 EUR		104,00 EUR
1,5 Einigungsgebühr, Nr. 1000 VV RVG i.V.m. § 13 RVG aus 600,00 EUR		120,00 EUR
Auslagenpauschale, Nr. 7002 VV RVG		20,00 EUR
Zwischensumme	244,00 EUR	
19 % Mehrwertsteuer, Nr. 7008 VV RVG		46,36 EUR
Gesamtbetrag		**290,36 EUR**

Es ist nicht zwingend, dass der Rechtsanwalt unmittelbar beim Vertragsabschluss dabei ist; maßgeblich für den Anfall der Gebühr ist, dass die Mitwirkung des Rechtsanwaltes für den Vergleichsabschluss ursächlich war. **11**

Beispiel 2 **Entstehung der Einigungsgebühr, obwohl der Anwalt bei der Einigung nicht anwesend ist/war**

Der Rechtsanwalt ist außergerichtlich für seine Partei tätig. Es geht um eine Forderung in Höhe von 1.500,00 EUR. Zwar sind die Fronten sehr verhärtet, dennoch schafft es der Anwalt, die Parteien anzunähern. Er unterbreitet der gegnerischen Partei nach Rücksprache mit seinem Mandanten schriftlich ein Einigungsangebot mit Fristsetzung von zwei Wochen.

Nach einer Woche ruft der Mandant an und teilt mit, dass er den Gegner zufällig in der Kneipe getroffen hat und man sich nach ein paar Bier auf die vom Rechtsanwalt vorgeschlagenen Modalitäten abschließend geeinigt habe.

Der Rechtsanwalt war zwar beim Abschluss des Vertrages selbst nicht zugegen, seine Tätigkeit war jedoch **ursächlich** für den Abschluss des Vergleichs. Hätte er nicht die entsprechende Vorarbeit geleistet, wäre es nicht zur Einigung gekommen. Daher verdient der Rechtsanwalt neben der Geschäftsgebühr die Einigungsgebühr der Nr. 1000 VV RVG, hier in Höhe eines Satzes von 1,5.

1,3 Geschäftsgebühr, Nr. 2300 VV RVG i.V.m. § 13 RVG aus 1.500,00 EUR		149,50 EUR
1,5 Einigungsgebühr, Nr. 1000 VV RVG i.V.m. § 13 RVG aus 1.500,00 EUR		172,50 EUR
Auslagenpauschale, Nr. 7002 VV RVG		20,00 EUR
Zwischensumme	342,00 EUR	
19 % Mehrwertsteuer, Nr. 7008 VV RVG		64,98 EUR
Gesamtbetrag		**406,98 EUR**

12 Die Einigungsgebühr entsteht nicht, wenn sich der Vertrag ausschließlich auf ein Anerkenntnis oder einen Verzicht beschränkt.

Beispiel 3 **Keine Einigungsgebühr bei vollem Anerkenntnis**

Der Anwalt reicht im Auftrag seines Mandanten Klage auf Erteilung einer Löschungsbewilligung ein. Nunmehr, nachdem der Beklagte während der Verhandlung den Druck des Gerichtes spürt, ruft er den Gegenanwalt sofort an und erkennt den Anspruch an bzw. erteilt Löschungsbewilligung. Der Gegenstandswert beträgt 1.800,00 EUR.

Da vorliegend keine Einigung, sondern ein volles Anerkenntnis vorliegt, kann der Rechtsanwalt keine Einigungsgebühr in Rechnung stellen.

1,3 Verfahrensgebühr, Nr. 3100 VV RVG i.V.m. § 13 RVG aus 1.800,00 EUR		195,00 EUR
1,2 Terminsgebühr, Nr. 3104 VV RVG i.V.m. § 13 RVG aus 1.800,00 EUR		180,00 EUR
Auslagenpauschale, Nr. 7002 VV RVG		20,00 EUR
Zwischensumme	395,00 EUR	
19 % Mehrwertsteuer, Nr. 7008 VV RVG		75,05 EUR
Gesamtbetrag		**470,05 EUR**

Beispiel 4 Keine Einigungsgebühr bei vollem Verzicht

Der Mandant verlangt durch seinen Anwalt vom Gegner die Zahlung eines Schadensersatzes. Nachdem der Anwalt eine erste Zahlungsaufforderung an den Gegner herausgeschickt hat, lauert der Schädiger dem Mandanten spätabends in einer dunklen Straßenecke auf und bedroht ihn. Am nächsten Tag bittet der Mandant darum, dem Schädiger gegenüber schriftlich zu erklären, dass er auf Schadensersatzansprüche verzichtet. Der Gegenstandswert beträgt 800,00 EUR.

Vorliegend ist keine wirkliche Einigung zustande gekommen; der Anspruchsteller hat ausschließlich auf seinen Anspruch verzichtet, so dass eine Einigungsgebühr nicht zu berechnen ist.

1,3 Geschäftsgebühr, Nr. 2300 VV RVG i.V.m. § 13 RVG aus 800,00 EUR		104,00 EUR
Auslagenpauschale, Nr. 7002 VV RVG		20,00 EUR
Zwischensumme	124,00 EUR	
19 % Mehrwertsteuer, Nr. 7008 VV RVG		23,56 EUR
Gesamtbetrag		**147,56 EUR**

Dies ist aber nur dann der Fall, wie zuvor auch ausgeführt, wenn sich der Vertrag **ausschließlich** auf ein Anerkenntnis oder einen Verzicht bezieht. Vereinbaren die Parteien z.B. ein Teilanerkenntnis bei gleichzeitiger Klagerücknahme, so fällt eine Einigungsgebühr an.[1] Gleiches gilt dann z.B. beim Teilverzicht. 13

Bei einem „bloßen Verzicht" kann dann eine Einigungsgebühr anfallen, wenn der Verzicht nicht einseitig, sondern wechselseitig ist (so z.B. beim Verzicht auf die Durchführung eines Versorgungsausgleichs[2]). 14

Behalten sich die Parteien bezüglich einer erfolgten Einigung ein Widerrufsrecht vor, so erhält der Rechtsanwalt die Gebühr nur, wenn der Widerruf nicht erfolgt, die Einigung also tatsächlich zustande kommt. 15

1 So ausdrücklich OLG Stuttgart, Beschl. v. 10.2.2011 – 8 W 40/11, BeckRS 2011, 03432.
2 OLG München, Beschl. v. 12.1.2012 – 11 WF 2265/11, BeckRS 2012, 03044.

Beispiel 5 **Keine Einigungsgebühr bei Widerruf des Vergleichs**

Die zerstrittenen Parteien einigen sich durch behutsames Einschreiten ihrer Rechtsanwälte gerichtlich, möchten die Einigung aber jeweils noch am Abend mit ihren Lebenspartnern ausdiskutieren und die Rentabilität der Einigung überschlafen. Aus diesem Grund behalten sich die Parteien ein Widerrufsrecht vor. Eine der Parteien hält die Einigung letztlich doch für unwirtschaftlich, so dass sie widerruft. Der Gegenstandswert beträgt 1.800,00 EUR.

Der Rechtsanwalt erhält keine Einigungsgebühr, da keine endgültige Streitbeilegung erfolgte.

1,3 Verfahrensgebühr, Nr. 3100 VV RVG i.V.m. § 13 RVG aus 1.800,00 EUR		195,00 EUR
1,2 Terminsgebühr, Nr. 3104 VV RVG i.V.m. § 13 RVG aus 1.800,00 EUR		180,00 EUR
Auslagenpauschale, Nr. 7002 VV RVG		20,00 EUR
Zwischensumme	395,00 EUR	
19 % Mehrwertsteuer, Nr. 7008 VV RVG		75,05 EUR
Gesamtbetrag		**470,05 EUR**

Beispiel 6 **Einigungsgebühr, wenn der Widerrufsvergleich endgültig Bestand hat**

Abwandlung von Beispiel 5: Der Vergleich wird geschlossen und von keiner der Parteien widerrufen; die Angelegenheit ist abgeschlossen.

Der Rechtsanwalt erhält die Einigungsgebühr allerdings nicht den vollen Satz nach Nr. 1000 VV RVG, sondern den reduzierte Satz nach Nr. 1003 VV RVG, siehe dazu Rdn 20 ff.), da der Streit über das Rechtsverhältnis endgültig beigelegt wurde.

1,3 Verfahrensgebühr, Nr. 3100 VV RVG i.V.m. § 13 RVG aus 1.800,00 EUR		195,00 EUR
1,2 Terminsgebühr, Nr. 3104 VV RVG i.V.m. § 13 RVG aus 1.800,00 EUR		180,00 EUR
1,0 Einigungsgebühr, Nr. 1003 VV RVG i.V.m. § 13 RVG aus 1.800,00 EUR		150,00 EUR
Auslagenpauschale, Nr. 7002 VV RVG		20,00 EUR
Zwischensumme	545,00 EUR	
19 % Mehrwertsteuer, Nr. 7008 VV RVG		103,55 EUR
Gesamtbetrag		**648,55 EUR**

16 Die Einigungsgebühr entsteht auch für den Abschluss eines Vertrags, durch den „die Erfüllung des Anspruchs bei vorläufigem Verzicht auf die gerichtliche Geltendmachung und, wenn bereits ein zur Zwangsvollstreckung geeigneter Titel vorliegt, bei gleichzeitigem vorläufigen Verzicht auf Vollstreckungsmaßnahmen“ erfolgt (Zahlungsvereinbarung). Damit ist deutlich verankert, dass auch für die Mitwirkung bei Ratenzahlungsvereinbarungen eine Einigungsgebühr entsteht, was in der Vergangenheit doch unterschiedlich gehandhabt wurde, da ja – gerade wenn die die Forderung z.B. vollumfänglich anerkannt oder bereits tituliert ist – nach dem vorhergegangenen Wortlaut gerade keine Unsicherheit oder kein Streit (zumindest in Bezug auf die Forderung selbst) bestand.

Die Gebühr fällt somit auch an, wenn die vollständige Forderung (also auch ohne einen **17**
Verzicht auf einen Teil) in Raten beglichen wird, was in der Regel dann der Fall ist, wenn über die Forderung bzw. die Höhe der Forderung kein Streit (mehr) besteht oder aber die Forderung bereits tituliert ist.

Hierbei muss aber bei der Abrechnung der dann neue § 31b RVG beachtet werden, der **18**
für solche Fälle den Gegenstandswert für die Einigungsgebühr auf 20 % des Anspruchs begrenzt.

Beispiel 7 **Einigungsgebühr bei Ratenzahlungsvereinbarungen**

Der Rechtsanwalt hat für seinen Mandanten eine Forderung tituliert und kündigt – weil er einen entsprechenden Auftrag hat – die Vollstreckung an. Daraufhin meldet sich der Schuldner bei ihm und bittet um Ratenzahlung; eine entsprechende Einigung kommt zu Stande. Der Anspruch und damit der Gegenstandswert beträgt 1.734,43 EUR.

Neben der Verfahrensgebühr für den Vollstreckungsauftrag erhält der Rechtsanwalt eine Einigungsgebühr nach Nr. 1000 VV RVG in Höhe eines Satzes von 1,5; als Gegenstandswert ist jedoch lediglich 20 % des Anspruchs zugrunde zu legen.

0,3 Verfahrensgebühr, Nr. 3309 VV RVG i.V.m. § 13 RVG aus 1.734,43 EUR		39,90 EUR
1,5 Einigungsgebühr, Nr. 1000 VV RVG i.V.m. § 13 RVG aus Gegenstandswert, 20 % = 346,88 EUR		67,50 EUR
Auslagenpauschale, Nr. 7002 VV RVG		20,00 EUR
Zwischensumme	127,40 EUR	
19 % Mehrwertsteuer, Nr. 7008 VV RVG		24,21 EUR
Gesamtbetrag		**151,61 EUR**

Die Einigungsgebühr entsteht weder in Ehesachen noch in Lebenspartnerschaftssachen. **19**
Wird in einem dieser Verfahren ein Vertrag geschlossen, der zum Beispiel den Streit über den Unterhalt beseitigt, so bleibt der Wert der Ehesache bzw. der Lebenspartnerschaftssache bei der Berechnung der Gebühr unberücksichtigt.

Beispiel 8 **Einigungsgebühr in (Verbund-)Ehesachen: Ausklammerung des Gegenstandswertes der Ehesache**

In einer Ehesache im Verbund einigen sich die Partner gerichtlich über das Sorgerecht, Umgangsrecht und über die Unterhaltsleistungen sowohl für die Kinder als auch für die Mutter.

Die Einigungsgebühr (allerdings nicht der volle Satz nach Nr. 1000 VV RVG, sondern der reduzierte Satz nach Nr. 1003 VV RVG, siehe dazu Rdn 20 ff.) kann von dem Rechtsanwalt berechnet werden, und zwar auf Basis der addierten Streitwerte des Sorgerechtsverfahrens, des Umgangsrechts und der Unterhaltsverfahren. Der Streitwert für die Ehesache selbst bleibt außer Betracht.

Gegenstandswerte:

1. Sorgerecht:		3.000,00 EUR
2. Umgangsrecht		3.000,00 EUR
3. Unterhaltsverfahren		5.400,00 EUR
Zwischensumme = Wert für Einigungsgebühr		**11.400,00 EUR**
4. Ehesache		8.500,00 EUR
Gesamtwert:		**19.900,00 EUR**
1,3 Verfahrensgebühr, Nr. 3100 VV RVG i.V.m. § 13 RVG aus 19.900,00 EUR		964,60 EUR
1,2 Terminsgebühr, Nr. 3104 VV RVG i.V.m. § 13 RVG aus 19.900,00 EUR		890,40 EUR
1,0 Einigungsgebühr, Nrn. 1000, 1003 VV RVG i.V.m. § 13 RVG aus 11.400,00 EUR		604,00 EUR
Auslagenpauschale, Nr. 7002 VV RVG		20,00 EUR
Zwischensumme	2.479,00 EUR	
19 % Mehrwertsteuer, Nr. 7008 VV RVG		471,01 EUR
Gesamtbetrag		**2.950,01 EUR**

20 Die Einigungsgebühr hat, wie bereits vorerwähnt, *grundsätzlich* einen Gebührensatz von 1,5. Der Gebührensatz reduziert sich gemäß Nr. 1003 VV RVG auf 1,0, wenn ein (anderes als ein selbstständiges Beweisverfahren) gerichtliches Verfahren (im ersten Rechtszug) anhängig ist.

Beispiel 9 **Einigungsgebühr bei gerichtlicher Protokollierung eines Vergleichs**

Der Anwalt wird beauftragt, Klage einzureichen. Der Gegenstandswert beträgt 3.500,00 EUR. Nach Erörterung der Sache wird ein gerichtlicher Vergleich protokolliert.

Neben der Verfahrens- und Terminsgebühr erhält der Rechtsanwalt die Einigungsgebühr für die Erledigung des Rechtsstreits. Die Gebühr, die im Allgemeinen einen Gebührensatz von 1,5 hat, wird dadurch, dass ein Rechtsstreit anhängig ist, auf 1,0 reduziert.

1,3 Verfahrensgebühr, Nr. 3100 VV RVG i.V.m. § 13 RVG aus 3.500,00 EUR		327,60 EUR
1,2 Terminsgebühr, Nr. 3104 VV RVG i.V.m. § 13 RVG aus 3.500,00 EUR		302,40 EUR
1,0 Einigungsgebühr, Nrn. 1000, 1003 VV RVG i.V.m. § 13 RVG aus 3.500,00 EUR		252,00 EUR
Auslagenpauschale, Nr. 7002 VV RVG		20,00 EUR
Zwischensumme	902,00 EUR	
19 % Mehrwertsteuer, Nr. 7008 VV RVG		171,38 EUR
Gesamtbetrag		**1.073,38 EUR**

Beispiel 10 Außergerichtliche Einigung über einen rechtshängigen Gegenstand

Der Anwalt wird beauftragt, Klage einzureichen, Gegenstandswert 5.600,00 EUR. Es wird streitig verhandelt. Nachdem ein Beweisbeschluss ergangen ist, einigen sich die Parteien außergerichtlich, um ein zähes Beweisaufnahmeverfahren zu vermeiden. Der Kläger nimmt die Klage zurück.

Neben der Verfahrens- und Terminsgebühr erhält der Rechtsanwalt auch in diesem Fall die 1,0 Einigungsgebühr der Nrn. 1000 i.V.m. 1003 VV RVG für die Erledigung des Rechtsstreits. Die Einigung findet zwar außergerichtlich statt, aber ein Verfahren ist anhängig.

1,3 Verfahrensgebühr, Nr. 3100 VV RVG i.V.m. § 13 RVG aus 5.600,00 EUR		460,20 EUR
1,2 Terminsgebühr, Nr. 3104 VV RVG i.V.m. § 13 RVG aus 5.600,00 EUR		424,80 EUR
1,0 Einigungsgebühr, Nrn. 1000, 1003 VV RVG i.V.m. § 13 RVG aus 5.600,00 EUR		354,00 EUR
Auslagenpauschale, Nr. 7002 VV RVG		20,00 EUR
Zwischensumme	1.259,00 EUR	
19 % Mehrwertsteuer, Nr. 7008 VV RVG		239,21 EUR
Gesamtbetrag		**1.498,21 EUR**

Die gerichtliche (also reduzierte) Einigungsgebühr entsteht auch bei einem nicht ausschließlichen Anerkenntnis (also z.B. bei Teilanerkenntnis und gleichzeitiger Klagerücknahme), ebenso bei Teil- oder Zwischenvergleichen (dann unter Berücksichtigung des Teilgegenstandswertes bzw. dem Wert des Zwischenvergleichs), aber zugleich auch im Falle einer Erledigungserklärung der Prozessbevollmächtigten dann, wenn durch die Erklärung eine Einigung über die materiell-rechtlichen Ansprüche erzielt wird.[3] 21

Gleichermaßen ist die Einigungsgebühr reduziert abzurechnen, wenn in einem gerichtlichen Vergleich auch eine Einigung über ein **anderweitig** gerichtlich anhängiges Verfahren getroffen wird.

3 So z.B. AG Ottweiler, Beschl. v. 20.9.2011 – 13 F 37/11, JurBüro 2012, 20 f.

Beispiel 11 **Einigungsgebühr bei Einigung über einen anderweitig rechtshängigen Gegenstand**

Der Rechtsanwalt vertritt seinen Mandanten gegen B in einem Landgerichtsprozess auf Herausgabe eines Pkw mit einem Gegenstandswert von 7.000,00 EUR. Es findet ein Verhandlungstermin statt, in dem sodann eine Einigung dahingehend getroffen wird, dass der B zur Erledigung des Rechtsstreites 11.000,00 EUR an den Kläger zahlt und im Weiteren das ebenfalls zwischen den Parteien vor dem Amtsgericht geführte Verfahren auf Zahlung von 5.000,00 EUR erledigt ist.

Der Rechtsanwalt erhält im landgerichtlichen Verfahren neben der Verfahrensgebühr der Nr. 3100 VV RVG die reduzierte Verfahrensgebühr der Nr. 3101 VV RVG für den protokollierten anderweitig rechtshängigen Teil (die allerdings beim amtsgerichtlichen Verfahren berücksichtigt werden muss[4]); des Weiteren die Terminsgebühren[5] je Verfahren aus den jeweiligen Gegenstandswerten, einmal nach Nr. 3104 VV RVG aus dem hier rechtshängigen Teil, einmal nach Vorbemerkung 3 (3) des 3. Teils des VV RVG; schließlich die auf 1,0 reduzierte Einigungsgebühr, denn beide Gegenstände sind – wo auch immer – gerichtlich anhängig.[6] Bei der Einigungsgebühr werden die Gegenstandswerte addiert und hierauf ist eine einheitliche Einigungsgebühr dem landgerichtlichen Verfahren zuzurechnen. Beim amtsgerichtlichen Verfahren muss die Verfahrensgebühr gekürzt werden.

Der Anwalt berechnet demnach wie folgt:

1. Prozessverfahren, in dem sich verglichen wurde:		
1,3 Verfahrensgebühr, Nr. 3100 VV RVG i.V.m. § 13 RVG aus **7.000,00 EUR**	526,50 EUR	
0,8 Verfahrensgebühr, Nr. 3101 VV RVG i.V.m. § 13 RVG aus **5.000,00 EUR**	242,40 EUR	
Zwischensumme	768,90 EUR	
Gemäß § 15 Abs. 3 RVG **maximal:**		
1,3 Verfahrensgebühr aus **12.000,00 EUR**	785,20 EUR	
=> Verfahrensgebühr somit		768,90 EUR
1,2 Terminsgebühr, Nr. 3104 VV RVG i.V.m. § 13 RVG aus **7.000,00 EUR**		486,00 EUR
1,0 Einigungsgebühr, Nr. 1003 VV RVG i.V.m. § 13 RVG aus **12.000,00 EUR**		604,00 EUR

4 Bei dieser Abrechnung muss die Anmerkung (1) zu Nr. 3101 VV RVG beachtet werden: Denn sofern in der landgerichtlichen Abrechnung der sich nach Abgleichung (§ 15 Abs. 3 RVG) ergebende Gesamtbetrag der Verfahrensgebühren die Gebühr der Nr. 3100 VV RVG aus dem rechtshängigen Betrag übersteigt, ist der übersteigende Betrag auf die Verfahrensgebühr anzurechnen, die im amtsgerichtlichen Verfahren entstanden ist. Denn der Anwalt darf letztlich in jedem Verfahren maximal eine Verfahrensgebühr aus dem rechtshängigen Gegenstandswert verdienen.

5 BGH, Beschl. v. 13.11.2011 – II ZB 4/11 – bis zu diesem Zeitpunkt nach herrschender Meinung noch einheitliche Terminsgebühr aus addiertem Streitwert, insbesondere KG Berlin, Beschl. v. 6.11.2008 – 2 W 11/08, JurBüro 2009, 80.

6 So auch z.B. Pfälz. OLG Zweibrücken, Beschl. v. 10.10.2006 – 4 W 96/06, JurBüro 2007, 79.

Auslagenpauschale, Nr. 7002 VV RVG		20,00 EUR
Zwischensumme	1.878,90 EUR	
19 % Mehrwertsteuer, Nr. 7008 VV RVG		356,99 EUR
Gesamtbetrag		**2.235,89 EUR**
2. Das mitverglichene Verfahren:		
1,3 Verfahrensgebühr, Nr. 3100 VV RVG i.V.m. § 13 RVG aus **5.000,00 EUR**	393,90 EUR	
– 0,8 Verfahrensgebühr, Nr. 3101 VV RVG i.V.m. § 13 RVG aus **5.000,00 EUR** (= Verfahrensgebühr aus dem Landgerichtsprozess, in dem sich verglichen wurde)[7]	– 242,40 EUR	
=> restliche Verfahrensgebühr somit	151,50 EUR	151,50 EUR
1,2 Terminsgebühr, Nr. 3104 VV RVG i.V.m. § 13 RVG aus **5.000,00 EUR**		363,60 EUR
Auslagenpauschale, Nr. 7002 VV RVG		20,00 EUR
Zwischensumme	535,10 EUR	
19 % Mehrwertsteuer, Nr. 7008 VV RVG		101,67 EUR
Gesamtbetrag		**636,77 EUR**

Die Reduktionsvorschrift der Nr. 1003 VV RVG greift aber entsprechend der Anmer- 22
kung nur, soweit ein **anderes gerichtliches Verfahren als das selbstständige Beweisverfahren** anhängig ist. Das bedeutet, dass die Anhängigkeit eines selbstständigen Beweisverfahrens die Einigungsgebühr gerade nicht reduziert.

Beispiel 12 **Einigungsgebühr im selbständigen Beweisverfahren**

Der Rechtsanwalt leitet ein selbstständiges Beweisverfahren ein; der Sachverständige beraumt einen Ortstermin an, der von den Parteivertretern auch wahrgenommen wird. Vor Ort und Stelle einigt man sich und die Sache wird abgeschlossen. Der Gegenstandswert beträgt 17.000,00 EUR.

Da das selbstständige Beweisverfahren das anhängige Verfahren ist, greift die Reduktionsvorschrift der Einigungsgebühr nach Nr. 1003 VV RVG gerade nicht, so dass die 1,5 Einigungsgebühr der Nr. 1000 VV RVG neben der Verfahrens- und Terminsgebühr angesetzt wird.

7 Für den Antrag auf Protokollierung dieser rechtshängigen Forderung ist in dem Verfahren, in dem der Vergleich geschlossen wurde, eine Verfahrensgebühr nach Nr. 3101 VV RVG entstanden. Diese muss hier naturgemäß Anrechnung finden, da der Anwalt ansonsten überhonoriert würde.

1,3 Verfahrensgebühr, Nr. 3100 VV RVG i.V.m. § 13 RVG aus 17.000,00 EUR		904,80 EUR
1,2 Terminsgebühr, Nr. 3104 VV RVG i.V.m. § 13 RVG aus 17.000,00 EUR		835,20 EUR
1,5 Einigungsgebühr, Nr. 1000 VV RVG i.V.m. § 13 RVG aus 17.000,00 EUR		1.044,00 EUR
Auslagenpauschale, Nr. 7002 VV RVG		20,00 EUR
Zwischensumme	2,804,00 EUR	
19 % Mehrwertsteuer, Nr. 7008 VV RVG		532,76 EUR
Gesamtbetrag		**3.336,76 EUR**

23 Sofern sich das (andere) gerichtliche Verfahren – also gerade nicht das Beweissicherungsverfahren – in der Berufung oder der Revision befindet oder aber es sich um eine Beschwerde gegen die Nichtzulassung der Berufung oder Revision bzw. um ein Verfahren vor dem Rechtsmittelgericht über die Zulassung des Rechtsmittels handelt, reduziert sich die Einigungsgebühr gemäß Nr. 1004 VV RVG auf den Gebührensatz von 1,3.

Beispiel 13 Einigungsgebühr im Berufungsverfahren

In einem Berufungsverfahren (Gegenstandswert: 4.000,00 EUR) wird die Angelegenheit im Termin erörtert; der Richter schlägt die vergleichsweise Regelung der Sache vor. Ein entsprechender Vergleich wird protokolliert. Der Gegenstandwert beträgt 4.000,00 EUR.

Der Rechtsanwalt erhält neben der (erhöhten) Verfahrens- und Terminsgebühr die Einigungsgebühr der Nrn. 1000, 1004 VV RVG in Höhe von 1,3.

1,6 Verfahrensgebühr, Nr. 3200 VV RVG i.V.m. § 13 RVG aus 4.000,00 EUR		403,20 EUR
1,2 Terminsgebühr, Nr. 3202 VV RVG i.V.m. § 13 RVG aus 4.000,00 EUR		302,40 EUR
1,3 Einigungsgebühr, Nrn. 1000, 1004 VV RVG i.V.m. § 13 RVG aus 4.000,00 EUR		327,60 EUR
Auslagenpauschale, Nr. 7002 VV RVG		20,00 EUR
Zwischensumme	1.053,20 EUR	
19 % Mehrwertsteuer, Nr. 7008 VV RVG		200,11 EUR
Gesamtbetrag		**1.253,316 EUR**

24 Nicht ungewöhnlich ist der Fall, dass eine außergerichtliche Einigungsgebühr (Nr. 1000 VV RVG) auf eine gerichtliche Einigungsgebühr (Nr. 1003 VV RVG) trifft. Dies ist immer dann der Fall, wenn im Rahmen eines gerichtlichen Verfahrens bis dahin nicht rechtshängige Ansprüche mitverglichen werden. Aufgrund der Regelung in § 15 Abs. 3 RVG darf in diesen Fällen maximal die höchste der beiden Gebühren nach dem addierten Gegenstandswert abgerechnet werden.

Es ist daher eine Aufstellung zu fertigen, in der die **Summe** der Einigungsgebühren ermittelt wird:

1,0 Einigungsgebühr, Nr. 1003 VV RVG
i.V.m. § 13 RVG aus Gegenstandswert (**X**) ... EUR
1,5 Einigungsgebühr, Nr. 1000 VV RVG
i.V.m. § 13 RVG aus Gegenstandswert (**Y**) ... EUR
Summe ... EUR
Aber: Maximalbetrag eine 1,5 Gebühr aus dem addierten
Gegenstandswert X + Y **... EUR**

Ist also das **Ergebnis** (Summe beider Einigungsgebühren) **kleiner** als eine **1,5** aus dem addierten Gegenstandswert **X + Y**, so ist **dieses Ergebnis** in Ansatz zu bringen. Ist das **Ergebnis größer** als **1,5** aus dem addierten Gegenstandswert **X + Y**, so ist als **Maximalbetrag eine 1,5 Gebühr aus dem addierten Gegenstandswert X + Y** abzurechnen. 25

Natürlich können entsprechend in einem anhängigen Berufungsverfahren bis dahin nicht rechtshängige Ansprüche mitverglichen werden; insoweit sind die Einigungsgebühren der Nr. 1000 und 1004 VV RVG dann der Abgleichung nach § 15 Abs. 3 RVG zu unterziehen. Gegenüber dem obigen Beispiel ändert sich lediglich die gerichtliche Geschäftsgebühr, die im Berufungsverfahren (auch: finanzgerichtlichem Verfahren) dann einen festen Satz von 1,3 hat. 26

Es ist ebenfalls eine Aufstellung zu fertigen, in der die **Summe** der Einigungsgebühren ermittelt wird:

1,3 Einigungsgebühr, Nr. 1004 VV RVG
i.V.m. § 13 RVG aus Gegenstandswert (**X**) ... EUR
1,5 Einigungsgebühr, Nr. 1000 VV RVG
i.V.m. § 13 RVG aus Gegenstandswert (**Y**) ... EUR
Summe ... EUR
Aber: Maximalbetrag eine 1,5 Gebühr aus dem addierten
Gegenstandswert X + Y **... EUR**

Ist also das **Ergebnis** (Summe beider Einigungsgebühren) **kleiner** als eine **1,5** aus dem addierten Gegenstandswert **X + Y**, so ist **dieses Ergebnis** in Ansatz zu bringen. Ist das **Ergebnis größer** als **1,5** aus dem addierten Gegenstandswert **X + Y**, so ist als **Maximalbetrag eine 1,5 Gebühr aus dem addierten Gegenstandswert X + Y** abzurechnen. 27

Nicht eindeutig aus dem Gesetz lesbar ist die Regelung im Hinblick auf die Einigungsgebühr im Rahmen eines Klageverfahrens vor dem Finanzgericht. Denn hier verdient der Anwalt die gleichen Gebühren, die in zivilrechtlichen Verfahren für die Berufungsinstanz Geltung haben, also die Gebühren der Nr. 3200 VV RVG. Vom Wortlaut des Gesetzes her „Über den Gegenstand ist ein Berufungs- oder Revisionsverfahren anhängig“ ist an und für sich der Zugriff auf die 1,3 Einigungsgebühr der Nr. 1004 VV RVG 28 verwehrt und muss somit lediglich der Ansatz einer 1,0 Einigungsgebühr richtig sein. Dies muss man insbesondere unter dem Gesichtspunkt sehen, dass auch mit Inkrafttreten des 2. Kostenrechtsmodernisierungsgesetzes der Gesetzgeber insoweit nicht nachgebessert und gerade das finanzgerichtliche Verfahren nicht in Nr. 1004 VV RVG aufgenommen hat, obwohl doch gerade diese Vorschrift (im Hinblick auf andere Verfahren) ergänzt wurde. Von einer Gesetzeslücke ist deshalb wohl kaum auszugehen, so dass der Ansatz der 1,0 Einigungsgebühr in finanzgerichtlichen Angelegenheiten dem Willen des Gesetzgebers entsprechen dürfte.[8]

29 Allerdings soll – so die in die andere Richtung gehende Argumentation – das finanzgerichtliche Verfahren dem schwierigeren Berufungsverfahren gebührenmäßig gleichgestellt werden; ein solches zu vermeiden muss dann auch mit der „passenden" Gebührenregelung „belohnt" werden. Die Tendenz im Schrifttum geht daher dazu, im finanzgerichtlichen Verfahren eine 1,3 Einigungsgebühr der Nr. 1004 VV RVG zuzubilligen.[9]

30 Eine andere Klarstellung hingegen ist zwischenzeitlich erfolgt: Durch Inkrafttreten des 2. JuModG ist zum 31.12.2006 geregelt worden, dass das Verfahren vor dem Gerichtsvollzieher einem gerichtlichen Verfahren gleich steht (vgl. Anmerkung Nr. 1003 Satz 2 VV RVG). Befindet sich also die Angelegenheit bereits in den Händen des Gerichtsvollziehers – sei es durch Erteilung eines Vollstreckungsauftrages oder auch eines Antrages zur Abgabe der Vermögensauskunft – und einigt sich der Gläubigervertreter sodann mit Schuldner bzw. Schuldnervertreter (auf einen geminderten Betrag oder aber Ratenzahlungen an Gläubiger bzw. Gläubigervertreter), so erwächst dem Anwalt eine 1,0 Einigungsgebühr, also gerade keine auf 1,5 erhöhte (außergerichtliche) Einigungsgebühr.

31 Hierbei muss der am 1.7.2013 in Kraft getretene und bereits erwähnte § 31b RVG Berücksichtigung finden, nach dem bei der Berechnung einer Einigungsgebühr lediglich 20 % des Anspruchs als Gegenstandswert zugrunde zu legen ist, wenn die Einigung sich bloß auf eine Ratenzahlung bezieht.

32 In Verwaltungsverfahren sozialrechtlicher Angelegenheiten, in denen dem Rechtsanwalt Betragsrahmengebühren nach § 3 RVG entstehen, beläuft sich die außergerichtliche Einigungsgebühr/Erledigungsgebühr nach Nr. 1005 VV RVG grundsätzlich in Höhe der Geschäftsgebühr. Sie hat demnach keinen eigenen Ermessenspielraum, sondern ist zwingend an die Höhe der Geschäftsgebühr gebunden. Das gilt auch dann, wenn für die Geschäftsgebühr eine Kappungsgrenze vorgesehen ist.

33 Weil in der Vergangenheit die Ermittlung der Einigungsgebühr in den Fällen, in denen (außergerichtlich) in einem Verwaltungsverfahren mit Betragsrahmengebühren anderweitige Ansprüche aus anderen Verfahren mitverglichen wurden, problematisch war, hat

8 FG Köln EFG 2011, 1832.
9 So auch FG Baden-Württemberg, Beschl. v. 14.12.2006 – 8 KO 11/06.

der Gesetzgeber mit dem 2. Kostenrechtsmodernisierungsgesetz das RVG diesbezüglich nachgebessert: Wenn Ansprüche aus anderen Verwaltungsverfahren mit einbezogen werden, so entsteht die Einigungsgebühr in Höhe der höchsten, entstandenen Geschäftsgebühr ohne Berücksichtigung einer Erhöhung nach Nr. 1008 VV RVG.

Stehen dem Anwalt ausschließlich Gebühren nach § 34 RVG (vereinbarte Vergütung, Vergütung nach dem BGB, evtl. Verbraucherkappungsgrenzen) zu, so beträgt die Einigungsgebühr die Hälfte der in der Anmerkung zu Nr. 2302 VV RVG genannten Betrages (derzeit: 300,00 EUR), demnach fix 150,00 EUR. **34**

Für den Fall, dass die Einigung nur einen Teil der Angelegenheit umfasst, ist der auf diesen Anteil entfallende Teil der Geschäftsgebühr zu schätzen und hiernach die Einigungsgebühr zu bemessen. **35**

Die gerichtliche Einigungsgebühr/Erledigungsgebühr im Verwaltungsverfahren mit Betragsrahmengebühren richtet sich entsprechend Nr. 1006 VV RVG nach der Höhe der jeweiligen Verfahrensgebühr; auch insoweit existiert für die Einigungs-/Erledigungsgebühr kein eigener Ermessenspielraum, sondern der Betrag orientiert sich starr an der Verfahrensgebühr, die anhand der Ermessenkriterien des § 14 RVG ermittelt wird. Eine etwa zu erfolgende Anrechnung einer zuvor entstandenen Gebühr auf die Verfahrensgebühr spielt für die Ermittlung der Einigungsgebühr naturgemäß keine Rolle. **36**

In Fällen, in denen in einem anhängigen Verfahren auch bislang nicht anhängige bzw. anderweitig anhängige Ansprüche mitverglichen werden, ist die höchste entstandene Verfahrensgebühr für den Ansatz der Einigungsgebühr maßgeblich, wobei auch hier eine Erhöhung nach Nr. 1008 VV RVG nicht zu berücksichtigen ist. **37**

Sollte die Einigung nur einen Teil der Angelegenheit umfassen, so ist der auf diesen Anteil entfallende Teil der Verfahrensgebühr zu schätzen und hiernach die Einigungsgebühr zu bemessen. **38**

C. Die Aussöhnungsgebühr

Der Rechtsanwalt erhält eine 1,5 Aussöhnungsgebühr der Nr. 1001 VV RVG, wenn bei der Partei zunächst der ernsthafte Wille bestand, die Ehescheidung oder ein Verfahren auf Aufhebung der Ehe anhängig zu machen, die Eheleute aber sodann die eheliche Lebensgemeinschaft fortsetzen oder wieder aufnehmen. Damit der Anwalt diese Gebühr verdienen kann, muss er insoweit mitgewirkt haben. Vorstehende Vorschrift ist auch anwendbar bei Lebenspartnerschaften. **39**

Beispiel 14 **Aussöhnungsgebühr im außergerichtlichen Verfahren**

Die Ehefrau ist fest entschlossen, das Scheidungsverfahren durchzuführen, da sie von der Untreue ihres Ehemannes überzeugt ist und unter diesen Bedingungen die Lebensgemeinschaft nicht fortführen will. Um die Angelegenheit durch eine Scheidungsfolgenvereinbarung vorgerichtlich vorzubereiten, bittet der Rechtsanwalt beide Parteien zu sich, um insoweit eine unstreitige Regelung herbeizuführen. Dem Rechtsanwalt bleibt hierbei nicht verborgen, dass sich die Eheleute noch sehr wohl zueinander hingezogen fühlen, und bespricht mit ihnen die Ist-Situation und wie es zu dieser Entwicklung kommen konnte. Im Rahmen dieses Gesprächs werden Missverständnisse aufgeklärt, die dazu führen, dass die Ehefrau ihren Auftrag zurückzieht. Sie möchte die Lebensgemeinschaft mit ihrem Ehemann fortführen und zieht wieder in die eheliche Wohnung ein. Der Gegenstandswert beträgt 4.000,00 EUR.

Der Rechtsanwalt verdient neben der außergerichtlichen Geschäftsgebühr die Aussöhnungsgebühr der Nr. 1001 VV RVG in Höhe eines Satzes von 1,5.

1,5 Geschäftsgebühr, Nr. 2300 VV RVG i.V.m. § 13 RVG aus 4.000,00 EUR		378,00 EUR
1,5 Aussöhnungsgebühr, Nr. 1001 VV RVG i.V.m. § 13 RVG aus 4.000,00 EUR		378,00 EUR
Auslagenpauschale, Nr. 7002 VV RVG		20,00 EUR
Zwischensumme	776,00 EUR	
19 % Mehrwertsteuer, Nr. 7008 VV RVG		147,44 EUR
Gesamtbetrag		**923,44 EUR**

40 Die Aussöhnungsgebühr reduziert sich gemäß Nr. 1003 VV RVG auf 1,0, wenn ein gerichtliches Verfahren anhängig ist.

Beispiel 15 **Aussöhnungsgebühr im gerichtlichen Verfahren**

Der Rechtsanwalt hat in einer Ehesache bei der Aussöhnung der Eheleute mitgewirkt; der Scheidungsantrag war bereits bei Gericht eingereicht. Nachdem die Eheleute ihren Willen bekunden, die Lebenspartnerschaft fortzuführen, zieht der Anwalt den Scheidungsantrag zurück. Der Gegenstandswert beträgt 4.000,00 EUR.

Neben der Verfahrensgebühr erhält der Rechtsanwalt eine Aussöhnungsgebühr der Nrn. 1001, 1003 VV RVG in Höhe eines Satzes von 1,0.

1,3 Verfahrensgebühr, Nr. 3100 VV RVG i.V.m. § 13 RVG aus 4.000,00 EUR		327,60 EUR
1,0 Aussöhnungsgebühr, Nrn. 1001,1003 VV RVG i.V.m. § 13 RVG aus 4.000,00 EUR		252,00 EUR
Auslagenpauschale, Nr. 7002 VV RVG		20,00 EUR
Zwischensumme	599,60 EUR	
19 % Mehrwertsteuer, Nr. 7008 VV RVG		113,92 EUR
Gesamtbetrag		**713,52 EUR**

Befindet sich das gerichtliche Verfahren in Berufung oder Revision, so reduziert sich die Aussöhnungsgebühr gemäß Nr. 1004 VV RVG auf 1,3. Dieser Fall dürfte jedoch ausgesprochenen Seltenheitswert haben. **41**

D. Die Erledigungsgebühr

Der Rechtsanwalt verdient eine 1,5 Erledigungsgebühr nach Nr. 1002 VV RVG, wenn sich eine Rechtssache ganz oder teilweise nach Aufhebung oder Änderung des mit einem Rechtsbehelf angefochtenen Verwaltungsaktes erledigt. Gleiches gilt, wenn sich eine Rechtssache ganz oder teilweise durch den Erlass eines bisher abgelehnten Verwaltungsaktes erledigt. Voraussetzung für den Anfall der Gebühr ist, dass der Rechtsanwalt an der Erledigung ursächlich mitgewirkt hat. **42**

Die Erledigungsgebühr in allen Verwaltungsverfahren ist quasi das Pendent zur Einigungsgebühr, wie man sie z.B. aus den Zivilverfahren her kennt. Die Erledigungsgebühr kann nicht in Zivilsachen entstehen, denn nach dem Gesetzeswortlaut her, kann sie nur entstehen, wenn sich ein „Verwaltungsakt" erledigt. Damit ist auch gleichzeitig geklärt, dass eine Erledigungsgebühr gerade nicht entstehen kann, wenn sich zum Beispiel in einem Zivilprozess die Hauptsache erledigt. **43**

Die Erledigungsgebühr gehört in alle Verwaltungsverfahren, die Einigungsgebühr in die übrigen Verfahren. Somit können **Einigungs- und Erledigungsgebühr nicht nebeneinander stehen**. **44**

Die Erledigungsgebühr kann also immer dann entstehen, wenn ein (für die Mandantschaft ungünstiger) Verwaltungsakt mit einem Rechtsbehelf angegriffen wurde und sich die Sache sodann **durch die Mitwirkung des Anwaltes** erledigt, die Sache also durch volle oder teilweise Aufhebung oder Änderung des angegriffenen Verwaltungsaktes oder durch den Erlass des bisher abgelehnten Verwaltungsaktes endet. Hierbei muss aber beachtet werden, dass es nach allgemeiner Ansicht zum Entstehen der Erledigungsgebühr einer **anwaltlichen Tätigkeit bedarf, die über das hinausgeht, was von dem Anwalt allgemein im Rahmen seiner Bevollmächtigung zu erwarten ist und was mit den bis dahin entstandenen Gebühren nicht als abgegolten angesehen werden** **45**

kann,[10] Das bedeutet: Die Erledigungsgebühr ist nicht wirklich einfach festsetzbar; sie muss schon – nachvollziehbar – begründet werden.

Beispiel 16 Erledigungsgebühr im Verfahren vor der Verwaltungsbehörde

Der von dem Rechtsanwalt angegriffene Steuerbescheid (Gegenstandswert: 1.500,00 EUR) wird aufgrund der Begründung und aufwendiger Mitwirkung des Anwaltes nach hausinterner Überprüfung vom Finanzamt im Interesse des Steuerzahlers abgeändert. Es handelt sich um eine schwere Angelegenheit, bei der der Ansatz einer Geschäftsgebühr im oberen (Satz-) Rahmen gerechtfertigt ist.

2,0 Geschäftsgebühr, Nr. 2300 VV RVG i.V.m. § 13 RVG aus 1.500,00 EUR		230,00 EUR
1,5 Erledigungsgebühr, Nr. 1002 VV RVG i.V.m. § 13 RVG aus 1.500,00 EUR		172,50 EUR
Auslagenpauschale, Nr. 7002 VV RVG		20,00 EUR
Zwischensumme	422,50 EUR	
19 % Mehrwertsteuer, Nr. 7008 VV RVG		80,28 EUR
Gesamtbetrag		**502,78 EUR**

46 Die Erledigungsgebühr reduziert sich gemäß Nr. 1003 VV RVG auf 1,0, wenn ein gerichtliches Verfahren im ersten Rechtszug anhängig ist.

Beispiel 17 Erledigungsgebühr im gerichtlichen Verwaltungsverfahren

Der Rechtsanwalt erhebt Klage vor dem Verwaltungsgericht, Gegenstandswert: 800,00 EUR. Nach Durchsicht der sorgfältigen Begründung und im Anschluss mehrerer Schriftsätze erlässt die Verwaltungsbehörde den bereits im Vorverfahren so beantragten Bescheid.

Der Rechtsanwalt erhält neben der Verfahrensgebühr die auf 1,0 reduzierte Erledigungsgebühr der Nrn. 1002, 1003 VV RVG. Die Mitwirkung ist dadurch offensichtlich, dass das Finanzamt den Steuerbescheid ohne Einreichung der Klage und die anschließenden Schriftsätze nicht geändert hätte.

1,3 Verfahrensgebühr, Nr. 3100 VV RVG i.V.m. § 13 RVG aus 800,00 EUR		104,00 EUR
1,0 Erledigungsgebühr, Nrn. 1002, 1003 VV RVG i.V.m. § 13 RVG aus 800,00 EUR		80,00 EUR
Auslagenpauschale, Nr. 7002 VV RVG		20,00 EUR
Zwischensumme	204,00 EUR	
19 % Mehrwertsteuer, Nr. 7008 VV RVG		38,76 EUR
Gesamtbetrag		**242,76 EUR**

10 Vgl. z.B. OVG Berlin-Brandenburg v. 17.12.2014 – OVG 6 K 128/14 (Anschluss an BVerwG, Beschl. v. 28.11.2011 – 6 B 34.11).

Befindet sich das gerichtliche Verfahren in Berufung oder Revision, so reduziert sich die Erledigungsgebühr gemäß Nr. 1004 VV RVG auf 1,3. 47

Beispiel 18 Erledigungsgebühr im Berufungsverfahren

Nachdem das erstinstanzliche Verfahren (Gegenstandswert: 800,00 EUR) ohne Erfolg abgeschlossen wurde, legt der RA Berufung ein. Nach Durchsicht der sorgfältigen Begründung des Rechtsanwaltes und weiterer ausführlicher Schriftsätze erlässt die Behörde den begehrten Bescheid.

Der Rechtsanwalt erhält neben der Verfahrensgebühr die auf 1,3 reduzierte Erledigungsgebühr der Nrn. 1002, 1004 VV RVG. Die Mitwirkung ist dadurch offensichtlich, dass der Bescheid ohne Einleitung des Berufungsverfahrens und ohne weitere umfangreiche Darstellungen in den Schriftsätzen nicht erlassen wurde.

1,6 Verfahrensgebühr, Nr. 3200 VV RVG i.V.m. § 13 RVG aus 800,00 EUR		128,00 EUR
1,3 Erledigungsgebühr, Nrn. 1002, 1004 VV RVG i.V.m. § 13 RVG aus 800,00 EUR		104,00 EUR
Auslagenpauschale, Nr. 7002 VV RVG		20,00 EUR
Zwischensumme	252,00 EUR	
19 % Mehrwertsteuer, Nr. 7008 VV RVG		47,88 EUR
Gesamtbetrag		**299,88 EUR**

Unklar ist die Regelung jedoch im Hinblick auf die Erledigung im Rahmen eines Klageverfahrens vor dem Finanzgericht (vgl. auch selbigen Hinweis zur „Einigung"). Vor dem Finanzgericht erhält der Rechtsanwalt die gleichen Gebühren, die in zivilgerichtlichen Verfahren für die Berufungsinstanz gelten, also die Gebühren der Nr. 3200 VV RVG: Nach dem starren Gesetzeswortlaut ist hier die Erledigungsgebühr der Nrn. 1002, 1003 VV RVG in Höhe eines Satzes von 1,0 anzusetzen, weil ein Verfahren im ersten Rechtszug anhängig ist. Denkbar ist jedoch auch die Möglichkeit, die Erledigungsgebühr der Nrn. 1002, 1004 VV RVG in Höhe eines Satzes von 1,3 abzurechnen, weil das Finanzgerichtsverfahren gebührenmäßig dem Berufungsverfahren gleichgestellt werden soll.[11] Dem widerspricht aber nach Meinung der Verfasserin der Wortlaut der Nr. 1004 VV RVG *„Über den Gegenstand ist ein Berufungs- oder Revisionsverfahren anhängig."*[12] Im Übrigen ist ja die Erledigungsgebühr gerade nicht dem Teil 3.2 zugeordnet, auf das verwiesen wird. Nach wie vor ist es ratsam, die Rechtsprechung zu verfolgen, da es nach Ansicht der Autorin eher wahrscheinlich ist, dass sich andere Finanzgerichte *nicht* der Meinung des FG Baden-Württemberg[13] anschließen. 48

11 So z.B. das FG Baden-Württemberg in seinem Beschl. v. 14.12.2006 – 8 KO 11/06.

12 Vgl. Aufsatz in JurBüro 2007, 229 „Die Einigungs- und Erledigungsgebühr bei gerichtlich anhängiger Finanzstreitigkeit".

13 FG Baden-Württemberg, Beschl. v. 14.12.2006 – 8 KO 11/06.

49 Die Erledigungsgebühr der Nr. 1002 VV RVG verdient der Anwalt nicht, wenn eine Erledigung in sozialrechtlichen Angelegenheiten erfolgt, in denen der Rechtsanwalt Betragsrahmengebühren nach § 3 RVG erhält.

50 Denn in Verwaltungsverfahren sozialrechtlicher Angelegenheiten, in denen dem Rechtsanwalt Betragsrahmengebühren nach § 3 RVG zustehen, beläuft sich die außergerichtliche Erledigungsgebühr nach Nr. 1005 VV RVG grundsätzlich in Höhe der Geschäftsgebühr. Sie hat demnach keinen eigenen Ermessenspielraum, sondern ist zwingend an die Höhe der Geschäftsgebühr gebunden. Das gilt auch dann, wenn für die Geschäftsgebühr eine Kappungsgrenze vorgesehen ist.

Beispiel 19 **Erledigungsgebühr bei Betragsrahmengebühren**

In einem Widerspruchsverfahren vor der Sozialbehörde erledigt sich die Angelegenheit durch ursächliche Mitwirkung des Rechtsanwaltes, so dass der Verwaltungsakt antragsgemäß geändert wird. Die Angelegenheit ist von mittlerem Schwierigkeitsgrad und normalem Umfang.

Neben der Geschäftsgebühr der Nr. 2302 VV RVG erhält der Rechtsanwalt eine Erledigungsgebühr nach Nr. 1005 VV RVG in selber Höhe, also hier nach Rahmenmitte. Der Rahmen dieser Gebühr beträgt 50,00 EUR bis 640,00 EUR, weshalb sich die Mittelgebühr mit 345,00 EUR errechnen lässt (vgl. Rdn 3).

Geschäftsgebühr, Nr. 2302 VV RVG i.V.m. §§ 2, 14 RVG		345,00 EUR
Erledigungsgebühr, Nrn. 1005, 2302 VV RVG i.V.m. §§ 2, 14 RVG		345,00 EUR
Auslagenpauschale, Nr. 7002 VV RVG		20,00 EUR
Zwischensumme	710,00 EUR	
19 % Mehrwertsteuer, Nr. 7008 VV RVG		134,90 EUR
Gesamtbetrag		**844,90 EUR**

51 Weil in der Vergangenheit die Ermittlung der Einigungsgebühr/Erledigungsgebühr in den Fällen, in denen (außergerichtlich) in einem Verfahren **anderweitige Ansprüche** aus anderen Verfahren **mitverglichen** wurden, problematisch war, hat der Gesetzgeber mit dem 2. Kostenrechtsmodernisierungsgesetz das RVG diesbezüglich nachgebessert: Wenn Ansprüche aus anderen Verwaltungsverfahren mit einbezogen werden, so entsteht die Einigungsgebühr in Höhe der **höchsten**, entstandenen **Geschäftsgebühr** ohne Berücksichtigung einer Erhöhung nach Nr. 1008 VV RVG.

Beispiel 20 **Erledigungsgebühr bei Betragsrahmengebühren: Mitvergleichen eines anderweitigen Anspruchs**

Es ist ein Widerspruchsverfahren gegen einen Beihilfebescheid anhängig, als ein weiteres gegen einen zweiten Bescheid anhängig gemacht wird.

Das erste Widerspruchsverfahren rechnet der Anwalt, da die Angelegenheit mittelmäßig schwer und umfangreich ist, vorschüssig mit einer Mittelgebühr ab. Der Rahmen dieser Gebühr beträgt 50,00 EUR bis 640,00 EUR, weshalb sich die Mittelgebühr mit 345,00 EUR errechnen lässt (vgl. Rdn 3).

Geschäftsgebühr, Nr. 2302 VV RVG i.V.m. §§ 2, 14 RVG		345,00 EUR
Auslagenpauschale, Nr. 7002 VV RVG		20,00 EUR
Zwischensumme	365,00 EUR	
19 % Mehrwertsteuer, Nr. 7008 VV RVG		69,35 EUR
Gesamtbetrag		**434,35 EUR**

Das zweite Widerspruchsverfahren – ziemlich umfangreich und sehr schwierig – rechnet der Anwalt vorschüssig mit einer höheren Gebühr als der Mittelgebühr ab. Der Rahmen dieser Gebühr beträgt 50,00 EUR bis 640,00 EUR, weshalb auf Grund Umfanges und Schwierigkeit ein Betrag im oberen Rahmen, hier mit 550,00 EUR, angemessen erscheint.

Geschäftsgebühr, Nr. 2302 VV RVG i.V.m. §§ 2, 14 RVG		550,00 EUR
Auslagenpauschale, Nr. 7002 VV RVG		20,00 EUR
Zwischensumme	570,00 EUR	
19 % Mehrwertsteuer, Nr. 7008 VV RVG		108,30 EUR
Gesamtbetrag		**678,30 EUR**

Sodann werden im ersten Widerspruchsverfahren durch ursächliche Mitwirkung des Anwaltes durch Änderung des Verwaltungsaktes beide anhängige Verfahren erledigt. Wie hoch ist die Erledigungsgebühr?

Die Erledigungsgebühr berechnet sich nach der Geschäftsgebühr des zweiten Widerspruchsverfahrens, weil dort die Geschäftsgebühr die höhere Gebühr war.

Erledigungsgebühr, Nrn. 1005, 2302 VV RVG i.V.m. §§ 2, 14 RVG		550,00 EUR
Auslagenpauschale, Nr. 7002 VV RVG		20,00 EUR
Zwischensumme	570,00 EUR	
19 % Mehrwertsteuer, Nr. 7008 VV RVG		108,30 EUR
Gesamtbetrag		**678,30 EUR**

Stehen dem Anwalt ausschließlich Gebühren nach § 34 RVG (vereinbarte Vergütung, **52** Vergütung nach dem BGB, evtl. Verbraucherkappungsgrenzen) zu, so beträgt die Erledigungsgebühr die Hälfte der in Nr. 2302 VV RVG genannten Betrages (derzeit: 300,00 EUR), demnach fix 150,00 EUR.

Beispiel 21 Erledigungsgebühr bei vereinbartem Honorar

Der Anwalt ist im sozialrechtlichen Verfahren mit Betragsrahmengebühren als Mediator mit einem vereinbarten Stundenhonorar in Höhe von 250,00 EUR tätig. Sollte der gewünschte Erfolg eintreten, ist die gesetzliche Erledigungsgebühr zusätzlich vereinbart. Der Anwalt hat drei Stunden gearbeitet und der Verwaltungsakt wird abgeändert.

Für drei Stunden Tätigkeit erhält der Rechtsanwalt die vereinbarte Vergütung; die Erledigungsgebühr ist gemäß Anmerkung zu Nr. 1005 VV RVG 150,00 EUR anzusetzen.

Honorar gemäß Vereinbarung, 3 Std. à 250,00 EUR		750,00 EUR
Erledigungsgebühr, Nr. 1005, § 34 RVG		150,00 EUR
Auslagenpauschale, Nr. 7002 VV RVG		20,00 EUR
Zwischensumme	920,00 EUR	
19 % Mehrwertsteuer, Nr. 7008 VV RVG		174,80 EUR
Gesamtbetrag		**1.094,80 EUR**

53 Für den Fall, dass die Erledigung nur einen Teil der Angelegenheit umfasst, ist der auf diesen Anteil entfallende Teil der Geschäftsgebühr zu schätzen und hiernach die Erledigungsgebühr zu bemessen.

54 Die **gerichtliche Erledigungsgebühr** richtet sich entsprechend Nr. 1006 VV RVG nach der Höhe der jeweiligen Verfahrensgebühr; auch insoweit existiert für die Einigungs-/Erledigungsgebühr kein eigener Ermessenspielraum, sondern der Betrag orientiert sich starr an der Verfahrensgebühr, die anhand der Ermessenkriterien des § 14 RVG ermittelt wird. Eine etwa zu erfolgende Anrechnung einer zuvor entstandenen Gebühr auf die Verfahrensgebühr spielt für die Ermittlung der Erledigungsgebühr naturgemäß keine Rolle.

Beispiel 22 Erledigungsgebühr/Einigungsgebühr im gerichtlichen Verfahren mit Betragsrahmengebühren

Im Verfahren vor dem Sozialgericht, das mittelschwer und umfangreich ist und mit Betragsrahmengebühren abzurechnen ist, so dass eine Mittelgebühr anzusetzen ist, erfolgt eine Einigung unter ursächlicher Mitwirkung des Rechtsanwaltes.

Für die Tätigkeit vor dem Sozialgericht erhält der Rechtsanwalt die Verfahrensgebühr der Nr. 3102 VV RVG, hier in Höhe der Mittelgebühr. Die Einigungsgebühr der Nr. 1006 VV RVG erwächst in Höhe der jeweiligen Verfahrensgebühr, ist in dieser Angelegenheit also ebenfalls mit 300,00 EUR anzusetzen.

Verfahrensgebühr, Nr. 3102 VV RVG		
i.V.m. §§ 2, 14 RVG		300,00 EUR
Einigungsgebühr, Nrn. 1006, 3102 VV RVG		
i.V.m. §§ 2, 14 RVG		300,00 EUR
Auslagenpauschale, Nr. 7002 VV RVG		20,00 EUR
Zwischensumme	620,00 EUR	
19 % Mehrwertsteuer, Nr. 7008 VV RVG		117,80 EUR
Gesamtbetrag		**737,80 EUR**

In Fällen, in denen in einem anhängigen Verfahren auch bislang nicht anhängige bzw. anderweitig anhängige Ansprüche mitverglichen werden, ist die höchste entstandene Verfahrensgebühr für den Ansatz der Erledigungsgebühr/Einigungsgebühr maßgeblich, wobei auch hier eine Erhöhung nach Nr. 1008 VV RVG nicht zu berücksichtigen ist. 55

Beispiel 23 **Gerichtliche Einigungsgebühr bei Betragsrahmengebühren: Mitvergleichen eines anderweitigen Anspruchs**

Im Verfahren vor dem Sozialgericht, das mittelschwer und umfangreich ist und mit Betragsrahmengebühren abzurechnen ist, wird ein weiteres gerichtliches Verfahren, das äußerst schwierig und umfangreich ist, mitverglichen. In welcher Höhe bemisst sich die Einigungsgebühr der Nr. 1006 VV RVG?

Für die Tätigkeit vor dem Sozialgericht im ersten Verfahren erhält der Rechtsanwalt die Verfahrensgebühr der Nr. 3102 VV RVG, hier in Höhe der Mittelgebühr. Der Rahmen dieser Gebühr beträgt 50,00 EUR bis 550,00 EUR, weshalb sich die Mittelgebühr mit 300,00 EUR errechnen lässt (vgl. Rdn 3).

Das zweite Verfahren vor dem Sozialgericht ist so schwierig und umfangreich, dass hier die Höchstgebühr in Ansatz zu bringen ist.

Die Einigungsgebühr der Nr. 1006 VV RVG erwächst in Höhe der höchsten Verfahrensgebühr, sie ist dementsprechend mit 550,00 EUR anzusetzen.

Verfahren 1:		
Verfahrensgebühr, Nr. 3102 VV RVG		
i.V.m. §§ 2, 14 RVG		300,00 EUR
Einigungsgebühr, Nrn. 1006, 3102 VV RVG		
i.V.m. §§ 2, 14 RVG		550,00 EUR
Auslagenpauschale, Nr. 7002 VV RVG		20,00 EUR
Zwischensumme	870,00 EUR	
19 % Mehrwertsteuer, Nr. 7008 VV RVG		165,30 EUR
Gesamtbetrag		**1.035,30 EUR**

Verfahren 2:		
Verfahrensgebühr, Nr. 3102 VV RVG i.V.m. §§ 2, 14 RVG		550,00 EUR
Auslagenpauschale, Nr. 7002 VV RVG		20,00 EUR
Zwischensumme	570,00 EUR	
19 % Mehrwertsteuer, Nr. 7008 VV RVG		108,30 EUR
Gesamtbetrag		**678,30 EUR**

56 Sollte die Einigung nur einen Teil der Angelegenheit umfassen, so ist der auf diesen Anteil entfallende Teil der Verfahrensgebühr zu schätzen und hiernach die Einigungsgebühr zu bemessen.

E. Die Erhöhung/Mehrvertretungszuschlag

I. Grundsätzliches

57 § 7 Abs. 1 RVG bestimmt, dass der Rechtsanwalt, der in derselben Angelegenheit für mehrere Auftraggeber tätig wird, die Gebühren nur einmal erhält. In Anlehnung an § 6 Abs. 1 BRAGO findet sich auch im RVG unter der Vergütungsziffer 1008 VV RVG eine Regelung wieder, wonach der Mehraufwand des Rechtsanwaltes für mehrere Auftraggeber ebenfalls entlohnt wird. Im Unterschied zu § 6 BRAGO, nach dem sich die Geschäfts- und Prozessgebühren prozentual um 3/10 erhöhten (eine 5/10 Prozessgebühr wurde somit durch einen zweiten Auftraggeber bei identischem Gegenstand auf 6,5/10 erhöht), wird nach dem RVG jede Gebühr – unabhängig von ihrem Ausgangsgebührensatz – um einen Satz von 0,3 erhöht. Vertritt der Rechtsanwalt in einer Angelegenheit also zwei Auftraggeber und ist der Gegenstand der anwaltlichen Tätigkeit derselbe, wird die von ihm verdiente Verfahrens- oder Geschäftsgebühr durch Aufaddieren von 0,3 erhöht.

Beispiel 24 **Erhöhung der Verfahrensgebühr Nr. 3100 VV RVG bei einem weiteren Auftraggeber**

Der Rechtsanwalt vertritt die Eheleute A und B im gerichtlichen Verfahren wegen desselben Streitgegenstandes. Der Gegenstandswert beträgt 1.800,00 EUR.

Für die Vertretung im gerichtlichen Verfahren erhält der Rechtsanwalt die 1,3 Verfahrensgebühr; für den Mehraufwand durch den zweiten Auftraggeber erhält der Rechtsanwalt zusätzlich eine 0,3 Gebühr der Nr. 1008 VV RVG.

1,3 Verfahrensgebühr, Nr. 3100 VV RVG i.V.m. § 13 RVG aus 1.800,00 EUR		195,00 EUR
0,3 Erhöhung, Nr. 1008 VV RVG i.V.m. § 13 RVG aus 1.800,00 EUR		45,00 EUR
In Summe: **1,6 Verfahrensgebühr, Nrn. 3100, 1008 VV RVG** **i.V.m. § 13 RVG aus 1.800,00 EUR**		**240,00 EUR**
Auslagenpauschale, Nr. 7002 VV RVG		20,00 EUR
Zwischensumme	260,00 EUR	
19 % Mehrwertsteuer, Nr. 7008 VV RVG		49,40 EUR
Gesamtbetrag		**309,40 EUR**

Zu beachten ist: Die maximale Erhöhung bei einer Vielzahl von Auftraggebern beträgt 58
sowohl bei Wertgebühren als auch bei Satzrahmengebühren 2,0; bei Festgebühren ist das Maximum auf das Doppelte der Festgebühr beschränkt, bei Betragsrahmengebühren darf das Doppelte des Mindest- und des Höchstbetrages nicht überschritten werden.

Beispiel 25 Maximale Erhöhung bei mehreren Auftraggebern bei Wertgebühren

Der Anwalt vertritt in einer gemeinsamen Angelegenheit (Gegenstandswert: 10.000,00 EUR) 8 Personen vor dem Landgericht.

Der Anwalt verdient zunächst eine 1,3 Verfahrensgebühr der Nr. 3100 VV RVG; darüber hinaus verdient er je weiteren Auftraggeber eine 0,3 Erhöhung nach Nr. 1008 VV RVG. Das wären 7 × 03 = 2,1 Erhöhung. Aufgrund der Beschränkung auf 2,0 darf er jedoch nur diese 2,0 zusätzlich neben der Verfahrensgebühr ansetzen.

1,3 Verfahrensgebühr, Nr. 3100 VV RVG i.V.m. § 13 RVG aus 10.000,00 EUR		725,40 EUR
7 × 0,3 Erhöhung gemäß Nr. 1008VV RVG i.V.m. § 13 RVG aus 10.00,00 EUR = 2,1 Erhöhung, begrenzt auf 2,0		1.116,00 EUR
In Summe: **3,3 Verfahrensgebühr, Nrn. 3100, 1008 VV RVG** **i.V.m. § 13 RVG aus 10.000,00 EUR**		**1.841,40 EUR**
Auslagenpauschale, Nr. 7002 VV RVG		20,00 EUR
Zwischensumme	1.861,40 EUR	
19 % Mehrwertsteuer, Nr. 7008 VV RVG		353,67 EUR
Gesamtbetrag		**2.215,07 EUR**

Beispiel 26 Maximale Erhöhung bei mehreren Auftraggebern bei Satzrahmengebühren

Der Rechtsanwalt vertritt die oben aufgeführten 8 Personen außergerichtlich. Es soll sich hier um eine mittelschwere Angelegenheit normalen Umfangs handeln, so dass eine Mittelgebühr anzusetzen wäre.

Neben der 1,5 Geschäftsgebühr (der Satzrahmen beträgt von 0,5 bis 2,5) der Nr. 2300 VV RVG verdient der Anwalt je weiteren Auftraggeber eine 0,3 Erhöhung nach Nr. 1008 VV RVG. Das wären 7 × 0,3 = 2,1 Erhöhung. Aufgrund der Beschränkung auf 2,0 darf er jedoch nur diese 2,0 Erhöhung zusätzlich neben der Geschäftsgebühr ansetzen.

1,5 Geschäftsgebühr, Nr. 2300 VV RVG i.V.m. § 13 RVG aus 10.00,00 EUR		837,00 EUR
7 × 0,3 Erhöhung, Nr. 1008 VV RVG i.V.m. § 13 RVG aus 10.00,00 EUR = 2,1 Erhöhung, begrenzt auf 2,0		1.116,00 EUR
In Summe: **3,5 Geschäftsgebühr, Nrn. 2300, 1008 VV RVG** **i.V.m. § 13 RVG aus 10.000,00 EUR**		**1.953,00 EUR**
Auslagenpauschale, Nr. 7002 VV RVG		20,00 EUR
Zwischensumme	1.973,00 EUR	
19 % Mehrwertsteuer, Nr. 7008 VV RVG		374,87 EUR
Gesamtbetrag		**2.347,87 EUR**

Beispiel 27 Maximale Erhöhung bei mehreren Auftraggebern bei Festgebühren

Der Anwalt ist beauftragt, im Wege der Beratungshilfe außergerichtlich tätig zu werden. Auch in diesem Beispiel vertritt er insgesamt 8 Auftraggeber.

Der Anwalt verdient die Geschäftsgebühr der Nr. 2503 VV RVG mit einem Festbetrag von 70,00 EUR; für jeden weiteren Auftraggeber kommt eine Erhöhung von 30 % (= 21,00 EUR) hinzu. Die Erhöhung selbst darf jedoch das Doppelte der Festgebühr (2 × 70,00 EUR = 140,00 EUR) nicht übersteigen.

Geschäftsgebühr, Nr. 2502 VV RVG		70,00 EUR
7 × 30 % Erhöhung, Nr. 1008 VV RVG (7 × 21,00 EUR = 147,00 EUR) Begrenzt auf 2 × Ausgangsgebühr = 140,00 EUR		140,00 EUR
In Summe: **Erhöhte Geschäftsgebühr , Nrn. 2502, 1008 VV RVG**		**210,00 EUR**
Auslagenpauschale, Nr. 7002 VV RVG		20,00 EUR
Zwischensumme	230,00 EUR	
19 % Mehrwertsteuer, Nr. 7008 VV RVG		43,70 EUR
Gesamtbetrag		**273,70 EUR**

Beispiel 28 Maximale Erhöhung bei mehreren Auftraggebern bei Betragsrahmengebühren

Der Anwalt ist für seine 8 Auftraggeber im sozialrechtlichen Verfahren tätig und rechnet die Gebühr der Nr. 2302 VV RVG ab.

Der Mindest- und der Höchstbetrag werden für jeden weiteren Auftraggeber um 30 % erhöht; die Erhöhung selbst darf aber das Doppelte des Mindest- und des Höchstbetrages nicht übersteigen, so dass der Rahmen letztlich maximal das 3fache des Ausgangssatzes betragen darf:

Rahmen gemäß Nr. 2302 VV RVG: 50,00 EUR – 640,00 EUR

pro weiterer Auftraggeber (7) Erhöhung um 30 % = Erhöhung um 210 %

Aber: Maximale Erhöhung um 200 %

50,00 EUR	–	640,00 EUR
+ 100,00 EUR	–	1.280,00 EUR
150,00 EUR	–	1.920,00 EUR

→ erhöhter Rahmen, aus dem die Gebühr zu bestimmen ist: 150,00 EUR – 1.920,00 EUR

Merke 59

Bei Wertgebühren ist die Erhöhung nur zu berechnen, soweit der Gegenstand der anwaltlichen Tätigkeit derselbe ist.

Beispiel 29 Erhöhung der Wertgebühren nur bei identischem Gegenstand

Die Eheleute A und B klagen gegen den C auf Rückzahlung eines gemeinschaftlich hingegebenen Darlehens. Der Gegenstandswert beträgt 1.800,00 EUR.

Der Gegenstand der anwaltlichen Tätigkeit ist für beide Personen derselbe, so dass der Mehrvertretungszuschlag zu berechnen ist.

1,3 Verfahrensgebühr, Nr. 3100 VV RVG i.V.m. § 13 RVG aus 1.800,00 EUR		195,00 EUR
0,3 Erhöhung, Nr. 1008 VV RVG i.V.m. § 13 RVG aus 1.800,00 EUR		45,00 EUR
In Summe:		
1,6 Verfahrensgebühr, Nrn. 3100, 1008 VV RVG i.V.m. § 13 RVG aus 1.800,00 EUR		**240,00 EUR**
Auslagenpauschale, Nr. 7002 VV RVG		20,00 EUR
Zwischensumme	260,00 EUR	
19 % Mehrwertsteuer, Nr. 7008 VV RVG		49,40 EUR
Gesamtbetrag		**309,40 EUR**

Beispiel 30 **Keine Erhöhung bei mehreren Auftraggebern, wenn der Gegenstand der anwaltlichen Tätigkeit nicht derselbe ist**

Die Gesellschafter A und B werden aus der Gesellschaft ausgeschlossen. Sie klagen auf Auszahlung des ihnen jeweils zustehenden Kapitals. Der Gesellschafter A verlangt eine Summe in Höhe von 10.000,00 EUR und der Gesellschafter B verlangt eine Summe in Höhe von 15.000,00 EUR.

Der Rechtsanwalt reicht Klage mit folgenden Anträgen ein:

(1) **Die Beklagte wird verurteilt, an den Kläger zu 1) 10.000,00 EUR nebst X % Zinsen seit dem … zu zahlen.**

(2) **Die Beklagte wird verurteilt, an den Kläger zu 2) 15.000,00 EUR nebst X % Zinsen seit dem … zu zahlen.**

(3) **Die Beklagte trägt die Kosten des Rechtsstreits.**

Vorliegend ist der Gegenstand der anwaltlichen Tätigkeit nicht derselbe, so dass eine Erhöhung der Gebühren nicht in Betracht kommt. Vielmehr sind in diesem Beispielsfall die Gegenstandswerte zu addieren.

1,3 Verfahrensgebühr, Nr. 3100 VV RVG i.V.m. § 13 RVG aus 25.000,00 EUR		1.024,40 EUR
Auslagenpauschale, Nr. 7002 VV RVG		20,00 EUR
Zwischensumme	1.044,40 EUR	
19 % Mehrwertsteuer, Nr. 7008 VV RVG		198,44 EUR
Gesamtbetrag		**1,242,84 EUR**

II. Defizite: Fehlende Eindeutigkeit und nicht geregelte Sachverhalte

1. Zu erhöhende Gebühren

60 Laut Vergütungsgesetz erhöht sich die Verfahrens- oder Geschäftsgebühr für jede weitere Person.

Da die Gebühren des Teils 1 des VV RVG „neben allen in anderen Teilen (des VV RVG) bestimmten Gebühren“ erwachsen können, ist damit gleichzeitig zum Ausdruck gebracht, dass die Erhöhung nicht nur auf die außergerichtlichen Geschäftsgebühren der Nr. 2300 ff. VV RVG und die gerichtlichen Verfahrensgebühren der Nrn. 3100 VV RVG und 3200 ff. VV RVG in Ansatz zu bringen ist, sondern auf alle „Betriebsgebühren“, die sich „Geschäftsgebühr“ oder „Verfahrensgebühr“ bezeichnen, so z.B. auf die

Verfahrensgebühren im Mahnverfahren[14] und der Zwangsvollstreckung, Zwangsverwaltung, Zwangsversteigerung und bei Verfahrensgebühren für einzelne Tätigkeiten.

Gleichermaßen ist die Erhöhung bei mehreren Auftraggebern in Ansatz zu bringen auf Betragsrahmengebühren, die Betriebs-, Geschäfts- oder Verfahrensgebühren sind. **61**

Ob auch die Beratungsgebühr (bis 30.6.2006) erhöht werden konnte, war stets umstritten. Es gab Meinungen in der Literatur, wonach dies der Fall sein sollte, allerdings spricht bereits der Gesetzeswortlaut dagegen: Eine Beratungsgebühr ist eben gerade keine Geschäftsgebühr und auch keine Verfahrensgebühr, weder von der Bezeichnung her noch von der Art der Tätigkeit. **62**

Die Frage stellt sich aber seit dem 1.7.2006 nicht mehr, da die Beratung in den freien Wettbewerb gestellt wurde. Dennoch könnte man insoweit überlegen, ob die so genannte „Erstberatungsgebühr" bzw. die „maximale Gutachtengebühr" bei Verbrauchern (gemäß § 34 RVG) eine Erhöhung erfahren kann (30 %). Denn auch bei einer ersten Beratung oder bei einem Gutachtenauftrag ohne Gebührenvereinbarung könnten mehrere Personen Auftraggeber sein. **63**

Meines Erachtens muss sowohl hier – zumindest, was die „erste" (mündliche) Beratung anbelangt – als auch bei den Beratungshilfegebühren die Erhöhung verneint werden: Die Erhöhung nach Nr. 1008 VV RVG soll den Mehraufwand des Rechtsanwaltes bei der Vertretung mehrerer Auftraggeber vergüten. Gerade bei einer mündlichen Beratung aber kann ein Mehraufwand (eben durch Information und Absprache mit mehreren Personen) nicht begründet werden. **64**

Gleiches gilt für die Hebegebühr: Auch sie kann im Ergebnis nicht durch die Vorschrift der Nr. 1008 VV RVG erhöht werden. Die Gebühr berechnet sich nach dem Wert der auszuzahlenden bzw. rückzuzahlenden Sache; mehrere Auftraggeber lösen insoweit keinen (großen) Mehraufwand aus. Auch von der Bezeichnung her fällt die Hebegebühr nicht unter „Geschäfts- oder Verfahrensgebühr". **65**

2. Erhöhung mehrerer Gebühren in „einer Angelegenheit"

Das Gesetz spricht – wie oben bereits dargestellt, von der Erhöhung der Verfahrens- **oder** Geschäftsgebühr. In diesem Zusammenhang kann man sich durchaus die Frage stellen, ob beim Zusammenfall beider Gebühren jeweils nur eine der Gebühren erhöht werden darf. **66**

14 Hierbei ist zu beachten: Die Erhöhung auf die Verfahrensgebühr für den Antrag auf Erlass eines Vollstreckungsbescheides (Nr. 3308 VV RVG) ist nur dann zu berechnen, **wenn sich die Verfahrensgebühr** für den Antrag auf Erlass eines **Mahnbescheides** nach Nr. 3305 VV RVG **noch nicht erhöht hat**. Dies kann dann zum Beispiel der Fall sein, wenn der Anwalt gar nicht den Antrag auf Erlass eines Mahnbescheides gestellt hat, sondern der Mandant selbst (Grund: Der Antrag auf Erlass eines Mahnbescheides und der Antrag auf Erlass eines Vollstreckungsbescheides sind dieselbe Angelegenheit).

Beispiel 31 **Erhöhung von Geschäfts- und Verfahrensgebühr bei mehreren Auftraggebern**

Der Rechtsanwalt wurde beauftragt, zunächst außergerichtlich, aufgrund Erfolglosigkeit sodann im Klagewege, eine Forderung einzuziehen. Er vertritt dabei die Eheleute A und B.

Dass dem Anwalt zum einen die Geschäftsgebühr der Ziffer 2300 VV RVG für die außergerichtliche Tätigkeit und zum anderen die Verfahrensgebühr der Ziffer 3100 VV RVG zusteht, bedarf keiner weiteren Ausführung (zur Anrechnung siehe Rdn 67).

Aber: Erwächst dem Anwalt eine 0,3 Erhöhung auf die Geschäftsgebühr? Oder eine 0,3 Erhöhung auf die Verfahrensgebühr? Oder eine Erhöhung auf beide Gebühren?

Diese Frage lässt sich aus dem Gesetz heraus nicht unmittelbar beantworten.

Die herrschende Meinung geht davon aus, dass durch die sprachliche „Oder-Trennung“ keine Änderung dieser schon zu BRAGO-Zeiten existierenden Vorschrift gewollt war, da sich aus der Gesetzesbegründung entsprechendes nicht herleiten lasse. Zudem muss man auch sehen, dass die Erhöhung für mehrere Auftraggeber in **derselben Angelegenheit** entsteht. Bei einer außergerichtlichen Tätigkeit und einem sich anschließenden Rechtsstreit könne es sich in diesem Sinne **nicht um dieselbe Angelegenheit** handeln. Wenn es sich aber um zwei voneinander unterschiedliche Angelegenheiten handelt, muss auch im obigen Beispiel sowohl die Geschäfts- als auch die Verfahrensgebühr eine Erhöhung erfahren.[15]

3. Berücksichtigung der Erhöhung nach Nr. 1008 VV RVG bei der Anrechnung der Geschäftsgebühr

67 Ob und inwieweit die Erhöhung in Anrechnungsvorschriften mit einbezogen wird, dazu lässt sich das Gesetz ebenfalls nicht aus.

In Rechtsprechung und Literatur hat sich in den vergangenen Jahren jedoch bereits eine herrschende Meinung gebildet.

Beispiel 32 **Anrechnung auch der Erhöhung bei mehreren Auftraggebern und anrechnungspflichtigen Gebühren**

Der Rechtsanwalt ist außergerichtlich mit einer Angelegenheit beauftragt, bei der er 3 Auftraggeber hat. Die Angelegenheit wäre nach Art und Umfang mit einer Schwellengebühr (1,3) anzusetzen; der Gegenstandswert beträgt 2.000,00 EUR.

15 So insbesondere das LG Düsseldorf, Urt. v. 22.6.2007 – 22 S 439/06.

1,3 Geschäftsgebühr, Nr. 2300 VV RVG		
i.V.m. § 13 RVG aus 2.000,00 EUR		195,00 EUR
0,6 Erhöhung, Nr. 1008 VV RVG		
i.V.m. § 13 RVG aus 2.000,00 EUR		90,00 EUR
In Summe:		
1,9 Geschäftsgebühr, Nrn. 2300, 1008 VV RVG		
i.V.m. § 13 RVG aus 2.000,00 EUR		**285,00 EUR**
Auslagenpauschale, Nr. 7002 VV RVG		20,00 EUR
Zwischensumme	305,00 EUR	
19 % Mehrwertsteuer, Nr. 7008 VV RVG		57,95 EUR
Gesamtbetrag		**362,95 EUR**

Sodann wird der Anwalt über den gleichen Streitgegenstand gerichtlich tätig, so dass ihm hierfür die 1,3 Verfahrensgebühr sowie die zweimalige Erhöhung der Nr. 1008 VV RVG erwächst.

1,3 Verfahrensgebühr, Nr. 3100 VV RVG		
i.V.m. § 13 RVG aus 2.000,00 EUR		195,00 EUR
0,6 Erhöhung, Nr. 1008 VV RVG		
i.V.m. § 13 RVG aus 2.000,00 EUR		90,00 EUR
In Summe:		
1,9 Verfahrensgebühr, Nrn. 3100, 1008 VV RVG		
i.V.m. § 13 RVG aus 2.000,00 EUR		**285,00 EUR**
Auslagenpauschale, Nr. 7002 VV RVG		20,00 EUR
Zwischensumme	305,00 EUR	
19 % Mehrwertsteuer, Nr. 7008 VV RVG		57,95 EUR
Gesamtbetrag		**362,95 EUR**

Dass hier noch die Anrechnung der zuvor entstandenen Geschäftsgebühr zu erfolgen hat, steht außer Zweifel. **68**

Aber was ist mit der Erhöhung?

In der Vergangenheit wurden **drei Meinungen** vertreten:

(1) Die erhöhte Geschäftsgebühr findet in Höhe der **Hälfte, allerdings begrenzt auf einen Satz von 0,75** auf die Verfahrensgebühr Anrechnung. Für den vorher geschilderten Beispielsfall würde dies bedeuten, dass eine Anrechnung in Höhe von (1,9 : 2 =) 0,95, gekappt auf 0,75 zu erfolgen hat:

1,9 Geschäftsgebühr, Nrn. 2300, 1008 VV RVG
i.V.m. § 13 RVG aus Gegenstandswert (§ 23 RVG)
1,9 Verfahrensgebühr, Nrn. 3100, 1008 VV RVG
i.V.m. § 13 RVG aus Gegenstandswert (§ 23 RVG)
– 0,75 Geschäftsgebühr, Nr. 2300 VV RVG
i.V.m. § 13 RVG aus Gegenstandswert (§ 23 RVG)
In Summe:
3,05 Verfahrens- und Geschäftsgebühr

(2) Die **Erhöhung selbst findet keine Anrechnung**, denn eine Anrechnungsvorschrift für die Gebührennummer 1008 VV RVG gibt das Gesetz nicht her. Für den vorliegenden Beispielsfall würde dies bedeuten, dass eine Anrechnung in Höhe von (1,3 : 2 =) 0,65 zu erfolgen hätte:

1,9 Geschäftsgebühr, Nrn. 2300, 1008 VV RVG
i.V.m. § 13 RVG aus Gegenstandswert (§ 23 RVG)
1,9 Verfahrensgebühr, Nrn. 3100, 1008 VV RVG
i.V.m. § 13 RVG aus Gegenstandswert (§ 23 RVG)
– 0,65 Geschäftsgebühr, Nr. 2300 VV RVG
i.V.m. § 13 RVG aus Gegenstandswert (§ 23 RVG)
In Summe:
3,15 Verfahrens- und Geschäftsgebühr

(3) Die **Erhöhung wird ebenfalls in Höhe der Hälfte** angerechnet. Das würde für den obigen Beispielsfall bedeuten, dass eine Anrechnung der nicht erhöhten Geschäftsgebühr mit 0,65 zu erfolgen hätte, zudem noch eine Anrechnung der hälftigen Erhöhung (0,6 : 2 = 0,3), so dass sich letztlich eine Anrechnungspflicht von (0,65 + 0,3 =) 0,95 ergeben würde.

1,9 Geschäftsgebühr, Nrn. 2300, 1008 VV RVG
i.V.m. § 13 RVG aus Gegenstandswert (§ 23 RVG)
1,9 Verfahrensgebühr, Nrn. 3100, 1008 VV RVG
i.V.m. § 13 RVG aus Gegenstandswert (§ 23 RVG)
– 0,95 Geschäftsgebühr, Nr. 2300 VV RVG
i.V.m. § 13 RVG aus Gegenstandswert (§ 23 RVG)
In Summe:
2,85 Verfahrens- und Geschäftsgebühr

69 Dem Wortlaut des RVG wird am **ehesten die Meinung 1** gerecht, denn die Erhöhung nach Nr. 1008 VV RVG stellt keine eigenständige Gebühr dar mit der Folge, dass **Geschäftsgebühr plus Erhöhung eine einheitliche Gebühr** ergeben.

70 Handelt es sich aber um eine einheitliche Gebühr, müssen auf diese Gesamtheit die Anrechnungsvorschriften Anwendung finden, und zwar inklusive der Höchst-Anrechnungsgrenze.

71 Meinung 2, in der Literatur eher selten vertreten und – ebenfalls wie Meinung 3 (dazu sogleich) – eine Mindermeinung, scheidet ebenfalls aus demselben Grund aus, weil die Erhöhungsgebühr nicht als eigenständige Gebühr ausgestaltet ist: Der Gesetzeswortlaut ist insoweit eindeutig, als dass er zur Erhöhung der Nr. 1008 VV RVG ausführt, die Gebühr „erhöht“ sich. Wenn die Erhöhung aber nicht eigenständig ist, kann sie auch nicht eigenständig bestehen bleiben.

Auch Meinung 3 scheint wenig vertretbar, denn wenn auch die Erhöhung hälftig Anrechnung findet, führt dies je nach Umständen des Einzelfalles zu einer höheren Anrechnung als 0,75. Das widerspricht aber ebenfalls dem Wortlaut des Gesetzes: Das Gesetz verlangt eine Anrechnung in Höhe von maximal 0,75. 72

Fazit 73

Hat eine Anrechnung von durch die Nr. 1008 VV RVG erhöhten Gebühren zu erfolgen, so ist hier eine Gesamtberücksichtigung der erhöhten Gebühr vorzunehmen und die Maximalgrenze von 0,75 zu beachten.[16]

Der Anwalt, der das außergerichtliche Verfahren wie folgt abgerechnet hat,

1,3 Geschäftsgebühr, Nr. 2300 VV RVG i.V.m. § 13 RVG aus 2.000,00 EUR		195,00 EUR
0,6 Erhöhung, Nr. 1008 VV RVG i.V.m. § 13 RVG aus 2.000,00 EUR		90,00 EUR
In Summe:		
1,9 Geschäftsgebühr, Nrn. 2300, 1008 VV RVG **i.V.m. § 13 RVG aus 2.000,00 EUR**		**285,00 EUR**
Auslagenpauschale, Nr. 7002 VV RVG		20,00 EUR
Zwischensumme	305,00 EUR	
19 % Mehrwertsteuer, Nr. 7008 VV RVG		57,95 EUR
Gesamtbetrag		**362,95 EUR**

rechnet später sein gerichtliches Verfahren unter Berücksichtigung der Anrechnungspflicht wie folgt ab:

1,3 Verfahrensgebühr, Nr. 3100 VV RVG i.V.m. § 13 RVG aus 2.000,00 EUR		195,00 EUR
0,6 Erhöhung, Nr. 1008 VV RVG i.V.m. § 13 RVG aus 2.000,00 EUR		90,00 EUR
– 0,75 Geschäftsgebühr, Nr. 2300 VV RVG **i.V.m. § 13 RVG aus 2.000,00 EUR**		**– 112,50 EUR**
Auslagenpauschale, Nr. 7002 VV RVG		20,00 EUR
Zwischensumme	192,50 EUR	
19 % Mehrwertsteuer, Nr. 7008 VV RVG		36,58 EUR
Gesamtbetrag		**229,08 EUR**

Die Erhöhung wird aber nur „mit angerechnet," wenn die folgende Tätigkeit ebenfalls im Auftrag der Personenmehrheit erfolgt. Wird der Rechtsstreit von z.B. dann nur einer Person fortgeführt, ist die nicht erhöhte Geschäftsgebühr (oder auch: Verfahrensgebühr, z.B. beim Mahnbescheid) anzurechnen. 74

16 So auch der Beschluss des I. Zivilsenats des KG Berlin vom 29.7.2009, – 1 W 73/08, juris; gleicher Meinung LG Düsseldorf, Urt. v. 22.6.2007 – 22 S 439/06.

Beispiel 33 **Keine Einbeziehung der Erhöhung im Rahmen der Anrechnung, wenn der weitere Auftraggeber die Sache nicht weiterverfolgt.**

Der Anwalt ist von den Eheleuten A und B beauftragt, ein längst zur Rückzahlung fälliges Darlehen im Wert von 5.000,00 EUR einzufordern. Der Auftrag ist zunächst außergerichtlich, als die außergerichtliche Zahlungsaufforderung nicht fruchtet, wird er nur vom Ehemann mit der gerichtlichen Geltendmachung beauftragt; die Ehefrau will nicht mitmachen, weil der Schuldner ihr Bruder ist.

Nur die nicht erhöhte Geschäftsgebühr wird zur Hälfte angerechnet, weil das Verfahren eben nicht durch beide Auftraggeber fortgeführt wird.

Zu beachten ist zudem: Vorliegend handelt es sich um zwei Verfahren, so dass zwei Auslagenpauschalen abzurechnen sind (sofern nicht die tatsächlichen Kosten gefordert werden).

1,3 Geschäftsgebühr, Nr. 2300 VV RVG		
i.V.m. §§ 13, 14 RVG aus 5.000,00 EUR	393,90 EUR	
0,3 Erhöhung, Nr. 1008 VV RVG	90,90 EUR	
Erhöhte Geschäftsgebühr = 1,6	484,80 EUR	484,80 EUR
Auslagenpauschale, Nr. 7002 VV RVG		20,00 EUR
1,3 Verfahrensgebühr, Nr. 3100 VV RVG		
i.V.m. § 13 RVG aus 5.000,00 EUR		393,90 EUR
– 0,65 Geschäftsgebühr, Vorbem. 3 (4) Teil 3 VV RVG		
aus 5.000,00 EUR		– 196,95 EUR
Auslagenpauschale, Nr. 7002 VV RVG		20,00 EUR
Zwischensumme	721,75 EUR	
19 % Mehrwertsteuer, Nr. 7008 VV RVG		137,13 EUR
Gesamtbetrag		**858,88 EUR**

4. Mehrere Auftraggeber bei nur teilweise identischen Gegenständen

75 Schon zu Zeiten der BRAGO war die Berechnungsweise umstritten, wenn der Rechtsanwalt in derselben Angelegenheit für mehrere Auftraggeber tätig wurde, teils wegen desselben Gegenstandes, teils wegen verschiedener Gegenstände.

Beispiel 34 **Erhöhung bei mehreren Auftraggebern mit mehreren, teilweise nur identischen Gegenständen: unterschiedliche Auffassungen**

Der Rechtsanwalt ist von den Eheleuten A und B beauftragt worden, gegen C zwei Forderungen geltend zu machen: Die Eheleute A und B haben dem C gemeinschaftlich ein Darlehen über 5.000,00 EUR hingegeben, das der C nicht zurückzahlt;

Frau B hat daneben dem C anschließend nochmals 1.200,00 EUR darlehensweise zur Verfügung gestellt. Auch insoweit erfolgte eine Rückzahlung nicht.

Die Klageanträge des Rechtsanwaltes lauten wie folgt:

(1) **Der Beklagte wird verurteilt, an den Kläger zu 1) und die Klägerin zu 2) als Gesamtgläubiger 5.000,00 EUR nebst X % Zinsen seit dem ... zu zahlen.**

(2) **Der Beklagte wird darüber hinaus verurteilt, an die Klägerin zu 2) 1.200,00 EUR nebst X % Zinsen seit dem ... zu zahlen.**

(3) **Der Beklagte trägt die Kosten des Rechtsstreits.**

Das Gesetz lässt auf den ersten Blick insoweit **zwei Auslegungsmöglichkeiten** zu:

(1) **Meinung 1**

Die 1,3 Verfahrensgebühr der Ziffer 3100 VV RVG berechnet sich aus dem gesamten Gegenstandswert (5.000,00 EUR + 1.200,00 EUR) und zusätzlich wird für den Teil des gemeinschaftlich eingeforderten Gegenstandes (das sind im Beispiel die 5.000,00 EUR) eine Erhöhung nach Nr. 1008 VV RVG aufaddiert; eine Abgleichung nach § 15 Abs. 3 erfolgt nicht.

1,3 Verfahrensgebühr, Nr. 3100 VV RVG i.V.m. § 13 RVG aus 6.200,00 EUR		526,50 EUR
0,3 Erhöhung, Nr. 1008 VV RVG i.V.m. § 13 RVG aus 5.000,00 EUR		90,90 EUR
Auslagenpauschale, Nr. 7002 VV RVG		20,00 EUR
Zwischensumme	637,40 EUR	
19 % Mehrwertsteuer, Nr. 7008 VV RVG		121,11 EUR
Gesamtbetrag		**758,51 EUR**

(2) **Meinung 2**

Aus dem sich deckenden Gegenstandswert für beide Auftraggeber errechnet sich die um Nr. 1008 VV RVG erhöhte Verfahrensgebühr (1,3 + 0,3 aus jeweils 5.000,00 EUR); zuzüglich errechnet sich eine weitere 1,3 Verfahrensgebühr aus dem Restwert (1.200,00 EUR), wobei allerdings eine Abgleichung nach § 15 Abs. 3 RVG zu erfolgen hat.

1,6 Verfahrensgebühr, Nrn. 3100, 1008 VV RVG i.V.m. § 13 RVG aus 5.000,00 EUR		484,80 EUR
1,3 Verfahrensgebühr, Nr. 3100 VV RVG i.V.m. § 13 RVG aus 1.200,00 EUR		149,50 EUR
Zwischensumme	634,30 EUR	

Gemäß § 15 Abs. 3 RVG maximal:
1,6 aus 6.200,00 EUR: 648,00 EUR – Maximalgrenze nicht erreicht!

Die Meinung 1 ist die herrschende Meinung, und zwar nicht ohne Grund: 76

Die Anwendung des § 15 Abs. 3 RVG hat immer dann zu erfolgen, wenn für Teile des Gegenstandes **verschiedene Gebührensätze** (z.B. bei dem Zusammenfall der Gebührenziffern 3100 und 3101 VV RVG) anzuwenden sind. Das ist vorliegend aber nicht der Fall: Die Gebührensätze für die Klageeinreichung je Gegenstand sind gleich hoch. Alleine aus diesem Grund scheidet Meinung 2 aus.

Demzufolge ist nach meiner Auffassung folgendes **Beispiel** wie folgt zu lösen:

Beispiel 35 **Erhöhung bei mehreren Auftraggebern mit mehreren, teilweise nur identischen Gegenständen: herrschende Meinung**

A klagt gegen B, C und D wegen teilweiser sich deckender Gegenstände.

Die Anträge lauten wie folgt:

1. **Die Beklagten B, C und D werden verurteilt, an den Kläger 10.000,00 EUR zu zahlen.**
2. **Die Beklagten C und D werden darüber hinaus verurteilt, an den Kläger 5.000,00 EUR zu zahlen.**
3. **Der Beklagte D wird weiterhin verurteilt, an den Kläger 2.000,00 EUR zu zahlen.**

Die Beklagten B, C und D beauftragen gemeinsam einen Rechtsanwalt, der sich bestellt, Verteidigungsanzeige abgibt und die Klageerwiderung fertigt. Nunmehr steht die Abrechnung an.

Insgesamt stehen (10.000,00 EUR + 5.000,00 EUR + 2.000,00 EUR =) 17.000,00 EUR im Streit. Demzufolge ist nach herrschender Meinung hierauf die 1,3 Verfahrensgebühr gemäß Nr. 3100 VV RVG zu berechnen.

Wegen der Forderung in Höhe von 10.000,00 EUR (Klageantrag zu 1) werden die Parteien B, C und D gemeinschaftlich vertreten; hier liegt demgemäß eine Auftraggebermehrheit (3 Auftraggeber) vor; somit sind neben der Verfahrensgebühr (2 × 0,3 =) 0,6 Erhöhung aus 10.000,00 EUR zu berechnen.

Wegen der Forderung in Höhe von 5.000,00 EUR (Klageantrag zu 2) werden die Parteien C und D gemeinschaftlich vertreten. Auch hier liegt bei zwei Auftraggebern eine Auftraggebermehrheit vor, für die eine 0,3 Erhöhung anfällt.

Die 2.000,00 EUR stehen dem D hingegen ganz alleine zu; insoweit gibt es naturgemäß auch keine Erhöhung.

Die Rechnung sieht daher wie folgt aus:

1,3 Verfahrensgebühr, Nr. 3100 VV RVG i.V.m. § 13 RVG aus 17.000,00 EUR		904,80 EUR
0,6 Erhöhung, Nr. 1008 VV RVG i.V.m. § 13 RVG aus 10.000,00 EUR		334,80 EUR
0,3 Erhöhung, Nr. 1008 VV RVG i.V.m. § 13 RVG aus 5.000,00 EUR		90,90 EUR
Auslagenpauschale, Nr. 7002 VV RVG		20,00 EUR
Zwischensumme	1.350,50 EUR	
19 % Mehrwertsteuer, Nr. 7008 VV RVG		256,59 EUR
Gesamtbetrag		**1.607,09 EUR**

5. Berechnung der Erhöhung bei Bestehen einer Kappungsgrenze

Ungereimtheiten bestanden bislang darin, ob die Erhöhung nach Nr. 1008 VV RVG auf eine „zu kappende Gebühr" anzusetzen war, oder ob erst eine nach Nr. 1008 VV RVG erhöhte Gebühr auf den Maximalsatz zu kappen war. 77

a) Kappungsgrenze der Schwellengebühr

In Bezug auf die „Schwellengebühren" der Anmerkung zu Nr. 2300 VV RVG und der Anmerkung zu Nr. 2302 (zuvor: 2400 VV RVG) hat auch das 2. Kostenrechtsmodernisierungsgesetz Abhilfe geschaffen, und zwar mit Anfügung einer aufhellenden Anmerkung (4) zu Nr. 1008 VV RVG, wonach sich der reduzierte Gebührenbetrag (Anmerkung zu Nr. 2300 VV RVG und Anmerkung zu Nr. 2302 VV RVG) bei einer Auftraggebermehrheit entsprechend erhöht. Demgemäß ist zunächst zu ermitteln, ob die Angelegenheit umfangreich oder schwierig war. Fällt diese Prüfung für beide Fälle negativ aus, ist die jeweils reduzierte Gebühr zu ermitteln und erst auf dieses Ergebnis die Erhöhung zu berechnen. 78

Beispiel 36 **Erhöhung der Schwellengebühr der Nr. 2300 VV RVG (Satzrahmengebühr)**

Der Anwalt ist für die Eheleute A und B wegen einer Forderung in Höhe von 4.500,00 EUR tätig. Er fordert die Gegenseite zur Zahlung auf, womit die Angelegenheit erledigt ist. Die Sache ist weder schwierig noch umfangreich.

Zunächst ermittelt der Rechtsanwalt die Gebühr Nr. 2300 VV RVG nach den Kriterien des § 14 RVG – Bedeutung der Angelegenheit Umfang und Schwierigkeit usw. Da die Sache aber weder umfangreich noch schwierig ist, ist gemäß Anmerkung zu 2300 VV RVG maximal der Satz von 1,3 zugrunde zu legen. Für die Vertretung eines zweiten Auftraggebers erhält der Rechtsanwalt zusätzlich die 0,3 Erhöhung nach Nr. 1008 VV RVG

1,3 Geschäftsgebühr (Schwellengebühr), Nr. 2300 VV RVG		
i.V.m. § 13 RVG aus 4.500,00 EUR		393,90 EUR
0,3 Erhöhung, Nr. 1008 VV RVG		
i.V.m. § 13 RVG aus 4.500,00 EUR		90,90 EUR
Auslagenpauschale, Nr. 7002 VV RVG		20,00 EUR
Zwischensumme	504,80 EUR	
19 % Mehrwertsteuer, Nr. 7008 VV RVG		95,91 EUR
Gesamtbetrag		**600,71 EUR**

Beispiel 37 **Erhöhung der Schwellengebühr der Nr. 2300 VV RVG (Betragsrahmengebühr)**

Der Rechtsanwalt vertritt die Eheleute A und B gemeinschaftlich vor der Sozialbehörde (in einem Verfahren, in dem Betragsrahmengebühren gelten). Die Angelegenheit ist weder schwierig noch umfangreich.

Zunächst ermittelt der Rechtsanwalt die Gebühr Nr. 2302 VV RVG nach den Kriterien des § 14 RVG – Bedeutung der Angelegenheit Umfang und Schwierigkeit usw. Der Rahmen dieser Gebühr beträgt 50,00 EUR bis 640,00 EUR. Da die Sache aber weder umfangreich noch schwierig ist, ist gemäß Anmerkung zu 2302 VV RVG maximal ein Betrag in Höhe von 300,00 EUR zugrunde zu legen. Für die Vertretung eines zweiten Auftraggebers erhält der Rechtsanwalt zusätzlich die 0,3 (30 %ige) Erhöhung nach Nr. 1008 VV RVG

Geschäftsgebühr (Schwellengebühr), Nr. 2302 VV RVG		
i.V.m. §§ 2, 14 RVG		300,00 EUR
30 % Erhöhung, Nr. 1008 VVRVG		90,00 EUR
Auslagenpauschale, Nr. 7002 VV RVG		20,00 EUR
Zwischensumme	410,00 EUR	
19 % Mehrwertsteuer, Nr. 7008 VV RVG		77,90 EUR
Gesamtbetrag		**487,90 EUR**

b) Kappungsgrenze „Terminsvertretergebühr“

79 Auch für die Terminsvertretung hat das Gesetz eine Gebührengrenze vorgesehen: Der Terminsvertreter erhält nach Nr. 3401 VV RVG eine Verfahrensgebühr in Höhe der Hälfte der dem Prozessbevollmächtigten (Hauptbevollmächtigten) zustehenden Verfahrensgebühr.

Was ist, wenn der Terminsvertreter für zwei Auftraggeber tätig wird? Errechnet sich die Gebühr des Terminsvertreters in Höhe der hälftigen Verfahrensgebühr zuzüglich 0,3 oder ist sie dergestalt zu berechnen, dass die dem Prozessbevollmächtigten erhöhte Verfahrensgebühr in Höhe der Hälfte zu berechnen ist?

Eine Gegenüberstellung mag dies verdeutlichen:

Variante 1		**Variante 2**	
Verfahrensgebühr		Gesamtgebühren	
des Prozessbevollmächtigten	1,3	des Prozessbevollmächtigten	1,6
hiervon die Hälfte		hiervon die Hälfte	
= Gebühr des Terminsvertreters	0,65	= Gebühr des Terminsvertreters	0,8
zzgl. Erhöhung	0,3		
Gebührenanspruch	**0,95**	**Gebührenanspruch**	**0,8**

Der unterschiedliche Rechenweg bringt hier eine Differenz von immerhin 0,15 Gebühren; die Differenzen weiten sich bei weiteren Auftraggebern. Welcher Rechenweg letztlich der Richtige ist, lässt sich aus dem Gesetz nicht entnehmen und wird wohl durch Rechtsprechung manifestiert werden müssen; denn für beide Wege gibt es – hier wie auch bei dem Verkehrsanwalt – nachvollziehbare Argumente: 80

Für die (für den Anwalt ungünstigere) Variante 2 könnte sprechen, dass es sich bei der Erhöhung um keine eigenständige Gebühr handelt, sondern nur um ein „Plus" auf die Verfahrensgebühr. Dem Prozessanwalt stünden danach nicht zwei einzelne Gebühren (Verfahrensgebühr + Erhöhung) zu, sondern eine erhöhte Verfahrensgebühr, die dann folgerichtig als Ganzes der hälftigen Teilung beim Terminsvertreter bzw. der Kappung beim Verkehrsanwalt unterliegt. 81

Des Weiteren könnte für diese Variante sprechen, dass der Gesetzgeber mit dem 2. Kostenrechtsmodernisierungsgesetz gerade nicht nachgebessert hat. Und ob er dies einfach nur „übersehen hat", ist fraglich. 82

Andererseits kann man wiederum die Auffassung vertreten, dass die Kappungsgrenze nur im Verhältnis zum ersten Auftraggeber Geltung hat. Würde man nämlich die Erhöhung vor der Teilung der Verfahrensgebühr aufrechnen (Variante 2), würde letztlich beim Terminsvertreter wieder eine prozentuale Erhöhung auf die Verfahrensgebühr erfolgen, wie es in der BRAGO geregelt ist und für das RVG gerade abgeändert wurde. Zudem ist die Gebühr der Nr. 3401 VV RVG eine eigenständige Gebühr, die lediglich zur Bemessung der der Höhe auf eine andere Gebühr Bezug nimmt. Und Verfahrensgebühren – und die Nr. 3401 VV RVG ist ja eine Verfahrensgebühr – erhöhen sich eben bei mehreren Auftraggebern. 83

Es kann an dieser Stelle nur empfohlen werden, nach Variante 1 (erst Berechnung der gekappten bzw. geteilten Gebühr und anschließendes Aufaddieren der Erhöhung) abzurechnen, wobei – gerade dann, wenn Rechtschutzversicherer involviert sind – jedoch damit gerechnet werden muss, dass hier Diskussionen entstehen und versucht wird, Reduktionen zu erlangen. 84

Genau betrachten muss man in diesem Zusammenhang im Vorfeld natürlich den Auftrag: 85
Wurde der Terminsvertreter vom Hauptbevollmächtigten im eigenen Namen beauftragt,

weil dieser z.B. selbst am Terminstage verhindert ist, dann kann – da keine Auftraggebermehrheit vorliegt – eine Erhöhung nicht berechnet werden. Das geht nur bei unmittelbarem Auftrag durch die Auftraggeber.

c) Kappungsgrenze „Verkehrsanwaltsgebühr"

86 Nicht eindeutig geregelt ist dementsprechend auch die Anwendung der Vergütungsziffer 1008 VV RVG in gemeinsamer Betrachtung mit der Verfahrensgebühr der Nr. 3400 VV RVG (Verkehrs-/Korrespondenzanwalt). Der Verkehrs-/Korrespondenzanwalt erhält nach Nr. 3400 VV RVG eine Verfahrensgebühr „in Höhe der dem Verfahrensbevollmächtigten zustehenden Verfahrensgebühr, höchstens 1,0."

87 Auch hier muss man sich die Frage stellen, ob dem Verkehrs-/Korrespondenzanwalt, der den Schriftverkehr mit dem Verfahrensbevollmächtigten im Auftrag beispielsweise zweier Personen führt, die bereits um 0,3 erhöhte Verfahrensgebühr zuzubilligen ist (die dann auf 1,0 gekappt wird) oder ob ihm die noch nicht erhöhte Verfahrensgebühr (gekappt auf 1,0) zuzüglich der Erhöhung erwächst.

In der Gegenüberstellung sähe dies wie folgt aus:

Variante 1		**Variante 2**	
Verfahrensgebühr des Prozessvertreters	1,3	Gesamtgebühren des Prozessvertreters	1,6
Kappungsgrenze	1,0	Kappungsgrenze	1,0
zzgl. Erhöhung	0,3		
Gebührenanspruch des Verkehrsanwaltes	**1,3**	**Gebührenanspruch des Verkehrsanwaltes**	**1,0**
(Gebührendifferenz: 0,3)			

88 Der Vergleich der Gebühren des Verkehrsanwaltes unter Berücksichtigung der Kappungsgrenze lässt am ehesten den Schluss zu, dass zur Ermittlung der „Verfahrensgebühr" für den Verkehrs-/Korrespondenzanwalt bzw. Terminsvertreter nur die „reine" Verfahrensgebühr zu betrachten ist und die Erhöhung sodann hinzuaddiert wird. Denn andernfalls erhält zumindest der Verkehrs-/Korrespondenzanwalt nur in den seltensten Fällen (z.B. im Falle der vorzeitigen Erledigung) einen Ausgleich für die Mehraufwendungen bei Vertretung mehrerer Personen. Gerade er ist aber derjenige, der den „größeren Mehraufwand" hat.

F. Die Hebegebühr

89 Für die Auszahlung oder Rückzahlung von Geldbeträgen, die an den Rechtsanwalt geleistet wurden, erhebt der Rechtsanwalt die Hebegebühr gemäß Nr. 1009 VV RVG. Es ist hierbei irrelevant, ob die Auszahlung oder Rückzahlung in bar oder unbar erfolgt.

Wird ein Betrag in mehreren Teilzahlungen ausgezahlt oder zurückgezahlt, so wird die Hebegebühr von jedem Betrag besonders erhoben.

Die Hebegebühr ist ebenfalls zu berechnen, wenn der Rechtsanwalt Wertpapiere oder Kostbarkeiten abliefert oder rückliefert. In diesem Falle berechnet sich die Hebegebühr nach dem Wert der abgelieferten oder zurückgelieferten „Ware“. **90**

Hingegen fällt die Hebegebühr nicht an, wenn der Rechtsanwalt Kosten an ein Gericht oder eine Behörde weiterleitet oder eingezogene Kosten an den Auftraggeber abführt bzw. eingezogene Beträge auf seine Vergütung verrechnet. **91**

Beispiel 38 **Keine Hebegebühr bei Weiterleitung von Kosten an das Gericht**

Der Rechtsanwalt leitet einzuzahlende Sachverständigenkosten an das Gericht weiter.

Der Rechtsanwalt kann keine Hebegebühr in Ansatz bringen, da die Voraussetzungen hierfür nicht gegeben sind.

Beispiel 39 **Hebegebühr bei Auszahlung von eingezogenen Geldern an den Mandanten**

Der Rechtsanwalt fordert den Gegner zur Zahlung der Vergleichssumme unter Fristsetzung auf, kontrolliert und leitet dann das erhaltene Geld an seinen Mandanten weiter.

Der Rechtsanwalt verdient auf die Vergleichssumme die Gebühr der Nr. 1009 VV RVG.

Die Höhe der Hebegebühr bestimmt sich nach Nr. 1009 VV RVG, sie beträgt bis einschließlich 2.500,00 EUR 1,0 % des aus- oder zurückgezahlten Betrages (mindestens aber 1,00 EUR), von dem Mehrbetrag bis einschließlich 10.000,00 EUR 0,5 % und von dem Mehrbetrag über 10.000,00 EUR 0,25 %. **92**

Beispiel 40 **Ermittlung der Hebegebühr bei Beträgen bis 2.500,00 EUR**

Der Rechtsanwalt zieht für seinen Mandanten die Vergleichssumme von der Gegenpartei in Höhe von 2.000,00 EUR ein und leitet diese an die Mandantschaft weiter.

Da die Forderung unter 2.500,00 EUR liegt, beträgt die Hebegebühr 1,0 %.

1,0 % Hebegebühr gemäß Nr. 1009 VV RVG	20,00 EUR
19 % Mehrwertsteuer, Nr. 7008 VV RVG	3,80 EUR
Gesamtbetrag	**23,80 EUR**

Beispiel 41 **Ermittlung der Hebegebühr bei Beträgen von über 2.500,00 EUR bis 10.000,00 EUR**

Der Rechtsanwalt kehrt einen seinerzeit beim Amtsgericht hinterlegten Sicherheitsbetrag in Höhe von 3.500,00 EUR an den Mandanten aus.

Bis 2.500,00 EUR beträgt die Hebegebühr 1,0 %; von dem Mehrbetrag (3.500,00 EUR – 2.500,00 EUR =) 1.000,00 EUR beträgt die Hebegebühr nur noch 0,5 %.

1,0 % Hebegebühr gemäß Nr. 1009 VV RVG aus 2.500,00 EUR	25,00 EUR
0,5 % Hebegebühr gemäß Nr. 1009 VV RVG aus 1.000,00 EUR	5,00 EUR
Hebegebühren gesamt	**30,00 EUR**

Beispiel 42 **Ermittlung der Hebegebühr bei Beträgen von über 10.000,00 EUR**

Der Rechtsanwalt hinterlegt vom Auftraggeber erhaltene Wertpapiere im Wert von 17.000,00 EUR als Prozesskostensicherheit.

Bis 2.500,00 EUR beträgt die Hebegebühr 1,0 %; von dem Mehrbetrag bis zu 10.000,00 EUR (10.000,00 EUR – 2.500,00 EUR), also von 7.500,00 EUR, beträgt die Hebegebühr nur noch 0,5 %; für den Mehrbetrag über 10.000,00 EUR (17.000,00 EUR – 10.000,00 EUR =) 7.000,00 EUR ist die Hebegebühr lediglich in Höhe von 0,25 % zu berechnen.

1,0 % Hebegebühr gemäß Nr. 1009 VV RVG aus 2.500,00 EUR	25,00 EUR
0,5 % Hebegebühr gemäß Nr. 1009 VV RVG aus 7.500,00 EUR	37,50 EUR
0,25 % Hebegebühr gemäß Nr. 1009 VV RVG aus 7.000,00 EUR	17,50 EUR
Hebegebühren gesamt	**80,00 EUR**

G. Zusatzgebühr für besonders umfangreiche Beweisaufnahmen, in Angelegenheiten, in denen sich die Gebühren nach Teil 3 richten

93 Die seit dem 1.8.2013 geltende neue Nr. 1010 VV RVG soll eine besondere Vergütungsregelungen in besonders umfangreichen und aufwändigen Beweisaufnahmen schaffen, und zwar dann, wenn mindestens drei gerichtliche Termine stattfinden, in denen Zeugen oder Sachverständigen vernommen werden.

94 Hier kann eine 0,3 Zusatzgebühr (bei Betragsrahmengebühren eine 30 %-ige Erhöhung des Mindest- und des Höchstbetrags) auf die Terminsgebühr aufgeschlagen werden.

In der Praxis dürfte dieser Gebühr keine allzu große Bedeutung zukommen, denn drei gerichtliche Termine mit Zeugen- oder Sachverständigenvernehmung dürften außer in großen Bauprozessen eher selten sein.

Beispiel 43 **Keine Zusatzgebühr bei drei Terminen, wenn nur in zwei Terminen Vernehmungen bzw. Anhörungen stattgefunden haben**

In einem Bauprozess wird zunächst mündlich verhandelt, sodann ergeht ein Beweisbeschluss über die Einholung eines Sachverständigengutachtens und Zeugenvernehmung. Im weiteren gerichtlichen Termin werden 2 Zeugen vernommen und das Gutachten zu Rate gezogen. Da sich insoweit Unklarheiten ergaben, wird der Sachverständige in einem weiteren Gerichtstermin geladen, damit er sein Gutachten erläutert. Die Angelegenheit endet mit Urteil. Der Gegenstandswert beträgt 120.000,00 EUR.

Die Zusatzgebühr ist vorliegend nicht zu berechnen; es haben zwar insgesamt drei gerichtliche Termine stattgefunden, allerdings wurden nur in zwei Terminen Zeugen bzw. ein Sachverständiger vernommen. Der Anwalt rechnet die „üblichen" Gebühren wie folgt ab:

1,3 Verfahrensgebühr, Nr. 3100 VV RVG i.V.m. § 13 RVG aus 120.000,00 EUR		2.064,40 EUR
1,2 Terminsgebühr, Nr. 3104 VV RVG i.V.m. § 13 RVG aus 120.000,00 EUR		1.905,60 EUR
Auslagenpauschale, Nr. 7002 VV RVG		20,00 EUR
Zwischensumme	3.990,00 EUR	
19 % Mehrwertsteuer, Nr. 7008 VV RVG		758,10 EUR
Gesamtbetrag		**4.748,10 EUR**

Beispiel 44 **Zusatzgebühr bei drei gerichtlichen Terminen, in denen jeweils Vernehmungen bzw. Anhörungen stattgefunden haben**

In einem Bauprozess (Gegenstandswert: 120.000,00 EUR) wird zunächst mündlich verhandelt, sodann ergeht ein Beweisbeschluss über die Einholung eines Sachverständigengutachtens und Zeugenvernehmung. Im weiteren gerichtlichen Termin werden 2 Zeugen vernommen und das Gutachten zu Rate gezogen. Da sich insoweit Unklarheiten ergaben, wird der Sachverständige in einem weiteren Gerichtstermin geladen, damit er sein Gutachten erläutert. Im Anschluss einem weiteren Gerichtstermin, in dem erneut Zeugen vernommen werden, ergeht ein Urteil. Der Gegenstandswert beträgt 120.000,00 EUR.

Neben Verfahrens- und Terminsgebühr erhält der Rechtsanwalt die 0,3 Zusatzgebühr gemäß Nr. 1010 VV RVG, weil er an drei Terminen teilgenommen hat, in denen Zeugen bzw. ein Sachverständiger vernommen wurden.

1,3 Verfahrensgebühr, Nr. 3100 VV RVG i.V.m. § 13 RVG aus 120.000,00 EUR		2.064,40 EUR
1,2 Terminsgebühr, Nr. 3104 VV RVG i.V.m. § 13 RVG aus 120.000,00 EUR		1.905,60 EUR
0,3 Zusatzgebühr, Nr. 1010 VV RVG i.V.m. § 13 RVG aus 120.000,00 EUR		476,40 EUR
Auslagenpauschale, Nr. 7002 VV RVG		20,00 EUR
Zwischensumme	4.466,40 EUR	
19 % Mehrwertsteuer, Nr. 7008 VV RVG		848,62 EUR
Gesamtbetrag		**5.315,02 EUR**

§ 3 Außergerichtliche Tätigkeiten einschließlich der Vertretung im Verwaltungsverfahren

A. Anwendungsbereich und Ausnahmevorschriften

Teil 2 des Vergütungsverzeichnisses regelt die Vergütung für außergerichtliche Tätigkeiten einschließlich der Vertretung im Verwaltungsverfahren. Die Vorschriften dieses Teils 2 sind allerdings nur anzuwenden, soweit nicht die §§ 34 bis 36 RVG etwas anderes bestimmen. Demgemäß finden diese Vorschriften keine Anwendung in Fällen der *Beratung, Gutachtenerstellung, Mediation* sowie für *Hilfeleistungen in Steuersachen*, bei *Güteverfahren*, in *schiedsrichterlichen Verfahren* und *Verfahren vor dem Schiedsgericht*. Hier sind besondere Bestimmungen getroffen worden, die unter § 4 Rdn 1–12 behandelt werden. 1

Ist der Rechtsanwalt im Rahmen außergerichtlicher Tätigkeiten, die unter Teil 2 des Vergütungsverzeichnisses fallen, als Beistand für einen Zeugen oder Sachverständigen in einem Verwaltungsverfahren tätig, so erhält er die gleichen Gebühren wie ein Bevollmächtigter. 2

Die Vorschriften des Teils 2 mit Ausnahme der Gebühren nach den Nummern 2102, 2103, 2500 und 2501 VV RVG gelten nicht für die in den Teilen 4 bis 6 geregelten Angelegenheiten (Strafsachen, Bußgeldsachen, sonstige Verfahren). 3

Wie bereits eingangs unter § 1 „Grundsätzliches" festgehalten, ist mit Einfügung der bereits am 5.5.2004 beschlossenen Änderungen zum 1.7.2006 ein großer Bereich der außergerichtlichen Tätigkeiten „in den freien Wettbewerb" übergeben worden: Der Anwalt ist gefordert, seinen eigenen Wert festzustellen und zu erlangen, sprich: mit dem Mandanten eine Vergütungsabrede in Form einer wirksamen Vergütungsvereinbarung zu treffen, damit er nicht in eine Gebührenfalle tappt und er sein Honorar nicht nur bis zur Kappungsgrenze geltend machen kann. 4

Vorstehendes gilt insbesondere bei Beratungen, bei Ausarbeitung von schriftlichen Gutachten und auch dann, wenn der Anwalt als Mediator tätig ist.

Allerdings hat der Gesetzgeber für verschiedene außergerichtliche Tätigkeiten Gebührenvorschriften stehen gelassen, die greifen, wenn keine abweichende Vergütungsvereinbarung getroffen wurde. Hierzu zählen 5

- die Prüfung der Erfolgsaussicht eines Rechtsmittels,
- die Herstellung des Einvernehmens,
- die außergerichtliche Vertretung,
- die Vertretung in bestimmten sozialrechtlichen Angelegenheiten sowie
- die Beratungshilfe.

Im Einzelnen:

B. Prüfung der Erfolgsaussicht eines Rechtsmittels

6 Für die Prüfung der Erfolgsaussichten eines Rechtsmittels erhält der Rechtsanwalt, sofern er die Prüfung nicht mit einer Ausarbeitung eines schriftlichen Gutachtens verbindet, eine Gebühr nach 2100 VV RVG mit einem Satz von 0,5 bis 1,0.

Beispiel 1 **Prüfung der Erfolgsaussicht einer Berufung (bei Wertgebühren)**

Der Rechtsanwalt ist beauftragt, für den Mandanten die Erfolgsaussicht einer Berufung für das gegen ihn ergangene Urteil zu prüfen. Der Anwalt rät dem Mandanten von der Einlegung der Berufung ab. Der Gegenstandswert beträgt 3.700,00 EUR.

Es wird davon ausgegangen, dass es sich um eine Angelegenheit mittleren Schwierigkeitsgrades und mittleren Umfangs handelt. Daher ist eine Mittelgebühr des Rahmens 0,5–1,0, somit also ein Satz von 0,75 angemessen.

0,75 Gebühr, Nr. 2100 VV RVG i.V.m. § 13 RVG aus 3.700,00 EUR		189,00 EUR
Auslagenpauschale, Nr. 7002 VV RVG		20,00 EUR
Zwischensumme	209,00 EUR	
19 % Mehrwertsteuer, Nr. 7008 VV RVG		39,71 EUR
Gesamtbetrag		**248,71 EUR**

7 Sofern der Rechtsanwalt anschließend die Vertretung in diesem Rechtsmittelverfahren übernimmt, ist diese Gebühr auf eine Verfahrensgebühr anzurechnen, die für diese Vertretung entsteht.

Beispiel 2 **Anrechnungspflicht: Übernahme des Berufungsmandates nach vorheriger Überprüfung der Erfolgsaussichten (bei Wertgebühren)**

Der Rechtsanwalt rät dem Mandanten nach erfolgter Überprüfung, ob das Rechtsmittelverfahren Aussicht auf Erfolg bietet, zur Einlegung der Berufung. Er rechnet für die Prüfung eine 0,75 Verfahrensgebühr ab (vgl. Beispiel 1). Eine Woche später meldet sich der Mandant und bittet den Anwalt, das Berufungsverfahren einzuleiten, was dieser auch tut. Der Gegenstandswert beträgt ebenfalls – weil gleiche Sache – 3.700,00 EUR.

Da der Rechtsanwalt nunmehr auch die Vertretung im Rechtsmittelverfahren übernommen hat, findet die Gebühr für die Prüfung volle Anrechnung auf die Verfahrensgebühr.

1,6 Verfahrensgebühr, Nr. 3200 VV RVG i.V.m. § 13 RVG aus 3.700,00 EUR		403,20 EUR
– 0,75 Gebühr, Nr. 2100 VV RVG i.V.m. § 13 RVG aus 3.700,00 EUR		– 189,00 EUR
Auslagenpauschale, Nr. 7002 VV RVG		20,00 EUR
Zwischensumme	234,20 EUR	
19 % Mehrwertsteuer, Nr. 7008 VV RVG		44,50 EUR
Gesamtbetrag		**278,70 EUR**

Für die Prüfung der Erfolgsaussicht eines Rechtsmittels mit Ausarbeitung eines schriftlichen Gutachtens erhält der Rechtsanwalt eine 1,3 Gebühr nach Nr. 2101 VV RVG i.V.m. Nr. 2100 VV RVG. **8**

Beispiel 3 **Prüfung der Erfolgsaussicht einer Berufung, verbunden mit einem schriftlichen Gutachten (bei Wertgebühren)**

Der Rechtsanwalt ist beauftragt, die Prüfung der Erfolgsaussicht der Berufung gegen das erstinstanzliche Urteil vorzunehmen und das Ergebnis der Prüfung in Form eines Gutachtens schriftlich niederzulegen. Der Gegenstandswert beträgt auch hier 1.500,00 EUR.

Der Rechtsanwalt erhält eine 1,3 Verfahrensgebühr nach Nr. 2101 VV RVG aus dem Gegenstandswert (Beschwer).

1,3 Verfahrensgebühr, Nr. 2101 VV RVG i.V.m. § 13 RVG aus 1.500,00 EUR		149,50 EUR
Auslagenpauschale, Nr. 7002 VV RVG		20,00 EUR
Zwischensumme	169,50 EUR	
19 % Mehrwertsteuer, Nr. 7008 VV RVG		32,21 EUR
Gesamtbetrag		**201,71 EUR**

Sollte der Rechtsanwalt nach Vorlage des Gutachtens die Vertretung im Rechtsmittelverfahren übernehmen, erfolgt ebenfalls eine Anrechnung auf die dann entstehende Verfahrensgebühr. Dies ist zwar nicht ausdrücklich im Vergütungsverzeichnis festgehalten, lässt sich aber bereits dadurch ableiten, dass nach Nr. 2101 VV RVG auf die Gebühr der Nr. 2100 VV RVG – und die unterliegt ja gerade der Anrechnungspflicht – Bezug genommen wird. **9**

Beispiel 4 **Anrechnungspflicht: Übernahme des Berufungsmandates nach vorheriger Überprüfung der Erfolgsaussichten, verbunden mit einem schriftlichen Gutachten (bei Wertgebühren)**

Der Rechtsanwalt, der zuvor die Erfolgsaussicht des Rechtsmittels mit der Ausarbeitung eines schriftlichen Gutachtens vorgenommen hat, wird von seinem Man-

danten für die Einleitung des Rechtsmittelverfahrens mandatiert. Die Prüfungsgebühr der Nr. 2101 VV RVG hat er bereits abgerechnet (vgl. Beispiel 3). Der Gegenstandswert beträgt hier ebenfalls 1.500,00 EUR.

Es besteht eine Anrechnungspflicht hinsichtlich der zunächst entstandenen Gebühr auf die für die Berufungseinlegung erwachsene Verfahrensgebühr.

1,6 Verfahrensgebühr, Nr. 3200 VV RVG i.V.m. § 13 RVG aus 1.500,00 EUR		184,00 EUR
– 1,3 Gebühr, Nr. 2101 VV RVG i.V.m. § 13 RVG aus 1.500,00 EUR		– 149,50 EUR
Auslagenpauschale, Nr. 7002 VV RVG		20,00 EUR
Zwischensumme	54,50 EUR	
19 % Mehrwertsteuer, Nr. 7008 VV RVG		10,36 EUR
Gesamtbetrag		**64,86 EUR**

10 Ist der Rechtsanwalt in einer sozialrechtlichen Angelegenheit mandatiert, in der er Betragsrahmengebühren nach § 3 RVG erhält, so erhält er für die Prüfung der Erfolgsaussicht eines Rechtsmittels ebenfalls Betragsrahmengebühren, und zwar mit einem Rahmen von 30,00 EUR bis 320,00 EUR. Dies bestimmt Nr. 2102 VV RVG.

Beispiel 5 — Prüfung der Erfolgsaussicht einer Berufung (bei Betragsrahmengebühren)

Der Rechtsanwalt ist beauftragt zu prüfen, ob Erfolgsaussichten für die Berufung gegen das Urteil des Sozialgerichts entstehen. Die Angelegenheit stellt sich als äußerst schwierig und umfangreich dar.

Die Gebühr der Nr. 2102 VV RVG hat einen Rahmen von 30,00 EUR bis 320,00 EUR; aufgrund des Schwierigkeitsgrades und des Umfanges ist der Ansatz der Höchstgebühr gerechtfertigt.

Gebühr für die Prüfung nach Nr. 2102 VV RVG i.V.m. § 3 RVG		320,00 EUR
Auslagenpauschale, Nr. 7002 VV RVG		20,00 EUR
Zwischensumme	340,00 EUR	
19 % Mehrwertsteuer, Nr. 7008 VV RVG		64,60 EUR
Gesamtbetrag		**404,60 EUR**

11 Die Gebühr ist auf eine Gebühr anzurechnen, wenn der Rechtsanwalt im Rechtsmittelverfahren die Vertretung übernimmt und hierfür eine Verfahrensgebühr abrechnet.

Beispiel 6 — Anrechnungspflicht: Übernahme des Berufungsmandates nach vorheriger Überprüfung der Erfolgsaussichten (bei Betragsrahmengebühren)

Der Rechtsanwalt ist, nachdem er im Auftrag des Mandanten die Aussichten des Rechtsmittels für positiv befunden hat, für das Berufungsverfahren vor dem

Landessozialgericht mandatiert worden. Die Gebühr für die Prüfung der Erfolgsaussicht hat er bereits abgerechnet.

Da die Angelegenheit sehr schwer und umfangreich war, rechtfertigt sich für die Verfahrensgebühr der Ansatz der Höchstgebühr. Der Rahmen dieser Gebühr beträgt 60,00 EUR bis 680,00 EUR, weshalb die Höchstgebühr dann 680,00 EUR beträgt. Die zuvor (Beispiel 5) abgerechnete Prüfungsgebühr muss sich der Anwalt anrechnen lassen.

Verfahrensgebühr, Nr. 3204 VV RVG i.V.m. § 3 RVG		680,00 EUR
– Gebühr, Nr. 2102 VV RVG i.V.m. § 3 RVG		– 320,00 EUR
Zwischensumme	360,00 EUR	
Auslagenpauschale, Nr. 7002 VV RVG		20,00 EUR
Zwischensumme	380,00 EUR	
19 % Mehrwertsteuer, Nr. 7008 VV RVG		72,20 EUR
Gesamtbetrag		**452,20 EUR**

Ist die Prüfung der Erfolgsaussicht in einer sozialrechtlichen Angelegenheit, in der der Rechtsanwalt Betragsrahmengebühren erhält, mit der Fertigung eines schriftlichen Gutachtens verbunden, so erhält der Rechtsanwalt nach Nr. 2103 VV RVG eine Gebühr 50,00 EUR bis 550,00 EUR. 12

Beispiel 7 **Prüfung der Erfolgsaussicht einer Berufung, verbunden mit einem schriftlichen Gutachten (bei Betragsrahmengebühren)**

Der Rechtsanwalt ist beauftragt zu prüfen, ob Erfolgsaussichten für die Berufung gegen das Urteil des Sozialgerichts entstehen. Die Prüfung soll für den Auftraggeber in Form eines Gutachtens schriftlich fixiert werden. Die Angelegenheit stellt sich als äußerst schwierig und umfangreich dar.

Der Gebührenrahmen der Nr. 2102 VV RVG wird aufgrund des schriftlichen Gutachtens gemäß Nr. 2103 VV RVG auf den Rahmen von 50,00 EUR bis 550,00 EUR erweitert. Schwierigkeitsgrad und Umfang rechtfertigen den Ansatz der Höchstgebühr.

Prüfungsgebühr, Nrn. 2103, 2102 VV RVG i.V.m. § 3 RVG		550,00 EUR
Auslagenpauschale, Nr. 7002 VV RVG		20,00 EUR
Zwischensumme	570,00 EUR	
19 % Mehrwertsteuer, Nr. 7008 VV RVG		108,30 EUR
Gesamtbetrag		**678,30 EUR**

Da sich der erweiterte Rahmen der Gebühr der Nr. 2103 VV RVG auf die Gebühr Nr. 2102 VV RVG bezieht, ist gleichzeitig damit klargestellt, dass auch dann eine Anrechnung zu erfolgen hat, wenn der Rechtsanwalt die Vertretung im Rechtsmittelverfahren übernimmt. 13

Beispiel 8 **Anrechnungspflicht: Übernahme des Berufungsmandates nach vorheriger Überprüfung der Erfolgsaussichten, verbunden mit einem schriftlichen Gutachten (bei Betragsrahmengebühren)**

Nachdem der Anwalt die Aussichten des Rechtsmittels im Rahmen des schriftlichen Gutachtens für positiv befunden hat, ist er für das Berufungsverfahren vor dem Landessozialgericht mandatiert worden. Die Gebühr für die Prüfung der Erfolgsaussicht hat er bereits abgerechnet (vgl. Beispiel 7).

Da die Angelegenheit sehr schwer und umfangreich war, rechtfertigt sich für die Verfahrensgebühr der Ansatz der Höchstgebühr. Der Rahmen dieser Gebühr beträgt 60,00 EUR bis 680,00 EUR, weshalb hier die Höchstgebühr mit 680,00 EUR anzusetzen ist.

Verfahrensgebühr, Nr. 3204 VV RVG i.V.m. § 3 RVG		680,00 EUR
– Prüfungsgebühr, Nrn. 2103, 2102 VV RVG i.V.m. § 3 RVG		– 550,00 EUR
Zwischensumme	130,00 EUR	
Auslagenpauschale, Nr. 7002 VV RVG		20,00 EUR
Zwischensumme	150,00 EUR	
19 % Mehrwertsteuer, Nr. 7008 VV RVG		28,50 EUR
Gesamtbetrag		**178,50 EUR**

C. Herstellung des Einvernehmens

14 Abschnitt 2 des 2. Teils des VV RVG regelt die Honorierung des Einvernehmensanwaltes nach dem Gesetz über die Tätigkeit europäischer Rechtsanwälte in Deutschland (EuRAG).

15 Dienstleistende Rechtsanwälte aus einem anderen Mitgliedstaat der Europäischen Gemeinschaft können in gerichtlichen sowie in behördlichen Verfahren wegen Straftaten, Ordnungswidrigkeiten, Dienstvergehen oder Berufspflichtverletzungen, in denen Anwaltszwang besteht, als Vertreter oder Verteidiger nur im Einvernehmen mit einem inländischen Rechtsanwalt, dem **Einvernehmensanwalt**, handeln.

16 Der Einvernehmensanwalt, der zur Vertretung oder Verteidigung bei dem Gericht oder der Behörde befugt sein muss (was bei Zulassungszwang somit bedeutet, dass er zugelassen oder postulationsbefugt sein muss), hat darauf hinzuwirken, dass der dienstleistende europäische Rechtsanwalt bei der Vertretung oder Verteidigung die Erfordernisse der geordneten Rechtspflege beachtet. Der Einvernehmensanwalt ist daher weder Bevollmächtigter noch Vertreter der Partei, so dass er entsprechende Verfahrensgebühren nicht abrechnen kann. Aus diesem Grunde sehen die Vorschriften der Vergütungsziffern 2200 und 2201 VV RVG besondere Gebühren für den Einvernehmensanwalt vor.

17 Nach Nr. 2200 VV RVG erhält der mit der Herstellung des Einvernehmens beauftragte Rechtsanwalt eine Gebühr in Höhe der einem Bevollmächtigten oder Verteidiger zuste-

henden Verfahrensgebühr. Wird das Einvernehmen nicht hergestellt, beträgt die Gebühr nach Nr. 2201 i.V.m. Nr. 2200 VV RVG 0,1 bis 0,5 oder aber es ist der Mindestbetrag der einem Verteidiger zustehenden Verfahrensgebühr in Ansatz zu bringen.

D. Vertretung in außergerichtlichen Verfahren

In außergerichtlichen Verfahren erhält der Rechtsanwalt für das Betreiben des Geschäfts oder das Mitwirken bei der Gestaltung eines Vertrages die Geschäftsgebühr der Nr. 2300 VV RVG. Sie hat einen Gebührensatz von 0,5 bis 2,5. Die Mittelgebühr beträgt demnach [(0,5 + 2,5) : 2 =] 1,5. **18**

Die Gebühr bestimmt der Rechtsanwalt im Einzelfall unter Berücksichtigung aller Umstände, vor allem unter Berücksichtigung des Umfangs und der Schwierigkeit der anwaltlichen Tätigkeit. Ferner sind die Bedeutung der Angelegenheit sowie die Einkommens- und Vermögensverhältnisse des Auftraggebers zu berücksichtigen. Sofern ein besonderes Haftungsrisiko für den Rechtsanwalt gegeben ist, so kann er dies bei der Bemessung des Gebührensatzes ebenfalls berücksichtigen. Dies bestimmt § 14 RVG. **19**

In Angelegenheiten von mittlerem Umfang und mittlerer Schwierigkeit kann der Anwalt demnach die so genannte Mittelgebühr berechnen. **20**

Beispiel 9 | Mittelgebühr der Geschäftsgebühr Nr. 2300 VV RVG

Der Mandant bittet den Rechtsanwalt um den Einzug einer Forderung aus Warenlieferung; der Sachverhalt ist nicht ganz einfach gelagert. Der Rechtsanwalt prüft den Sachverhalt und fordert den Schuldner unter rechtlicher Darstellung des Sachverhaltes zur Zahlung auf. Der Schuldner zahlt Forderung und Verzugsschaden. Der Gegenstandswert beträgt 1.100,00 EUR.

Der Gebührenrahmen für die außergerichtliche Tätigkeit beträgt nach Nr. 2300 VV RVG 0,5 bis 2,5. Die Mittelgebühr beträgt demnach 1,5.

1,5 Geschäftsgebühr, Nr. 2300 VV RVG i.V.m. §§ 13, 14 RVG aus 1.100,00 EUR		172,50 EUR
Auslagenpauschale, Nr. 7002 VV RVG		20,00 EUR
Zwischensumme	192,50 EUR	
19 % Mehrwertsteuer, Nr. 7008 VV RVG		36,58 EUR
Gesamtbetrag		**229,08 EUR**

Entsprechend der Anmerkung zu Nr. 2300 VV RVG kann der Rechtsanwalt allerdings eine höhere als 1,3 Gebühr nur dann fordern, wenn die Sache umfangreich ist oder sich schwierig gestaltet. Das heißt im Umkehrschluss: Ist die Angelegenheit weder schwierig noch umfangreich, kann maximal ein Satz von 1,3 zugrunde gelegt werden. Damit ist **21** also gleichzeitig festgehalten, dass eine 1,3 Gebühr die „Regel-/Schwellengebühr" in weniger als durchschnittlichen Fällen sein soll.

Beispiel 10 **Schwellengebühr der Geschäftsgebühr Nr. 2300 VV RVG**

Der Rechtsanwalt ist außergerichtlich und ohne Prozessauftrag bezüglich einer Forderung in Höhe von 1.800,00 EUR tätig; die Angelegenheit ist weder schwierig noch umfangreich.

Der Anwalt berechnet maximal eine 1,3 Geschäftsgebühr nach Anmerkung zu Nr. 2300 VV RVG (Obergrenze).

1,3 Geschäftsgebühr, Nr. 2300 VV RVG i.V.m. §§ 13, 14 RVG aus 1.800,00 EUR		195,00 EUR
Auslagenpauschale, Nr. 7002 VV RVG		20,00 EUR
Zwischensumme	215,00 EUR	
19 % Mehrwertsteuer, Nr. 7008 VV RVG		40,85 EUR
Gesamtbetrag		**255,85 EUR**

22 Bei der Bemessung der Gebühr sind, wie vorstehend bereits ausgeführt, mehrere Kriterien zu berücksichtigen (gemäß § 14 RVG). Insbesondere ist an dieser Stelle darauf aufmerksam zu machen, dass z.B. Besprechungen, die der Aufklärung des Sachverhaltes dienen bzw. auch der eventuellen Beilegung der Streitigkeit, die Geschäftsgebühr erhöhen. Denn im außergerichtlichen Stadium (ohne Bestehen eines Prozess- bzw. Verfahrensauftrages) kann dem Anwalt Terminsgebühr nicht entstehen; eine außergerichtliche Besprechungsgebühr – wie es sie zu Zeiten der BRAGO noch gab – gibt es im RVG nicht. Außergerichtliche Besprechungen erweitern den Umfang der Angelegenheit und führen so zur Erhöhung der Geschäftsgebühr.

Beispiel 11 **Erweiterung der Mittelgebühr der Nr. 2300 VV RVG durch Besprechungen**

Der Rechtsanwalt ist außergerichtlich und ohne Prozessauftrag bezüglich einer Forderung in Höhe von 4.500,00 EUR tätig; die Angelegenheit ist von mittlerer Schwierigkeit; es finden zwei telefonische und eine Besprechung beim Anwalt des Gegners statt.

Der Anwalt berechnet unter Beachtung der Ermessenskriterien des § 14 RVG hier eine 1,8 Geschäftsgebühr, da der Umfang der Angelegenheit durch die Besprechungen erweitert ist.

1,8 Geschäftsgebühr, Nr. 2300 VV RVG i.V.m. §§ 13, 14 RVG aus 4.500,00 EUR		545,40 EUR
Auslagenpauschale, Nr. 7002 VV RVG		20,00 EUR
Zwischensumme	565,40 EUR	
19 % Mehrwertsteuer, Nr. 7008 VV RVG		107,43 EUR
Gesamtbetrag		**672,83 EUR**

Wie aus der Überschrift hervorgeht, decken die Gebühren des Teils 2 des VV RVG die Vertretung im Verwaltungsverfahren ebenfalls ab, so zum Bespiel also die behördlichen Einspruchs- bzw. Widerspruchsverfahren und Anträge auf Aussetzung der Vollziehung. 23

Beispiel 12 **Geschäftsgebühr Nr. 2300 VV RVG für Tätigkeiten im Verwaltungsverfahren/Baubehörde**

Der von dem Mandanten vor der Baubehörde beantragte Bauvorbescheid wird abgelehnt; der Rechtsanwalt legt deshalb für den Mandanten auftragsgemäß Widerspruch gegen den Bauvorbescheid ein und vertritt ihn im Widerspruchsverfahren. Die Behörde weigert sich, dem Antrag stattzugeben. Der Gegenstandswert beträgt 7.400,00 EUR. Es handelt sich vorliegend um eine Sache, deren Schwierigkeitsgrad im durchschnittlichen Bereich anzusiedeln ist und die nicht umfangreich ist, so dass eine Regel-/Schwellengebühr in Ansatz zu bringen ist.

Für seine Tätigkeit rechnet der Rechtsanwalt die Geschäftsgebühr der Nr. 2300 VV RVG ab, die hier – weil die Angelegenheit weder schwierig noch umfangreich ist – mit 1,3 abzurechnen ist.

1,3 Geschäftsgebühr, Nr. 2300 VV RVG i.V.m. §§ 13, 14 RVG aus 7.400,00 EUR		592,80 EUR
Auslagenpauschale, Nr. 7002 VV RVG		20,00 EUR
Zwischensumme	612,80 EUR	
19 % Mehrwertsteuer, Nr. 7008 VV RVG		116,43 EUR
Gesamtbetrag		**729,23 EUR**

Beispiel 13 **Geschäftsgebühr Nr. 2300 VV RVG für Tätigkeiten im Verwaltungsverfahren/Finanzbehörde**

Der von dem Rechtsanwalt angegriffene Steuerbescheid wird nach hausinterner Überprüfung vom Finanzamt im Interesse des Steuerzahlers abgeändert. Es handelt sich um eine nicht umfangreiche, aber schwere Angelegenheit, bei der der Ansatz einer höheren Gebühr als der Regel-/Schwellengebühr gerechtfertigt ist. Der Gegenstandswert beträgt auch hier 7.400,00 EUR.

Es handelt sich vorliegend um ein Verfahren, das ebenfalls nach Teil 2, Abschnitt 4 des VV RVG vergütet wird. Demgemäß ist die Gebühr der Nr. 2300 VV RVG in Ansatz zu bringen. Da sich die Angelegenheit durch die Einschaltung des Rechtsanwaltes erledigt hat, verdient der Anwalt zudem die Erledigungsgebühr der Nr. 1002 VV RVG.

1,5 Geschäftsgebühr, Nr. 2300 VV RVG i.V.m. §§ 13, 14 RVG aus 7.400,00 EUR		684,00 EUR
1,5 Erledigungsgebühr, Nr. 1002 VV RVG i.V.m. §§ 13, 14 RVG aus 7.400,00 EUR		684,00 EUR
Auslagenpauschale, Nr. 7002 VV RVG		20,00 EUR
Zwischensumme	1.388,00 EUR	
19 % Mehrwertsteuer, Nr. 7008 VV RVG		263,72 EUR
Gesamtbetrag		**1.651,72 EUR**

Beispiel 14 – Geschäftsgebühr Nr. 2300 VV RVG für Tätigkeiten im Verwaltungsverfahren/Aussetzung der Vollziehung (Baubehörde)

Der Rechtsanwalt hat einen Gebührenbescheid für die Partei angegriffen; die Einlegung eines Rechtsmittels gegen den Gebührenbescheid befreit aber nicht von der Zahlungspflicht. Der Gegenstandswert beträgt 320,00 EUR.

Damit die Partei, die aufgrund des enormen Zahlungsbetrages in finanzielle Engpässe geraten würde, die Forderung (vorerst) nicht zahlen muss, beantragt der Rechtsanwalt die Aussetzung der Vollziehung. Es soll sich vorliegend um eine sehr einfach gelagerte Sache handeln, bei der der unterste Rahmen der Gebühr anzusetzen ist.

0,5 Geschäftsgebühr, Nr. 2300 VV RVG i.V.m. §§ 13, 14 RVG aus 320,00 EUR		22,50 EUR
Auslagenpauschale, Nr. 7002 VV RVG		4,50 EUR
Zwischensumme	27,00 EUR	
19 % Mehrwertsteuer, Nr. 7008 VV RVG		5,13 EUR
Gesamtbetrag		**32,13 EUR**

(Das behördl. Aussetzungsverfahren ist nach § 17 Nr. 1 RVG eine besondere Angelegenheit; es gehört nicht zum Verfahren, wird also separat vergütet.[1])

Beispiel 15 – Geschäftsgebühr Nr. 2300 VV RVG für Tätigkeiten im Verwaltungsverfahren/Aussetzung der Vollziehung (Finanzbehörde)

Der Rechtsanwalt hat den Steuerbescheid der Partei, der eine hohe Zahllast ausweist, per Einspruch angegriffen. Die Einlegung eines Rechtsbehelfs bzw. Rechtsmittels befreit allerdings nicht von der Zahlungspflicht. Der Gegenstandswert beträgt 12.300,00 EUR.

1 So auch insbesondere OVG Hamburg, Beschl. v. 27.3.2009 – 2 So 201/08, NJW 2009, 2075 f.

Damit die Partei, die aufgrund des enormen Zahlungsbetrages in finanzielle Engpässe geraten würde, die Forderung (vorerst) nicht zahlen muss, beantragt der Rechtsanwalt bei der Finanzbehörde die Aussetzung der Vollziehung. Es soll sich vorliegend um sehr eine einfach gelagerte Sache handeln, bei der der unterste Rahmen der Gebühr anzusetzen ist.

0,5 Geschäftsgebühr, Nr. 2300 VV RVG i.V.m. §§ 13, 14 RVG aus 12.300,00 EUR		302,00 EUR
Auslagenpauschale, Nr. 7002 VV RVG		20,00 EUR
Zwischensumme	322,00 EUR	
19 % Mehrwertsteuer, Nr. 7008 VV RVG		61,18 EUR
Gesamtbetrag		**383,18 EUR**

Sofern der Anwalt, der im Verwaltungsverfahren tätig war, dann auch im weiteren, der 24
Nachprüfung des Verwaltungsakts dienenden Verfahren tätig wird, muss er sich die zuvor verdiente Geschäftsgebühr in Höhe der Hälfte anrechnen lassen, maximal mit 0,75.

Beispiel 16 Anrechnung der Geschäftsgebühr bei anschließendem Nachprüfungsverfahren

Der Anwalt war sowohl im Verwaltungsverfahren als auch im Nachprüfungsverfahren tätig. Das Verwaltungsverfahren war von mittlerer Schwierigkeit, aber ziemlich umfangreich; das Nachprüfungsverfahren war weder schwierig noch umfangreich. Der Gegenstandswert beträgt 1.000,00 EUR.

Der Anwalt verdient zunächst im Verwaltungsverfahren eine Mittelgebühr, sodann für das Nachprüfungsverfahren eine Schwellengebühr. Er muss sich jedoch die zuerst verdiente Geschäftsgebühr in Höhe der Hälfte, maximal mit 0,75 anrechnen lassen.

Zu beachten ist zudem: Vorliegend handelt es sich um zwei Verfahren, so dass zwei Auslagenpauschalen abzurechnen sind (sofern nicht die tatsächlichen Kosten gefordert werden).

1,5 Geschäftsgebühr, Nr. 2300 VV RVG i.V.m. §§ 13, 14 RVG aus 1.000,00 EUR (Verwaltungsverfahren)		120,00 EUR
Auslagenpauschale, Nr. 7002 VV RVG		20,00 EUR
1,3 Geschäftsgebühr, Nr. 2300 VV RVG i.V.m. §§ 13, 14 RVG aus 1.000,00 EUR (Nachprüfungsverfahren)		104,00 EUR
– 0,75 Geschäftsgebühr gemäß Vorbem. (Verwaltungsverfahren)		– 60,00 EUR
Auslagenpauschale, Nr. 7002 VV RVG		20,00 EUR
Zwischensumme	204,00 EUR	
19 % Mehrwertsteuer, Nr. 7008 VV RVG		38,76 EUR
Gesamtbetrag		**242,76 EUR**

Beispiel 17 **Anrechnung der Geschäftsgebühr bei anschließendem Nachprüfungsverfahren**

Der Rechtsanwalt war sowohl im Verwaltungsverfahren als auch im Nachprüfungsverfahren tätig, wobei die Nachprüfung des Verwaltungsaktes sich aufgrund der schweren Berechnungen auch sehr schwierig gestaltete. Der Gegenstandswert beträgt hier 4.500,00 EUR.

Der Anwalt verdient für seine Tätigkeit im Verwaltungsverfahren die Geschäftsgebühr der Nr. 2300 VV RVG, die hier aufgrund der großen Schwierigkeiten mit 2,5 angesetzt wird. Da die Nachprüfung des Verwaltungsaktes ebenfalls sehr schwer war (aber der Anwalt durch die Kenntnisse aus dem Vorverfahren doch etwas weniger Aufwand hatte), ist die weitere Geschäftsgebühr hier mit 2,0 anzusetzen. Der Anwalt muss sich jedoch die zuerst verdiente Geschäftsgebühr in Höhe der Hälfte, maximal mit 0,75 anrechnen lassen.

Zu beachten ist zudem: Vorliegend handelt es sich um zwei Verfahren, so dass zwei Auslagenpauschalen abzurechnen sind (sofern nicht die tatsächlichen Kosten gefordert werden).

2,5 Geschäftsgebühr, Nr. 2300 VV RVG i.V.m. §§ 13, 14 RVG aus 4.500,00 EUR (Verwaltungsverfahren)		757,50 EUR
Auslagenpauschale, Nr. 7002 VV RVG		20,00 EUR
2,0 Geschäftsgebühr, Nr. 2300 VV RVG i.V.m. §§ 13, 14 RVG aus 4.500,00 EUR (Nachprüfungsverfahren)		606,00 EUR
– 0,75 Geschäftsgebühr gemäß Vorbem. (Verwaltungsverfahren)		– 227,50 EUR
Auslagenpauschale, Nr. 7002 VV RVG		20,00 EUR
Zwischensumme	1.176,00 EUR	
19 % Mehrwertsteuer, Nr. 7008 VV RVG		223,44 EUR
Gesamtbetrag		**1.399,44 EUR**

25 Die Anrechnungspflicht im Nachprüfungsverfahren greift aber wirklich nur, wenn der Anwalt im Vorverfahren tätig war. Hat der Mandant im Vorfeld ohne anwaltliche Hilfe gearbeitet oder hat er beispielsweise mit der Nachprüfung einen anderen Anwalt beauftragt als mit dem Vorverfahren, ist die ungekürzte Gebühr der Nr. 2300 VV RVG anzusetzen.

Beispiel 18 **Keine Anrechnungspflicht, wenn der Anwalt nur im Nachprüfungsverfahren tätig war**

Der Mandant hat selbstständig das Widerspruchsverfahren eingeleitet und die Verwaltungsbehörde aufgefordert, einen Verwaltungsakt zu erlassen. Das Widerspruchsverfahren ist erfolgreich; die Behörde erlässt einen entsprechenden Be-

scheid. Der Mandant lässt daraufhin diesen Bescheid von einem Rechtsanwalt überprüfen. Die Prüfung war weder schwer noch umfangreiche. Der Gegenstandswert beträgt 3.400,00 EUR.

Da der Rechtsanwalt mit der Sache im Vorverfahren nicht betraut war, ist auch nichts anzurechnen. Die Angelegenheit war weder schwer noch umfangreich, so dass hier die Schwellengebühr mit einem Satz von 1,3 abzurechnen ist.

1,3 Geschäftsgebühr, Nr. 2300 VV RVG i.V.m. §§ 13, 14 RVG aus 3.400,00 EUR		327,60 EUR
Auslagenpauschale, Nr. 7002 VV RVG		20,00 EUR
Zwischensumme	347,60 EUR	
19 % Mehrwertsteuer, Nr. 7008 VV RVG		66,04 EUR
Gesamtbetrag		**413,64 EUR**

Die außergerichtliche Vertretung kann auch so ausgerichtet sein, dass der Rechtsanwalt beauftragt ist, lediglich ein Schreiben einfacher Art zu fertigen. Insoweit liegt dann ein Einzelauftrag vor. 26

In diesem Falle wäre es ebenfalls nicht gerechtfertigt, dem Rechtsanwalt eine relativ hohe Gebühr zu zubilligen: Hier schafft Nr. 2301 VV RVG im Interesse des Mandanten Abhilfe und reduziert die Gebühr der Nr. 2300 VV RVG auf einen festen Satz von 0,3. Anzumerken ist, dass es sich bei der vorerwähnten Geschäftstätigkeit um ein Schreiben einfacher Art handeln soll, wenn dieses weder schwierige rechtliche Ausführungen noch größere sachliche Auseinandersetzungen enthält. 27

Beispiel 19 Geschäftsgebühr für ein Schreiben einfacher Art

Der Rechtsanwalt ist beauftragt worden, für die Mandantin ein Kündigungsschreiben zu verfassen. Das Kündigungsschreiben enthält keine schwierigen bzw. rechtlichen Ausführungen. Der Gegenstandswert beträgt 120,00 EUR.

Hier ist eine reduzierte Geschäftsgebühr in Ansatz zu bringen, da der Geschäftsauftrag des Anwaltes „nur" ein einfaches Schreiben umfasst. Demgemäß ist die Verfahrensgebühr der Nr. 2300 VV RVG gemäß Nr. 2301 VV RVG auf den Satz von 0,3 zu reduzieren.

0,3 Geschäftsgebühr, Nrn. 2300, 2301 VV RVG i.V.m. §§ 13, 14 RVG aus 120,00 EUR		15,00 EUR
Auslagenpauschale, Nr. 7002 VV RVG		3,00 EUR
Zwischensumme	18,00 EUR	
19 % Mehrwertsteuer, Nr. 7008 VV RVG		3,42 EUR
Gesamtbetrag		**21,42 EUR**

Der Rechtsanwalt erhält ebenfalls eine Geschäftsgebühr für Güteverfahren vor durch die Landesjustizverwaltung eingerichteten oder anerkannten Gütestellen, vor sonstigen gesetzlich eingerichteten Einigungsstellen, Gütestellen oder Schiedsstellen oder, wenn 28 die Parteien den Einigungsversuch einvernehmlich vor einer Gütestelle, die Streitbeilegung betreibt, unternehmen. Vorerwähnte Geschäftsgebühr nach Nr. 2303 VV RVG hat einen festen Gebührensatz in Höhe von 1,5.

Beispiel 20 **Geschäftsgebühr im Güteverfahren**

Es findet ein Verfahren vor einer anerkannten Gütestelle statt; das Verfahren wird dort durch Einigung erfolgreich beendet. Der Gegenstandswert beträgt 5.200,00 EUR.

Neben der Einigungsgebühr der Nr. 1000 VV RVG erhält der Rechtsanwalt die Geschäftsgebühr der Nr. 2303 VV RVG mit einem festen Satz von 1,5.

1,5 Geschäftsgebühr, Nr. 2300 VV RVG i.V.m. §§ 13, 14 RVG aus 5.200,00 EUR		531,00 EUR
1,5 Einigungsgebühr, Nr. 1000 VV RVG i.V.m. §§ 13, 14 RVG aus 5.200,00 EUR		531,00 EUR
Auslagenpauschale, Nr. 7002 VV RVG		20,00 EUR
Zwischensumme	1.082,00 EUR	
19 % Mehrwertsteuer, Nr. 7008 VV RVG		205,58 EUR
Gesamtbetrag		**1.287,58 EUR**

29 Ist dem Güteverfahren eine außergerichtliche Tätigkeit, die die Geschäftsgebühr der Nr. 2300 VV RVG rechtfertigt, vorausgegangen, so wird die Hälfte dieser vorher entstandenen Gebühr, maximal aber 0,75 nach dem Wert des identischen Gegenstandes auf die Geschäftsgebühr nach Nr. 2303 VV RVG angerechnet.

Beispiel 21 **Anrechnungspflicht: Geschäftsgebühr für außergerichtliche Vertretung findet Anrechnung auf Geschäftsgebühr im Güteverfahren**

Dem im obigen Beispiel aufgeführten Verfahren vor der anerkannten Gütestelle ging die außergerichtliche Vertretung voraus, für die der Rechtsanwalt bereits eine 1,5 Geschäftsgebühr nach Nr. 2300 VV RVG berechnet hatte. Der Gegenstandswert beträgt auch hier 5.200,00 EUR.

Der Rechtsanwalt muss sich die Hälfte der bereits abgerechneten 1,5 Gebühr (= 0,75-Gebühr) auf die Geschäftsgebühr im Güteverfahren anrechnen lassen.

1,5 Geschäftsgebühr, Nr. 2303 VV RVG i.V.m. §§ 13, 14 RVG aus 5.200,00 EUR	531,00 EUR
– 0,75 Geschäftsgebühr, Nr. 2300 VV RVG i.V.m. §§ 13, 14 RVG aus 5.200,00 EUR	– 265,50 EUR

1,5 Einigungsgebühr, Nr. 1000 VV RVG i.V.m. §§ 13, 14 RVG aus 5.200,00 EUR		531,00 EUR
Auslagenpauschale, Nr. 7002 VV RVG		20,00 EUR
Zwischensumme	816,50 EUR	
19 % Mehrwertsteuer, Nr. 7008 VV RVG		155,14 EUR
Gesamtbetrag		**971,64 EUR**

Die vorbenannten Geschäftsgebühren der Nrn. 2300 bis 2303 VV RVG finden zur Hälfte Anrechnung auf gerichtliche Verfahrensgebühren, die über denselben Gegenstand anhängig werden, maximal jedoch mit einem Gebührensatz von 0,75. 30

Beispiel 22 **Anrechnungspflicht: Geschäftsgebühr findet Anrechnung auf gerichtliche Verfahrensgebühr**

Rechtsanwalt X war zunächst beauftragt, eine Forderung für die Partei außergerichtlich einzuziehen. Für den Fall, dass dies nicht gelingt, bekommt er Klageauftrag. Der Schuldner zahlt nicht; der Rechtsanwalt reicht Klage ein. Im Anschluss an einen Termin ergeht ein stattgebendes Urteil. Der Gegenstandswert beträgt 3.700,00 EUR. Der außergerichtlichen Zahlungsaufforderung sind rechtliche Prüfungen vorausgegangen, die allerdings weder schwierig noch umfangreich waren.

Die Zahlungsaufforderung ist nach Vorstehendem mit einer Regel-/Schwellengebühr in Höhe von 1,3 korrekt vergütet. Für das Klageverfahren verdient der Anwalt die Verfahrensgebühr, auf die der Anwalt sich die hälftige Geschäftsgebühr anrechnen lassen muss.

Zu beachten ist zudem: Vorliegend handelt es sich um zwei Verfahren, so dass zweiAuslagenpauschalen abzurechnen sind (sofern nicht die tatsächlichen Kosten gefordert werden).

1,3 Geschäftsgebühr, Nr. 2300 VV RVG i.V.m. §§ 13, 14 RVG aus 3.700,00 EUR (außergerichtliche Vertretung)		327,60 EUR
Auslagenpauschale, Nr. 7002 VV RVG		20,00 EUR
1,3 Verfahrensgebühr, Nr. 3100 VV RVG i.V.m. §§ 13, 14 RVG aus 3.700,00 EUR		327,60 EUR
– 0,65 Geschäftsgebühr, Nr. 2300 VV RVG i.V.m. §§ 13, 14 RVG aus 3.700,00 EUR		– 163,80 EUR
1,2 Terminsgebühr, Nr. 3104 VV RVG i.V.m. §§ 13, 14 RVG aus 3.700,00 EUR		302,40 EUR
Auslagenpauschale, Nr. 7002 VV RVG		20,00 EUR
Zwischensumme	833,80 EUR	
19 % Mehrwertsteuer, Nr. 7008 VV RVG		158,42 EUR
Gesamtbetrag		**992,22 EUR**

Die Anrechnung der Geschäftsgebühr erfolgt in Höhe der Hälfte, weil die Maximalgrenze von 0,75 noch nicht erreicht wurde. Für das außergerichtliche Verfahren bleiben letztlich neben den gerichtlichen Gebühren 0,65 Gebühren bestehen.

31 Die Anrechnungspflicht greift naturgemäß nur, soweit die Gegenstände und die Parteien identisch sind.[2]

32 Wenn das Verwaltungsverfahren in das gerichtliche Verfahren übergeht, kommt es aufgrund der Anrechnungsvorschriften zu einer „doppelten" Anrechnung, da die Geschäftsgebühr des Verwaltungsverfahrens auf die Geschäftsgebühr für das der Nachprüfung des Verwaltungsaktes dienende Verfahren anzurechnen ist und die (zuletzt entstandene) Geschäftsgebühr wiederum auf die gerichtliche Verfahrensgebühr anzurechnen ist.

Beispiel 23 **Doppelte Anrechnungspflicht: Verwaltungsverfahren, Nachprüfungsverfahren und gerichtliches Verfahren**

Verwaltungsverfahren und auch das Nachprüfungsverfahren verlaufen nicht zur Zufriedenheit des Mandanten, so dass Klage erhoben wird. Das Verwaltungsverfahren war aufwändiger, als das Nachprüfungsverfahren; der Gegenstandswert beträgt hier 6.000,00 EUR.

Der Rechtanwalt verdient die Geschäftsgebühr (hier die Mittelgebühr) der Nr. 2300 VV RVG für das Verwaltungsverfahren, sodann eine Geschäftsgebühr für das Nachprüfungsverfahren (1,3 Schwellengebühr, weil weder umfangreich noch schwierig), wobei die Geschäftsgebühr des Verwaltungsverfahrens hälftige Anrechnung hierauf findet. Für das sich anschließende gerichtliche Verfahren verdient der Rechtsanwalt die Verfahrensgebühr der Nr. 3100 VV RVG, auf die wiederum die Geschäftsgebühr des Nachprüfungsverfahrens hälftige Anrechnung findet.

Zu beachten ist zudem: Vorliegend handelt es sich um drei Verfahren, so dass drei Auslagenpauschalen abzurechnen sind (sofern nicht die tatsächlichen Kosten gefordert werden).

1,5 Geschäftsgebühr, Nr. 2300 VV RVG i.V.m. §§ 13, 14 RVG aus 6.000,00 EUR (Verwaltungsverfahren)	531,00 EUR
Auslagenpauschale, Nr. 7002 VV RVG	20,00 EUR
1,3 Geschäftsgebühr, Nr. 3100 VV RVG i.V.m. §§ 13, 14 RVG aus 6.000,00 EUR (Nachprüfungsverfahren)	460,20 EUR

2 Allerdings erfolgt bei außergerichtlichen Regulierungsverhandlungen zwischen dem Geschädigten und der Haftpflichtversicherung des Schädigers und anschließender gerichtlicher Verfolgung nur gegen den Versicherungsnehmer (unter Außerachtlassung des Versicherers) ebenfalls eine Anrechnung, vgl. z.B. OLG München, Beschl. v. 7.2.2012 – 11 W 90/12, JurBüro 2012, 244 f.

– 0,75 Geschäftsgebühr, Nr. 2300 VV RVG i.V.m. §§ 13, 14 RVG aus 6.000,00 EUR (Verwaltungsverfahren)		– 265,50 EUR
Auslagenpauschale, Nr. 7002 VV RVG		20,00 EUR
1,3 Verfahrensgebühr, Nr. 3100 VV RVG i.V.m. §§ 13, 14 RVG aus 6.000,00 EUR (gerichtliches Verfahren)		460,20 EUR
– 0,65 Geschäftsgebühr, Nr. 2300 VV RVG i.V.m. §§ 13, 14 RVG aus 6.000,00 EUR (Nachprüfungsverfahren)		– 230,10 EUR
Auslagenpauschale, Nr. 7002 VV RVG		20,00 EUR
Zwischensumme	1.015,80 EUR	
19 % Mehrwertsteuer, Nr. 7008 VV RVG		193,00 EUR
Gesamtbetrag		**1.208,80 EUR**

Die Anrechnung der Geschäftsgebühr erfolgt zwei Male in Höhe der Hälfte, einmal mit 0,75 (1/2 von 1,5) und einmal mit 0,65 (1/2 von 1,3) Für das Verwaltungsverfahren bleiben letztlich 0,75 Gebühren bestehen; für das Verfahren, das der Nachprüfung des Verwaltungsaktes dient, bleiben noch 0,65 an Gebühren übrig (neben den gerichtlichen Gebühren).

E. Vertretung in bestimmten sozialrechtlichen Angelegenheiten

Ist der Rechtsanwalt in sozialrechtlichen Angelegenheiten, in denen er Betragsrahmengebühren nach § 3 RVG erhält, außergerichtlich mandatiert, so richten sich seine Gebühren nach Abschnitt 4 des 3. Teils des VV RVG. **33**

Zur Unterscheidung, ob es sich bei dem vorliegenden sozialrechtlichen Mandat um eines handelt, für das die gegenstandswertabhängigen Gebühren Geltung haben (eher selten) oder aber Betragsrahmen abzurechnen sind (in der Überzahl aller Fälle), wird an dieser Stelle auf die diesbezügliche Differenzierung in den Ausführungen unter § 2 Rdn 5 ff. dieses Werkes verwiesen. **34**

Der Anwalt verdient für das Betreiben des Geschäfts eine Geschäftsgebühr gemäß Nr. 2302 VV RVG in Höhe eines Rahmens von 50,00 EUR bis 640,00 EUR. Bei der Feststellung der Gebühr im Einzelfall ist auch hier auf die Berücksichtigung aller Umstände wie Umfang, Schwierigkeit, Bedeutung sowie Einkommens- und Vermögensverhältnisse des Auftraggebers, gegebenenfalls auch eines besonderen Haftungsrisikos, abzustellen. **35**

Beispiel 24 **Geschäftsgebühr für außergerichtliche Tätigkeit bei Betragsrahmengebühren: Mittelgebühr**

Der Auftrag des Anwaltes lautet dahingehend, beim Landesamt für Soziales den Grad der Behinderung für seine Mandantin korrekt feststellen zu lassen. Die Angelegenheit ist mittelschwierig und hat auch einen etwas weiteren Umfang. Auch die übrigen Kriterien bewegen sich im üblichen Bereich.

Die Geschäftsgebühr nach Nr. 2302 VV RVG hat hier einen Rahmen von 50,00 EUR bis 640,00 EUR; die Mittelgebühr beträgt daher [(50 + 640) : 2 =] 345,00 EUR, womit der Anwalt vorliegend angemessen vergütet ist.

Geschäftsgebühr, Nr. 2302 VV RVG i.V.m. § 3 RVG		345,00 EUR
Auslagenpauschale, Nr. 7002 VV RVG		20,00 EUR
Zwischensumme	365,00 EUR	
19 % Mehrwertsteuer, Nr. 7008 VV RVG		69,35 EUR
Gesamtbetrag		**434,35 EUR**

Beispiel 25 **Geschäftsgebühr für außergerichtliche Tätigkeit bei Betragsrahmengebühren: Erhöhung der Mittelgebühr wegen Bedeutung der Angelegenheit**

Der Auftrag des Anwaltes lautet dahingehend, beim Landesamt für Soziales den Grad der Behinderung für seine Mandantin korrekt feststellen zu lassen: Dieser ist von existenzieller Bedeutung für die Mandantin, da hiernach ihre Einkünfte bemessen werden. Die Angelegenheit ist mittelschwierig.

Die Geschäftsgebühr nach Nr. 2302 VV RVG hat hier einen Rahmen von 50,00 EUR bis 640,00 EUR; die Mittelgebühr beträgt daher [(50 + 640) : 2 =] 345,00 EUR. Auch wegen der hohen existenziellen Bedeutung für die Mandantin und der damit verbundenen höheren Verantwortung des Anwaltes kann hier durchaus eine Geschäftsgebühr von 450,00 EUR angemessen sein.

Geschäftsgebühr, Nr. 2302 VV RVG i.V.m. § 3 RVG		450,00 EUR
Auslagenpauschale, Nr. 7002 VV RVG		20,00 EUR
Zwischensumme	470,00 EUR	
19 % Mehrwertsteuer, Nr. 7008 VV RVG		89,30 EUR
Gesamtbetrag		**559,30 EUR**

36 Sofern die Angelegenheit weder schwierig noch umfangreich ist – insoweit spielen dann die Ermessenskriterien Bedeutung für den Auftraggeber, Einkommens- und Vermögensverhältnisse des Auftraggebers und auch das besondere Haftungsrisiko keine Rolle mehr –, beträgt die Geschäftsgebühr nach Anmerkung zu Nr. 2302 VV RVG maximal 300,00 EUR.

Beispiel 26 **Geschäftsgebühr für außergerichtliche Tätigkeit bei Betragsrahmengebühren: Schwellengebühr**

Der Auftrag des Anwaltes lautet dahingehend, beim Landesamt für Soziales den Grad der Behinderung für seine Mandantin korrekt feststellen zu lassen: Dieser ist von existenzieller Bedeutung für die Mandantin, da hiernach ihre Einkünfte bemessen werden. Die Angelegenheit ist weder schwierig noch umfangreich.

Die Tatsache, dass die Bedeutung für die Mandantin sehr hoch ist, spielt für die Bemessung der Gebühr keine Rolle; da die Sache weder schwierig noch umfangreich ist, kann nach Nr. 2302 VV RVG eine Geschäftsgebühr in Höhe von maximal 300,00 EUR verlangt werden.

Geschäftsgebühr, Nr. 2302 VV RVG i.V.m. § 3 RVG		300,00 EUR
Auslagenpauschale, Nr. 7002 VV RVG		20,00 EUR
Zwischensumme	320,00 EUR	
19 % Mehrwertsteuer, Nr. 7008 VV RVG		60,80 EUR
Gesamtbetrag		**380,80 EUR**

Die außergerichtliche Geschäftsgebühr der Nr. 2302 VV RVG entsteht sowohl im Verwaltungsverfahren als auch im weiteren, der Nachprüfung des Verwaltungsakts dienendem Verfahren jeweils gesondert. 37

Sofern der Anwalt, der im Verwaltungsverfahren tätig war, auch im weiteren, der Nachprüfung des Verwaltungsakts dienenden Verfahren tätig wird, muss er sich die zuvor verdiente Geschäftsgebühr in Höhe der Hälfte anrechnen lassen, maximal mit 175,00 EUR. 38

Beispiel 27 **Anrechnungspflicht: Nicht schwierige und wenig umfangreiche Tätigkeit in Vorverfahren und Nachprüfungsverfahren**

Der Rechtsanwalt ist beauftragt, für seinen Mandanten den Grad seiner Behinderung feststellen zu lassen. Er ist sowohl im Verwaltungsverfahren als auch im Nachprüfungsverfahren tätig, wobei beide Verfahren sehr einfach und auch gar nicht umfangreich sind.

Entsprechend den Vorgaben ist hier nur die Mindestgebühr abzurechnen. Die Anrechnung erfolgt dann auch nur in Höhe der Hälfte der Mindestgebühr.

Zu beachten ist: Vorliegend handelt es sich um zwei Verfahren, so dass zwei Auslagenpauschalen abzurechnen sind (sofern nicht die tatsächlichen Kosten gefordert werden).

Geschäftsgebühr, Nr. 2302 VV RVG i.V.m. § 3 RVG (Verwaltungsverfahren)	50,00 EUR
Auslagenpauschale, Nr. 7002 VV RVG	10,00 EUR
Geschäftsgebühr, Nr. 2302 VV RVG i.V.m. § 3 RVG (Nachprüfung des Verwaltungsaktes)	50,00 EUR

– ½ Geschäftsgebühr (Verwaltungsverfahren), maximal 175,00 EUR		– 25,00 EUR
Auslagenpauschale, Nr. 7002 VV RVG		10,00 EUR
Zwischensumme	95,00 EUR	
19 % Mehrwertsteuer, Nr. 7008 VV RVG		18,05 EUR
Gesamtbetrag		**113,05 EUR**

Beispiel 28 Anrechnungspflicht: Sehr schwierige und sehr umfangreiche Tätigkeit in Vorverfahren und wenig leichte Tätigkeit im Nachprüfungsverfahren

Der Rechtsanwalt ist beauftragt, für seinen Mandanten den Grad seiner Behinderung feststellen zu lassen. Er ist sowohl im Verwaltungsverfahren als auch im Nachprüfungsverfahren tätig, wobei beide Verfahren ausgesprochen schwierig und auch langwierig wie umfangreich sind.

Aufgrund der hohen Schwierigkeit und des Umfanges setzt der Anwalt hier die Höchstgebühr an. Zu beachten ist, dass nicht die Hälfte der Höchstgebühr, sondern die Maximalgrenze des Anrechnungsbetrages in Abzug zu bringen ist, mithin 175,00 EUR.

Zu beachten ist: Vorliegend handelt es sich um zwei Verfahren, so dass zwei Auslagenpauschalen abzurechnen sind (sofern nicht die tatsächlichen Kosten gefordert werden).

Geschäftsgebühr, Nr. 2302 VV RVG i.V.m. § 3 RVG (Verwaltungsverfahren)		640,00 EUR
Auslagenpauschale, Nr. 7002 VV RVG		20,00 EUR
Geschäftsgebühr, Nr. 2302 VV RVG i.V.m. § 3 RVG (Nachprüfung des Verwaltungsaktes)		640,00 EUR
– ½ Geschäftsgebühr (Verwaltungsverfahren), maximal 175,00 EUR		– 175,00 EUR
Auslagenpauschale, Nr. 7002 VV RVG		20,00 EUR
Zwischensumme	1.145,00 EUR	
19 % Mehrwertsteuer, Nr. 7008 VV RVG		217,55 EUR
Gesamtbetrag		**1.362,55 EUR**

39 Sofern die Anrechnung einer zuvor verdienten ohnehin schon begrenzten (Schwellen-) Geschäftsgebühr der Nr. 2302 VV RVG erfolgt, muss als Obergrenze der Anrechnung der Betrag von 150,00 EUR Geltung haben: Denn die Obergrenze des Rahmens der Gebühr 2302 VV RVG beträgt 300,00 EUR, die Hälfte also maximal 150,00 EUR.

Beispiel 29 Anrechnungspflicht: Obergrenze bei der Schwellengebühr

Der Anwalt vertritt den Mandanten in einer nicht besonders leichten, aber auch nicht besonders schwierigen und insbesondere im Umfang geringen Tätigkeit, die eine Begrenzung der Geschäftsgebühr auf 300,00 EUR zur Folge hat. Seine Tätigkeit im Nachprüfungsverfahren ist doch deutlich schwieriger und umfangreicher.

Der Rahmen der Gebühr Nr. 2302 VV RVG beträgt 50,00 EUR bis 640,00 EUR. Für das Verwaltungsverfahren ist hier die Schwellengebühr anzusetzen, für das Nachprüfungsverfahren eine höhere Gebühr als die Mittelgebühr. Der Anwalt muss sich jedoch die Hälfte der zuerst verdienten Verfahrensgebühr anrechnen lassen.

Geschäftsgebühr, Nr. 2302 VV RVG i.V.m. § 3 RVG (Verwaltungsverfahren), maximal 300,00 EUR		300,00 EUR
Auslagenpauschale, Nr. 7002 VV RVG		20,00 EUR
Geschäftsgebühr, Nr. 2302 VV RVG i.V.m. § 3 RVG (Nachprüfung des Verwaltungsaktes)		450,00 EUR
– ½ Geschäftsgebühr (Verwaltungsverfahren), maximal 150,00 EUR		– 150,00 EUR
Auslagenpauschale, Nr. 7002 VV RVG		20,00 EUR
Zwischensumme	640,00 EUR	
19 % Mehrwertsteuer, Nr. 7008 VV RVG		121,60 EUR
Gesamtbetrag		**761,60 EUR**

Außergerichtliche Gebühren der Nr. 2302 VV RVG müssen auf gerichtliche Gebühren in Höhe der Hälfte, maximal mit 175,00 EUR (im Falle der Reduzierung gemäß Anmerkung: maximal 150,00 EUR) angerechnet werden. Es kann also infolge der aktuellen Vorschriften zu einer doppelten Anrechnung kommen, wenn also der Anwalt (außergerichtlich) im Verwaltungsverfahren, dann im Nachprüfungsverfahren und anschließend gerichtlich tätig wird. 40

Der Wortlaut der Vorbemerkung 3 (4) des 3. Teils des VV RVG lässt insoweit keine Wahlmöglichkeit zu: 41

„Sind mehrere Gebühren entstanden, ist für die Anrechnung die **zuletzt** *entstandene Gebühr maßgebend. (...).“*

Beispiel 30 | Doppelte Anrechnungen – zwingende Reihenfolge

Der Anwalt hat den Mandanten in einer sozialrechtlichen Angelegenheit mit Betragsrahmen außergerichtlich vertreten; der Umfang war etwas mehr, ebenso die Schwierigkeit. Er wird später noch mit der Nachprüfung des Verwaltungsaktes beauftragt; die Angelegenheit bei der Nachprüfung war von mittlerer Schwierigkeit; er wird über denselben Gegenstand gerichtlich tätig.

Der Rahmen der Gebühr Nr. 2302 VV RVG beträgt 50,00 EUR bis 640,00 EUR. Für das Verwaltungsverfahren ist hier eine höhere Gebühr als die Mittelgebühr anzusetzen; für das Nachprüfungsverfahren die Mittelgebühr. Der Anwalt muss sich jedoch die Hälfte der zuerst verdienten Verfahrensgebühr anrechnen lassen. Für das gerichtliche Verfahren verdient der Anwalt die Verfahrensgebühr der Nr. 3102 VV RVG mit einem Rahmen von 50,00 bis 550,00 EUR. Mangels weiterer Ausführungen ist hier von der

Mittelgebühr auszugehen. Auf diese Gebühr muss der Anwalt sich die Geschäftsgebühr des Nachprüfungsverfahrens anrechnen lassen.

Zu beachten ist zudem: Vorliegend handelt es sich um zwei Verfahren, so dass zwei Auslagenpauschalen abzurechnen sind (sofern nicht die tatsächlichen Kosten gefordert werden).

Geschäftsgebühr, Nr. 2302 VV RVG i.V.m. § 3 RVG (Verwaltungsverfahren)		500,00 EUR
Auslagenpauschale, Nr. 7002 VV RVG		20,00 EUR
Geschäftsgebühr, Nr. 2302 VV RVG i.V.m. § 3 RVG (Nachprüfung Verwaltungsakt)		345,00 EUR
– ½ Geschäftsgebühr (Verwaltungsverfahren), maximal 175,00 EUR		– 175,00 EUR
Auslagenpauschale, Nr. 7002 VV RVG		20,00 EUR
Verfahrensgebühr, Nr. 3102 VV RVG i.V.m. § 3 RVG (Klageverfahren)		300,00 EUR
– ½ Geschäftsgebühr (Nachprüfung Verwaltungsakt) = ½ von 345,00 EUR =		– 172,50 EUR
Auslagenpauschale, Nr. 7002 VV RVG		20,00 EUR
Zwischensumme	857,50 EUR	
19 % Mehrwertsteuer, Nr. 7008 VV RVG		162,93 EUR
Gesamtbetrag		**1.020,43 EUR**

F. Terminsgebühr in außergerichtlichen Verfahren

42 In außergerichtlichen Verfahren kann der Anwalt neben einer dann wiederum anzurechnenden Verfahrensgebühr der Nr. 3101 VV RVG (dazu sogleich) die Terminsgebühr der Nr. 3104 VV RVG mit einem Satz von 1,2 verdienen, wenn die Voraussetzungen erfüllt sind: Dies erschließt sich aus der Vorbemerkung 3 (3) des 3. Teils des VV RVG.

43 Die Terminsgebühr erwächst nämlich bereits im außergerichtlichem Stadium, wenn ein von einem gerichtlich bestellten Sachverständigen anberaumter Termin wahrgenommen wird oder aber ein Besprechungstermin (mündlich, aber auch fernmündlich) ohne Beteiligung des Gerichts stattfindet, der der Erledigung des Verfahrens dient bzw. dienen soll. Schon bereits die Formulierung, dass Ziel der Besprechung sein muss, dass ein Verfahren erledigt oder vermieden werden muss, verdeutlicht, dass **ein Prozessauftrag vorliegen** muss. Denn ohne dass ein Verfahren bereits anhängig ist, kann es nicht erledigt werden; ohne dass ein entsprechender Auftrag für ein gerichtliches Verfahren vorliegt, kann dies nicht vermieden werden.[3]

3 BGH, Urt. v. 8.2.2007 – IX ZR 215/05, JurBüro 2007, 241.

Beispiel 31 Keine Terminsgebühr bei nur außergerichtlichem Auftrag

Der Anwalt fordert den Gegner zunächst nur außergerichtlich zur Zahlung auf; unmittelbar nach dem Eingang der Zahlungsaufforderung beim Gegner meldet sich dessen Anwalt und bespricht mit dem Anwalt des Auftraggebers eine einvernehmliche Lösung.

Es ist keine Terminsgebühr angefallen; ein Prozessauftrag hat hier nicht vorgelegen.

Beispiel 32 Terminsgebühr bei bestehendem Prozessauftrag

Der Rechtsanwalt macht im Auftrag seines Mandanten außergerichtlich und zunächst ohne Prozessauftrag Schadensersatzansprüche in Höhe von 5.000,00 EUR geltend und verfasst zu diesem Zwecke ein Aufforderungsschreiben an den Schädiger. Der Schuldner reagiert zunächst nicht, dafür meldet sich wenig später Frau Rechtsanwältin X, die die gemachten Ansprüche zurückweist. Um ein gerichtliches Verfahren zu vermeiden, für das mittlerweile (Prozess-)Auftrag erteilt wurde, findet eine erfolgreiche Besprechung statt. Bei der Berechnung wird davon ausgegangen, dass es sich um ein recht schwieriges Mandat handelt, so dass die Mittelgebühr nicht aufgrund der Schwellenvorschrift reduziert wird.

Der Rechtsanwalt erhält neben den anderen Gebühren die Terminsgebühr der Nr. 3104 VV RVG, und zwar aufgrund der Vorbemerkung 3 (3) des 3. Teils des VV RVG, dort Nr. 3. Da bereits Klageauftrag erteilt war (und das ist die zwingende Voraussetzung für das Entstehen der außergerichtlichen Terminsgebühr) verdient der Rechtsanwalt neben der Geschäftsgebühr die Verfahrensgebühr der Nr. 3100 VV RVG, allerdings – bedingt durch die vorzeitige Erledigung – gekürzt auf einen Satz von 0,8 nach Nr. 3101 VV RVG. Hier findet nach aktueller BGH-Rechtsprechung eine Anrechnung der zuvor außergerichtlich verdienten Geschäftsgebühr statt.[4]

Zu beachten ist zudem: Vorliegend handelt es sich um zwei Verfahren, so dass zwei Auslagenpauschalen abzurechnen sind (sofern nicht die tatsächlichen Kosten gefordert werden). Dies geschieht deshalb, weil mit Prozessauftrag das gerichtliche Verfahren begonnen wurde, das aber durch die Einigung vorzeitig erledigt wurde.

4 BGH, Urt. v. 25.9.2008 – IX ZR 133/07, NJW 2008, 3641 f.

1,5 Geschäftsgebühr, Nr. 2300 VV RVG i.V.m. § 13 RVG aus 5.000,00 EUR (außergerichtliche Vertretung ohne Prozessauftrag)		454,50 EUR
Auslagenpauschale, Nr. 7002 VV RVG		20,00 EUR
0,8 Verfahrensgebühr, Nrn. 3100, 3101 VV RVG i.V.m. § 13 RVG aus 5.000,00 EUR (außergerichtliche Vertretung. mit Prozessauftrag)		242,40 EUR
– 0,75 Geschäftsgebühr, Nr. 2300 VV RVG i.V.m. § 13 RVG aus 5.000,00 EUR		– 227,25 EUR
1,2 Terminsgebühr, Nr. 1000 VV RVG i.V.m. § 13 RVG aus 5.000,00 EUR		363,60 EUR
Auslagenpauschale, Nr. 7002 VV RVG		20,00 EUR
Zwischensumme	873,25 EUR	
19 % Mehrwertsteuer, Nr. 7008 VV RVG		165,92 EUR
Gesamtbetrag		**1.039,17 EUR**

Merke

Eine außergerichtliche Terminsgebühr kann stets nur in Verbindung mit einer **gerichtlichen Verfahrensgebühr**, zum Beispiel der Gebühr der Nr. 3100 VV RVG, der Mahngebühr der Nr. 3305 VV RVG, aber insbesondere und häufig in Verbindung mit der reduzierten Verfahrensgebühr der Nr. 3101 VV RVG entstehen.

44 Entsprechend kann die Terminsgebühr auch entstehen, wenn Einigungsgespräche über eine bereits rechtshängige Forderung geführt werden, und zwar ohne Beteiligung des Gerichts:

Beispiel 33 Terminsgebühr bei Besprechungen über rechtshängige Forderungen ohne Beteiligung des Gerichts

Der Rechtsanwalt hat für seinen Mandanten Klage eingereicht; der gegnerische Parteivertreter ruft den Klägervertreter an und beide besprechen (naturgemäß ohne Beteiligung des Gerichts) die Möglichkeit einer Einigung. Der Gegenstandswert beträgt 1.800,00 EUR.

Die Terminsgebühr entsteht entsprechend Vorbemerkung 3 (3) des 3. Teils des VV RVG.

1,3 Verfahrensgebühr, Nr. 3100 VV RVG i.V.m. § 13 RVG aus 1.800,00 EUR		195,00 EUR
1,2 Terminsgebühr, Nr. 3104 VV RVG i.V.m. § 13 RVG aus 1.800,00 EUR		180,00 EUR
Auslagenpauschale, Nr. 7002 VV RVG		20,00 EUR
Zwischensumme	395,00 EUR	
19 % Mehrwertsteuer, Nr. 7008 VV RVG		75,05 EUR
Gesamtbetrag		**470,05 EUR**

45 Das gilt auch dann, wenn die außergerichtlichen Verhandlungen geführt werden zwecks Beilegung eines Verfahrens, für das keine mündliche Verhandlung vorgeschrieben

wurde, z.B. während eines laufenden einstweiligen Verfügungsverfahrens oder eines Verfahrens nach § 495a ZPO.[5]

Werden ohne Beteiligung des Gerichts Einigungsgespräche über mehrere Verfahren geführt, so fällt die Terminsgebühr in jedem der Verfahren gesondert an, berechnet nach dem jeweiligen Streitwert der betroffenen Verfahren.[6] 46

Beispiel 34 **Mehrere Terminsgebühren bei Einigungsgesprächen über verschiedene rechtshängige Verfahren**

Der Rechtsanwalt hat für seinen Mandanten Klage auf Herausgabe eines Pkw (Gegenstandswert: 12.000,00 EUR) eingereicht und zudem im Wege des Mahnverfahrens einen Darlehensrückzahlungsanspruch (1.700,00 EUR) geltend gemacht; der gegnerische Parteivertreter ruft den Klägervertreter an und beide besprechen (naturgemäß ohne Beteiligung des Gerichts) die Möglichkeit einer Einigung, beide Verfahren zu erledigen.

Die Terminsgebühr entsteht entsprechend Vorbemerkung 3 (3) des 3. Teils des VV RVG; nach BGH-Rechtsprechung in beiden Verfahren.

Herausgabeklage:		
1,3 Verfahrensgebühr, Nr. 3100 VV RVG i.V.m. § 13 RVG aus 12.000,00 EUR		785,20 EUR
1,2 Terminsgebühr, Nr. 3104 VV RVG i.V.m. § 13 RVG aus 12.000,00 EUR		724,80 EUR
Auslagenpauschale, Nr. 7002 VV RVG		20,00 EUR
Zwischensumme	1.530,00 EUR	
19 % Mehrwertsteuer, Nr. 7008 VV RVG		290,70 EUR
Gesamtbetrag		**1.820,70 EUR**
Mahnverfahren:		
1,0 Verfahrensgebühr, Nr. 3305 VV RVG i.V.m. § 13 RVG aus 1.700,00 EUR		150,00 EUR
1,2 Terminsgebühr, Nr. 3104 VV RVG i.V.m. § 13 RVG aus 1.700,00 EUR		180,00 EUR
Auslagenpauschale, Nr. 7002 VV RVG		20,00 EUR
Zwischensumme	350,00 EUR	
19 % Mehrwertsteuer, Nr. 7008 VV RVG		66,50 EUR
Gesamtbetrag		**416,50 EUR**

Gleichermaßen kann die Terminsgebühr für außergerichtliche Besprechungen zur Erledigung eines Berufungsverfahrens entstehen, und zwar dann, wenn eine solche zielgerichtete Besprechung ohne Beteiligung des Gerichts erfolgt, bevor ein Hinweis nach 47

5 BGH, Beschl. v. 2.11.2011 – XII ZB 458/10.

6 BGH, Beschl. v. 13.11.2011 – II ZB 4/11 – bis zu diesem Zeitpunkt nach herrschender Meinung noch einheitliche Terminsgebühr aus addiertem Streitwert, insbesondere Kammergericht Berlin, Beschl. v. 6.11.2008 – 2 W 11/08, JurBüro 2009, 80.

§ 522 Abs. 2 S. 2 ZPO (Mitteilung der Absicht des Gerichts, die Berufung zurückzuweisen) erteilt wurde.[7] Hierbei muss aber beachtet werden, dass die Terminsgebühr dann nach Vorbemerkung 3 (3) des 3. Teils des VV RVG i.V.m. Nr. 3202 VV RVG entsteht.

48 Darüber hinaus kann die außergerichtliche Terminsgebühr nach der Vorbemerkung 3 (3) des 3. Teils des VV RVG über eine nicht rechtshängige Forderung entstehen, wenn ein Rechtsanwalt ohne Beteiligung des Gerichts mit der Gegenseite eine Besprechung (mit dem Ziel der Einigung) über eine rechtshängige Forderung führt und hierbei auch nicht rechtshängige Forderungen (für die Prozessauftrag besteht) einbezieht.

Beispiel 35 **Terminsgebühr aus rechtshängiger sowie bislang nicht rechtshängiger Forderung/Vergleich kommt zustande**

Im Rahmen eines außergerichtlich geführten Telefonats (der Rechtsstreit ist über 3.000,00 EUR rechtshängig, aber es hat noch kein Termin stattgefunden bzw. es ist noch nicht einmal terminiert), arbeiten die Rechtsanwälte einen Vergleich aus, der neben dem Klagebetrag noch eine weitere Forderung, für die Prozessauftrag besteht, in Höhe von 1.000,00 EUR berücksichtigt. Der Vergleich kommt zustande, die Klage wird zurückgenommen.

Für das außergerichtlich geführte Gespräch (ohne Beteiligung des Gerichts) verdient der Rechtsanwalt eine 1,2 Terminsgebühr nach Vorbemerkung 3 (3) des 3. Teils des VV RVG aus einem Gegenstandswert von insgesamt 4.000,00 EUR. Ein rechtshängiger Betrag von 3.000,00 EUR wurde (zwecks Beilegung des Rechtsstreits) besprochen; des Weiteren wurde über einen noch nicht rechtshängigen Betrag von 1.000,00 EUR, für den Prozessauftrag bestand, gesprochen (zwecks Vermeidung des Rechtsstreites). Hier greift sodann (da gleiche Gebühren unterschiedlicher Gegenstandswerte in einem Verfahren aufeinander treffen) die Vorschrift der Streitwertaddition: Es ist insgesamt (und maximal) eine 1,2 Terminsgebühr aus 4.000,00 EUR in Ansatz zu bringen.

1,3 Verfahrensgebühr, Nr. 3100 VV RVG i.V.m. § 13 RVG aus 3.000,00 EUR	261,30 EUR	
0,8 Verfahrensgebühr, Nrn. 3100, 3101 VV RVG i.V.m. § 13 RVG aus 1.000,00 EUR	64,00 EUR	
Zwischensumme	325,30 EUR	
Maximal 1,3 Gebühr aus 4.000,00 EUR	327,60 EUR	
→ Verfahrensgebühr		325,30 EUR
1,2 Terminsgebühr, Nr. 3104, Vorbem. (3) 3 VV RVG i.V.m. § 13 RVG aus 4.000,00 EUR		302,40 EUR
1,0 Einigungsgebühr, Nrn. 1000, 1003 VV RVG i.V.m. § 13 RVG aus 3.000,00 EUR	201,00 EUR	

7 BGH, Beschl. v. 13.11.2011 – II ZB 4/11 – bis zu diesem Zeitpunkt nach herrschender Meinung noch einheitliche Terminsgebühr aus addiertem Streitwert, insbesondere Kammergericht Berlin, Beschl. v. 6.11.2008, 2 W 11/08 – JurBüro 2009, 80.

1,5 Einigungsgebühr, Nr. 1000 VV RVG		
i.V.m. § 13 RVG aus 1.000,00 EUR	120,00 EUR	
Zwischensumme	321,00 EUR	
Gemäß § 15 Abs. 3 RVG:		
Maximal 1,5 Gebühr aus 4.000,00 EUR	378,00 EUR	
→ Einigungsgebühr		321,00 EUR
Auslagenpauschale, Nr. 7002 VV RVG		20,00 EUR
Zwischensumme	968,70 EUR	
19 % Mehrwertsteuer, Nr. 7008 VV RVG		184,05 EUR
Gesamtbetrag		**1.152,75 EUR**

Beispiel 36 Terminsgebühr aus rechtshängiger sowie bislang nicht rechtshängiger Forderung/Vergleich kommt nicht zustande

Im Rahmen eines außergerichtlich geführten Telefonats (der Rechtsstreit ist über 6.000,00 EUR rechtshängig, aber es hat noch kein Termin stattgefunden bzw. es ist noch nicht einmal terminiert) arbeiten die Rechtsanwälte einen Vergleich aus, der neben dem Klagebetrag noch eine weitere Forderung, für die Prozessauftrag besteht, in Höhe von 2.000,00 EUR berücksichtigt. Der Vergleich kommt nicht zustande.

Für das außergerichtlich geführte Gespräch (ohne Beteiligung des Gerichts) verdient der Rechtsanwalt eine 1,2 Terminsgebühr nach Vorbemerkung 3 (3) des 3. Teils des VV RVG aus einem Gegenstandswert von insgesamt 8.000,00 EUR. Ein rechtshängiger Betrag von 6.000,00 EUR wurde (zwecks Beilegung des Rechtsstreits) besprochen; des Weiteren wurde über einen noch nicht rechtshängigen Betrag von 2.000,00 EUR, für den Prozessauftrag bestand, gesprochen (zwecks Vermeidung des Rechtsstreites). Hier greift sodann (da gleiche Gebühren unterschiedlicher Gegenstandswerte in einem Verfahren aufeinander treffen) die Vorschrift der Streitwertaddition: Es ist insgesamt (und maximal) eine 1,2 Terminsgebühr aus 8.000,00 EUR in Ansatz zu bringen. Dass der Vergleich nicht zustande kommt, spielt keine Rolle.

1,3 Verfahrensgebühr, Nr. 3100 VV RVG		
i.V.m. § 13 RVG aus 6.000,00 EUR	460,20 EUR	
0,8 Verfahrensgebühr, Nrn. 3100, 3101 VV RVG		
i.V.m. § 13 RVG aus 2.000,00 EUR	120,00 EUR	
Zwischensumme	580,20 EUR	
Gemäß § 15 Abs. 3 RVG:		
Maximal 1,3 Gebühr aus 8.000,00 EUR	592,80 EUR	
→ Verfahrensgebühr		580,20 EUR
1,2 Terminsgebühr, Nr. 3104, Vorbem. (3) 3 VV RVG		
i.V.m. § 13 RVG aus 8.000,00 EUR		547,20 EUR
Auslagenpauschale, Nr. 7002 VV RVG		20,00 EUR
Zwischensumme	1.147,40 EUR	
19 % Mehrwertsteuer, Nr. 7008 VV RVG		218,06 EUR
Gesamtbetrag		**1.365,40 EUR**

49 Eine außergerichtliche Terminsgebühr kann darüber hinaus auch dann nach der Vorbemerkung 3 (3) des 3. Teils des VV RVG entstehen, wenn in einem Verfahren eine anderweitig rechtshängige Forderung besprochen wird.

Beispiel 37 **Terminsgebühr bei Besprechung auch anderweitig rechtshängiger Forderungen (zwecks Einigung)**

In einem gerichtlichen Verfahren steht eine Forderung in Höhe von 10.000,00 EUR im Streit. Im Rahmen der mündlichen Verhandlung schließen die Parteien einen Vergleich vor der Kammer, der über die 10.000,00 EUR hinaus noch eine bislang anderweitig rechtshängige Forderung in Höhe von 6.000,00 EUR erfasst.

Der Rechtsanwalt verdient neben den anderen Gebühren 2 Terminsgebühren, und zwar eine in jedem Verfahren.

Es findet insoweit auch keine Streitaddition statt, sondern die Terminsgebühr entsteht in jedem der beiden Verfahren sodann gesondert aus dem jeweils geltenden Gegenstandswert.[8]

Verfahren 1 (das Verfahren, in dem der Vergleich geschlossen wurde):		
1,3 Verfahrensgebühr, Nr. 3100 VV RVG		
i.V.m. § 13 RVG aus 10.000,00 EUR	725,40 EUR	
0,8 Verfahrensgebühr, Nrn. 3100, 3101 VV RVG		
i.V.m. § 13 RVG aus 6.000,00 EUR	283,20 EUR	
Zwischensumme	1.008,60 EUR	
Gemäß § 15 Abs. 3 RVG:		
Maximal 1,3 Gebühr aus 16.000,00 EUR	845,00 EUR	
→ Verfahrensgebühr		845,00 EUR
1,2 Terminsgebühr, Nr. 3104, Vorbem. (3) 3 VV RVG		669,60 EUR
i.V.m. § 13 RVG aus 10.000,00 EUR		
1,0 Einigungsgebühr, Nrn. 1000, 1003 VV RVG		
i.V.m. § 13 RVG aus 16.000,00 EUR		650,00 EUR
Auslagenpauschale, Nr. 7002 VV RVG		20,00 EUR
Zwischensumme	2.184,60 EUR	
19 % Mehrwertsteuer, Nr. 7008 VV RVG		415,07 EUR
Gesamtbetrag		**2.599,67 EUR**

8 BGH, Beschl. v. 13.11.2011 – II ZB 4/11 – bis zu diesem Zeitpunkt nach herrschender Meinung noch einheitliche Terminsgebühr aus addiertem Streitwert, insbesondere KG Berlin, Beschl. v. 6.11.2008 – 2 W 11/08, JurBüro 2009, 80.

Verfahren 2 (das Verfahren, das mitverglichen wurde):		
1,3 Verfahrensgebühr, Nr. 3100 VV RVG i.V.m. § 13 RVG aus 6.000,00 EUR	460,20 EUR	
– Anteil der Verfahrensgebühr, die in Verfahren 1 abgerechnet wurde[9]	– 119,60 EUR	
Restliche Verfahrensgebühr mithin	340,60 EUR	340,60 EUR
1,2 Terminsgebühr, Nr. 3104, Vorbem. (3) 3 VV RVG i.V.m. § 13 RVG aus 6.000,00 EUR		424,80 EUR
Auslagenpauschale, Nr. 7002 VV RVG		20,00 EUR
Zwischensumme	785,40 EUR	
19 % Mehrwertsteuer, Nr. 7008 VV RVG		149,23 EUR
Gesamtbetrag		**934,63 EUR**

Ist eine Terminsgebühr der Nr. 3104 VV RVG nach Vorbemerkung 3 (3) des 3. Teils des VV RVG ohne Beteiligung des Gerichts entstanden und wird über denselben Gegenstand später mündlich verhandelt bzw. entsteht über denselben Gegenstand im Rahmen des nachfolgenden gerichtlichen Verfahrens eine Terminsgebühr der Nr. 3104 VV RVG, so findet die Terminsgebühr nach Vorbemerkung 3 (3) VV RVG hierauf Anrechnung. Dies ergibt sich schlicht aus dem Umstand, dass es sich hier um nur **ein Verfahren** handelt und die **Terminsgebühr in jedem Verfahren nur insgesamt einmal verdien**t werden kann: Denn die Terminsgebühr gemäß Nr. 3104 VV RVG nach Vorbemerkung 3 (3) des 3. Teils des VV RVG kann nur bei **bestehendem Prozessauftrag** anfallen und gehört somit bereits zum gerichtlichen Verfahren; sie kann ohne Zweifel nicht in dem außergerichtlichen Stadium entstehen, in dem zunächst nur die Nr. 2300 VV RVG verdient wird. 50

Beispiel 38 **Nur eine Terminsgebühr pro Verfahren**

Der Anwalt ist außergerichtlich über einen Streitgegenstand von 3.000,00 EUR tätig; sodann erhält er Prozessauftrag. Nach Klageeinreichung ruft der gegnerische Prozessvertreter an und man versucht eine gütliche Einigung, die jedoch scheitert. Im Verfahren wird terminiert und es ergeht ein Urteil.

Es ist insgesamt nur eine Terminsgebühr zu berechnen.

1,3 Geschäftsgebühr, Nr. 2300 VV RVG i.V.m. § 13 RVG aus 3.000,00 EUR	261,30 EUR
Auslagenpauschale, Nr. 7002 VV RVG	20,00 EUR
1,3 Verfahrensgebühr, Nr. 3100 VV RVG i.V.m. § 13 RVG aus 3.000,00 EUR	261,30 EUR

9 Die „reine“ Verfahrensgebühr aus dem Verfahren 1 aus dem Gegenstandswert 10.000,00 EUR beträgt 725,40 EUR; angesetzt wurde im Verfahren (wegen des Antrags auf Protokollierung) aber eine gesamte Verfahrensgebühr in Höhe von 845,00 EUR. Demnach ist im Verfahren 1 ein für das Verfahren 2 anrechenbarer Teil von (845,00 EUR – 725,40 EUR =) 119,60 EUR enthalten.

– 0,65 Geschäftsgebühr, Nr. 2300 VV RVG i.V.m. § 13 RVG aus 3.000,00 EUR		– 130,65 EUR
1,2 Terminsgebühr, Nr. 3104, Vorbem. (3) 3 VV RVG i.V.m. § 13 RVG aus 3.000,00 EUR		241,20 EUR
Auslagenpauschale, Nr. 7002 VV RVG		20,00 EUR
Zwischensumme	673,15 EUR	
19 % Mehrwertsteuer, Nr. 7008 VV RVG		127,90 EUR
Gesamtbetrag		**801,05 EUR**

51 Gleichermaßen wie in Zivilprozessen kann auch in Finanzstreitsachen eine außergerichtliche Terminsgebühr gemäß Vorbemerkung 3 (3) des 3. Teils des VV RVG entstehen, und zwar dann, wenn die Besprechung mit dem im Steuerprozess entscheidungsbefugten Amtsträger geführt wird. Weitere Voraussetzung neben der Rechtshängigkeit ist (natürlich) die Tatsache, dass die Besprechung erkennbar auf die Erledigung des Klageverfahrens gerichtet ist.[10] Da das Finanzverfahren nach den Vorschriften des Berufungsverfahren vergütet wird, ist hier im entsprechenden Falle eine 1,2 Terminsgebühr nach Nr. 3202 VV RVG i.V.m. Vorbemerkung 3 (3) des 3. Teils des VV RVG anzusetzen.

52 Ebenso erwächst dem Rechtsanwalt, der in einer sozialrechtlichen Angelegenheit tätig wird, in welcher er Betragsrahmen verdient, die Terminsgebühr, allerdings nach Nr. 3106 VV RVG. Sie hat einen Rahmen von 50,00 EUR bis 510,00 EUR.

Die Entstehungskriterien decken sich mit denen der gegenstandswertabhängigen Gebühren (vorstehend).

G. Beratungshilfe

53 Die Gebühren in der Beratungshilfe bestimmen sich nach Abschnitt 5 des 2. Teils des VV RVG. Im Rahmen der Beratungshilfe erhält der Rechtsanwalt ausschließlich die dort bestimmten Gebühren.

54 Die Beratungshilfegebühr bestimmt sich nach Nr. 2500 VV RVG; sie kann vom Rechtsanwalt erlassen werden.

55 Die Beratungshilfegebühr beträgt 15,00 EUR. Laut Anmerkung zu Nr. 2500 VV RVG sind neben der Gebühr keine Auslagen zu erheben. Da die (jeweils gültige) Umsatzsteuer unter Teil 7 „Auslagen“ zu finden ist, darf der Anwalt diese demnach nicht zusätzlich berechnen.

56 Dass – wie auch immer – Umsatzsteuer zu berechnen ist, ergibt sich daraus, dass die anwaltliche Beratung nach § 1 Abs. 1 UStG der Umsatzsteuer unterliegt (sofern aufgrund besonderer Vorschriften des Umsatzsteuergesetzes keine Befreiung gilt, z.B. bei Auslandsbezug). Demnach stellt sich die Frage, ob die Umsatzsteuer auf die Beratungshilfe-

10 So auch FG Baden-Württemberg, Beschl. v. 13.10.2009 – 14 KO 1/07, JurBüro 2010, 30 f.

gebühr in Ansatz zu bringen (und dann vom Anwalt zu tragen ist) oder ob sie aus der Beratungshilfegebühr herauszurechnen ist:

Die Umsatzsteuer auf die 15,00 EUR zu berechnen, würde der Systematik des RVG entsprechen, insbesondere weil sonst im RVG keine Brutto-Beträge auffindbar sind. Wenn der Rechtsanwalt diesen Betrag aber beim Schuldner nicht einfordern darf, wird er selbst zum Steuerschuldner. Bei der derzeit gültigen Umsatzsteuer in Höhe von 19 % wäre dies ein Betrag in Höhe von 2,85 EUR, den er an das Finanzamt abführen müsste, so dass ihm letztlich 15,00 EUR – 2,85 EUR =) 12,15 EUR verblieben.

Dieses Ergebnis ist aber steuerlich systemfremd. Der Anwalt hätte auf diese Art nämlich die Umsatzsteuerschuld des Mandanten übernommen und käme damit schlechter weg, als wenn er mit dem Mandanten eine Bruttogebühr in Höhe von 15,00 EUR vereinbart hätte (12,61 EUR für den Anwalt, 2,39 Steuerschuld).

Nach der Interessenlage der Anwaltschaft erscheint es sachgerechter (und ist auch herrschende Meinung in der Literatur[11]), die Beratungshilfegebühr in Höhe von 15,00 EUR als Bruttogebühr aufzufassen und daraus die Umsatzsteuer herauszurechnen.

Beispiel 39 **Abrechnung der Beratungshilfegebühr gegenüber dem Mandanten**

Beratungshilfegebühr, Nr. 2500 VV RVG	12,61 EUR
19 % Mehrwertsteuer, Nr. 7008 VV RVG	2,39 EUR
Beratungshilfegebühr, brutto!	**15,00 EUR**

Dass es letztlich nicht lohnt, hier über einen Betrag von 0,46 EUR zu diskutieren (Differenz zwischen den systemfremden 2,85 EUR und der herausgezogenen Steuer von 2,39 EUR), versteht sich von selbst; der Anwalt bzw. der Mitarbeiter in der Anwaltskanzlei sollte jedoch stets bemüht sein, *korrekt* abzurechnen.

Die Beratungsgebühr im Beratungshilfeverfahren verdient der Rechtsanwalt für eine **57**
Beratung, wenn die Beratung nicht mit einer anderen gebührenpflichtigen Tätigkeit zusammenhängt. Hängt die Beratung mit einer anderen gebührenpflichtigen Tätigkeit zusammen, so ist die Beratungsgebühr grundsätzlich auf die andere gebührenpflichtige Tätigkeit anzurechnen. Die Beratungsgebühr beträgt nach Nr. 2501 VV RVG 35,00 EUR.

11 z.B. *Mayer*, in: *Gerold/Schmidt/v. Eicken/Madert/Müller-Rabe*, Rechtsanwaltsvergütungsgesetz, Kommentar, 22. Aufl., 2015, Nr. 2500 VV RVG Rn 32.

Beispiel 40 **Beratungsgebühr und Beratungshilfegebühr**

Der hoch verschuldete und im Übrigen vermögenslose Mandant bittet den Rechtsanwalt um Rat im Rahmen der Beratungshilfe. Der Rat wird erteilt; eine andere gebührenpflichtige Tätigkeit erfolgt nicht.

Der Rechtsanwalt rechnet gegenüber der Partei ab:

Beratungshilfegebühr, Nr. 2500 VV RVG		12,61 EUR
19 % Mehrwertsteuer, Nr. 7008 VV RVG		2,39 EUR
Beratungshilfegebühr, brutto!		**15,00 EUR**

Der Anwalt kann dem Mandanten diese Gebühr erlassen.

Der Rechtsanwalt rechnet über die Staatskasse ab:

Beratungsgebühr, Nr. 2501 VV RVG		35,00 EUR
Auslagenpauschale, Nr. 7002 VV RVG		7,00 EUR
Zwischensumme	42,00 EUR	
19 % Mehrwertsteuer, Nr. 7008 VV RVG		7,98 EUR
Gesamtbetrag		**49,98 EUR**

58 Handelt es sich bei der Beratungstätigkeit im Rahmen der Beratungshilfe um die Aufgabe, eine außergerichtliche Einigung mit den Gläubigern über den Schuldenbereinigungsplan zu erzielen, beträgt die Beratungsgebühr der Nr. 2501 VV RVG gemäß Nr. 2502 VV RVG 70,00 EUR.

Beispiel 41 **Beratungstätigkeit mit dem Ziel einer außergerichtlichen Einigung über den Schuldenbereinigungsplan**

Der hoch verschuldete Mandant möchte sich außergerichtlich mit den Gläubigern über einen Schuldenbereinigungsplan einigen und benötigt hierzu anwaltlichen Rat. Die Beratungstätigkeit des Rechtsanwaltes hängt nicht mit einer anderen gebührenpflichtigen Tätigkeit zusammen.

Der Anwalt rechnet die Beratungsgebühr der Nr. 2502 VV RVG gegenüber der Staatskasse ab.

Beratungsgebühr, Nr. 2502 i.V.m. Nr. 2501 VV RVG		70,00 EUR
Auslagenpauschale, Nr. 7002 VV RVG		14,00 EUR
Zwischensumme	84,00 EUR	
19 % Mehrwertsteuer, Nr. 7008 VV RVG		15,96 EUR
Gesamtbetrag		**99,96 EUR**

59 Die Geschäftsgebühr in Beratungshilfesachen, die der Anwalt für das Betreiben des Geschäfts oder das Mitwirken bei der Gestaltung eines Vertrages erhält, beträgt gemäß Nr. 2503 VV RVG 85,00 EUR.

Beispiel 42 **Geschäftsgebühr in Beratungshilfesachen**

Im Rahmen der Beratungshilfe ist der Rechtsanwalt beauftragt, einen von der Gegenseite außergerichtlich geltend gemachten Anspruch zurückzuweisen. Der Anwalt fertigt ein Schreiben an den gegnerischen Anwalt, der die Sache daraufhin nicht weiterverfolgt.

Es ist vorliegend die Geschäftsgebühr abzurechnen, da die Tätigkeit des Anwaltes über die Beratung hinausgegangen ist.

Beratungshilfegebühr, Nr. 2503 VV RVG		85,00 EUR
Auslagenpauschale, Nr. 7002 VV RVG		17,00 EUR
Zwischensumme	102,00 EUR	
19 % Mehrwertsteuer, Nr. 7008 VV RVG		19,38 EUR
Gesamtbetrag		**121,38 EUR**

Auf die Gebühren für ein anschließendes gerichtliches oder behördliches Verfahren ist diese Gebühr **zur Hälfte anzurechnen** (bzw. bei einem anschließenden Verfahren auf Vollstreckbarerklärung eines Vergleichs erfolgt eine Anrechnung in Höhe eines Viertels). 60

Handelt es sich bei der Tätigkeit um das Erreichen des Ziels einer außergerichtlichen Einigung mit den Gläubigern über die Schuldenbereinigung auf der Grundlage eines Planes, so beträgt die Gebühr der Nr. 2503 VV RVG

- bei bis zu 5 Gläubigern 270,00 EUR (Nr. 2504 VV RVG)
- bei 6–10 Gläubigern 405,00 EUR (Nr. 2505 VV RVG)
- bei 11–15 Gläubigern 540,00 EUR (Nr. 2506 VV RVG)
- bei mehr als 15 Gläubigern 675,00 EUR (Nr. 2507 VV RVG).

Beispiel 43 **Geschäftstätigkeit mit dem Ziel einer außergerichtlichen Einigung über den Schuldenbereinigungsplan**

Der Rechtsanwalt versucht im Rahmen der Beratungshilfe, sich für den Schuldner mit den Gläubigern über den entworfenen Schuldenbereinigungsplan zu einigen. Laut Gläubigerverzeichnis gibt es 13 Gläubiger.

Die Gebühr nach Nr. 2503 VV RVG beträgt nach Nr. 2506 VV RVG, da zwischen 11 und 15 Gläubiger vorhanden sind, 540,00 EUR.

Geschäftsgebühr, Nr. 2506 VV RVG		540,00 EUR
Auslagenpauschale, Nr. 7002 VV RVG		20,00 EUR
Zwischensumme	560,00 EUR	
19 % Mehrwertsteuer, Nr. 7008 VV RVG		106,40 EUR
Gesamtbetrag		**666,40 EUR**

Die Einigungs- und Erledigungsgebühr in Beratungshilfesachen beträgt gemäß Nr. 2508 VV RVG 150,00 EUR; hier wird auf die Anmerkungen zu Nrn. 1000, 1002 VV RVG verwiesen. 61

Danach erwächst die Einigungsgebühr ebenfalls nicht bei vollem Anerkenntnis oder Verzicht; ebenfalls nicht, wenn der Anwalt nicht mitgewirkt oder die Mitwirkung für die Einigung nicht ursächlich war. Auch kann die Einigungsgebühr bei Beratungshilfe in Ehesachen nicht anfallen.

62 Für die Erledigungsgebühr in Beratungshilfesachen gilt entsprechend, dass die Gebühr entsteht, wenn sich durch Mitwirkung des Rechtsanwalts die Angelegenheit ganz oder teilweise durch Aufhebung oder Änderung des angefochtenen Verwaltungsaktes erledigt.

§ 4 Außergerichtliche Tätigkeiten, die nicht dem Teil 2 des VV RVG unterfallen

A. Grundsätzliches

Wie bereits unter § 3 Rdn 1 ausgeführt, ist Teil 2 des Vergütungsverzeichnisses nicht für *Beratung und Gutachten, Mediation, Hilfeleistungen in Steuersachen und Schiedsverfahren* anzuwenden. Diese Tätigkeiten sind in den §§ 34 bis 36 des RVG geregelt. 1

B. Beratung

§ 34 Abs. 1 Satz 2 RVG bestimmt, dass die Tätigkeiten des Rechtsanwalts in Beratungssachen, bei der Ausarbeitung von Gutachten und als Mediator nach den Vorschriften des bürgerlichen Rechts zu vergüten sind. Demgemäß hat der Rechtsanwalt nach § 612 BGB eine Vergütung zu verlangen, wenn die Dienstleistung den Umständen nach nur gegen eine Vergütung zu erwarten ist. Hier ist eine Vergütungsvereinbarung vor Mandatsbeginn geboten. 2

Wenn keine Gebührenvereinbarung getroffen wurde, fällt für einen Rat bzw. eine Auskunft (Antwort auf Fragen allgemeiner Art, zum Beispiel zu Rechtsvorschriften) oder die Beratung (Empfehlung) die **„ortsübliche Vergütung“** an. Als „ortsübliche Vergütung“ ist in der Regel die für die Örtlichkeit der abrechnenden Kanzlei übliche Stundenvergütung zugrunde zu legen.

Beispiel 1 **Ortsübliche Vergütung bei Beratung**

Der Kleinunternehmer erscheint beim Anwalt und bittet um rechtlichen Rat in Unternehmensentscheidungen. Nach einer ausführlichen Beratung, die zwei Stunden gedauert hat, rechnet der Rechtsanwalt die „übliche Vergütung“ ab.

Hier kann die ortsübliche Vergütung – etwa 250,00 EUR pro Stunde – für die Beratung verlangt werden. Die Auslagenpauschale ist nicht angefallen, da Auslagen nicht entstanden sind (nur eine Beratung).

Honorar, 2 Std. à 250,00 EUR	500,00 EUR
19 % Mehrwertsteuer, Nr. 7008 VV RVG	95,00 EUR
Gesamtbetrag	**595,00 EUR**

In den Fällen, in denen unter Berücksichtigung der Kriterien nach § 14 RVG (Schwierigkeit, Umfang, Bedeutung, Vermögenssituation des Mandanten, Haftung wegen besonders hohem Gegenstand etc.) die übliche Stundenvergütung zu einer unangemessenen Honorierung führen würde, kann zur Ermittlung der „üblichen Vergütung“ (immer noch) 3 das bis zum 30.6.2006 geltende Vergütungssystem für diesen Bereich herangezogen werden. Unter Zugrundelegung des Gegenstandswertes für den Rat/die Auskunft könnte dann der Gebührenrahmen 0,1 bis 1,0 betragen (Nr. 2100 VV RVG i.d.F. bis zum 30.6.2006), wobei

- für die Erteilung eines einfachen Rates der Satzrahmen von 0,1 bis 0,4
- die Erteilung eines mittelschweren oder etwas umfangreicheren Rates 0,5 bis 0,9
- für die Erteilung eines umfangreichen oder schwierigen Rates ein Satz von 1,0

angemessen ist.

Beispiel 2 **Angemessene Vergütung in Anlehnung an die früher geltenden Vorschriften**

Der vermögende Unternehmer erscheint in der insoweit spezialisierten Kanzlei für eine Beratung; es geht um diverse Immobilien im Ausland, die der im Wege der vorweggenommenen Erbfolge auf seine Kinder übertragen möchte. Das zu übertragende Vermögen beträgt 900.000,00 EUR. Die schwierige Beratung dauert sieben Stunden.

Würde der Anwalt hier mit einer Stundenvergütung honoriert, so würde das seiner Tätigkeit – auch mit Blick auf Schwierigkeit, Haftung und auch Spezialisierung – nicht gerecht werden.

Hier hat der Anwalt die Möglichkeit, sich am „alten Recht zu orientieren“, und wählt die Vergütung mit einem Satz von 1,0 auf den Gegenstandswert. Auslagen sind nicht zu berechnen, da diese bei „nur“ der Beratung nicht entstanden sind.

Beratungsgebühr in Anlehnung:	
1,0 aus 900.000,00 EUR	4.413,00 EUR
19 % Mehrwertsteuer, Nr. 7008 VV RVG	838,47 EUR
Gesamtbetrag	**5.251,47 EUR**

Es ist insoweit und solange kein Verbraucher beteiligt ist, nicht zu differenzieren, ob die Beratung schriftlich oder mündlich erfolgt.

Sobald jedoch der Beratene Verbraucher ist, ist Folgendes zu berücksichtigen:

Handelt es sich um eine so genannte „erste mündliche Beratung“, ist die Gebühr entsprechend den vorstehenden Kriterien zu ermitteln; übersteigt das so gefundene Ergebnis den Betrag von netto 190,00 EUR, ist die so ermittelte Gebühr für die erste Beratung auf 190,00 EUR zu kappen.

Beispiel 3 **Erstberatungsgebühr/Kappungsgrenze beim Verbraucher**

Der Mandant (Arbeitsnehmer) sucht den Anwalt zwecks Beratung in einer arbeitsrechtlichen Angelegenheit auf. Die erste und gleichzeitig letzte Beratung dauert knapp zwei Stunden.

Hier wäre die übliche Vergütung, also z.B. ein ortsüblicher Stundensatz von 250,00 EUR zugrunde zu legen. Aufgrund der Vorschriften des § 34 RVG ist dieser Betrag auf 190,00 EUR zu reduzieren.

Honorar, 2 Std. à 250,00 EUR	500,00 EUR	
gemäß § 34 RVG gekappt auf		190,00 EUR
19 % Mehrwertsteuer, Nr. 7008 VV RVG		36,10 EUR
Gesamtbetrag		**226,10 EUR**

Findet zur selben Sache eine weitere Beratung statt, gilt die Kappungsgrenze nicht mehr. 4

Beispiel 4 **Anrechnung bei weiterer, über die erste Beratung hinausgehende Beratung**

Der Arbeitnehmer im vorangegangenen Beispiel benötigt zur selben Sache zwei Tage später eine weitere Beratung, die etwa eine Stunde dauert.

Lösung 1:

Der Anwalt hatte nach der ersten Beratung bereits die „Erstberatungsgebühr" (wie vorstehend) abgerechnet.

Honorar, 3 Std. à 250,00 EUR		750,00 EUR
– bereits abgerechnete Erstberatungsgebühr		– 190,00 EUR
Zwischensumme	560,00 EUR	
19 % Mehrwertsteuer, Nr. 7008 VV RVG		106,40 EUR
Gesamtbetrag		**666,40 EUR**

Lösung 2:

Der Anwalt hatte nach der ersten Beratung noch nichts abgerechnet.

Honorar, 3 Std. à 250,00 EUR	750,00 EUR
19 % Mehrwertsteuer, Nr. 7008 VV RVG	142,50 EUR
Gesamtbetrag	**892,50 EUR**

Erfolgt im Anschluss an die erste mündliche Beratung noch (aber nur noch) eine schriftliche Zusammenfassung, so hat dies zur Folge, dass sich der Umfang der Angelegenheit dadurch vergrößert hat, was bei der Bemessung der Gebühr nach oben zu berücksichtigen ist. 5

Übersteigt das so gefundene Ergebnis (bei Verbraucherbeteiligung) den Betrag von 250,00 EUR netto, ist die ermittelte Gebühr für diese (schriftliche, da im Nachhinein zusammengefasste) Beratung auf 250,00 EUR zu kappen.

Beispiel 5 **Schriftliche Zusammenfassung der ersten mündlichen Beratung beim Verbraucher**

Der Mandant, ein Arbeitnehmer in einer arbeitsrechtlichen Beratung, lässt sich zunächst zwei Stunden beim Anwalt beraten und bittet sodann noch um eine schriftliche Zusammenfassung der Beratung bzw. des Beratungsergebnisses. Diese Zusammenfassung beansprucht den Anwalt nochmals eine dreiviertel Stunde.

Lösung 1:

Der Anwalt hatte nach der ersten Beratung bereits die „Erstberatungsgebühr" (190,00 EUR + Mehrwertsteuer) abgerechnet.

Honorar, 2 ¾ Std. à 250,00 EUR	687,50 EUR	
gemäß § 34 RVG gekappt auf		250,00 EUR
– bereits abgerechnete Erstberatungsgebühr		– 190,00 EUR
Zwischensumme	60,00 EUR	
19 % Mehrwertsteuer, Nr. 7008 VV RVG		11,40 EUR
Gesamtbetrag		**71,40 EUR**

Lösung 2:

Der Anwalt hatte nach der ersten Beratung noch nichts abgerechnet.

Honorar, 2 ¾ Std. à 250,00 EUR	687,50 EUR	
gemäß § 34 RVG gekappt auf		250,00 EUR
19 % Mehrwertsteuer, Nr. 7008 VV RVG		47,50 EUR
Gesamtbetrag		**297,50 EUR**

Merke

Die 190,00 EUR sind keine Festgebühr, sondern eine Obergrenze! Wenn also die zunächst ermittelte Gebühr niedriger als 190,00 EUR sein sollte, verbleibt es bei dem niedrigeren Wert!

Beispiel 6 **Erste Beratung beim Verbraucher: Der ermittelte Wert liegt unter 190,00 EUR**

Der Rechtsanwalt berät die Mandantin in einer Forderungssache, bei der es um einen geringen Gegenstandswert geht. Die Beratung dauert knapp 20 Minuten. Im Anschluss an die Beratung berechnet der Anwalt seine Gebühren, womit die Angelegenheit sodann auch erledigt ist.

Der Rechtsanwalt ermittelt hier seine Gebühren nach dem „üblichen Honorar", stellt fest, dass diese unter 190,00 EUR liegen, und rechnet die ermittelten Gebühren ab.

Honorar, 20 Min. à 250,00 EUR, gerundet	85,00 EUR
19 % Mehrwertsteuer, Nr. 7008 VV RVG	16,15 EUR
Gesamtbetrag	**101,15 EUR**

Soweit es sich nicht um eine erste mündliche Beratung handelt, sondern um eine (erste) schriftliche Beratung, so gilt im Falle der Beteiligung eines Verbrauchers von vornherein die Kappungsgrenze von 250,00 EUR. 6

Beispiel 7 Schriftliche Beratung beim Verbraucher

Der Verbraucher bittet den Rechtsanwalt um eine schriftliche Beratung/Stellungnahme in einer Darlehensangelegenheit, betreffend die Ablösung der noch offenen Hausfinanzierung beraten. Die Beratung dauert 2 ½ Stunden.

Der Rechtsanwalt ermittelt hier seine Gebühren nach dem „üblichen Honorar", stellt fest, dass diese über 250,00 EUR liegen, und berücksichtigt die Abrechnungsgrenze des § 34 RVG.

Honorar, 2,5 Std. à 250,00 EUR	625,00 EUR	
gemäß § 34 RVG gekappt auf		250,00 EUR
19 % Mehrwertsteuer, Nr. 7008 VV RVG		47,50 EUR
Gesamtbetrag		**297,50 EUR**

Merke

Auch die 250,00 EUR sind keine Festgebühr, sondern eine Obergrenze! Wenn also die zunächst ermittelte Gebühr niedriger als 250,00 EUR sein sollte, verbleibt es bei dem niedrigeren Wert! (Siehe Beispiel Nr. 6 „erste Beratung" mit Kappungsgrenze 190,00 EUR.)

C. Gutachten

Wenn keine Gebührenvereinbarung getroffen wurde, fällt für ein Gutachten die „ortsübliche Vergütung" an. Als „ortsübliche Vergütung" kann die für die Örtlichkeit Ihrer Kanzlei übliche Stundenvergütung zugrunde gelegt werden; im Übrigen wird die Vergütung nach billigem Ermessen unter Berücksichtigung aller Umstände (Schwierigkeit, Umfang, Bedeutung, Vermögenssituation des Mandanten, Haftung wegen besonders hohem Gegenstand etc.), insbesondere aber auch des Gegenstandswertes, ermittelt. 7

Als Anhaltspunkt möge dann, wenn die „ortsübliche Stundenvergütung" aufgrund z.B. hohen Gegenstandswertes und damit hoher Verantwortung und Haftung zu einer unangemessenen Vergütung führen würde, Folgendes gelten: Bei schwierigen und umfangrei- 8 chen Gutachten können Gebührensätze von bis zu 2,0 eine Richtlinie sein; bei besonders schwierigen und umfangreichen Gutachten, für die besondere fachliche Qualifikationen gefordert sind, sogar Sätze bis zu 3,0 (z.B. Rechtsgutachten in Steuersachen).

Beispiel 8 **Ermittlung der angemessenen Gebühr in Anlehnung an die früher geltenden Vorschriften**

Der Rechtsanwalt ist beauftragt, ein steuerrechtliches Gutachten für den Fall des Todes des Gesellschafter-Geschäftsführers einer umsatzstarken GmbH, der zugleich ausgesprochen hohes Privatvermögen hat, zu fertigen. Der Gegenstandswert beträgt 2 Mio. EUR. Dieses Gutachten ist eine Arbeit von zwei Tagewerken und war recht schwierig.

Nimmt man einmal an, der Anwalt hätte somit 16 Stunden benötigt, so wäre unter den Gesichtspunkten Art und Umfang, Schwierigkeit, Bedeutung der Angelegenheit und Haftung mit etwa 16 × 250,00 EUR (Stundenvergütung) = 4.000,00 EUR nicht angemessen vergütet. Deshalb lehnt er sich hier an die früher geltenden Vergütungsregelungen an.

Honorar: 2,5 Gebühr aus 2 Mio. EUR		19.282,50 EUR
(ggf.) Auslagenpauschale, Nr. 7002 VV RVG		20,00 EUR
Zwischensumme	19.302,50 EUR	
19 % Mehrwertsteuer, Nr. 7008 VV RVG		3.667,48 EUR
Gesamtbetrag		**22.969,98 EUR**

9 Sofern der Auftraggeber ein Verbraucher ist, ist die Vergütung wie vorstehend zu ermitteln. Übersteigt jedoch der so gefundene Wert den Betrag von 250,00 EUR, ist der Wert auf 250,00 EUR zu kappen.

D. Mediation

10 Wenn keine Gebührenvereinbarung getroffen wurde, bestimmt sich das Honorar des Mediators auch hier nach den Vorschriften des bürgerlichen Rechts („übliches Honorar“).

Es bemisst sich üblicherweise nach der aufgewendeten Zeit; Stundenvergütungen in Ehe- und Familiensachen von 200,00 bis 400,00 EUR gelten als „üblich;“ die Stundenvergütungen bei Mediationen in Wirtschaftssachen können bedeutend höher ausfallen (ab 500,00 EUR aufwärts).

11 Der Mediator kann neben dieser Vergütung noch die Einigungsgebühr für eine erfolgreiche Mediation verdienen; für eine Einigung über einen rechtshängigen Gegenstand (1. Instanz) die 1,0 Einigungsgebühr, §§ 2, 13 RVG, Nrn. 1000, 1003 VV RVG, und für

eine Einigung über einen nicht rechtshängigen Gegenstand eine 1,5 Einigungsgebühr, §§ 2, 13 RVG, Nr. 1000 VV RVG.

Beispiel 9 **Mediation mit abschließender Einigung**

Der Rechtsanwalt ist als Mediator in einem Mediationsverfahren mehrerer Gesellschafter, die über diverse Themen in Streit geraten sind, außergerichtlich tätig. Die Mediation nimmt insgesamt 7 Stunden in Anspruch. Es geht hier um Gesellschafterbeschlüsse mit einem Gegenstandswert von 10.000,00 EUR. Es kommt zu einer abschließenden Einigung.

Neben den Gebühren für die Mediation – hier angesetzt mit 300,00 EUR pro Stunde – verdient der Rechtsanwalt die 1,5 Einigungsgebühr der Nr. 1000 VV RVG (weil nicht rechtshängig) aus dem Gegenstandswert 10.000,00 EUR.

Honorar, 7 Std. à 300,00 EUR		2.100,00 EUR
1,5 Einigungsgebühr, Nr. 1000 VV RVG i.V.m. § 13 RVG aus 10.000,00 EUR		837,00 EUR
Auslagenpauschale, Nr. 7002 VV RVG		20,00 EUR
Zwischensumme	2.957,00 EUR	
19 % Mehrwertsteuer, Nr. 7008 VV RVG		561,83 EUR
Gesamtbetrag		**3.518,83 EUR**

E. Hilfeleistung in Steuersachen

Für Hilfeleistung des Rechtsanwaltes in Steuersachen würde der Rechtsanwalt nach dem RVG unangemessen vergütet werden. Dementsprechend regelt § 35 RVG, dass für Hilfeleistungen in Steuersachen die Vorschriften der Steuerberatergebührenverordnung anzuwenden sind, dort die §§ 23 bis 39 i.V.m. §§ 10 und 13. 12

Die Steuerberatergebührenverordnung sieht so, wie auch das RVG, Wertgebühren und Rahmengebühren vor, daneben Zeitgebühren; bei gegenstandsabhängigen Gebühren sind diese anhand verschiedener Tabellen (A bis E zur StBGebV) zu ermitteln.

Die Gebühren für Steuerberaterleistungen (§§ 23, 24 und 31 Steuerberatergebührenverordnung) stehen nach § 35 RVG einer Geschäftsgebühr gleich. Dies hat zur Folge, dass außergerichtliche Gebühren für Steuerberaterleistungen auf später entstehende (gerichtliche) Gebühren Anrechnung finden, und zwar in Höhe der Hälfte, maximal mit 175,00 EUR.

§ 5 Bürgerliche Rechtsstreitigkeiten, Verfahren der freiwilligen Gerichtsbarkeit, der öffentlich-rechtlichen Gerichtsbarkeiten

A. Allgemeine Hinweise/Anwendungsbereiche

Nachfolgende, in diesem Kapitel behandelte Gebühren erhält nicht nur der Verfahrensbevollmächtigte, sondern in gleicher Höhe der Rechtsanwalt, der als Beistand für einen Zeugen oder einen Sachverständigen in einem Verfahren, das in diesem Teil geregelt ist, tätig ist. 1

Für das Betreiben des Geschäfts einschließlich der Information erhält der Rechtsanwalt die Verfahrensgebühren. Die Terminsgebühr erhält der Rechtsanwalt für die Vertretung in Terminen, in denen verhandelt, erörtert oder eine Beweisaufnahme durchgeführt wird. Ferner erhält er die Terminsgebühr für die Wahrnehmung eines von einem gerichtlich bestellten Sachverständigen anberaumten Termins oder auch für das Mitwirken an einer auf die Vermeidung oder Erledigung des Verfahrens gerichteten Besprechung ohne Beteiligung des Gerichts oder – neu seit dem 1.8.2013 – an einer Anhörungs-Protokollierung oder sonstigen Terminen mit Ausnahme von Besprechungsterminen mit dem Auftraggeber und der Teilnahme an Verkündungsterminen. Damit sind insbesondere auch Anhörungstermine in Familienangelegenheiten umfasst, die zum großen Teil nach altem Recht nicht vergütet wurden. 2

Die Gebühren nach Abschnitt 1 (Gebühren des ersten Rechtszuges) erhält der Rechtsanwalt in **allen Verfahren**, soweit in den folgenden Abschnitten des Teils 3 keine besonderen Gebühren bestimmt sind. 3

Um es vorwegzunehmen:

Im ersten Rechtszug vor dem Finanzgericht erhält der Rechtsanwalt die erhöhten Gebühren des 2. Abschnittes, Unterabschnitt 1 aus Teil 3 des Vergütungsverzeichnisses. Die Tätigkeit in diesen Rechtsstreiten soll demgemäß mit den Tätigkeiten eines Berufungsanwaltes vergleichbar vergütet werden. Ferner sind die Gebühren des 2. Abschnittes, Unterabschnitt 1 des Teils 3 des Vergütungsverzeichnisses auf die in der Vorbemerkung 3.2.1 aufgeführten Beschwerdeverfahren anzuwenden.

Auch Verfahrensgebühren für die erstinstanzlichen Verfahren vor dem Oberlandesgericht nach § 129 VGG (Gesetz über die Wahrnehmung von Urheberrechten und verwandten Schutzrechten durch Verwertungsgesellschaften – Verwertungsgesellschaftengesetz) sowie die erstinstanzlichen Verfahren vor dem Bundesverwaltungsgericht und dem Oberverwaltungsgericht (Verwaltungsgerichtshof) bestimmen sich nicht nach den Vorschriften der Nrn. 3100 f. VV RVG; insoweit finden sich im Hinblick auf die Verfahrensgebühr Bestimmungen in den Nrn. 3300 und 3301 VV RVG. Die Terminsgebühr in diesen Verfahren hingegen bestimmt sich wiederum nach Abschnitt 1; es fällt also eine Terminsgebühr der Nrn. 3104 f. VV RVG an.

Die Gebühren der Rechtszüge im Übrigen stellen sich wie folgt dar:

B. Erster Rechtszug, Berufung, Revision und besondere Verfahren

I. Die Verfahrens- und Terminsgebühren bei gegenstandswertabhängigen Gebühren

1. Erster Rechtszug

4 Der Rechtsanwalt erhält für die **Erhebung der Klage** bzw. für die Tätigkeit im ersten Rechtszug die **Verfahrensgebühr** Nr. 3100 VV RVG in Höhe eines Satzes von 1,3. Sie entsteht, wie vorerwähnt, bereits mit der Entgegennahme des Auftrags und der Information (beachte aber: gegebenenfalls Reduktion bei vorzeitiger Beendigung!).

Beispiel 1 **Verfahrensgebühr im ersten Rechtszug**

Der Anwalt wird beauftragt, Klage einzureichen. Der Mandant entscheidet sich aber später anders und bittet den Anwalt sodann, die Klage wieder zurückzunehmen. Der Gegenstandswert beträgt 7.000,00 EUR.

Für den Prozessauftrag, also die Entgegennahme der Informationen und Fertigung und Einreichung der Klageschrift, erhält der Rechtsanwalt die Verfahrensgebühr.

1,3 Verfahrensgebühr, Nr. 3100 VV RVG i.V.m. § 13 RVG aus 7.000,00 EUR		526,50 EUR
Auslagenpauschale, Nr. 7002 VV RVG		20,00 EUR
Zwischensumme	546,50 EUR	
19 % Mehrwertsteuer, Nr. 7008 VV RVG		103,84 EUR
Gesamtbetrag		**650,34 EUR**

5 Nach Nr. 3101 (1) VV RVG reduziert sich die Verfahrensgebühr der Nr. 3100 VV RVG im Falle der vorzeitigen Beendigung des Verfahrens auf einen Satz von 0,8.

Beispiel 2 **Verfahrensgebühr bei vorzeitiger Erledigung**

Der Rechtsanwalt ist beauftragt worden, Klage zu erheben. Noch vor Einreichung der Klage, aber nach Fertigstellung derselben, ruft die Mandantin an und bittet um Abrechnung, da man sich (ohne Mitwirkung des Rechtsanwaltes) geeinigt hätte. Die Forderung beträgt 4.300,00 EUR.

Da der Anwalt die von ihm gefertigte Klageschrift noch nicht bei Gericht anhängig gemacht hat, wird die ihm ansonsten entstehende Verfahrensgebühr in Höhe von 1,3 gemäß Nr. 3101 (1) VV RVG auf den Satz von 0,8 gekürzt.

0,8 Verfahrensgebühr, Nr. 3101 VV RVG i.V.m. § 13 RVG aus 4.300,00 EUR		242,40 EUR
Auslagenpauschale, Nr. 7002 VV RVG		20,00 EUR
Zwischensumme	262,40 EUR	
19 % Mehrwertsteuer, Nr. 7008 VV RVG		49,86 EUR
Gesamtbetrag		**312,26 EUR**

Ein Tätigwerden nach außen hin ist für den Anfall der reduzierten Verfahrensgebühr nicht erforderlich. 6

Besonders zu beachten ist der Fall, wenn eine volle Verfahrensgebühr der Nr. 3100 VV RVG auf eine reduzierte Verfahrensgebühr der Nr. 3101 VV RVG trifft. Das ist der Fall, wenn sich lediglich ein Teil der Forderung vorzeitig reduziert. Hier treffen „gleichartige Gebühren unterschiedlichen Satzes und unterschiedlichen Gegenstandswertes" aufeinander. Wenn das der Fall ist, muss ein Abgleich nach § 15 Abs. 3 RVG erfolgen, denn die Summe der beiden Verfahrensgebühren darf maximal die Gebühr des höchsten Satzes aus dem addierten Gegenstandswert betragen. 7

Beispiel 3 — Abgleichung von gleichartigen Gebühren unterschiedlichen Satzes und unterschiedlichen Gegenstandswerts

Der Rechtsanwalt ist beauftragt worden, Klage über 13.000,00 EUR zu erheben. Er fertigt die Klageschrift, aber noch vor Einreichung der Klage ruft die Mandantin an und teilt mit, dass die Gegenseite einen Teil der Forderung in Höhe von 5.000,00 EUR gezahlt hat, so dass die Klage nur noch über einen Betrag von 8.000,00 EUR einzureichen ist. Der Anwalt ändert die Klage entsprechend ab.

Der Anwalt hatte einen Klageauftrag über 13.000,00 EUR, allerdings erledigte sich ein Teil in Höhe von 5.000,00 EUR vorzeitig. Daher verdient er über den Gegenstandswert von 5.000,00 EUR „nur" eine reduzierte Verfahrensgebühr der Nr. 3101 (1) VV RVG; über den restlichen Gegenstandswert entsteht eine volle Verfahrensgebühr der Nr. 3100 VV RVG. Die Summe beider Gebühren darf maximal eine 1,3 Verfahrensgebühr aus dem addierten Gegenstandswert, also 13.000,00 EUR, betragen.

0,8 Verfahrensgebühr, Nr. 3101 VV RVG i.V.m. § 13 RVG aus 5.000,00 EUR	242,40 EUR
1,3 Verfahrensgebühr, Nr. 3100 VV RVG i.V.m. § 13 RVG aus 8.000,00 EUR	592,80 EUR
Zwischensumme	835,20 EUR

Gemäß § 15 Abs. 3 RVG:		
Maximal 1,3 aus 13.000,00 EUR =	785,20 EUR	
=> anzusetzende Verfahrensgebühr		785,20 EUR
Auslagenpauschale, Nr. 7002 VV RVG		20,00 EUR
Zwischensumme	805,20 EUR	
19 % Mehrwertsteuer, Nr. 7008 VV RVG		152,99 EUR
Gesamtbetrag		**958,19 EUR**

8 Die „Verfahrensdifferenzgebühr", also die „reduzierte" Verfahrensgebühr, die für den Antrag auf Protokollierung nicht rechtshängiger Ansprüche entsteht, hat gemäß Nr. 3101 (2) VV RVG i.V.m. Nr. 3100 VV RVG gleichfalls einen Satz von 0,8.

Beispiel 4 Verfahrensdifferenzgebühr bei Antrag auf Protokollierung eines Vergleichs über bislang nicht rechtshängige Ansprüche

In einem Rechtsstreit ist eine Forderung in Höhe von 3.000,00 EUR rechtshängig. Nach Erörterung der Sache wird ein Widerrufsvergleich dahingehend protokolliert, dass der Beklagte zum Ausgleich aller Ansprüche, seien sie bekannt oder nicht bekannt, die Summe 4.000,00 EUR zahlt. Der Vergleich kommt nicht zustande; er wird widerrufen, so dass das Gericht nach Beweisaufnahme durch Urteil entscheidet.

Neben der Verfahrensgebühr erhält der Rechtsanwalt die „Verfahrensdifferenzgebühr" über den nicht rechtshängigen Betrag (1.000,00 EUR) für den Antrag auf Protokollierung dieser Forderung.

Da verschiedene Gegenstandswerte aufeinander treffen, muss die Abgleichung der Gebühren nach § 15 Abs. 3 RVG erfolgen; maximal darf die Verfahrensgebühr den höchsten Gebührensatz aus dem Gesamtstreitwert nicht übersteigen.

1,3 Verfahrensgebühr, Nr. 3100 VV RVG i.V.m. § 13 RVG aus 3.000,00 EUR	261,30 EUR	
0,8 Verfahrensgebühr, Nrn. 3100, 3101 VV RVG i.V.m. § 13 RVG aus 1.000,00 EUR	64,00 EUR	
Zwischensumme	325,30 EUR	
Gemäß § 15 Abs. 3 RVG:		
Maximal 1,3 Gebühr aus 4.000,00 EUR	327,60 EUR	
=> Verfahrensgebühr		325,30 EUR
1,2 Terminsgebühr, Nr. 3104, Vorbem. (3) 3 VV RVG i.V.m. § 13 RVG aus 4.000,00 EUR		302,40 EUR
Auslagenpauschale, Nr. 7002 VV RVG		20,00 EUR
Zwischensumme	647,70 EUR	
19 % Mehrwertsteuer, Nr. 7008 VV RVG		123,06 EUR
Gesamtbetrag		**770,76 EUR**

Merke

Die „Verfahrensdifferenzgebühr" fällt auch nicht etwa wieder weg, weil der Vergleich widerrufen wurde: Bei der so genannten „Verfahrensdifferenzgebühr" handelt es sich um eine reine Antragsgebühr, die nicht vom Bestand des Vergleichs abhängig ist, sondern alleine dadurch entstanden ist, dass die nicht rechtshängige Forderung in den Prozess „mit eingebracht wurde."[1]

Der Antrag auf Protokollierung der bislang nicht dort rechtshängigen Forderung muss nicht zwingend mündlich in der Verhandlung gestellt werden, um die Verfahrensdifferenzgebühr der Nr. 3101 VV RVG zu verdienen: Sie entsteht (aus dem Gegenstandswert des „Überhangs") ebenfalls, wenn ein Vergleich im Beschlusswege, also schriftlich geschlossen wird, der bislang dort nicht rechtshängige Überhänge einschließt. 9

Zusammenfassend lässt sich also sagen: 10

Die Verfahrensgebühr **in erster Instanz** hat einen Satz von 1,3 nach Nr. 3100 VV RVG. Sie reduziert sich auf einen Satz von 0,8 nach Nr. 3101 VV RVG bei vorzeitiger Erledigung; für den Antrag auf Protokollierung erwächst dem Anwalt ebenfalls eine reduzierte Verfahrensgebühr von 0,8. Wenn je eine Verfahrensgebühr beider Vergütungsziffern in ein und demselben Verfahren gleichzeitig entsteht, müssen die Gebühren nach § 15 Abs. 3 RVG abgeglichen werden.

Im RVG findet sich die Unterscheidung zwischen Verhandlungs- und Erörterungsgebühr nicht wieder; auch eine Beweisaufnahme wird nicht gesondert vergütet. Die Tätigkeit des Rechtsanwaltes im Termin wird durch die „allgemeine" **Terminsgebühr** abgedeckt. Es ist also nicht mehr zu unterscheiden, ob verhandelt oder erörtert wurde oder ob ein Beweisaufnahmetermin stattgefunden hat oder nicht. Die Beweisaufnahme wird genauso durch die Terminsgebühr abgegolten wie die Verhandlung oder die Erörterung; es gibt keine differenzierten Gebühren mehr, die nach altem Recht z.B. auch ohne Beweisaufnahmetermin – nur durch Entgegennahme, Prüfung und Weiterleitung des Beweisbeschlusses – entstanden wären. 11

Die Terminsgebühr erwächst dem Rechtsanwalt – unerheblich, wie viele Termine stattgefunden haben – nur **einmal in jedem Verfahren**. 12

Die Terminsgebühr hat nach Nr. 3104 VV RVG im ersten Rechtszug einen Gebührensatz von 1,2. 13

1 Vgl. AG Hamburg, Beschl. v. 12.4.2010 – 4 Ta 5/10, RVGreport 2010, 263.

Beispiel 5 **Terminsgebühr im ersten Rechtszug bei mündlicher Verhandlung**

Der Anwalt wird beauftragt, Klage einzureichen: Nach streitiger Verhandlung wird ein stattgebendes Urteil verkündet. Der Gegenstandswert beträgt 1.800,00 EUR.

Für den Prozessauftrag, also die Entgegennahme der Informationen und Fertigung und Einreichung der Klageschrift erhält der Rechtsanwalt die Verfahrensgebühr; für die Teilnahme an der streitigen Verhandlung erhält er die Terminsgebühr.

1,3 Verfahrensgebühr, Nr. 3100 VV RVG i.V.m. § 13 RVG aus 1.800,00 EUR		195,00 EUR
1,2 Terminsgebühr, Nr. 3104 VV RVG i.V.m. § 13 RVG aus 1.800,00 EUR		180,00 EUR
Auslagenpauschale, Nr. 7002 VV RVG		20,00 EUR
Zwischensumme	395,00 EUR	
19 % Mehrwertsteuer, Nr. 7008 VV RVG		75,05 EUR
Gesamtbetrag		**470,05 EUR**

Beispiel 6 **Terminsgebühr im ersten Rechtszug bei Erörterung**

Der Anwalt wird beauftragt, Klage einzureichen: Nach Erörterung der Sache nimmt er die Klage wieder zurück. Der Gegenstandswert beträgt 12.000,00 EUR.

Neben der Verfahrensgebühr erhält der Rechtsanwalt für die Erörterung der Sache die Terminsgebühr.

1,3 Verfahrensgebühr, Nr. 3100 VV RVG i.V.m. § 13 RVG aus 12.000,00 EUR		785,20 EUR
1,2 Terminsgebühr, Nr. 3104 VV RVG i.V.m. § 13 RVG aus 12.000,00 EUR		724,80 EUR
Auslagenpauschale, Nr. 7002 VV RVG		20,00 EUR
Zwischensumme	1.530,00 EUR	
19 % Mehrwertsteuer, Nr. 7008 VV RVG		290,70 EUR
Gesamtbetrag		**1.820,70 EUR**

Beispiel 7 **Terminsgebühr im ersten Rechtszug bei Beweisaufnahme**

Der Anwalt wird beauftragt, Klage einzureichen: Nach streitiger Verhandlung und Beweisaufnahmetermin wird ein stattgebendes Urteil verkündet. Der Gegenstandswert beträgt 1.500,00 EUR.

Für den Prozessauftrag, also die Entgegennahme der Informationen und Fertigung und Einreichung der Klageschrift, erhält der Rechtsanwalt die Verfahrensgebühr. Zur Abgeltung der Termine (egal, ob Verhandlungs- und/oder Beweisaufnahmetermin) erhält der Rechtsanwalt einmalig die Terminsgebühr.

1,3 Verfahrensgebühr, Nr. 3100 VV RVG i.V.m. § 13 RVG aus 1.500,00 EUR		149,50 EUR
1,2 Terminsgebühr, Nr. 3104 VV RVG i.V.m. § 13 RVG aus 1.500,00 EUR		138,00 EUR
Auslagenpauschale, Nr. 7002 VV RVG		20,00 EUR
Zwischensumme	307,50 EUR	
19 % Mehrwertsteuer, Nr. 7008 VV RVG		58,43 EUR
Gesamtbetrag		**365,93 EUR**

Auch für das so genannte **Anerkenntnis** erhält der Rechtsanwalt die 1,2 Terminsgebühr. Eine gesonderte Gebühr für das Anerkenntnis gibt es nicht; hier ist die regelmäßige Terminsgebühr der Nr. 3104 VV RVG i.V.m. § 13 RVG mit einem Gebührensatz von 1,2 in Ansatz zu bringen. Sie ist entsprechend dem Hinweis unter Nr. 3104 (1) 1 VV RVG zu berechnen, wenn einer der Parteien anerkennt. **14**

Beispiel 8 Terminsgebühr bei vollem Anerkenntnis

Der Rechtsanwalt ist beauftragt, Klage auf Erteilung einer Löschungsbewilligung einzureichen, denn mehrere außergerichtliche Aufforderungen hierzu wurden vom Beklagten ignoriert. Nach Zustellung der Klageschrift an den Beklagten erkennt dieser an, der Kläger beantragt ein Anerkenntnisurteil. Der Gegenstandswert beträgt 6.500,00 EUR.

Neben der Verfahrensgebühr erhält der Rechtsanwalt die volle Terminsgebühr.

1,3 Verfahrensgebühr, Nr. 3100 VV RVG i.V.m. § 13 RVG aus 6.500,00 EUR		526,50 EUR
1,2 Terminsgebühr, Nr. 3104 VV RVG i.V.m. § 13 RVG aus 6.500,00 EUR		486,00 EUR
Auslagenpauschale, Nr. 7002 VV RVG		20,00 EUR
Zwischensumme	1.032,50 EUR	
19 % Mehrwertsteuer, Nr. 7008 VV RVG		196,18 EUR
Gesamtbetrag		**1.228,68 EUR**

Die 1,2 Terminsgebühr erhält aber nicht nur der Klägervertreter, der für seinen Mandanten das Anerkenntnisurteil beantragt, sondern gleichermaßen der Beklagtenvertreter, der für seinen Mandanten die Erklärung des Anerkenntnisses abgibt. **15**

Da die Terminsgebühr in jedem Verfahren nur einmal entsteht, gibt es auch keine komplizierten Berechnungen mehr, wenn ein Teil der Forderung anerkannt, über den Rest streitig verhandelt wird. **16**

Beispiel 9 **Anerkenntnis und streitige Verhandlung über einen Teil der Forderung in einer Angelegenheit: Nur eine Terminsgebühr**

In einer auf Zahlung gerichteten Klage erkennt der Beklagte im Termin 1/3 der Forderung an, über den Rest wird streitig verhandelt. Nach durchgeführter Beweisaufnahme ergeht ein Urteil. Der Gegenstandswert beträgt 27.000,00 EUR.

Für die Vertretung im gerichtlichen Verfahren verdient der Anwalt die Verfahrensgebühr; für die Teilnahme am Termin ist die Terminsgebühr in Ansatz zu bringen. Es gibt die Unterscheidung zwischen teilweiser streitiger und nicht streitiger Verhandlung nicht mehr. Die Beweisaufnahme wird zudem ebenfalls von der Terminsgebühr abgedeckt.

1,3 Verfahrensgebühr, Nr. 3100 VV RVG i.V.m. § 13 RVG aus 27.000,00 EUR		1.121,90 EUR
1,2 Terminsgebühr, Nr. 3104 VV RVG i.V.m. § 13 RVG aus 27.000,00 EUR		1.035,60 EUR
Auslagenpauschale, Nr. 7002 VV RVG		20,00 EUR
Zwischensumme	2.177,50 EUR	
19 % Mehrwertsteuer, Nr. 7008 VV RVG		413,73 EUR
Gesamtbetrag		**2.591,23 EUR**

17 Nach Anmerkung (1) 1 zu Nr. 3104 VV RVG entsteht eine **Terminsgebühr** auch, wenn in einem Verfahren, für das die mündliche Verhandlung vorgeschrieben ist, im Einverständnis mit den Parteien **ohne mündliche Verhandlung** entschieden wird.

Beispiel 10 **Terminsgebühr bei Entscheidung im schriftlichen Verfahren (ohne Termin)**

In einem Zivilprozess wird aufgrund des niedrigen Streitwertes (unter 600,00 EUR, hier: 450,00 EUR) nach § 495a ZPO verfahren. Nach entsprechenden Einlassungen ergeht ein Urteil.

Der Rechtsanwalt verdient, obwohl kein Termin stattgefunden hat, die Terminsgebühr, weil die mündliche Verhandlung an und für sich vorgeschrieben ist, im Einvernehmen der Parteien aber die schriftliche Entscheidung der Sache erfolgte.

1,3 Verfahrensgebühr, Nr. 3100 VV RVG i.V.m. § 13 RVG aus 450,00 EUR		58,50 EUR
1,2 Terminsgebühr, Nr. 3104 VV RVG i.V.m. § 13 RVG aus 450,00 EUR		54,00 EUR
Auslagenpauschale, Nr. 7002 VV RVG		20,00 EUR
Zwischensumme	132,50 EUR	
19 % Mehrwertsteuer, Nr. 7008 VV RVG		25,18 EUR
Gesamtbetrag		**157,68 EUR**

18 Ebenso erhält der Rechtsanwalt eine volle 1,2 Terminsgebühr im Verfahren nach § 495a ZPO, wenn sich der Beklagte nicht zur Sache einlässt, also den Schriftsatzschluss ungenutzt verstreichen lässt. Denn eine Reduktion der Terminsgebühr auf nur 0,5 gemäß

Nr. 3105 VV RVG ist nicht sachgerecht, entspricht im Übrigen auch nicht der Systematik der anzuwendenden Gesetzesvorschriften.[2]

Merke

Für ein einstweiliges Verfügungsverfahren, gilt dies indes nicht: Für ein solches ist ein schriftliches Verfahren nicht vorgeschrieben, so dass – wenn der Beschluss über den Antrag ergeht – eine Terminsgebühr naturgemäß auch nicht angesetzt werden kann.

Ebenso kann eine Terminsgebühr der Nr. 3104 VV RVG bei einem Kostenbeschluss im schriftlichen Verfahren nach § 91a ZPO nicht entstehen, so zumindest die herrschende Meinung in Rechtsprechung und Literatur. Ob dies mit Blick auf den Beschluss des BGH vom 2.11.2011[3] in Zukunft nicht anders entschieden wird, bleibt abzuwarten: Denn bei einer übereinstimmenden Erledigungserklärung der Hauptsache (§ 91a Abs. 1 S. 1 ZPO) ist eine mündliche Verhandlung zwar nicht mehr vorgeschrieben, sie steht aber im freien Ermessen des Gerichts. Bislang ist allerdings noch mit der Absetzung einer entsprechenden Terminsgebühr zu rechnen.

Ferner erhält der Anwalt nach Anmerkung (1) 1 zu Nr. 3104 VV RVG eine **Terminsgebühr**, wenn in einem Verfahren ein **schriftlicher Vergleich** geschlossen wird.[4] 19

Beispiel 11 **Terminsgebühr beim schriftlich geschlossenen Vergleich (ohne Termin)**

Der Anwalt hat Klage eingereicht und entsprechend begründet. Die Gegenseite legt ihre Klageerwiderung vor. Das Gericht schlägt den Parteien sodann schriftlich einen Vergleich vor, um eine umfangreiche und Kosten verursachende Beweisaufnahme zu verhindern. Die Parteien nehmen den Vergleich sodann schriftlich an. Der Gegenstandswert beträgt 3.500,00 EUR.

Obwohl vorliegend keine mündliche Verhandlung – nicht einmal eine außergerichtliche Besprechung der Angelegenheit, die ja ebenfalls eine Terminsgebühr auslösen würde – stattgefunden hat, erhält der Rechtsanwalt die Terminsgebühr gemäß Nr. 3104 VV RVG, und zwar entsprechend der Anmerkung (1) 1 zur Nr. 3104 VV RVG.

2 Siehe auch: *Horst-Reiner Enders*, „Höhe der Terminsgebühr im Verfahren nach § 495a ZPO, wenn der Beklagte sich nicht zur Sache einlässt?“, JurBüro 2007, 57 f.; anders, aber m.E. unzutreffend: AG Cloppenburg, Beschl. v. 20.10.2007 – 21 C 879/06, JurBüro/2007, 79.

3 BGH, Beschl. v. 2.11.2011 – XII ZB 458/10.

4 So auch BGH, Beschl. v. 27.10.2005 – III ZB 42/005, BB 2005, 2600 f. und Beschl. v. 3.7.2006 – II ZB 31/05.

1,3 Verfahrensgebühr, Nr. 3100 VV RVG		
i.V.m. § 13 RVG aus 3.500,00 EUR		327,60 EUR
1,2 Terminsgebühr, Nr. 3104 VV RVG		
i.V.m. § 13 RVG aus 3.500,00 EUR		302,40 EUR
1,0 Einigungsgebühr, Nrn. 1000, 1003 VV RVG		
i.V.m. § 13 RVG aus 3.500,00 EUR		252,00 EUR
Auslagenpauschale, Nr. 7002 VV RVG		20,00 EUR
Zwischensumme	902,00 EUR	
19 % Mehrwertsteuer, Nr. 7008 VV RVG		171,38 EUR
Gesamtbetrag		**1.073,38 EUR**

20 Sofern nur ein Termin stattgefunden hat, in dem ein **Versäumnisurteil** erwirkt wurde, beträgt der Satz der Terminsgebühr im ersten Rechtszug nach Nr. 3105 VV RVG i.V.m. § 13 RVG **0,5**.

Beispiel 12 **Reduzierte Terminsgebühr bei einfachem Versäumnisurteil**

Der Rechtsanwalt reicht für seinen Mandanten Klage ein, im Termin ergeht gegen den Beklagten ein Versäumnisurteil, da niemand auftritt. Der Gegenstandswert beträgt 3.500,00 EUR.

Für die Vertretung im gerichtlichen Verfahren erhält der Anwalt die Verfahrensgebühr; für das Erwirken des Versäumnisurteils erhält er die Terminsgebühr der Nr. 3104 VV RVG, die allerdings gemäß Nr. 3105 VV RVG auf 0,5 zu reduzieren ist.

1,3 Verfahrensgebühr, Nr. 3100 VV RVG		
i.V.m. § 13 RVG aus 3.500,00 EUR		261,30 EUR
0,5 Terminsgebühr, Nrn. 3104, 3105 VV RVG		
i.V.m. § 13 RVG aus 3.500,00 EUR		100,50 EUR
Auslagenpauschale, Nr. 7002 VV RVG		20,00 EUR
Zwischensumme	381,80 EUR	
19 % Mehrwertsteuer, Nr. 7008 VV RVG		72,54 EUR
Gesamtbetrag		**454,34 EUR**

21 Dies gilt auch, wenn das **Versäumnisurteil im schriftlichen Vorverfahren** nach § 331 Abs. 3 ZPO ergeht. Es findet zwar in diesem Fall kein „Termin" statt, aber die Anmerkung zu Nr. 3105 VV RVG regelt dies ausdrücklich.

Beispiel 13 **Reduzierte Terminsgebühr bei Versäumnisurteil im schriftlichen Vorverfahren**

Der Anwalt beantragt in seiner Klageschrift (Gegenstandswert: 5.400,00 EUR) zum einen die Einleitung des schriftlichen Vorverfahrens und zum anderen, Versäumnisurteil gegen den Beklagten zu erlassen, sofern dieser seine Verteidigungsabsicht nicht rechtzeitig anzeigt. Der Beklagte reagiert nach Zustellung der Klageschrift nicht, so dass das Gericht antragsgemäß ein Versäumnisurteil erlässt.

Der Rechtsanwalt erhält neben der Verfahrensgebühr die gemäß Nr. 3105 VV RVG auf 0,5 reduzierte Terminsgebühr der Nr. 3104 VV RVG.

1,3 Verfahrensgebühr, Nr. 3100 VV RVG i.V.m. § 13 RVG aus 5.400,00 EUR		460,20 EUR
0,5 Terminsgebühr, Nrn. 3104, 3105 VV RVG i.V.m. § 13 RVG aus 5.400,00 EUR		177,00 EUR
Auslagenpauschale, Nr. 7002 VV RVG		20,00 EUR
Zwischensumme	657,20 EUR	
19 % Mehrwertsteuer, Nr. 7008 VV RVG		124,87 EUR
Gesamtbetrag		**782,07 EUR**

Vorstehendes gilt aber **nicht** bei der „**Flucht in die Säumnis**“, denn hier greift ja weder das Tatbestandsmerkmal „eine Partei ist nicht erschienen“ noch „nicht ordnungsgemäß vertreten.“[5] 22

Beispiel 14 Volle Terminsgebühr bei Flucht in die Säumnis

Im Landgerichtsprozess (Gegenstandswert: 12.000,00 EUR) erscheint der am Landgericht zugelassene Rechtsanwalt für seine Partei (Kläger); der Vorsitzende Richter weist ihn auf die Aussichtslosigkeit seiner Klage hin, woraufhin der Verfahrensbevollmächtigte erklärt, nicht aufzutreten. Auf Antrag des Beklagtenvertreters ergeht ein Versäumnisurteil.

Da vorliegend keine „echte Säumnis“ vorliegt, erhält der Beklagtenvertreter neben der Verfahrensgebühr die volle Terminsgebühr.

1,3 Verfahrensgebühr, Nr. 3100 VV RVG i.V.m. § 13 RVG aus 12.000,00 EUR		785,20 EUR
1,2 Terminsgebühr, Nr. 3104 VV RVG i.V.m. § 13 RVG aus 12.000,00 EUR		724,80 EUR
Auslagenpauschale, Nr. 7002 VV RVG		20,00 EUR
Zwischensumme	1.530,00 EUR	
19 % Mehrwertsteuer, Nr. 7008 VV RVG		290,70 EUR
Gesamtbetrag		**1.820,70 EUR**

Aber nicht nur der Beklagtenvertreter, sondern auch der Klägervertreter verdient im vorliegenden Beispiel die ungekürzte 1,2 Terminsgebühr der Nr. 3104 VV RVG. Denn er hat den Termin wahrgenommen und erst nach den Hinweisen des Gerichts (vorher war er vertretungsbereit, was zum Entstehen der vollen Terminsgebühr ausreicht) erklärt, er stelle keinen Antrag. 23

Allerdings löst die **bloße Anwesenheit *keine* Terminsgebühr** aus, insbesondere, wenn der Anwalt ***zu Beginn*** des Termins erklärt, dass er nicht auftrete bzw. an der Erörterung teilnehme. Denn dann war er definitiv nicht vertretungsbereit. 24

5 So auch OLG Koblenz, Beschl. v. 11.4.2005 –14 W 211/05, JurBüro 2005; vgl. auch: *Gerold/Schmidt*, Rechtsanwaltsvergütungsgesetz, Kommentar, 22. Aufl., 2015, Nr. 3105 VV Rn 49 m.w.N.

25 Darüber hinaus erhält der Klägervertreter eine volle 1,2 Terminsgebühr, wenn der Beklagte im Verhandlungstermin nicht ordnungsgemäß vertreten ist, der Klägervertreter aber über den Antrag auf Erlass eines Versäumnisurteils hinaus mit dem Gericht die Zulässigkeit seines schriftsätzlich angekündigten Sachantrages erörtert oder mit dem persönlich anwesenden Beklagten die Möglichkeiten einer einverständlichen Regelung bespricht.[6]

26 Sobald „mehr" als ein Termin stattfindet, in dem ein Versäumnisurteil ergangen ist, erwächst dem Rechtsanwalt die Terminsgebühr der Nr. 3104 VV RVG in Höhe von 1,2; hier greift die Reduktionsvorschrift dann ebenfalls nicht.

Beispiel 15 **Volle Terminsgebühr auch beim Versäumnisurteil, wenn mehr als ein Termin stattfindet**

Der Anwalt erwirkt für seinen Mandanten ein Versäumnisurteil; der Beklagte greift das Urteil mit dem Einspruch an; über den Einspruch wird streitig verhandelt und dieser sodann als unzulässig – weil verspätet – verworfen. Der Gegenstandswert beträgt 1.800,00 EUR.

Neben der Verfahrensgebühr erhält der Rechtsanwalt die volle Terminsgebühr. Diese Gebühr deckt sowohl das Versäumnisurteil als auch die Verhandlung über den Einspruch ab.

1,3 Verfahrensgebühr, Nr. 3100 VV RVG i.V.m. § 13 RVG aus 1.800,00 EUR		195,00 EUR
1,2 Terminsgebühr, Nr. 3104 VV RVG i.V.m. § 13 RVG aus 1.800,00 EUR		180,00 EUR
Auslagenpauschale, Nr. 7002 VV RVG		20,00 EUR
Zwischensumme	395,00 EUR	
19 % Mehrwertsteuer, Nr. 7008 VV RVG		75,05 EUR
Gesamtbetrag		**470,05 EUR**

Beispiel 16 **Volle Terminsgebühr bei Verhandlung zur Hauptsache nach Einspruch gegen Versäumnisurteil**

Gegen das vom Rechtsanwalt erwirkte Versäumnisurteil wird innerhalb der Einspruchsfrist rechtzeitig Einspruch erhoben; das Verfahren wird sodann zur Hauptsache verhandelt und das Gericht entscheidet durch Urteil. Der Gegenstandswert beträgt 600,00 EUR.

Neben der Verfahrensgebühr erhält der Rechtsanwalt die volle Terminsgebühr. Diese Gebühr deckt sowohl das Versäumnisurteil als auch die Verhandlung zur Hauptsache

6 So ausdrücklich: BGH, Beschl. v. 24.1.2007 – IV ZB 21/06, JurBüro 2007, 304 f.

ab. Während nach früherem Gebührenrecht die Gebühr für das Versäumnisurteil als „besondere" Gebühr erhalten blieb, ist in der vereinfachten Abrechnung nur die „allgemeine" Terminsgebühr in Ansatz zu bringen.

1,3 Verfahrensgebühr, Nr. 3100 VV RVG i.V.m. § 13 RVG aus 600,00 EUR		104,00 EUR
1,2 Terminsgebühr, Nr. 3104 VV RVG i.V.m. § 13 RVG aus 600,00 EUR		96,00 EUR
Auslagenpauschale, Nr. 7002 VV RVG		20,00 EUR
Zwischensumme	220,00 EUR	
19 % Mehrwertsteuer, Nr. 7008 VV RVG		41,80 EUR
Gesamtbetrag		**261,80 EUR**

Die Einschränkung der Höhe der Gebühr für das Erwirken des Versäumnisurteils und damit die Reduktion der Terminsgebühr auf 0,5 hat keine Geltung, da Nr. 3105 VV RVG nur greift, **wenn nur ein Termin** stattgefunden hat, in dem ein Versäumnisurteil erwirkt wurde.

Vorliegend **hat mehr als ein Termin** stattgefunden; in einem „weiteren" Termin wurde über nach Einspruch zur Hauptsache verhandelt. Da das Verfahren über den Einspruch keine „besondere Angelegenheit" ist, gibt es auch keine weiteren – besonderen – Gebühren.

Dies gilt entsprechend im Falle der 2. Säumnis.[7] 27

Beispiel 17 **Volle Terminsgebühr im Fall der 2. Säumnis**

Gegen den Beklagten ergeht im ersten Termin Versäumnisurteil, rechtzeitig legt er Einspruch ein; ein neuer Termin wird anberaumt. Der Beklagte erscheint zum Termin nicht, so dass antragsgemäß gegen ihn ein zweites Versäumnisurteil ergeht. Der Gegenstandswert beträgt 1.500,00 EUR.

Da mehr als ein Termin stattgefunden hat, verdient der Anwalt die volle Terminsgebühr der Nr. 3104 VV RVG; die Reduktionsvorschrift der Nr. 3105 VV RVG greift nicht.

1,3 Verfahrensgebühr, Nr. 3100 VV RVG i.V.m. § 13 RVG aus 1.500,00 EUR		149,50 EUR
1,2 Terminsgebühr, Nr. 3104 VV RVG i.V.m. § 13 RVG aus 1.500,00 EUR		138,00 EUR
Auslagenpauschale, Nr. 7002 VV RVG		20,00 EUR
Zwischensumme	307,50 EUR	
19 % Mehrwertsteuer, Nr. 7008 VV RVG		58,43 EUR
Gesamtbetrag		**365,93 EUR**

7 BGH, Beschl. v. 7.6.2006 – VIII ZB 108/05 und Beschl. v. 18.7.2006 – XI ZB 41/05.

28 Aber nicht nur im Rahmen eines gerichtlichen Termins entsteht die Terminsgebühr, vielmehr kann sie auch im Rahmen eines bereits **gerichtlich anhängigen Verfahrens ohne Beteiligung des Gerichts** entstehen. Das ist etwa dann der Fall, wenn die Parteivertreter während eines anhängigen Rechtsstreits, aber außerhalb eines Verhandlungstermins (unabhängig davon, ob im persönlichen Gespräch oder telefonisch) Einigungsmöglichkeiten erörtern.

Beispiel 18 **Terminsgebühr für außergerichtliche Besprechung einer rechtshängigen Forderung**

Der Rechtsanwalt hat für seinen Mandanten Klage eingereicht (Gegenstandswert: 1.400,00 EUR); der gegnerische Parteivertreter ruft den Klägervertreter an und beide besprechen die Möglichkeit einer Einigung. Der Gegenstandswert beträgt 1.400,00 EUR.

1,3 Verfahrensgebühr, Nr. 3100 VV RVG		
i.V.m. § 13 RVG aus 1.400,00 EUR		149,50 EUR
1,2 Terminsgebühr, Nr. 3104 VV RVG		
i.V.m. § 13 RVG aus 1.400,00 EUR		138,00 EUR
Auslagenpauschale, Nr. 7002 VV RVG		20,00 EUR
Zwischensumme	307,50 EUR	
19 % Mehrwertsteuer, Nr. 7008 VV RVG		58,43 EUR
Gesamtbetrag		**365,93 EUR**

Merke

Das gilt naturgemäß nicht nur im erstinstanzlichen Verfahren, sondern auch im Falle einer anhängigen Berufung, wobei hier darauf geachtet werden muss, dass eine (außergerichtliche) Terminsgebühr nur dann verdient werden kann, wenn nicht schon vor der auf Beilegung des Berufungsverfahrens gerichteten Besprechung ein Hinweis nach § 522 Abs. 2 S. 2 ZPO erteilt wurde.[8]

29 Für den Fall, dass – weil die Einigungsversuche nicht zum Erfolg führen – im Anschluss doch noch ein Verhandlungstermin stattfindet, muss beachtet werden, dass maximal eine Terminsgebühr aus dem (gesamten) Gegenstandswert abgerechnet werden darf (§ 15 Abs. 2 RVG).

30 Darüber hinaus entsteht die 1,2 Terminsgebühr über **nicht rechtshängige Gegenstände**, für die Verfahrensauftrag besteht, wenn diese im Rahmen eines gerichtlichen Termins zum Zwecke der Einigung besprochen werden, wobei dann beachtet werden muss, dass im Gesamten maximal eine 1,2 Terminsgebühr aus den addierten Gegenstandswerten (rechtshängiger und nicht rechtshängiger Gegenstandswert) berechnet werden darf.

8 Vgl. BGH, Beschl. v. 13.12.2011 – II ZB 4/11.

Beispiel 19 **Terminsgebühr auch über den Gegenstand nicht rechtshängiger Forderungen, die im Rahmen der Verhandlung zum Zwecke einer Einigung besprochen werden**

Der Rechtsanwalt hat für seinen Mandanten Klage über eine Forderung von 5.000,00 EUR eingereicht; im Rahmen eines Verhandlungstermins werden noch bislang nicht rechtshängige Ansprüche mit dem Wert von 3.000,00 EUR zum Zwecke der Einigung besprochen.

Neben den Verfahrensgebühren (Nr. 3100 VV RVG und 3101 VV RVG mit Abgleich nach § 15 Abs. 3 RVG) entstehen im Grunde zwei Terminsgebühren, die aber **auf eine Terminsgebühr aus dem Gesamtgegenstandswert begrenzt** werden.

1,3 Verfahrensgebühr, Nr. 3100 VV RVG § 13 RVG aus **5.000,00 EUR**	393,90 EUR	
0,8 Verfahrensgebühr, Nr. 3100 VV RVG i.V.m. § 13 RVG aus **3.000,00 EUR**	160,80 EUR	
Zwischensumme	554,70 EUR	
Gemäß § 15 Abs. 3 RVG **maximal**:		
1,3 Verfahrensgebühr aus **8.000,00 EUR**	592,80 EUR	
=> Verfahrensgebühr somit		554,70 EUR
1,2 Terminsgebühr, Nr. 3104 VV RVG i.V.m. § 13 RVG aus **8.000,00 EUR**		547,20 EUR
Auslagenpauschale, Nr. 7002 VV RVG		20,00 EUR
Zwischensumme	1.121,90 EUR	
19 % Mehrwertsteuer, Nr. 7008 VV RVG		213,16 EUR
Gesamtbetrag		**1.335,06 EUR**

Schließlich und letztlich entsteht auch eine 1,2 Terminsgebühr über **anderweitig rechtshängige** Gegenstände, wenn diese im Rahmen eines anderen gerichtlichen Termins zum Zwecke der Einigung besprochen werden. In diesen Fällen entsteht jedoch die Terminsgebühr jeweils separat aus den einzelnen Gegenständen, also gerade keine Gesamtaddition.[9] 31

Beispiel 20 **Terminsgebühr auch über Gegenstandswert anderweitig rechtshängiger Forderungen, die im Rahmen der Verhandlung zum Zwecke einer Einigung besprochen werden**

Der Rechtsanwalt hat für seinen Mandanten Klage über eine Forderung von 3.000,00 EUR eingereicht; im Rahmen eines Verhandlungstermins werden andere, in einem anderweitigen Verfahren rechtshängige Ansprüche mit dem Wert 5.000,00 EUR zum Zwecke der Einigung besprochen.

9 BGH, Beschl. v. 13.11.2011 – II ZB 4/11 – bis zu diesem Zeitpunkt nach herrschender Meinung noch einheitliche Terminsgebühr aus addiertem Streitwert, insbesondere KG Berlin, Beschl. v. 6.11.2008 – 2 W 11/08, JurBüro 2009, 80.

Der Anwalt berechnet die Terminsgebühr für jedes Verfahren separat[10] und rechnet die Verfahren damit wie folgt ab:

1. Prozessverfahren, in dem sich verglichen wurde		
1,3 Verfahrensgebühr, Nr. 3100 VV RVG i.V.m. § 13 RVG aus **3.000,00 EUR**	261,30 EUR	
0,8 Verfahrensgebühr, Nr. 3101 VV RVG i.V.m. § 13 RVG aus **5.000,00 EUR**	242,40 EUR	
Zwischensumme	503,70 EUR	
Gemäß § 15 Abs. 3 RVG **maximal**: 1,3 Verfahrensgebühr aus **8.000,00 EUR**	592,80 EUR	
=> Verfahrensgebühr somit		503,70 EUR
1,2 Terminsgebühr, Nr. 3104 VV RVG i.V.m. § 13 RVG aus **3.000,00 EUR**		241,20 EUR
1,0 Einigungsgebühr, Nr. 1003 VV RVG i.V.m. § 13 RVG aus **8.000,00 EUR**		456,00 EUR
Auslagenpauschale, Nr. 7002 VV RVG		20,00 EUR
Zwischensumme	1.220,90 EUR	
19 % Mehrwertsteuer, Nr. 7008 VV RVG		231,97 EUR
Gesamtbetrag		**1.452,87 EUR**
2. Das mitverglichene Verfahren:		
1,3 Verfahrensgebühr, Nr. 3100 VV RVG i.V.m. § 13 RVG aus **5.000,00 EUR**	393,90 EUR	
– 0,8 Verfahrensgebühr, Nr. 3101 VV RVG i.V.m. § 13 RVG aus **5.000,00 EUR** (= Verfahrensgebühr aus dem Prozess, in dem sich verglichen wurde)[11]	– 242,40 EUR	
=> restliche Verfahrensgebühr somit	151,50 EUR	151,50 EUR
1,2 Terminsgebühr, Nr. 3104 VV RVG i.V.m. § 13 RVG aus **5.000,00 EUR**		363,60 EUR
Auslagenpauschale, Nr. 7002 VV RVG		20,00 EUR
Zwischensumme	535,10 EUR	
19 % Mehrwertsteuer, Nr. 7008 VV RVG		101,67 EUR
Gesamtbetrag		**636,77 EUR**

10 BGH, Beschl. v. 13.11.2011 – II ZB 4/11 – bis zu diesem Zeitpunkt nach herrschender Meinung noch einheitliche Terminsgebühr aus addiertem Streitwert, insbesondere KG Berlin, Beschl. v. 6.11.2008 – 2 W 11/08, JurBüro 2009, 80.

11 Bei dieser Abrechnung muss die Anmerkung (1) zu Nr. 3101 VV RVG beachtet werden: Denn sofern in der landgerichtlichen Abrechnung der sich nach Abgleichung (§ 15 Abs. 3 RVG) ergebende Gesamtbetrag der Verfahrensgebühren die Gebühr der Nr. 3100 VV RVG aus dem rechtshängigen Betrag übersteigt, ist der übersteigende Betrag auf die Verfahrensgebühr anzurechnen, die im amtsgerichtlichen Verfahren entstanden ist. Der Anwalt darf letztlich in jedem Verfahren maximal eine Verfahrensgebühr aus dem rechtshängigen Gegenstandswert verdienen.

Zusammenfassend lässt sich sagen: 32

Die Terminsgebühr im ersten Rechtszug berechnet sich nach der Vorschrift der Nr. 3104 VV RVG; sie hat grundsätzlich einen Satz von 1,2. Die Terminsgebühr entsteht in der Regel aus jedem (Teil-)Gegenstandswert nur einmal, maximal einmal in Höhe des addierten Gegenstandswertes.

Sie wird berechnet bei
1. streitiger Verhandlung,
2. Erörterung,
3. Beweisaufnahme,
4. Anerkenntnis,
5. Entscheidung im schriftlichen Verfahren, wenn für das Verfahren die mündliche Verhandlung vorgesehen ist,
6. Abschluss eines schriftlichen Vergleichs im Beschlusswege,
7. zweitem, aufeinander folgendem Versäumnisurteil,
8. Flucht in die Säumnis.

Daneben kann sie während eines anhängigen Verfahrens ohne Beteiligung des Gerichts entstehen, wenn Gespräche zur gütlichen Beilegung des Rechtsstreites geführt werden sowie im Rahmen eines Verhandlungstermins über nicht rechtshängige Ansprüche (soweit Prozessauftrag besteht) oder über anderweitig rechtshängige Ansprüche.

Lediglich in dem Falle, in dem ein „erstes Versäumnisurteil“ in nur einem Termin oder im schriftlichen Verfahren beantragt und erlassen wird, reduziert sich die Terminsgebühr nach Nr. 3105 VV RVG auf einen Satz von 0,5.

2. Erstinstanzliche Verfahren, die unter Abschnitt 1 („Erster Rechtszug“) fallen

Wie bereits ausgeführt, erhält der Rechtsanwalt die Gebühren des Abschnittes 1 des Teil 3 des VV RVG in allen Verfahren, es sei denn, die folgenden Abschnitte bestimmen Besonderes. Besondere Bestimmungen existieren insbesondere für finanzgerichtliche Verfahren. 33

Die Gebühren folgender in der Praxis häufig vorkommender Verfahren werden nach Abschnitt 1 berechnet.

a) Arrest und einstweilige Verfügung

Beispiel 21 **Vertretung bei Arrest und einstweiliger Verfügung** 34

Der Rechtsanwalt ist beauftragt, eine einstweilige Verfügung zu erwirken, wonach der Antragsgegner es zu unterlassen hat, sein Taxi in dem Bezirk des Antragstellers für die Personenbeförderung vorzuhalten. Auf Grund der Dringlichkeit der Sache,

die schlüssig vorgetragen wurde, ergeht ein entsprechender Beschluss ohne mündliche Verhandlung. Der Gegenstandswert beträgt 3.500,00 EUR.

Da im einstweiligen Verfügungsverfahren die mündliche Verhandlung nicht vorgesehen ist, erhält der Rechtsanwalt auch keine Terminsgebühr ohne die Teilnahme an einem Termin. Insoweit wird auf die Anmerkung zu Nr. 3104 VV RVG verwiesen.

1,3 Verfahrensgebühr, Nr. 3100 VV RVG i.V.m. § 13 RVG aus 3.500,00 EUR		327,60 EUR
Auslagenpauschale, Nr. 7002 VV RVG		20,00 EUR
Zwischensumme	347,60 EUR	
19 % Mehrwertsteuer, Nr. 7008 VV RVG		66,04 EUR
Gesamtbetrag		**413,64 EUR**

Würde, weil das Gericht die Dringlichkeit nicht erkennt, oder weil es nach Ansicht des Richters eines Termins bedarf, oder weil im Anschluss des Erlasses der einstweiligen Verfügung und nach Widerspruch des Gegners es eines Termins bedarf, **terminiert**, wäre für die Verhandlung zusätzlich die **Terminsgebühr der Nr. 3104 VV RVG** abzurechnen sein.

Beispiel 22 Terminsgebühr bei Arrest und einstweiliger Verfügung

Wie Beispiel 21, allerdings hält das Gericht die Abhaltung eines Termins für unerlässlich, bestimmt einen solchen, der auch durchgeführt wird. In Abweichung zu Beispiel 21 soll der Gegenstandswert 1.800,00 EUR betragen.

Für die Teilnahme an dem Termin erhält der Rechtsanwalt neben der Verfahrensgebühr die Terminsgebühr der Nr. 3104 VV RVG.

1,3 Verfahrensgebühr, Nr. 3100 VV RVG i.V.m. § 13 RVG aus 1.800,00 EUR		195,00 EUR
1,2 Terminsgebühr, Nr. 3104 VV RVG i.V.m. § 13 RVG aus 1.800,00 EUR		180,00 EUR
Auslagenpauschale, Nr. 7002 VV RVG		20,00 EUR
Zwischensumme	395,00 EUR	
19 % Mehrwertsteuer, Nr. 7008 VV RVG		75,05 EUR
Gesamtbetrag		**470,05 EUR**

Nach Vorbemerkung 3.2 (2) des 2. Abschnittes des 3. Teils des VV RVG sind ebenfalls die Gebühren des ersten Abschnittes anzuwenden, wenn im Verfahren über einen Antrag auf Anordnung, Abänderung oder Aufhebung eines Arrestes oder einstweiligen Verfügung das **Berufungsgericht als Gericht der Hauptsache** anzusehen ist (§ 943 ZPO). Hier sind also nicht, weil die „höhere" Zuständigkeit begründet ist, die erhöhten Gebühren abzurechnen.

b) Das selbstständige Beweisverfahren

Beispiel 23 **Verfahrens-, Termins- und Einigungsgebühr im selbständigen Beweisverfahren** 35

Der Rechtsanwalt leitet ein selbstständiges Beweisverfahren ein und nimmt im gerichtlichen Beweissicherungsverfahren einen vom Gericht angeordneten Ortstermin wahr. Dort einigt man sich abschließend. Der Gegenstandswert beträgt 5.500,00 EUR.

Neben der Verfahrensgebühr erhält der Rechtsanwalt die Terminsgebühr nach Nr. 3104 VV RVG. Des Weiteren erhält der Rechtsanwalt die Einigungsgebühr nach Nr. 1000 VV RVG in Höhe von 1,5; eine Reduktion nach Nr. 1003 VV RVG greift nicht, da das anhängige Verfahren ein selbstständiges Beweisverfahren ist.

1,3 Verfahrensgebühr, Nr. 3100 VV RVG i.V.m. § 13 RVG aus 5.500,00 EUR		460,20 EUR
1,2 Terminsgebühr, Nr. 3104 VV RVG i.V.m. § 13 RVG aus 5.500,00 EUR		424,80 EUR
1,5 Einigungsgebühr, Nr. 1000 VV RVG i.V.m. § 13 RVG aus 5.500,00 EUR		531,00 EUR
Auslagenpauschale, Nr. 7002 VV RVG		20,00 EUR
Zwischensumme	1.436,00 EUR	
19 % Mehrwertsteuer, Nr. 7008 VV RVG		272,84 EUR
Gesamtbetrag		**1.708,84 EUR**

Zu den Anrechnungspflichten der Verfahrensgebühr des selbstständigen Beweisverfahrens auf die Verfahrensgebühr des sich anschließenden Hauptsacheverfahrens wird insoweit auf Rdn 155 verwiesen.

c) Verfahren vor den Verwaltungsgerichten

Beispiel 24 **Verfahrens-, Termins- und Einigungsgebühr in Verfahren vor der Verwaltungsgerichtsbarkeit** 36

Der Rechtsanwalt ist beauftragt, Klage auf Genehmigung des Baus einer Garagenhalle für den Fuhrpark der Möbelspedition X einzureichen. Aufgrund einer mündlichen Verhandlung ergeht ein Urteil dahingehend, dass die entsprechende Baugenehmigung zu erteilen ist. Der Gegenstandswert beträgt hier 12.000,00 EUR.

Der Rechtsanwalt erhält sowohl die Verfahrensgebühr nach Nr. 3100 VV RVG als auch die Terminsgebühr nach Nr. 3104 VV RVG.

1,3 Verfahrensgebühr, Nr. 3100 VV RVG i.V.m. § 13 RVG aus 12.000,00 EUR		785,20 EUR
1,2 Terminsgebühr, Nr. 3104 VV RVG i.V.m. § 13 RVG aus 12.000,00 EUR		724,80 EUR
Auslagenpauschale, Nr. 7002 VV RVG		20,00 EUR
Zwischensumme	1.530,00 EUR	
19 % Mehrwertsteuer, Nr. 7008 VV RVG		290,70 EUR
Gesamtbetrag		**1.820,70 EUR**

Nach Vorbemerkung 3.2 (2) des 2. Abschnittes des 3. Teils des VV RVG sind die **Gebühren des ersten Abschnittes auch anzuwenden**, wenn im Verfahren auf Anordnung oder Wiederherstellung bzw. auf Aufhebung der Vollziehung oder Anordnung der sofortigen Vollziehung eines Verwaltungsaktes das **Berufungsgericht als Gericht der Hauptsache** anzusehen ist (§ 943 ZPO).

d) Arbeitsgerichtsverfahren

37 **Beispiel 25** **Verfahrens-, Termins- und Einigungsgebühr vor der Arbeitsgerichtsbarkeit**

Der Rechtsanwalt vertritt den Arbeitnehmer im Rahmen einer Kündigungsschutzklage vor dem Arbeitsgericht. Nach Erörterung wird ein Vergleich dahingehend geschlossen, dass das Arbeitsverhältnis gegen Zahlung einer Abfindung als beendet angesehen wird. Der Gegenstandswert beträgt 3.500,00 EUR.

Der Rechtsanwalt erhält neben der gerichtlichen Verfahrens- und Terminsgebühr die – weil gerichtlich anhängig – reduzierte Einigungsgebühr.

1,3 Verfahrensgebühr, Nr. 3100 VV RVG i.V.m. § 13 RVG aus 3.500,00 EUR		327,60 EUR
1,2 Terminsgebühr, Nr. 3104 VV RVG i.V.m. § 13 RVG aus 3.500,00 EUR		302,40 EUR
1,0 Einigungsgebühr, Nrn. 1000, 1003 VV RVG i.V.m. § 13 RVG aus 3.500,00 EUR		252,00 EUR
Auslagenpauschale, Nr. 7002 VV RVG		20,00 EUR
Zwischensumme	902,00 EUR	
19 % Mehrwertsteuer, Nr. 7008 VV RVG		171,38 EUR
Gesamtbetrag		**1.073,38 EUR**

e) Familiensachen

38 In Familiensachen verdient der Rechtsanwalt die Gebühren des 3. Teils des VV RVG.

Allerdings gibt es seit 1.9.2009 Änderungen, die an dieser Stelle kurz skizziert werden sollen:

39 Am 17.12.2008 ist das Gesetz zur Reform des Verfahrens in Familiensachen und in den Angelegenheiten der freiwilligen Gerichtsbarkeit (FGG-RG) vom Bundestag beschlos-

sen worden, das im Wesentlichen die Einführung eines Verfahrensgesetzes für Familiensachen und Angelegenheiten der freiwilligen Gerichtsbarkeit zum Inhalt hat. Die Reform ist am 1.9.2009 in Kraft getreten.

Verfahren in Familiensachen sind: **40**

Familiensachen nach § 111 FamFG

1. **Ehesachen** (§ 121 FamFG)
   - Verfahren auf Scheidung der Ehe,
   - Verfahren auf Aufhebung der Ehe,
   - Verfahren auf Feststellung des Bestehens oder Nichtbestehens einer Ehe zwischen den Beteiligten,
2. **Kindschaftssachen** (§ 151 FamFG)
   - Verfahren, betreffend die elterliche Sorge,
   - Verfahren, betreffend das Umgangsrecht,
   - Verfahren, betreffend die Kindesherausgabe,
   - Verfahren, betreffend die Vormundschaft,
   - Verfahren, betreffend die Pflegschaft/Vertreterbestellung,
   - Verfahren, betreffend die Genehmigung der freiheitsentziehenden Unterbringung eines Minderjährigen,
   - Verfahren, betreffend die Anordnung der freiheitsentziehenden Unterbringung eines Minderjährigen,
   - Aufgaben, betreffend das Jugendgerichtsgesetz,
3. **Abstammungssachen** (§ 169 FamFG)
   - Verfahren auf Feststellung des Bestehens bzw. Nichtbestehens eines Eltern-Kind-Verhältnisses, insbesondere der Wirksamkeit oder Unwirksamkeit der Anerkennung der Vaterschaft,
   - Verfahren auf Ersetzung der Einwilligung in eine genetische Abstammungsuntersuchung und Anordnung der Duldung einer Probeentnahme,
   - Verfahren auf Einsicht in ein Abstammungsgutachten oder Aushändigung einer Abschrift oder
   - Verfahren auf Anfechtung einer Vaterschaft,
4. **Adoptionssachen** (§ 186 FamFG)
   - Verfahren, betreffend die Annahme als Kind,
   - Verfahren, betreffend die Ersetzung der Einwilligung zur Annahme als Kind,
   - Verfahren, betreffend die Aufhebung des Annahmeverhältnisses, sowie
   - Verfahren, betreffend die Befreiung vom Eheverbot des § 1308 Abs. 1 BGB,
5. **Wohnungszuweisungs- und Hausratssachen** (§ 200 FamFG)
   Wohnungszuweisungssachen
   - Verfahren nach § 1361b BGB,
   - Verfahren nach den §§ 2 bis 6 HausratsVO,

Hausratssachen
- Verfahren nach § 1361a BGB,
- Verfahren nach den §§ 2 und 8 bis 10 HausratsVO,

6. **Gewaltschutzsachen** (§ 210 FamFG)
   - Verfahren nach den §§ 1 und 2 Gewaltschutzgesetz,
7. **Versorgungsausgleichssachen** (§ 217 FamFG)
8. **Unterhaltssachen** (§ 231 FamFG)
   - Verfahren, betreffend die durch Verwandtschaft begründete Unterhaltspflicht,
   - die durch die Ehe begründete gesetzliche Unterhaltspflicht,
   - Ansprüche nach § 1615l oder § 1615m BGB sowie
   - Verfahren nach § 2 Abs. 2 S. 3 des Bundeskindergeldgesetzes und § 64 Abs. 2 S. 3 des Einkommensteuergesetzes,
9. **Güterrechtssachen** (§ 261 FamFG)
   - Verfahren, betreffend Ansprüche aus ehelichem Güterrecht,
   - Verfahren nach §§ 1365 Abs. 2, 1369 Abs. 2 und den §§ 1382, 1383, 1426, 1430 und 1452 BGB,
10. **sonstige Familiensachen** (§ 266 FamFG)
    - Verfahren, betreffend Ansprüche zwischen miteinander oder ehemals miteinander verlobten Personen bei Beendigung des Verlöbnisses,
    - Verfahren über aus der Ehe herrührende Ansprüche,
    - Verfahren über Ansprüche aus der Ehe,
    - Verfahren über Ansprüche aus einem Eltern-Kind-Verhältnis,
    - Verfahren über Ansprüche nach § 1357 Abs. 2 S. 1 BGB („Geschäfte zur Deckung des Lebensbedarfs“, Ausschluss der Berechtigung eines Ehegatten),
11. **Lebenspartnerschaftssachen** (§ 269 FamFG)
    - Verfahren auf Aufhebung der Lebenspartnerschaft,
    - Verfahren auf Feststellung des Bestehens oder Nichtbestehens der Lebenspartnerschaft,
    - Verfahren, betreffend die elterliche Sorge, das Umgangsrecht oder die Herausgabe eines gemeinschaftlichen Kindes,
    - Verfahren auf Annahme und Ersetzung der Einwilligung zur Annahme als Kind,
    - Wohnungszuweisungssachen nach dem Lebenspartnerschaftsgesetz,
    - Hausratssachen nach dem Lebenspartnerschaftsgesetz,
    - Verfahren über den Versorgungsausgleich der Lebenspartner,
    - Verfahren über den gesetzlichen Unterhalt für minderjährige gemeinschaftliche Kinder,
    - Verfahren über die gesetzliche Unterhaltspflicht aus der Lebenspartnerschaft,
    - Ansprüche aus dem lebenspartnerschaftlichen Güterrecht,
    - bestimmte Entscheidungen nach dem Lebenspartnerschaftsgesetz (§§ 6 und 7 LPartG),

- Verfahren über bestimmte Ansprüche aus der Lebenspartnerschaft, auch bei Trennung oder Aufhebung der Lebenspartnerschaft,

richten sich nach dem eigenen **Verfahrensrecht**, dem so genannten FamFG (Gesetz über das Verfahren in Familiensachen und in den Angelegenheiten der freiwilligen Gerichtsbarkeit).

Zu den Familiensachen gehören insoweit auch die so bezeichneten 41

Familienstreitsachen, § 112 FamFG, das sind:

1. Unterhaltssachen nach § 231 Abs. 1 FamFG (Verfahren, betreffend die durch Verwandtschaft begründete gesetzliche Unterhaltspflicht) und Lebenspartnerschaftssachen nach § 269 Abs. 1 Nr. 7 bis 8 FamFG (Verfahren, betreffend den Versorgungsausgleich der Lebenspartner, und Verfahren, betreffend die gesetzliche Unterhaltspflicht für ein gemeinschaftliches minderjähriges Kind der Lebenspartner),
2. Güterrechtssachen nach § 261 Abs. 1 FamFG (Verfahren, die Ansprüche aus dem ehelichen Güterrecht betreffen, auch wenn Dritte am Verfahren beteiligt sind) und Lebenspartnerschaftssachen nach § 269 Abs. 1 Nr. 9 FamFG (Verfahren, betreffend die durch die Lebenspartnerschaft begründete gesetzliche Unterhaltspflicht) sowie
3. sonstige Familiensachen nach § 266 Abs. 1 FamFG (Ansprüche zwischen miteinander verlobten oder ehemals verlobten Personen im Zusammenhang mit der Beendigung des Verlöbnisses) und Lebenspartnerschaftssachen nach § 269 Abs. 2 FamFG.

Das FamFG beinhaltet natürlich unter anderem auch **neue Regelungen, die die Honorarnote des Anwaltes betreffen,** so zum Beispiel Neuregelungen zur Verbindung und Trennung sowie zur weiteren Verbundenheit von mehreren abgetrennten Verfahren, wie z.B.: 42

- Mehrere Ehesachen, die dieselbe Ehe betreffen, können miteinander verbunden werden; eine Verbindung von Ehesachen mit anderen Verfahren ist nach § 126 FamFG unzulässig, es sei denn, es handelt sich nach § 137 FamFG um Folgesachen, über die im Verbund zu entscheiden ist (Versorgungsausgleichssachen, Unterhaltssachen gegenüber einem gemeinschaftlichen Kind, gesetzliche Unterhaltspflicht, Kindschaftssachen in Bezug auf elterliche Sorge, Umgangsrecht oder Herausgabe des Kindes).
- Der Verbund von Scheidungs- und Folgesachen hat zu erfolgen, wenn eine Entscheidung für den Fall der Scheidung zu treffen ist und die Familiensache spätestens zwei Wochen vor der mündlichen Verhandlung im ersten Rechtszug von einem Ehegatten anhängig gemacht wird (§ 137 FamFG).
- Werden Verfahren abgetrennt, so bleiben sie Folgesachen. Mehrere abgetrennte Folgesachen, betreffend Versorgungsausgleich, Unterhaltssachen gegenüber einem gemeinschaftlichen Kind oder gesetzliche Unterhaltssachen werden untereinander als Verbund fortgeführt; Folgesachen in Kindschaftssachen bei Übertragung oder Entziehung der elterlichen Sorge, das Umgangsrecht oder die Herausgabe eines

gemeinschaftlichen Kindes werden nach Abtrennung als selbstständige Verfahren fortgeführt.

43 Die Betrachtung von verbundenen oder abgetrennten Verfahren ist natürlich insoweit notwendig, als dass die Gebühren in den verbundenen Verfahren jeweils nur einmal anfallen, allerdings nach den addierten Gegenstandswerten (Ausnahme: Ein später abgetrenntes Verfahren gehört zum vorherigen Verfahren, § 21 RVG).

44 Das Gesetz bringt **auch Veränderungen im Kostenrecht** mit sich. Durch Einführung des eigenen **Kostenrechts für familiengerichtliche Verfahren** (FamGKG) werden sämtliche Kostenvorschriften des GKG, die ausschließlich familiengerichtliche Verfahren betreffen, aufgehoben, damit einhergehend auch die entsprechenden Wertvorschriften des GKG. Insbesondere wurden aufgrund der Tatsache, dass das FamFG einstweilige Anordnungen ohne Hauptsacheverfahren zulässt, sämtliche Streitwerte für einstweilige Anordnungen geregelt, korrespondierend dazu Regelungen im FamGKG, dass für einstweilige Anordnungsverfahren künftig Gerichtsgebühren erhoben werden. **Bei der Abrechnung ist also in Zukunft darauf zu achten, dass nicht das GKG, sondern vielmehr das FamGKG zugrunde zu legen ist**.

45 Die verfahrensrechtlichen Änderungen in familiengerichtlichen Streitigkeiten und insbesondere auch die Einführung des FamGKG machten auch unmittelbar **Änderungen im RVG** notwendig (Art. 47 Abs. 6 FGG-RG). Denn soweit sich die Gerichtsgebühren nach einem Wert richten, bestimmt sich auch der Gegenstandswert für die Anwaltsgebühren nach den für die Gerichtsgebühren geltenden Vorschriften. Und diese sind nunmehr – abweichend zum GKG – im ab dem 1.9.2009 in Kraft getretenen FamGKG geregelt. Teilweise sind natürlich Änderungen im RVG auch redaktioneller Art – durch Bezugnahme auf das FamFG, das FamGKG, die Bezeichnung der Parteien als Beteiligte usw. –, ansonsten ist auf Folgendes besonders hinzuweisen:

46 Seit dem 1.9.2009 gibt es keine neuen Berufungen und Revisionen mehr; an deren Stelle rücken Beschwerden und Rechtsbeschwerden, was eine Anpassung des RVG verlangte. Insoweit sind nunmehr Beschwerden gegen Endentscheidungen in Familiensachen in Teil 3 Abschnitt 2 Unterabschnitt 1 und die Rechtsbeschwerden gegen Endentscheidungen in Familien in Teil 3 Abschnitt 2 Unterabschnitt 2 geregelt.

47 Ab dem 1.9.2009 entfielen die Regelungen des bisherigen § 18 Nr. 1 und 2 RVG für einstweilige Anordnungen, was dazu führt, dass jede einstweilige Anordnung eine eigenständige Gebührenangelegenheit mit der Folge der jeweiligen separaten Abrechnungsmöglichkeit ist.[12]

48 Die Folge des Wegfalls kann aber auch sein, dass das Abänderungsverfahren mit dem Aufhebungsverfahren nun nicht mehr gesonderte Angelegenheiten sind: Nach dem

12 So auch NJW Spezial 2009, 61.

RVG in der Fassung bis zum 31.8.2009 war dies zwar nicht eindeutig geregelt, nach herrschender Meinung wurde aber vertreten, dass es sich hier um jeweils gesonderte Angelegenheiten handelt.

Nach dem Wegfall der vorgenannten Vorschriften dürfte dies mit Blick auf § 16 Nr. 6 RVG aber anders zu betrachten sein.[13] 49

Sodann hat das RVG in § 21 eine Ergänzung mit Abs. 3 erfahren: Wird eine Folgesache als selbstständige Familiensache fortgeführt, sind das fortgeführte Verfahren und das frühere Verfahren dieselbe Angelegenheit. Die gebührenrechtliche Folge ist, dass die bereits im vorherigen Verfahren aus dem sich deckenden Gegenstandswert erwachsenen Gebühren nicht nochmals entstehen können. 50

§ 24 RVG, der bislang die Gegenstandswerte für bestimmte einstweilige Anordnungen regelte, ist ersatzlos weggefallen, weil diese nunmehr im FamGKG, dort § 41, geregelt sind. 51

Zusammenfassend lässt sich sagen: 52

Wenn für ein gerichtliches Verfahren in Familiensachen Gerichtsgebühren erhoben werden, so ist der hierfür maßgebliche Wert auch für die Gebühren des Rechtsanwaltes maßgeblich; die allgemeinen Wertvorschriften in Familiensachen sind in den §§ 33 bis 42 FamGKG geregelt, die besonderen Wertvorschriften in den §§ 43 bis 52 FamGKG.

Im Verbund gilt nach wie vor der **Additionsgrundsatz**, jetzt nach § 33 FamGKG: In demselben Verfahren und demselben Rechtszug werden die Werte mehrerer Gegenstände zusammengerechnet und die entstandenen Gebühren aus diesem Gesamtgegenstandswert berechnet.

In der Regel kann der Rechtsanwalt je erstinstanzliches Verfahren folgende Gebühren abrechnen: 53

1,3	Verfahrensgebühr, Nr. 3100 VV RVG i.V.m. § 13 RVG aus Gegenstandswert, Spezialvorschriften des FamGKG
1,2	Terminsgebühr, Nr. 3104 VV RVG i.V.m. § 13 RVG aus Gegenstandswert, Spezialvorschriften des FamGKG (Terminsgebühr entfällt bei einstweiligen Anordnungen ohne Termin)
Ggf.:	
1,0	Einigungsgebühr, Nr. 1003 VV RVG i.V.m. § 13 RVG aus Gegenstandswert, Spezialvorschriften des FamGKG

13 NJW Spezial 2009, 61.

f) Schiedsgerichtsverfahren

54 Gemäß § 36 RVG ist Teil 3 Abschnitt 1, 2 und 4 des Vergütungsverzeichnisses auch auf schiedsrichterliche Verfahren nach Buch 10 der Zivilprozessordnung anzuwenden. Demgemäß gelten hier die Verfahrens- und Terminsgebühren der Ziffern 3100 ff. VV RVG.

Dies gilt, wie mittlerweile durch das am 1.7.2013 in Kraft getretene 2. Kostenrechtsmodernisierungsgesetz klargestellt wurde, nicht nur für den Hauptbevollmächtigten eines solchen Verfahrens, sondern auch für den Verkehrsanwalt, den Terminsvertreter sowie einen Anwalt, der in solchen Verfahren Einzeltätigkeiten ausübt, ohne verfahrensbevollmächtigt zu sein.

Nach § 36 Abs. 2 RVG erhält der Rechtsanwalt die Terminsgebühr auch, wenn der Schiedsspruch ohne mündliche Verhandlung erlassen wurde.

Der Rechtsanwalt erhält daher in der Regel im ersten Rechtszug:

1,3 Verfahrensgebühr, Nr. 3100 VV RVG i.V.m. § 13 RVG aus Gegenstandswert, § 23 GKG
1,2 Terminsgebühr, Nr. 3104 VV RVG i.V.m. § 13 RVG aus Gegenstandswert, § 23 GKG
Ggf.:
1,0 Einigungsgebühr, Nr. 1003 VV RVG i.V.m. § 13 RVG aus Gegenstandswert, § 23 GKG

Allerdings ist hier zu beachten, dass vorab die Vereinbarungen in der Schiedsklausel einzusehen sind, denn dort können stets auch abweichende Gebührenvereinbarungen getroffen werden.

Diese abweichend getroffenen Regelungen können bei Streit der Überprüfung durch die staatlichen Gerichte unterliegen, wobei dann eine Angemessenheit regelmäßig zu bejahen ist, wenn sich die Verfahrens- und Terminsgebühren an den Gebühren eines Anwalts in der Berufungsinstanz orientieren, wobei Terminsgebühren doppelt anfallen (entsprechend auch die Mustervereinbarung von DAV und Deutschem Richterbund).[14]

3. Berufung und besondere Verfahren

55 In **Berufungs- und besonderen Verfahren** (Beschwerden gegen den Rechtszug beendende Entscheidungen, Rechtsbeschwerde und insbesondere Beschwerden gegen Endentscheidungen in Familiensachen pp. und in erstinstanzlichen Verfahren vor dem Finanzgericht) beträgt die **Verfahrensgebühr** gemäß Nr. 3200 VV RVG 1,6. Erfasst hiervon sind insbesondere auch alle Beschwerden gegen Endentscheidungen wegen der

14 Vgl. *Kröll*, NJW 2007, 747.

Hauptsachen in Angelegenheiten der freiwilligen Gerichtsbarkeit (die bislang wegen eindeutig fehlender Regelungen nur Gebühren nach Nrn. 3500 ff. VV RVG ausgelöst haben) und auch Beschwerden gegen die den Rechtszug beendenden Entscheidungen im personalvertretungsrechtlichen Beschlussverfahren vor der Verwaltungsgerichtsbarkeit.

Beispiel 26 **Verfahrensgebühr im zweiten Rechtszug**

Der Rechtsanwalt wird beauftragt, gegen das Urteil Berufung einzulegen; weisungsgemäß nimmt er einige Zeit später die Berufung wieder zurück. Der Berufungswert beträgt 3.500,00 EUR.

Da es sich um ein Berufungsverfahren handelt, erhält der Rechtsanwalt die Gebühr der Nr. 3200 VV RVG.

1,6 Verfahrensgebühr, Nr. 3200 VV RVG i.V.m. § 13 RVG aus 3.500,00 EUR		403,20 EUR
Auslagenpauschale, Nr. 7002 VV RVG		20,00 EUR
Zwischensumme	423,20 EUR	
19 % Mehrwertsteuer, Nr. 7008 VV RVG		80,41 EUR
Gesamtbetrag		**503,61 EUR**

Die (erhöhte) Verfahrensgebühr ist entsprechend der Anmerkung nicht nur in diversen 56
Berufungs- oder Beschwerdeverfahren in Ansatz zu bringen, sondern entsprechend der Vormerkung 3.2 (1) 7 ff. zu Teil 3 Abschnitt 2 des VV RVG auch im **ersten Rechtszug vor dem Finanzgericht** zu berechnen.

Beispiel 27 **Verfahrensgebühr im ersten Rechtszug vor dem Finanzgericht**

Der Rechtsanwalt ist beauftragt, Klage auf Aufhebung des Steuerbescheides einzureichen. Aufgrund einer mündlichen Verhandlung ergeht ein Urteil dahingehend, dass der streitgegenständliche Bescheid aufgehoben und das Finanzamt verurteilt wird, einen neuen Steuerbescheid unter Berücksichtigung der Kosten für die privat angeschaffte Computeranlage zu erlassen. Der Gegenstandswert beträgt 6.800,00 EUR.

Da in Verfahren vor dem Finanzgericht gemäß Vorbemerkung 3.2 (9) des 3. Teils des VV RVG die Gebühren der Nr. 3200 ff. VV RVG gelten, sind die erhöhten Gebühren anzusetzen.

1,6 Verfahrensgebühr, Nr. 3200 VV RVG		
i.V.m. § 13 RVG aus 6.800,00 EUR		648,00 EUR
1,2 Terminsgebühr, Nr. 3202 VV RVG		
i.V.m. § 13 RVG aus 6.800,00 EUR		486,00 EUR
Auslagenpauschale, Nr. 7002 VV RVG		20,00 EUR
Zwischensumme	1.154,00 EUR	
19 % Mehrwertsteuer, Nr. 7008 VV RVG		219,26 EUR
Gesamtbetrag		**1.373,26 EUR**

57 Wie bereits vorerwähnt, gehören seit dem 1.8.2013 auch Beschwerden gegen Endentscheidungen in Familiensachen (betr. die Hauptsache) und sowie alle Beschwerden gegen Endentscheidungen wegen der Hauptsachen in Angelegenheiten der freiwilligen Gerichtsbarkeit zu diesem Abschnitt.

Der Grund für diese Anhebung liegt darin, dass in diesen Verfahren das Beschwerdegericht eine vollständige Nachprüfung in sachlicher und rechtlicher Hinsicht vorzunehmen hat. Daher war es geboten, die Anwendbarkeit des Teils 3 Abschnitt 2 und 3 VV RVG auf diese Beschwerden auszudehnen.

Beispiel 28 Verfahrensgebühr bei Beschwerden gegen Endentscheidungen in Familiensachen

Der Vater hatte im Vorfeld beantragt, ihm neben der Mutter die gemeinsame elterliche Sorge zu verschaffen. Die Kindesmutter hat sich gegen den Antrag gewandt und das Jugendamt hat sich gegen ein gemeinsames Sorgerecht ausgesprochen. Das Amtsgericht hat den Antrag des Vaters abgewiesen. Dagegen legte der Kindesvater Beschwerde ein. Der Gegenstandswert beträgt 3.000,00 EUR.

Es handelt sich hier um eine Beschwerde nach § 58 FamFG, die nach den Vorschriften 3.2.1 VV RVG zu vergüten ist, mithin sind die in Berufungsverfahren geltenden Gebühren anzusetzen.

1,6 Verfahrensgebühr, Nr. 3200 VV RVG		
i.V.m. § 13 RVG aus 3.000,00 EUR		321,60 EUR
Auslagenpauschale, Nr. 7002 VV RVG		20,00 EUR
Zwischensumme	341,60 EUR	
19 % Mehrwertsteuer, Nr. 7008 VV RVG		64,90 EUR
Gesamtbetrag		**406,50 EUR**

58 **Achtung:** Die Abrechenbarkeit einer vollen 1,6-Verfahrensgebühr in den Beschwerdeverfahren nach Vorbemerkung 3.2.1 VV RVG wird durch Nr. 3201 (2) VV RVG bei bestimmten Konstellationen **eingeschränkt**, also auf einen Satz von **1,1 reduziert**, und zwar in Familiensachen, die nur die Erteilung der Genehmigung oder die Zustimmung des Familiengerichts zum Gegenstand haben, oder aber in Angelegenheiten der freiwilligen Gerichtsbarkeit, an denen sich kein anderer beteiligt. Eine 1,6-Gebühr würde in diesen Verfahren zu einer verhältnismäßig zu hohen Vergütung führen.

Beispiel 29 **Reduzierte Verfahrensgebühr in Familiensachen bei Erteilung der Genehmigung bzw. Zustimmung des Familiengerichts**

Der Rechtsanwalt beantragt beim Familiengericht, den Kauf für ein minderjähriges Kind zu genehmigen. Das Gericht erlässt einen ablehnenden Beschluss, gegen den die Rechtsanwältin nunmehr im Beschwerdeverfahren angeht. Der Gegenstandswert beträgt 5.000,00 EUR.

Da es vorliegend nur um die Genehmigung bzw. Zustimmung geht, greift die Einschränkung der Nr. 3201 VV RVG, so dass hier „lediglich" die 1,1 Gebühr in Ansatz zu bringen ist.

1,1 Verfahrensgebühr, Nr. 3201 VV RVG i.V.m. § 13 RVG aus 5.000,00 EUR		333,30 EUR
Auslagenpauschale, Nr. 7002 VV RVG		20,00 EUR
Zwischensumme	353,30 EUR	
19 % Mehrwertsteuer, Nr. 7008 VV RVG		67,13 EUR
Gesamtbetrag		**420,43 EUR**

Gemäß Nr. 3201 VV RVG ermäßigt sich die Verfahrensgebühr der Nr. 3200 VV RVG (vorzeitige Beendigung) im Übrigen im zweiten Rechtszug auf einen Satz von 1,1, wenn sich der Auftrag vorzeitig erledigt. 59

Beispiel 30 **Reduzierte Verfahrensgebühr bei vorzeitiger Beendigung**

Der Mandant beauftragt den Rechtsanwalt mit der Einlegung der Berufung. Der Anwalt fertigt die Berufungsschrift. Bevor diese jedoch eingereicht wird, bittet der Mandant um Einstellung der Sache und um Abrechnung. Der Gegenstandswert beträgt 1.500,00 EUR.

Hier liegt ein Fall der vorzeitigen Erledigung vor, so dass der Anwalt die reduzierte Verfahrensgebühr der Nr. 3201 VV RVG zu berechnen hat.

1,1 Verfahrensgebühr, Nrn. 3200, 3201 VV RVG i.V.m. § 13 RVG aus 1.500,00 EUR		126,50 EUR
Auslagenpauschale, Nr. 7002 VV RVG		20,00 EUR
Zwischensumme	146,50 EUR	
19 % Mehrwertsteuer, Nr. 7008 VV RVG		27,84 EUR
Gesamtbetrag		**174,34 EUR**

Für den Vertreter des Berufungsbeklagten ist noch genauer anhand seiner Tätigkeit zu differenzieren, ob im Sinne des Vergütungsrechts eine vorzeitige Erledigung eingetreten ist oder nicht. 60

Hat der Vertreter der/des Berufungsbeklagten die Zurückweisung der Berufung beantragt, aber die Berufung der Gegenseite wurde vor Begründung zurückgenommen, so liegt hier für den Vertreter des Berufungsbeklagten ein Fall der vorzeitigen Erledigung vor mit der Folge, dass sich die Verfahrensgebühr der Nr. 3200 VV RVG nach Nr. 3201 VV RVG entsprechend reduziert.

Beispiel 31 **Reduzierte Verfahrensgebühr des Vertreters des Berufungsbeklagten bei Zurücknahme der Berufung vor Begründung**

Dem erstinstanzlich tätigen Rechtsanwalt wird die Berufungsschrift der Gegenseite (Berufungswert: 5.600,00 EUR) zugestellt; er erhält von seinem Mandanten den Auftrag für das Berufungsverfahren, bestellt sich und beantragt, die Berufung kostenpflichtig zurückzuweisen. Kurze Zeit später nimmt der Vertreter des Berufungsklägers die Berufung zurück.

Für den Vertreter des Berufungsbeklagten liegt hier eine vorzeitige Erledigung vor, so dass er eine Verfahrensgebühr in Höhe eines Satzes von 1,1 verdient.

1,1 Verfahrensgebühr, Nrn. 3200, 3201 VV RVG i.V.m. § 13 RVG aus 5.600,00 EUR		389,40 EUR
Auslagenpauschale, Nr. 7002 VV RVG		20,00 EUR
Zwischensumme	409,40 EUR	
19 % Mehrwertsteuer, Nr. 7008 VV RVG		77,79 EUR
Gesamtbetrag		**487,19 EUR**

61 Zu beachten ist insbesondere: Auch in dem Fall, dass der Anwalt sich gar nicht bestellt und dementsprechend keinen Antrag stellt, verdient der Rechtsanwalt die reduzierte Verfahrensgebühr der Nr. 3201 VV RVG. Ein Tätigwerden nach außen hin ist insoweit nicht erforderlich.[15] Lediglich der Auftrag zählt!

Beispiel 32 **Reduzierte Verfahrensgebühr des Vertreters des Berufungsbeklagten ohne Auftritt nach außen**

Der Beklagte legt gegen das Urteil Berufung ein (Wert: 11.000,00 EUR); die Berufungsschrift wird dem erstinstanzlich tätigen Klägervertreter, dem bereits Auftrag für die Vertretung im Berufungsverfahren erteilt wurde, zugestellt. Dieser prüft die Berufungsschrift, bestellt sich aber noch nicht, da die Gegenseite gebeten hat, aus Kostengründen zunächst von einer Bestellung abzusehen, da die Aussichten der Berufung noch geprüft werden. Die Berufung wird dann nicht durchgeführt.

Der Klägervertreter (Anwalt des Berufungsbeklagten) verdient eine 1,1 Verfahrensgebühr der Nr. 3201 VV RVG.

15 OLG Naumburg, Beschl. v. 18.1.2012 – 10 W 67/11, BeckRS 2012, 0935.

1,1 Verfahrensgebühr, Nrn. 3200, 3201 VV RVG		
i.V.m. § 13 RVG aus 11.000,00 EUR		664,40 EUR
Auslagenpauschale, Nr. 7002 VV RVG		20,00 EUR
Zwischensumme	684,40 EUR	
19 % Mehrwertsteuer, Nr. 7008 VV RVG		130,04 EUR
Gesamtbetrag		**814,44 EUR**

Wird aber – im Falle der Bestellung des Berufungsbeklagten und Zurückweisungsantrag – die Berufung der Gegenseite ***nach*** Begründung zurückgenommen, so verdient der Vertreter der/des Berufungsbeklagten die volle Verfahrensgebühr. 62

Beispiel 33 **Volle Verfahrensgebühr des Vertreters des Berufungsbeklagten bei Zurücknahme der Berufung nach Begründung**

Dem erstinstanzlich tätigen Rechtsanwalt wird die Berufungsschrift (Berufungswert: 7.200,00 EUR) der Gegenseite zugestellt; wenige Zeit später begründet der Anwalt die Berufung, woraufhin sich der Vertreter des Berufungsbeklagten bestellt und beantragt, die Berufung kostenpflichtig zurückzuweisen. Ein paar Tage später nimmt der Berufungskläger die Berufung zurück. Der Berufungswert (= Beschwer = Gegenstandswert) beträgt 7.200,00 EUR.

Der Vertreter des Berufungsbeklagten verdient die volle Verfahrensgebühr der Nr. 3200 VV RVG.

1,6 Verfahrensgebühr, Nr. 3200 VV RVG		
i.V.m. § 13 RVG aus 7.200,00 EUR		729,60 EUR
Auslagenpauschale, Nr. 7002 VV RVG		20,00 EUR
Zwischensumme	749,60 EUR	
19 % Mehrwertsteuer, Nr. 7008 VV RVG		142,42 EUR
Gesamtbetrag		**892,02 EUR**

Im zweiten Rechtszug hat die „Verfahrensdifferenzgebühr" gemäß Nr. 3201 (2) VV RVG i.V.m. Nr. 3200 VV RVG einen Gebührensatz von 1,1. Diese Art der Verfahrensgebühr entsteht für den Antrag auf Protokollierung einer bislang nicht rechtshängigen Forderung. 63

Beispiel 34 **Verfahrensdifferenzgebühr für den Antrag auf Protokollierung einer bislang nicht rechtshängigen Forderung im zweiten Rechtszug**

In einem Berufungsverfahren ist eine Forderung in Höhe von 2.700,00 EUR rechtshängig. Nach Erörterung der Sache wird ein Widerrufsvergleich dahingehend protokolliert, dass der Beklagte zum Ausgleich aller Ansprüche, seien sie bekannt oder nicht bekannt, die Summe 10.700,00 EUR zahlt. In der Vergleichssumme sind demnach nicht rechtshängige Ansprüche in Höhe von 8.000,00 EUR enthalten. Der

Vergleich kommt nicht zustande; er wird widerrufen, so dass das Gericht nach Beweisaufnahme durch Urteil entscheidet.

Neben der Verfahrensgebühr erhält der Rechtsanwalt die „Verfahrensdifferenzgebühr" über den nicht rechtshängigen Betrag für den Antrag auf Protokollierung dieser Forderung. Für das Entstehen der Gebühr ist es unerheblich, ob der Vergleich letztlich zustande kommt oder nicht, da es sich um eine reine Antragsgebühr handelt.

Da verschiedene Gegenstandswerte aufeinander treffen, muss die Abgleichung der Gebühren nach § 15 Abs. 3 RVG erfolgen; maximal darf die Verfahrensgebühr den höchsten Gebührensatz aus dem Gesamtstreitwert nicht übersteigen.

1,6 Verfahrensgebühr, Nr. 3200 VV RVG i.V.m. § 13 RVG aus **2.700,00 EUR**	321,60 EUR	
1,1 Verfahrensgebühr, Nrn. 3200, 3201 VV RVG i.V.m. § 13 RVG aus **8.000,00 EUR**	501,60 EUR	
Zwischensumme	823,20 EUR	
Gemäß § 15 Abs. 3 RVG **maximal**:		
1,6 Verfahrensgebühr aus **10.7000,00 EUR**	966,40 EUR	
=> Verfahrensgebühr		823,20 EUR
1,2 Terminsgebühr, Nr. 3202 VV RVG i.V.m. § 13 RVG aus **10.700,00 EUR**		724,80 EUR
Auslagenpauschale, Nr. 7002 VV RVG		20,00 EUR
Zwischensumme	1.568,00 EUR	
19 % Mehrwertsteuer, Nr. 7008 VV RVG		297,92 EUR
Gesamtbetrag		**1.865,92 EUR**

64 Der Antrag auf Protokollierung der bislang nicht dort rechtshängigen Forderung muss nicht zwingend mündlich in der Verhandlung gestellt werden, um die Verfahrensdifferenzgebühr der Nr. 3201 VV RVG zu verdienen: Sie entsteht (aus dem Gegenstandswert des „Überhangs") ebenfalls, wenn ein Vergleich im Beschlusswege, also schriftlich geschlossen wird, der bislang dort nicht rechtshängige Überhänge einschließt.

65 Zusammenfassend lässt sich also sagen:

Die Verfahrensgebühr **in zweiter Instanz** und in besonderen Verfahren (insbesondere dem Finanzgerichtsverfahren) hat einen Satz von 1,6 nach Nr. 3200 VV RVG. Sie reduziert sich auf einen Satz von 1,1 nach Nr. 3201 VV RVG bei vorzeitiger Erledigung oder aber in Beschwerden betreffend Familiensachen, die nur die Erteilung der Genehmigung oder die Zustimmung des Familiengerichts zum Gegenstand haben, oder aber in Angelegenheiten der freiwilligen Gerichtsbarkeit, an denen sich kein anderer beteiligt; für den Antrag auf Protokollierung erwächst dem Anwalt ebenfalls eine reduzierte Verfahrensgebühr von 1,1. Wenn je eine Verfahrensgebühr beider Vergütungsziffern in ein und demselben Verfahren gleichzeitig entsteht, müssen die Gebühren nach § 15 Abs. 3 RVG abgeglichen werden.

In Berufungsverfahren bzw. besonderen Verfahren, für die die Gebühren dieses Abschnittes zu berechnen sind, beträgt die **Terminsgebühr** gemäß Nr. 3202 VV RVG 1,2; sie hat demgemäß denselben Satz wie im ersten Rechtszug, wird allerdings aufgrund einer anderen Vergütungsvorschrift abgerechnet. 66

Beispiel 35 **Terminsgebühr bei mündlicher Verhandlung**

Der Anwalt bestellt sich für den Mandanten im Berufungsverfahren und nimmt den anberaumten Verhandlungstermin wahr. Der Gegenstandswert beträgt 1.300,00 EUR.

Neben der Verfahrensgebühr verdient der Rechtsanwalt für die Terminsteilnahme eine Terminsgebühr der Nr. 3202 VV RVG in Höhe eines Satzes von 1,6.

1,6 Verfahrensgebühr, Nr. 3200 VV RVG i.V.m. § 13 RVG aus 1.300,00 EUR		184,00 EUR
1,2 Terminsgebühr, Nr. 3202 VV RVG i.V.m. § 13 RVG aus 1.300,00 EUR		138,00 EUR
Auslagenpauschale, Nr. 7002 VV RVG		20,00 EUR
Zwischensumme	342,00 EUR	
19 % Mehrwertsteuer, Nr. 7008 VV RVG		64,98 EUR
Gesamtbetrag		**406,98 EUR**

Nach Anmerkung (1) 1 zu Nr. 3104 VV RVG entsteht eine **Terminsgebühr** auch, wenn in einem Verfahren, für das die mündliche Verhandlung vorgeschrieben ist, im Einverständnis mit den Parteien **ohne mündliche Verhandlung** entschieden oder ein schriftlicher Vergleich geschlossen wird. Dies gilt auch für die zweite Instanz, denn die Anmerkung zu Nr. 3202 VV RVG verweist auf die Anmerkung zu Nr. 3104 VV RVG. 67

Die Terminsgebühr erwächst dem Anwalt auch im Falle des **Anerkenntnisses**.

Beispiel 36 **Terminsgebühr bei vollem Anerkenntnis**

Der Mandant ist von dem zähen Prozess, der sich in der Berufung befindet und sich seit Jahren hinzieht, so entkräftet, dass er aufgibt. Er bittet den Anwalt, den Anspruch anzuerkennen, damit die Sache ein Ende nimmt. Der Anwalt reagiert entsprechend. Der Gegenstandswert beträgt 4.700,00 EUR.

Für das Anerkenntnis erhält der Rechtsanwalt die ungekürzte Terminsgebühr entsprechend der Verweisung in Anmerkung zu Nr. 3202 VV RVG auf die Anmerkung zu Nr. 3104 VV RVG.

1,6 Verfahrensgebühr, Nr. 3200 VV RVG i.V.m. § 13 RVG aus 4.700,00 EUR		484,80 EUR
1,2 Terminsgebühr, Nr. 3202 VV RVG i.V.m. § 13 RVG aus 4.700,00 EUR		363,60 EUR
Auslagenpauschale, Nr. 7002 VV RVG		20,00 EUR
Zwischensumme	868,40 EUR	
19 % Mehrwertsteuer, Nr. 7008 VV RVG		165,00 EUR
Gesamtbetrag		**1.033,40 EUR**

68 Der Gebührensatz für das Erwirken eines **Versäumnisurteils** seitens des Berufungsbeklagten, weil der Berufungskläger nicht ordnungsgemäß vertreten ist, beträgt nach Nr. 3203 VV RVG 0,5.

Beispiel 37 **„Halbe" Terminsgebühr beim Versäumnisurteil seitens des Vertreters des Berufungsbeklagten, weil der Berufungskläger nicht bzw. nicht ordnungsgemäß vertreten war**

In einem Berufungsverfahren wurde zum Termin geladen. Der Vertreter des Berufungsbeklagten nimmt den Termin wahr; der Berufungskläger erscheint ohne seinen Prozessbevollmächtigten, so dass antragsgemäß ein Versäumnisurteil ergeht. Der Gegenstandswert beträgt 1.500,00 EUR.

Dem Rechtsanwalt des Berufungsbeklagten erwächst die nach Nr. 3203 VV RVG reduzierte Terminsgebühr in Höhe eines Satzes von 0,5.

1,6 Verfahrensgebühr, Nr. 3200 VV RVG i.V.m. § 13 RVG aus 1.500,00 EUR		184,00 EUR
0,5 Terminsgebühr, Nrn. 3202, 3203 VV RVG i.V.m. § 13 RVG aus 1.500,00 EUR		57,50 EUR
Auslagenpauschale, Nr. 7002 VV RVG		20,00 EUR
Zwischensumme	261,50 EUR	
19 % Mehrwertsteuer, Nr. 7008 VV RVG		49,69 EUR
Gesamtbetrag		**311,19 EUR**

69 Da die Einschränkung der Nr. 3203 VV RVG nur für den Vertreter des Berufungsbeklagten Geltung hat, bedeutet dies im Umkehrschluss, dass der Vertreter des Berufungsklägers für das Versäumnisurteil die ungekürzte Terminsgebühr der Nr. 3202 VV RVG erhält.[16]

16 Das kann allerdings aufgrund des Wortlauts des Gesetzes tatsächlich nur für Berufungsverfahren gelten, da es im Finanzrechtsstreit, der erstinstanzlich zwar auch nach diesen Vorschriften vergütet wird, einen Berufungsbeklagten nicht gibt.

Beispiel 38 Volle Terminsgebühr beim Versäumnisurteil seitens des Vertreters des Berufungsklägers, weil der Berufungsbeklagte nicht bzw. nicht ordnungsgemäß vertreten war

In einem Berufungsverfahren wurde zum Termin geladen. Der Vertreter des Berufungsklägers nimmt den Termin wahr; der Prozessbevollmächtigte des Berufungsbeklagten erscheint nicht. Der Gegenstandswert beträgt 6.100,00 EUR.

Dem Rechtsanwalt des Berufungsklägers erwächst die volle Terminsgebühr nach Nr. 3202 VV RVG, da die Einschränkung der Nr. 3203 VV RVG nicht greift.

1,6 Verfahrensgebühr, Nr. 3200 VV RVG i.V.m. § 13 RVG aus 6.100,00 EUR		648,00 EUR
1,2 Terminsgebühr, Nr. 3202 VV RVG i.V.m. § 13 RVG aus 6.100,00 EUR		486,00 EUR
Auslagenpauschale, Nr. 7002 VV RVG		20,00 EUR
Zwischensumme	1.154,00 EUR	
19 % Mehrwertsteuer, Nr. 7008 VV RVG		219,26 EUR
Gesamtbetrag		**1.373,26 EUR**

Merke

Die reduzierte Terminsgebühr beim Säumnis entsteht stets nur beim Berufungsbeklagten; nicht beim Berufungskläger!

Aber nicht nur im Rahmen eines gerichtlichen Termins entsteht die Terminsgebühr, 70
vielmehr kann sie auch im Rahmen eines bereits **gerichtlich anhängigen Verfahrens ohne Beteiligung des Gerichts** entstehen. Das ist etwa dann der Fall, wenn die Parteivertreter während eines anhängigen Rechtsstreits, aber außerhalb eines Verhandlungstermins (unabhängig davon, ob im persönlichen Gespräch oder telefonisch) Einigungsmöglichkeiten erörtern. Das gilt natürlich auch für Verfahren im zweiten Rechtszug (Berufung).

Beispiel 39 Terminsgebühr für außergerichtliche Besprechung einer rechtshängigen Forderung

Der Rechtsanwalt ist für seinen Mandanten im Berufungsverfahren tätig; der gegnerische Parteivertreter ruft an und beide besprechen die Möglichkeit einer Einigung. Der Gegenstandswert beträgt 14.500,00 EUR.

1,6 Verfahrensgebühr, Nr. 3200 VV RVG i.V.m. § 13 RVG aus 14.500,00 EUR		1.040,00 EUR
1,2 Terminsgebühr, Nr. 3202 VV RVG i.V.m. § 13 RVG, Vorbem. 3 (3) VV RVG aus 14.500,00 EUR		780,00 EUR
Auslagenpauschale, Nr. 7002 VV RVG		20,00 EUR
Zwischensumme	1.840,00 EUR	
19 % Mehrwertsteuer, Nr. 7008 VV RVG		349,60 EUR
Gesamtbetrag		**2.189,60 EUR**

71 Für den Fall, dass – weil die Einigungsversuche nicht zum Erfolg führen – im Anschluss doch noch ein Verhandlungstermin stattfindet, muss beachtet werden, dass maximal eine Terminsgebühr aus dem (gesamten) Gegenstandswert abgerechnet werden darf (§ 15 Abs. 2 RVG).

72 Darüber hinaus entsteht die 1,2 Terminsgebühr über **nicht rechtshängige Gegenstände**, für die Verfahrensauftrag besteht, wenn diese im Rahmen eines gerichtlichen Termins zum Zwecke der Einigung besprochen werden. Dabei muss beachtet werden, dass insgesamt maximal eine 1,2 Terminsgebühr aus den addierten Gegenstandswerten (rechtshängiger und nicht rechtshängiger Gegenstandswert) berechnet werden darf.

Beispiel 40 **Terminsgebühr auch über den Gegenstand nicht rechtshängiger Forderungen, die in Rahmen der Verhandlung zum Zwecke einer Einigung besprochen werden**

Der Rechtsanwalt führt für seinen Mandanten ein Berufungsverfahren über einen Gegenstand von 10.100,00 EUR; im Rahmen eines Verhandlungstermins werden noch bislang nicht rechtshängige Ansprüche mit dem Wert 400,00 EUR zum Zwecke der Einigung besprochen.

Neben den Verfahrensgebühren (Nr. 3200 VV RVG und Nr. 3201 VV RVG mit Abgleich nach § 15 Abs. 3 RVG) entstehen im Grunde zwei Terminsgebühren, die aber auf eine Terminsgebühr aus dem Gesamtgegenstandswert begrenzt werden.

1,6 Verfahrensgebühr, Nr. 3200 VV RVG i.V.m. § 13 RVG aus **10.100,00 EUR**	966,40 EUR	
1,1 Verfahrensgebühr, Nrn. 3200, 3201 VV RVG i.V.m. § 13 RVG aus **400,00 EUR**	49,50 EUR	
Zwischensumme	1.015,90 EUR	
Gemäß § 15 Abs. 3 RVG **maximal**:		
1,6 Verfahrensgebühr aus **10.500,00 EUR**	996,40 EUR	
=> Verfahrensgebühr somit		966,40 EUR
1,2 Terminsgebühr, Nr. 3202 VV RVG i.V.m. § 13 RVG aus **10.500,00 EUR**		724,80 EUR
Auslagenpauschale, Nr. 7002 VV RVG		20,00 EUR
Zwischensumme	1.711,20 EUR	
19 % Mehrwertsteuer, Nr. 7008 VV RVG		325,13 EUR
Gesamtbetrag		**2.036,33 EUR**

73 Schließlich und letztlich entsteht auch eine 1,2 Terminsgebühr über **anderweitig rechtshängige** Gegenstände, wenn diese im Rahmen eines anderen gerichtlichen Termins zum Zwecke der Einigung besprochen werden. Das gilt natürlich sowie im erstinstanzlichen Verfahren auch für das Berufungsverfahren.

Beispiel 41 **Terminsgebühr auch über den Gegenstand anderweitig rechtshängiger Forderungen, die in Rahmen der Verhandlung zum Zwecke einer Einigung besprochen werden**

Der Rechtsanwalt führt für seinen Mandanten ein Berufungsverfahren über eine Forderung von 3.000,00 EUR; im Rahmen eines Verhandlungstermins werden andere, in einem anderweitigen Verfahren (erstinstanzlich) rechtshängige Ansprüche mit dem Wert i.H.v. 5.000,00 EUR zum Zwecke der Einigung besprochen.

Der Anwalt berechnet die Terminsgebühr für jedes Verfahren separat[17] und rechnet die Verfahren damit wie folgt ab:

1. Berufungsverfahren, in dem sich verglichen wurde		
1,6 Verfahrensgebühr, Nr. 3200 VV RVG i.V.m. § 13 RVG aus **3.000,00 EUR**	321,60 EUR	
1,1 Verfahrensgebühr, Nr. 3201 VV RVG i.V.m. § 13 RVG aus **5.000,00 EUR**	333,30 EUR	
Zwischensumme	654,90 EUR	
Gemäß § 15 Abs. 3 RVG **maximal**: 1,6 Verfahrensgebühr aus **8.000,00 EUR**	729,60 EUR	
=> Verfahrensgebühr somit		654,90 EUR
1,2 Terminsgebühr, Nr. 3202 VV RVG i.V.m. § 13 RVG aus **3.000,00 EUR**		241,20 EUR
1,3 Einigungsgebühr, Nr. 1004 VV RVG i.V.m. § 13 RVG aus **8.000,00 EUR**		592,80 EUR
Auslagenpauschale, Nr. 7002 VV RVG		20,00 EUR
Zwischensumme	1.508,90 EUR	
19 % Mehrwertsteuer, Nr. 7008 VV RVG		286,69 EUR
Gesamtbetrag		**1.795,59 EUR**
2. Das mitverglichene Verfahren:		
1,3 Verfahrensgebühr, Nr. 3100 VV RVG i.V.m. § 13 RVG aus **5.000,00 EUR**	393,90 EUR	
– 1,1 Verfahrensgebühr, Nr. 3201 VV RVG i.V.m. § 13 RVG aus **5.000,00 EUR** (= Verfahrensgebühr aus dem Berufungsprozess, in dem sich verglichen wurde)[18]	– 333,30 EUR	
=> restliche Verfahrensgebühr somit	60,60 EUR	60,60 EUR
1,2 Terminsgebühr, Nr. 3104 VV RVG i.V.m. § 13 RVG aus **5.000,00 EUR**		363,60 EUR
Auslagenpauschale, Nr. 7002 VV RVG		20,00 EUR
Zwischensumme	444,20 EUR	
19 % Mehrwertsteuer, Nr. 7008 VV RVG		84,40 EUR
Gesamtbetrag		**528,60 EUR**

17 BGH, Beschl. v. 13.11.2011 – II ZB 4/11 – bis zu diesem Zeitpunkt nach herrschender Meinung noch einheitliche Terminsgebühr aus addiertem Streitwert, insbesondere KG Berlin, Beschl. v. 6.11.2008 – 2 W 11/08, JurBüro 2009, 80.

18 Bei dieser Abrechnung muss die Anmerkung (1) zu Nr. 3101 VV RVG beachtet werden: Denn sofern in der Abrechnung des Berufungsverfahrens der sich nach Abgleichung (§ 15 Abs. 3 RVG) ergebende Gesamtbetrag der Verfahrensgebühren die Gebühr der Nr. 3200 VV RVG aus dem rechtshängigen Betrag übersteigt,

74 Zusammenfassend lässt sich sagen:

Im zweitinstanzlichen Verfahren (aber auch in besonderen Verfahren, insbesondere dem Finanzgerichtsverfahren) hat die Terminsgebühr nach Nr. 3202 VV RVG einen Satz von 1,2.

Sie wird berechnet bei
1. streitiger Verhandlung,
2. Erörterung,
3. Beweiserhebung/Zeugeneinvernahme,
4. Anerkenntnis,
5. zweitem, aufeinander folgendem Versäumnisurteil,
6. Flucht in die Säumnis,
7. Versäumnisurteil, beantragt durch Berufungskläger,
8. Schriftlichem Vergleichsabschluss.

Nur, wenn der Berufungsbeklagte gegen den Berufungskläger ein Versäumnisurteil erwirkt, dann reduziert sich die Terminsgebühr nach Nr. 3203 VV RVG auf einen Satz von 0,5.

4. Verfahren im ersten Rechtszug und besondere Verfahren, die unter Abschnitt 2 des 3. Teils („Berufung und besondere Verfahren“) fallen

75 Neben den Berufungsverfahren der unter der vorangegangenen Ziffer beispielhaft aufgeführten Verfahren erhält der Rechtsanwalt die Gebühren des 2. Abschnittes in Verfahren vor dem Rechtsmittelgericht über die Zulassung von Rechtsmitteln, in Beschwerdeverfahren gegen den Rechtszug beendende Entscheidungen, in bestimmten Verfahren über Vollstreckbarerklärungen oder Anträge auf Aufhebung oder Abänderung der Vollstreckbarerklärungen ausländischer Titel, in Verfahren über Beschwerden oder Rechtsbeschwerden gegen die den Rechtszug beendenden Entscheidungen in Familiensachen, Lebenspartnerschaftssachen, bestimmte Verfahren nach dem Wohnungseigentumsgesetz, und nach dem Gesetz über das gerichtliche Verfahren in Landwirtschaftssachen und in Beschlussverfahren vor den Gerichten in Arbeitssachen.

76 Ferner sind die Gebühren des 2. Abschnittes anzuwenden in Verfahren vor dem Bundesgerichtshof über die Beschwerde oder Rechtsbeschwerde gegen die Entscheidungen des Patentgerichts, in Verfahren über die Rechtsbeschwerde nach § 116 StVollzG und in Verfahren vor dem Oberlandesgericht nach § 129 VGG (Gesetz über die Wahrnehmung von Urheberrechten und verwandten Schutzrechten durch Verwertungsgesellschaften – Verwertungsgesellschaftengesetz).

ist der übersteigende Betrag auf die Verfahrensgebühr des anderen (erstinstanzlichen) Verfahrens anzurechnen. Denn der Anwalt darf letztlich in jedem Verfahren maximal eine Verfahrensgebühr aus dem rechtshängigen Gegenstandswert verdienen.

Insbesondere sind aber auch die Verfahren im ersten Rechtszug vor dem Finanzgericht nach Abschnitt 2 des 3. Teils des VV RVG zu vergüten. 77

Die wohl in der Praxis häufigsten Fälle werden nachfolgend anhand kurzer Beispiele dargestellt.

a) Beschwerden oder Rechtsbeschwerden gegen den Rechtszug beendende Entscheidungen in Familiensachen

Beispiel 42 **Beschwerde gegen Endentscheidung in einer Familiensache** 78

Der Rechtsanwalt ist beauftragt, in einer Scheidungsfolgesache des Verbundes Beschwerde gegen die Endentscheidung des Familiengerichts einzulegen. Im Beschwerdeverfahren findet ein Termin statt, der von beiden Rechtsanwälten auch wahrgenommen wird. Der Gegenstandswert beträgt 14.500,00 EUR.

Entsprechend der Vorbemerkung Nr. 3.2.1 (2b) des 3. Teils des VV RVG sind für Verfahren über die Beschwerde in Familiensachen die erhöhten Verfahrens- und Terminsgebühren der Nrn. 3200 ff. VV RVG in Ansatz zu bringen.

1,6 Verfahrensgebühr, Nr. 3200 VV RVG i.V.m. § 13 RVG aus 14.500,00 EUR		1.040,00 EUR
1,2 Terminsgebühr, Nr. 3202 VV RVG i.V.m. § 13 RVG aus 14.500,00 EUR		780,00 EUR
Auslagenpauschale, Nr. 7002 VV RVG		20,00 EUR
Zwischensumme	1.840,00 EUR	
19 % Mehrwertsteuer, Nr. 7008 VV RVG		349,60 EUR
Gesamtbetrag		**2.189,60 EUR**

b) Erstinstanzliche Verfahren vor dem Finanzgericht

Beispiel 43 **Berufungsgebühren für erstinstanzliche Verfahren vor dem Finanzgericht** 79

Der Rechtsanwalt ist beauftragt, Klage auf Aufhebung des Steuerbescheides einzureichen. Aufgrund einer mündlichen Verhandlung ergeht ein Urteil dahingehend, dass der streitgegenständliche Bescheid aufgehoben und das Finanzamt verurteilt wird, einen neuen Steuerbescheid unter Berücksichtigung der Kosten für die privat angeschaffte Computeranlage zu erlassen. Der Gegenstandswert beträgt 6.100,00 EUR.

Da in Verfahren vor dem Finanzgericht im ersten Rechtszug gemäß Vorbemerkung 3.2.1 (1) des 3. Teils des VV RVG die Gebühren der Nr. 3200 ff. VV RVG gelten, sind auch in diesem Falle die erhöhten Gebühren anzusetzen.

1,6 Verfahrensgebühr, Nr. 3200 VV RVG i.V.m. § 13 RVG aus 6.100,00 EUR		648,00 EUR
1,2 Terminsgebühr, Nr. 3202 VV RVG i.V.m. § 13 RVG aus 6.100,00 EUR		486,00 EUR
Auslagenpauschale, Nr. 7002 VV RVG		20,00 EUR
Zwischensumme	1.154,00 EUR	
19 % Mehrwertsteuer, Nr. 7008 VV RVG		219,26 EUR
Gesamtbetrag		**1.373,26 EUR**

5. Revision

80 Die nachfolgenden Gebühren (Teil 3, Abschnitt 2, Unterabschnitt 2) verdient der Anwalt nicht nur in Revisionsverfahren, sondern insbesondere auch in Verfahren über Rechtsbeschwerden in den in der Vormerkung 3.21 Nr. 2 genannten Fällen, wozu insbesondere seit dem 1.8.2013 nunmehr auch Rechtsbeschwerden gegen Endentscheidungen wegen der Hauptsachen in Angelegenheiten der freiwilligen Gerichtsbarkeit und auch Rechtsbeschwerden gegen die den Rechtszug beendenden Entscheidungen im personalvertretungsrechtlichen Beschlussverfahren vor der Verwaltungsgerichtsbarkeit gehören.[19]

81 Darüber hinaus werden Verfahren über Rechtsbeschwerden nach § 20 KapMuG (Gesetz über Musterverfahren in kapitalmarktrechtlichen Streitigkeiten, Rechtsbeschwerde gegen den Musterentscheid), aber auch Verfahren vor dem Bundesgerichtshof über Berufungen, Beschwerden oder Rechtsbeschwerden gegen Entscheidungen des Bundespatentgerichts sowie schließlich auch Verfahren vor dem Bundesfinanzhof über Beschwerden nach § 128 Abs. 3 FGO (Beschwerden gegen die Entscheidung über die Aussetzung der Vollziehung) nach diesem Abschnitt vergütet.

82 Die Verfahrensgebühr in Revisionsverfahren (und anderen Verfahren, siehe oben) beträgt gemäß Nr. 3206 VV RVG 1,6; können sich die Parteien nur durch einen am BGH zugelassenen Anwalt vertreten lassen, beträgt die Verfahrensgebühr gemäß Nr. 3208 VV RVG 2,3.

Beispiel 44 **Vertretung im Revisionsverfahren (jeder Anwalt)**

Der Mandant beauftragt den Rechtsanwalt mit der Einlegung der Revision (kein BGH-Anwaltszwang). Der Anwalt fertigt die Revisionsschrift und reicht sie ein. Der Gegenstandswert beträgt 2.500,00 EUR.

19 Wegen der Neuzuordnung der Beschwerden gegen Endentscheidungen wegen der Hauptsachen in Angelegenheiten der freiwilligen und auch der Beschwerden gegen die den Rechtszug beendenden Entscheidungen im personalvertretungsrechtlichen Beschlussverfahren vor der Verwaltungsgerichtsbarkeit in Teil 3, Abschnitt 2, Unterabschnitt 1 seit dem 1.8.2013.

1,6 Verfahrensgebühr, Nr. 3206 VV RVG i.V.m. § 13 RVG aus 2.500,00 EUR		321,60 EUR
Auslagenpauschale, Nr. 7002 VV RVG		20,00 EUR
Zwischensumme	341,60 EUR	
19 % Mehrwertsteuer, Nr. 7008 VV RVG		64,90 EUR
Gesamtbetrag		**406,50 EUR**

Beispiel 45 Vertretung im Revisionsverfahren (BGH-Anwalt)

Der Mandant beauftragt den Rechtsanwalt mit der Einlegung der Revision; die Vertretung erfolgt durch einen am BGH zugelassenen Anwalt, da nur dieser postulationsbefugt ist. Der Anwalt fertigt die Revisionsschrift und reicht sie ein. Der Gegenstandswert beträgt 3.000,00 EUR.

2,3 Verfahrensgebühr, Nr. 3208 VV RVG i.V.m. § 13 RVG aus 3.000,00 EUR		462,30 EUR
Auslagenpauschale, Nr. 7002 VV RVG		20,00 EUR
Zwischensumme	482,30 EUR	
19 % Mehrwertsteuer, Nr. 7008 VV RVG		91,64 EUR
Gesamtbetrag		**573,94 EUR**

Nach Nr. 3207 VV RVG beträgt der Gebührensatz für die vorzeitige Beendigung eines Auftrages im Revisionsverfahren 1,1; wenn sich die Parteien nur durch einen beim BGH zugelassenen Anwalt vertreten lassen können, hat die Gebühr der vorzeitigen Beendigung einen Satz von 1,8, und zwar nach Nr. 3209 VV RVG. 83

Beispiel 46 Verfahrensgebühr bei vorzeitiger Erledigung (jeder Anwalt)

Der Mandant beauftragt den Rechtsanwalt mit der Einlegung der Revision. Der Gegenstandswert beträgt 5.100,00 EUR. Bevor diese jedoch eingereicht wird, bittet der Mandant um Einstellung der Sache und um Abrechnung (kein BGH-Anwaltszwang).

Hier liegt ein Fall der vorzeitigen Erledigung vor, so dass der Anwalt die reduzierte Verfahrensgebühr der Nr. 3207 VV RVG zu berechnen hat.

1,1 Verfahrensgebühr, Nrn. 3206, 3207 VV RVG i.V.m. § 13 RVG aus 5.100,00 EUR		389,40 EUR
Auslagenpauschale, Nr. 7002 VV RVG		20,00 EUR
Zwischensumme	409,40 EUR	
19 % Mehrwertsteuer, Nr. 7008 VV RVG		77,79 EUR
Gesamtbetrag		**487,19 EUR**

Beispiel 47 **Verfahrensgebühr bei vorzeitiger Erledigung (BGH-Anwalt)**

Der Mandant beauftragt den Rechtsanwalt mit der Einlegung der Revision; die Vertretung erfolgt durch einen am BGH zugelassenen Anwalt, da nur dieser postulationsbefugt ist. Bevor die Revisionsschrift jedoch eingereicht wird, bittet der Mandant um Einstellung der Sache und um Abrechnung. Der Gegenstandswert beträgt 30.500,00 EUR.

Hier liegt ebenfalls ein Fall der vorzeitigen Erledigung vor, der Anwalt hat die reduzierte Verfahrensgebühr der Nr. 3209 VV RVG zu berechnen.

1,8 Verfahrensgebühr, Nrn. 3208, 3209 VV RVG i.V.m. § 13 RVG aus 30.500,00 EUR		1.688,40 EUR
Auslagenpauschale, Nr. 7002 VV RVG		20,00 EUR
Zwischensumme	1.708,40 EUR	
19 % Mehrwertsteuer, Nr. 7008 VV RVG		324,60 EUR
Gesamtbetrag		**2.033,00 EUR**

84 Entsprechend beträgt die „Verfahrensdifferenzgebühr“ im Revisionsverfahren nach Nr. 3207 VV RVG 1,1; wenn sich die Parteien nur durch einen beim BGH zugelassenen Anwalt vertreten lassen können, beträgt sie gemäß Nr. 3209 VV RVG 1,8. Auch hier ist die Maximalgrenze des § 15 Abs. 3 RVG (maximal die höhere Gebühr aus dem Gesamtstreitwert) zu beachten.

Beispiel 48 **Verfahrensdifferenzgebühr bei Protokollierung bislang außergerichtlicher Gegenstände (jeder Anwalt)**

Der Mandant beauftragt den Rechtsanwalt mit der Einlegung der Revision (kein BGH-Anwaltszwang). Der Gegenstandswert beträgt 40.000,00 EUR. Im Termin werden noch weitere – bislang außergerichtliche Gegenstände (Wert: 13.000,00 EUR) – eingebracht, über die dann ein Widerrufsvergleich protokolliert wurde. Der Vergleich wurde widerrufen.

Dem Rechtsanwalt erwächst neben der Verfahrensgebühr der Nr. 3206 VV RVG aus dem rechtshängigen Gegenstandswert eine „Verfahrensdifferenzgebühr“ der Nr. 3207 VV RVG aus dem bislang nicht rechtshängigen Wert. Maximal darf die Verfahrensgebühr insgesamt 1,6 aus dem addierten Gegenstandswert betragen. Die Terminsgebühr errechnet sich einmal aus dem addierten Gegenstandswert.

1,6 Verfahrensgebühr, Nr. 3206 VV RVG i.V.m. § 13 RVG aus 40.000,00 EUR	1.620,80 EUR
1,1 Verfahrensgebühr, Nrn. 3206, 3207 VV RVG i.V.m. § 13 RVG aus 13.000,00 EUR	664,40 EUR
Zwischensumme	2.285,20 EUR

Gemäß § 15 Abs. 3 RVG:		
maximal 1,6 aus 53.000,00 EUR	1.996,80 EUR	
=> Verfahrensgebühr somit		1.996,80 EUR
1,5 Terminsgebühr, Nr. 3210 VV RVG		
i.V.m. § 13 RVG aus 53.000,00 EUR		1.872,00 EUR
Auslagenpauschale, Nr. 7002 VV RVG		20,00 EUR
Zwischensumme	3.888,80 EUR	
19 % Mehrwertsteuer, Nr. 7008 VV RVG		738,87 EUR
Gesamtbetrag		**4.627,67 EUR**

Beispiel 49 – Verfahrensdifferenzgebühr bei Protokollierung bislang außergerichtlicher Gegenstände (BGH-Anwalt)

Wie Beispiel 48, allerdings besteht Anwaltszwang.

Dem Rechtsanwalt erwächst neben der Verfahrensgebühr der Nr. 3208 VV RVG aus dem rechtshängigen Gegenstandswert eine „Verfahrensdifferenzgebühr" der Nr. 3209 VV RVG aus dem bislang nicht rechtshängigen Wert. Maximal darf die Verfahrensgebühr insgesamt 2,3 aus dem addierten Gegenstandswert betragen. Die Terminsgebühr errechnet sich einmal aus dem addierten Gegenstandswert.

2,3 Verfahrensgebühr, Nrn. 3208, 3209 VV RVG		
i.V.m. § 13 RVG aus 40.000,00 EUR	2.329,90 EUR	
1,8 Verfahrensgebühr, Nrn. 3208, 3209 VV RVG		
i.V.m. § 13 RVG aus 13.000,00 EUR	1.087,20 EUR	
Zwischensumme	3.417,10 EUR	
Gemäß § 15 Abs. 3 RVG:		
maximal 2,3 aus 53.000,00 EUR	2.870,40 EUR	
=> Verfahrensgebühr somit		2.870,40 EUR
1,5 Terminsgebühr, Nr. 3210 VV RVG		
i.V.m. § 13 RVG aus 53.000,00 EUR		1.872,00 EUR
Auslagenpauschale, Nr. 7002 VV RVG		20,00 EUR
Zwischensumme	4.762,40 EUR	
19 % Mehrwertsteuer, Nr. 7008 VV RVG		904,86 EUR
Gesamtbetrag		**5.667,26 EUR**

In Revisionsverfahren – unabhängig davon, ob die Vertretung nur durch einen am BGH **85**
zugelassenen Rechtsanwalt erfolgen kann oder nicht – beträgt die **Terminsgebühr** gemäß Nr. 3210 VV RVG 1,5.

Beispiel 50 – Terminsgebühr bei mündlicher Verhandlung (jeder Anwalt)

Der Anwalt bestellt sich für den Mandanten im Revisionsverfahren (kein BGH-Anwaltszwang) und nimmt den anberaumten Verhandlungstermin wahr. Der Gegenstandswert beträgt 13.000,00 EUR.

1,6 Verfahrensgebühr, Nr. 3206 VV RVG		
i.V.m. § 13 RVG aus 13.000,00 EUR		966,40 EUR
1,5 Terminsgebühr, Nr. 3210 VV RVG		
§ 13 RVG aus 13.000,00 EUR		906,00 EUR
Auslagenpauschale, Nr. 7002 VV RVG		20,00 EUR
Zwischensumme	1.892,40 EUR	
19 % Mehrwertsteuer, Nr. 7008 VV RVG		359,56 EUR
Gesamtbetrag		**2.251,96 EUR**

Beispiel 51 **Terminsgebühr bei mündlicher Verhandlung (BGH-Anwalt)**

Wie Beispiel 50; allerdings ist die Vertretung durch einen BGH-Anwalt vorgeschrieben.

2,3 Verfahrensgebühr, Nr. 3208 VV RVG		
i.V.m. § 13 RVG aus 13.000,00 EUR		1.389,20 EUR
1,5 Terminsgebühr, Nr. 3210 VV RVG		
i.V.m. § 13 RVG aus 13.000,00 EUR		906,00 EUR
Auslagenpauschale, Nr. 7002 VV RVG		20,00 EUR
Zwischensumme	2.315,20 EUR	
19 % Mehrwertsteuer, Nr. 7008 VV RVG		439,89 EUR
Gesamtbetrag		**2.755,09 EUR**

86 Nach Anmerkung (1) 1 zur Nr. 3104 VV RVG entsteht eine **Terminsgebühr** auch, wenn in einem Verfahren, für das die mündliche Verhandlung vorgeschrieben ist, im Einverständnis mit den Parteien **ohne mündliche Verhandlung** entschieden oder ein schriftlicher Vergleich geschlossen wird. Dies gilt auch für das Revisionsverfahren, denn die Anmerkung zu Nr. 3210 VV RVG verweist auf die Anmerkung zu Nr. 3104 VV RVG.

87 Die Terminsgebühr erwächst dem Anwalt auch im Falle des **Anerkenntnisses**.

Beispiel 52 **Terminsgebühr bei vollem Anerkenntnis (jeder Anwalt)**

Der Mandant ist von dem zähen Prozess, der sich in der Revision befindet und sich seit Jahren hinzieht, so entkräftet, dass er aufgibt. Er bittet den Anwalt (kein BGH-Anwaltszwang), den Anspruch anzuerkennen, damit die Sache ein Ende nimmt. Der Anwalt reagiert entsprechend. Der Gegenstandswert beträgt 8.000,00 EUR.

Für das Anerkenntnis erhält der Rechtsanwalt die ungekürzte Terminsgebühr entsprechend der Verweisung in Anmerkung zu Nr. 3210 VV RVG auf die Anmerkung zu Nr. 3104 VV RVG.

1,6 Verfahrensgebühr, Nr. 3206 VV RVG		
i.V.m. § 13 RVG aus 8.000,00 EUR		729,60 EUR
1,5 Terminsgebühr, Nr. 3210 VV RVG		
i.V.m. § 13 RVG aus 8.000,00 EUR		684,00 EUR
Auslagenpauschale, Nr. 7002 VV RVG		20,00 EUR
Zwischensumme	1.433,60 EUR	
19 % Mehrwertsteuer, Nr. 7008 VV RVG		272,38 EUR
Gesamtbetrag		**1.705,58 EUR**

Beispiel 53 Terminsgebühr bei vollem Anerkenntnis (BGH-Anwalt)

Wie Beispiel 52; allerdings ist die Vertretung durch einen BGH-Anwalt vorgeschrieben.

2,3 Verfahrensgebühr, Nr. 3208 VV RVG		
i.V.m. § 13 RVG aus 8.000,00 EUR		1.048,80 EUR
1,5 Terminsgebühr, Nr. 3210 VV RVG		
i.V.m. § 13 RVG aus 8.000,00 EUR		684,00 EUR
Auslagenpauschale, Nr. 7002 VV RVG		20,00 EUR
Zwischensumme	1.752,80 EUR	
19 % Mehrwertsteuer, Nr. 7008 VV RVG		333,03 EUR
Gesamtbetrag		**2.085,83 EUR**

Der Gebührensatz für das Erwirken eines **Versäumnisurteils** seitens des Revisionsbe- 88
klagten, weil der Revisionskläger nicht ordnungsgemäß vertreten ist, beträgt nach Nr. 3211 VV RVG 0,8.

Beispiel 54 Reduzierte Terminsgebühr bei Antrag auf Erlass eines Versäumnisurteils durch Vertreter des Revisionsbeklagten (jeder Anwalt)

In einem Revisionsverfahren (kein BGH-Anwaltszwang) wurde zum Termin geladen. Der Vertreter des Revisionsbeklagten nimmt den Termin wahr; der Revisionskläger erscheint ohne seinen Prozessbevollmächtigten, so dass antragsgemäß ein Versäumnisurteil ergeht. Der Gegenstandswert beträgt 40.500,00 EUR.

Dem Rechtsanwalt des Revisionsbeklagten erwächst die nach Nr. 3211 VV RVG reduzierte Terminsgebühr in Höhe eines Satzes von 0,8.

1,6 Verfahrensgebühr, Nr. 3206 VV RVG		
i.V.m. § 13 RVG aus 40.500,00 EUR		1.740,80 EUR
0,8 Terminsgebühr, Nrn. 3210, 3211 VV RVG		
i.V.m. § 13 RVG aus 40.500,00 EUR		870,40 EUR
Auslagenpauschale, Nr. 7002 VV RVG		20,00 EUR
Zwischensumme	2.631,20 EUR	
19 % Mehrwertsteuer, Nr. 7008 VV RVG		499,93 EUR
Gesamtbetrag		**3.131,13 EUR**

Beispiel 55 **Reduzierte Terminsgebühr bei Antrag auf Erlass eines Versäumnisurteils durch Vertreter des Revisionsbeklagten (BGH-Anwalt)**

Wie Beispiel 54; allerdings ist die Vertretung durch einen BGH-Anwalt vorgeschrieben.

2,3 Verfahrensgebühr, Nr. 3208 VV RVG i.V.m. § 13 RVG aus 40.500,00 EUR		2.502,40 EUR
0,8 Terminsgebühr, Nrn. 3210, 3211 VV RVG i.V.m. § 13 RVG aus 40.500,00 EUR		870,40 EUR
Auslagenpauschale, Nr. 7002 VV RVG		20,00 EUR
Zwischensumme	3.392,80 EUR	
19 % Mehrwertsteuer, Nr. 7008 VV RVG		644,63 EUR
Gesamtbetrag		**4.037,73 EUR**

89 Da die Einschränkung der Nr. 3211 VV RVG nur für den Vertreter des Revisionsbeklagten Geltung hat, bedeutet dies im Umkehrschluss, dass der Vertreter des Revisionsklägers für das Versäumnisurteil die ungekürzte Terminsgebühr der Nr. 3210 VV RVG erhält.[20]

Beispiel 56 **Volle Terminsgebühr bei Antrag auf Erlass eines Versäumnisurteils durch Vertreter des Revisionsklägers (jeder Anwalt)**

In einem Revisionsverfahren (kein BGH-Anwaltszwang) wurde zum Termin geladen. Der Vertreter des Revisionsklägers nimmt den Termin wahr; der Prozessbevollmächtigte des Revisionsbeklagten erscheint nicht, so dass antragsgemäß Versäumnisurteil ergeht. Der Gegenstandswert beträgt 27.600,00 EUR.

Dem Rechtsanwalt des Revisionsklägers erwächst die volle Terminsgebühr nach Nr. 3210 VV RVG, da die Einschränkung der Nr. 3211 VV RVG nicht greift.

1,6 Verfahrensgebühr, Nr. 3206 VV RVG i.V.m. § 13 RVG aus 27.600,00 EUR		1.380,80 EUR
1,5 Terminsgebühr, Nr. 3210 VV RVG i.V.m. § 13 RVG aus 27.600,00 EUR		1.294,50 EUR
Auslagenpauschale, Nr. 7002 VV RVG		20,00 EUR
Zwischensumme	2.695,30 EUR	
19 % Mehrwertsteuer, Nr. 7008 VV RVG		512,11 EUR
Gesamtbetrag		**3.207,41 EUR**

20 Das gilt vorliegend auch für das finanzgerichtliche Verfahren, da das erstinstanzliche Verfahren (vergütet nach den Vorschriften der Ziffer 3200 VV RVG) mit der Revision angegriffen wird.

Beispiel 57 **Volle Terminsgebühr bei Antrag auf Erlass eines Versäumnisurteils durch Vertreter des Revisionsklägers (BGH-Anwalt)**

Wie Beispiel 56; allerdings ist die Vertretung durch einen BGH-Anwalt vorgeschrieben.

2,3 Verfahrensgebühr, Nr. 3208 VV RVG i.V.m. § 13 RVG aus 27.600,00 EUR		1.984,90 EUR
1,5 Terminsgebühr, Nr. 3210 VV RVG i.V.m. § 13 RVG aus 27.600,00 EUR		1.294,50 EUR
Auslagenpauschale, Nr. 7002 VV RVG		20,00 EUR
Zwischensumme	3.299,40 EUR	
19 % Mehrwertsteuer, Nr. 7008 VV RVG		626,89 EUR
Gesamtbetrag		**3.926,29 EUR**

II. Gebühren in sozialrechtlichen Angelegenheiten, in denen der Rechtsanwalt Betragsrahmengebühren erhält

1. Verfahren vor dem Sozialgericht

Auch an dieser Stelle sei zur Unterscheidung, ob es sich bei dem vorliegenden sozial- **90**
rechtlichen Mandat um eines handelt, für das die gegenstandswertabhängigen Gebühren Geltung haben (eher selten) oder aber Betragsrahmen abzurechnen sind (in der Überzahl der Fälle), auf die diesbezügliche Differenzierung in den Ausführungen unter § 2 Rdn 5 verwiesen.

Wenn der Rechtsanwalt Betragsrahmengebühren in sozialrechtlichen Angelegenheiten **91**
erhält, beträgt die Verfahrensgebühr für Verfahren vor den Sozialgerichten gemäß Nr. 3102 VV RVG 50,00 EUR bis 550,00 EUR.

Beispiel 58 **Verfahrensgebühr für die Vertretung vor dem Sozialgericht**

Der Rechtsanwalt reicht auftragsgemäß Klage beim Sozialgericht ein. Es handelt sich um eine mittelschwere Angelegenheit.

Das Verfahren ist vor dem Sozialgericht anhängig, so dass die Verfahrensgebühr der Nr. 3102 VV RVG abzurechnen ist. Der Rahmen der Verfahrensgebühr beträgt von 50,00 EUR bis 550,00 EUR, so dass sich eine Mittelgebühr von [(550,00 EUR + 50 EUR): 2 =) 300,00 EUR ergibt.

Verfahrensgebühr, Nr. 3102 VV RVG i.V.m. § 3 RVG		300,00 EUR
Auslagenpauschale, Nr. 7002 VV RVG		20,00 EUR
Zwischensumme	320,00 EUR	
19 % Mehrwertsteuer, Nr. 7008 VV RVG		60,80 EUR
Gesamtbetrag		**380,80 EUR**

92 War der Anwalt bereits vorher außergerichtlich in derselben Angelegenheit tätig, so muss er die Anrechnungspflicht der Vorbemerkung 3 (4) des 3. Teils des VV RVG beachten: Hiernach sind die Gebühren, die nach Teil 2 des VV RVG entstanden sind, in Höhe der Hälfte, maximal mit 175,00 EUR auf die Verfahrensgebühr anzurechnen. Für die Verfahrensgebühr der Nr. 3102 VV RVG bezieht sich dies auf eine etwa im Vorfeld berechnete Geschäftsgebühr der Nr. 2302 VV RVG.

Beispiel 59 **Anrechnung einer außergerichtlich entstandenen Geschäftsgebühr auf die gerichtliche Verfahrensgebühr**

Der Rechtsanwalt reicht für den Mandanten Klage vor dem Sozialgericht ein. Die Angelegenheit ist ausgesprochen schwierig, so dass er sich für den Ansatz der Höchstgebühr entscheidet. Er war zuvor auch außergerichtlich in derselben Angelegenheit tätig und hatte hier ebenfalls die Höchstgebühr (640,00 EUR) abgerechnet.

Da der Anwalt über denselben Streitgegenstand bereits außergerichtlich tätig war, muss er sich die zuvor verdiente Geschäftsgebühr der Nr. 2302 VV RVG in Höhe der Hälfte (640,00 EUR : 2 = 320,00 EUR), hier mit maximal 175,00 EUR anrechnen lassen.

Verfahrensgebühr, Nr. 3102 VV RVG i.V.m. § 3 RVG		550,00 EUR
– anrechenbare Geschäftsgebühr 2303 VV RVG in Höhe der Hälfte, hier maximal mit		– 175,00 EUR
Auslagenpauschale, Nr. 7002 VV RVG		20,00 EUR
Zwischensumme	395,00 EUR	
19 % Mehrwertsteuer, Nr. 7008 VV RVG		75,05 EUR
Gesamtbetrag		**470,05 EUR**

93 Wenn der Rechtsanwalt Betragsrahmengebühren in sozialrechtlichen Angelegenheiten erhält, beträgt die Terminsgebühr für Verfahren vor den Sozialgerichten gemäß Nr. 3106 VV RVG 50,00 EUR bis 510,00 EUR. Sie entsteht mit der Wahrnehmung eines gerichtlichen Termins.

Beispiel 60 **Teilnahme an einer mündlichen Verhandlung**

Der Rechtsanwalt reicht auftragsgemäß Klage beim Sozialgericht ein; den anberaumten Verhandlungstermin nimmt er ebenfalls für die Partei wahr. Es handelt sich um eine mittelschwere Angelegenheit.

Der Rahmen der Verfahrensgebühr beträgt für Sozialgerichtsverfahren nach Nr. 3102 VV RVG von 50,00 EUR bis 550,00 EUR, so dass sich eine Mittelgebühr von 300,00 EUR ergibt; der Rahmen der Terminsgebühr beläuft sich auf 50,00 EUR bis 510,00 EUR, wodurch sich ein Mittelwert von 280,00 EUR errechnen lässt.

Verfahrensgebühr, Nr. 3102 VV RVG i.V.m. § 3 RVG		300,00 EUR
Terminsgebühr, Nr. 3106 VV RVG i.V.m. § 3 RVG		280,00 EUR
Auslagenpauschale, Nr. 7002 VV RVG		20,00 EUR
Zwischensumme	600,00 EUR	
19 % Mehrwertsteuer, Nr. 7008 VV RVG		114,00 EUR
Gesamtbetrag		**714,00 EUR**

Problematisch wird die Ermittlung der Terminsgebühr, wenn in einem anhängigen Verfahren auch über bislang nicht anhängige (bzw. anderweitig anhängige) Gegenstände Einigungsgespräche geführt werden. Bei bestehendem Prozessauftrag erwächst bekanntlich insoweit eine Terminsgebühr gemäß Vorbemerkung 3 (3) des 3. Teils des VV RVG. 94

Während die Ermittlung der Terminsgebühr bei gegenstandswertabhängigen Gebühren in solchen Fällen eher unproblematisch ist [es entsteht eine 1,2 Terminsgebühr nach Nr. 3104 VV RVG aus dem anhängigen Wert, eine 1,2 Terminsgebühr nach Vorbemerkung 3 (3) des 3. Teils des VV RVG aus dem bislang nicht anhängigen Wert, im Ergebnis (maximal) eine 1,2 Terminsgebühr aus dem addierten Gegenstandswert], bietet sich bei Betragsrahmengebühren diese Möglichkeit nicht.

Bei solchen Konstellationen muss auf die aktuelle Rechtsprechung zurückgegriffen werden, wonach aufgrund unterschiedlicher Streitgegenstände und vor allem kostenrechtlich verschiedener Angelegenheiten, in jeder Angelegenheit separate Terminsgebühren abzurechnen sind.[21]

Die Terminsgebühr kann auch im sozialgerichtlichen Verfahren, in dem Betragsrahmen Geltung haben, verdient werden, wenn außergerichtliche Einigungsgespräche – ohne gerichtlichen Termin – stattfinden. Allerdings müssen solche nach Rechtsprechung an Umfang und Intensität einem Gerichtstermin gleichkommen.[22] 95

Die Terminsgebühr erhält der Rechtsanwalt entsprechend der Anmerkung zu Nr. 3106 VV RVG überdies, wenn in einem Verfahren, für das die mündliche Verhandlung vorgeschrieben ist, im Einverständnis der Parteien ohne mündliche Verhandlung entschieden wird. Hierbei ist allerdings zu beachten, dass die Terminsgebühr sodann einen „festen" Gebührenbetrag hat, nämlich 90 % der Verfahrensgebühr: 96

Beispiel 61 **Terminsgebühr im schriftlichen Verfahren**

Der Rechtsanwalt hat Klage beim Sozialgericht eingereicht; das schriftliche Verfahren wird angeregt und im Einverständnis mit den Parteien auch ohne mündliche

21 LSG Bayern, Urt. v. 7.1.2011 – L 15 B 939/98 SF KO, BeckRS 2011, 68657.
22 LSG Hessen, Beschl. v. 9.11.2011 – L 2 SO 192/11 B, BeckRS 2001, 78971.

Verhandlung entschieden. Es soll sich vorliegend um eine besonders leichte Sache handeln.

Nach Anmerkung zu Nr. 3106 VV RVG erwächst dem Anwalt neben der Verfahrensgebühr auch die Terminsgebühr; da es sich um eine ganz leichte Sache handelt, ist wohl für die Terminsgebühr (Rahmen: 50,00 EUR bis 550,00 EUR) der unterste Betrag (50 EUR) zugrunde zu legen. Mit 90 % hiervon ermittelt sich dann die Terminsgebühr.

Verfahrensgebühr, Nr. 3102 VV RVG i.V.m. § 3 RVG		50,00 EUR
Terminsgebühr, Nr. 3106 VV RVG i.V.m. § 3 RVG, **90 % der Verfahrensgebühr**		45,00 EUR
Auslagenpauschale, Nr. 7002 VV RVG		19,00 EUR
Zwischensumme	114,00 EUR	
19 % Mehrwertsteuer, Nr. 7008 VV RVG		21,66 EUR
Gesamtbetrag		**135,66 EUR**

97 Ferner erhält der Rechtsanwalt die Terminsgebühr, wenn nach § 105 SGG ohne mündliche Verhandlung durch Gerichtsbescheid entschieden wird und eine mündliche Verhandlung beantragt werden kann. Auch hier gilt: Die Terminsgebühr orientiert sich an der Verfahrensgebühr und beträgt 90 % dieses Betrages.

Beispiel 62 **Terminsgebühr bei Gerichtsentscheid ohne mündliche Verhandlung**

Der Rechtsanwalt hat Klage beim Sozialgericht eingereicht; das Gericht entscheidet in einem Verfahren, für das mündliche Verhandlung beantragt werden kann, ohne mündliche Verhandlung durch Gerichtsbescheid. Es soll sich vorliegend um eine mittelschwere Angelegenheit handeln.

Die Verfahrensgebühr nach Nr. 3102 VV RVG hat einen Rahmen von 50,00 EUR bis 550,00 EUR; die Mittelgebühr beträgt 300,00 EUR. Diese ist im Beispielsfall anzusetzen. Nach Anmerkung zu Nr. 3106 VV RVG erwächst dem Anwalt neben der Verfahrensgebühr auch die Terminsgebühr; sie beträgt 90 % der Verfahrensgebühr.

Verfahrensgebühr, Nr. 3102 VV RVG i.V.m. § 3 RVG		300,00 EUR
Terminsgebühr, Nr. 3106 VV RVG i.V.m. § 3 RVG, **90 % der Verfahrensgebühr**		270,00 EUR
Auslagenpauschale, Nr. 7002 VV RVG		20,00 EUR
Zwischensumme	590,00 EUR	
19 % Mehrwertsteuer, Nr. 7008 VV RVG		112,10 EUR
Gesamtbetrag		**702,10 EUR**

98 Wenn das Verfahren ohne mündliche Verhandlung durch Anerkenntnis endet, erwächst dem Anwalt ebenfalls die Terminsgebühr der Nr. 3106 VV RVG. Auch hier gilt: Die Terminsgebühr orientiert sich an der Verfahrensgebühr und beträgt 90 % dieses Betrages.

Beispiel 63 **Terminsgebühr bei Anerkenntnis**

Der Rechtsanwalt hat Klage beim Sozialgericht eingereicht; die beklagte Behörde erkennt den Anspruch per Schriftsatz an. Die Fertigung der Klage war sehr schwer und umfangreich.

Die Verfahrensgebühr nach Nr. 3102 VV RVG hat einen Rahmen von 50,00 EUR bis 550,00 EUR; die Höchstgebühr beträgt 550,00 EUR. Diese ist im Beispielsfall anzusetzen. Nach Anmerkung zu Nr. 3106 VV RVG erwächst dem Anwalt neben der Verfahrensgebühr auch die Terminsgebühr im Falle des Anerkenntnisses; sie beträgt 90 % der Verfahrensgebühr.

Verfahrensgebühr, Nr. 3102 VV RVG i.V.m. § 3 RVG		550,00 EUR
Terminsgebühr, Nr. 3106 VV RVG i.V.m. § 3 RVG		495,00 EUR
Auslagenpauschale, Nr. 7002 VV RVG		20,00 EUR
Zwischensumme	1.065,00 EUR	
19 % Mehrwertsteuer, Nr. 7008 VV RVG		202,35 EUR
Gesamtbetrag		**1.267,35 EUR**

Bislang und vor dem Inkrafttreten des 2. Kostenrechtsmodernisierungsgesetzes am 1.7.2013 konnte – anders als in Verfahren, in denen die Gebührenabrechnung nach Gegenstandswerten zu erfolgen hat – für einen schriftlichen Vergleich in einem (mit Betragsrahmengebühren abzurechnenden Verfahren) keine Terminsgebühr entstehen.[23] Nunmehr hat der Gesetzgeber nachgebessert und lässt ausdrücklich das Entstehen einer „fiktiven Terminsgebühr" im Falle einer schriftlichen Einigung zu. 99

Wie auch bei den anderen „fiktiven Termingebühren" ist zu beachten, dass diese einen Betrag hat, der sich an der Höhe der Verfahrensgebühr orientiert, und zwar in Höhe von 90 %.

Beispiel 64 **Fiktive Terminsgebühr bei schriftlicher Einigung**

Der Rechtsanwalt reicht auftragsgemäß Klage beim Sozialgericht ein; ohne dass ein gerichtlicher Termin (auch kein Besprechungstermin oder Telefontermin, der ja ohnehin eine Terminsgebühr auslösen würde) stattfindet, vergleichen sich die Parteien schriftlich, also im Beschlusswege. Es soll sich vorliegend um eine relativ leichte Angelegenheit handeln, bei der Gebühren im unteren Rahmen anzusetzen sind.

Der Rahmen der Verfahrensgebühr beträgt für Sozialgerichtsverfahren nach Nr. 3102 VV RVG von 50,00 EUR bis 550,00 EUR, so dass sich eine Gebühr im unteren Rahmen

23 Vgl. z.B. LSG Bayern, Beschl. v. 22.11.2011 – L 15 SF 69/11 B E, BeckRS 2011, 78253.

mit 100,00 EUR berechnet lässt. Daneben fällt eine Terminsgebühr an. Da es sich vorliegend um eine „fiktive“ Terminsgebühr handelt, wird diese mit 90 % aus der Verfahrensgebühr berechnet, mithin mit 90,00 EUR.

Verfahrensgebühr, Nr. 3102 VV RVG i.V.m. § 3 RVG		100,00 EUR
Terminsgebühr, Nr. 3106 VV RVG i.V.m. § 3 RVG, **90 % der Verfahrensgebühr**		90,00 EUR
Einigungsgebühr, Nr. 1006 VV RVG i.V.m. § 3 RVG, **in Höhe der Verfahrensgebühr**		100,00 EUR
Auslagenpauschale, Nr. 7002 VV RVG		20,00 EUR
Zwischensumme	310,00 EUR	
19 % Mehrwertsteuer, Nr. 7008 VV RVG		58,90 EUR
Gesamtbetrag		**368,90 EUR**

2. Verfahren vor dem Landessozialgericht

100 Vor dem Landessozialgericht beträgt der Rahmen der Verfahrensgebühr gemäß Nr. 3204 VV RVG 60,00 EUR bis 680,00 EUR. Die Mittelgebühr beträgt daher 370,00 EUR.

Beispiel 65 Verfahrensgebühr für die Vertretung vor dem Landessozialgericht

Der Rechtsanwalt ist beauftragt, zunächst fristwahrend gegen das sozialgerichtliche Urteil Berufung zum Landessozialgericht einzulegen.

Da die Angelegenheit vor dem Landessozialgericht anhängig ist, ist die Verfahrensgebühr der Nr. 3204 VV RVG mit einem Rahmen von 60,00 EUR bis 680,00 EUR in Ansatz zu bringen. Die Einlegung der Berufung erfolgte wohl ohne größere Prüfung des Sachverhalts, da sie zunächst nur fristwahrend war. Insoweit wäre auch nur die Mindestgebühr abzurechnen.

Verfahrensgebühr, Nr. 3204 VV RVG i.V.m. § 3 RVG		60,00 EUR
Auslagenpauschale, Nr. 7002 VV RVG		12,00 EUR
Zwischensumme	72,00 EUR	
19 % Mehrwertsteuer, Nr. 7008 VV RVG		13,68 EUR
Gesamtbetrag		**85,68 EUR**

101 Der Gebührenrahmen der Terminsgebühr beträgt in Fällen vor dem Landessozialgericht gemäß Nr. 3205 VV RVG 50,00 EUR bis 510,00 EUR, die Mittelgebühr beläuft sich demnach auf 280,00 EUR. Sie entsteht mit der Wahrnehmung eines gerichtlichen Termins.

Beispiel 66 **Teilnahme an einer mündlichen Verhandlung**

Der Rechtsanwalt vertritt die Partei vor dem Landessozialgericht und nimmt einen Verhandlungstermin mit Beweisaufnahme wahr. Die Sache ist zäh und schwierig; auch die Verhandlung entspricht dem Aktenverlauf und ist sehr langwierig und schwer.

Da das Verfahren vor dem Landessozialgericht anhängig ist, ist neben der Verfahrensgebühr der Nr. 3204 VV RVG mit einem Rahmen von 60,00 EUR bis 680,00 EUR die Terminsgebühr der Nr. 3205 VV RVG mit einem Rahmen von 50,00 EUR bis 510,00 EUR in Ansatz zu bringen. Aufgrund Umfang und Schwierigkeit kann von der Höchstgebühr ausgegangen werden.

Verfahrensgebühr, Nr. 3204 VV RVG i.V.m. § 3 RVG		680,00 EUR
Terminsgebühr, Nr. 3205 VV RVG i.V.m. § 3 RVG		510,00 EUR
Auslagenpauschale, Nr. 7002 VV RVG		20,00 EUR
Zwischensumme	1.210,00 EUR	
19 % Mehrwertsteuer, Nr. 7008 VV RVG		229,90 EUR
Gesamtbetrag		**1.439,90 EUR**

Wie auch schon zur Terminsgebühr im Verfahren vor dem Sozialgericht ausgeführt, vgl. Rdn 98, ist gleichermaßen die Ermittlung der Terminsgebühr problematisch, wenn in einem anhängigen Verfahren auch über bislang nicht anhängige (bzw. anderweitig anhängige) Gegenstände Einigungsgespräche geführt werden. Bei bestehendem Prozessauftrag erwächst bekanntlich insoweit eine Terminsgebühr gemäß Vorbemerkung 3 (3) des 3. Teils des VV RVG. **102**

Während die Ermittlung der Terminsgebühr bei gegenstandswertabhängigen Gebühren in solchen Fällen eher unproblematisch ist [es entsteht eine 1,2 Terminsgebühr nach Nr. 3104 VV RVG aus dem anhängigen Wert, eine 1,2 Terminsgebühr nach Vorbemerkung 3 (3) des 3. Teils des VV RVG aus dem bislang nicht anhängigen Wert, im Ergebnis (maximal) eine 1,2 Terminsgebühr aus dem addierten Gegenstandswert], bietet sich bei Betragsrahmengebühren diese Möglichkeit nicht.

Bei solchen Konstellationen muss insoweit auf die aktuelle Rechtsprechung zurückgegriffen werden, wonach aufgrund unterschiedlicher Streitgegenstände und vor allem kostenrechtlich verschiedener Angelegenheiten, in jeder Angelegenheit separate Terminsgebühren abzurechnen sind.[24]

Die Terminsgebühr kann auch im Verfahren vor dem Landessozialgericht, in dem Betragsrahmen Geltung haben, verdient werden, wenn außergerichtliche Einigungsge- **103**

24 LSG Bayern, Urt. v. 7.1.2011 – L 15 B 939/98 SF KO, BeckRS 2011, 68657.

spräche – ohne gerichtlichen Termin – stattfinden. Allerdings müssen solche nach Rechtsprechung an Umfang und Intensität einem Gerichtstermin gleichkommen.[25]

104 Die Terminsgebühr erhält der Rechtsanwalt entsprechend der Anmerkung zu Nr. 3106 VV RVG, auf die in Nr. 3205 VV RVG verwiesen wird, auch, wenn in einem Verfahren, für das die mündliche Verhandlung vorgeschrieben ist, im Einverständnis der Parteien ohne mündliche Verhandlung entschieden wird.[26]

Hierbei ist allerdings zu beachten, dass die Terminsgebühr sodann einen „festen" Gebührenbetrag hat, nämlich 75 % der Verfahrensgebühr.

105 Gleiches gilt, wenn nach § 105 SGG ohne mündliche Verhandlung in einem Verfahren, für das mündliche Verhandlung beantragt werden kann, durch Gerichtsbescheid entschieden wird oder wenn das Verfahren ohne mündliche Verhandlung durch Anerkenntnis endet.

Auch hier beträgt die fiktive Terminsgebühr 75 % des Betrages der angefallenen Verfahrensgebühr.

106 Bislang und vor dem Inkrafttreten des 2. Kostenrechtsmodernisierungsgesetzes am 1.7.2013 konnte – anders als in Verfahren, in denen die Gebührenabrechnung nach Gegenstandswerten zu erfolgen hat – für einen schriftlichen Vergleich in einem mit Betragsrahmengebühren abzurechnenden Verfahren keine Terminsgebühr entstehen.[27] Der Gesetzgeber hat aber nachgebessert (und dies gilt wegen Bezug auf Nr. 3106 VV RVG auch für das Verfahren vor dem Landessozialgericht) und lässt ausdrücklich das Entstehen einer „fiktiven Terminsgebühr" im Falle einer schriftlichen Einigung zu.

Wie auch bei den übrigen „fiktiven Termingebühren" ist zu beachten, dass diese einen Betrag hat, der sich an der Höhe der Verfahrensgebühr orientiert, und zwar in Höhe von 75 %.

Beispiel 67 **Fiktive Terminsgebühr beim schriftlichen Vergleich**

Der Rechtsanwalt reicht auftragsgemäß Klage beim Landessozialgericht ein; ohne dass ein gerichtlicher Termin (auch kein Besprechungstermin oder Telefontermin, der ja ohnehin eine Terminsgebühr auslösen würde) stattfindet, vergleichen sich die Parteien schriftlich, also im Beschlusswege. Es soll sich vorliegend um eine mittelschwere Angelegenheit handeln, bei der die Mittelgebühren anzusetzen sind.

Der Rahmen der Verfahrensgebühr beträgt für Verfahren vor dem Landessozialgericht nach Nr. 3204 VV RVG von 60,00 EUR bis 680,00 EUR, so dass sich eine Mittelgebühr

25 LSG Hessen, Beschl. v. 9.11.2011 – L 2 SO 192/11 B, BeckRS 2001, 78971.
26 Anders: SG Stuttgart, Beschl. v. 14.1.2011 – S 20 SF 7180 E, BeckRS 2011, 66373.
27 Vgl. z.B. LSG Bayern, Beschl. v. 22.11.2011 – L 15 SF 69/11 B E, BeckRS 2011, 78253.

von 370,00 EUR ergibt. Da es sich vorliegend um eine „fiktive“ Terminsgebühr handelt, wird diese mit 75 % aus der Verfahrensgebühr berechnet.

Verfahrensgebühr, Nr. 3204 VV RVG i.V.m. § 3 RVG		370,00 EUR
Terminsgebühr, Nr. 3205 VV RVG i.V.m. § 3 RVG, **75 % der Verfahrensgebühr**		277,50 EUR
Auslagenpauschale, Nr. 7002 VV RVG		20,00 EUR
Zwischensumme	667,50 EUR	
19 % Mehrwertsteuer, Nr. 7008 VV RVG		126,83 EUR
Gesamtbetrag		**794,33 EUR**

3. Verfahren vor dem Bundessozialgericht

Vor dem Bundessozialgericht beträgt der Rahmen der Verfahrensgebühr gemäß Nr. 3212 VV RVG 80,00 EUR bis 880,00 EUR. Die Mittelgebühr beläuft sich danach auf 480,00 EUR. 107

Beispiel 68 **Verfahrensgebühr für die Vertretung vor dem Bundessozialgericht**

Der Rechtsanwalt bestellt sich auftragsgemäß für seine Partei in einem Verfahren vor dem Bundessozialgericht und reicht einen umfangreichen Schriftsatz zu den Akten. Schon die Einarbeitung in den Rechtsfall gestaltete sich aufwendig und schwer.

Da die Angelegenheit vor dem Bundessozialgericht anhängig ist, ist die Verfahrensgebühr der Nr. 3212 VV RVG mit einem Rahmen von 80,00 EUR bis 880,00 EUR in Ansatz zu bringen. Art und Umfang der Tätigkeit bieten die Möglichkeit, den Betragsrahmen auszuschöpfen.

Verfahrensgebühr, Nr. 3212 VV RVG i.V.m. § 3 RVG		880,00 EUR
Auslagenpauschale, Nr. 7002 VV RVG		20,00 EUR
Zwischensumme	900,00 EUR	
19 % Mehrwertsteuer, Nr. 7008 VV RVG		171,00 EUR
Gesamtbetrag		**1.071,00 EUR**

Die Terminsgebühr in Verfahren vor dem Bundessozialgericht beträgt nach Nr. 3213 VV RVG 80,00 EUR bis 830,00 EUR, als Mittelgebühr sind demnach 455,00 EUR anzusetzen. Sie entsteht mit der Wahrnehmung eines gerichtlichen Termins. 108

Beispiel 69 **Terminsgebühr bei Vertretung vor dem Bundessozialgericht**

Der Rechtsanwalt vertritt die Mandantschaft vor dem Bundessozialgericht und nimmt den Termin zur mündlichen Verhandlung war. Es handelt sich um eine sehr leichte Aufgabe mit wenig Aufwand.

Die Verfahrensgebühr der Nr. 3212 VV RVG hat einen Rahmen von 80,00 EUR bis 880,00 EUR. Da die Angelegenheit sehr einfach und wenig umfangreich war, rechtfertigt sich nur der Ansatz der Mindestgebühr Es ist aufgrund des zuständigen Bundessozialgerichts die Terminsgebühr der Nr. 3213 VV RVG, die einen Rahmen von 80,00 EUR bis 830,00 EUR hat, mit ebenfalls nur 80,00 EUR anzusetzen.

Verfahrensgebühr, Nr. 3212 VV RVG i.V.m. § 3 RVG		80,00 EUR
Terminsgebühr, Nr. 3213 VV RVG i.V.m. § 3 RVG		80,00 EUR
Auslagenpauschale, Nr. 7002 VV RVG		20,00 EUR
Zwischensumme	180,00 EUR	
19 % Mehrwertsteuer, Nr. 7008 VV RVG		34,20 EUR
Gesamtbetrag		**214,20 EUR**

109 Die Ermittlung der Terminsgebühr gestaltet sich dann problematisch, wenn in einem anhängigen Verfahren auch über bislang nicht anhängige (bzw. anderweitig anhängige) Gegenstände Einigungsgespräche geführt werden.

Bei solchen Konstellationen muss auf die derzeitige Rechtsprechung zurückgegriffen werden, wonach aufgrund unterschiedlicher Streitgegenstände und vor allem kostenrechtlich verschiedener Angelegenheiten, in jeder Angelegenheit separate Terminsgebühren abzurechnen sind.[28]

110 Die Terminsgebühr kann auch in Verfahren vor dem Bundessozialgericht, in dem Betragsrahmen Geltung haben, verdient werden, wenn außergerichtliche Einigungsgespräche – ohne gerichtlichen Termin – stattfinden. Allerdings müssen solche nach Rechtsprechung an Umfang und Intensität einem Gerichtstermin gleichkommen.

111 Die Terminsgebühr erhält der Rechtsanwalt entsprechend der Anmerkung zu Nr. 3106 VV RVG, auf die in Nr. 3213 VV RVG verwiesen wird, auch, wenn in einem Verfahren, für das die mündliche Verhandlung vorgeschrieben ist, im Einverständnis der Parteien ohne mündliche Verhandlung entschieden wird. Hierbei ist allerdings zu beachten, dass die Terminsgebühr sodann einen „festen“ Gebührenbetrag hat, nämlich 90 % der Verfahrensgebühr. Dies ergibt sich auf den dortigen Verweis auf Nr. 3106 VV RVG.

112 Gleiches gilt, wenn nach § 105 SGG in einem Verfahren, für das mündliche Verhandlung beantragt werden kann, ohne mündliche Verhandlung durch Gerichtsbescheid entschieden wird oder wenn das Verfahren ohne mündliche Verhandlung durch Anerkenntnis endet.

113 Auch hier beträgt die fiktive Terminsgebühr 90 % des Betrages der angefallenen Verfahrensgebühr.

28 LSG Bayern, Urt. v. 7.1.2011 – L 15 B 939/98 SF KO, BeckRS 2011, 68657.

Neu geregelt wurde der schriftliche Vergleich ohne Termin: 114

Bislang und vor dem Inkrafttreten des 2. Kostenrechtsmodernisierungsgesetzes am 1.7.2013 konnte – anders als in Verfahren, in denen die Gebührenabrechnung nach Gegenstandswerten zu erfolgen hat – für einen schriftlichen Vergleich in einem (mit Betragsrahmengebühren abzurechnenden Verfahren) keine Terminsgebühr entstehen.[29] Nunmehr hat der Gesetzgeber nachgebessert (und dies gilt wegen Bezug auf Nr. 3106 VV RVG auch für das Verfahren vor dem Bundessozialgericht) und lässt ausdrücklich das Entstehen einer „fiktiven Terminsgebühr" im Falle einer schriftlichen Einigung zu.

Wie auch bei den anderen „fiktiven Termingebühren" ist zu beachten, dass diese einen 115
Betrag hat, der sich an der Höhe der Verfahrensgebühr orientiert, und zwar wegen des Bezugs auf Nr. 3106 VV RVG in Höhe von 90 %.

Beispiel 70 | **Fiktive Terminsgebühr beim schriftlichen Vergleich**

Der Rechtsanwalt ist vor dem Bundessozialgericht tätig; ohne dass ein gerichtlicher Termin (auch kein Besprechungstermin oder Telefontermin, der ja ohnehin eine Terminsgebühr auslösen würde) stattfindet, vergleichen sich die Parteien schriftlich, also im Beschlusswege. Es soll sich vorliegend um eine mittelschwere Angelegenheit handeln, bei dem die Mittelgebühren anzusetzen sind.

Der Rahmen der Verfahrensgebühr beträgt für Sozialgerichtsverfahren nach Nr. 3212 VV RVG von 80,00 EUR bis 880,00 EUR, so dass sich die Mittelgebühr von 480,00 EUR ergibt. Da es sich vorliegend um eine „fiktive" Terminsgebühr handelt, wird diese mit 90 % aus der Verfahrensgebühr berechnet.

Verfahrensgebühr, Nr. 3212 VV RVG i.V.m. § 3 RVG		480,00 EUR
Terminsgebühr, Nr. 3214 VV RVG i.V.m. § 3 RVG, **90 % der Verfahrensgebühr**		432,00 EUR
Einigungsgebühr, Nr. 1006 VV RVG i.V.m. § 3 RVG **in Höhe der Verfahrensgebühr**		480,00 EUR
Auslagenpauschale, Nr. 7002 VV RVG		20,00 EUR
Zwischensumme	1.412,00 EUR	
19 % Mehrwertsteuer, Nr. 7008 VV RVG		268,28 EUR
Gesamtbetrag		**1.680,28 EUR**

III. Gebühren besonderer Verfahren

Erstinstanzliche Verfahren vor dem Oberlandesgericht nach § 129 VGG (Gesetz über 116
die Wahrnehmung von Urheberrechten und verwandten Schutzrechten durch Verwertungsgesellschaften – Verwertungsgesellschaftengesetz) sowie erstinstanzliche Verfah-

29 Vgl. z.B. LSG Bayern, Beschl. v. 22.11.2011 – L 15 SF 69/11 B E, BeckRS 2011, 78253.

ren vor dem Bundesverwaltungsgericht und dem Oberverwaltungsgericht (Verwaltungsgerichtshof) werden nicht (vollständig) nach den Vorschriften der Nrn. 3100 f. VV RVG vergütet; insoweit finden sich im Hinblick auf die Verfahrensgebühr Bestimmungen in den Nrn. 3300 und 3301 VV RVG: Die Verfahrensgebühr hat danach einen Satz von 1,6, die reduzierte Verfahrensgebühr einen solchen von 1,0. Die Terminsgebühr in diesen Verfahren hingegen bestimmt sich wiederum nach Abschnitt 1; es fällt also eine Terminsgebühr der Nrn. 3104 f. VV RVG an.

Beispiel 71 **Tätigkeit vor dem Oberlandesgericht nach § 120 VGG Verwertungsgesellschaftengesetz)**

Der Rechtsanwalt reicht in einem der vorbezeichneten Verfahren eine Antragsschrift ein und nimmt daraufhin an einem Verhandlungstermin teil. Der Gegenstandswert beträgt 1.500,00 EUR.

Der Rechtsanwalt verdient eine 1,6 Verfahrensgebühr nach Nr. 3000 VV RVG sowie eine 1,2 Terminsgebühr nach Nr. 3104 VV RVG entsprechend der Vorbemerkung 3.3.1 VV RVG.

1,6 Verfahrensgebühr, Nr. 3300 VV RVG i.V.m. § 13 RVG aus 1.500,00 EUR		184,00 EUR
1,2 Terminsgebühr, Nr. 3104 VV RVG i.V.m. § 13 RVG aus 1.500,00 EUR		138,00 EUR
Auslagenpauschale, Nr. 7002 VV RVG		20,00 EUR
Zwischensumme	342,00 EUR	
19 % Mehrwertsteuer, Nr. 7008 VV RVG		64,98 EUR
Gesamtbetrag		**406,98 EUR**

117 Für den Fall, dass sich der Auftrag vorzeitig erledigt, reduziert sich die Verfahrensgebühr nach Nr. 3301 VV RVG auf einen Satz von 1,0.

Beispiel 72 **Vorzeitige Erledigung im Verfahren vor dem Oberlandesgericht nach § 129 VGG (Verwertungsgesellschaftengesetz)**

Der Rechtsanwalt wird in einem der oben aufgeführten Verfahren beauftragt, eine Antragsschrift zu fertigen; der Anwalt stellt die Antragsschrift ordnungsgemäß fertig. Noch bevor dieser den Schriftsatz bei Gericht eingereicht hat, kündigt der Mandant das Mandat.

Der Anwalt verdient hier nur die reduzierte Verfahrensgebühr der Nr. 3301 VV RVG mit einem Satz von 1,0, da sich die Angelegenheit durch die Mandatskündigung für ihn vorzeitig erledigt hat.

1,0 Verfahrensgebühr, Nr. 3301 VV RVG		
i.V.m. § 13 RVG aus 1.500,00 EUR		115,00 EUR
Auslagenpauschale, Nr. 7002 VV RVG		20,00 EUR
Zwischensumme	135,00 EUR	
19 % Mehrwertsteuer, Nr. 7008 VV RVG		25,65 EUR
Gesamtbetrag		**160,65 EUR**

IV. Anrechnungspflichten, Zusammenfall von gerichtlichen und außergerichtlichen Gebühren, besondere Berechnungsvorschriften

1. Grundsätzliches zur Anrechnung

Im Folgenden werden diverse Anrechnungspflichten aufgezeigt und anhand von Beispielen rechnerisch dargelegt. Es sind vorab allerdings ein paar Grundsätze aufzuzeigen: 118

a) Identischer oder anderer Gegenstand?

Eine Anrechnung kann immer nur da erfolgen, wo die Gegenstände identisch sind. Sind die Gegenstände nicht identisch, so kommt auch eine Anrechnung nicht in Betracht. 119

Beispiel 73 **Keine Anrechnungspflicht bei unterschiedlichem Streitgegenstand**

Der Rechtsanwalt fordert im Auftrag seines Mandanten den Schuldner zur Herausgabe eines PKW auf (Gegenstandswert: 8.000,00 EUR). Ein paar Tage später bittet der Mandant darum, dass gegen denselben Schuldner sofort eine Klage eingereicht wird, weil dieser ein fälliges Darlehen (4.000,00 EUR) nicht fristgerecht zurückgezahlt hat.

Der Anwalt war außergerichtlich tätig, so dass er die Gebühr der Nr. 2300 VV RVG verdient. Im Anschluss hieran war er gerichtlich tätig, und zwar mit Einreichung der Klage. Eine Anrechnungspflicht nach Vorbemerkung 3 (4) des 3. Teils des VV RVG besteht allerdings nicht, weil das Tatbestandsmerkmal „desselben Gegenstandes" nicht zutrifft. Der Rechtsanwalt rechnet zwei verschiedene Angelegenheiten separat ab; einmal die außergerichtliche Tätigkeit für das Herausfordern des PKW nach Nr. 2300 VV RVG, sodann die gerichtliche Tätigkeit für die Klage auf Rückzahlung der Darlehensschuld nach Nr. 3100 VV RVG.

1. Außergerichtliche Tätigkeit – Herausforderung PKW:		
1,5 Geschäftsgebühr, Nr. 2300 VV RVG		
i.V.m. §§ 13, 14 RVG aus 8.000,00 EUR		684,00 EUR
Auslagenpauschale, Nr. 7002 VV RVG		20,00 EUR
Zwischensumme	704,00 EUR	
19 % Mehrwertsteuer, Nr. 7008 VV RVG		133,76 EUR
Gesamtbetrag		**837,76 EUR**

2. Gerichtliche Tätigkeit – Darlehensrückzahlung:

1,3 Verfahrensgebühr, Nr. 3100 VV RVG		
i.V.m. § 13 RVG aus 4.000,00 EUR		327,60 EUR
Auslagenpauschale, Nr. 7002 VV RVG		20,00 EUR
Zwischensumme	347,60 EUR	
19 % Mehrwertsteuer, Nr. 7008 VV RVG		66,04 EUR
Gesamtbetrag		**413,64 EUR**

Beispiel 74 **Anrechnungspflicht bei identischem Streitgegenstand**

Abwandlung von Beispiel 73: Anstelle der Klage auf Rückzahlung der bestehenden Darlehensschuld ist der Anwalt beauftragt, wegen des nicht zurückgegebenen PKW eine Herausgabeklage einzureichen, was er auch tut.

Die Gegenstände sowohl des außergerichtlichen Verfahrens als auch des gerichtlichen Verfahrens sind identisch, so dass eine Anrechnung zu erfolgen hat. Die Geschäftsgebühr findet in Höhe der Hälfte des abgerechneten Satzes Anrechnung, maximal jedoch mit einem Satz von 0,75.

Zu beachten ist zudem: Vorliegend handelt es sich um zwei Verfahren, so dass zwei Auslagenpauschalen abzurechnen sind (sofern nicht die tatsächlichen Kosten gefordert werden).

1,5 Geschäftsgebühr, Nr. 2300 VV RVG		
i.V.m. §§ 13, 14 RVG aus 8.000,00 EUR		684,00 EUR
Auslagenpauschale, Nr. 7002 VV RVG		20,00 EUR
1,3 Verfahrensgebühr, Nr. 3100 VV RVG		
i.V.m. § 13 RVG aus 8.000,00 EUR		592,80 EUR
– 0,75 Geschäftsgebühr, Vorbem.		
3 (4) Teil 3 VV RVG aus 8.000,00 EUR		– 342,00 EUR
Auslagenpauschale, Nr. 7002 VV RVG		20,00 EUR
Zwischensumme	974,80 EUR	
19 % Mehrwertsteuer, Nr. 7008 VV RVG		185,21 EUR
Gesamtbetrag		**1.160,01 EUR**

120 Vom Grundsatz her ist es herrschende Meinung, dass eine Anrechnung nicht zu erfolgen hat, wenn der Anwalt wegen desselben Gegenstandes vorprozessual und im Prozess gegen verschiedene Anspruchsgegner vorgeht.

Insoweit muss aber nach aktueller Rechtsprechung insoweit eine Einschränkung gemacht werden: Bei außergerichtlichen Regulierungsverhandlungen zwischen dem Geschädigten und der Haftpflichtversicherung des Schädigers ist die entstehende Geschäftsgebühr auch dann auf eine nachfolgende Verfahrensgebühr anzurechnen, wenn im Prozess lediglich der Versicherungsnehmer (nicht aber auch der Versicherer) in

Anspruch genommen ist. Dies folgt aus dem Versicherungsvertrag und der sich daraus ergebenden Rechtsstellung des Versicherungsnehmers gegenüber der Versicherung.[30]

b) Der außergerichtliche Streitgegenstand ist höher

Ein gängiger Fall ist der, dass die Partei die Geltendmachung einer ihr vermeintlich zustehenden Forderung verlangt in dem Wissen, dass die Beweismöglichkeiten eines Teils der Forderung nicht sehr groß sind. Außergerichtlich soll der Anwalt die volle Summe fordern; für den Fall der Klageerhebung wird wegen der bestehenden Rechtsunsicherheit und des damit verbundenen Kostenrisikos auf die Geltendmachung eines Teiles verzichtet. In diesem Falle muss natürlich darauf geachtet werden, dass nur hinsichtlich des Teiles des Gegenstandes eine Anrechnung erfolgt, wegen dem auch das gerichtliche Verfahren eingeleitet wurde. 121

Beispiel 75 **Anrechnungspflicht: Der außergerichtliche Gegenstandswert ist höher als der gerichtliche**

Außergerichtlich fordert der Anwalt vom Schuldner einen Betrag in Höhe von 8.000,00 EUR. Als der Schuldner nicht zahlt, reicht der Anwalt Klage über einen Teilbetrag hiervon in Höhe von 5.000,00 EUR ein. Die außergerichtliche Zahlungsaufforderung war mit umfangreichen rechtlichen Darstellungen versehen und schwierig, so dass mindestens eine über der Regel-/Schwellengebühr liegende Gebühr, zum Beispiel mit einem Satz von 1,5, anzusetzen wäre.

Der identische Gegenstand ist 5.000,00 EUR. Würde der Anwalt die Geschäftsgebühr über den Gegenstand 8.000,00 EUR fälschlicherweise anrechnen, würde er den Teil der Gebühr, die ihm für die außergerichtliche Geltendmachung des nicht identischen Gegenstandswertes entstanden ist, „verschenken“.

Zu beachten ist zudem: Vorliegend handelt es sich um zwei Verfahren, so dass zwei Auslagenpauschalen abzurechnen sind (sofern nicht die tatsächlichen Kosten gefordert werden).

1,5 Geschäftsgebühr, Nr. 2300 VV RVG i.V.m. §§ 13, 14 RVG aus 8.000,00 EUR		684,00 EUR
Auslagenpauschale, Nr. 7002 VV RVG		20,00 EUR
1,3 Verfahrensgebühr, Nr. 3100 VV RVG i.V.m. § 13 RVG aus 5.000,00 EUR		393,90 EUR
– 0,75 Geschäftsgebühr, Vorbem. 3 (4) Teil 3 VV RVG aus 5.000,00 EUR		– 227,25 EUR
Auslagenpauschale, Nr. 7002 VV RVG		20,00 EUR
Zwischensumme	890,65 EUR	
19 % Mehrwertsteuer, Nr. 7008 VV RVG		169,22 EUR
Gesamtbetrag		**1.059,87 EUR**

30 OLG München, Beschl. v. 7.2.2012 – 11 W 90/12, BeckRS 2012, 04424.

Letztlich bleibt also, wenn man sich diese Rechnung richtig betrachtet, eine außergerichtliche Gebühr aus dem Gegenstandswert „+ 3.000,00 EUR“ neben der gerichtlichen Gebühr und der nicht anrechnungspflichtigen Hälftegebühr aus der außergerichtlichen Tätigkeit mit dem identischen Gegenstandswert bestehen.

c) Der außergerichtliche Streitgegenstand ist niedriger

122 Natürlich kann sich der Auftrag des Mandanten auch erweitern, so dass der außergerichtliche Gegenstandswert niedriger ist, als der gerichtliche Gegenstandswert.

Beispiel 76 **Anrechnungspflicht: Der außergerichtliche Gegenstandswert ist niedriger als der gerichtliche**

Der Rechtsanwalt ist beauftragt, die zur Rückzahlung monatlich nach dem 3. Werktag fälligen Darlehensraten (450,00 EUR) beim Schuldner einzuziehen. Der Verzug ist bereits bei 3 fälligen Raten eingetreten. Der Anwalt fertigt ein Mahnschreiben (Art und Umfang rechtfertigen einen Gebührensatz von 1,3).

Der Schuldner zahlt nicht. Nach Ablauf der Zahlungsfrist erhebt der Anwalt Klage und erstreckt diese auch auf die inzwischen 4. fällige Rate.

Zu beachten ist: Vorliegend handelt es sich um zwei Verfahren, so dass zwei Auslagenpauschalen abzurechnen sind (sofern nicht die tatsächlichen Kosten gefordert werden).

1,3 Geschäftsgebühr, Nr. 2300 VV RVG i.V.m. §§ 13, 14 RVG aus Gegenstandswert = 3 × Rate = 450,00 EUR		58,50 EUR
Auslagenpauschale, Nr. 7002 VV RVG		11,70 EUR
1,3 Verfahrensgebühr, Nr. 3100 VV RVG Gegenstandswert = 4 × Rate = 600,00 EUR i.V.m. § 13 RVG aus Gegenstandswert		104,00 EUR
– 0,65 Geschäftsgebühr, Vorbem. 3 (4) Teil 3 VV RVG aus Gegenstandswert = 3 × Rate = 450,00 EUR		– 29,25 EUR
Auslagenpauschale, Nr. 7002 VV RVG		20,00 EUR
Zwischensumme	164,95 EUR	
19 % Mehrwertsteuer, Nr. 7008 VV RVG		31,34 EUR
Gesamtbetrag		**196,29 EUR**

Letztlich bleibt (neben einer Auslagenpauschale auch für das außergerichtliche Verfahren) hier für die außergerichtliche Tätigkeit die Hälfte der Geschäftsgebühr übrig.

d) Anrechnung des richtigen Gebührensatzes

123 Ist der außergerichtliche **hälftige Gebührensatz höher als der gerichtliche Gebührensatz**, so ist darauf zu achten, dass maximal nur in Höhe des Gebührensatzes, der für

das gerichtliche Verfahren anzusetzen ist, eine Anrechnung erfolgt. Ansonsten würde man dem Mandanten einen Teil des außergerichtlichen Honorars erstatten.

Beispiel 77 **Anrechnungspflicht: Der hälftige außergerichtliche Gebührensatz ist höher als der Satz der gerichtlichen Gebühr**

Der Anwalt ist mit der Abwehr einer von der Gegenseite geltend gemachten Forderung außergerichtlich tätig. Da die Gegenseite irgendwann Mahnbescheid beantragt, legt der Anwalt hiergegen Widerspruch ein. Das Verfahren bleibt stecken; der Anwalt rechnet gegenüber dem Mandanten ab. Der Gegenstandswert beträgt 4.300,00 EUR.

Für die leichte, wenig umfangreiche außergerichtliche Tätigkeit bringt der Anwalt eine 1,3 (Schwellen-)Geschäftsgebühr der Nr. 2300 VV RVG in Ansatz; für den Widerspruch erhält er die Verfahrensgebühr der Nr. 3307 VV RVG mit einem festen Satz von 0,5. Hier muss natürlich bei der gesetzlich vorgeschriebenen „Hälfteanrechnung" der Geschäftsgebühr der Nr. 2300 VV RVG berücksichtigt werden, dass die Hälfte der Geschäftsgebühr höher wäre, als die im Nachhinein verdiente Gebühr. Die Anrechnung muss daher auf 0,5 gedeckelt werden, da sonst die weitere gerichtliche Tätigkeit (der Widerspruch) die an und für sich schon verdiente Geschäftsgebühr reduzieren würde.

Zu beachten ist zudem: Vorliegend handelt es sich um zwei Verfahren, so dass zwei Auslagenpauschalen abzurechnen sind (sofern nicht die tatsächlichen Kosten gefordert werden).

1,3 Geschäftsgebühr, Nr. 2300 VV RVG i.V.m. §§ 13, 14 RVG aus 4.300,00 EUR		393,90 EUR
Auslagenpauschale, Nr. 7002 VV RVG		20,00 EUR
0,5 Verfahrensgebühr, Nr. 3307 VV RVG i.V.m. § 13 RVG aus 4.300,00 EUR		151,50 EUR
– 0,5 Geschäftsgebühr, Vorbem. 3 (4) Teil 3 VV RVG aus 4.300,00 EUR		– 151,50 EUR
Auslagenpauschale, Nr. 7002 VV RVG		20,00 EUR
Zwischensumme	433,90 EUR	
19 % Mehrwertsteuer, Nr. 7008 VV RVG		83,44 EUR
Gesamtbetrag		**516,34 EUR**

Zu berücksichtigen hierbei ist unbedingt: Sollte das Verfahren später doch noch weitergeführt werden und eine 1,3 Verfahrensgebühr der Nr. 3100 VV RVG oder eine 0,8 der Nr. 3101 VV RVG entstehen, so wäre dann der bislang bei der Anrechnung unberücksichtigte Teil mit einem Satz von 0,15 im Nachhinein zusätzlich anzurechnen.

Ebenso muss der **Maximalsatz der Anrechnungspflicht** berücksichtigt werden. Das 124
Unterlassen würde ebenfalls zur fehlerhaften Reduktion des Gebührenanspruchs führen.

Beispiel 78 **Anrechnungsgrenze laut Gesetz**

Der Rechtsanwalt ist beauftragt, für die Partei die Auseinandersetzung einer GbR durchzuführen. Es ist eine schwere und umfangreiche außergerichtliche Tätigkeit, die allerdings nicht zum gewünschten Erfolg führt. Der Mandant erteilt Klageauftrag. Der Gegenstandswert beträgt 1.700,00 EUR.

Da die Angelegenheit schwer und umfangreich ist, ist der Ansatz einer 2,0 Gebühr nach Nr. 2300 VV RVG für die Geschäftstätigkeit des Anwaltes im außergerichtlichen Verfahren gerechtfertigt.

Für die Einleitung des Klageverfahrens erhält der Rechtsanwalt die Gebühren des 3. Teils des VV RVG. Hier ist für die Klagefertigung die Verfahrensgebühr der Nr. 3100 VV RVG anzusetzen, die einen Satz von 1,3 hat. Die Hälfte der anzurechnenden Geschäftsgebühr wäre 1,0; allerdings darf hier nur eine Anrechnung in Höhe von 0,75 erfolgen, da eine höhere Anrechnung im Gesetz nicht vorgegeben ist.

Zu beachten ist zudem: Vorliegend handelt es sich um zwei Verfahren, so dass zwei Auslagenpauschalen abzurechnen sind (sofern nicht die tatsächlichen Kosten gefordert werden).

Der Rechtsanwalt rechnet daher wie folgt ab:

2,0 Gebühr, Nr. 2300 VV RVG i.V.m. §§ 13, 14 RVG aus 1.700,00 EUR		300,00 EUR
Auslagenpauschale, Nr. 7002 VV RVG		20,00 EUR
1,3 Verfahrensgebühr, Nr. 3100 VV RVG i.V.m. § 13 RVG aus 1.700,00 EUR		195,00 EUR
– 0,75 Geschäftsgebühr, Vorbem. 3 (4) Teil 3 VV RVG aus 1.700,00 EUR		– 112,50 EUR
Auslagenpauschale, Nr. 7002 VV RVG		20,00 EUR
Zwischensumme	422,50 EUR	
19 % Mehrwertsteuer, Nr. 7008 VV RVG		80,28 EUR
Gesamtbetrag		**502,78 EUR**

125 Dass nur der Maximalsatz angerechnet wird, bedeutet aber nicht, dass immer 0,75 der Geschäftsgebühr anzurechnen sind. Auch insoweit ist Vorsicht geboten. Die hälftige Geschäftsgebühr, die außergerichtlich entstanden ist, kann auch einen deutlich niedrigeren Satz haben. Dann wird natürlich der niedrigere Satz in Abzug gebracht, da ansonsten die Tätigkeit des Rechtsanwaltes im außergerichtlichen Verfahren die gerichtlichen Gebühren sogar reduzieren würde.

Beispiel 79 **Anrechnung eines besonders niedrigen Satzes einer Gebühr**

Der Rechtsanwalt ist außergerichtlich für den Mandanten in einer Angelegenheit tätig, die in das gerichtliche Verfahren übergeht. Die außergerichtliche Tätig-

keit war sehr einfach und nicht umfangreich. Der Gegenstandswert beträgt 2.800,00 EUR.

Der Anwalt, der für seine außergerichtliche Tätigkeit, die lediglich ein wenig mehr als ein einfaches Schreiben war, rechnet eine 0,5 Gebühr nach Nr. 2300 VV RVG ab. Er hat sodann auch nur die Hälfte dieser 0,5 Gebühr bei der Verfahrensgebühr anzurechnen.

Zu beachten ist zudem: Vorliegend handelt es sich um zwei Verfahren, so dass zwei Auslagenpauschalen abzurechnen sind (sofern nicht die tatsächlichen Kosten gefordert werden).

0,5 Geschäftsgebühr, Nr. 2300 VV RVG i.V.m. §§ 13, 14 RVG aus 2.800,00 EUR		100,50 EUR
Auslagenpauschale, Nr. 7002 VV RVG		20,00 EUR
1,3 Verfahrensgebühr, Nr. 3100 VV RVG i.V.m. § 13 RVG aus 2.800,00 EUR		261,30 EUR
– 0,25 Geschäftsgebühr, Vorbem. 3 (4) Teil 3 VV RVG aus 2.800,00 EUR		– 50,25 EUR
Auslagenpauschale, Nr. 7002 VV RVG		20,00 EUR
Zwischensumme	351,55 EUR	
19 % Mehrwertsteuer, Nr. 7008 VV RVG		66,79 EUR
Gesamtbetrag		**418,34 EUR**

Letztlich berechnet der Anwalt also die Hälfte der außergerichtlichen Geschäftsgebühr, da die Gebühren für die außergerichtliche Tätigkeit zur Hälfte des erst berechneten Satzes in der Verfahrensgebühr untergehen. Erhalten bleibt daneben die außergerichtlich entstandene Auslagenpauschale.

2. Die Anrechnungspflicht der außergerichtlichen Geschäftsgebühr

Wie bereits ausgeführt und wie sich bereits aus den einzelnen Darstellungen § 3 Rdn 30 **126**
ergibt, unterliegen die Geschäftsgebühren der Nr. 2300 bis 2303 VV RVG einer hälftigen Anrechnungspflicht auf gerichtliche Verfahrensgebühren, die über denselben Gegenstand anhängig werden, maximal jedoch mit einem Gebührensatz von 0,75; dies regelt Vorbemerkung 3 (4) des 3. Teils des VV RVG.

Im Grundsatz gilt also: **127**

War der Rechtsanwalt vor Einleitung des gerichtlichen Verfahrens bereits mit der Angelegenheit betraut und hat er demgemäß wegen desselben Gegenstandes bereits eine Geschäftsgebühr nach den Nrn. 2300 bis Nr. 2303 VV RVG verdient, so wird diese Gebühr in Höhe der Hälfte, maximal jedoch mit einem Gebührensatz von 0,75, auf die Verfahrensgebühr des gerichtlichen Verfahrens angerechnet.

Beispiel 80 Anrechnung der außergerichtlichen Geschäftsgebühr (Schwellengebühr) auf die gerichtliche Verfahrensgebühr

Rechtsanwalt X war zunächst beauftragt, eine Forderung für die Partei außergerichtlich einzuziehen. Nachdem dies nicht gelingt, erhält er Klageauftrag. Der Rechtsanwalt reicht Klage ein. Im Anschluss an einen Termin ergeht ein stattgebendes Urteil. Der Gegenstandswert beträgt 800,00 EUR.

Der außergerichtlichen Zahlungsaufforderung sind rechtliche Prüfungen vorausgegangen, auch enthält die Zahlungsaufforderung selbst eine Sachverhaltsschilderung und rechtliche Ausführungen.

Die Zahlungsaufforderung ist nach Vorstehendem mit einer Regel-/Schwellengebühr in Höhe von 1,3 korrekt vergütet.

Die Anrechnung der Geschäftsgebühr erfolgt in Höhe der Hälfte von 1,3, so dass für das außergerichtliche Verfahren letztlich neben den gerichtlichen Gebühren 0,65 Gebühren bestehen bleiben.

Zu beachten ist zudem: Vorliegend handelt es sich um zwei Verfahren, so dass zwei Auslagenpauschalen abzurechnen sind (sofern nicht die tatsächlichen Kosten gefordert werden).

1,3 Geschäftsgebühr, Nr. 2300 VV RVG i.V.m. §§ 13, 14 RVG aus 800,00 EUR		104,00 EUR
Auslagenpauschale, Nr. 7002 VV RVG		20,00 EUR
1,3 Verfahrensgebühr, Nr. 3100 VV RVG i.V.m. § 13 RVG aus 800,00 EUR		104,00 EUR
– 0,65 Geschäftsgebühr, Vorbem. 3 (4) Teil 3 VV RVG aus 800,00 EUR		– 52,00 EUR
1,2 Terminsgebühr, Nr. 3104 VV RVG i.V.m. § 13 RVG aus 800,00 EUR		96,00 EUR
Auslagenpauschale, Nr. 7002 VV RVG		20,00 EUR
Zwischensumme	292,00 EUR	
19 % Mehrwertsteuer, Nr. 7008 VV RVG		55,48 EUR
Gesamtbetrag		**347,48 EUR**

Beispiel 81 Anrechnung der außergerichtlichen Geschäftsgebühr auf die gerichtliche Verfahrensgebühr

Rechtsanwalt X war zunächst beauftragt, für den Mandanten die Entlassung aus einem Bürgschaftsvertrag zu erreichen. Für den Fall, dass dies nicht gelingt, erteilt der Mandant Klageauftrag.

Die Bank stellt sich dem Antrag entgegen; der Rechtsanwalt reicht Klage ein. Im Anschluss an einen Termin ergeht ein stattgebendes Urteil.

Der außergerichtlichen Tätigkeit sind umfangreiche rechtliche Prüfungen und zähe Verhandlungen vorausgegangen, die Sache gestaltet sich also umfangreich und sehr schwierig. Der Gegenstandswert beträgt 3.100,00 EUR.

Die außergerichtliche Tätigkeit ist nach Vorstehendem mit einer Gebühr in Höhe von 2,0 angemessen vergütet.

Die Anrechnung der Geschäftsgebühr erfolgt in Höhe der Maximalgrenze von 0,75, so dass für das außergerichtliche Verfahren letztlich neben den gerichtlichen Gebühren 1,25 Gebühren bestehen bleiben.

Zu beachten ist zudem: Vorliegend handelt es sich um zwei Verfahren, so dass zwei Auslagenpauschalen abzurechnen sind (sofern nicht die tatsächlichen Kosten gefordert werden).

2,0 Geschäftsgebühr, Nr. 2300 VV RVG i.V.m. §§ 13, 14 RVG aus 3.100,00 EUR		504,00 EUR
Auslagenpauschale, Nr. 7002 VV RVG		20,00 EUR
1,3 Verfahrensgebühr, Nr. 3100 VV RVG i.V.m. § 13 RVG aus 3.100,00 EUR		327,60 EUR
– 0,75 Geschäftsgebühr, Vorbem. 3 (4) Teil 3 VV RVG aus 3.100,00 EUR		– 189,00 EUR
1,2 Terminsgebühr, Nr. 3104 VV RVG i.V.m. § 13 RVG aus 3.100,00 EUR		304,40 EUR
Auslagenpauschale, Nr. 7002 VV RVG		20,00 EUR
Zwischensumme	987,00 EUR	
19 % Mehrwertsteuer, Nr. 7008 VV RVG		187,53 EUR
Gesamtbetrag		**1.174,53 EUR**

Anmerkung: 128

Die „stehen bleibende“ Geschäftsgebühr – schließlich erfolgt ja nur eine Teilanrechnung – ist ein Verzugsschaden, der gegenüber dem Schuldner geltend gemacht werden kann/soll.

Während sich bei Einführung des neuen § 15a RVG in Rechtsprechung und Literatur „die Geister schieden“, ob und wie eine außergerichtlich entstandene Geschäftsgebühr (Nrn. 2300 bis 2303 VV RVG) anzurechnen ist bzw. wie die Handhabung im Falle der gerichtlichen Geltendmachung dieser Gebühren als Schadensersatzposition zu sehen ist, hat der Bundesgerichtshof mit Urteil vom 7.3.2007 (VIII ZR 86/06) Klarheit geschaffen. Der Bundesgerichtshof führt in seinem oben erwähnten Urteil hierzu aus:

> *„Ist nach der Vorbemerkung 3 Abs. 4 zu 3100 VV RVG eine wegen desselben Gegenstands entstandene Geschäftsgebühr anteilig auf die Verfahrensgebühr des gerichtlichen Verfahrens anzurechnen, so vermindert sich nicht die bereits entstandene Geschäftsgebühr, sondern die in dem anschließenden gerichtlichen Verfahren anfallende Verfahrensgebühr.“*

Dies ist sicherlich auch in der Vielzahl der Kanzleien bei Abrechnungen in der Vergangenheit richtig berücksichtigt worden. Denn entsprechend der Zeitfolge der Entstehung soll die Aufstellung wie folgt ausgesehen haben:

1,5 Geschäftsgebühr, Nr. 2300 VV RVG
Auslagenpauschale, Nr. 7002 VV RVG
1,3 Verfahrensgebühr, Nr. 3100 VV RVG
Auslagenpauschale, Nr. 7002 VV RVG
– Anrechnung gem. Vorbemerkung 3 (4)
zu Nr. 3100 VV RVG = 0,75 Gebühr

Gerade aber, weil im Grunde jede Kanzlei die Abrechnung dem Gesetz folgend auf diese Art (schon wegen der chronologischen Abfolge) richtig vorgenommen hat, war wenig verständlich, warum zunächst im Rahmen eines sich anschließenden Verfahrens – egal, ob im Mahnverfahren oder vor den ordentlichen Gerichten – nur die „stehen bleibende Geschäftsgebühr", also die – fälschlicherweise, wie der BGH zu Recht ausführt – gekürzte Geschäftsgebühr – gegenüber dem Schuldner/Beklagten geltend gemacht werden sollte (im Mahnverfahren war anderes aufgrund des maschinellen Vordruckes zunächst nicht möglich, was aber zwischenzeitlich auch und insoweit angepasst wurde), und dies häufig in Literatur und gerichtlichen Entscheidungen auch so vertreten wurde. Denn diese Art der „Verrechnung" führt eben nicht zur Minderung der Verfahrensgebühr, sondern reduziert die **voll entstandene** Geschäftsgebühr.

Das Einfordern der vollen Geschäftsgebühr als Nebenforderung im Rahmen des prozessualen Verfahrens ist nicht nur konsequente Folge einer normgerechten Interpretation, sondern erscheint doch insbesondere unter dem Blickwinkel der Praktikabilität und der einhergehenden Zuordnung von Gebührenfragen zur hierfür speziell ausgebildeten Kostenstelle als sachgerecht.

Dies wird deutlich am **Beispielsfall** von sich ändernden Gegenstandswerten:

Der Rechtsanwalt fordert für seinen Mandanten zunächst einen außergerichtlichen Betrag in Höhe von 50.000,00 EUR ein. Um das Prozessrisiko zunächst gering zu halten, wird nur ein Teilbetrag in Höhe von 10.000,00 EUR eingeklagt. Im Laufe des Prozesses entschließt sich der Kläger jedoch, die Klage auf den außergerichtlich geforderten Betrag = 50.000,00 EUR zu erweitern.

Bei der bislang üblichen Handhabung („Geltendmachung der stehen gebliebenen Geschäftsgebühr") würde der Prozessbevollmächtigte zunächst eine Berechnung der Nebenforderung in Höhe der „stehen bleibenden Geschäftsgebühr" aus dem sich mit dem Gerichtsverfahren deckenden Gegenstandswert errechnen; weiterhin würde er als weitere Nebenforderung noch die Differenz zu der vollen Geschäftsgebühr aus dem sich nicht mit dem Gegenstandswert des Gerichtsverfahrens deckenden Teil (40.000,00 EUR) geltend machen (insgesamt also: volle – z.B. 1,3 – Geschäftsgebühr aus 50.000,00 EUR

./. 0,65 anrechnungspflichtige Gebühr aus 10.000,00 EUR). Wird dann die Klage erweitert, muss der Antrag hinsichtlich der Nebenforderung umgestellt werden, weil dann ja für den gerichtlichen Gegenstandswert auch die vorher nur außergerichtlich geltend gemachten 40.000,00 EUR in den Prozess einfließen, und damit die – nunmehr freilich am erhöhten Wert ausgerichteten – Verfahrensgebühren um eine entsprechend erhöhte Geschäftsgebühr mindern. Eine eher umständliche und schwer nachzuvollziehende Rechnung.

Nach der klarstellenden BGH-Entscheidung ist die Berechnung der geltend zu machenden Nebenforderung unkompliziert und bedarf auch im Falle der Klageerweiterung keiner korrespondierenden Abänderung im Antrag: Der Prozessvertreter des Klägers beantragt von vornherein die Erstattung der vollen Geschäftsgebühr aus dem hohen Gegenstandswert der außergerichtlichen Tätigkeit. Die endgültige Frage, in welcher Höhe eine Anrechnung zu erfolgen hat, wird dann vor dem Kostenbeamten – also demjenigen, der professionell gerade nur mit Kosten zu tun hat – geklärt.

In der Praxis bedeutet dies: Die volle Geschäftsgebühr ist – sofern sie entstanden ist und vom Gegner begehrt wird – stets als Nebenforderung einzuklagen. Erst im Rahmen des Kostenfestsetzungsverfahrens ist diese vorschriftsmäßig auf die Verfahrensgebühr des gerichtlichen Verfahrens anzurechnen. Im gerichtlichen Mahnverfahren bedeutet dies, dass die volle Geschäftsgebühr als Nebenforderung geltend zu machen ist, gleichzeitig aber ein Minderungsbetrag zu errechnen und anzugeben ist (vgl. insoweit auch das Informationsschreiben der Koordinierungsstelle für die Pflege und Weiterentwicklung des automatisierten gerichtlichen Mahnverfahrens beim Justizministerium Baden-Württemberg vom Mai 2007, siehe dazu auch unter § 5a Rdn 20).

Mit Inkrafttreten des 2. JuModG zum 31.12.2006 ist die Anrechnungsvorschrift der **129**
Vorbemerkung 3 (4) des 3. Teils des VV RVG erweitert worden: Denn das Gesetz sieht nunmehr nicht nur die Anrechnungspflicht vor, wenn **vor** Einleitung eines gerichtlichen Verfahrens die Geschäftsgebühr entstanden ist; vielmehr hat die Anrechnung nunmehr auch zu erfolgen, wenn **im Anschluss an ein gerichtliches Verfahren** eine Geschäftsgebühr der Nrn. 2300 bis 2303 VV RVG entsteht. Geändert hat der Gesetzgeber dies durch den Austausch der Wörter „entstanden ist" durch „entsteht".

Beispiel 82 Anrechnung einer im Nachhinein entstandenen Geschäftsgebühr

Der Rechtsanwalt hat für seinen Mandanten ein Versäumnisurteil erwirkt. Der Mandant wünscht aufgrund des früheren guten Verhältnisses zum Beklagten nicht die sofortige Vollstreckung aus Versäumnisurteil und Kostentitel, sondern bittet den Anwalt darum, an den Beklagten mit einem Ratenzahlungsangebot heranzutreten, was dieser auch tut. Der Gegenstandswert beträgt 5.000,00 EUR.

Der Anwalt hat gegenüber seiner Partei für das Verfahren bereits abgerechnet (und es ist gegenüber dem Beklagten auch so festgesetzt). Bei der Besprechung und Ausarbeitung des Ratenzahlungsangebot (es liegt kein Vollstreckungsauftrag vor!) handelt es sich zweifelsohne um eine außergerichtliche Tätigkeit des Rechtsanwaltes, so dass die entstehende Geschäftsgebühr – hier einmal als Schwellengebühr mit 1,3 angesetzt – im Nachhinein der Kürzung unterliegt.

1,3 Verfahrensgebühr, Nr. 3100 VV RVG i.V.m. § 13 RVG aus 5.000,00 EUR		393,90 EUR
0,5 Terminsgebühr, Nrn. 3104, 3105 VV RVG i.V.m. § 13 RVG aus 5.000,00 EUR		151,50 EUR
Auslagenpauschale, Nr. 7002 VV RVG		20,00 EUR
Zwischensumme	565,40 EUR	
19 % Mehrwertsteuer, Nr. 7008 VV RVG		107,43 EUR
Gesamtbetrag		**672,83 EUR**

Im Anschluss an das gerichtliche Verfahren verdient er dann die außergerichtliche Gebühr der Nr. 2300 VV RVG, die aufgrund der geltenden Vorschrift entsprechend zu kürzen ist:

1,3 Geschäftsgebühr, Nr. 2300 VV RVG i.V.m.§§ 13, 14 RVG aus 5.000,00 EUR		393,90 EUR
– 0,65 Geschäftsgebühr, Vorbem. 3 (4) Teil 3 VV RVG aus 5.000,00 EUR		– 196,95 EUR
Auslagenpauschale, Nr. 7002 VV RVG		20,00 EUR
Zwischensumme	216,95 EUR	
19 % Mehrwertsteuer, Nr. 7008 VV RVG		41,22 EUR
Gesamtbetrag		**258,17 EUR**

130 Eine zuvor außergerichtlich entstandene Geschäftsgebühr der Nrn. 2300 ff. VV RVG fand zunächst und nach Gesetzeswortlaut **keine Anrechnung** auf die reduzierte Verfahrensgebühr der vorzeitigen Erledigung. Dies ergibt sich unmittelbar aus dem Wortlaut des Gesetzes, denn eine Anrechnung erfolgt nur auf die Gebühren **eines nachfolgenden gerichtlichen Verfahrens**. Ein solches wird bei der vorzeitigen Erledigung aber ja gerade nicht anhängig.

Der BGH hat jedoch mit Urteil vom 25.9.2008[31] anders interpretiert: Er führt aus, dass entgegen dem Gesetzeswortlaut („auf die Verfahrensgebühr des gerichtlichen Verfahrens") auch auf die verminderte Verfahrensgebühr **eine Anrechnung zu erfolgen hat**, also in dem Falle, in dem ein Rechtsstreit noch nicht anhängig ist, Prozessauftrag aber bereits erteilt wurde.

Entgegen dem Wortlaut des Gesetzes (Vorbemerkung 3 (4) des 3. Teils des VV RVG), der meines Erachtens eindeutig ist, führt dies zu folgender Anrechnungspflicht:

31 BGH, Urt. v. 25.9.2008 – IX ZR 133/07, NJW 2008, 3641 f.

Beispiel 83 **Anrechnung der Geschäftsgebühr auf eine Verfahrensgebühr für vorzeitige Erledigung**

Der Rechtsanwalt macht im Auftrag seines Mandanten Schadensersatzansprüche in Höhe von 800,00 EUR geltend und verfasst zu diesem Zwecke ein Aufforderungsschreiben an den Schädiger. Der Schuldner reagiert zunächst nicht, so dass der Mandant Prozessauftrag erteilt. Der Rechtsanwalt fertigt die Klageschrift; bevor er sie jedoch einreichen kann, teilt der Mandant mit, dass die Sache erledigt sei und bittet um Abrechnung.

Bei der Berechnung wird davon ausgegangen, dass es sich um ein nicht besonders schwieriges und auch nicht den Akten nach umfangreiches Mandat handelt.

Zunächst erhält der Rechtsanwalt nach vorstehendem Sachverhalt eine 1,3 Geschäftsgebühr der Nr. 2300 VV RVG, da die Sache weder schwierig noch umfangreich war. Da sodann der Klageauftrag erteilt wurde, verdient der Rechtsanwalt neben der Geschäftsgebühr die Verfahrensgebühr der Nr. 3100 VV RVG, die er allerdings – bedingt durch die vorzeitige Erledigung – auf einen Satz von 0,8 nach Nr. 3101 VV RVG zu kürzen hat. Hier findet nach der BGH-Rechtsprechung[32] eine **Anrechnung** der zuvor außergerichtlich verdienten Geschäftsgebühr statt.

Zu beachten ist zudem: Vorliegend handelt es sich um zwei Verfahren, so dass zwei Auslagenpauschalen abzurechnen sind (sofern nicht die tatsächlichen Kosten gefordert werden).

1,3 Geschäftsgebühr, Nr. 2300 VV RVG i.V.m. §§ 13, 14 RVG aus 800,00 EUR		104,00 EUR
Auslagenpauschale, Nr. 7002 VV RVG		20,00 EUR
0,8 Verfahrensgebühr, Nrn.3100, 3101 VV RVG i.V.m. § 13 RVG aus 800,00 EUR		64,00 EUR
– 0,65 Geschäftsgebühr, Vorbem. 3 (4) Teil 3 VV RVG aus 800,00 EUR		– 52,00 EUR
Auslagenpauschale, Nr. 7002 VV RVG		12,80 EUR
Zwischensumme	148,80 EUR	
19 % Mehrwertsteuer, Nr. 7008 VV RVG		28,27 EUR
Gesamtbetrag		**177,07 EUR**

Der Hintergedanke dieser Entscheidung ist aber sehr wohl nachvollziehbar, denn bei genauerer Überlegung wird man feststellen, dass der Gesetzeswortlaut fehlerhaft sein muss. Denn **würde man die Anrechnungspflicht auf die Gebühr der Nr. 3101 VV RVG verneinen**, würde der Anwalt, der zunächst außergerichtlich tätig ist und dann an **einem gerichtlichen Verfahren teilnimmt** und letztlich:

32 Wie vor, Fn. 34.

1,3 Geschäftsgebühr, Nr. 2300 VV RVG
i.V.m. §§ 13, 14 RVG aus Gegenstandswert
1,3 Verfahrensgebühr, Nr. 3100 VV RVG
i.V.m. § 13 RVG aus Gegenstandswert
– 0,65 Geschäftsgebühr, Vorbem. 3 (4) Teil 3 VV RVG
aus Gegenstandswert
1,95 Gebühren in Summe

abrechnen kann, damit **weniger verdienen**, als derjenige Anwalt, der zunächst außergerichtlich in selber Sache tätig wird, ihm dann Prozessauftrag erteilt wird, der sich aber sodann **vorzeitigt erledigt**:

1,3 Geschäftsgebühr, Nr. 2300 VV RVG
i.V.m. §§ 13, 14 RVG aus Gegenstandswert
0,8 Verfahrensgebühr, Nr. 3101 VV RVG
i.V.m. § 13 RVG aus Gegenstandswert
2,1 Gebühren in Summe

Die BGH-Entscheidung ist also sehr wohl durchdacht; hier wäre allerdings eine Änderung des Gesetzeswortlauts angebracht.

131 In bestimmten Fallkonstellationen kommt es vor, dass **Anrechnungen und Abgleichungen in einem Verfahren** zu erfolgen haben. Das ist zum Beispiel dann der Fall, wenn der Anwalt zunächst außergerichtlich tätig war und später in einem Klageverfahren außergerichtliche (oder auch „anderweitig rechtshängige") Ansprüche im Rahmen eines Vergleichs zu protokollieren beantragt. Für die Reihenfolge gibt es nach dem RVG keine Vorgaben, allerdings gibt es hierzu doch einhellige Rechtsprechung[33] dahingehend, dass zuerst die Anrechnung und dann der Abgleich zu erfolgen hat, und zwar unabhängig davon, ob die vorgerichtliche Tätigkeit des Anwalts sämtliche oder nur einen Teil der später rechtshängig gewordenen Ansprüche umfasst. Das hat zur Folge, dass bei diesen Konstellationen, bei denen nach außergerichtlicher Tätigkeit ein Mehrwert protokolliert wird, äußerst selten die Abgleichungsregel greift – ein Mehrwert für den Anwalt!

Beispiel 84 | **Anrechnung und Abgleichung in Zusammenschau**

Der Anwalt war für seinen Mandanten vorgerichtlich tätig; über denselben Gegenstand (4.000,00 EUR) hat er dann ein gerichtliches Verfahren geführt, in dem dann weitere – bis dahin nicht rechtshängige – Ansprüche von 3.500,00 EUR mit verglichen wurden.

33 BGH, Urt. v. 25.9.2008 – IX ZR 133/07; OLG München, Beschl. v. 7.3.2012 – II WF 360/12, BeckRS 2012, 05995.

Die Geschäftsgebühr für die außergerichtliche Tätigkeit, nachfolgend angesetzt mit der Mittelgebühr von 1,5 wird erst auf die Verfahrensgebühr der Nr. 3100 VV RVG angerechnet; der restliche Teil der Verfahrensgebühr wird mit der Verfahrensdifferenzgebühr dem Abgleich nach § 15 Abs. 3 RVG unterzogen.

1,5 Geschäftsgebühr, Nr. 2300 VV RVG i.V.m. §§ 13, 14 RVG aus 4.000,00 EUR		378,00 EUR
Auslagenpauschale, Nr. 7002 VV RVG		20,00 EUR
1,3 Verfahrensgebühr, Nr. 3100 VV RVG i.V.m. § 13 RVG aus 4.000,00 EUR	327,60 EUR	
– 0,65 Geschäftsgebühr, Vorbem. 3 (4) Teil 3 VV RVG aus 4.000,00 EUR	– 163,80 EUR	
Restliche Verfahrensgebühr somit	163,80 EUR	
0,8 Verfahrensgebühr, Nrn. 3100, 3101 VV RVG i.V.m. § 13 RVG aus 3.500,00 EUR	201,60 EUR	
Summe Verfahrensgebühren somit	365,40 EUR	
(darf nicht höher sein als 1,3 Gebühr aus 7.500,00 EUR = 592,80 EUR) = >		365,40 EUR
1,2 Terminsgebühr, Nr. 3104 VV RVG i.V.m. § 13 RVG aus 7.500,00 EUR		547,20 EUR
1,0 Einigungsgebühr, Nr. 1003 VV RVG i.V.m. § 13 RVG aus 4.000,00 EUR	252,00 EUR	
1,5 Einigungsgebühr, Nr. 1003 VV RVG i.V.m. § 13 RVG aus 3.500,00 EUR	378,00 EUR	
Zwischensumme	630,00 EUR	
§ 15 Abs. 3 RVG: Maximal 1,5 aus 7.500,00 EUR	684,00 EUR	
=> Einigungsgebühr somit		630,00 EUR
Auslagenpauschale, Nr. 7002 VV RVG		20,00 EUR
Zwischensumme	1.562,60 EUR	
19 % Mehrwertsteuer, Nr. 7008 VV RVG		296,89 EUR
Gesamtbetrag		**1.859,49 EUR**

3. Anrechnung einer für die außergerichtliche Tätigkeit vereinbarten Vergütung

Fraglich war bislang, ob und wie eine für die außergerichtliche Tätigkeit statt der 132
Geschäftsgebühr vereinbarte Vergütung auf die Verfahrensgebühr des sich anschließenden gerichtlichen Verfahrens anzurechnen sei. Der BGH hat mit seinem Beschluss vom 9.9.2009[34] insoweit Klarheit geschaffen, als dass eine Anrechnung **nicht** zu erfolgen hat: Nach dem Wortlaut der Anrechnungsbestimmungen werde nur die Geschäftsgebühr erfasst und somit sei die Anrechnungsbestimmung auf eine vorgerichtliche Tätigkeit mit Vereinbarung von Pauschalhonorar nicht anwendbar.

34 BGH, Beschl. v. 9.9.2009 – Xa ZB 2/09.

4. Die Anrechnungspflichten des § 15 RVG

a) Dieselbe Angelegenheit/Abgeltungsbereich der Gebühren

133 § 15 RVG bestimmt, dass die jeweiligen Gebühren die gesamte Tätigkeit des Anwaltes vom Auftrag bis zur Erledigung abdecken und dass die Gebühren in derselben Angelegenheit nur einmal gefordert werden können.

134 Zu untersuchen ist daher zunächst, ob es sich bei der bearbeiteten Sache um **eine** Angelegenheit handelt.

Die Kriterien sind wie folgt zu prüfen:
- einheitlicher Auftrag,
- gleicher Rahmen,
- innerer Zusammenhang.

Wenn alle drei Kriterien erfüllt werden, handelt es sich um eine Angelegenheit mit der Folge, dass die Gebühren nur einmal abgerechnet werden.

135 Wenn der Mandant den Anwalt zum Beispiel „pauschal" beauftragt, einen Schaden geltend zu machen und der Anwalt den Schädiger und die Haftpflichtversicherung (sind ja i.d.R. Gesamtschuldner) anschreibt, dann handelt es sich um einen **einheitlichen Auftrag**, und zwar selbst dann, wenn der Anwalt zwei Schreiben fertigt, und das vielleicht sogar an zwei verschiedenen Tagen.

136 Anders ist dies zum Beispiel, wenn der Mandant ausdrücklich fordert, nur gegen den Schädiger vorzugehen, und später, wenn dies erfolglos ist, einen neuen Auftrag erteilt, um gegen den Haftpflichtversicherer vorzugehen. Dann ist gerade das Kriterium „einheitlicher Auftrag" nicht erfüllt.

137 Der „**gleiche Rahmen**" bedeutet, dass sich die Tätigkeit im gleichen Rahmen abspielt. Das ist dann der Fall, wenn der Anwalt etwa verschiedene Ansprüche in einem Brief an den Gegner behandelt oder aber in einer Klage geltend macht.

Wenn der Rechtsanwalt zum Beispiel in einer Unfallsache für seine Mandanten (Eheleute) Ansprüche an den Haftpflichtversicherer in einem Brief geltend macht, liegt eine Angelegenheit vor, weil es sich um einen gemeinsamen Rahmen handelt. Wenn der Anwalt die Ansprüche der Eheleute (auftragsgemäß) in zwei getrennten Schreiben geltend macht, ist dies kein gleicher Rahmen.

138 Drittes und letztes Kriterium ist der „**innere Zusammenhang**". Der innere Zusammenhang klärt sich über die Frage, ob die verschiedenen Gegenstände in einem Verfahren verfolgt werden können. So zum Beispiel, ob ein Geschädigter aus dem Unfall verschiedene Ansprüche wie Sachschaden und Schmerzensgeld geltend macht.

Gelangt man anhand der obigen Kriterien zu dem Schluss, dass eine Angelegenheit vorliegt, dann sind die Gegenstände zu addieren und die Gebühren auf den Gesamtgegenstandswert zu berechnen. 139

Beispiel 85 **Eine Angelegenheit – ein Auftrag, gleicher Rahmen, innerer Zusammenhang**

Der in einen Unfall verwickelte Fahrer macht gegenüber dem Haftpflichtversicherer den Sachschaden sowie ein Schmerzensgeld geltend. Seinen Anwalt hat er insoweit allgemein mit der Unfallabwicklung beauftragt; dieser fertigt ein Schreiben an die Versicherung.

Es liegt ein einheitlicher Auftrag vor; es ist der gleiche Rahmen und es gibt einen inneren Zusammenhang. Die Gegenstandswerte von Sachschaden und Schmerzensgeld werden addiert, hierauf einmal die Gebühren berechnet.

Gelangt man anhand obiger Kriterien zu dem Ergebnis, dass zwei verschiedene Angelegenheiten vorliegen, dann rechnet man die Tätigkeiten separat auf den jeweiligen Gegenstandswert ab. 140

Beispiel 86 **Unterschiedliche Angelegenheiten – 2 Aufträge, 2 Rahmen (aber innerer Zusammenhang)**

Der in den Unfall verwickelte Fahrer beauftragt den Anwalt mit der Schadenregulierung; sein Beifahrer wurde verletzt und möchte Schmerzensgeld geltend machen. Er beauftragt ein paar Tage später denselben Anwalt.

Es liegt kein einheitlicher Auftrag vor; es wird wohl auch nicht derselbe Rahmen sein, da der Anwalt sicherlich eine separate Akte anlegen und für den Beifahrer das Schmerzensgeld gesondert einfordern wird (muss aber nicht zwingend). Der innere Zusammenhang ist natürlich gegeben, denn beide Ansprüche könnten durchaus im Rahmen derselben Klage geltend gemacht werden [„Die Beklagte wird verurteilt, aus dem Verkehrsunfall vom … an den Kläger zu 1) Schadensersatz in Höhe von … EUR und an den Kläger zu 2) Schmerzensgeld in Höhe von … EUR zu zahlen.] Da aber ein Kriterium nicht erfüllt ist („einheitlicher Auftrag"), liegt nicht dieselbe Angelegenheit vor, so dass einmal die Gebühren auf Basis der Forderung des Fahrers berechnet werden und einmal die gleichen Gebühren auf Basis der Forderung des Beifahrers.

Auch können – so § 15 RVG weiter – die Gebühren in gerichtlichen Verfahren in jedem Rechtszug nur einmal gefordert werden. 141

Beispiel 87 **Einmaligkeit der Gebühren pro Verfahren**

In einem Gerichtsverfahren beim Amtsgericht findet ein erster Termin statt, in dem die Parteien widerstreitende Anträge stellen. Das Gericht erlässt sodann einen Beweisbeschluss, wonach ein benannter Sachverständiger ein Gutachten zu erstellen hat. Nach Vorlage des Gutachtens findet erneut eine streitige Verhandlung statt, die mit Urteil endet. Der Gegenstandswert beträgt 1.800,00 EUR.

Der Anwalt hat zwar an insgesamt zwei Terminen teilgenommen, er verdient neben der Verfahrensgebühr jedoch die Terminsgebühr nur einmal, da diese in diesem gerichtlichen Verfahren nur einmal gefordert werden kann.

1,3 Verfahrensgebühr, Nr. 3100 VV RVG i.V.m. § 13 RVG aus 1.800,00 EUR		195,00 EUR
1,2 Terminsgebühr, Nr. 3104 VV RVG i.V.m. § 13 RVG aus 1.800,00 EUR		180,00 EUR
Auslagenpauschale, Nr. 7002 VV RVG		20,00 EUR
Zwischensumme	395,00 EUR	
19 % Mehrwertsteuer, Nr. 7008 VV RVG		75,05 EUR
Gesamtbetrag		**470,05 EUR**

142 Besondere Vorschriften, die regeln, ob es sich um „dieselbe" Angelegenheit, um „verschiedene" oder „besondere" Angelegenheiten handelt, finden sich in den §§ 16 bis 19 RVG wieder.

b) Verschiedene Gebührensätze über Teile des Gegenstandes

143 Ferner ist in § 15 RVG bestimmt, dass eine Maximalgrenze zu berücksichtigen ist, wenn für Teile des Gegenstandes verschiedene Gebührensätze anzuwenden sind.

Die wohl gängigste Form ist die Einbeziehung nicht rechtshängiger Forderungen in die Beendigung eines Rechtsstreites durch einen Vergleich, den so genannten „Überhangvergleich".

Beispiel 88 **Überhangvergleich im ersten Rechtszug**

In einem Rechtsstreit über die Summe 3.000,00 EUR wird im ersten Rechtszug ein Vergleich protokolliert, wonach die Beklagte an den Kläger zum Ausgleich auch nicht rechtshängiger Ansprüche (seien sie bekannt oder unbekannt) eine Summe von 4.000,00 EUR zahlt.

Vorliegend muss sowohl die Verfahrensgebühr in Verbindung mit der „Verfahrensdifferenzgebühr" als auch beide Einigungsgebühren der Abgleichung unterliegen. Wir haben hier den rechtshängigen Wert; die Differenz von Vergleichswert und rechtshängigem Wert (4.000,00 EUR – 3.000,00 EUR) ergibt hier den nicht rechtshängigen Wert in

Höhe von 1.000,00 EUR. Die Maximalgrenze ist jeweils der höhere Gebührensatz der „gleichen" Gebühren auf den addierten Streitwert.

1,3 Verfahrensgebühr, Nr. 3100 VV RVG		
i.V.m. § 13 RVG aus 3.000,00 EUR	261,30 EUR	
0,8 Verfahrensgebühr, Nrn. 3100, 3101 VV RVG		
i.V.m. § 13 RVG aus 1.000,00 EUR	64,00 EUR	
Zwischensumme	325,30 EUR	
Gemäß § 15 Abs. 3 RVG:		
Maximal 1,3 Gebühr aus 4.000,00 EUR	327,60 EUR	
=> Verfahrensgebühr		325,30 EUR
1,2 Terminsgebühr, Nr. 3104,		
Vorbem. (3) 3 VV RVG		
i.V.m. § 13 RVG aus 4.000,00 EUR[35]		302,40 EUR
1,0 Einigungsgebühr, Nrn. 1000, 1003 VV RVG		
i.V.m. § 13 RVG aus 3.000,00 EUR	201,00 EUR	
1,5 Einigungsgebühr, Nr. 1000 VV RVG		
i.V.m. § 13 RVG aus 1.000,00 EUR	120,00 EUR	
Zwischensumme	321,00 EUR	
Gemäß § 15 Abs. 3 RVG:		
Maximal 1,5 Gebühr aus 4.000,00 EUR	378,00 EUR	
=> Einigungsgebühr		321,00 EUR
Auslagenpauschale, Nr. 7002 VV RVG		20,00 EUR
Zwischensumme	968,70 EUR	
19 % Mehrwertsteuer, Nr. 7008 VV RVG		184,05 EUR
Gesamtbetrag		**1.152,75 EUR**

Beispiel 89 Überhangvergleich im zweiten Rechtszug

In einem Berufungsverfahren ist eine Forderung in Höhe von 7.000,00 EUR rechtshängig. Nach Erörterung der Sache wird ein Widerrufsvergleich dahingehend protokolliert, dass der Beklagte zum Ausgleich aller Ansprüche (seien sie bekannt oder nicht bekannt) die Summe 38.000,00 EUR zahlt. Der Vergleich wird nicht widerrufen.

Neben der Verfahrensgebühr erhält der Rechtsanwalt die so genannte „Verfahrensdifferenzgebühr" über den nicht rechtshängigen Betrag für den Antrag auf Protokollierung dieser Forderung. Wir haben hier den rechtshängigen Wert; die Differenz von Vergleichswert und rechtshängigem Wert (38.000,00 EUR – 7.000,00 EUR) ergibt hier den nicht rechtshängigen Wert in Höhe von 31.000,00 EUR.

35 Hier hat ein Abgleich nicht zu erfolgen, lediglich die Addition des Gegenstandes ist vonnöten: Die Terminsgebühr über den gerichtlich anhängigen Wert (nach Nr. 3104 VV RVG) hat denselben Gebührensatz (1,2) wie die Terminsgebühr aus dem bislang nicht anhängigen Wert. Der Ansatz der Terminsgebühr aus dem addierten Gegenstandswert spiegelt die herrschende Meinung wider: Wird die Forderung mündlich protokolliert, muss sie auch „zur Einigung besprochen worden sein", wird der Vergleich im Beschlusswege gefasst, entsteht sie nach Alt. 1 Nr. 3401 VV RVG.

Da verschiedene Gegenstandswerte aufeinander treffen, muss die Abgleichung der Gebühren nach § 15 Abs. 3 RVG erfolgen; maximal darf die Verfahrensgebühr den höchsten Gebührensatz aus dem Gesamtstreitwert nicht übersteigen; die Abgleichung muss sodann ebenfalls auf die beiden Einigungsgebühren erfolgen. Nicht abgeglichen werden muss die Terminsgebühr: Sie hat sowohl „gerichtlich anhängig" als auch außergerichtlich den gleichen Gebührensatz (1,2), so dass diese Gebühr einmal aus der Summe der (gerichtlich anhängigen und außergerichtlichen) Streitgegenstände zu berechnen ist.

1,6 Verfahrensgebühr, Nr. 3200 VV RVG i.V.m. § 13 RVG aus 7.000,00 EUR	648,00 EUR	
1,1 Verfahrensgebühr, Nrn. 3200, 3201 VV RVG i.V.m. § 13 RVG aus 31.000,00 EUR	1.031,80 EUR	
Zwischensumme	1.679,80 EUR	
Gemäß § 15 Abs. 3 RVG: Maximal 1,6 Gebühr aus 38.000,00 EUR	1.620,80 EUR	
=> Verfahrensgebühr		1.620,80 EUR
1,2 Terminsgebühr, Nr. 3202, Vorbem. (3) 3 VV RVG aus 38.000,00 EUR		1.215,60 EUR
1,3 Einigungsgebühr, Nrn. 1000, 1004 VV RVG i.V.m. § 13 RVG aus 7.000,00 EUR	526,50 EUR	
1,5 Einigungsgebühr, Nr. 1000 VV RVG i.V.m. § 13 RVG aus 31.000,00 EUR	1.407,00 EUR	
Zwischensumme	1.933,50 EUR	
Gemäß § 15 Abs. 3 RVG: Maximal 1,5 Gebühr aus 38.000,00 EUR	1.519,50 EUR	
=> Einigungsgebühr		1.519,50 EUR
Auslagenpauschale, Nr. 7002 VV RVG		20,00 EUR
Zwischensumme	4.375,90 EUR	
19 % Mehrwertsteuer, Nr. 7008 VV RVG		831,42 EUR
Gesamtbetrag		**5.207,32 EUR**

c) Die „weitere Tätigkeit" des Anwalts

144 § 15 RVG regelt, dass der Anwalt, der in einer Angelegenheit „weiter" tätig wird, insgesamt nicht mehr an Gebühren erhält, als wenn er von vornherein mit der Angelegenheit beauftragt wurde.

Beispiel 90 **Berücksichtigung der zuvor entstandenen Gebühren bei weiterer Tätigkeit des Anwaltes**

Der Rechtsanwalt ist beauftragt, eine Forderung in Höhe von 5.000,00 EUR, die die Gegenseite an den Mandanten gestellt hat, zurückzuweisen. Der Gegner meldet sich daraufhin zunächst nicht mehr, so dass der Rechtsanwalt die Geschäftsgebühr der Nr. 2300 VV RVG in Höhe eines Gebührensatzes von 1,0 abrechnet.

Drei Monate später erscheint der Mandant erneut und legt dem Anwalt die von der Gegenseite eingereichte Klageschrift vor.

Der Rechtsanwalt kann nunmehr nicht zusätzlich die Verfahrensgebühr des nachfolgenden Prozesses abrechnen, weil ein „neuer" Auftrag vorliegen würde. Hätte der Gegner im Anschluss an das außergerichtliche Aufforderungsschreiben die Klage angekündigt oder kurzfristig eingereicht, wäre die Sache nicht abgeschlossen worden. Dann hätte sich der Anwalt seine außergerichtliche Tätigkeit entsprechend der Vorbemerkung 3 (4) des 3. Teils des VV RVG wie folgt anrechnen lassen müssen:

1,3 Verfahrensgebühr, Nr. 3100 VV RVG i.V.m. § 13 RVG aus 5.000,00 EUR		393,90 EUR
– 0,5 Geschäftsgebühr, Vorbem. 3 (4) Teil 3 VV RVG aus 5.000,00 EUR		– 151,50 EUR
Auslagenpauschale, Nr. 7002 VV RVG		20,00 EUR
Zwischensumme	262,40 EUR	
19 % Mehrwertsteuer, Nr. 7008 VV RVG		49,86 EUR
Gesamtbetrag		**312,26 EUR**

Da § 15 RVG eindeutig bestimmt, dass der Anwalt zusammen mit der weiteren Tätigkeit nicht mehr an Gebühren verdienen darf, als er verdient hätte, wenn er von Anfang an betraut gewesen wäre, rechnet er ebenfalls wie vorstehend ab.

Gleichzeitig wurde an dieser Stelle jedoch im Gesetz eine Einschränkung vorgenommen: **145**
Liegt nämlich der Auftrag, der „vor dem weiteren Auftrag" erteilt wurde, mehr als zwei Kalenderjahre zurück, so gilt die „weitere Tätigkeit" als neue Angelegenheit und ist entsprechend separat abzurechnen.

Beispiel 91 **Keine Berücksichtigung der zuvor entstandenen Gebühren bei weiterer Tätigkeit des Anwaltes nach Ablauf von 2 vollen Kalenderjahren**

Der Rechtsanwalt ist beauftragt, eine Forderung (7.000,00 EUR), die die Gegenseite an den Mandanten gestellt hat, zurückzuweisen. Der Gegner meldet sich daraufhin nicht mehr, so dass der Rechtsanwalt die Geschäftsgebühr der Nr. 2300 VV RVG in Höhe eines Gebührensatzes von 1,0 abrechnet und die Akte am 27.10.2013 schließt.

Am 23.4.2016 erscheint der Mandant erneut und legt dem Anwalt die von der Gegenseite nunmehr eingereichte Klage mit der Bitte um Übernahme des weiteren Mandates vor. Der Anwalt vertritt den Mandanten im Rechtsstreit.

Das auf den Abschluss der Akte folgende 1. Kalenderjahr war das Jahr 2014, das zweite Kalenderjahr das Jahr 2015. Mit Ablauf des 31.12.2015 ist eine „weitere" Tätigkeit, also eine neue Angelegenheit entstanden, so dass sich der Anwalt die einst berechnete Geschäftsgebühr **nicht anrechnen** lassen muss.

Er berechnet also **ungeachtet der früheren Kostennote** wie folgt:

1,3 Verfahrensgebühr, Nr. 3100 VV RVG i.V.m. § 13 RVG aus 7.000,00 EUR		526,50 EUR
Auslagenpauschale, Nr. 7002 VV RVG		20,00 EUR
Zwischensumme	546,50 EUR	
19 % Mehrwertsteuer, Nr. 7008 VV RVG		103,84 EUR
Gesamtbetrag		**650,34 EUR**

d) Einzelhandlungen des Rechtsanwalts

146 Abs. 6 des § 15 RVG hält fest, dass der Anwalt, der nur mit einzelnen Handlungen beauftragt ist, nicht mehr an Gebühren erhält, als der mit der Gesamtangelegenheit beauftragte Rechtsanwalt.

Soweit also die Summe der Gebühren für die Einzeltätigkeiten höher ausfällt als die Summe der Gebühren ausfallen würde, die der Verfahrensbevollmächtigte für dieselben Tätigkeiten erhält, so ist eine entsprechende Kürzung vorzunehmen.

5. § 15a RVG

147 Mit dem „Gesetz zur Modernisierung von Verfahren im anwaltlichen und notariellen Berufsrecht, zur Errichtung einer Schlichtungsstelle der Rechtsanwaltschaft sowie zur Änderung der Verwaltungsgerichtsordnung, der Finanzgerichtsordnung und kostenrechtlicher Vorschriften“[36] wurde ein § 15a RVG angefügt, der die Anrechnung der anrechnungspflichtigen Gebühren auf die gerichtlichen Verfahrensgebühren nunmehr nicht nur im Verhältnis „Anwalt – Mandant“, sondern insbesondere auch im Verhältnis „Mandant – Erstattungspflichtiger“ regelt. § 15a RVG trat am 5.8.2009 mit seiner Verkündung in Kraft.

148 Absatz 1 dieser Vorschrift regelt, dass der Anwalt bei Bestehen einer Anrechnungsvorschrift stets beide Gebühren einfordern kann, insgesamt jedoch nicht mehr als den um den Anrechnungsbetrag geminderten Gesamtbetrag. Wie und in welcher Reihenfolge der Anwalt die Gebühren einfordert und letztlich verrechnet, bleibt damit ihm selbst überlassen; Fakt ist, dass mit dieser Regelung eine Obergrenze gesetzt worden ist.

149 Absatz 2 stellt dann weiter klar, dass ein Dritter (also der Erstattungspflichtige) sich nur auf die Anrechnung berufen kann, „soweit er den Anspruch auf eine der beiden Gebühren erfüllt hat, wegen eines dieser Ansprüche gegen ihn ein Vollstreckungstitel besteht oder beide Gebühren gegen ihn geltend gemacht werden“.

Zu diesem Themenbereich gibt es ausweitende Ausführungen im § 5a Rdn 20 ff.

36 BT-Drucks 16/12717 vom 22.4.2009.

6. Anrechnungspflichten der §§ 16 bis 21 RVG/Anrechnungspflichten aus dem Vergütungsverzeichnis

Auch die Vorschriften des 3. Abschnittes des RVG, nämlich die §§ 16 bis 21 RVG, beinhalten durch die Festlegung, ob es sich bei den einzelnen Aufgaben des Rechtsanwaltes um „dieselbe Angelegenheit", „verschiedene Angelegenheiten", „besondere Angelegenheit" oder „Angelegenheiten des Rechtszuges" handelt, Regelungen zur Anrechnung bzw. „Nichtanrechnung". Die vorgenannten Vorschriften sollten immer genau eingelesen werden, um Anrechnungsfehler zu vermeiden. 150

Die §§ 16 ff. RVG enthalten keine abschließenden Regelungen im Hinblick auf bestehende Anrechnungspflichten; weitere **Anrechnungspflichten ergeben sich unmittelbar aus den Vorbemerkungen** der jeweiligen Abschnitte des Vergütungsverzeichnisses.

Folgende – in der Praxis häufig auftauchende – Fälle werden nachfolgend dargestellt.

a) Das Beweissicherungsverfahren mit sich anschließender Hauptsache

Das Beweissicherungsverfahren ist weder unter der Rubrik „dieselbe Angelegenheit" 151
noch im Bereich „verschiedene Angelegenheit" oder „besondere Angelegenheit" der §§ 16 ff. RVG aufgenommen worden. Besondere Regelungen hierzu finden sich zum einen in der Vorbemerkung des 3. Teils des VV RVG, zum anderen als Anmerkung zu Nr. 1003 VV RVG wieder.

Wird der Gegenstand eines selbstständigen Beweisverfahrens auch Gegenstand eines Rechtsstreites oder ist er dies bereits, wird die Verfahrensgebühr des selbstständigen Beweisverfahrens auf die Verfahrensgebühr des Rechtszuges angerechnet. Dies bestimmt Vorbemerkung 3 (5) des 3. Teils des VV RVG.[37]

Beispiel 92 **Anrechnung der Verfahrensgebühr des selbständigen Beweisverfahrens auf die Verfahrensgebühr des anschließenden gerichtlichen Verfahrens: identischer Gegenstandswert**

Der Rechtsanwalt nimmt im gerichtlichen Beweissicherungsverfahren einen vom Gericht angeordneten Ortstermin wahr. Nach Abschluss des für den Antragsteller positiv verlaufenen Beweissicherungsverfahrens wird Zahlungsklage mit gleichem Wert des Beweissicherungsverfahrens erhoben. Nach Erörterung der Sache ver-

37 Dies gilt auch dann, wenn die Antragstellerin des selbstständigen Beweisverfahrens im Hauptsacheverfahren, in dem der Antragsgegner Kläger ist, nur als Nebenintervenient beteiligt ist, vgl. OLG Celle, Beschl. v. 8.9.2015 – 2 W 193/15, JurBüro 2016, 18 f.

gleichen sich die Parteien wegen der drohenden Insolvenz des Beklagten auf die Hälfte der Forderung. Der Gegenstandswert beträgt 24.000,00 EUR.

Nach Vorbemerkung 3 (5) des 3. Teils des VV RVG ist die Verfahrensgebühr des Beweissicherungsverfahrens auf die Verfahrensgebühr des gerichtlichen Verfahrens anzurechnen, und zwar in voller Höhe auf den identischen Gegenstand.

1. Beweissicherungsverfahren:		
1,3 Verfahrensgebühr, Nr. 3100 VV RVG i.V.m. § 13 RVG aus 24.000,00 EUR		1.024,40 EUR
1,2 Terminsgebühr, Nr. 3104 VV RVG i.V.m. § 13 RVG aus 24.000,00 EUR		945,60 EUR
Auslagenpauschale, Nr. 7002 VV RVG		20,00 EUR
Zwischensumme	1.990,00 EUR	
19 % Mehrwertsteuer, Nr. 7008 VV RVG		378,10 EUR
Gesamtbetrag		**2.368,10 EUR**
2. Zahlungsklage:		
1,3 Verfahrensgebühr, Nr. 3100 VV RVG i.V.m. § 13 RVG aus 24.000,00 EUR		1.024,40 EUR
– 1,3 Verfahrensgebühr, Vorbem. 3 (5) VV RVG i.V.m. § 13 RVG aus 24.000,00 EUR		– 1.024,40 EUR
1,2 Terminsgebühr, Nr. 3104 VV RVG i.V.m. § 13 RVG aus 24.000,00 EUR		945,60 EUR
1,0 Einigungsgebühr, Nrn. 1000, 1003 VV RVG i.V.m. § 13 RVG aus 24.000,00 EUR		788,00 EUR
Auslagenpauschale, Nr. 7002 VV RVG		20,00 EUR
Zwischensumme	1.753,60 EUR	
19 % Mehrwertsteuer, Nr. 7008 VV RVG		333,18 EUR
Gesamtbetrag		**2.086,78 EUR**

Letztlich berechnet der Anwalt also eine Verfahrensgebühr, zwei Terminsgebühren und eine Einigungsgebühr (sowie je Verfahren die Auslagenpauschale).

Beispiel 93 – Anrechnung der Verfahrensgebühr des selbständigen Beweisverfahrens auf die Verfahrensgebühr des anschließenden gerichtlichen Verfahrens: nicht identischer Gegenstandswert

Der Rechtsanwalt nimmt im gerichtlichen Beweissicherungsverfahren einen vom Gericht angeordneten Ortstermin wahr (Gegenstandswert: 11.000,00 EUR). Nach Abschluss des für den Antragsteller zum größten Teil positiv verlaufenen Beweissicherungsverfahrens wird Zahlungsklage mit gemindertem Wert des Beweissicherungsverfahrens (9.000,00 EUR) erhoben. Nach streitiger Verhandlung ergeht ein Urteil.

Nach Vorbemerkung 3 (5) des 3. Teils des VV RVG ist die Verfahrensgebühr des Beweissicherungsverfahrens auf die Verfahrensgebühr des gerichtlichen Verfahrens anzurechnen, allerdings berechnet auf den Gegenstandswert, der in das gerichtliche Verfahren eingeflossen ist.

1. Beweissicherungsverfahren:		
1,3 Verfahrensgebühr, Nr. 3100 VV RVG i.V.m. § 13 RVG aus 11.000,00 EUR		785,20 EUR
1,2 Terminsgebühr, Nr. 3104 VV RVG i.V.m. § 13 RVG aus 11.000,00 EUR		724,80 EUR
Auslagenpauschale, Nr. 7002 VV RVG		20,00 EUR
Zwischensumme	1.530,00 EUR	
19 % Mehrwertsteuer, Nr. 7008 VV RVG		290,70 EUR
Gesamtbetrag		**1.820,70 EUR**

2. Zahlungsklage:		
1,3 Verfahrensgebühr, Nr. 3100 VV RVG i.V.m. § 13 RVG aus 9.000,00 EUR		659,10 EUR
– 1,3 Verfahrensgebühr, Vorbem. 3 (5) VV RVG i.V.m. § 13 RVG aus 9.000,00 EUR		– 659,10 EUR
1,2 Terminsgebühr, Nr. 3104 VV RVG i.V.m. § 13 RVG aus 9000,00 EUR		608,40 EUR
Auslagenpauschale, Nr. 7002 VV RVG		20,00 EUR
Zwischensumme	628,40 EUR	
19 % Mehrwertsteuer, Nr. 7008 VV RVG		119,40 EUR
Gesamtbetrag		**747,80 EUR**

Letztlich bleibt also eine Verfahrensgebühr des Beweissicherungsverfahrens aus dem Differenzwert 2.000,00 EUR neben der gerichtlichen Verfahrensgebühr bestehen; die Terminsgebühr findet ohnehin keine Anrechnung, da es sich nicht um ein und dasselbe Verfahren handelt, so dass diese jeweils aus den unterschiedlichen Gegenstandswerten anzusetzen ist.

Auch im Rahmen eines selbstständigen Beweisverfahrens muss natürlich berücksichtigt **152** werden, dass eine Anrechnung zu erfolgen hat, wenn vorher eine außergerichtliche Geschäftsgebühr angefallen ist. Nachdem nach Einführung des RVG zunächst gehäuft die Auffassung vertreten wurde, dass die Geschäftsgebühr auf die Verfahrensgebühr des Hauptsacheverfahrens und nicht schon auf die Verfahrensgebühr des selbstständigen Beweisverfahrens Anrechnung findet, hat sich das Bild heute in Rechtsprechung und Literatur in die andere Richtung gefestigt.[38]

Die außergerichtlich entstandene Geschäftsgebühr findet in Höhe ihrer Hälfte, maximal **153** mit einem Satz von 0,75 Anrechnung auf die Verfahrensgebühr des selbstständigen Beweisverfahrens. Das ist wohl auch richtig, denn so wird bei der Abrechnung der Verfahrensgebühr des selbstständigen Beweisverfahrens der mindere Aufwand durch die vorherige außergerichtliche Tätigkeit und Kenntnis des Mandates berücksichtigt. Bei der zuvor bestehenden Meinung konnte nämlich immer dann, wenn sich an das selbstständige Beweisverfahren gerade kein Hauptsacheverfahren anschloss, die volle

38 BGH, Beschl. v. 3.8.2008 – VI ZB 55/07.

Geschäftsgebühr neben der vollen Verfahrensgebühr des selbstständigen Beweisverfahrens stehen. Das widerspricht aber der Anrechnungsvorschrift insoweit, als dass das selbstständige Beweisverfahren ein gerichtliches Verfahren ist, das die zuvor entstandene Geschäftsgebühr mindert.

b) Das Urkunden- und Nachverfahren

154 Das Urkunden- oder Wechselverfahren bildet nicht dieselbe Angelegenheit mit dem ordentlichen Verfahren, das nach Abstandnahme oder nach einem Vorbehaltsurteil anhängig ist. Dies regelt § 17 Nr. 5 RVG.

Nach Nr. 3100 (2) VV RVG besteht allerdings eine volle Anrechnungspflicht der Verfahrensgebühr auf die Verfahrensgebühr für das nachfolgende ordentliche Verfahren, bezogen auf den sich deckenden Gegenstandswert.

Beispiel 94 **Anrechnung der Verfahrensgebühr des Urkundenverfahrens auf die Verfahrensgebühr des anschließenden gerichtlichen Verfahrens**

Der Rechtsanwalt führt einen Wechselprozess für seinen Mandanten mit einem Gegenstandswert von 4.000,00 EUR; es wird Beweis über die Echtheit des Wechsels erhoben und sodann ergeht ein Vorbehaltsurteil zugunsten seines Mandanten. Die Gegenseite strengt das Nachverfahren an; in dem Termin wird zunächst streitig verhandelt und dann werden mehrere Zeugen verhört.

Im Wechselprozess verdient der Rechtsanwalt die Verfahrens- und Terminsgebühr; im Nachverfahren verdient er dieselben Gebühren nochmals, muss sich aber die Verfahrensgebühr aus dem Urkundenprozess anrechnen lassen.

1. Urkundenverfahren:		
1,3 Verfahrensgebühr, Nr. 3100 VV RVG i.V.m. § 13 RVG aus 4.000,00 EUR		327,60 EUR
1,2 Terminsgebühr, Nr. 3104 VV RVG i.V.m. § 13 RVG aus 4.000,00 EUR		302,40 EUR
Auslagenpauschale, Nr. 7002 VV RVG		20,00 EUR
Zwischensumme	650,00 EUR	
19 % Mehrwertsteuer, Nr. 7008 VV RVG		123,50 EUR
Gesamtbetrag		**773,50 EUR**

2. Nachverfahren:

1,3 Verfahrensgebühr, Nr. 3100 VV RVG		
i.V.m. § 13 RVG aus 4.000,00 EUR		327,60 EUR
– 1,3 Verfahrensgebühr, Anm. zu Nr. 3100 VV RVG		– 327,60 EUR
1,2 Terminsgebühr, Nr. 3104 VV RVG		
i.V.m. § 13 RVG aus 4000,00 EUR		302,40 EUR
Auslagenpauschale, Nr. 7002 VV RVG		20,00 EUR
Zwischensumme	322,40 EUR	
19 % Mehrwertsteuer, Nr. 7008 VV RVG		61,26 EUR
Gesamtbetrag		**383,66 EUR**

c) Einstweilige Verfügung mit anschließendem Hauptsacheverfahren

Das Verfahren in der Hauptsache und ein Verfahren über einen Antrag auf Anordnung **155**
eines Arrestes, Erlass einer einstweiligen Verfügung oder Abänderung oder Aufhebung einer in vorgenannten Verfahren ergangenen Entscheidung sind nach § 17 Nr. 4 RVG verschiedene Angelegenheiten.

Beispiel 95 **Keine Anrechnungspflicht, zwei separate Gebührensachen: Die einstweilige Verfügung mit dem sich anschließenden Hauptsacheverfahren**

Der Rechtsanwalt erwirkt für seinen Mandanten eine einstweilige Verfügung und stellt diese ordnungsgemäß zu. Die Gegenseite legt Widerspruch gegen die einstweilige Verfügung ein, weshalb sodann auch terminiert und streitig verhandelt wird. Das Gericht entscheidet durch Urteil zugunsten der Partei. Der Gegenstandswert wird hier für das einstweilige Verfügungsverfahren auf 1/3 der Hauptsache, mithin auf 4.000,00 EUR festgesetzt. Um das vorläufige Rechtsschutzbedürfnis endgültig zu statuieren, reicht der Anwalt im Auftrag seines Mandanten sodann Hauptsacheklage ein, über die Beweis erhoben und streitig verhandelt wird. Der Gegenstandswert wird hier mit 12.000,00 EUR angegeben.

Für das einstweilige Verfügungsverfahren erhält der Rechtsanwalt die Verfahrensgebühr der Nr. 3100 VV RVG sowie die Terminsgebühr der Nr. 3104 VV RVG. Dieselben Gebühren erwachsen ihm im Hauptsacheverfahren, allerdings unter Zugrundelegung des höheren Gegenstandswertes. Es handelt sich vorliegend um zwei unterschiedliche Verfahren; eine Anrechnungspflicht existiert nicht. Der Anwalt rechnet daher wie folgt ab:

a) Kosten des einstweiligen Verfügungsverfahrens:

1,3 Verfahrensgebühr, Nr. 3100 VV RVG i.V.m. § 13 RVG aus 4.000,00 EUR		327,60 EUR
1,2 Terminsgebühr, Nr. 3104 VV RVG i.V.m. § 13 RVG aus 4000,00 EUR		302,40 EUR
Auslagenpauschale, Nr. 7002 VV RVG		20,00 EUR
Zwischensumme	650,00 EUR	
19 % Mehrwertsteuer, Nr. 7008 VV RVG		123,50 EUR
Gesamtbetrag		**773,50 EUR**

b) Kosten des Hauptsacheverfahrens:

1,3 Verfahrensgebühr, Nr. 3100 VV RVG i.V.m. § 13 RVG aus 12.000,00 EUR		785,20 EUR
1,2 Terminsgebühr, Nr. 3104 VV RVG i.V.m. § 13 RVG aus 12.000,00 EUR		724,80 EUR
Auslagenpauschale, Nr. 7002 VV RVG		20,00 EUR
Zwischensumme	1.530,00 EUR	
19 % Mehrwertsteuer, Nr. 7008 VV RVG		290,70 EUR
Gesamtbetrag		**1.820,70 EUR**

Merke

Im vorliegenden Beispiel verdient der Rechtsanwalt die Terminsgebühr nur, weil nach Widerspruch gegen die einstweilige Verfügung terminiert wurde. Ergeht aber die einstweilige Verfügung im Beschlusswege unangegriffen, erwächst dem Rechtsanwalt gerade keine Terminsgebühr, da für das einstweilige Verfügungsverfahren grundsätzlich keine mündliche Verhandlung vorgesehen ist.

156 Anrechnungspflichten in Bezug auf das einstweilige Verfügungsverfahren und das Hauptsacheverfahren gibt es jeweils nur im Zusammenhang mit der vorher außergerichtlich entstandenen Geschäftsgebühr.

Bei der Anrechnung der außergerichtlich entstandenen Geschäftsgebühr stellt sich die Frage, auf welche Verfahrensgebühr die Anrechnung zu erfolgen hat.

Beispiel 96 **Zusammenschau von außergerichtlicher Tätigkeit, einstweiligem Verfügungsverfahren und Hauptsacheklage**

Ein Anwalt mahnt für seinen Mandanten den Gegner außergerichtlich ab; er verlangt hierfür eine außergerichtliche Geschäftsgebühr nach Nr. 2300 VV RVG. Da der Gegner die Mahnung ignoriert, beantragt der Anwalt für seinen Mandanten den Erlass einer einstweiligen Verfügung, die nach Widerspruch durch Urteil zu seinen Gunsten entschieden wird. Da der Gegner im Anschluss an dieses Urteil die Abschlusserklärung nicht abgibt, erhebt der Anwalt wiederum Hauptsacheklage.

Mit der außergerichtlichen Aufforderung begehrt der Anwalt, dass der Gegner für die Zukunft einen Umstand akzeptiert bzw. unterlässt.

Das einstweilige Verfügungsverfahren regelt dann gerichtlich – vorübergehend und schnell – den derzeitigen Status. Will man eine Regelung für die Zukunft, muss der Gegner durch eine so genannte Abschlusserklärung die einstweilige Verfügung für die Zukunft „akzeptieren"; andernfalls muss, um die Sache abschließend für die Zukunft zu regeln, das Hauptsacheverfahren eingeleitet werden.

Aufgrund dieses Sachverhaltes liegt die Vermutung nahe, dass die außergerichtliche Geschäftsgebühr (die im Rahmen der außergerichtlichen Tätigkeit angefallen ist) auf die Verfahrensgebühr des Hauptsacheverfahrens anzurechnen ist. Dem ist aber nicht so.

So argumentiert z.B. unter anderem das OLG Frankfurt am Main,[39] dass es für die Anrechnungsklausel notwendig – aber auch ausreichend – sei, dass neben einem zeitlichen und personellen Zusammenhang ein inhaltlicher Zusammenhang bestehe. Und dieser bestehe zwischen der außergerichtlichen Tätigkeit des Prozessbevollmächtigten und der Vertretung im Eilverfahren.

Das bedeutet letztlich: Ist im Vorfeld eine außergerichtliche Geschäftsgebühr entstanden, **157**
erwächst die Verfahrensgebühr des einstweiligen Verfügungsverfahrens daneben nicht voll, sondern die außergerichtliche Geschäftsgebühr ist in Höhe der Hälfte, maximal mit 0,75 anzurechnen. Das ist im Ergebnis auch deshalb sachgerecht, weil sonst, wenn im Anschluss an ein einstweiliges Verfügungsverfahren kein Hauptsacheverfahren durchgeführt wird, die Geschäftsgebühr ungemindert neben der Verfahrensgebühr des einstweiligen Verfügungsverfahrens bestehen bleiben würde, was der Anrechnungsvorschrift widerspricht.

Dies betrifft aber nur das Verhältnis zwischen Anwalt und Mandant.

Für das Kostenfestsetzungsverfahren ergeben sich – erfreulicherweise und erst mit **158**
Einfügung des § 15a RVG im August 2009 – auch nur dann Konsequenzen, wenn die Geschäftsgebühr vom Gegner bezahlt oder tituliert ist. Da im einstweiligen Verfügungsverfahren in der Regel ein außergerichtlich entstandener Gebührenanspruch nicht geltend gemacht wird, und es wohl auch nicht der Praxis entspricht, dass dieser parallel tituliert wird, dürfte die Anrechnung einer außergerichtlichen Geschäftsgebühr im Kostenfestsetzungsverfahren des einstweiligen Verfügungsverfahrens wohl eher die Ausnahme sein.

Vielmehr wird es üblicherweise so sein, dass die Kosten der außergerichtlichen Aufforderung im sich etwa anschließenden Hauptsacheverfahren geltend gemacht werden, so dass dann letztlich – wenn der gesamte Teil eingefordert wird – auch eine Anrechnung im Kostenfestsetzungsverfahren des Hauptsacheverfahrens erfolgen muss.

Fertigt der Rechtsanwalt sodann ein Abschlussschreiben zur Vermeidung eines ansonsten **159**
anstehenden Hauptsacheverfahrens, ohne bereits Prozessauftrag zu haben, verdient

39 OLG Frankfurt am Main, Beschl. v. 20.5.2008 – 6 W 61/08 = BeckRS 2007, 12041.

er hierfür (erneut) die Gebühr der Nr. 2300 VV RVG; diese Gebühr entsteht auch, wenn der Rechtsanwalt vor dem einstweiligen Verfügungsverfahren bereits außergerichtlich tätig war.[40] Denn das Abschlussschreiben gehört zum Hauptsacheverfahren, das ja gerade vermieden werden soll, und nicht mehr zum einstweiligen Verfügungsverfahren.

Wenn sodann das Hauptsacheverfahren eingeleitet wird, wird die außergerichtliche Gebühr für das Abschlussschreiben auf die Verfahrensgebühr der Nr. 3100 VV RVG für das Hauptsacheverfahren in Höhe der Hälfte, maximal mit 0,75 angerechnet.

Fertigt der Anwalt ein Abschlussschreiben und hat er bereits Prozessauftrag, so verdient er hierfür die reduzierte 0,8 Verfahrensgebühr der Nr. 3101 VV RVG, die für den Fall, dass das Hauptsacheverfahren wegen Nichtabgabe der Abschlusserklärung dann tatsächlich eingeleitet wird, voll in der Verfahrensgebühr der Nr. 3100 VV RVG untergeht.

d) Verweisung

160 § 20 RVG bestimmt, dass die Verfahren vor dem verweisenden oder abgebenden und von dem übernehmenden Gericht ein Rechtszug sind, soweit eine Sache an ein anderes Gericht verwiesen oder abgegeben wird. Dementsprechend können die Verfahrensgebühren nicht neu entstehen.

Beispiel 97 **Verweisung an ein örtlich zuständiges Gericht**

In einer Zahlungsklage rügt der Beklagtenvertreter die örtliche Zuständigkeit des Landgerichts X. Das Landgericht X erklärt sich daraufhin für örtlich unzuständig und verweist den Rechtsstreit an das Landgericht Y, das die Sache verhandelt. Der Gegenstandswert beträgt 1.800,00 EUR.

Vorliegend handelt es sich nur um die Verweisung an ein anderes Gericht. Es handelt sich daher nach § 20 RVG um denselben Rechtszug; selbst wenn vor dem unzuständigen Gericht ein Termin stattgefunden haben sollte, würde die Terminsgebühr nur einmal abzurechnen sein. Die Verfahrensgebühr ist in jedem Rechtszug ohnehin nur einmal zu berechnen.

1,3 Verfahrensgebühr, Nr. 3100 VV RVG i.V.m. § 13 RVG aus 1.800,00 EUR		195,00 EUR
1,2 Terminsgebühr, Nr. 3104 VV RVG i.V.m. § 13 RVG aus 1.800,00 EUR		180,00 EUR
Auslagenpauschale, Nr. 7002 VV RVG		20,00 EUR
Zwischensumme	395,00 EUR	
19 % Mehrwertsteuer, Nr. 7008 VV RVG		75,05 EUR
Gesamtbetrag		**470,05 EUR**

40 So ausdrücklich BGH, Urt. v. 12.3.2009 – IX ZR 10/08, NJW 2009, 2068.

§ 20 S. 2 RVG bestimmt allerdings weiter, dass das weitere Verfahren vor dem verwiesenen oder abgegebenen Gericht als neuer Rechtszug gilt, wenn eine Sache an ein Gericht eines **niedrigeren** Rechtszuges verwiesen wird. Eine Anrechnungspflicht hinsichtlich der Verfahrensgebühr ist im RVG für die Verweisung nicht vorgesehen. 161

Beispiel 98 **Verweisung an ein Gericht eines niedrigeren Rechtszuges**

Der Rechtsanwalt hat eine Klage zum Landgericht über 6.000,00 EUR eingereicht; zwischen Anhängigkeit und Rechtshängigkeit findet die Sache in Höhe eines Teils der Forderung Erledigung, so dass der Restanspruch (3.500,00 EUR) unter die Streitwertgrenze der Zuständigkeit des Landgerichts fällt. Das Landgericht erklärt sich für sachlich unzuständig und verweist die Sache an das zuständige Amtsgericht. Dort findet eine Verhandlung statt.

Da die Verweisung an ein untergeordnetes Gericht erfolgt ist, gilt das weitere Verfahren vor dem Amtsgericht nach § 20 S. 2 RVG als neuer Rechtszug. Die Verfahrensgebühr ist demgemäß für beide Verfahren abzurechnen. Es erfolgt auch keine Anrechnung, denn eine Anrechnungspflicht für die Verweisung ist im RVG nicht vorgesehen.

Verfahren vor dem Landgericht:		
1,3 Verfahrensgebühr, Nr. 3100 VV RVG		
i.V.m. § 13 RVG aus 6.000,00 EUR		460,20 EUR
Auslagenpauschale, Nr. 7002 VV RVG		20,00 EUR
Zwischensumme	480,20 EUR	
19 % Mehrwertsteuer, Nr. 7008 VV RVG		91,24 EUR
Gesamtbetrag		**571,44 EUR**
Verfahren vor dem Amtsgericht:		
1,3 Verfahrensgebühr, Nr. 3100 VV RVG		
i.V.m. § 13 RVG aus 3.500,00 EUR		327,60 EUR
1,2 Terminsgebühr, Nr. 3104 VV RVG		
i.V.m. § 13 RVG aus 3.500,00 EUR		302,40 EUR
Auslagenpauschale, Nr. 7002 VV RVG		20,00 EUR
Zwischensumme	650,00 EUR	
19 % Mehrwertsteuer, Nr. 7008 VV RVG		123,50 EUR
Gesamtbetrag		**773,50 EUR**

e) Zurückverweisung

Die Zurückverweisung ist in § 21 RVG geregelt. Dort ist bestimmt, dass das weitere Verfahren vor dem untergeordneten Gericht, an dem zurückverwiesen wurde, als neuer Rechtszug gilt. Das bedeutet zunächst, dass die Gebühren vor dem untergeordneten Gericht in voller Höhe neu entstehen können. Dies gilt jedoch nur dann, wenn die Zurückverweisung an ein Gericht erfolgt, das mit der Sache noch nicht befasst war. 162

Beispiel 99 **Zurückverweisung an eine andere Kammer**

Der Rechtsanwalt hat gegen das erstinstanzliche Urteil, das nach streitiger Verhandlung ergangen ist, Berufung eingelegt. Das Berufungsgericht beendet nach Erörterung der Sache den Rechtszug durch ein Urteil dahingehend, dass der Rechtsstreit zur abschließenden Entscheidung an das erstinstanzliche Gericht zurückverwiesen wird. Zuständig für die Neuentscheidung ist nicht dieselbe Kammer, die das erstinstanzliche Urteil gefällt hat. Nach streitiger Verhandlung und Beweisaufnahme wird ein neues Urteil verkündet. Der Gegenstandswert beträgt 6.800,00 EUR.

Nach § 21 RVG ist das Verfahren vor dem untergeordneten Gericht, an das zurückverwiesen wurde, ein neuer Rechtszug. Daher können die Verfahrensgebühr und die Terminsgebühr nach Zurückverweisung in voller Höhe neu entstehen.

Gebühren des ersten Rechtszuges:		
1,3 Verfahrensgebühr, Nr. 3100 VV RVG i.V.m. § 13 RVG aus 6.800,00 EUR		526,50 EUR
1,2 Verfahrensgebühr, Nr. 3104 VV RVG i.V.m. § 13 RVG aus 6.800,00 EUR		486,00 EUR
Auslagenpauschale, Nr. 7002 VV RVG		20,00 EUR
Zwischensumme	1.032,50 EUR	
19 % Mehrwertsteuer, Nr. 7008 VV RVG		196,18 EUR
Gesamtbetrag		**1.228,68 EUR**
Gebühren des Berufungsverfahrens:		
1,6 Verfahrensgebühr, Nr. 3200 VV RVG i.V.m. § 13 RVG aus 6.800,00 EUR		648,00 EUR
1,2 Terminsgebühr, Nr. 3202 VV RVG i.V.m. § 13 RVG aus 6.800,00 EUR		486,00 EUR
Auslagenpauschale, Nr. 7002 VV RVG		20,00 EUR
Zwischensumme	1.154,00 EUR	
19 % Mehrwertsteuer, Nr. 7008 VV RVG		219,26 EUR
Gesamtbetrag		**1.373,26 EUR**
Gebühren nach Zurückverweisung:		
1,3 Verfahrensgebühr, Nr. 3100 VV RVG i.V.m. § 13 RVG aus 6.800,00 EUR		526,50 EUR
1,2 Verfahrensgebühr, Nr. 3104 VV RVG i.V.m. § 13 RVG aus 6.800,00 EUR		486,00 EUR
Auslagenpauschale, Nr. 7002 VV RVG		20,00 EUR
Zwischensumme	1.032,50 EUR	
19 % Mehrwertsteuer, Nr. 7008 VV RVG		196,18 EUR
Gesamtbetrag		**1.228,68 EUR**

163 **Anders sieht dies aus**, wenn der Rechtsstreit im Anschluss an das Berufungsverfahren an **dieselbe Kammer** zurückverwiesen wird, die die erste Entscheidung getroffen hat: § 21 RVG findet durch Vorbemerkung 3 (6) des 3. Teils des VV RVG insoweit eine Einschränkung, als dass die Verfahrensgebühr aus dem Verfahren des ersten Rechtszuges

auf die Verfahrensgebühr nach Zurückverweisung an dieselbe Kammer Anrechnung findet.

Beispiel 100 Zurückverweisung an dieselbe Kammer

Der Rechtsanwalt hat gegen das erstinstanzliche Urteil, das nach streitiger Verhandlung ergangen ist, Berufung eingelegt. Das Berufungsgericht beendet nach Erörterung der Sache den Rechtszug durch ein Urteil dahingehend, dass der Rechtsstreit zur abschließenden Entscheidung an das Gericht des ersten Rechtszuges verwiesen wird. Zuständig für die Neuentscheidung ist dieselbe Kammer, die das erstinstanzliche und nunmehr aufgehobene Urteil gefällt hat. Nach streitiger Verhandlung und Beweisaufnahme wird ein neues Urteil verkündet. Der Gegenstandswert beträgt 2.700,00 EUR.

Nach § 21 RVG ist das Verfahren vor dem untergeordneten Gericht, an das zurückverwiesen wurde, ein neuer Rechtszug. Die Verfahrensgebühr im Verfahren des ersten Rechtszuges vor Zurückverweisung findet jedoch gemäß Vorbemerkung 3 (6) des 3. Teils des VV RVG Anrechnung, weil der Rechtsstreit von einer Kammer übernommen wurde, die mit der Sache bereits befasst war. Die Terminsgebühr kann demgegenüber dort „erneut" verdient werden.

Gebühren des ersten Rechtszuges:		
1,3 Verfahrensgebühr, Nr. 3100 VV RVG i.V.m. § 13 RVG aus 2.700,00 EUR		261,30 EUR
1,2 Verfahrensgebühr, Nr. 3104 VV RVG i.V.m. § 13 RVG aus 2.700,00 EUR		241,20 EUR
Auslagenpauschale, Nr. 7002 VV RVG		20,00 EUR
Zwischensumme	522,50 EUR	
19 % Mehrwertsteuer, Nr. 7008 VV RVG		99,28 EUR
Gesamtbetrag		**621,78 EUR**

Gebühren des Berufungsverfahrens:		
1,6 Verfahrensgebühr, Nr. 3200 VV RVG i.V.m. § 13 RVG aus 2.700,00 EUR		321,60 EUR
1,2 Terminsgebühr, Nr. 3202 VV RVG i.V.m. § 13 RVG aus 2.700,00 EUR		241,20 EUR
Auslagenpauschale, Nr. 7002 VV RVG		20,00 EUR
Zwischensumme	582,80 EUR	
19 % Mehrwertsteuer, Nr. 7008 VV RVG		110,73 EUR
Gesamtbetrag		**693,53 EUR**

Gebühren nach Zurückverweisung:		
1,3 Verfahrensgebühr, Nr. 3100 VV RVG i.V.m. § 13 RVG aus 2.700,00 EUR		261,30 EUR
– 1,3 Verfahrensgebühr des ersten Rechtszuges i.V.m. § 13 RVG aus 2.700,00 EUR		– 261,30 EUR
1,2 Verfahrensgebühr, Nr. 3104 VV RVG i.V.m. § 13 RVG aus 2.700,00 EUR		241,20 EUR
Auslagenpauschale, Nr. 7002 VV RVG		20,00 EUR
Zwischensumme	261,20 EUR	
19 % Mehrwertsteuer, Nr. 7008 VV RVG		49,63 EUR
Gesamtbetrag		**310,83 EUR**

Merke

Besonderheit in Familiensachen: Wie bereits auch schon nach alter Fassung bildet auch nach dem zum 1.9.2009 durch Einführung des FamFG geänderten RVG das weitere Verfahren vor dem **Familiengericht** nach Zurückverweisung an ein untergeordnetes Gericht ein Verfahren mit dem früheren Rechtszug. Ergänzt wurde § 21 RVG nunmehr dahingehend, dass eine abgetrennte Folgesache, die als selbstständige Familiensache fortgeführt wird, mit dem früheren Verfahren dieselbe Angelegenheit bildet. Das hat zur Folge, dass die Gebühren nicht zusätzlich noch einmal entstehen können.

7. Anrechnung bei teilweiser Prozesskostenhilfebewilligung

164 Zu betrachten ist an dieser Stelle der in der Praxis häufig eintretende Fall, dass seitens des Gerichts Prozesskostenhilfe nur für einen Teil des Verfahrens gewährt wurde. Auch hier muss dann die von der Staatskasse zu zahlende Vergütung – korrekt – mit der Wahlanwaltsgebühr des Verfahrens abgeglichen bzw. verrechnet werden.

Beispiel 101 **Prozesskostenhilfe wird nur für einen Teil des Verfahrens gewährt**

Der Anwalt erhebt für seinen Mandanten Klage über 10.000,00 EUR; Prozesskostenhilfe wird nur über einen Teil in Höhe von 6.000,00 EUR bewilligt; der Rechtsanwalt ist also wegen 6.000,00 EUR beigeordnet, verdient über diesen Gegenstandswert die Gebühren aus der Staatskasse unter Zugrundelegung der Tabelle nach § 49 RVG. Über dem Gegenstandswert, für den keine Prozesskostenhilfe bewilligt wurde, also 4.000,00 EUR, betreibt der Anwalt das Verfahren nach den Wahlanwaltsgebühren, legt also die Tabelle des § 13 RVG zugrunde.

Die Festsetzung gegenüber der Staatskasse gestaltet sich weniger schwierig: Beantragt wird die 1,3 PKH-Verfahrensgebühr (Nr. 3100 VV RVG, Tabelle § 49 RVG) aus einem Gegenstandswert von 6.000,00 EUR, zugleich werden die Wahlanwaltsgebühren, also 1,3 Verfahrensgebühr (Nr. 3100 VV RVG, Tabelle § 13 RVG) angemeldet für den Fall, dass etwaige Zahlungen des PKH-Berechtigten in dem Zeitraum von 4 Jahren die Gebühren der Staatskasse übersteigen (vgl. Rdn 274).

Allerdings kann der Anwalt hier **nicht** einmal die 1,3 Verfahrensgebühr aus 6.000,00 EUR (Tabelle § 49 RVG, gegenüber der Staatskasse) zuzüglich einer 1,3 Verfahrensgebühr aus 4.000,00 EUR (Tabelle § 13 RVG, gegenüber den Mandanten) abrechnen. Hier muss der Anwalt auch eine differenzierte Verrechnung vornehmen.

Hintergrund: Letztlich darf der Rechtsanwalt nicht mehr als eine 1,3 Verfahrensgebühr aus der Tabelle des § 13 RVG aus dem Gesamtgegenstandswert von 10.000,00 EUR abrechnen. Da der Anwalt gegenüber der Staatskasse nicht nur die PKH-Gebühr abrechnet, sondern auch die Wahlanwaltsgebühr zur Festsetzung anmeldet, muss der Anwalt hier rechnerisch „Wahlanwaltsgebühr von Wahlanwaltsgebühr abziehen."

Die dem Mandanten in Rechnung zu stellende Gebühr errechnet sich wie folgt:

1,3 Verfahrensgebühr, Nr. 3100 VV RVG i.V.m. § 13 RVG aus 10.000,00 EUR		725,40 EUR
– 1,3 Verfahrensgebühr, Nr. 3100 VV RVG i.V.m. § 13 RVG aus 6.000,00 EUR		– 460,20 EUR
Auslagenpauschale, Nr. 7002 VV RVG		20,00 EUR
Zwischensumme	285,20 EUR	
19 % Mehrwertsteuer, Nr. 7008 VV RVG		54,19 EUR
Gesamtbetrag		**339,39 EUR**

C. Das Mahnverfahren

Die Gebühren im Mahnverfahren berechnen sich nach Abschnitt 3 Unterabschnitt 2 des Teil 3 des VV RVG. Nach **§ 17 Nr. 2 RVG** ist das Mahnverfahren eine **verschiedene Angelegenheit** zu dem streitigen Verfahren; es bestehen allerdings Anrechnungspflichten, die nachfolgend zur jeweiligen Gebühr vermerkt sind. **165**

I. Der Mahnbescheid

Die Verfahrensgebühr der Nr. 3305 VV RVG entsteht mit jeder Tätigkeit im Zusammenhang mit einem Mahnbescheid für den Rechtsanwalt des Antragstellers (beim Rechtsanwalt des Antragsgegners kann diese Gebühr nicht entstehen). Bereits die Entgegennahme der Information reicht für das Entstehen dieser Verfahrensgebühr aus. Es ist nicht zwingend erforderlich, dass der Rechtsanwalt selbst den Mahnbescheid beantragt hat; er kann die Gebühr auch verdienen, wenn er z.B. nach Erlass des Mahnbescheides tätig wird. Wird der Anwalt z.B. nach Stellung des Mahnantrages durch die Partei beauftragt, den Mahnantrag wieder zurückzunehmen, verdient er ebenfalls die Gebühr der Ziffer 3305 VV RVG. Regelmäßig aber wird die Beantragung des Mahnbescheides die Verfahrensgebühr der Nr. 3305 VV RVG auslösen. **166**

Beispiel 102 **Vertretung (des Antragstellers) im Verfahren über den Mahnbescheid**

Der Rechtsanwalt wird beauftragt, einen auf Zahlung gerichteten Anspruch (670,00 EUR) zu titulieren; er wählt den richtigen kostengünstigen Weg des gerichtlichen Mahnverfahrens, beantragt also Mahnbescheid.

1,0 Verfahrensgebühr, Nr. 3305 VV RVG i.V.m. § 13 RVG aus 670,00 EUR		80,00 EUR
Auslagenpauschale, Nr. 7002 VV RVG		16,00 EUR
Zwischensumme	96,00 EUR	
19 % Mehrwertsteuer, Nr. 7008 VV RVG		18,24 EUR
Gesamtbetrag		**114,24 EUR**

167 Diese Gebühr wird auf die Verfahrensgebühr, die der Anwalt in einem nachfolgenden Rechtsstreit erhält, angerechnet. Diese Regelung findet sich in der Anmerkung zu Nr. 3305 VV RVG.

Beispiel 103 **Anrechnung der Mahnverfahrensgebühr auf eine gerichtliche Verfahrensgebühr: identischer Gegenstandswert**

Gegen den vom Rechtsanwalt erwirkten Mahnbescheid über 1.200,00 EUR legt der Antragsgegner bzw. sein Bevollmächtigter rechtzeitig Widerspruch ein. Nach Einzahlung der zweiten Gerichtskostenhälfte geht das Verfahren in das ordentliche Verfahren über und der Rechtsanwalt fertigt die Anspruchsbegründung in Form einer Klageschrift.

Nach Anmerkung zu Nr. 3305 VV RVG findet die Gebühr für den Antrag auf Erlass eines Mahnbescheides Anrechnung auf die im nachfolgenden Verfahren anfallende Verfahrensgebühr.

Zu beachten ist zudem: Vorliegend handelt es sich um zwei Verfahren, so dass zwei Auslagenpauschalen abzurechnen sind (sofern nicht die tatsächlichen Kosten gefordert werden).

1,0 Verfahrensgebühr, Nr. 3305 VV RVG i.V.m. § 13 RVG aus 1.200,00 EUR		115,00 EUR
Auslagenpauschale, Nr. 7002 VV RVG		20,00 EUR
1,3 Verfahrensgebühr, Nr. 3100 VV RVG i.V.m. § 13 RVG aus 1.200,00 EUR		149,50 EUR
– 1,0 Verfahrensgebühr, Nr. 3305 VV RVG i.V.m. § 13 RVG aus 1.200,00 EUR		– 115,00 EUR
Auslagenpauschale, Nr. 7002 VV RVG		20,00 EUR
Zwischensumme	189,50 EUR	
19 % Mehrwertsteuer, Nr. 7008 VV RVG		36,01 EUR
Gesamtbetrag		**225,51 EUR**

Letztlich berechnet der Anwalt im vorliegenden Fall also die Verfahrensgebühr sowie zwei Auslagenpauschalen.

Eine nicht selten vorkommende Variante ist diejenige, dass das Prozessverfahren aufgrund zwischenzeitlich erfolgter Teilzahlung oder Rücknahme eines Teils der Forderung nur wegen eines Restbetrages fortgeführt wird. Insofern muss natürlich beachtet werden, dass die Anrechnung der Gebühr für den Mahnbescheid nur über den identischen Gegenstandswert erfolgt. **168**

Beispiel 104 Anrechnung der Mahnverfahrensgebühr auf eine gerichtliche Verfahrensgebühr: Gegenstandswert des Mahnverfahrens ist höher

Der Rechtsanwalt beantragt den Erlass eines Mahnbescheids über eine Forderung in Höhe von 1.500,00 EUR. Der Gegner legt Widerspruch ein, zahlt gleichzeitig einen Teilbetrag in Höhe von 700,00 EUR. Der Rechtsanwalt zahlt die zweite Gerichtskostenhälfte ein und beantragt vor dem ordentlichen Gericht, den Beklagten zu verurteilen, an den Kläger die Summe 800,00 EUR zu zahlen.

Zunächst verdient der Rechtsanwalt die Verfahrensgebühr für den Mahnantrag nach Nr. 3305 VV RVG über den Gegenstand 1.500,00 EUR. Sodann verdient er für die Vertretung im ordentlichen Verfahren die Verfahrensgebühr der Nr. 3100 VV RVG auf Basis des Gegenstandswertes von 800,00 EUR, auf die er sich aber die Verfahrensgebühr des Mahnverfahrens in Höhe nur des identischen Gegenstandswertes 800,00 EUR anrechnen lassen muss.

Zu beachten ist zudem: Vorliegend handelt es sich um zwei Verfahren, so dass zwei Auslagenpauschalen abzurechnen sind (sofern nicht die tatsächlichen Kosten gefordert werden).

1,0 Verfahrensgebühr, Nr. 3305 VV RVG i.V.m. § 13 RVG aus 1.500,00 EUR		115,00 EUR
Auslagenpauschale, Nr. 7002 VV RVG		20,00 EUR
1,3 Verfahrensgebühr, Nr. 3100 VV RVG i.V.m. § 13 RVG aus 800,00 EUR		104,00 EUR
– 1,0 Verfahrensgebühr, Nr. 3305 VV RVG i.V.m. § 13 RVG aus 800,00 EUR		– 80,00 EUR
Auslagenpauschale, Nr. 7002 VV RVG		20,00 EUR
Zwischensumme	179,00 EUR	
19 % Mehrwertsteuer, Nr. 7008 VV RVG		34,01 EUR
Gesamtbetrag		**213,01 EUR**

Würde er fehlerhaft die Mahnantragsgebühr einfach nicht abrechnen, weil diese ja neben der Verfahrensgebühr „untergeht“, also die Unterschiedlichkeit der Streitwerte nicht berücksichtigen, würde seine Tätigkeit im Mahnverfahren über den höheren Gegenstandswert nicht honoriert werden.

Da es sich vorliegend um zwei Verfahren handelt, ist entsprechend zweimal auch die Auslagenpauschale zu berücksichtigen.

169 Gleichermaßen ist zu rechnen, wenn ein Rechtsanwalt im gerichtlichen Verfahren erstmals nach Widerspruch gegen den Mahnbescheid für die Antragsteller tätig wird, den Mahnbescheid teilweise zurücknimmt und im Übrigen die Abgabe an das Streitgericht beantragt. Denn für die Tätigkeit im Mahnverfahren (Zurücknahme und Antrag auf Abgabe) verdient der Rechtsanwalt die 1,0 Verfahrensgebühr der Nr. 3305 VV RVG aus dem Gesamtstreitwert; die 1,3 Verfahrensgebühr nach Nr. 3100 VV RVG wird aus dem Wert, weswegen das Verfahren sodann fortgeführt wird (Gesamtstreitwert ./. Rücknahmebetrag), berechnet. Demnach kann die 1,0 Verfahrensgebühr nur in Höhe des verbleibenden Gegenstandswertes Anrechnung finden, da sich nur insoweit die Gegenstände decken.[41]

Eine anders zu beurteilender Sachverhalt wäre der, dass nach Abgabe des Verfahrens ein vom Mahnantrag abweichender (höherer) Antrag gestellt wird, weil zwischenzeitlich neue Forderungen entstanden, fällig und in Verzug sind.

Beispiel 105 Anrechnung der Mahnverfahrensgebühr auf eine gerichtliche Verfahrensgebühr: Gegenstandswert des Mahnverfahrens ist niedriger

Der Rechtsanwalt beantragt einen Mahnbescheid wegen einer Hauptforderung in Höhe von 3.500,00 EUR. Der Gegner legt rechtzeitig Widerspruch ein, so dass das Verfahren in das ordentliche Verfahren übergeht und der Anwalt seinen Anspruch in Form einer Klageschrift begründen muss. Da nach Einreichung des Mahnantrages eine weitere Forderung in Höhe von 4.300,00 EUR fällig ist, stellt der Anwalt den Antrag, den Beklagten zur Zahlung der Summe 7.800,00 EUR zu verurteilen.

Zunächst verdient der Rechtsanwalt die Verfahrensgebühr für den Mahnantrag nach Nr. 3305 VV RVG über die Summe 3.500,00 EUR. Sodann verdient er für die Vertretung im ordentlichen Verfahren die Verfahrensgebühr der Nr. 3100 VV RVG auf Basis des Gegenstandswertes 7.800,00 EUR, auf die er sich aber die Verfahrensgebühr des Mahnverfahrens in Höhe des identischen Gegenstandswertes 3.500,00 EUR anrechnen lassen muss.

Zu beachten ist zudem: Vorliegend handelt es sich um zwei Verfahren, so dass zwei Auslagenpauschalen abzurechnen sind (sofern nicht die tatsächlichen Kosten gefordert werden).

41 So auch OLG Düsseldorf, Beschl. v. 8.5.2006 – 17 W 26/06, JurBüro 2007, 81 f.

1,0 Verfahrensgebühr, Nr. 3305 VV RVG i.V.m. § 13 RVG aus 3.500,00 EUR		252,00 EUR
Auslagenpauschale, Nr. 7002 VV RVG		20,00 EUR
1,3 Verfahrensgebühr, Nr. 3100 VV RVG i.V.m. § 13 RVG aus 7.800,00 EUR		592,80 EUR
– 1,0 Verfahrensgebühr, Nr. 3305 VV RVG i.V.m. § 13 RVG aus 3.500,00 EUR		– 252,00 EUR
Auslagenpauschale, Nr. 7002 VV RVG		20,00 EUR
Zwischensumme	632,80 EUR	
19 % Mehrwertsteuer, Nr. 7008 VV RVG		120,23 EUR
Gesamtbetrag		**753,03 EUR**

Sofern der Anwalt zuvor außergerichtlich tätig war, muss beachtet werden, dass die zuvor entstandene Geschäftsgebühr in Höhe der Hälfte, maximal mit 0,75 auf die Mahnverfahrensgebühr der Nr. 3305 VV RVG Anrechnung findet, soweit sich der Gegenstand der anwaltlichen Tätigkeit deckt. 170

Beispiel 106 **Anrechnung einer außergerichtlichen Geschäftsgebühr auf die Mahnverfahrensgebühr**

Der Anwalt fordert auftragsgemäß für seinen Mandanten den Schuldner zur Zahlung einer offenen Forderung in Höhe von 4.000,00 EUR auf; nachdem der Schuldner die Zahlungsfrist fruchtlos verstreichen lässt, beantragt der Anwalt Mahnbescheid über mittlerweile 7.000,00 EUR.

Der Anwalt verdient für seine Zahlungsaufforderung hier eine Regel-/Schwellengebühr von 1,3 aus 4.000,00 EUR, weil hier unterstellt werden kann, dass die Zahlungsaufforderung weder schwierig noch umfangreich ist. Für die Tätigkeit im Mahnverfahren verdient der Rechtsanwalt, die 1,0 Verfahrensgebühr über (mittlerweile) 7.000,00 EUR, muss sich jedoch hier die hälftige Geschäftsgebühr aus dem sich insoweit deckenden Gegenstandswert von 4.000,00 EUR anrechnen lassen.

Zu beachten ist zudem: Vorliegend handelt es sich um zwei Verfahren, so dass zwei Auslagenpauschalen abzurechnen sind (sofern nicht die tatsächlichen Kosten gefordert werden).

1,3 Geschäftsgebühr, Nr. 2300 VV RVG i.V.m. § 13 RVG aus 4.000,00 EUR		327,60 EUR
Auslagenpauschale, Nr. 7002 VV RVG		20,00 EUR
1,0 Verfahrensgebühr, Nr. 3305 VV RVG i.V.m. § 13 RVG aus 7.000,00 EUR		405,00 EUR
– 0,65 anrechenbare Geschäftsgebühr, Vorbem. 3 (3) VV RVG i.V.m. § 13 RVG aus 4.000,00 EUR		– 163,80 EUR
Auslagenpauschale, Nr. 7002 VV RVG		20,00 EUR
Zwischensumme	608,80 EUR	
19 % Mehrwertsteuer, Nr. 7008 VV RVG		115,67 EUR
Gesamtbetrag		**724,47 EUR**

171 Für den Fall der vorzeitigen Erledigung sieht der Gesetzgeber eine Ermäßigung der Gebühr für den Mahnbescheid vor; dies ergibt sich aus Nr. 3306 VV RVG. Danach reduziert sich die Verfahrensgebühr auf einen Satz von 0,5, wenn sich der Auftrag vorzeitig erledigt.

Beispiel 107 **Reduzierte Mahnverfahrensgebühr bei vorzeitiger Erledigung**

Der Rechtsanwalt fertigt im Auftrag des Mandanten einen Mahnbescheid über 3.100,00 EUR. Noch bevor er ihn beim zuständigen Amtsgericht eingereicht hat, ruft der Mandant an und teilt mit, dass sich die Angelegenheit erledigt habe. Er bittet um abschließende Abrechnung.

Die Verfahrensgebühr der Nr. 3305 VV RVG reduziert sich aufgrund der Nr. 3306 VV RVG auf einen Satz von 0,5.

0,5 Verfahrensgebühr Nrn. 3305, 3306 VV RVG i.V.m. § 13 RVG aus 3.100,00 EUR		126,00 EUR
Auslagenpauschale, Nr. 7002 VV RVG		20,00 EUR
Zwischensumme	146,00 EUR	
19 % Mehrwertsteuer, Nr. 7008 VV RVG		27,74 EUR
Gesamtbetrag		**173,74 EUR**

172 Die Gebühr der Nr. 3306 VV RVG soll – seit der Ergänzung durch Art. 20 des 2. JuModG vom 22.12.2006 – im Übrigen auch entstehen, wenn der Auftrag endet, bevor der Anwalt einen Schriftsatz mit Sachanträgen, Sachvortrag oder die Zurücknahme des Antrages erhält. Dies kann zum Beispiel dann der Fall sein, wenn der Mandant im Mahnverfahren selbst tätig war und den Anwalt erst nach Widerspruch durch den Antragsgegner mit seiner Interessenwahrnehmung beauftragt. Wird der Schuldner beispielsweise durch außergerichtliche Korrespondenz oder Telefonate dazu bewegt, den Widerspruch zurückzunehmen, ehe der Anwalt die Abgabe des Verfahrens an das streitige Gericht beantragt hat, ist eine 0,5 Gebühr nach Nr. 3306 VV RVG zu berechnen.[42]

> *Merke*
>
> Sofern die Tätigkeit des Anwaltes erst nach Abgabeantrag entwickelt wird, gehört dies nicht mehr zum Mahnverfahren, sondern bereits zum streitigen Verfahren – es gelten dann andere Gebührenvorschriften.

173 Eine zuvor entstandene Geschäftsgebühr der Nr. 2300 VV RVG findet auch Anrechnung auf die reduzierte Gebühr der Nr. 3306 VV RVG bei vorzeitiger Erledigung. Hierbei

42 Vgl. *Jungbauer*, JurBüro 2007, 174 f.

muss natürlich beachtet werden, dass nicht mehr anzurechnen ist, als durch den Mahnantrag überhaupt entsteht.

Beispiel 108 **Anrechnung der Geschäftsgebühr auf die reduzierte Mahnverfahrensgebühr**

Der Anwalt ist zunächst mit der außergerichtlichen Geltendmachung einer Forderung in Höhe von 450,00 EUR tätig. Da die Gegenseite innerhalb der Frist nicht reagiert, erteilt der Mandant dem Anwalt Auftrag, Mahnbescheid zu beantragen; dieser Auftrag endet vorzeitig und der Anwalt rechnet ab.

Für die leichte, wenig umfangreiche außergerichtliche Tätigkeit bringt der Anwalt eine 1,3 (Schwellen-)Geschäftsgebühr der Nr. 2300 VV RVG in Ansatz; für den vorzeitig erledigten Prozessauftrag verdient er sodann eine 0,5 Verfahrensgebühr der Nr. 3305 VV RVG. Hier muss natürlich bei der gesetzlich vorgeschriebenen „Hälfteanrechnung" der Geschäftsgebühr der Nr. 2300 VV RVG berücksichtigt werden, dass die Hälfte höher wäre, als die im Nachhinein verdiente Gebühr. Die Anrechnung muss daher auf 0,5 gedeckelt werden, da sonst die weitere gerichtliche Tätigkeit (bzw. die den Rechtszug vorbereitende Tätigkeit) die an und für sich schon verdiente Geschäftsgebühr reduzieren würde.

Zu beachten ist zudem: Vorliegend handelt es sich um zwei Verfahren, so dass zwei Auslagenpauschalen abzurechnen sind (sofern nicht die tatsächlichen Kosten gefordert werden).

1,3 Geschäftsgebühr, Nr. 2300 VV RVG i.V.m. §§ 13, 14 RVG aus 450,00 EUR		58,50 EUR
Auslagenpauschale, Nr. 7002 VV RVG		11,70 EUR
0,5 Verfahrensgebühr, Nr. 3306 VV RVG i.V.m. § 13 RVG aus 450,00 EUR		22,50 EUR
– 0,5 Geschäftsgebühr, Vorbem. 3 (4) Teil 3 VV RVG aus 450,00 EUR		– 22,50 EUR
Auslagenpauschale, Nr. 7002 VV RVG		4,50 EUR
Zwischensumme	74,70 EUR	
19 % Mehrwertsteuer, Nr. 7008 VV RVG		14,19 EUR
Gesamtbetrag		**88,89 EUR**

II. Der Widerspruch

Der Rechtsanwalt des Antragsgegners verdient die Verfahrensgebühr für den Widerspruch gemäß Nr. 3307 VV RVG mit jeder Tätigkeit im Rahmen des Mahnverfahrens; die Entgegennahme der Informationen ist ausreichend. Selbst dann, wenn der Rechtsanwalt nach Einlegung des Widerspruchs (etwa selbst durch die Partei) im Rahmen des Mahnverfahrens (vor Abgabe an das ordentliche Verfahren) tätig wird, erwächst ihm diese Verfahrensgebühr. In der Regel wird jedoch die Einlegung des Widerspruchs 174 selbst die Verfahrensgebühr der Nr. 3307 VV RVG auslösen. Der Rechtsanwalt des Antragstellers kann hingegen diese Gebühr nicht verdienen.

Beispiel 109 **Verfahrensgebühr im Verfahren über den Widerspruch**

Der Rechtsanwalt wird beauftragt, gegen den gegen den Mandanten erwirkten Mahnbescheid über 670,00 EUR Widerspruch einzulegen.

Der Rechtsanwalt verdient die Verfahrensgebühr der Nr. 3307 VV RVG.

0,5 Verfahrensgebühr, Nr. 3307 VV RVG		
i.V.m. § 13 RVG aus 670,00 EUR		40,00 EUR
Auslagenpauschale, Nr. 7002 VV RVG		8,00 EUR
Zwischensumme	48,00 EUR	
19 % Mehrwertsteuer, Nr. 7008 VV RVG		9,12 EUR
Gesamtbetrag		**57,12 EUR**

175 Die Verfahrensgebühr für den Widerspruch gegen den Mahnbescheid findet Anrechnung auf die in einem nachfolgenden Rechtsstreit abzurechnende Verfahrensgebühr.

Beispiel 110 **Anrechnung der Widerspruchsgebühr auf die gerichtliche Verfahrensgebühr**

Der Rechtsanwalt wird beauftragt, gegen einen Mahnbescheid Widerspruch einzulegen. Er tut dies; die Gegenseite beantragt Durchführung des streitigen Verfahrens, in dem sich der Rechtsanwalt auch bestellt. Der Gegenstandswert beträgt 1.500,00 EUR.

Nach Anmerkung zu Nr. 3307 VV RVG findet die Gebühr für die Einlegung des Widerspruchs Anrechnung auf die im nachfolgenden Verfahren anfallende Verfahrensgebühr.

Zu beachten ist zudem: Vorliegend handelt es sich um zwei Verfahren, so dass zwei Auslagenpauschalen abzurechnen sind (sofern nicht die tatsächlichen Kosten gefordert werden).

0,5 Verfahrensgebühr, Nr. 3307 VV RVG		
i.V.m. § 13 RVG aus 1.500,00 EUR		57,50 EUR
Auslagenpauschale, Nr. 7002 VV RVG		11,50 EUR
1,3 Verfahrensgebühr, Nr. 3100 VV RVG		
i.V.m. § 13 RVG aus 1.500,00 EUR		149,50 EUR
– 0,5 Verfahrensgebühr, Nr. 3307 VV RVG		
i.V.m. § 13 RVG aus 1.500,00 EUR		– 40,00 EUR
Auslagenpauschale, Nr. 7002 VV RVG		20,00 EUR
Zwischensumme	198,50 EUR	
19 % Mehrwertsteuer, Nr. 7008 VV RVG		37,72 EUR
Gesamtbetrag		**236,22 EUR**

Letztlich berechnet der Anwalt im vorliegenden Fall also nur die 1,3 Verfahrensgebühr nebst zwei Auslagenpauschalen.

Ist der Rechtsanwalt beauftragt, Widerspruch gegen den Mahnbescheid wegen nur eines Teils der Forderung einzulegen, berechnet sich die Gebühr nach dem teilweisen Gegenstandswert. Auch die dann entstehende Verfahrensgebühr der Nr. 3100 VV RVG würde auf Basis dieses geminderten Gegenstandswertes entstehen, da ja nur wegen dieses Anspruchs das Verfahren fortgesetzt würde. 176

Beispiel 111 **Anrechnung der Widerspruchsgebühr auf die gerichtliche Verfahrensgebühr bei Teilwiderspruch**

Der Rechtsanwalt wird beauftragt, gegen einen Mahnbescheid über 3.600,00 EUR Teil-Widerspruch über 1.700,00 EUR einzulegen. Er tut dies auch; die Gegenseite beantragt Durchführung des streitigen Verfahrens wegen des widersprochenen Gegenstandes, in dem sich der Rechtsanwalt des Antragsgegners sodann auch bestellt.

Der Rechtsanwalt des Antragsgegners war hier im Verfahren über den Widerspruch und im ordentlichen Verfahren über einen Gegenstandswert von 1.700,00 EUR tätig (anders als der Rechtsanwalt des Antragstellers, der zunächst über einen Gegenstand von 3.600,00 EUR tätig war). Der Rechtsanwalt des Antragsgegners verdient daher sowohl die Verfahrensgebühr der Nr. 3307 VV RVG als auch die Verfahrensgebühr der Nr. 3100 VV RVG aus einem Gegenstandswert von 1.700,00 EUR. Nach Anmerkung zu Nr. 3307 VV RVG findet die Gebühr für die Einlegung des Widerspruchs Anrechnung auf die im nachfolgenden Verfahren anfallende Verfahrensgebühr.

Zu beachten ist zudem: Vorliegend handelt es sich um zwei Verfahren, so dass zwei Auslagenpauschalen abzurechnen sind (sofern nicht die tatsächlichen Kosten gefordert werden).

0,5 Verfahrensgebühr, Nr. 3307 VV RVG i.V.m. § 13 RVG aus 1.700,00 EUR		75,00 EUR
Auslagenpauschale, Nr. 7002 VV RVG		15,00 EUR
1,3 Verfahrensgebühr, Nr. 3100 VV RVG i.V.m. § 13 RVG aus 1.700,00 EUR		195,00 EUR
– 0,5 Verfahrensgebühr, Nr. 3307 VV RVG i.V.m. § 13 RVG aus 1.700,00 EUR		– 75,00 EUR
Auslagenpauschale, Nr. 7002 VV RVG		20,00 EUR
Zwischensumme	230,00 EUR	
19 % Mehrwertsteuer, Nr. 7008 VV RVG		43,70 EUR
Gesamtbetrag		**273,70 EUR**

Anders sieht es allerdings aus, wenn der Anwalt, der Widerspruch gegen den Mahnbescheid eingelegt hat, im ordentlichen Verfahren über einen höheren Gegenstandswert tätig wird. 177

Beispiel 112 **Anrechnung der Widerspruchsgebühr auf die gerichtliche Verfahrensgebühr bei Fortgang des Verfahrens mit höherem Gegenstandswert**

Dem Mandanten wurde ein Mahnbescheid über eine Forderung in Höhe von 500,00 EUR zugestellt. Der Rechtsanwalt legt Widerspruch hiergegen ein; der klägerische Anwalt erhöht in seiner Anspruchsbegründung die Forderung um 2.300,00 EUR auf 2.800,00 EUR. Der Anwalt des Beklagten bestellt sich und erteilt dem Mandanten eine Rechnung.

Nach Anmerkung zu Nr. 3307 VV RVG findet die Gebühr für die Einlegung des Widerspruchs Anrechnung auf die im nachfolgenden Verfahren anfallende Verfahrensgebühr, allerdings nur in Höhe des identischen Gegenstandswertes.

Zu beachten ist zudem: Vorliegend handelt es sich um zwei Verfahren, so dass zwei Auslagenpauschalen abzurechnen sind (sofern nicht die tatsächlichen Kosten gefordert werden).

0,5 Verfahrensgebühr, Nr. 3307 VV RVG i.V.m. § 13 RVG aus 500,00 EUR		22,50 EUR
Auslagenpauschale, Nr. 7002 VV RVG		4,50 EUR
1,3 Verfahrensgebühr, Nr. 3100 VV RVG i.V.m. § 13 RVG aus 2.800,00 EUR		261,30 EUR
– 0,5 Verfahrensgebühr, Nr. 3307 VV RVG i.V.m. § 13 RVG aus 500,00 EUR		– 22,50 EUR
Auslagenpauschale, Nr. 7002 VV RVG		20,00 EUR
Zwischensumme	285,80 EUR	
19 % Mehrwertsteuer, Nr. 7008 VV RVG		54,30 EUR
Gesamtbetrag		**340,10 EUR**

178 Auch ist die Konstellation möglich, dass der Anwalt, der Widerspruch gegen den Mahnbescheid eingelegt hat, im ordentlichen Verfahren wegen eines niedrigeren Gegenstandswertes tätig wird, weil der Kläger die Klage über einen Teil der Forderung zurücknimmt.

Beispiel 113 **Anrechnung der Widerspruchsgebühr auf die gerichtliche Verfahrensgebühr bei Fortgang des Verfahrens mit geringerem Gegenstandswert**

Dem Mandanten wurde ein Mahnbescheid über eine Forderung in Höhe von 3.500,00 EUR zugestellt. Der Rechtsanwalt legt Widerspruch hiergegen ein; der klägerische Anwalt stellt in Abweichung zum Mahnbescheid den Antrag auf Zahlung einer Forderung in Höhe von 2.800,00 EUR. Der Anwalt des Beklagten bestellt sich und erteilt dem Mandanten eine Rechnung.

Nach Anmerkung zu Nr. 3307 VV RVG findet die Gebühr für die Einlegung des Widerspruchs Anrechnung auf die im nachfolgenden Verfahren anfallende Verfahrensgebühr. Beachtet werden muss, dass die Gebühr nicht einfach „untergeht", sondern nur in Höhe des Gegenstandswertes Anrechnung findet, der auch identisch ist.

Zu beachten ist zudem: Vorliegend handelt es sich um zwei Verfahren, so dass zwei Auslagenpauschalen abzurechnen sind (sofern nicht die tatsächlichen Kosten gefordert werden).

0,5 Verfahrensgebühr, Nr. 3307 VV RVG		
i.V.m. § 13 RVG aus 3.500,00 EUR		126,00 EUR
Auslagenpauschale, Nr. 7002 VV RVG		20,00 EUR
1,3 Verfahrensgebühr, Nr. 3100 VV RVG		
i.V.m. § 13 RVG aus 2.800,00 EUR		261,30 EUR
– 0,5 Verfahrensgebühr, Nr. 3307 VV RVG		
i.V.m. § 13 RVG aus 2.800,00 EUR		– 100,50 EUR
Auslagenpauschale, Nr. 7002 VV RVG		20,00 EUR
Zwischensumme	326,80 EUR	
19 % Mehrwertsteuer, Nr. 7008 VV RVG		62,09 EUR
Gesamtbetrag		**388,89 EUR**

Neben der Verfahrensgebühr der Nr. 3100 VV RVG für das ordentliche Verfahren bleibt dem Anwalt letztlich eine 0,5 Verfahrensgebühr für den Widerspruch aus dem Differenzwert erhalten.

Die Verfahrensgebühr für den Widerspruch der Nr. 3307 VV RVG ist eine gerichtliche **179**
Verfahrensgebühr. Insoweit muss beachtet werden, dass eine zuvor außergerichtlich entstandene Geschäftsgebühr der Nr. 2300 VV RVG in Höhe der Hälfte, maximal mit einem Satz von 0,75 Anrechnung finden muss.

Beispiel 114 Anrechnung einer außergerichtlich entstandenen Geschäftsgebühr auf die Widerspruchsgebühr

Der Anwalt ist mit der Abwehr einer von der Gegenseite geltend gemachten Forderung über 4.300,00 EUR außergerichtlich tätig. Da die Gegenseite irgendwann Mahnbescheid beantragt, legt der Anwalt hiergegen Widerspruch ein. Das Verfahren bleibt stecken; der Anwalt rechnet gegenüber dem Mandanten ab. Der Gegenstandswert beträgt 4.300,00 EUR.

Für die leichte, wenig umfangreiche außergerichtliche Tätigkeit bringt der Anwalt eine 1,3 (Schwellen-)Geschäftsgebühr der Nr. 2300 VV RVG in Ansatz; für den Widerspruch erhält er die Verfahrensgebühr der Nr. 3307 VV RVG mit einem festen Satz von 0,5. Hier muss natürlich bei der gesetzlich vorgeschriebenen „Hälfteanrechnung" der Geschäftsgebühr der Nr. 2300 VV RVG berücksichtigt werden, dass die Hälfte höher wäre, als die im Nachhinein verdiente Gebühr. Die Anrechnung muss daher auf 0,5 gedeckelt werden, da sonst die weitere gerichtliche Tätigkeit (der Widerspruch) die an und für sich schon verdiente Geschäftsgebühr reduzieren würde.

Zu beachten ist zudem: Vorliegend handelt es sich um zwei Verfahren, so dass zwei Auslagenpauschalen abzurechnen sind (sofern nicht die tatsächlichen Kosten gefordert werden).

1,3 Geschäftsgebühr, Nr. 2300 VV RVG i.V.m. §§ 13, 14 RVG aus 4.300,00 EUR		393,90 EUR
Auslagenpauschale, Nr. 7002 VV RVG		20,00 EUR
0,5 Verfahrensgebühr, Nr. 3307 VV RVG i.V.m. § 13 RVG aus 4.300,00 EUR		151,50 EUR
– 0,5 Geschäftsgebühr, Vorbem. 3 (4) Teil 3 VV RVG aus 4.300,00 EUR		– 151,50 EUR
Auslagenpauschale, Nr. 7002 VV RVG		20,00 EUR
Zwischensumme	433,90 EUR	
19 % Mehrwertsteuer, Nr. 7008 VV RVG		83,44 EUR
Gesamtbetrag		**516,34 EUR**

Zu berücksichtigen hierbei ist unbedingt: Sollte das Verfahren später doch noch weitergeführt werden und eine 1,3 Verfahrensgebühr der Nr. 3100 VV RVG oder eine 0,8 der Nr. 3101 VV RVG entstehen, so wäre dann der bislang bei der Anrechnung unberücksichtigte Teil von 1,5 im Nachhinein zusätzlich anzurechnen.

III. Der Vollstreckungsbescheid

180 Für den Antrag auf Erlass eines Vollstreckungsbescheides erhält der Rechtsanwalt eine 0,5 Verfahrensgebühr nach Nr. 3308 VV RVG. Diese Gebühr kann demnach nur der Vertreter des Antragstellers verdienen.

Beispiel 115 Tätigkeit im Verfahren über den Erlass eines Vollstreckungsbescheides

Nach Ablauf der Widerspruchsfrist beantragt der Rechtsanwalt den Erlass des Vollstreckungsbescheides. Der Gegenstandswert beträgt 900,00 EUR.

Der Rechtsanwalt erhält die Verfahrensgebühr nach Nr. 3308 VV RVG.

0,5 Verfahrensgebühr, Nr. 3308 VV RVG i.V.m. § 13 RVG aus 900,00 EUR		40,00 EUR
Auslagenpauschale, Nr. 7002 VV RVG		8,00 EUR
Zwischensumme	48,00 EUR	
19 % Mehrwertsteuer, Nr. 7008 VV RVG		9,12 EUR
Gesamtbetrag		**57,12 EUR**

181 Diese Gebühr entsteht nur, wenn innerhalb der Widerspruchsfrist kein Widerspruch erhoben oder der Widerspruch beschränkt worden ist.

Beispiel 116 **Keine Gebühr für den Antrag auf Erlass eines Vollstreckungsbescheides bei Antrag innerhalb der laufenden Widerspruchsfrist**

Der Rechtsanwalt erhält die Mitteilung des Gerichts, wonach der Mahnbescheid der Gegenseite am 4. des Monats zugestellt worden ist. Am 13. desselben Monats beantragt er den Erlass eines Vollstreckungsbescheides, da ihm am diesem Tag der entsprechende Vordruck übersandt wurde.

Der Rechtsanwalt erhält keine Gebühr für den Antrag auf Erlass des Vollstreckungsbescheides, da die Beantragung innerhalb der Widerspruchsfrist erfolgte; die Frist für den Gegner lief nämlich erst mit Ablauf des 18. des Monats ab, so dass der Vollstreckungsbescheid frühestens am 19. des Monats hätte gestellt werden dürfen.

Dies bedeutet im Umkehrschluss aber ebenso, dass der Anwalt die Gebühr für den **182** Vollstreckungsbescheid erhält, wenn er nach Ablauf der Widerspruchsfrist Vollstreckungsbescheid beantragt und er nicht wusste (bzw. wissen konnte), dass Widerspruch nach Ablauf der Widerspruchsfrist eingelegt wurde.

Beispiel 117 **Gebühr für den Antrag auf Erlass eines Vollstreckungsbescheides, ohne dass dieser tatsächlich erlassen wird**

Der im Mahnverfahren tätige Rechtsanwalt beantragt am 19. des Monats den Erlass eines Vollstreckungsbescheides, weil dem Antragsgegner der Mahnbescheid am 4. desselben Monats zugestellt wurde. Noch bevor der Vollstreckungsbescheid erlassen wird, erhält das Gericht den Widerspruch des Gegners, so dass es den Vollstreckungsbescheid nicht mehr erlassen darf. Nach Zahlung der zweiten Gerichtskostenhälfte wird der Anspruch begründet. Der Gegenstandswert beträgt 2.700,00 EUR.

Der Rechtsanwalt erhält neben der Verfahrensgebühr, in der die Gebühr des Mahnbescheides untergegangen ist, die Gebühr für die Beantragung des Vollstreckungsbescheides.

Zu beachten ist zudem: Vorliegend handelt es sich um zwei Verfahren, so dass zwei Auslagenpauschalen abzurechnen sind (sofern nicht die tatsächlichen Kosten gefordert werden).

1,0 Verfahrensgebühr, Nr. 3305 VV RVG i.V.m. § 13 RVG aus 2.700,00 EUR		201,00 EUR
0,5 Verfahrensgebühr, Nr. 3308 VV RVG i.V.m. § 13 RVG aus 2.700,00 EUR		100,50 EUR
Auslagenpauschale, Nr. 7002 VV RVG		20,00 EUR
1,3 Verfahrensgebühr, Nr. 3100 VV RVG i.V.m. § 13 RVG aus 2.700,00 EUR		261,30 EUR
– 1,0 Verfahrensgebühr, Nr. 3305 VV RVG i.V.m. § 13 RVG aus 2.700,00 EUR		– 201,00 EUR
Auslagenpauschale, Nr. 7002 VV RVG		20,00 EUR
Zwischensumme	401,80 EUR	
19 % Mehrwertsteuer, Nr. 7008 VV RVG		76,34 EUR
Gesamtbetrag		**478,14 EUR**

Letztlich berechnet der Anwalt im vorliegenden Fall also die 1,3 Verfahrensgebühr, die Gebühr für die Erwirkung des Vollstreckungsbescheides sowie die beiden Auslagenpauschalen.

183 Die Gebühr für den Antrag auf Erlass eines Vollstreckungsbescheides muss aber nicht zwingend neben der Gebühr für den Mahnbescheid abgerechnet werden. Sie kann auch alleine entstehen, wenn z.B. der Mandant oder ein Dritter den Mahnbescheid beantragt hat und der Anwalt erst mit dem Antrag auf Erlass eines Vollstreckungsbescheides beauftragt wird.

184 Die Gebühr entsteht bereits mit dem Auftrag, wobei hier zu beachten ist, dass die Bedingung für den Auftrag erst eintreten kann, wenn die für den Gegner laufende Widerspruchsfrist von zwei Wochen verstrichen ist.

Merke

Erteilt der Mandant den Auftrag innerhalb dieser Zwei-Wochenfrist und kommt es aufgrund rechtzeitigen Widerspruchs der Gegenseite nicht mehr zur Stellung des Antrages auf Erlass des Vollstreckungsbescheides bzw. überhaupt zur Tätigkeit im Verfahren über den Vollstreckungsbescheid, ist die Gebühr **nicht** zu berechnen.

Das Mahnverfahren endet spätestens mit dem Erlass des Vollstreckungsbescheides.

Merke

Die Einlegung des Einspruchs gegen den Vollstreckungsbescheid ist demnach keine Tätigkeit mehr, die zum Mahnverfahren gehört. Sie gehört vielmehr zum Prozessverfahren und löst daher eine Verfahrensgebühr der Nr. 3100 VV RVG aus.[43]

43 So auch *Müller-Rabe*, in: *Gerold/Schmidt*, Rechtsanwaltsvergütungsgesetz, Kommentar, 22. Aufl., 2015, Nrn. 3305–3308 VV Rn 58.

IV. Das Mahnverfahren = eine Angelegenheit

Das Mahnverfahren, also der Antrag auf Erlass eines Mahnbescheides und der anschlie- 185
ßende Antrag auf Erlass eines Vollstreckungsbescheides, stellt insgesamt **eine** Angelegenheit dar; daher darf die Auslagenpauschale gemäß Teil 7 des VV RVG, Nr. 7002 VV RVG auf beide Gebühren berechnet maximal 20,00 EUR betragen.

Beispiel 118 **Nur eine Auslagenpauschale im Mahnverfahren**

Der Rechtsanwalt ist beauftragt, eine Forderung in Höhe von 2.700,00 EUR zu titulieren. Er beantragt Mahnbescheid und anschließend Vollstreckungsbescheid.

Berechnet auf beide addierten Gebühren ist die 20 %ige Auslagenpauschale anzusetzen, maximal jedoch nur 20,00 EUR.

1,0 Verfahrensgebühr, Nr. 3305 VV RVG i.V.m. § 13 RVG aus 2.700,00 EUR	201,00 EUR	201,00 EUR
Auslagenpauschale, Nr. 7002 VV RVG	~~(20,00 EUR)~~	
0,5 Verfahrensgebühr, Nr. 3308 VV RVG i.V.m. § 13 RVG aus 2.700,00 EUR	100,50 EUR	100,50 EUR
Auslagenpauschale, NR. 7002 VV RVG	~~(20,00 EUR)~~	
Zwischensumme		301,50 EUR
20 % Auslagenpauschale, Nr. 7002 VV RVG = maximal:		20,00 EUR
Zwischensumme	321,50 EUR	
19 % Mehrwertsteuer, Nr. 7008 VV RVG		61,08 EUR
Gesamtbetrag		**382,59 EUR**

Werden die Auslagen in der tatsächlichen Höhe (mit Nachweismöglichkeit) in Rechnung 186
gestellt, dürfen diese natürlich den Grenzbetrag überschreiten.

Auch im Hinblick auf „Gebührenerhöhung durch Vertretung mehrerer Auftraggeber" 187
gibt es eine Begrenzung, da es sich bei dem Verfahren über den Mahnbescheid und bei dem Verfahren über den Vollstreckungsbescheid um eine einheitliche Angelegenheit handelt.

Vertritt der Rechtsanwalt im Mahnverfahren mehrere Auftraggeber wegen desselben Gegenstandes, so erhöht sich die Verfahrensgebühr nach Nr. 1008 VV RVG für jeden weiteren Auftraggeber um 0,3. Die Verfahrensgebühr für den Antragsteller im Verfahren über den Erlass eines Vollstreckungsbescheids ist aber ebenfalls eine allgemeine Betriebsgebühr (= Geschäfts- oder Verfahrensgebühr), die dementsprechend bei einer Auftraggebermehrheit nach Nr. 1008 VV RVG zu erhöhen ist.

Die Erhöhung bei einer Mehrzahl von Auftraggebern gemäß Nr. 1008 VV RVG ist aber 188
nur dann auf die Verfahrensgebühr über den Vollstreckungsbescheid (Nr. 3308 VV RVG) zu berechnen, wenn sich die Verfahrensgebühr für die Vertretung des Antragstellers im Verfahren über den Mahnbescheid nach Nr. 3305 VV RVG nicht schon bereits erhöht

hat. Dies kann dann zum Beispiel der Fall sein, wenn der Anwalt gar nicht den Antrag auf Erlass eines Mahnbescheides gestellt hat, sondern der Mandant selbst und er den Anwalt erst mit dem Antrag auf Erlass eines Vollstreckungsbescheides betraut hat.

Merke

Ist in derselben Angelegenheit die Verfahrensgebühr der Nr. 3305 VV RVG entstanden, ist diese entsprechend zu erhöhen; eine Erhöhung der Verfahrensgebühr der Nr. 3308 VV RVG erfolgt dann aber nicht mehr.

189 Das Mahnverfahren endet mit dem Erlass des Vollstreckungsbescheides. Folglich gehört der Einspruch hiergegen nicht mehr zum Mahnverfahren, sondern zum sich anschließenden Prozessverfahren (siehe auch vorstehend Rdn 188).

V. Die Terminsgebühr im Mahnverfahren

190 Nach Vorbemerkung 3.3.2 des 3. Teils des VV RVG vor Nr. 3305 VV RVG kann eine Terminsgebühr im Rahmen des Mahnverfahrens entstehen, und zwar immer dann, wenn Besprechungen mit der Gegenseite stattfinden, die auf die Erledigung des bereits laufenden Mahnverfahrens bzw. auf die Vermeidung des bereits in Auftrag gegebenen Mahnverfahrens gerichtet sind.

Beispiel 119 Terminsgebühr im Verfahren über den Mahnbescheid

Der Rechtsanwalt hat im Auftrag seines Mandanten Mahnbescheid über 900,00 EUR beantragt; der Anwalt des Antragsgegners ruft daraufhin in der Praxis an und bespricht mit seinem Kollegen, wie man die Sache aus der Welt schaffen kann.

Der Rechtsanwalt erhält neben der Verfahrensgebühr für den Mahnantrag nach Nr. 3305 VV RVG die Terminsgebühr nach Nr. 3104 VV RVG.

1,0 Verfahrensgebühr, Nr. 3305 VV RVG i.V.m. § 13 RVG aus 900,00 EUR		80,00 EUR
1,2 Terminsgebühr, Nr. 3104 VV RVG i.V.m. Vorbem. 3.3.2 VV RVG, § 13 RVG aus 900,00 EUR		96,00 EUR
Auslagenpauschale, Nr. 7002 VV RVG		20,00 EUR
Zwischensumme	196,00 EUR	
19 % Mehrwertsteuer, Nr. 7008 VV RVG		37,24 EUR
Gesamtbetrag		**233,24 EUR**

191 Der Anwalt, der mit der Einlegung des Widerspruchs beauftragt ist, befindet sich (noch) im Mahnverfahren. So ist es auch möglich, dass er in diesem Stadium – zur Abwendung des bereits „angeschobenen“ Prozesses – Kontakt mit dem Antragstellervertreter aufnimmt, um die Sache gütlich beizulegen und so die Terminsgebühr verdienen kann.

Beispiel 120 **Terminsgebühr im Verfahren über den Widerspruch**

Der Mandant erhält einen Mahnbescheid zugestellt, die Forderung beträgt 3.800,00 EUR. Er beauftragt seinen Anwalt mit der Einlegung des Widerspruchs und bittet ihn zugleich, mit dem gegnerischen Anwalt Kontakt aufzunehmen, um die Angelegenheit vergleichsweise zu beenden, was der Anwalt auch versucht.

Neben der Verfahrensgebühr für den Widerspruch nach Nr. 3307 VV RVG erhält der Rechtsanwalt die Terminsgebühr der Nr. 3104 VV RVG.

0,5 Verfahrensgebühr, Nr. 3307 VV RVG i.V.m. § 13 RVG aus 3.800,00 EUR		126,00 EUR
1,2 Terminsgebühr, Nr. 3104 VV RVG i.V.m. Vorbem. 3.3.2 VV RVG, § 13 RVG aus 3.800,00 EUR		302,40 EUR
Auslagenpauschale, Nr. 7002 VV RVG		20,00 EUR
Zwischensumme	448,40 EUR	
19 % Mehrwertsteuer, Nr. 7008 VV RVG		85,20 EUR
Gesamtbetrag		**533,60 EUR**

Da die Verfahrensgebühr für das Verfahren über den Vollstreckungsbescheid (Nr. 3308 VV RVG) bereits mit dem Auftrag (nach Ablauf der Widerspruchsfrist) entsteht und die tatsächliche Stellung des Antrages auf Erlass des Vollstreckungsbescheides insoweit keine Rolle spielt, kann der Anwalt als Vertreter des Antragstellers auch in diesem Stadium – und ohne die Mahnverfahrensgebühr der Nr. 3305 VV RVG verdient zu haben – eine (außergerichtliche) Terminsgebühr der Nr. 3104 VV RVG i.V.m. Vorbemerkung 3 (3) des 3. Teils des VV RVG verdienen. **192**

Beispiel 121 **Terminsgebühr im Verfahren über den Antrag auf Erlass eines Vollstreckungsbescheides**

Der im Mahnverfahren bislang nicht tätige Rechtsanwalt wird mit der Beantragung des Vollstreckungsbescheides beauftragt. Der Anwalt prüft sowohl den Anspruch als auch die für die Gegenseite mögliche Widerspruchsfrist, die bereits verstrichen ist. Noch bevor der Anwalt den Vollstreckungsbescheid beantragt, ruft der Antragsgegner an, um sich auf eine Ratenzahlung zu einigen. Der Gegenstandswert beträgt 900,00 EUR.

0,5 Verfahrensgebühr, Nr. 3308 VV RVG i.V.m. § 13 RVG aus 900,00 EUR		40,00 EUR
1,2 Terminsgebühr, Nr. 3104 VV RVG i.V.m. Vorbem. 3.3.2 VV RVG, § 13 RVG aus 900,00 EUR		96,00 EUR
Auslagenpauschale, Nr. 7002 VV RVG		20,00 EUR
Zwischensumme	156,00 EUR	
19 % Mehrwertsteuer, Nr. 7008 VV RVG		29,64 EUR
Gesamtbetrag		**185,64 EUR**

193 Zu beachten ist jedoch § 15 Abs. 2 RVG, wonach die Gebühren in jeder Angelegenheit bzw. je Rechtszug nur einmal geforderte werden: Da das Mahnbescheidsverfahren und das Vollstreckungsbescheidsverfahren eine Angelegenheit (das Mahnverfahren) sind, kann auch nur insgesamt eine Terminsgebühr aus dem höchsten rechtshängigen Gegenstandswert entstehen, nicht also jeweils eine Terminsgebühr im Mahnverfahren und im Vollstreckungsbescheidsverfahren.

Das bedeutet also, dass der Anwalt, der sowohl im Verfahren über den Mahnbescheid als auch im Verfahren über den Vollstreckungsbescheid tätig ist, die Terminsgebühr nur insgesamt einmal verdienen kann (ein Verfahren: das Mahnverfahren), auch wenn z.B. in zwei Stadien versucht wurde, die Angelegenheit durch Besprechungen gütlich beizulegen.

Beispiel 122 **Nur eine Terminsgebühr im gesamten Mahnverfahren**

Der Anwalt ist beauftragt, für seinen Mandanten eine Forderung in Höhe von 12.000,00 EUR zu realisieren. Er beantragt Mahnbescheid. Daraufhin meldet sich der gegnerische Anwalt und man bespricht die Möglichkeiten einer vergleichsweisen Lösung, die aber scheitert. Der Anwalt beantragt sodann weisungsgemäß Vollstreckungsbescheid. Nach Zustellung desselben meldet sich der gegnerische Anwalt erneut, um eine Einigung herbeizuführen, allerdings scheitert auch dieser Versuch.

Der Rechtsanwalt ist im Mahnverfahren – bestehend aus dem Verfahren über den Mahnbescheid und dem Verfahren über den Vollstreckungsbescheid – tätig. Da es sich um eine Angelegenheit handelt, kann er die Terminsgebühr lediglich einmal ansetzen, obwohl in zwei unterschiedlichen Stadien die Terminsgebühr angefallen ist.

1,0 Verfahrensgebühr, Nr. 3306 VV RVG i.V.m. § 13 RVG aus 12.000,00 EUR		604,00 EUR
0,5 Verfahrensgebühr, Nr. 3308 VV RVG i.V.m. § 13 RVG aus 12.000,00 EUR		302,00 EUR
1,2 Terminsgebühr, Nr. 3104 VV RVG i.V.m. Vorbem. 3.3.2 VV RVG, § 13 RVG aus 12.000,00 EUR		724,80 EUR
Auslagenpauschale, Nr. 7002 VV RVG		20,00 EUR
Zwischensumme	1.650,80 EUR	
19 % Mehrwertsteuer, Nr. 7008 VV RVG		313,65 EUR
Gesamtbetrag		**1.964,45 EUR**

194 Für den Fall, dass das Mahnverfahren nach Widerspruch in das ordentliche Verfahren übergeht und dort eine (erneute) Terminsgebühr entsteht, findet eine zuvor im Mahnverfahren entstandene Gebühr auf die Gebühr des Rechtsstreits nach Anmerkung Nr. 3104 (4) VV RVG Anrechnung.

Das gilt sowohl für das Entstehen einer **Terminsgebühr im Verfahren über den Mahnbescheid und den Vollstreckungsbescheid** als auch für das Entstehen einer Terminsgebühr im **Verfahren über den Widerspruch**. 195

Beispiel 123 **Anrechnung einer Terminsgebühr im Mahnverfahren auf eine Terminsgebühr im gerichtlichen Verfahren**

Der Rechtsanwalt ist beauftragt worden, eine Forderung gerichtlich geltend zu machen und wählt den zunächst kostengünstigen Weg des Mahnverfahrens. Ohne dass die Antragsgegnerin zuvor auf die Mahnungen der Antragstellerin hin jemals Einwendungen gegen die Forderung vorgebracht hat, legt eine Rechtsanwältin für diese Widerspruch gegen den Mahnbescheid ein. Daraufhin setzt sich der Rechtsanwalt mit der gegnerischen Kollegin telefonisch in Verbindung, erfragt die Einwendungen und bespricht mit ihr die Möglichkeit einer gütlichen Beilegung der Sache. Die Kollegin ist bemüht, kann aber ihre Partei nicht zu einer Einigung bewegen, so dass der Anwalt nach dem Scheitern der Vergleichsbemühungen die zweite Gerichtskostenhälfte einzahlt und die Durchführung des streitigen Verfahrens beantragt. Im ordentlichen Verfahren findet ein Verhandlungstermin statt und die Sache endet durch ein der Klage stattgebendes Urteil. Der Gegenstandswert beträgt 4.200,00 EUR.

Der Rechtsanwalt ist hier in zwei Verfahren tätig (beachte: zweimalige Auslagenpauschale, sofern nicht ohnehin der tatsächliche Aufwand berechnet wird). Die Gebühr für den Antrag auf Erlass des Mahnbescheides findet Anrechnung auf die gerichtliche Verfahrensgebühr; ebenso findet die im Mahnverfahren entstandene Terminsgebühr Anrechnung auf die im späteren gerichtlichen Verfahren angefallene Terminsgebühr.

Zu beachten ist zudem: Vorliegend handelt es sich um zwei Verfahren, so dass zwei Auslagenpauschalen abzurechnen sind (sofern nicht die tatsächlichen Kosten gefordert werden).

1,0 Verfahrensgebühr, Nr. 3305 VV RVG i.V.m. § 13 RVG aus 4.200,00 EUR (Mahnverfahren)	303,00 EUR
1,2 Terminsgebühr, Nr. 3104 VV RVG i.V.m. Vorbem. 3.3.2 VV RVG, § 13 RVG aus 4.200,00 EUR (Mahnverfahren)	363,60 EUR
Auslagenpauschale, Nr. 7002 VV RVG	20,00 EUR
1,3 Verfahrensgebühr, Nr. 3100 VV RVG i.V.m. § 13 RVG aus 4.200,00 EUR (gerichtliches Verfahren)	393,90 EUR

– 1,0 Verfahrensgebühr, Nr. 3305 VV RVG i.V.m. § 13 RVG aus 4.200,00 EUR (Mahnverfahren)		– 303,00 EUR
1,2 Terminsgebühr, Nr. 3104 VV RVG i.V.m. § 13 RVG aus 4.200,00 EUR (gerichtliches Verfahren)		363,60 EUR
– 1,2 Terminsgebühr, Anm. zu Nr. 3104 VV RVG i.V.m. § 13 RVG aus 4.200,00 EUR (Mahnverfahren)		– 363,60 EUR
Auslagenpauschale, Nr. 7002 VV RVG		20,00 EUR
Zwischensumme	797,50 EUR	
19 % Mehrwertsteuer, Nr. 7008 VV RVG		151,53 EUR
Gesamtbetrag		**949,03 EUR**

Letztlich gehen die Gebühren des Mahnverfahrens (bei sich deckendem Gegenstandswert) vollends „unter“. Nur die Auslagenpauschale bleibt insoweit unberührt.

Beispiel 124 Anrechnung einer Terminsgebühr im Verfahren über den Vollstreckungsbescheid auf eine Terminsgebühr des gerichtlichen Verfahrens

Der Rechtsanwalt wird von seinem Mandanten beauftragt, Vollstreckungsbescheid zu erwirken, nachdem er selbst den Mahnbescheid beantragt hatte. Die Widerspruchsfrist für den Antragsgegner ist bereits verstrichen. Der Anwalt versucht zur Vermeidung weiterer gerichtlicher Schritte den Antragsgegner telefonisch zu einer gütlichen Einigung zu bewegen, was aber scheitert. Der Anwalt beantragt daraufhin Vollstreckungsbescheid, den der Antragsgegner mit dem Einspruch angreift. Die Sache geht in das ordentliche Verfahren über und nach entsprechender mündlicher Verhandlung ergeht ein Urteil. Der Gegenstandswert beträgt auch hier 4.200,00 EUR.

Der Rechtsanwalt ist hier in zwei Verfahren tätig, nämlich dem Mahnverfahren und dem sich anschließenden gerichtlichen Verfahren. Die Gebühr für den Antrag auf Erlass des Vollstreckungsbescheides findet keine Anrechnung auf die gerichtliche Verfahrensgebühr; allerdings findet die im Mahnverfahren entstandene Terminsgebühr Anrechnung auf die im späteren gerichtlichen Verfahren angefallene Terminsgebühr.

Zu beachten ist zudem: Vorliegend handelt es sich um zwei Verfahren, so dass zwei Auslagenpauschalen abzurechnen sind (sofern nicht die tatsächlichen Kosten gefordert werden).

0,5 Verfahrensgebühr, Nr. 3308 VV RVG i.V.m. § 13 RVG aus 4.200,00 EUR (Verfahren über den Vollstreckungsbescheid)		151,50 EUR
1,2 Terminsgebühr, Nr. 3104 VV RVG i.V.m. Vorbem. 3.3.2 VV RVG, § 13 RVG aus 4.200,00 EUR (Verfahren über den Vollstreckungsbescheid)		363,60 EUR
Auslagenpauschale, Nr. 7002 VV RVG		20,00 EUR
1,3 Verfahrensgebühr, Nr. 3100 VV RVG i.V.m. § 13 RVG aus 4.200,00 EUR (gerichtliches Verfahren)		393,90 EUR
1,2 Terminsgebühr, Nr. 3104 VV RVG i.V.m. § 13 RVG aus 4.200,00 EUR (gerichtliches Verfahren)		363,60 EUR
– 1,2 Terminsgebühr, Anm. Nr. 4 zu Nr. 3104 VV RVG i.V.m. § 13 RVG aus 4.200,00 EUR (Verfahren über den Vollstreckungsbescheid)		– 363,60 EUR
Auslagenpauschale, Nr. 7002 VV RVG		20,00 EUR
Zwischensumme	949,00 EUR	
19 % Mehrwertsteuer, Nr. 7008 VV RVG		180,31 EUR
Gesamtbetrag		**1.129,31 EUR**

Beispiel 125 **Anrechnung einer Terminsgebühr im Verfahren über den Widerspruch auf eine Terminsgebühr des gerichtlichen Verfahrens**

Der Anwalt ist beauftragt, für seinen Mandanten Widerspruch gegen einen Mahnbescheid einzureichen. Da er die Angelegenheit so wertet, dass auf beiden Angelegenheiten Unsicherheiten bestehen, versucht er eine gütliche Einigung mit dem Anwalt des Antragstellers, die aber scheitert. Der Anwalt legt daraufhin Widerspruch gegen den Mahnbescheid ein, so dass das Verfahren in das ordentliche Verfahren übergeht. Im ordentlichen Verfahren findet ein Verhandlungstermin statt und die Sache endet durch ein der Klage stattgebendes Urteil. Der Gegenstandswert beträgt auch hier 4.200,00 EUR.

Der Rechtsanwalt ist hier in zwei Verfahren tätig (im Verfahren über den Widerspruch und im sich anschließenden ordentlichen Verfahren). Die Gebühr für die Einlegung des Widerspruchs findet Anrechnung auf die gerichtliche Verfahrensgebühr; ebenso findet die im Mahnverfahren entstandene Terminsgebühr Anrechnung auf die im späteren gerichtlichen Verfahren angefallene Terminsgebühr.

Zu beachten ist zudem: Vorliegend handelt es sich um zwei Verfahren, so dass zwei Auslagenpauschalen abzurechnen sind (sofern nicht die tatsächlichen Kosten gefordert werden).

0,5 Verfahrensgebühr, Nr. 3307 VV RVG i.V.m. § 13 RVG aus 4.200,00 EUR (Verfahren über den Widerspruch)		151,50 EUR
1,2 Terminsgebühr, Nr. 3104 VV RVG i.V.m. Vorbem. 3.3.2 VV RVG, § 13 RVG aus 4.200,00 EUR (Verfahren über den Widerspruch)		363,60 EUR
Auslagenpauschale, Nr. 7002 VV RVG		20,00 EUR
1,3 Verfahrensgebühr, Nr. 3100 VV RVG i.V.m. § 13 RVG aus 4.200,00 EUR (gerichtliches Verfahren)		393,90 EUR
– 0,5 Verfahrensgebühr, Nr. 3305 VV RVG i.V.m. § 13 RVG aus 4.200,00 EUR (Verfahren über den Widerspruch)		– 151,50 EUR
1,2 Terminsgebühr, Nr. 3104 VV RVG i.V.m. § 13 RVG aus 4.200,00 EUR (gerichtliches Verfahren)		363,60 EUR
–1,2 Terminsgebühr, Anm. Nr. 4 zu Nr. 3104 VV RVG i.V.m. § 13 RVG aus 4.200,00 EUR (Verfahren über den Widerspruch)		– 363,60 EUR
Auslagenpauschale, Nr. 7002 VV RVG		20,00 EUR
Zwischensumme	797,50 EUR	
19 % Mehrwertsteuer, Nr. 7008 VV RVG		151,53 EUR
Gesamtbetrag		**949,03 EUR**

D. Zwangsvollstreckung, Vollziehung einer im Wege des einstweiligen Rechtsschutzes ergangenen Entscheidung

196 Die Gebühren in der Zwangsvollstreckung und der Vollziehung einer im Wege des einstweiligen Rechtsschutz ergangenen Entscheidung bestimmen sich nach Abschnitt 3 Unterabschnitt 2 des 3. Teils des VV RVG.

197 Ob und gegebenenfalls welche Gebühren nach diesem Abschnitt verdient werden können, hängt von der Tätigkeit ab, insbesondere, ob hier der Gläubiger, der Schuldner oder ein Dritter vertreten wird.

I. Gebühren des Gläubigervertreters

198 Die Verfahrensgebühr der Nr. 3309 VV RVG mit einem Satz von 0,3 entsteht für den Gläubigervertreter

- für die Vollstreckung aus einem Titel (Zwangsvollstreckung, Vorpfändungen, Pfändungsbeschlüsse, Abgabe der Vermögensauskunft, Eintragung von Sicherungshypotheken u.a.);
- für die Vollziehung einer im Wege des einstweiligen Rechtsschutzes ergangenen Entscheidung;

- für vorbereitende Maßnahmen (Aufforderung mit Vollstreckungsandrohung, Klauseleinholung), soweit sie nicht zum Hauptsacheverfahren gehören; der Gläubigervertreter muss sich diese jedoch anrechnen lassen, wenn es im Anschluss hieran zur Vollstreckungsmaßnahme kommt.

War der Rechtsanwalt, der mit der Vollstreckung beauftragt ist, im Erkenntnisverfahren tätig, so gehören die vorbereitenden Maßnahmen wie Notfristzeugnis, Rechtskraftzeugnis, erstmalige Vollstreckungsklausel, Zustellungsklausel zum Rechtszug; sie werden demgemäß nicht besonders vergütet. **199**

Der nicht im Hauptsacheverfahren tätige Rechtsanwalt verdient für diese vorbereitenden Maßnahmen bereits die Verfahrensgebühr der Nr. 3309 VV RVG. **200**

Der erteilte Auftrag ist für das Entstehen der Verfahrensgebühr der Nr. 3309 VV RVG ausreichend; die Gebühr entsteht bereits mit der Entgegennahme der Information. Das tatsächliche Stellen des Antrages ist für die Entstehung der Gebühr nicht notwendig. Werden Informationen nicht erteilt bzw. sind diese nicht notwendig, fällt die Gebühr mit der ersten Prüfung der Voraussetzungen an. Der Umfang der Tätigkeit ist unerheblich; geringfügige Arbeiten reichen aus. **201**

Beispiel 126 **Tätigkeit in der Zwangsvollstreckung**

Der Rechtsanwalt beauftragt den zuständigen Gerichtsvollzieher mit der Mobiliarvollstreckung. Die Forderung einschließlich Zinsen und Kosten beläuft sich bei Auftragsvergabe auf 2.113,58 EUR.

Der Rechtsanwalt verdient eine Verfahrensgebühr der Nr. 3309 VV RVG aus einem Gegenstandswert von 2.113,58 EUR.

0,3 Verfahrensgebühr, Nr. 3309 VV RVG i.V.m. § 13 RVG aus 2.113,58 EUR		60,30 EUR
Auslagenpauschale, Nr. 7002 VV RVG		12,06 EUR
Zwischensumme	72,36 EUR	
19 % Mehrwertsteuer, Nr. 7008 VV RVG		13,75 EUR
Gesamtbetrag		**86,11 EUR**

Die **Verfahrensgebühr entsteht in jeder Angelegenheit neu**: Ist eine Vollstreckungsmaßnahme beendet, so ist die nächste Vollstreckungsmaßnahme eine neue Angelegenheit, die gesondert vergütet wird. Das bedeutet zugleich, dass zu jeder Vollstreckungsmaßnahme eine Auslagenpauschale abgerechnet werden kann. **202**

Beispiel 127 **Mehrere Verfahrensgebühren bei mehreren Vollstreckungsmaßnahmen**

Im Auftrag seines Mandanten beauftragt der Rechtsanwalt zunächst den Gerichtsvollzieher mit der Mobiliarzwangsvollstreckung (Gegenstandswert:

1.345,78 EUR); weil diese ohne Erfolg bleibt, beantragt er anschließend Termin zur Abgabe der Vermögensauskunft (Gegenstandswert: 1.476,13 EUR).

Aus dem Vermögensprotokoll ersieht der Anwalt, dass der Schuldner bei der Firma X beschäftigt ist und beantragt hinsichtlich des Arbeitslohns einen Pfändungs- und Überweisungsbeschluss (Gegenstandswert: 1.625,82 EUR).

Der Rechtsanwalt erhält für jeden Vollstreckungsakt je eine Verfahrensgebühr nach dem jeweils geltenden Gegenstandswert: eine Verfahrensgebühr für die Mobiliarvollstreckung, eine Verfahrensgebühr für den Antrag auf Bestimmung eines Termins zur Abgabe der Vermögensauskunft und sodann eine weitere Verfahrensgebühr für den Antrag auf Erlass des Pfändungs- und Überweisungsbeschlusses.

Zu beachten ist zudem: Vorliegend handelt es sich um drei Vollstreckungsmaßnahmen, so dass drei Auslagenpauschalen abzurechnen sind (sofern nicht die tatsächlichen Kosten gefordert werden).

0,3 Verfahrensgebühr, Nr. 3309 VV RVG i.V.m. § 13 RVG aus 1.345,78 EUR nach § 25 Abs. 1 Nr. 1 RVG: Zwangsvollstreckungsauftrag		34,50 EUR
Auslagenpauschale, Nr. 7002 VV RVG		6,90 EUR
0,3 Verfahrensgebühr, Nr. 3309 VV RVG i.V.m. § 13 RVG aus 1.476,13 EUR nach § 25 Abs. 1 Nr. 1 RVG: Abgabe Vermögensauskunft		34,50 EUR
Auslagenpauschale, Nr. 7002 VV RVG		6,90 EUR
0,3 Verfahrensgebühr, Nr. 3309 VV RVG i.V.m. § 13 RVG aus 1.625,82 EUR nach § 25 Abs. 1 Nr. 1 RVG: Pfändungs- und Überweisungsbeschluss		45,00 EUR
Auslagenpauschale, Nr. 7002 VV RVG		9,00 EUR
Zwischensumme	136,80 EUR	
19 % Mehrwertsteuer, Nr. 7008 VV RVG		25,99 EUR
Gesamtbetrag		**162,79 EUR**

203 Das bedeutet im Umkehrschluss (nach herrschender Meinung), dass Gebühren gerade nicht mehrfach anfallen, wenn eine Vollstreckungsmaßnahme nicht beendet ist, dennoch ein erneuter Antrag notwendig wird.

Beispiel 128 **Nur einmalige Vollstreckungsgebühr bei unvollendetem Auftrag (wegen Umzug)**

Der Anwalt erteilt Vollstreckungsauftrag unter der ihm bekannten Anschrift des Schuldners (Gegenstandswert: 495,00 EUR); der Gerichtsvollzieher teilt sodann mit, dass der Schuldner unbekannt verzogen ist. Im Anschluss an die Ermittlung der neuen Anschrift wird ein neuer Vollstreckungsauftrag erteilt (Gegenstands-

wert, erhöht durch weiterlaufende Zinsen, Gerichtsvollziehergebühren und Auskunftskosten: 527,30 EUR).

Da die Vollstreckungsmaßnahme nicht beendet werden konnte, weil der Schuldner unbekannt verzogen war, erhält der Anwalt nur einmal die Vollstreckungsgebühr, diese allerdings aus dem höheren Gegenstandswert (2. Auftrag).

0,3 Verfahrensgebühr, Nr. 3309 VV RVG i.V.m. § 13 RVG aus 527,30 EUR		24,00 EUR
Auslagenpauschale, Nr. 7002 VV RVG		4,80 EUR
Zwischensumme	28,80 EUR	
19 % Mehrwertsteuer, Nr. 7008 VV RVG		5,47 EUR
Gesamtbetrag		**34,27 EUR**

Beispiel 129 **Nur einmalige Vollstreckungsgebühr bei unvollendetem Auftrag (wegen Krankheit)**

Der Anwalt beantragt die Abgabe des Vermögensverzeichnisses (Gegenstandswert: 1.130,65 EUR); der Schuldner legt daraufhin ein Attest vor, dass er krankheitsbedingt bis auf weiteres nicht in der Lage ist, zum Termin zur Abgabe der Vermögensauskunft zu erscheinen. Der Gerichtsvollzieher stellt daraufhin seine Tätigkeit ein und sendet die Vollstreckungsunterlagen zurück. Ca. ein halbes Jahr später beantragt der Rechtsanwalt erneut, den Schuldner zur Abgabe des Vermögensverzeichnisses zu laden. Der Gegenstandswert beträgt dann 1.425,70 EUR.

Da die Vollstreckungsmaßnahme wegen der Vorlage des Attestes nicht beendet werden konnte, war die erneute Beantragung des Termins zur Abgabe der Vermögensauskunft kein neuer Auftrag, so dass die Gebühr nur einmal entsteht (aus dem höherem Gegenstandswert).

0,3 Verfahrensgebühr, Nr. 3309 VV RVG i.V.m. § 13 RVG aus 1.425,70 EUR		34,50 EUR
Auslagenpauschale, Nr. 7002 VV RVG		6,90 EUR
Zwischensumme	41,40 EUR	
19 % Mehrwertsteuer, Nr. 7008 VV RVG		7,87 EUR
Gesamtbetrag		**49,27 EUR**

Die Gebühr der Nr. 3309 VV RVG berechnet sich in dem Falle, in dem die Zwangsvoll- **204**
streckung (und damit natürlich auch der zugrunde liegende Titel) gegen mehrere Personen gerichtet ist, je Schuldner. Dem Gläubiger ist es nämlich freigestellt, ob er je Schuldner einen separaten Auftrag erteilt oder aber in einem Auftrag die Vollstreckung gegen sämtliche Schuldner einleitet. Jede Vollstreckungsmaßnahme ist eine Angelegenheit für sich (was auch die jeweils zu berechnende Auslagenpauschale zur Folge hat).[44]

44 So auch *Müller-Rabe,* in: *Gerold/Schmidt*, Rechtsanwaltsvergütungsgesetz, Kommentar, 22. Aufl., 2015, Nr. 3309 VV Rn 69.

Beispiel 130 **Mehrfache Vollstreckungsgebühren bei mehreren Schuldnern in einem Auftrag (Gesamtschuldnerschaft)**

Der Rechtsanwalt beauftragt für seinen Mandanten den Gerichtsvollzieher mit der Zwangsvollstreckung gegen die Eheleute B sowie deren Sohn C, die gesamtschuldnerisch aus dem Titel haften. Die Gesamtforderung des Auftrages (= Gegenstandswert) beträgt 3.413,75 EUR.

Der Rechtsanwalt erhält die Gebühr der Nr. 3309 VV RVG dreifach, einmal für die Vollstreckung gegen die Mutter, ein weiteres Mal für die Vollstreckung gegen den Vater und ein drittes Mal für die Vollstreckung gegen den Sohn.

Zu beachten ist zudem: Vorliegend handelt es sich um drei Vollstreckungsmaßnahmen, so dass drei Auslagenpauschalen abzurechnen sind (sofern nicht die tatsächlichen Kosten gefordert werden).

0,3 Verfahrensgebühr, Nr. 3309 VV RVG i.V.m. § 13 RVG aus 3.413,75 EUR nach § 25 Abs. 1 Nr. 1 RVG: Vollstreckungsauftrag Mutter		75,60 EUR
Auslagenpauschale, Nr. 7002 VV RVG		15,12 EUR
0,3 Verfahrensgebühr, Nr. 3309 VV RVG i.V.m. § 13 RVG aus 3.413,75 EUR nach § 25 Abs. 1 Nr. 1 RVG: Vollstreckungsauftrag Vater		75,60 EUR
Auslagenpauschale, Nr. 7002 VV RVG		15,12 EUR
0,3 Verfahrensgebühr, Nr. 3309 VV RVG i.V.m. § 13 RVG aus 3.413,75 EUR nach § 25 Abs. 1 Nr. 1 RVG: Vollstreckungsauftrag Sohn		75,60 EUR
Auslagenpauschale, Nr. 7002 VV RVG		15,12 EUR
Zwischensumme	272,16 EUR	
19 % Mehrwertsteuer, Nr. 7008 VV RVG		51,71 EUR
Gesamtbetrag		**323,87 EUR**

205 Gleichfalls fällt die Beurteilung beispielsweise eines Pfändungs- und Überweisungsbeschlusses gegen einen Schuldner aus, der z.B. vier Ansprüche bei vier verschiedenen Drittschuldnern umfasst. Denn bei gesonderten Maßnahmen gegen mehrere Drittschuldner an unterschiedlichen Orten und unterschiedlichen Ansprüchen (die unbestrittener Weise in einem Auftrag erteilt werden können) handelt es sich um mehrere Angelegenheiten.

206 Wichtig hierbei ist es, dass es um unterschiedliche Ansprüche mit unterschiedlichen Drittschuldnern geht.

Beispiel 131 **Mehrfache Vollstreckungsgebühren bei mehreren Drittschuldnern und unterschiedlichen Ansprüchen**

Der Rechtsanwalt liest aus der Vermögensauskunft, dass die Kontenpfändung bei der Sparkasse, die Pfändung eines Rentenanteils bei der Deutschen Rentenversicherung und die Pfändung einer Lebensversicherung bei einer Versicherungs AG vielversprechend erscheint. Er beantragt daraufhin im Rahmen eines einzigen Antrages die drei Pfändungen. Die gepfändete Forderung zum Stichtag des Antrages beträgt inklusive Kosten und Zinsen 11.345,73 EUR.

Der Rechtsanwalt erhält die Gebühr der Nr. 3309 VV RVG dreifach, einmal für die Pfändung- und Überweisung der Konten bei der Sparkasse, einmal für die die Pfändung- und Überweisung des Rentenanteils bei der DRV und ein weiteres Mal für die Pfändung- und Überweisung der Lebensversicherung.

Zu beachten ist zudem: Vorliegend handelt es sich um drei Vollstreckungsmaßnahmen, so dass drei Auslagenpauschalen abzurechnen sind (sofern nicht die tatsächlichen Kosten gefordert werden).

0,3 Verfahrensgebühr, Nr. 3309 VV RVG i.V.m. § 13 RVG aus 11.345,73 EUR nach § 25 Abs. 1 Nr. 1 RVG: Antrag Pfändungs- und Überweisungsbeschluss Konto		181,20 EUR
Auslagenpauschale, Nr. 7002 VV RVG		20,00 EUR
0,3 Verfahrensgebühr, Nr. 3309 VV RVG i.V.m. § 13 RVG aus 11.345,73 EUR nach § 25 Abs. 1 Nr. 1 RVG: Antrag Pfändungs- und Überweisungsbeschluss Rentenanteil		181,20 EUR
Auslagenpauschale, Nr. 7002 VV RVG		20,00 EUR
0,3 Verfahrensgebühr, Nr. 3309 VV RVG i.V.m. § 13 RVG aus 11.345,73 EUR nach § 25 Abs. 1 Nr. 1 RVG: Antrag Pfändungs- und Überweisungsbeschluss Lebensversicherung		181,20 EUR
Auslagenpauschale, Nr. 7002 VV RVG		20,00 EUR
Zwischensumme	603,60 EUR	
19 % Mehrwertsteuer, Nr. 7008 VV RVG		114,68 EUR
Gesamtbetrag		**718,28 EUR**

Sofern allerdings gleiche bzw. gleichartige Ansprüche gepfändet werden, fällt die Verfahrensgebühr nicht doppelt an. **207**

Beispiel 132 Keine mehrfachen Vollstreckungsgebühren bei mehreren Drittschuldnern, aber gleichen Ansprüchen

Der Rechtsanwalt liest aus der Vermögensauskunft, dass die Kontenpfändung bei der Sparkasse sowie die Kontenpfändung bei der Volksbank vielversprechend erscheint. Er beantragt daraufhin im Rahmen eines einzigen Antrages zwei Pfändungen. Die gepfändete Forderung zum Stichtag des Antrages beträgt inklusive Kosten und Zinsen 6.321,03 EUR.

Der Rechtsanwalt erhält die Gebühr der Nr. 3309 VV RVG einfach, da es sich hier um gleichartige Pfändungen handelt.

0,3 Verfahrensgebühr, Nr. 3309 VV RVG i.V.m. § 13 RVG aus 6.321,03 EUR nach § 25 Abs. 1 Nr. 1 RVG: Antrag Pfändungs- und Überweisungsbeschluss, betreffend beide Konten bei beiden Kreditinstituten		121,50 EUR
Auslagenpauschale, Nr. 7002 VV RVG		20,00 EUR
Zwischensumme	141,50 EUR	
19 % Mehrwertsteuer, Nr. 7008 VV RVG		26,89 EUR
Gesamtbetrag		**168,39 EUR**

Beispiel 133 Mehrfache Vollstreckungsgebühren bei mehreren Drittschuldnern und zum Teil unterschiedlichen Ansprüchen

Der Rechtsanwalt liest aus der Vermögensauskunft, dass der Schuldner bei zwei verschiedenen Versicherungsgesellschaften 2 Lebensversicherungen unterhält. Zudem vermietet der Schuldner eine kleine Wohnung, so dass der Anwalt die Mietzahlungen pfänden möchte. Er beantragt daraufhin im Rahmen eines einzigen Antrages die drei Pfändungen. Die gepfändete Forderung zum Stichtag des Antrages beträgt inklusive Kosten und Zinsen 8.970,09 EUR.

Der Rechtsanwalt erhält die Gebühr der Nr. 3309 VV RVG zweifach, einmal für die Pfändung und Überweisung der beiden Lebensversicherungen bei den unterschiedlichen Versicherungsgesellschaften, weil diese „gleichartig sind“, und einmal für die Pfändung und Überweisung der Miete.

Zu beachten ist zudem: Vorliegend handelt es sich um zwei Vollstreckungsmaßnahmen, so dass zwei Auslagenpauschalen abzurechnen sind (sofern nicht die tatsächlichen Kosten gefordert werden).

0,3 Verfahrensgebühr, Nr. 3309 VV RVG i.V.m. § 13 RVG aus 8.970,09 EUR nach § 25 Abs. 1 Nr. 1 RVG: Antrag Pfändungs- und Überweisungsbeschluss beide Versicherungen bei beiden unterschiedlichen Versicherern	152,10 EUR
Auslagenpauschale, Nr. 7002 VV RVG	20,00 EUR

0,3 Verfahrensgebühr, Nr. 3309 VV RVG i.V.m. § 13 RVG aus 11.345,73 EUR nach § 25 Abs. 1 Nr. 1 RVG: Antrag Pfändungs- und Überweisungsbeschluss Miete		152,10 EUR
Auslagenpauschale, Nr. 7002 VV RVG		20,00 EUR
Zwischensumme	344,20 EUR	
19 % Mehrwertsteuer, Nr. 7008 VV RVG		65,40 EUR
Gesamtbetrag		**409,60 EUR**

Die Verfahrensgebühr der Nr. 3309 VV RVG deckt neben den Tätigkeiten wie Zwangsvollstreckungsaufträgen, vorläufigen Zahlungsverboten und Pfändungs- und Überweisungsbeschlüssen ebenfalls Anträge auf Bestimmung eines Termins zur Abgabe der Vermögensauskunft ab. 208

Zu beachten ist hierbei die gesetzlich vorgegebenen „Streitwert-Grenze“ von 2.000,00 EUR (bis 30.6.2012: 1.500,00 EUR): Unabhängig davon, wie hoch die Forderung tatsächlich ist, dürfen die Gebühren höchstens auf Grundlage eines Gegenstandswertes von 2.000,00 EUR berechnet werden. 209

Beispiel 134 Vollstreckungsgebühr bei Antrag auf Abgabe der Vermögensauskunft

Der Anwalt beantragt im Auftrag seines Mandanten Termin zur Abgabe der Vermögensauskunft. Die Gesamtforderung einschließlich Kosten und Zinsen beträgt zum Zeitpunkt der Antragstellung 7.435,68 EUR.

Der tatsächliche Gegenstandswert übersteigt die Streitwert-Grenze, so dass hier maximal 2.000,00 EUR zugrunde zu legen sind.

0,3 Verfahrensgebühr, Nr. 3309 VV RVG i.V.m. § 13 RVG aus **2.000,00 EUR** nach § 25 Abs. 1 Nr. 4 RVG		45,00 EUR
Auslagenpauschale, Nr. 7002 VV RVG		9,00 EUR
Zwischensumme	54,00 EUR	
19 % Mehrwertsteuer, Nr. 7008 VV RVG		10,26 EUR
Gesamtbetrag		**64,26 EUR**

(Zum Gegenstandswert vgl. auch Rdn 222.)

Nach herrschender Meinung in der Literatur schon zu Zeiten der BRAGO (§ 58 BRAGO) reicht die Anforderung des Vermögensverzeichnisses, das auf Betreiben eines anderen Gläubigers erstellt wurde, aus, um die Gebühr der Nr. 3309 VV RVG auszulösen. 210

Neben der Verfahrensgebühr kann der Rechtsanwalt im Rahmen der Zwangsvollstreckung auch die **Terminsgebühr der Nr. 3310 VV RVG verdienen, und zwar (nur!) für die Teilnahme an einem gerichtlichen Termin oder an einem Termin zur Abgabe der Vermögensauskunft**. Die Terminsgebühr hat einen Satz von 0,3. 211

Beispiel 135 Terminsgebühr in der Zwangsvollstreckung

Der Rechtsanwalt hatte die Zwangsvollstreckung, hier: die Abnahme der Vermögensauskunft, betrieben. Er erhält von dem Gerichtsvollzieher die Mitteilung, dass entsprechender Termin anberaumt wurde und wird vom Gläubiger beauftragt, diesen Termin für ihn wahrzunehmen, um gezielt Fragen hinsichtlich etwaiger Vermögenswerte zu stellen. Der Rechtsanwalt nimmt den Termin auftragsgemäß wahr. Die Forderung beträgt über 10.000,00 EUR.

Neben der 0,3 Verfahrensgebühr der Nr. 3309 VV RVG verdient der Rechtsanwalt eine Terminsgebühr der Nr. 3310 VV RVG, wobei hier die Streitwertgrenze von 2.000,00 EUR ebenfalls zu beachten ist.

0,3 Verfahrensgebühr, Nr. 3309 VV RVG i.V.m. § 13 RVG, Gegenstandswert nach § 25 Abs. 1 Nr. 1 RVG = maximal 2.000,00 EUR		45,00 EUR
0,3 Terminsgebühr, Nr. 3310 VV RVG i.V.m. § 13 RVG, Gegenstandswert nach § 25 Abs. 1 Nr. 1 RVG = maximal 2.000,00 EUR		45,00 EUR
Auslagenpauschale, Nr. 7002 VV RVG		18,00 EUR
Zwischensumme	108,00 EUR	
19 % Mehrwertsteuer, Nr. 7008 VV RVG		20,52 EUR
Gesamtbetrag		**128,52 EUR**

Merke

Für etwaige Besprechungen zum Zwecke der gütlichen Einigung entsteht die Terminsgebühr im Rahmen der Zwangsvollstreckung nicht!

212 Im Falle einer Einigung kann der Gläubigervertreter bei eigener und ursächlicher Mitwirkung neben der Verfahrensgebühr eine Einigungsgebühr beanspruchen: Wenn eine Vollstreckungsmaßnahme nicht (mehr) anhängig ist, entsteht eine 1,5 Einigungsgebühr nach Nr. 1000 VV RVG; wenn aber eine Vollstreckungsmaßnahme (noch) anhängig ist, entsteht eine 1,0 Einigungsgebühr nach Nrn. 1000, 1003 VV RVG, allerdings nach § 31b RVG im Gegenstandswert auf 20 % des Anspruchs beschränkt. Dies gilt aber nicht für vom Gerichtsvollzieher vermittelte Ratenzahlungen. Insoweit entsteht, weil die Mitwirkung des Rechtsanwalts nicht ursächlich war, keine Einigungsgebühr

Beispiel 136 Einigungsgebühr bei Ratenzahlungsvereinbarungen; Vollstreckungsmaßnahme ist nicht anhängig

Der Rechtsanwalt hat für seinen Mandanten eine Forderung tituliert und kündigt – weil er einen entsprechenden Auftrag hat – die Vollstreckung an. Daraufhin meldet sich der Schuldner bei ihm und bittet um Ratenzahlung; eine entsprechende Einigung kommt zu Stande. Die Forderung beträgt zum Zeitpunkt des Auftrages einschließlich Zinsen und kosten 1.734,43 EUR.

Neben der Verfahrensgebühr für den Vollstreckungsauftrag erhält der Rechtsanwalt eine Einigungsgebühr nach Nr. 1000 VV RVG in Höhe eines Satzes von 1,5; als Gegenstandswert für die Einigungsgebühr ist jedoch lediglich 20 % des Anspruchs zugrunde zu legen.

0,3 Verfahrensgebühr, Nr. 3309 VV RVG i.V.m. § 13 RVG aus 1.734,43 EUR		39,90 EUR
1,5 Einigungsgebühr, Nr. 1000 VV RVG i.V.m. § 13 RVG aus Gegenstandswert, 20 % = 346,88 EUR		67,50 EUR
Auslagenpauschale, Nr. 7002 VV RVG		20,00 EUR
Zwischensumme	127,40 EUR	
19 % Mehrwertsteuer, Nr. 7008 VV RVG		24,21 EUR
Gesamtbetrag		**151,61 EUR**

Beispiel 137 **Einigungsgebühr bei Ratenzahlungsvereinbarungen; Vollstreckungsmaßnahme ist beim Gerichtsvollzieher anhängig**

Der Rechtsanwalt hat Zwangsvollstreckungsauftrag beim Gerichtsvollzieher erteilt. Als dieser sich beim Schuldner ankündigt, ruft der Schuldner beim Anwalt an und bittet um Ratenzahlung; eine entsprechende Einigung kommt zu Stande. Die Forderung beträgt zum Zeitpunkt des Auftrages einschließlich Zinsen und Kosten 1.734,43 EUR.

Neben der Verfahrensgebühr für den Vollstreckungsauftrag erhält der Rechtsanwalt eine Einigungsgebühr nach Nr. 1003 VV RVG in Höhe eines Satzes von 1,0; die Einigungsgebühr ist reduziert, weil die Vollstreckung anhängig ist. Als Gegenstandswert ist auch hier lediglich 20 % des Anspruchs zugrunde zu legen.

0,3 Verfahrensgebühr, Nr. 3309 VV RVG i.V.m. § 13 RVG aus 1.734,43 EUR		39,90 EUR
1,0 Einigungsgebühr, Nr. 1003 VV RVG i.V.m. § 13 RVG aus Gegenstandswert, 20 % = 346,88 EUR		45,00 EUR
Auslagenpauschale, Nr. 7002 VV RVG		16,98 EUR
Zwischensumme	101,88 EUR	
19 % Mehrwertsteuer, Nr. 7008 VV RVG		19,36 EUR
Gesamtbetrag		**121,24 EUR**

II. Gebühren des Schuldnervertreters

Der Rechtsanwalt, der den Schuldner mit dem Ziel, eine Zwangsvollstreckung zu verhin- **213**
dern bzw. zu stoppen, vertritt, verdient ebenfalls eine 0,3 Verfahrensgebühr der Nr. 3309 VV RVG. Die Entstehungsvoraussetzungen sind identisch mit denen des Gläubigervertreters: Auch hier reicht die Entgegennahme der Informationen aus. Ob der Rechtsanwalt

tatsächlich nach außen auftritt, ist unerheblich. Terminsgebühren fallen nicht an; auch nicht für etwaige Gespräche mit dem Gläubigervertreter, denn solche werden im Rahmen der Zwangsvollstreckung nach RVG nicht vergütet.

214 Im Falle einer Einigung kann der Schuldnervertreter bei eigener und ursächlicher Mitwirkung neben der Verfahrensgebühr eine Einigungsgebühr beanspruchen: Wenn eine Vollstreckungsmaßnahme nicht (mehr) anhängig ist, entsteht eine 1,5 Einigungsgebühr nach Nr. 1000 VV RVG, und wenn eine Vollstreckungsmaßnahme (noch) anhängig ist, eine 1,0 Einigungsgebühr nach Nrn. 1000, 1003 VV RVG. Dies gilt aber nicht für vom Gerichtsvollzieher vermittelte Ratenzahlungen, vgl. insoweit auch vorstehend unter Rdn 212.

III. Gebühren des Vertreters eines Dritten

215 Im Erinnerungsverfahren im Rahmen der Zwangsvollstreckung kann der hieran beteiligte Rechtsanwalt des Dritten eine 0,3 Verfahrensgebühr nach Nr. 3309 VV RVG verdienen.

216 Ist er insoweit tätig, als dass er z.B. Hilfestellung bei der Beantwortung der Fragen nach § 840 ZPO leistet, kann er diese Gebühr hingegen nicht verdienen, da seine Partei am Zwangsvollstreckungsverfahren nicht beteiligt ist. Hierfür sind die Geschäftsgebühren der Nrn. 2300 ff. VV RVG in Ansatz zu bringen.

217 Vertritt der Rechtsanwalt des Dritten seine Partei z.B. im Rahmen einer Drittwiderspruchsklage oder einer Drittschuldnerklage – also in Verfahren, die ihre „Ursache“ in der Vollstreckung haben –, so fallen ebenfalls keine Gebühren nach Nr. 3309 VV RVG an. Es handelt sich hierbei um Verfahren in bürgerlichen Rechtsstreitigkeiten, für die die Gebühren der Nrn. 3100 ff. VV RVG abzurechnen sind.

IV. Gegenstandswert

218 Der Gegenstandswert bestimmt sich nach § 25 RVG: Es ist der Betrag der zur vollstreckenden Geldforderung einschließlich Nebenforderungen maßgeblich. Soll ein bestimmter Gegenstand gepfändet werden, so bestimmt sich der Gegenstandswert nach dem Wert des Pfandgegenstandes, sofern dieser einen geringeren Wert als die zu vollstreckende Geldforderung hat. Der Gegenstandswert kann sich auch nach dem Wert der herauszugebenden oder zu leistenden Sachen bestimmen; der Gegenstandswert darf jedoch den Wert nicht übersteigen, mit dem der Herausgabe- oder Räumungsanspruch nach den für die Berechnung von Gerichtskosten maßgeblichen Vorschriften zu bewerten ist.

219 Wird die Zwangsvollstreckung wegen einer zu erwirkenden Handlung, Duldung oder Unterlassung betrieben, so ist der Gegenstandswert der Wert, den die Handlung, Duldung oder Unterlassung für den Gläubiger hat.

Beispiel 138 **Gegenstandswert bei Vollstreckung in eine Geldforderung**

Der Mandant hat gegenüber dem Schuldner eine Forderung in Höhe von 1.500,00 EUR zuzüglich Verfahrenskosten aus dem Erkenntnisverfahren in Höhe von 620,00 EUR zuzüglich eines Zinsanspruchs in Höhe von 47,20 EUR. Er beauftragt den Anwalt mit der Zwangsvollstreckung.

Der Rechtsanwalt erhält eine 0,3 Verfahrensgebühr gemäß Nr. 3309 VV RVG aus der Summe der Forderungen, und zwar nach § 25 Abs. 1 Nr. 1 RVG. Der Gegenstandswert beträgt daher 1.500,00 EUR + 620,00 EUR + 47,20 EUR = 2.167,20 EUR.

0,3 Verfahrensgebühr, Nr. 3309 VV RVG i.V.m. § 13 RVG, Gegenstandswert nach § 25 Abs. 1 Nr. 1 RVG = 2.167,20 EUR		60,30 EUR
Auslagenpauschale, Nr. 7002 VV RVG		20,00 EUR
Zwischensumme	80,30 EUR	
19 % Mehrwertsteuer, Nr. 7008 VV RVG		15,26 EUR
Gesamtbetrag		**95,56 EUR**

Beispiel 139 **Gegenstandswert bei Herausgabevollstreckung**

Der Mandant beauftragt den Anwalt mit der Herausgabevollstreckung eines PKW Mercedes Benz im Wert von 29.000,00 EUR. Die Forderung des Mandanten zum Zeitpunkt des Auftrages beträgt 37.639,72 EUR.

Der Rechtsanwalt verdient eine 0,3 Verfahrensgebühr gemäß Nr. 3309 VV RVG aus einem Gegenstandswert von 29.000,00 EUR gemäß § 25 Abs. 1 Nr. 2 RVG.

0,3 Verfahrensgebühr, Nr. 3309 VV RVG i.V.m. § 13 RVG, Gegenstandswert nach § 25 Abs. 1 Nr. 2 RVG = 29.000,00 EUR		60,30 EUR
Auslagenpauschale, Nr. 7002 VV RVG		12,06 EUR
Zwischensumme	72,36 EUR	
19 % Mehrwertsteuer, Nr. 7008 VV RVG		13,75 EUR
Gesamtbetrag		**86,11 EUR**

Beispiel 140 **Gegenstandswert bei Vollstreckung einer Handlung**

Der Rechtsanwalt ist beauftragt, die Zwangsvollstreckung wegen der Erteilung eines Zeugnisses durchzuführen. Er stellt einen entsprechenden Antrag bei Gericht. Das Interesse des Gläubigers für diese Handlung wird mit 1.700,00 EUR (ein Monatsgehalt) beziffert.

Der Rechtsanwalt erhält eine 0,3 Verfahrensgebühr gemäß Nr. 3309 VV RVG aus einem Gegenstandswert von 1.700,00 EUR gemäß § 25 Abs. 1 Nr. 3 RVG.

0,3 Verfahrensgebühr, Nr. 3309 VV RVG i.V.m. § 13 RVG, Gegenstandswert nach § 25 Abs. 1 Nr. 3 RVG = 1.700,00 EUR		45,00 EUR
Auslagenpauschale, Nr. 7002 VV RVG		9,00 EUR
Zwischensumme	54,00 EUR	
19 % Mehrwertsteuer, Nr. 7008 VV RVG		10,26 EUR
Gesamtbetrag		**64,26 EUR**

220 Für den Antrag auf Bestimmung eines Termins zur Abgabe der Vermögensauskunft existiert eine Streitwertgrenze von maximal 2.000,00 EUR nach § 25 Abs. 1 Nr. 4 RVG. Gebühren aus einem höheren Gegenstandswert dürfen nicht berechnet werden.

Beispiel 141 **Begrenzter Gegenstandswert bei Antrag auf Abgabe der Vermögensauskunft**

Der Gläubiger hat gegen den Schuldner eine Forderung in Höhe von 17.430,00 EUR zuzüglich Kosten und Gebühren.

Der Rechtsanwalt wird beauftragt, über den Gerichtsvollzieher die Abnahme der Vermögensauskunft zu erreichen.

Auf Grund der existierenden Streitwertgrenze von 2.000,00 EUR ist der Anwalt lediglich berechtigt, eine 0,3 Verfahrensgebühr gemäß Nr. 3309 VV RVG aus 2.000,00 EUR zu berechnen.

0,3 Verfahrensgebühr, Nr. 3309 VV RVG i.V.m. § 13 RVG, Gegenstandswert nach § 25 Abs. 1 Nr. 1 RVG = maximal 2.000,00 EUR		45,00 EUR
Auslagenpauschale, Nr. 7002 VV RVG		9,00 EUR
Zwischensumme	54,00 EUR	
19 % Mehrwertsteuer, Nr. 7008 VV RVG		10,26 EUR
Gesamtbetrag		**64,26 EUR**

E. Zwangsversteigerung und Zwangsverwaltung

221 Die Gebühren in Verfahren der Zwangsversteigerung und der Zwangsverwaltung bestimmen sich nach Abschnitt 3 Unterabschnitt 4 des 3. Teils des VV RVG.

I. Zwangsversteigerung

222 Der Rechtsanwalt erhält für seine Tätigkeit im Zwangsversteigerungsverfahren eine Verfahrensgebühr mit einem Satz von 0,4 nach Nr. 3311 VV RVG. Diese Gebühr entsteht jeweils gesondert für die Tätigkeit in Zwangsversteigerungsverfahren bis zur Einleitung des Verteilungsverfahrens und für die Tätigkeit im Verteilungsverfahren, auch wenn eine außergerichtliche Verteilung stattfindet.

Der Gegenstandswert in der Zwangsversteigerung bestimmt sich nach § 26 RVG. Zu Grunde zu legen ist je nach Fallgestaltung der Wert des dem Gläubiger oder dem Beteiligten zustehenden Rechts einschließlich der Nebenforderungen. Bei der Vertretung eines anderen Beteiligten, insbesondere des Schuldners, bestimmt sich der Gegenstandswert nach dem Wert des Gegenstands der Zwangsversteigerung. 223

Bei der Vertretung eines Bieters, der nicht Beteiligter ist, ist der Gegenstandswert der Betrag des höchsten für den Auftraggeber abgegebenen Gebots bzw., wenn ein solches nicht abgegeben wurde, der Wert des Gegenstands der Zwangsversteigerung. Für das Verteilungsverfahren sind weitere Hinweise in § 26 RVG gegeben. 224

Beispiel 142 **Verfahrensgebühr und Gegenstandswert in der Zwangsversteigerung (Auftrag des Schuldners)**

Der Rechtsanwalt betreibt im Auftrag seines Mandanten die Zwangsversteigerung in das Wohnhaus des Schuldners. Die Zwangsversteigerung in das Wohnhaus, das einen Verkehrswert von 350.000,00 EUR hat, wird wegen einer Gesamtforderung (Hauptanspruch + Kosten + Zinsen) in Höhe von 137.040,00 EUR betrieben.

Gemäß § 26 RVG bestimmt sich der Gegenstandswert nach dem Wert des dem Gläubiger zustehenden Rechts. Kosten und Zinsen sind dem Hauptanspruch hinzuzurechnen. Demnach ist als Gegenstandswert 137.040,00 EUR anzusetzen.

0,4 Verfahrensgebühr, Nr. 3311 VV RVG i.V.m. § 13 RVG, Gegenstandswert nach § 26 RVG = 137.040,00 EUR		669,20 EUR
Auslagenpauschale, Nr. 7002 VV RVG		20,00 EUR
Zwischensumme	689,20 EUR	
19 % Mehrwertsteuer, Nr. 7008 VV RVG		130,95 EUR
Gesamtbetrag		**820,15 EUR**

In Zwangsversteigerungsverfahren kann der Rechtsanwalt eine **Terminsgebühr** nach Nr. 3312 VV RVG in Höhe eines Satzes von 0,4 verdienen. Sie entsteht **nur dann, wenn der Rechtsanwalt für einen Beteiligten einen Versteigerungstermin wahrnimmt**. 225

Beispiel 143 **Terminsgebühr in der Zwangsversteigerung (Auftrag des Bieters)**

Der Rechtsanwalt ist beauftragt, einen Interessenten zu einem Versteigerungstermin im Zwangsversteigerungsverfahren zu begleiten und für ihn zu bieten, was er auch tut. Der Verkehrswert des Grundstücks mit aufstehendem Gebäude beträgt 350.000,00 EUR. Der Rechtsanwalt gibt für seinen Mandanten sein höchstes Gebot mit 215.000,00 EUR ab.

Der Rechtsanwalt verdient neben der Verfahrensgebühr die Terminsgebühr nach Nr. 3312 VV RVG. Als Gegenstandswert ist das höchste Gebot gemäß § 26 RVG zugrunde zu legen, hier also 215.000,00 EUR.

0,4 Verfahrensgebühr, Nr. 3311 VV RVG i.V.m. § 13 RVG, Gegenstandswert nach § 26 RVG = 215.000,00 EUR		853,20 EUR
0,4 Terminsgebühr, Nr. 3312 VV RVG i.V.m. § 13 RVG, Gegenstandswert nach § 26 RVG = 215.000,00 EUR		853,20 EUR
Auslagenpauschale, Nr. 7002 VV RVG		20,00 EUR
Zwischensumme	1.726,40 EUR	
19 % Mehrwertsteuer, Nr. 7008 VV RVG		328,02 EUR
Gesamtbetrag		**2.054,42 EUR**

Merke

Für etwaige Besprechungen zum Zwecke der gütlichen Einigung entsteht die Terminsgebühr im Rahmen der Zwangsversteigerung nicht!

II. Zwangsverwaltungsverfahren

226 Der Rechtsanwalt erhält eine Verfahrensgebühr der Nr. 3311 VV RVG in Höhe eines Satzes von 0,4 in Verfahren der Zwangsverwaltung, und zwar für die Vertretung des Antragstellers in Verfahren über den Antrag auf Anordnung der Zwangsverwaltung oder auf Zulassung des Beitritts. Die Verfahrensgebühr entsteht dem Anwalt gesondert für die Vertretung des Antragstellers im weiteren Verteilungsverfahren und für die Vertretung eines sonstigen Beteiligten im ganzen Verfahren einschließlich des Verteilungsverfahrens.

227 Der Gegenstandswert in der Zwangsverwaltung bestimmt sich nach § 27 RVG: Bei der Vertretung des Antragstellers richtet sich der Gegenstandswert nach dem Anspruch, wegen dessen das Verfahren beantragt worden ist, wobei Nebenforderungen mitzurechnen sind. Ist das Verfahren wegen Ansprüche auf wiederkehrende Leistungen beantragt, so ist der Wert der Leistungen eines Jahres maßgebend.

Vertritt der Rechtsanwalt den Schuldner, so bestimmt sich der Gegenstandswert nach den zusammengerechneten Ansprüchen, wegen derer das Verfahren beantragt ist.

228 Vertritt der Rechtsanwalt im Rahmen der Zwangsverwaltung einen sonstigen Beteiligten, so richtet sich der Gegenstandswert nach § 23 Abs. 3 Satz 2 RVG, also nach billigem Ermessen.

Beispiel 144 **Verfahrensgebühr und Gegenstandswert in der Zwangsverwaltung (für Gläubigervertreter)**

Der Rechtsanwalt hat durch das Vermögensprotokoll des Schuldners in Erfahrung gebracht, dass dieser ein Hotel – allerdings ohne große Erträge – führt. Da er sich von dem Objekt einiges verspricht, beantragt er für den Gläubiger beim zuständigen Gericht die Anordnung der Zwangsverwaltung. Nachdem der Schuldner zu dem Antrag keine Stellungnahme abgibt, ergeht ein Beschluss, nach dem der X zum Verwalter des Objektes bestimmt wird. Die Forderung des Gläubigers beträgt 54.000,00 EUR zuzüglich Kosten und Zinsen in Höhe von insgesamt 13.500,00 EUR.

Für die Tätigkeit im Zwangsverwaltungsverfahren erhält der Rechtsanwalt eine 0,4 Verfahrensgebühr nach Nr. 3311 VV RVG. Gemäß § 27 RVG bestimmt sich der Gegenstandswert nach dem Anspruch, wegen dem die Zwangsverwaltung beantragt wurde. Kosten und Zinsen sind dem Hauptanspruch hinzuzurechnen. Demnach beträgt der Gegenstandswert (54.000,00 EUR + 13.500,00 EUR =) 67.500,00 EUR.

0,4 Verfahrensgebühr, Nr. 3311 VV RVG i.V.m. § 13 RVG, Gegenstandswert nach § 27 RVG = 67.500,00 EUR		533,20 EUR
Auslagenpauschale, Nr. 7002 VV RVG		20,00 EUR
Zwischensumme	553,20 EUR	
19 % Mehrwertsteuer, Nr. 7008 VV RVG		105,11 EUR
Gesamtbetrag		**658,31 EUR**

Die Verfahrensgebühr kann vom Rechtsanwalt gesondert verdient werden für die Tätigkeit in Verfahren über Anträge auf einstweilige Einstellung oder Beschränkung der Zwangsvollstreckung und einstweilige Einstellung des Verfahrens sowie für Verhandlungen zwischen Gläubigern und Schuldnern mit dem Ziel der Aufhebung des Verfahrens. **229**

Merke

Im Verfahren der Zwangsverwaltung kann eine Terminsgebühr nicht entstehen (vgl. Anmerkung zu Nr. 3312 VV RVG).

F. Insolvenzverfahren, Verteilungsverfahren nach der Schifffahrtsrechtlichen Verteilungsordnung

I. Grundsätzliches

Insolvenzverfahren werden nach Abschnitt 3 Unterabschnitt 5 des 3. Teils des VV RVG **230**
abgerechnet. Absatz 1 der Vorbemerkung bestimmt ferner, dass die dortigen Gebührenvorschriften für die Verteilungsverfahren nach der Schifffahrtsrechtlichen Verteilungsordnung (SVertO) ebenfalls Anwendung finden, soweit dies im Vergütungsverzeichnis ausdrücklich angeordnet ist. Dies ist für die Verfahrensgebühren der Nummern 3313,

3314, 3317 sowie 3320 VV RVG der Fall. Ferner beinhaltet der Unterabschnitt 5 in Nr. 3323 VV RVG eine Regelung zur Abrechnung für das Verfahren über Anträge auf Hauptaufhebung von Vollstreckungsmaßregeln nach § 8 Abs. 5 und § 41 SVertO.

231 Gemäß § 28 RVG sind für verschiedene Tätigkeiten im Insolvenzverfahren differenzierte Gegenstandswerte zugrunde zu legen. Um Wiederholungen zu vermeiden, wird insoweit auf den Gesetzestextverwiesen.

II. Die Gebühren

232 Die Verfahrensgebühr für das Eröffnungsverfahren hat für den den Schuldner vertretenden Rechtsanwalt nach Nr. 3313 VV RVG einen Satz von 1,0.

Beispiel 145 **Verfahrensgebühr des Schuldnervertreters im Eröffnungsverfahren**

Der Rechtsanwalt ist beauftragt, das dem Schuldner drohende Insolvenzverfahren im Eröffnungsstadium abzuwenden. Der Gegenstandswert beträgt 5.000,00 EUR.

1,0 Verfahrensgebühr, Nr. 3313 VV RVG i.V.m. § 13 RVG, Gegenstandswert nach § 28 RVG = 5.000,00 EUR		303,00 EUR
Auslagenpauschale, Nr. 7002 VV RVG		20,00 EUR
Zwischensumme	323,00 EUR	
19 % Mehrwertsteuer, Nr. 7008 VV RVG		61,37 EUR
Gesamtbetrag		**384,37 EUR**

233 Vertritt der Rechtsanwalt den Gläubiger, so erwächst diesem eine 0,5 Verfahrensgebühr nach Nr. 3314 VV RVG.

Beispiel 146 **Verfahrensgebühr des Gläubigervertreters im Eröffnungsverfahren**

Der Rechtsanwalt ist beauftragt, einen Antrag auf Eröffnung des Insolvenzverfahrens über das Vermögen der X-GmbH zu stellen, was er im Auftrag des Gläubigers auch tut. Die Forderung des Gläubigers per Antrag beträgt 3.000,00 EUR.

0,5 Verfahrensgebühr, Nr. 3314 VV RVG i.V.m. § 13 RVG, Gegenstandswert nach § 28 RVG = 3.000,00 EUR		100,50 EUR
Auslagenpauschale, Nr. 7002 VV RVG		20,00 EUR
Zwischensumme	120,50 EUR	
19 % Mehrwertsteuer, Nr. 7008 VV RVG		22,90 EUR
Gesamtbetrag		**143,40 EUR**

234 Für jeden einzelnen Gläubiger erwächst dem Anwalt die Gebühr besonders. Dies ist geregelt in der Vorbemerkung 3.3.4 (2) des 3. Teils des VV RVG.

Beispiel 147 **Mehrfache Verfahrensgebühren des Gläubigervertreters im Eröffnungsverfahren bei Vertretung mehrere Gläubiger**

Der Rechtsanwalt ist beauftragt, einen Antrag auf Eröffnung des Insolvenzverfahrens über das Vermögen der X GmbH zu stellen, was er im Auftrag zweier Gläubiger, die je eine eigene Forderung haben (einmal 2.600,00 EUR, einmal 1.400,00 EUR), auch tut.

Der Rechtsanwalt kann die Verfahrensgebühr (nebst Auslagen) gleich zweimal abrechnen (allerdings mit unterschiedlichen Gegenstandswerten, da die Forderungen nicht identisch sind), weil er die Verfahrensgebühr für jeden Gläubiger besonders erhält.

Für Gläubiger 1:		
0,5 Verfahrensgebühr, Nr. 3314 VV RVG i.V.m. § 13 RVG, Gegenstandswert nach § 28 RVG = 2.600,00 EUR		100,50 EUR
Auslagenpauschale, Nr. 7002 VV RVG		20,00 EUR
Zwischensumme	120,50 EUR	
19 % Mehrwertsteuer, Nr. 7008 VV RVG		22,90 EUR
Gesamtbetrag		**143,40 EUR**

Für Gläubiger 2:		
0,5 Verfahrensgebühr, Nr. 3314 VV RVG i.V.m. § 13 RVG, Gegenstandswert nach § 28 RVG = 1.400,00 EUR		57,50 EUR
Auslagenpauschale, Nr. 7002 VV RVG		11,50 EUR
Zwischensumme	69,00 EUR	
19 % Mehrwertsteuer, Nr. 7008 VV RVG		13,11 EUR
Gesamtbetrag		**82,11 EUR**

Ist der Anwalt, der den Schuldner im Eröffnungsverfahren vertritt, auch im Verfahren **235**
über den Schuldenbereinigungsplan tätig, so hat die Gebühr der Nr. 3313 VV RVG gemäß Nr. 3315 VV RVG einen Satz von 1,5.

Beispiel 148 **Tätigkeit des Schuldnervertreters auch im Verfahren über den Schuldenbereinigungsplan**

Der Rechtsanwalt, der den Schuldner im Insolvenzeröffnungsverfahren vertritt, ist auch im Verfahren über den Schuldenbereinigungsplan tätig. Der Gegenstandswert beträgt hier 9.000,00 EUR.

Der Rechtsanwalt erhält keine gesonderte Gebühr, sondern die weitere Tätigkeit wird durch die Erweiterung des Gebührensatzes abgegolten: Die Verfahrensgebühr der Nr. 3313 VV RVG erhöht sich gemäß Nr. 3315 VV RVG auf einen Satz von 1,5.

1,5 Verfahrensgebühr, Nrn. 3313, 3315 VV RVG i.V.m. § 13 RVG, Gegenstandswert nach § 28 RVG = 9.000,00 EUR		760,50 EUR
Auslagenpauschale, Nr. 7002 VV RVG		20,00 EUR
Zwischensumme	780,50 EUR	
19 % Mehrwertsteuer, Nr. 7008 VV RVG		148,30 EUR
Gesamtbetrag		**928,80 EUR**

236 Die Gebühr des den Gläubiger vertretenden Anwaltes beträgt nach Nr. 3316 VV RVG 1,0.

Beispiel 149 **Tätigkeit des Gläubigervertreters auch im Verfahren über den Schuldenbereinigungsplan**

Der Rechtsanwalt, der den Antrag auf Eröffnung des Insolvenzverfahrens über das Vermögen der X GmbH im Auftrag eines Gläubigers gestellt hat, prüft den Schuldenbereinigungsplan des Schuldners und gibt hierzu eine kurze Stellungnahme ab. Gegenstandswert beträgt 16.000,00 EUR.

Der Rechtsanwalt erhält keine gesonderte Gebühr, sondern die weitere Tätigkeit wird durch die Erweiterung des Gebührensatzes abgegolten. Die Verfahrensgebühr der Nr. 3314 VV RVG erhöht sich gemäß Nr. 3316 VV RVG auf einen Satz von 1,0.

1,0 Verfahrensgebühr, Nrn. 3314, 3316 VV RVG i.V.m. § 13 RVG, Gegenstandswert nach § 28 RVG = 16.000,00 EUR		650,00 EUR
Auslagenpauschale, Nr. 7002 VV RVG		20,00 EUR
Zwischensumme	670,00 EUR	
19 % Mehrwertsteuer, Nr. 7008 VV RVG		127,30 EUR
Gesamtbetrag		**797,30 EUR**

237 Für die Vertretung im Insolvenzverfahren erhält der Rechtsanwalt eine Verfahrensgebühr nach Nr. 3317 VV RVG in Höhe von 1,0.

Beispiel 150 **Verfahrensgebühr im Insolvenzverfahren**

Der Rechtsanwalt vertritt seine Partei (unabhängig davon, ob dies der Gläubiger oder Schuldner ist) im Insolvenzverfahren. Der Gegenstandswert beträgt 1.300,00 EUR.

Für die Vertretung erhält der Rechtsanwalt eine (weitere) Verfahrensgebühr der Nr. 3317 VV RVG.

1,0 Verfahrensgebühr, Nr. 3317 VV RVG i.V.m. § 13 RVG, Gegenstandswert nach § 28 RVG = 1.300,00 EUR		115,00 EUR
Auslagenpauschale, Nr. 7002 VV RVG		20,00 EUR
Zwischensumme	135,00 EUR	
19 % Mehrwertsteuer, Nr. 7008 VV RVG		25,65 EUR
Gesamtbetrag		**160,65 EUR**

Die Verfahrensgebühr für die Vertretung im Verfahren über einen Insolvenzplan beträgt nach Nr. 3318 VV RVG 1,0. **238**

Beispiel 151 Verfahrensgebühr des Gläubigervertreters im Verfahren über den Insolvenzplan

Im Verfahren über den Insolvenzplan vertritt der Rechtsanwalt den Gläubiger mit einer Forderung in Höhe von 2.600,00 EUR.

Es ist die Verfahrensgebühr der Nr. 3318 VV RVG in Höhe eines Satzes von 1,0 abzurechnen.

1,0 Verfahrensgebühr, Nr. 3318 VV RVG i.V.m. § 13 RVG, Gegenstandswert nach § 28 RVG = 2.600,00 EUR		201,00 EUR
Auslagenpauschale, Nr. 7002 VV RVG		20,00 EUR
Zwischensumme	221,00 EUR	
19 % Mehrwertsteuer, Nr. 7008 VV RVG		41,99 EUR
Gesamtbetrag		**262,99 EUR**

Vertritt der Rechtsanwalt den Schuldner, der den Plan vorgelegt hat, hat die Verfahrensgebühr der Nr. 3318 VV RVG gemäß Nr. 3319 VV RVG einen Satz von 3,0. **239**

Beispiel 152 Verfahrensgebühr des Schuldnervertreters im Verfahren über den Insolvenzplan

Im Verfahren über den Insolvenzplan vertritt der Rechtsanwalt den Schuldner, der den Plan vorgelegt hat. Der Gegenstandswert beträgt 102.000,00 EUR.

Da der Anwalt den Schuldner, der den Insolvenzplan vorgelegt hat, im Insolvenzverfahren vertritt, ist die Verfahrensgebühr der Nr. 3319 VV RVG in Höhe von 3,0 anzusetzen.

3,0 Verfahrensgebühr, Nrn. 3318, 3319 VV RVG i.V.m. § 13 RVG, Gegenstandswert nach § 28 RVG = 102.000,00 EUR		4.509,00 EUR
Auslagenpauschale, Nr. 7002 VV RVG		20,00 EUR
Zwischensumme	4.529,00 EUR	
19 % Mehrwertsteuer, Nr. 7008 VV RVG		860,51 EUR
Gesamtbetrag		**5.389,51 EUR**

240 Beschränkt sich die Tätigkeit des Anwalts auf die Anmeldung einer Insolvenzforderung, so erhält er nach Nrn. 3320, 3317 VV RVG eine Verfahrensgebühr in Höhe eines Satzes von 0,5.

Beispiel 153 **Verfahrensgebühr für die Anmeldung einer Forderung zur Insolvenztabelle**

Der Rechtsanwalt meldet die Forderung seines Mandanten zur Insolvenztabelle an. Die Forderung beträgt 450,00 EUR.

Da die Tätigkeit des Anwaltes rein auf die Forderungsanmeldung beschränkt ist, erhält er die (niedrige) Verfahrensgebühr der Nrn. 3320, 3317 VV RVG.

0,5 Verfahrensgebühr, Nrn. 3320, 3317 VV RVG i.V.m. § 13 RVG, Gegenstandswert nach § 28 RVG = 450,00 EUR		22,50 EUR
Auslagenpauschale, Nr. 7002 VV RVG		4,50 EUR
Zwischensumme	27,00 EUR	
19 % Mehrwertsteuer, Nr. 7008 VV RVG		5,13 EUR
Gesamtbetrag		**32,13 EUR**

241 Die Verfahrensgebühr für das Verfahren über einen Antrag auf Versagung oder Widerruf der Restschuldbefreiung beträgt nach Nr. 3321 VV RVG 0,5.

Beispiel 154 **Verfahrensgebühr im Verfahren auf Versagung der Restschuldbefreiung**

Der Gläubiger einer Forderung, der im Rahmen des Insolvenzverfahrens „überstimmt“ wurde und der mit der ihm zugeteilten Quote nicht zufrieden ist, beobachtet die Wohlverhaltensperiode des Schuldners genau. Er stellt fest, dass dieser seiner Obliegenheitsverpflichtung zur Aufnahme von Arbeit nicht nachkommt und beantragt daher, dem Schuldner die Restschuldbefreiung zu versagen. Die Forderung des Gläubigers beträgt 1.700,00 EUR.

Die Tätigkeit des Anwaltes im Verfahren auf Versagung bzw. Widerruf der Restschuldbefreiung wird nach Nr. 3321 VV RVG vergütet.

0,5 Verfahrensgebühr, Nr. 3321 VV RVG i.V.m. § 13 RVG, Gegenstandswert nach § 28 RVG = 1.700,00 EUR		75,00 EUR
Auslagenpauschale, Nr. 7002 VV RVG		15,00 EUR
Zwischensumme	90,00 EUR	
19 % Mehrwertsteuer, Nr. 7008 VV RVG		17,10 EUR
Gesamtbetrag		**107,10 EUR**

Hierbei ist zu beachten, dass mehrere, gleichzeitig anhängige Anträge als eine Angelegenheit angesehen werden. Die Verfahrensgebühr entsteht auch gesondert, wenn der Antrag bereits vor Aufhebung des Insolvenzverfahrens gestellt wird. 242

Ergänzend ist an dieser Stelle im Hinblick auf das Schifffahrtsrechtliche Verteilungsverfahren, das über die Vorschriften des 4. Unterabschnittes abgedeckt wird, noch auszuführen: 243

Für Verfahren über Anträge auf Zulassung der Zwangsvollstreckung nach § 17 Abs. 4 SVertO erhält der Rechtsanwalt eine 0,5 Verfahrensgebühr nach Nr. 3322 VV RVG; für das Verfahren über Anträge auf Aufhebung von Vollstreckungsmaßnahmen beträgt die Verfahrensgebühr gemäß Nr. 3323 VV RVG 0,5.

G. Bestimmte Verfahren und Einzeltätigkeiten

Unterabschnitt 6 Abschnitt 3 des 3. Teils des VV RVG fasst die Vergütungsregelungen einiger besonderer Verfahren zusammen, die in den übrigen Abschnitten des 3. Teils des VV RVG nicht geregelt sind. Diese Gebühren verdient der Rechtsanwalt entweder nur, wenn die genannte Tätigkeit nicht mit einer anderen gebührenpflichtigen Tätigkeit in dieser Sache zusammenhängt oder aber aufgrund bestimmter Vorschriften, die als Anmerkungen zu den einzelnen Gebührennummern aufgeführt sind, besonders. 244

I. Diverse Verfahrensgebühren

Dem Rechtsanwalt erwächst eine 1,0 Verfahrensgebühr nach Nr. 3324 VV RVG im **Aufgebotsverfahren**, eine 0,75 Verfahrensgebühr im **Verfahren nach § 319 Abs. 6 AktG oder § 16 Abs. 3 UmwG** nach Nr. 3325 VV RVG sowie eine Verfahrensgebühr in gleicher Höhe (0,75) in **Verfahren vor den Gerichten für Arbeitssachen**, wenn sich die Tätigkeit auf eine gerichtliche Entscheidung über die Bestimmung einer Frist, die Ablehnung eines Schiedsrichters oder die Vornahme einer Beweisaufnahme oder eine Vereidigung beschränkt. Diese Regelung findet sich in Nr. 3326 des VV RVG wieder. 245

Die Verfahrensgebühr in Verfahren über die **Vollstreckbarerklärung von Schiedssprüchen und Anwaltsvergleichen**, wenn sich die Tätigkeit auf die **Bestellung eines Schiedsrichters** oder Ersatzschiedsrichters, auf die **Ablehnung eines Schiedsrichters** oder auf die Beendigung des Schiedsrichteramtes, auf die Unterstützung bei der Beweisaufnahme oder auf die Vornahme sonstiger richterlicher Handlung beschränkt, hat nach Nr. 3327 VV RVG einen Satz in Höhe von 0,75. 246

Endet der Auftrag der vorstehend aufgeführten Verfahren (Nrn. 3324 bis 3327 VV RVG) vorzeitig, also bevor der Rechtsanwalt den das Verfahren einleitenden Antrag oder einen entsprechenden Antrag eingereicht oder bevor er für seine Partei einen Termin 247 wahrgenommen hat, so reduziert sich die Verfahrensgebühr auf einen Satz von 0,5. Gleiches gilt, soweit lediglich beantragt ist, eine Einigung der Parteien zu Protokoll zu nehmen (Nr. 3337 VV RVG).

248 Die Verfahrensgebühr in Verfahren für die **vorläufige Einstellung, Beschränkung oder Aufhebung der Zwangsvollstreckung** hat nach Nr. 3328 VV RVG einen Satz in Höhe von 0,5; der Rechtsanwalt erhält diese Gebühr gesondert, wenn eine abgesonderte mündliche Verhandlung hierüber stattfindet. Eine Reduktion dieser Verfahrensgebühr für den Fall der vorzeitigen Erledigung ist nicht vorgesehen (Nr. 3337 VV RVG schließt die Gebühr der Nr. 3328 VV RVG nicht ein!).

249 Wird der Antrag beim Vollstreckungsgericht und beim Prozessgericht gestellt, so entsteht die Gebühr nur einmal. Für die abgesonderte mündliche Verhandlung erhält der Rechtsanwalt zudem die Terminsgebühr der Nr. 3332 VV RVG (vgl. Rdn 253).

250 Ist der Rechtsanwalt in einem Verfahren auf **Vollstreckbarerklärung** der durch Rechtsmittelanträge nicht angefochtenen Teile eines Urteils tätig, so erwächst ihm eine Verfahrensgebühr in Höhe eines Satzes von 0,5 nach Nr. 3329 VV RVG. Eine Reduktion dieser Verfahrensgebühr für den Fall der vorzeitigen Erledigung ist ebenfalls nicht vorgesehen (Nr. 3337 VV RVG schließt die Gebühr der Nr. 3329 VV RVG nicht ein!).

251 Für die Tätigkeit eines Rechtsanwalts in Verfahren über eine **Rüge wegen Verletzung des Anspruchs auf rechtliches Gehör** verdient der Rechtsanwalt eine 0,5 Verfahrensgebühr nach Nr. 3330 VV RVG. Eine Reduktion dieser Verfahrensgebühr für den Fall der vorzeitigen Erledigung ist auch in diesem Verfahren nicht vorgesehen (Nr. 3337 VV RVG schließt die Gebühr der Nr. 3330 VV RVG ebenfalls nicht ein!).

252 Beschränkt sich die Tätigkeit eines Anwalts auf das Verfahren über einen Antrag auf **Abänderung eines Vollstreckungstitels** nach § 655 Abs. 1 ZPO, so erwächst ihm eine Verfahrensgebühr in Höhe eines Satzes von 0,5 nach Nr. 3331 VV RVG.

253 In sämtlichen **vorstehend genannten Verfahren** (Nr. 3324 bis 3331 VV RVG) kann der Rechtsanwalt die **Terminsgebühr** nach Nr. 3332 VV RVG in Höhe eines Satzes von 0,5 verdienen.

254 Ist der Rechtsanwalt **lediglich** beauftragt, in einem **Verteilungsverfahren außerhalb der Zwangsversteigerung und der Zwangsverwaltung tätig** zu werden, so verdient er für diese Einzeltätigkeit die Gebühr nach Nr. 3333 VV RVG in Höhe eines Satzes von 0,4. Der Gegenstandswert bestimmt sich insoweit nach § 26 Nr. 1 und Nr. 2 RVG; eine Terminsgebühr entsteht dem Anwalt nicht.

255 Ist der Rechtsanwalt im Verfahren vor dem Prozessgericht oder dem Amtsgericht auf Bewilligung, **Verlängerung oder Verkürzung einer Räumungsfrist**, das mit dem Verfahren über die Hauptsache nicht verbunden ist, tätig, so erhält er eine 1,0 Verfahrensgebühr nach Nr. 3334 VV RVG. Findet ein Termin statt, so bestimmt sich die Terminsge-

bühr gemäß Vorbemerkung 3.3.6 des 3. Teils des VV RVG, beläuft sich also in Höhe eines Satzes von 1,2 nach Nr. 3104 VV RVG.

Während bis zum Inkrafttreten des 1. JuModG zum 31.12.2006 stets die Gebühr für das **Verfahren über die Prozesskostenhilfe** nach Nr. 3335 VV RVG einen Satz von 1,0 hatte, hat der Gesetzgeber nunmehr – insbesondere mit Blick auf Prozesskostenhilfe in Vollstreckungssachen – nachgebessert: Die Gebühr entsteht nunmehr in Höhe der Verfahrensgebühr für das Verfahren, für das die Prozesskostenhilfe beantragt wird, höchstens jedoch 1,0. Das bedeutet: Im Erkenntnisverfahren, in dem in der Regel die 1,3 Verfahrensgebühr der Nr. 3100 VV RVG anzusetzen ist, erfolgt eine Kappung für das Prozesskostenhilfeverfahren auf 1,0 (bei Betragsrahmengebühren sind dies maximal 420,00 EUR); geht es um Prozesskostenhilfeverfahren in Beschwerdeverfahren oder aber – wie gerade in Unterhaltssachen so oft – Vollstreckungssachen, ist die Höhe der Prozesskostenhilfe auf die Höhe der jeweiligen Verfahrensgebühr (hier: 0,5 bzw. 0,3) beschränkt. **256**

Die Gebühr erwächst dem Anwalt jedoch nur, wenn er insoweit separat tätig ist und ein Verfahren, für das die Prozesskostenhilfe beantragt wurde, von ihm nicht geführt wird (vgl. insoweit ausführlich nachfolgende Rdn 259 ff.). **257**

Endet der Auftrag in den vorstehenden Verfahren (Nr. 3334 VV RVG und 3335 VV RVG) vorzeitig, also bevor der Rechtsanwalt den das Verfahren einleitenden Antrag oder einen entsprechenden Antrag eingereicht oder bevor er für seine Partei einen Termin wahrgenommen hat, so reduziert sich die Verfahrensgebühr auf einen Satz von 0,5. Gleiches gilt, soweit lediglich beantragt ist, eine Einigung der Parteien zu Protokoll zu nehmen, vgl. Nr. 3337 VV RVG. **258**

II. Das Prozesskostenhilfeverfahren

Die Verfahrensgebühr im Verfahren über die Prozesskostenhilfe entsteht – wie vorstehend unter Rdn 256 bereits angerissen – nach Nr. 3335 VV RVG und beläuft sich in Höhe der Verfahrensgebühr für das Verfahren, für das die Prozesskostenhilfe beantragt wird, höchstens jedoch 1,0. Bei Betragsrahmengebühren beträgt die Gebühr maximal 420,00 EUR. **259**

Da in der Regel das Prozesskostenhilfeverfahren keine separate Tätigkeit des Anwaltes darstellt, sondern meist mit dem anschließenden Verfahren zusammenhängt und – je nach Fallgestaltung – die unterschiedlichen Wertgebührentabellen des § 13 bzw. § 49 RVG zugrunde zu legen sind, verdient das Prozesskostenhilfeverfahren an dieser Stelle eine ausführlichere Behandlung. **260**

Der Gegenstandswert für das Prozesskostenhilfeverfahren bestimmt sich nach dem für die Hauptsache maßgeblichen Wert; zugrunde zu legen ist für die Verfahrensgebühr die Wertgebührentabelle des § 13 RVG. **261**

262 In den „Normalfällen“, also sprich Klageverfahren/Erkenntnisverfahren, bedeutet dies:

Beispiel 155 **Prozesskostenhilfe, bedingter Klageauftrag, PKH wird versagt**

Der Anwalt ist beauftragt, Prozesskostenhilfe zu beantragen. Nur wenn diese auch bewilligt wird, sollte die Klage rechtshängig gemacht werden. Der Anwalt stellt unter Beifügung des Klageentwurfs den entsprechenden Antrag; das Gericht sieht die Voraussetzungen für die Bewilligung von Prozesskostenhilfe als nicht gegeben an und versagt diese. Ein Klageverfahren wird nicht durchgeführt. Der Gegenstandswert beträgt 2.300,00 EUR.

Für ein Klageverfahren wäre eine 1,3 Verfahrensgebühr der Nr. 3100 VV RVG angefallen. Der Rechtsanwalt verdient daher eine auf 1,0 begrenzte Verfahrensgebühr gemäß Nr. 3335 VV RVG aus dem für die Hauptsache maßgeblichen Gegenstandswert; zugrunde zu legen ist die Wertgebührentabelle des § 13 RVG.

1,0 Verfahrensgebühr, Nr. 3335 VV RVG i.V.m. § 13 RVG aus 2.300,00 EUR		201,00 EUR
Auslagenpauschale, Nr. 7002 VV RVG		20,00 EUR
Zwischensumme	221,00 EUR	
19 % Mehrwertsteuer, Nr. 7008 VV RVG		41,99 EUR
Gesamtbetrag		**262,99 EUR**

Beispiel 156 **Prozesskostenhilfe, bedingter Klageauftrag, PKH wird bewilligt**

Der Anwalt ist beauftragt, Prozesskostenhilfe zu beantragen. Nur wenn diese auch bewilligt wird, sollte die Klage rechtshängig gemacht werden. Der Anwalt stellt unter Beifügung des Klageentwurfs den entsprechenden Antrag; das Gericht sieht die Voraussetzungen für die Bewilligung von Prozesskostenhilfe als gegeben an und bewilligt sie entsprechend. Trotzdem wird das Klageverfahren nie angestrengt. Vorstehend handelt es sich demnach um eine Einzeltätigkeit des Rechtsanwaltes. Der Gegenstandswert beträgt 700,00 EUR.

Für ein Klageverfahren wäre eine 1,3 Verfahrensgebühr der Nr. 3100 VV RVG angefallen. Der Rechtsanwalt verdient daher eine auf 1,0 reduzierte Verfahrensgebühr gemäß Nr. 3335 VV RVG aus dem für die Hauptsache maßgeblichen Gegenstandswert; zugrunde zu legen ist die Wertgebührentabelle des § 13 RVG.

1,0 Verfahrensgebühr, Nr. 3335 VV RVG i.V.m. § 13 RVG aus 700,00 EUR		80,00 EUR
Auslagenpauschale, Nr. 7002 VV RVG		16,00 EUR
Zwischensumme	96,00 EUR	
19 % Mehrwertsteuer, Nr. 7008 VV RVG		18,24 EUR
Gesamtbetrag		**114,24 EUR**

Die Gebühren in den vorstehenden Beispielkonstellationen sind Gebühren, die dem Mandanten in Rechnung gestellt werden. Denn grundsätzlich gibt es für Prozesskostenhilfeverfahren keine Prozesskostenhilfe. Ab dem Zeitpunkt, an dem dem Antragsteller Prozesskostenhilfe gewährt wird, ist es dem Anwalt verboten, seine Gebühren für das Verfahren, für das Prozesskostenhilfe gewährt wurde/wird, bei diesem einzufordern. Das gilt nicht nur für die Gebühren, sondern auch für Auslagen. 263

Allerdings können vor oder nach der Beiordnung freiwillig durch den Mandanten gezahlte Gelder (Vorschüsse) einbehalten werden und müssen nicht auf von der Staatskasse zu erstattende Gebühren (z.B. außergerichtliche Gebühren, Differenz der Gebühr für die Erlangung der Prozesskostenhilfe, Differenz zu den Wahlanwaltsgebühren) verrechnet werden (vgl. Rdn 276 f.). 264

Zunächst einmal muss beachtet werden, dass das Verfahren über die Prozesskostenhilfe und das Verfahren, für das Prozesskostenhilfe beantragt worden ist, nach § 16 Nr. 2 RVG ein und dieselbe Angelegenheit ist. Das bedeutet, dass die Gebühren beider Verfahren nicht nebeneinander stehen bleiben dürfen, vielmehr hier eine Anrechnung erfolgt, die bei geringeren Gegenstandswerten zum „Untergang“ der Verfahrensgebühr für den Antrag auf Gewährung von Prozesskostenhilfe führt. 265

Beispiel 157 **Keine gesonderte PKH-Gebühr bei gleichzeitiger Klage und PKH-Antrag**

Der Auftrag des Rechtsanwaltes lautet dahingehend, bei gleichzeitiger Einleitung des Klageverfahrens Prozesskostenhilfe für die Partei zu beantragen. Prozesskostenhilfe wird bewilligt; das Verfahren endet aufgrund der erfolgten mündlichen Verhandlung zugunsten der Partei.

Für das Verfahren über die Prozesskostenhilfe erhält der Rechtsanwalt grundsätzlich eine 1,0 Verfahrensgebühr nach Nr. 3335 VV RVG. Da das Verfahren über die Prozesskostenhilfe mit der Hauptsache jedoch dieselbe Angelegenheit nach § 16 Nr. 2 RVG bildet, verdient der Rechtsanwalt diese Gebühr nicht gesondert, sondern erhält lediglich die Verfahrens- und Terminsgebühren für das Klageverfahren. Der Antrag auf Bewilligung von Prozesskostenhilfe ist somit keine „Einzeltätigkeit“.

Es muss insbesondere darauf geachtet werden, dass bei der Abrechnung gegenüber der Staatskasse die Wertgebührentabelle des § 49 RVG zugrunde zu legen ist. 266

Die Wertgebührentabelle des § 49 RVG unterscheidet sich in der Gebührenhöhe ab einem Gegenstandswert von mehr als 4.000,00 EUR, also ab einem Wert bis 4.000,01 EUR. Bis zu einem Gegenstandswert von einschließlich 4.000,00 EUR (bis 30.6.2012: 3.000,00 EUR) sind die Gebühren bei Prozesskostenhilfe mit denen des Wahlanwaltes identisch. 267

1,3 Verfahrensgebühr, Nr. 3100 VV RVG i.V.m. **§ 49 RVG** aus 4.000,00 EUR = i.V.m. **§ 13 RVG** aus 4.000,00 EUR		327,60 EUR
1,2 Terminsgebühr, Nr. 3104 VV RVG i.V.m. **§ 49 RVG** aus 4.000,00 EUR = i.V.m. **§ 13 RVG** aus 4.000,00 EUR		302,40 EUR
Auslagenpauschale, Nr. 7002 VV RVG		20,00 EUR
Zwischensumme	650,00 EUR	
19 % Mehrwertsteuer, Nr. 7008 VV RVG		123,50 EUR
Gesamtbetrag		**773,50 EUR**

Beispiel 158 **Keine gesonderte PKH-Gebühr bei PKH-Antrag im laufenden Klageverfahren**

Der Anwalt ist beauftragt, im Rahmen eines bereits rechtshängigen Verfahrens Prozesskostenhilfe zu beantragen. Er tut dies; Prozesskostenhilfe wird bewilligt, das Verfahren findet seinen Fortgang und endet nach mündlicher Verhandlung zu Ungunsten der Partei. Der Gegenstandswert beträgt 2.800,00 EUR.

Da das Verfahren über die Prozesskostenhilfe mit der Hauptsache jedoch dieselbe Angelegenheit nach § 16 Nr. 2 RVG bildet, verdient der Rechtsanwalt die Gebühr der Nr. 3335 VV RVG nicht gesondert. Es ist irrelevant, ob die Prozesskostenhilfe zu Beginn des Rechtsstreits oder im Laufe des Verfahrens beantragt wird.

Auch hier muss darauf geachtet werden, dass die richtige Wertgebührentabelle des § 49 RVG Grundlage der Abrechnung ist, auch wenn bei diesem Gegenstandswert die Beträge noch identisch sind.

1,3 Verfahrensgebühr, Nr. 3100 VV RVG i.V.m. **§ 49 RVG** aus 2.800,00 EUR		261,30 EUR
1,2 Terminsgebühr, Nr. 3104 VV RVG i.V.m. **§ 49 RVG** aus 2.800,00 EUR		241,20 EUR
Auslagenpauschale, Nr. 7002 VV RVG		20,00 EUR
Zwischensumme	522,50 EUR	
19 % Mehrwertsteuer, Nr. 7008 VV RVG		99,28 EUR
Gesamtbetrag		**621,78 EUR**

Beispiel 159 **Prozesskostenhilfeantrag, bedingter Klageauftrag, Klageverfahren wird durchgeführt**

Der Anwalt ist beauftragt, Prozesskostenhilfe zu beantragen. Nur wenn diese auch bewilligt wird, sollte die Klage rechtshängig gemacht werden. Der Anwalt stellt unter Beifügung des Klageentwurfs den entsprechenden Antrag und Prozesskostenhilfe wird bewilligt. Anschließend wird das Klageverfahren durchgeführt und

endet nach Durchführung einer mündlichen Verhandlung mit Beweisaufnahme. Der Gegenstandswert beträgt 13.000,00 EUR.

Da im Anschluss an die Bewilligung von Prozesskostenhilfe das Verfahren durchgeführt wird, ist die Gebühr für das Verfahren über die Prozesskostenhilfe nicht zusätzlich abzurechnen. Dass die Erteilung der Prozesskostenhilfe für das Klageverfahren Bedingung war, spielt bei der Abrechnung gegenüber der Staatskasse keine Rolle.

1,3 Verfahrensgebühr, Nr. 3100 VV RVG i.V.m. **§ 49 RVG** aus 13.000,00 EUR		417,30 EUR
1,2 Terminsgebühr, Nr. 3104 VV RVG i.V.m. **§ 49 RVG** aus 13.000,00 EUR		385,20 EUR
Auslagenpauschale, Nr. 7002 VV RVG		20,00 EUR
Zwischensumme	822,50 EUR	
19 % Mehrwertsteuer, Nr. 7008 VV RVG		156,28 EUR
Gesamtbetrag		**978,78 EUR**

Der Rechtsanwalt hat aber hier die Möglichkeit, die sich gegebenenfalls ergebende Differenz [die 1,0 Verfahrensgebühr für das (bedingte) Prozesskostenhilfeverfahren, berechnet aus der Wertgebührentabelle des § 13 RVG, kann höher sein als die 1,3 Verfahrensgebühr aus der Wertgebührentabelle des § 49 RVG, insbesondere bei höheren Gegenstandswerten] bei seiner Partei einzufordern. **268**

Dies wird gerade in den Fällen, in denen ein höherer Gegenstandswert Geltung hat, möglich sein. **269**

Beispiel 160 Berechnung der Differenz von PKH-Gebühr und Verfahrensgebühr

Der vermögenslose Mandant hat eine Schmerzensgeldforderung gegenüber der Versicherung in Höhe von geschätzten 70.000,00 EUR. Die Voraussetzungen zur Gewährung von Prozesskostenhilfe liegen vor.

Der Anwalt beantragt unter Einreichung der Klageschrift Prozesskostenhilfe, die sodann auch gewährt wird. Im Anschluss an einen Verhandlungstermin ergeht ein Urteil.

Die 1,0 Verfahrensgebühr für den Antrag auf Gewährung von Prozesskostenhilfe nach Nr. 3335 VV RVG berechnet sich aus der Tabelle des § 13 RVG; die 1,3 Verfahrensgebühr für das Verfahren selbst (Nr. 3100 VV RVG) berechnet sich aus der Tabelle des § 49 RVG.

Der Anwalt fordert bei der Staatskasse ein:

1,3 Verfahrensgebühr, Nr. 3100 VV RVG i.V.m. **§ 49 RVG** aus 70.000,00 EUR		581,10 EUR
Auslagenpauschale, Nr. 7002 VV RVG		20,00 EUR
Zwischensumme	601,10 EUR	
19 % Mehrwertsteuer, Nr. 7008 VV RVG		114,21 EUR
Gesamtbetrag		**715,31 EUR**

Der Anwalt fordert beim Mandanten ein:

1,0 Verfahrensgebühr, Nr. 3335 VV RVG i.V.m. § 13 RVG aus 70.000,00 EUR		1.333,00 EUR
– 1,3 Verfahrensgebühr, Nr. 3100 VV RVG i.V.m. **§ 49 RVG** aus 70.000,00 EUR		– 581,10 EUR
Zwischensumme	751,90 EUR	
19 % Mehrwertsteuer, Nr. 7008 VV RVG		142,86 EUR
Gesamtbetrag		**894,76 EUR**

270 Wird für ein Verfahren um Prozesskostenhilfe ersucht, für das niedrigere Verfahrensgebühren als 1,0 anfallen, so erwächst dem Anwalt auch nur eine entsprechend niedrige Verfahrensgebühr im Verfahren über die Prozesskostenhilfe.

Beispiel 161 PKH-Gebühr im Vollstreckungsverfahren

Der Rechtsanwalt hat für seine mittellose Mandantin einen Unterhaltstitel gegen den getrennt lebenden Ehemann erwirkt; nunmehr ersucht er das Gericht auch für das anstehende Vollstreckungsverfahren um Prozesskostenhilfe für seine Mandantin. Der Gegenstandswert beträgt 6.700,00 EUR.

Da die Verfahrensgebühr für das Prozesskostenhilfeverfahren in Höhe des gleichen Satzes wie die Verfahrensgebühr des „eigentlichen Verfahrens“ entsteht, muss zunächst die Gebühr für das Vollstreckungsverfahren „ermittelt“ werden: In der Zwangsvollstreckung erwächst dem Rechtsanwalt eine Verfahrensgebühr nach Nr. 3309 VV RVG in Höhe eines Satzes von 0,3; demnach entsteht auch die Verfahrensgebühr im Verfahren über die Prozesskostenhilfe in Höhe eines Satzes von 0,3.

0,3 Verfahrensgebühr, Nr. 3335 VV RVG i.V.m. § 13 RVG aus 6.700,00 EUR		121,50 EUR
Auslagenpauschale, Nr. 7002 VV RVG		20,00 EUR
Zwischensumme	141,50 EUR	
19 % Mehrwertsteuer, Nr. 7008 VV RVG		26,89 EUR
Gesamtbetrag		**168,39 EUR**

271 Mehrere Verfahren über die Prozesskostenhilfe im selben Rechtszug sind ein und dieselbe Angelegenheit (§ 16 Nr. 3 RVG).

Beispiel 162 **Keine besonderen PKH-Gebühren trotz mehrfacher PKH-Anträge**

Der Rechtsanwalt ist im Verfahren, in dem er Prozesskostenhilfe beantragt hat, tätig; er erreicht, dass der Mandant eine Bewilligung ohne Ratenzahlungsanordnung erhält. Im Laufe des Verfahrens muss der Mandant eine Gehaltsabrechnung seines neuen Arbeitgebers vorlegen, was die Gegenseite dazu veranlasst, das Gericht um Überprüfung der Bewilligung von Prozesskostenhilfe zu bitten. Der Anwalt wird erneut tätig und erreicht nach Vorlage diverser Kostenaufstellungen, dass keine Ratenzahlungsanordnung getroffen wird, sondern der seinerzeitige Beschluss aufrechterhalten bleibt.

An und für sich liegen zwei Angelegenheiten im Rahmen der Prozesskostenhilfe vor; einmal der Antrag auf Bewilligung und sodann die Tätigkeit im Rahmen der Vermeidung von Ratenzahlungsanordnung. Da § 16 Nr. 3 RVG jedoch bestimmt, dass mehrere Verfahren über die Prozesskostenhilfe im Rechtszug ein Verfahren bilden, verdient der Rechtsanwalt keine Gebühr der Nr. 3335 VV RVG gesondert: Die Gebühr, die einmal verdient wurde, ist in der Verfahrensgebühr der Nr. 3100 VV RVG „untergegangen". Daher keine separate Abrechnung.

Das Gericht kann der Partei Prozesskostenhilfe mit oder ohne Ratenzahlungsbestim- **272**
mung bewilligen; es ist durchaus möglich, dass eine getroffene Ratenzahlungsbestimmung wegen Änderungen der Vermögenssituation wegfällt oder – weil die Partei zwischenzeitlich vielleicht wieder Arbeit gefunden hat – die Bewilligung von Prozesskostenhilfe zunächst ohne Ratenzahlungsbestimmung getroffen wurde und im Nachhinein Ratenzahlung angeordnet wird (oder aber eine im Prozess zugesprochene Forderung – etwa im Vergleichswege – im Nachhinein eingesetzt werden muss).

Zahlt die Partei Raten an die Staatskasse, so werden diese Raten zunächst auf die von **273**
der Staatskasse vorgelegten Gebühren verrechnet; Überschussbeträge können sodann – sofern der Anwalt die Vergütung der Wahlanwaltsgebühren dem Gericht gegenüber bekannt gegeben hat – an den Anwalt ausgekehrt werden.

Meldet der Anwalt seine Gebühren unter Beachtung der Prozesskostenhilfevorschrif- **274**
ten an, sind **zusätzlich die Wahlanwaltsgebühren** bekannt zu geben bzw. die Differenz zu den Wahlanwaltsgebühren darzustellen.

275 **Beispiel 163** **Berechnung von PKG- und Wahlanwaltsgebühren (Ermittlung der Differenz)**

Dies könnte in einem Verfahren des ersten Rechtszuges, hier im Beispiel mit einem Gegenstandswert von 7.400,00 EUR, wie folgt aussehen:

1. Antrag auf Erstattung der Gebühren aus der Staatskasse:		
1,3 Verfahrensgebühr, Nr. 3100 VV RVG		
i.V.m. **§ 49 RVG** aus 7.400,00 EUR		373,10 EUR
1,2 Terminsgebühr, Nr. 3104 VV RVG		
i.V.m. **§ 49 RVG** aus 7.400,00 EUR		344,40 EUR
Auslagenpauschale, Nr. 7002 VV RVG		20,00 EUR
Zwischensumme	737,50 EUR	
19 % Mehrwertsteuer, Nr. 7008 VV RVG		140,13 EUR
Gesamtbetrag		**877,63 EUR**

Zu beachten ist insbesondere, dass die Gebühren nach der Werttabelle des § 49 RVG angesetzt werden.

2. Darstellung der Wahlanwaltsgebühren:		
1,3 Verfahrensgebühr, Nr. 3100 VV RVG		
i.V.m. **§ 13 RVG** aus 7.400,00 EUR		592,80 EUR
1,2 Terminsgebühr, Nr. 3104 VV RVG		
i.V.m. **§ 13 RVG** aus 7.400,00 EUR		547,20 EUR
Auslagenpauschale, Nr. 7002 VV RVG		20,00 EUR
Zwischensumme	1.160,00 EUR	
19 % Mehrwertsteuer, Nr. 7008 VV RVG		220,40 EUR
Gesamtbetrag		**1.380,40 EUR**

Hier ist die Tabelle des § 13 RVG anzuwenden.

3. Differenzrechnung:		
1,3 Verfahrensgebühr, Nr. 3100 VV RVG		
i.V.m. **§ 13 RVG** aus 7.400,00 EUR		592,80 EUR
1,2 Terminsgebühr, Nr. 3104 VV RVG		
i.V.m. **§ 13 RVG** aus 7.400,00 EUR		547,20 EUR
– 1,3 Verfahrensgebühr, Nr. 3100 VV RVG		
i.V.m. **§ 49 RVG** aus 7.400,00 EUR		– 373,10 EUR
– 1,2 Terminsgebühr, Nr. 3104 VV RVG		
i.V.m. **§ 49 RVG** aus 7.400,00 EUR		– 344,40 EUR
Differenz somit	422,50 EUR	
19 % Mehrwertsteuer, Nr. 7008 VV RVG		80,28 EUR
Gesamtbetrag		**502,78 EUR**

Auf die Wahlanwaltsgebühren finden die Gebühren aus der Staatskasse Anrechnung; nur der Rest ist der weitergehende Anspruch des Rechtsanwaltes.

276 Wie zuvor unter Rdn 268 erwähnt, ist es durchaus möglich, dass der Rechtsanwalt von seinem Mandanten bereits (freiwillige) Gelder erhalten hat. Diese sind zwar der Staatskasse anzuzeigen, jedoch nicht unmittelbar auf die Gebühren der Staatskasse anzurechnen, wie § 58 Abs. 2 RVG dies regelt.

Für das vorstehende Beispiel 163 bedeutet dies, dass ein etwaiger Vorschuss zunächst auf außergerichtlich entstandene Gebühren, dann auf die errechnete Differenz gemäß Beispiel 163 zu verrechnen ist und ein dann etwa noch übrig bleibender Teil auf die Vergütung bei der Staatskasse einzufordern ist.[45] 277

Lediglich Zahlungen, die der Anwalt nach § 9 des Beratungshilfegesetzes erhalten hat, werden nach § 58 Abs. 1 RVG auf die aus der Landeskasse zu zahlende Vergütung unmittelbar angerechnet. 278

Obsiegt die Partei, die ihren Anwalt im Prozesskostenhilfeverfahren beigeordnet bekam, bedeutet dies aber nicht gleichzeitig, dass im Rahmen des Kostenfestsetzungsverfahrens gegen die unterlegene Partei auch nur die Vergütung auf Basis der Tabelle des § 49 RVG angemeldet wird. 279

Der **Gegner hat die vollen Wahlanwaltsgebühren** zu erstatten, so dass im Antrag auf Festsetzung der Kosten gegen die andere Partei die Gebührentabelle des § 13 RVG zugrunde zu legen ist.

Hierbei muss allerdings darauf geachtet werden, dass der **Kostenerstattungsanspruch** nicht im Namen des Mandanten zur Festsetzung gegen die unterlegene Partei angemeldet wird, sondern **im Namen des Anwaltes**, der den Anspruch auf die Vergütung hat. Zudem ist der Zusatz aufzunehmen, dass die Festsetzung unter Anrechnung auf die zu erstattende Vergütung aus der Staatskasse erfolgt, wenn die gesamte Wahlanwaltsvergütung zur Festsetzung gegen die unterlegene Partei erfolgt. 280

Indes ist dies nicht Pflicht: Durch die Beiordnung des Anwaltes im Rahmen der Prozesskostenhilfe wird ein unmittelbares Schuldverhältnis mit der Staatskasse begründet. Der Anwalt kann daher zunächst die „sicheren Gebühren" gegenüber der Staatskasse festsetzen und sich auszahlen lassen und sodann die Differenz zu den Wahlanwaltsgebühren im eigenen Namen gegen den Gegner festsetzen lassen. Dies ergibt sich daraus, dass sich aus dem Gesetz keine Regelung über ein Rangverhältnis zwischen den beiden verschiedenen Ansprüchen des Rechtsanwalts ergibt. 281

H. Einzeltätigkeiten

Abschnitt 4 des 3. Teils des Vergütungsverzeichnisses regelt bestimmte Einzeltätigkeiten des Rechtsanwaltes, die nachfolgend – systematisch dem Vergütungsverzeichnis folgend – dargestellt und erläutert werden. 282

45 So z.B. Brandenburgisches OLG, Beschl. v. 25.7.2011 – 6 W 55/10; OLG Koblenz, Beschl. v. 30.7.2012 – 14 W 360/12, JurBüro 2013, 186 f.

I. Der Korrespondenzanwalt/Verkehrsanwalt

1. Abrechnung nach Gegenstandswerten

283 Beschränkt sich der Auftrag des Rechtsanwalts (in Verfahren, in denen er gegenstandswertabhängige Gebühren erhält) auf die Führung des Verkehrs mit dem Verfahrensbevollmächtigen der Partei, ist er also als Korrespondenz- bzw. Verkehrsanwalt tätig, so erhält er nach Nr. 3400 VV RVG eine Gebühr in Höhe der dem Verfahrensbevollmächtigen zustehenden Verfahrensgebühr, maximal jedoch einen Satz von 1,0.

Beispiel 164 **Führung des Verkehrs mit dem Verfahrensbevollmächtigten (Verkehrsanwaltsgebühr)**

Der Rechtsanwalt Y beauftragt den Rechtsanwalt X, die Partei im ersten Rechtszug vor dem Gericht Z zu vertreten; die Schriftsätze werden von Rechtsanwalt Y gefertigt. Der Gegenstandswert beträgt 6.700,00 EUR.

Der Rechtsanwalt Y verdient gemäß Nr. 3400 VV RVG i.V.m. § 13 RVG eine Verfahrensgebühr in Höhe der Verfahrensgebühr, die dem Prozessbevollmächtigten zusteht, maximal 1,0. Da die Verfahrensgebühr des Rechtsanwalts X – wie nachfolgend ersichtlich – höher als 1,0 ist, erfolgt hier die Beschränkung der Gebühr für den Rechtsanwalt Y.

Rechtsanwalt X (der Verfahrensbevollmächtigte) erhält:		
1,3 Verfahrensgebühr, Nr. 3100 VV RVG i.V.m. § 13 RVG aus 6.700,00. EUR		526,50 EUR
1,2 Terminsgebühr, Nr. 3104 VV RVG i.V.m. § 13 RVG aus 6.700,00. EUR		486,00 EUR
Auslagenpauschale, Nr. 7002 VV RVG		20,00 EUR
Zwischensumme	1.032,50 EUR	
19 % Mehrwertsteuer, Nr. 7008 VV RVG		196,18 EUR
Gesamtbetrag		**1.288,68 EUR**

Aufgrund der Beschränkung erhält Rechtsanwalt Y (der Verkehrsanwalt) somit:		
1,0 Verfahrensgebühr, Nrn. 3400, 3100 VV RVG i.V.m. § 13 RVG aus 6.700,00. EUR		405,00 EUR
Auslagenpauschale, Nr. 7002 VV RVG		20,00 EUR
Zwischensumme	425,00 EUR	
19 % Mehrwertsteuer, Nr. 7008 VV RVG		80,75 EUR
Gesamtbetrag		**505,75 EUR**

284 Die Gebühr erwächst dem „Verkehrsanwalt“ bereits, wenn er im Einverständnis mit dem Auftraggeber die erstinstanzlichen Handakten an den Rechtsanwalt des höheren Rechtszuges versendet und die Übersendung der Akten mit einer gutachterlichen Äußerung verbindet. Das Vorfertigen von Schriftsätzen für den Verfahrensbevollmächtigte, wie dies üblicherweise gehandhabt wird, ist insoweit nicht erforderlich. Das ist der Anmerkung zu Nr. 3400 VV RVG zu entnehmen.

Beispiel 165 **Verkehrsanwaltsgebühr bei Übersendung der Handakten mit gutachterlicher Äußerung**

Der Rechtsanwalt ist beauftragt, die erstinstanzlichen Handakten an den zweitinstanzlich tätigen Rechtsanwalt zu versenden und gleichzeitig gutachterlich das Urteil zu würdigen.

Der Rechtsanwalt erhält entsprechend der Anmerkung zu Nr. 3400 VV RVG die Verfahrensgebühr in Höhe eines Satzes von maximal 1,0.

Letztlich nicht abschließend geklärt ist die Frage, wie sich die Kappungsgrenze von 1,0 **285** auswirkt, wenn der Verkehrsanwalt mehrere Auftraggeber vertritt, demgemäß also eine Erhöhung nach 1008 VV RVG zu berechnen ist.

Nach Nr. 3400 VV RVG erhält der Verkehrsanwalt eine Gebühr in Höhe der dem Verfahrensbevollmächtigten zustehenden Verfahrensgebühr, maximal jedoch 1,0.

Lautet der Auftrag dahingehend, dass im Rahmen des Verfahrens zwei Mandanten zu **286** vertreten sind, erhält der Verfahrensbevollmächtigte (bei unmittelbarer Beauftragung durch die Auftraggeber selbst) eine 1,3 Gebühr nach Nr. 3100 VV RVG zuzüglich einer 0,3 Gebühr nach Nr. 1008 VV RVG. Würde die Gebühr des Verkehrs-/Korrespondenzanwaltes nach Aufaddieren des Mehrvertretungszuschlages ermittelt, so erhielte der Verkehrsanwalt eine 1,6 Verfahrensgebühr, gekappt auf 1,0. Eine Vergütung für den erhöhten Aufwand aufgrund der Mehrvertretung würde somit praktisch bei sämtlichen (nicht durch irgendeine Vorschrift reduzierten) Verfahrensgebühren nie erfolgen: Der Verkehrsanwalt erhielte stets lediglich eine 1,0 Gebühr.

Errechnet man aber zunächst die „reine" Verfahrensgebühr des Verfahrensbevollmäch- **287** tigten, ermittelt sich dann hieraus die Verkehrsanwaltsgebühr – die auf 1,0 zu kürzen ist – so wird auf die ermittelte Gebühr die 0,3 Gebühr der Nr. 1008 VV RVG aufaddiert. Damit erfolgt auch eine angemessene Vergütung des erhöhten Aufwandes, so dass nach Ansicht der Autorin dies die vorzugswürdige Variante ist (vgl. auch hier § 2 Rdn 86).[46]

Beispiel 166 **Erhöhung der Verkehrsanwaltsgebühr bei mehreren Auftraggebern**

Der Rechtsanwalt in Hamburg hat für seine Dauermandanten, die Eheleute A und B, ein Mandat angenommen. Der Prozess ist vor dem Landgericht München zu führen. Es ist mit der Partei besprochen, dass der Hamburger Anwalt den Schriftverkehr führen soll und ein in München ansässiger Kollege sich als Verfahrensbevollmächtigter bestellen soll. Nach streitiger Verhandlung ergeht ein Urteil. Der Gegenstandswert beträgt 3.400,00 EUR.

46 So auch *Henkel*, JurBüro 2005, 240.

Der **Verfahrensbevollmächtigte** erhält eine 1,3 Verfahrensgebühr gemäß Nr. 3100 VV RVG zuzüglich einer 0,3 Erhöhung nach Nr. 1008 VV RVG. Daneben verdient er selbstverständlich die Terminsgebühr.

1,3 Verfahrensgebühr, Nr. 3100 VV RVG i.V.m. § 13 RVG aus 3.400,00 EUR		327,60 EUR
0,3 Mehrvertretungszuschlag, Nr. 1008 VV RVG i.V.m. § 13 RVG aus 3.400,00 EUR		75,60 EUR
1,2 Terminsgebühr, Nr. 3104 VV RVG i.V.m. § 13 RVG aus 3.400,00 EUR		302,40 EUR
Auslagenpauschale, Nr. 7002 VV RVG		20,00 EUR
Zwischensumme	725,60 EUR	
19 % Mehrwertsteuer, Nr. 7008 VV RVG		137,86 EUR
Gesamtbetrag		**863,46 EUR**

Der **Verkehrsanwalt** erhält sodann nach der bevorzugten Variante insgesamt eine (erhöhte) Verfahrensgebühr von 1,3.

1,3 Verfahrensgebühr, **gekappt auf**:		
1,0 Verfahrensgebühr, Nr. 3400 VV RVG i.V.m. § 13 RVG aus 3.400,00 EUR		252,00 EUR
0,3 Mehrvertretungszuschlag, Nr. 1008 VV RVG i.V.m. § 13 RVG aus 3.400,00 EUR		75,60 EUR
Auslagenpauschale, Nr. 7002 VV RVG		20,00 EUR
Zwischensumme	347,60 EUR	
19 % Mehrwertsteuer, Nr. 7008 VV RVG		66,04 EUR
Gesamtbetrag		**413,64 EUR**

288 Würde man dies anders sehen, würde man auch den Sinn dieser Vorschrift untergraben. Es ist doch gerade der Verkehrsanwalt, der – im Falle der Personenmehrheit – den Mehraufwand hat. Der Prozessbevollmächtigte setzt sich lediglich mit dem Verkehrsanwalt auseinander. Letzterer jedoch hat die Angelegenheit mit den Mandanten zu regeln und zu klären: Er ist derjenige, der eine höhere Anzahl von Schreiben fertigt, Telefonate führt und Rücksprachen hält. Er ist demnach derjenige, der insbesondere ein Mehr an Vergütung zu erhalten hat.

289 Im Übrigen wird es ohnehin die Regel sein, dass der Korrespondenz-/Verkehrsanwalt den Prozessbevollmächtigten beauftragen wird, was bedeutet, dass für den Prozessbevollmächtigten dann ohnehin keine Erhöhung nach Nr. 1008 VV RVG anfallen kann. Dann muss sie ja zwangsläufig (nach Kappung) beim Korrespondenz-/Verkehrsanwalt Berücksichtigung finden.

290 Außerdem ist mit Inkrafttreten des 2. Kostenrechtsmodernisierungsgesetzes am 1.8.2013 bereits unter Nr. 1008 VV RVG klargestellt worden, dass die Erhöhung auf gekappte Gebühren (ausdrücklich: Nrn. 2301, 2302 VV RVG) aufzuaddieren ist. Nichts anderes kann demnach bei den hier in Rede stehenden Gebühren gelten!

Die Gebühr der Nr. 3400 VV RVG reduziert sich im Falle der vorzeitigen Erledigung, also in dem Fall, dass sich die Sache erledigt, bevor der Rechtsanwalt den Verfahrensbevollmächtigten beauftragt hat oder gegenüber diesem tätig geworden ist, auf einen Satz von höchstens 0,5, und zwar nach Nr. 3405 VV RVG. 291

Beispiel 167 Verkehrsanwaltsgebühr bei vorzeitiger Erledigung

Der Rechtsanwalt ist beauftragt, den Verkehr mit dem künftig zweitinstanzlich tätigen Rechtsanwalt zu führen. Noch bevor der Verkehrsanwalt die von ihm vorbereitete Berufungsschrift an den Kollegen vor Ort versendet, entscheidet sich der Mandant um: Er möchte das Urteil wegen des bestehenden Risikos doch nicht angreifen. Der Gegenstandswert beträgt 1.200,00 EUR.

Der Rechtsanwalt erhält die Verfahrensgebühr der Nr. 3400 VV RVG, allerdings reduziert gemäß Nr. 3405 VV RVG auf einen Satz von 0,5.

0,5 Verfahrensgebühr, Nrn. 3400, 3405, 3100 VV RVG i.V.m. § RVG aus 1.200,00 EUR		57,50 EUR
Auslagenpauschale, Nr. 7002 VV RVG		11,50 EUR
Zwischensumme	69,00 EUR	
19 % Mehrwertsteuer, Nr. 7008 VV RVG		13,11 EUR
Gesamtbetrag		**82,11 EUR**

Der Korrespondenz-/bzw. Verkehrsanwalt kann neben seiner (gekappten) Verfahrensgebühr durchaus weitere Gebühren verdienen. Er kann genauso – z.B. auf Wunsch des Mandanten – alleine oder zusammen mit dem Prozessbevollmächtigten einen Termin (vor Gericht) wahrnehmen, unabhängig davon, ob er postulationsbefugt ist oder nicht. Hierfür erwächst ihm dann eine Terminsgebühr. Ebenso kann er natürlich auch eine Einigungsgebühr verdienen, z.B. wenn der Prozessbevollmächtigte einen Widerrufsvergleich abschließt und der Korrespondenz-/bzw. Verkehrsanwalt dem Mandanten rät, nicht zu widerrufen, so dass der Vergleich bestandskräftig wird. 292

Beispiel 168 Terminsgebühr des Verkehrsanwaltes

Prozessbevollmächtigter und Verkehrsanwalt bearbeiten zusammen ein Mandat; der Mandant bittet darum, dass beide Anwälte den Termin wahrnehmen. Der Gegenstandswert beträgt hier 12.000,00 EUR.

Da beide Anwälte am Termin teilgenommen haben, verdienen auch beide – neben der ihnen jeweils zustehenden Verfahrensgebühr – die Terminsgebühr.

Der Prozessbevollmächtigte verdient:

1,3 Verfahrensgebühr, Nr. 3100 VV RVG i.V.m. § 13 RVG aus 12.000,00 EUR		785,20 EUR
1,2 Terminsgebühr, Nr. 3104 VV RVG i.V.m. § 13 RVG aus 12.000,00 EUR		724,80 EUR
Auslagenpauschale, Nr. 7002 VV RVG		20,00 EUR
Zwischensumme	1.530,00 EUR	
19 % Mehrwertsteuer, Nr. 7008 VV RVG		290,70 EUR
Gesamtbetrag		**1.820,70 EUR**

Der Korrespondenz-/Verkehrsanwalt verdient:

1,3 Verfahrensgebühr, **gekappt auf**: 1,0 Verfahrensgebühr, Nr. 3400 VV RVG i.V.m. § 13 RVG aus 12.000,00 EUR		604,00 EUR
1,2 Terminsgebühr, Nr. 3104 VV RVG i.V.m. § 13 RVG aus 12.000,00 EUR		724,80 EUR
Auslagenpauschale, Nr. 7002 VV RVG		20,00 EUR
Zwischensumme	1.348,80 EUR	
19 % Mehrwertsteuer, Nr. 7008 VV RVG		256,27 EUR
Gesamtbetrag		**1.605,07 EUR**

Beispiel 169 Einigungsgebühr des Verkehrsanwaltes

Wie zuvor unter Beispiel 168, im Termin wird sodann noch ein Vergleich geschlossen. Der Gegenstandswert beträgt 5.400,00 EUR.

Beide Anwälte haben am Termin teilgenommen, beide Anwälte waren an der Einigung beteiligt, so dass beide – neben der ihnen jeweils zustehenden Verfahrensgebühr – sowohl die Terminsgebühr als auch die Einigungsgebühr verdienen.

Der Prozessbevollmächtigte verdient:

1,3 Verfahrensgebühr, Nr. 3100 VV RVG i.V.m. § 13 RVG aus 5.400,00 EUR		460,20 EUR
1,2 Terminsgebühr, Nr. 3104 VV RVG i.V.m. § 13 RVG aus 5.400,00 EUR		424,80 EUR
1,0 Einigungsgebühr, Nr. 1003 VV RVG i.V.m. § 13 RVG aus 5.400,00 EUR		354,00 EUR
Auslagenpauschale, Nr. 7002 VV RVG		20,00 EUR
Zwischensumme	1.259,00 EUR	
19 % Mehrwertsteuer, Nr. 7008 VV RVG		239,21 EUR
Gesamtbetrag		**1.498,21 EUR**

Der Korrespondenz-/Verkehrsanwalt verdient:

1,3 Verfahrensgebühr, **gekappt auf**:		
1,0 Verfahrensgebühr, Nr. 3400 VV RVG i.V.m. § 13 RVG aus 5.400,00 EUR		354,00 EUR
1,2 Terminsgebühr, Nr. 3104 VV RVG i.V.m. § 13 RVG aus 5.400,00 EUR		424,80 EUR
1,0 Einigungsgebühr, Nr. 1003 VV RVG i.V.m. § 13 RVG aus 5.400,00 EUR		354,00 EUR
Auslagenpauschale, Nr. 7002 VV RVG		20,00 EUR
Zwischensumme	1.152,80 EUR	
19 % Mehrwertsteuer, Nr. 7008 VV RVG		219,03 EUR
Gesamtbetrag		**1.371,83 EUR**

Beispiel 170 Einigungsgebühr des Verkehrsanwaltes beim Widerrufsvergleich (ohne Terminsteilnahme)

Der Prozessbevollmächtigte nimmt für den Mandanten den Termin wahr. Er schließt vor Gericht einen Widerrufsvergleich, den er im Anschluss an den Termin mit dem Korrespondenz-/bzw. Verkehrsanwalt bespricht. Der Korrespondenzanwalt rät sodann der gemeinsamen Partei, den Vergleich nicht zu widerrufen. Der Vergleich wird nicht widerrufen, somit bestandskräftig. Der Gegenstandswert beträgt hier 900,00 EUR.

Der Prozessbevollmächtigte hat den Termin wahrgenommen und unzweifelhaft den Widerrufsvergleich geschlossen; damit gebühren ihm neben der Verfahrensgebühr auch die Termins- und Einigungsgebühr. Der Korrespondenz-/bzw. Verkehrsanwalt hat dem Termin nicht beigewohnt; eine Terminsgebühr kann somit nicht begründet werden. Wohl aber war seine Mitwirkung an dem Zustandekommen des Vergleichs ursächlich – durch den Rat an die Mandantschaft, den Vergleich nicht zu widerrufen –, so dass er ebenfalls eine Einigungsgebühr neben der ihm zustehenden Verfahrensgebühr abrechnen kann.

Der Prozessbevollmächtigte verdient:

1,3 Verfahrensgebühr, Nr. 3100 VV RVG i.V.m. § 13 RVG aus 900,00 EUR		104,00 EUR
1,2 Terminsgebühr, Nr. 3104 VV RVG i.V.m. § 13 RVG aus 900,00 EUR		96,00 EUR
1,0 Einigungsgebühr, Nr. 1003 VV RVG i.V.m. § 13 RVG aus 900,00 EUR		80,00 EUR
Auslagenpauschale, Nr. 7002 VV RVG		20,00 EUR
Zwischensumme	300,00 EUR	
19 % Mehrwertsteuer, Nr. 7008 VV RVG		57,00 EUR
Gesamtbetrag		**357,00 EUR**

Der Korrespondenz-/Verkehrsanwalt verdient:		
1,3 Verfahrensgebühr, **gekappt auf**:		
1,0 Verfahrensgebühr, Nr. 3400 VV RVG i.V.m. § 13 RVG aus 900,00 EUR		80,00 EUR
1,0 Einigungsgebühr, Nr. 1003 VV RVG i.V.m. § 13 RVG aus 900,00 EUR		80,00 EUR
Auslagenpauschale, Nr. 7002 VV RVG		20,00 EUR
Zwischensumme	180,00 EUR	
19 % Mehrwertsteuer, Nr. 7008 VV RVG		34,20 EUR
Gesamtbetrag		**214,20 EUR**

293 An dieser Stelle darf allerdings der Hinweis nicht fehlen, dass die zusätzlichen Gebühren, die ja nicht notwendig waren, im Falle eines Kostenausspruchs von der unterlegenen Partei nicht zu erstatten sind, insoweit vergl. auch § 5a Rdn 27 ff.

2. Betragsrahmengebühren

294 Beschränkt sich der Auftrag des Rechtsanwalts (in Verfahren vor den Sozialgerichten, in denen der Rechtsanwalt Betragsrahmengebühren erhält) auf die Führung des Verkehrs mit dem Verfahrensbevollmächtigten der Partei, ist er also als Korrespondenz- bzw. Verkehrsanwalt tätig, so erhält er nach Nr. 3400 VV RVG eine Gebühr in Höhe der dem Verfahrensbevollmächtigten zustehenden Verfahrensgebühr, maximal jedoch einen Betrag in Höhe von 420,00 EUR.

Beispiel 171 Führung des Verkehrs mit dem Verfahrensbevollmächtigten (Verkehrsanwaltsgebühr)

Der Rechtsanwalt Y beauftragt den Rechtsanwalt X, die Partei vor dem Sozialgericht in Z zu vertreten; die Schriftsätze werden von Rechtsanwalt Y gefertigt. Es soll sich hier um eine ausgesprochen schwierige und umfangreiche Angelegenheit handeln, die den Ansatz der Höchstgebühr rechtfertigt.

Der Rechtsanwalt Y verdient gemäß Nr. 3400 VV RVG i.V.m. § 3 RVG eine Verfahrensgebühr in Höhe der Verfahrensgebühr, die dem Prozessbevollmächtigten zusteht, maximal 420,00 EUR. Da die Verfahrensgebühr des Prozessbevollmächtigten mit einem Rahmen von 50,00 EUR bis 550,00 EUR in Höhe der Höchstgebühr mehr als 420,00 EUR beträgt, erfolgt hier die Beschränkung für den Rechtsanwalt Y

Rechtsanwalt X (der Verfahrensbevollmächtigte) erhält:		
Verfahrensgebühr, Nr. 3102 VV RVG i.V.m. § 3 RVG		550,00 EUR
Auslagenpauschale, Nr. 7002 VV RVG		20,00 EUR
Zwischensumme	570,00 EUR	
19 % Mehrwertsteuer, Nr. 7008 VV RVG		108,30 EUR
Gesamtbetrag		**678,30 EUR**

Aufgrund der Beschränkung erhält Rechtsanwalt Y (Verkehrsanwalt) somit:

Verfahrensgebühr, Nrn. 3102, 3400 VV RVG i.V.m. § 3 RVG		420,00 EUR
Auslagenpauschale, Nr. 7002 VV RVG		20,00 EUR
Zwischensumme	440,00 EUR	
19 % Mehrwertsteuer, Nr. 7008 VV RVG		83,60 EUR
Gesamtbetrag		**523,60 EUR**

Die Gebühr erwächst dem „Verkehrsanwalt" bereits, wenn er im Einverständnis mit dem Auftraggeber die erstinstanzlichen Handakten an den Rechtsanwalt des höheren Rechtszuges versendet und die Übersendung der Akten mit einer gutachterlichen Äußerung verbindet. Das Vorfertigen von Schriftsätzen, wie dies in der Praxis üblicherweise gehandhabt wird, ist nicht erforderlich. Das ist der Anmerkung zu Nr. 3400 VV RVG zu entnehmen. **295**

Beispiel 172 Verkehrsanwaltsgebühr bei Übersendung der Handakten mit einer gutachterlichen Äußerung

Der Rechtsanwalt ist beauftragt, die erstinstanzlichen Handakten an den zweitinstanzlich tätigen Rechtsanwalt zu versenden und gleichzeitig gutachterlich das Urteil zu würdigen.

Der Rechtsanwalt erhält entsprechend der Anmerkung zu Nr. 3400 VV RVG die Verfahrensgebühr in Höhe der Verfahrensgebühr des Prozessbevollmächtigten, maximal 420,00 EUR.

Verfahrensgebühr, Nrn. 3400. 3102 VV RVG i.V.m. § 3 RVG		420,00 EUR
Auslagenpauschale, Nr. 7002 VV RVG		20,00 EUR
Zwischensumme	440,00 EUR	
19 % Mehrwertsteuer, Nr. 7008 VV RVG		83,60 EUR
Gesamtbetrag		**523,60 EUR**

Auch in sozialgerichtlichen Verfahren, in denen der Rechtsanwalt Betragsrahmengebühren erhält, stellt sich die Frage, wie der erhöhte Aufwand bei der Vertretung von mehreren Auftraggebern berücksichtigt wird: Wird erst die Verfahrensgebühr des Bevollmächtigten aus dem um 30 % erhöhten Rahmen berechnet und dann hieraus die Gebühr für den Verkehrsanwalt ermittelt, was dann wiederum dazu führt, dass aufgrund der Kappungsgrenze kaum eine Vergütung des Mehraufwandes erfolgt? Oder wird erst die „reine", nicht erhöhte Verfahrensgebühr des Verfahrensbevollmächtigten zur Ermittlung der Gebühren des Verkehrsanwaltes herangezogen und erst anschließend eine Erhöhung um 30 % vorgenommen? Auch hier erscheint die zweite Variante die vorzugswürdigere, da nur so der Zusatzaufwand anständig bzw. überhaupt vergütet wird (vgl. insoweit Argumentation unter Rdn 290 ff.). **296**

Der erstinstanzlich tätige Rechtsanwalt wird von seinen Mandanten (Eheleuten) beauftragt, mit dem zweitinstanzlich zu beauftragenden Rechtsanwalt den Schriftverkehr zu führen und die Berufung zu begleiten. Die Angelegenheit ist sehr schwer, äußerst zäh und langwierig.

Der Hauptbevollmächtigte verdient im Berufungsverfahren die Gebühr der Nr. 3204 VV RVG, hier aufgrund der Schwierigkeit und der Langwierigkeit die Höchstgebühr. Diese Höchstgebühr (680,00 EUR) wird aufgrund des Umstandes, dass zwei Auftraggeber vorhanden sind, um 30 % erhöht. Der Verkehrsanwalt bekommt die dem Hauptbevollmächtigten zustehende Höchstgebühr auf den Betrag von 420,00 EUR gekappt; hierauf berechnet er den 30 %igen Zuschlag für den weiteren Auftraggeber.

Verfahrensgebühr, Nrn. 3400. 3102 VV RVG i.V.m. § 3 RVG		420,00 EUR
Hierauf 30 %, Nr. 1008 VV RVG		126,00 EUR
Auslagenpauschale, Nr. 7002 VV RVG		20,00 EUR
Zwischensumme	566,00 EUR	
19 % Mehrwertsteuer, Nr. 7008 VV RVG		107,54 EUR
Gesamtbetrag		**673,54 EUR**

297 Die Gebühr der Nr. 3400 VV RVG reduziert sich im Falle der vorzeitigen Erledigung, also in dem Fall, wenn sich die Sache erledigt, bevor der Rechtsanwalt beauftragt worden ist oder gegenüber dem Verfahrensbevollmächtigten tätig geworden ist, auf einen Betrag von höchstens 210,00 EUR, vgl. Nr. 3405 VV RVG.

Beispiel 173 **Verkehrsanwaltsgebühr bei vorzeitiger Erledigung**

Der Rechtsanwalt ist beauftragt, den Verkehr mit dem künftig zweitinstanzlich tätigen Rechtsanwalt zu führen. Noch bevor der Verkehrsanwalt die von ihm vorbereitete Berufungsschrift an den Kollegen vor Ort versendet, entscheidet sich der Mandant um: Er möchte das Urteil wegen des bestehenden Risikos doch nicht angreifen.

Der Rechtsanwalt erhält die Verfahrensgebühr der Nr. 3400 VV RVG, allerdings reduziert gemäß Nr. 3405 VV RVG auf einen Maximalsatz von 210,00 EUR.

Verfahrensgebühr, Nrn. 3102, 3400, 3405 VV RVG i.V.m. § 3 RVG = maximal		210,00 EUR
Auslagenpauschale, Nr. 7002 VV RVG		20,00 EUR
Zwischensumme	230,00 EUR	
19 % Mehrwertsteuer, Nr. 7008 VV RVG		43,70 EUR
Gesamtbetrag		**273,70 EUR**

Auch hier gilt: Der Verkehrsanwalt kann neben der Verkehrsanwaltsgebühren sowohl Termins- als auch Einigungsgebühr verdienen, vgl. insoweit Rdn 296 f.

II. Der Beweisanwalt oder Anwalt in Untervollmacht/ Terminsvertreter

1. Abrechnung nach Gegenstandswerten

Beschränkt sich der Auftrag des Rechtsanwalts darauf, die Partei im Termin zu vertreten, so erhält er nach Nr. 3401 VV RVG eine Verfahrensgebühr in Höhe der **Hälfte** der dem Verfahrensbevollmächtigen zustehenden Verfahrensgebühr sowie eine Terminsgebühr in Höhe der einem Verfahrensbevollmächtigten zustehenden Terminsgebühr (Nr. 3402 VV RVG). Es kann sich hierbei sowohl um eine volle Terminsgebühr als auch um eine reduzierte Terminsgebühr (die beim Versäumnisurteil anfallen kann) handeln. Insoweit gelten die üblichen Entstehungsvoraussetzungen. **298**

Eine Unterscheidung, was für ein Termin (Beweisaufnahme oder Verhandlung) stattfindet, gibt es wegen Wegfalls der Beweisgebühr nicht mehr. Der „Beweisanwalt" wird demnach nach denselben Vorschriften des „Unterbevollmächtigten" vergütet. Er ist insoweit einheitlich „Terminsvertreter". **299**

Beispiel 174 **Tätigkeit des Terminvertreters im ersten Rechtszug**

Der Rechtsanwalt X beauftragt den Rechtsanwalt Y, den Termin vor dem Gericht A in Untervollmacht (Verfahren im ersten Rechtszug) wahrzunehmen. Der Gegenstandswert beträgt 2.700,00 EUR.

Der Rechtsanwalt Y (der Anwalt in Untervollmacht bzw. Terminsvertreter) verdient gemäß Nr. 3401 VV RVG eine Verfahrensgebühr in Höhe der Hälfte der dem Verfahrensbevollmächtigten zustehenden Verfahrensgebühr neben der Terminsgebühr: Die Verfahrensgebühr des Rechtsanwaltes X beträgt 1,3 gemäß Nr. 3100 VV RVG, so dass die Verfahrensgebühr des Unterbevollmächtigten 0,65 beträgt. Daneben erhält er für die mündliche Verhandlung die Terminsgebühr in Höhe eines Satzes von 1,2 i.V.m. Nr. 3104 VV RVG.

0,65 Verfahrensgebühr, Nrn. 3401, 3100 VV RVG i.V.m. § 13 RVG aus 2.700,00 EUR		130,65 EUR
1,2 Terminsgebühr, Nrn. 3402, 3104 VV RVG i.V.m. § 13 RVG aus 2.700,00 EUR		241,20 EUR
Auslagenpauschale, Nr. 7002 VV RVG		20,00 EUR
Zwischensumme	391,85 EUR	
19 % Mehrwertsteuer, Nr. 7008 VV RVG		74,45 EUR
Gesamtbetrag		**466,30 EUR**

Beispiel 175 **Tätigkeit des Terminvertreters im zweiten Rechtszug**

Der Rechtsanwalt X beauftragt den Rechtsanwalt Y, einen Verhandlungstermin vor dem Gericht A (Verfahren im zweiten Rechtszug) wahrzunehmen. Der Gegenstandswert beträgt 6.400,00 EUR.

Der Rechtsanwalt Y (der Anwalt in Untervollmacht bzw. Terminsvertreter) verdient gemäß Nr. 3401 VV RVG eine Verfahrensgebühr in Höhe der Hälfte der dem Verfahrensbevollmächtigten zustehenden Verfahrensgebühr neben der Terminsgebühr: Die Verfahrensgebühr des Rechtsanwaltes X beträgt 1,6 gemäß Nr. 3200 VV RVG, so dass die Verfahrensgebühr des Unterbevollmächtigten 0,8 beträgt. Daneben erhält er für die mündliche Verhandlung die Terminsgebühr in Höhe eines Satzes von 1,2 i.V.m. Nr. 3202 VV RVG.

0,8 Verfahrensgebühr, Nrn. 3401, 3200 VV RVG i.V.m. § 13 RVG aus 6.400,00 EUR		324,00 EUR
1,2 Terminsgebühr, Nrn. 3402, 3202 VV RVG i.V.m. § 13 RVG aus 6.400,00 EUR		486,00 EUR
Auslagenpauschale, Nr. 7002 VV RVG		20,00 EUR
Zwischensumme	830,00 EUR	
19 % Mehrwertsteuer, Nr. 7008 VV RVG		157,70 EUR
Gesamtbetrag		**987,70 EUR**

300 Wenn sich das Vertretungsmandat für den Unterbevollmächtigten (= Terminsvertreter) vorzeitig erledigt, und zwar durch Aufhebung des anberaumten Termins nach Erteilung des Mandates, aber vor Terminswahrnehmung, so reduziert sich die Verfahrensgebühr gemäß Nr. 3405 VV RVG auf einen Satz von 0,5. Darüber hinaus entsteht dem Unterbevollmächtigten auch keine Terminsgebühr, da die hierfür notwendigen Voraussetzungen (Teilnahme an einem vom Gericht anberaumten Termin) nicht erfüllt werden.

Beispiel 176 **Terminsvertretergebühr bei vorzeitiger Erledigung**

Der Rechtsanwalt A wird zur Terminsvertretung am entfernten Gerichtsort beauftragt; noch bevor es zum Termin kommt, wird dem Anwalt das Mandat entzogen. Der Gegenstandswert beträgt 1.800,00 EUR.

Der Terminsvertreter erhält die nach Nr. 3405 VV RVG auf 0,5 reduzierte Verfahrensgebühr und – weil kein Termin stattgefunden hat – keine Terminsgebühr.

0,5 Verfahrensgebühr, Nrn. 3401, 3405 VV RVG i.V.m. § 13 RVG aus 1.800,00 EUR		75,00 EUR
Auslagenpauschale, Nr. 7002 VV RVG		15,00 EUR
Zwischensumme	90,00 EUR	
19 % Mehrwertsteuer, Nr. 7008 VV RVG		17,10 EUR
Gesamtbetrag		**107,10 EUR**

Es ist aber nicht ausgeschlossen, dass der Terminsvertreter im Falle der vorzeitigen Erledigung dennoch eine Terminsgebühr verdienen kann, und zwar nach Vorbemerkung 3 (3) des 3. Teils des VV RVG: Eine Terminsgebühr in diesen Fällen ist dann zu bejahen, wenn er eine auf die Erledigung des Verfahrens gerichtete Besprechung geführt hat.[47] 301

Beispiel 177 **Terminsgebühr des Terminsvertreters bei außergerichtlicher Besprechung zwecks Erledigung des Verfahrens**

Der Rechtsanwalt A wird zur Terminsvertretung am entfernten Gerichtsort beauftragt; noch bevor es zum Termin kommt, bespricht er mit dem Gegenanwalt die Möglichkeiten einer einvernehmlichen Lösung auf dem Gerichtsflur; zum Termin kommt es nicht mehr aufgrund eines plötzlich eingetretenen Todesfalls einer der Parteien. Der Rechtsstreit wird von den Erben nicht fortgesetzt. Der Gegenstandswert beträgt 11.000,00 EUR.

Der Terminsvertreter erhält die nach Nr. 3405 VV RVG auf 0,5 reduzierte Verfahrensgebühr sowie eine Terminsgebühr nach Nr. 3194 VV RVG i.V.m. Vorbemerkung 3 (3) des dritten Teils des VV RVG.

0,5 Verfahrensgebühr, Nrn. 3401, 3405 VV RVG i.V.m. § 13 RVG aus 11.000,00 EUR		302,00 EUR
1,2 Terminsgebühr, Nrn. 3104, 3402, Vorbem. 3.3. VV RVG i.V.m. § 13 RVG aus 11.000,00 EUR		724,80 EUR
Auslagenpauschale, Nr. 7002 VV RVG		20,00 EUR
Zwischensumme	1.046,80 EUR	
19 % Mehrwertsteuer, Nr. 7008 VV RVG		198,89 EUR
Gesamtbetrag		**1.245,69 EUR**

Des Weiteren muss bedacht werden, dass gebührenerhöhende Tatbestände, wie etwa der Mehrvertretungszuschlag, sich entsprechend auf die Verfahrensgebühr des Terminsvertreters auswirken. 302

Beispiel 178 **Berücksichtigung der Erhöhung beim Terminsvertreter bei mehreren Auftraggebern**

Die Eheleute C und D beauftragen den Rechtsanwalt Y, den Beweisaufnahmetermin vor dem Gericht A (Verfahren im ersten Rechtszug) wahrzunehmen. Die Beweisaufnahme für den Hauptbevollmächtigten wäre zu kostspielig: Die Beweisaufnahme findet vor dem Gericht A statt, weil der Zeuge krankheitsbedingt nicht zum zuständigen Gericht in B fahren kann. Das Gericht A führt die Beweis-

47 So auch VRiLG *Heinz Hansens*, RVGreport 2009, 363.

aufnahme im Wege der Rechtshilfe durch. Der Gegenstandswert beträgt 3.600,00 EUR.

Der Rechtsanwalt (der Anwalt in Untervollmacht bzw. Terminsvertreter) verdient gemäß Nr. 3401 VV RVG eine Verfahrensgebühr in Höhe der Hälfte der dem Verfahrensbevollmächtigten zustehenden Verfahrensgebühr neben der Terminsgebühr: Die Verfahrensgebühr des Rechtsanwaltes X (der Verfahrensbevollmächtigte bzw. Hauptbevollmächtigte) beträgt 1,3 gemäß Nr. 3100 VV RVG zuzüglich der Erhöhung um 0,3, die dem Anwalt zusteht, weil er einen „weiteren Auftraggeber" vertritt. Der Mehrvertretungszuschlag „erhöht" die Verfahrensgebühr, so dass die Verfahrensgebühr des Unterbevollmächtigten entsprechend ebenfalls zu erhöhen sein wird.

Hier stellt sich allerdings die Frage: Errechnet sich die Gebühr des Unterbevollmächtigten in Höhe der hälftigen Verfahrensgebühr zuzüglich 0,3 oder ist sie dergestalt zu berechnen, dass die dem Prozessbevollmächtigten erhöhte Verfahrensgebühr in Höhe der Hälfte zu berechnen ist?

Im ersten Fall erhielte der Terminsvertreter an Verfahrensgebühren insgesamt die Hälfte von 1,3 zuzüglich der Erhöhung, also 0,65 + 0,3 = 0,95.

1/2 von 1,3 Verfahrensgebühr = 0,65 Verfahrensgebühr, Nrn. 3401, 3100 VV RVG i.V.m. § 13 RVG aus 3.600,00 EUR		163,80 EUR
0,3 Mehrvertretungszuschlag, Nr. 1008 VV RVG		75,60 EUR
1,2 Terminsgebühr, Nrn. 3402, 3104 VV RVG i.V.m. § 13 RVG aus 3.600,00 EUR		302,40 EUR
Auslagenpauschale, Nr. 7002 VV RVG		20,00 EUR
Zwischensumme	561,80 EUR	
19 % Mehrwertsteuer, Nr. 7008 VV RVG		106,74 EUR
Gesamtbetrag		**668,54 EUR**

Im zweiten Fall erhielte der Terminsvertreter die Hälfte der beim Hauptbevollmächtigen angefallenen erhöhten Verfahrensgebühr, also die Hälfte von 1,3 + 0,3, demnach die Hälfte von 1,6 = 0,8.

½ von 1,6 Verfahrensgebühr = 0,8 Verfahrensgebühr, Nrn. 3401, 3100 VV RVG i.V.m. § 13 RVG aus 3.600,00 EUR		201,60 EUR
1,2 Terminsgebühr, Nrn. 3402, 3104 VV RVG i.V.m. § 13 RVG aus 3.600,00 EUR		302,40 EUR
Auslagenpauschale, Nr. 7002 VV RVG		20,00 EUR
Zwischensumme	524,00 EUR	
19 % Mehrwertsteuer, Nr. 7008 VV RVG		99,56 EUR
Gesamtbetrag		**623,56 EUR**

Je nachdem, welche Auffassung vertreten wird, ergibt sich eine Abweichung von 0,15 Gebühren, die sich – je nach Höhe des Gegenstandswertes – doch erheblich auswirken können!

Zwar handelt es sich bei der Erhöhung nicht um eine eigenständige Gebühr, so dass man zunächst davon ausgehen könnte, die bereits erhöhte Verfahrensgebühr der Teilung zu unterziehen, um so die Gebühr des Terminsvertreters zu ermitteln. 303

Allerdings kann man gerade bei der Ermittlung der Korrespondenzanwaltsgebühr (vgl. vorstehend unter Rdn 289 ff.) sehen, dass die Ermittlung der Gebühren auf Basis der schon erhöhten Verfahrensgebühr des Verfahrensbevollmächtigten ein unzureichendes Ergebnis bringt. 304

Folgerichtig muss auch zur Ermittlung der Verfahrensgebühr des Terminsvertreters zunächst die „reine“, also noch nicht erhöhte Gebühr des Verfahrensbevollmächtigten herangezogen werden; dieses Ergebnis ist sodann um 0,3 aufgrund des Mehrvertretungszuschlags zu erhöhen. 305

> *Merke*
>
> Bevor jedoch die Erhöhung tatsächlich in Ansatz gebracht wird, muss darauf geachtet werden, wer den Terminsvertreter beauftragt hat. Erfolgte nämlich die Beauftragung durch den Hauptbevollmächtigten unmittelbar und nicht, wie im Ausgangsbeispiel 178 von den Eheleuten, kann eine Erhöhung erst gar nicht entstehen, weil Auftraggeber der Hauptbevollmächtigte ist.

Schwierigkeiten ergeben sich aber bei der Berechnung des Gebührenanspruchs des Unterbevollmächtigten auch dann, wenn sich der Gegenstandswert im Laufe des Verfahrens nach unten verändert. Denn dann wirft sich letztlich die Frage auf, welche Verfahrensgebühr halbiert wird: Ist die Verfahrensgebühr zu halbieren, die der Hauptbevollmächtigte verdient? Oder ist der Satz der Gebühr (im erstinstanzlichen Verfahren) von 1,3 auf 0,65 zu reduzieren und dann die Gebühr auf Basis des im Zeitpunkt des Tätigwerdens des Unterbevollmächtigten geltenden Gegenstandswertes zu ermitteln? 306

Folgendes Beispiel mag die Problematik verdeutlichen:

Beispiel 179 **Verfahrensgebühr des Terminvertreters bei sich ändernden Gegenstandswert**

Der Hauptbevollmächtigte H vertritt seinen Mandanten in einem Rechtsstreit, bei dem eine Forderung in Höhe von 30.000,00 EUR im Raum steht. Die Angelegenheit wird terminiert; noch vor Durchführung des Termins wird die Angelegenheit in Höhe von 23.000,00 EUR übereinstimmend für erledigt erklärt. Da der Rechtsstreit vor einem auswärtigen Landgericht geführt wird, beauftragt H den Unterbevollmächtigten U mit der Terminswahrnehmung. Im Zeitpunkt dessen Beauftragung ist daher laut vorstehendem Sachverhalt noch ein Gegenstandswert in Höhe von 7.000,00 EUR rechtshängig. Im Anschluss an die Verhandlung ergeht ein Urteil, so dass die Sache abschließend abgerechnet werden kann.

Der Hauptbevollmächtigte H rechnet die Verfahrensgebühr wie folgt ab:

1,3 Verfahrensgebühr, Nr. 3100 VV RVG i.V.m. § 13 RVG aus 30.000,00 EUR		1.121,90 EUR
Auslagenpauschale, Nr. 7002 VV RVG		20,00 EUR
Zwischensumme	1.141,90 EUR	
19 % Mehrwertsteuer, Nr. 7008 VV RVG		216,96 EUR
Gesamtbetrag		**1.358,86 EUR**

Zwei unterschiedliche Rechenwege für die Berechnung der Gebühren des Unterbevollmächtigten bringen stark voneinander abweichende Lösungen hervor:

a) Halbierung der dem Hauptbevollmächtigten zustehenden Gebühr

Verfahrensgebühr des Hauptbevollmächtigten	1.121,90 EUR	
hiervon ½ = Verfahrensgebühr des Unterbevollmächtigten		560,95 EUR
Auslagenpauschale, Nr. 7002 VV RVG		20,00 EUR
Zwischensumme	580,95 EUR	
19 % Mehrwertsteuer, Nr. 7008 VV RVG		110,38 EUR
Gesamtbetrag		**691,33 EUR**

b) Halbierung des Gebührensatzes, Ermittlung des Gegenstandswertes, Abrechnung

½ von 1,3 = 0,65, Gegenstandswert: 7.000,00 EUR		
0,65 aus 7.000,00 EUR = Verfahrensgebühr des Unterbevollmächtigten		263,25 EUR
Auslagenpauschale, Nr. 7002 VV RVG		20,00 EUR
Zwischensumme	283,25 EUR	
19 % Mehrwertsteuer, Nr. 7008 VV RVG		53,82 EUR
Gesamtbetrag		**337,07 EUR**

Die Gegenüberstellung beider Berechnungsmöglichkeiten zeigt eine Differenz in Höhe von (691,33 EUR – 337,07 EUR =) rund 350,00 EUR auf.

307 Meines Erachtens ist die Variante a) aus mehreren Gründen vorzugswürdig, denn sie honoriert die Leistung des Unterbevollmächtigten sachgerecht[48] und entspricht insbesondere dem Wortlaut des Gesetzes.

308 Gegen Variante a) und damit für Variante b) spricht aber insbesondere, dass auch das Haftungsrisiko des Unterbevollmächtigten ja nur noch auf den beschränkten Gegenstandswert besteht. Eine höhergerichtliche Entscheidung konnte hierzu noch nicht gefunden werden, so dass vorgeschlagen wird, den Ansatz der Gebühr nach Variante a) zu versuchen.

309 Im Übrigen sei an dieser Stelle ergänzend darauf aufmerksam gemacht, dass der Hauptbevollmächtigte, der in den vorstehenden Beispielen nur als „Berechnungsgrundlage" im Hinblick auf die ihm zustehende Verfahrensgebühr auftauchte, durchaus – so wie

48 Vgl. insoweit auch eigenen Aufsatz in JurBüro 2007, 60.

auch der Unterbevollmächtigte – weitere Gebühren neben der Verfahrensgebühr verdienen kann.

Er kann genauso – z.B. auf Wunsch des Mandanten – zusammen mit dem Unterbevollmächtigten einen Termin (vor Gericht) wahrnehmen. Hierfür erwächst ihm dann eine Terminsgebühr. 310

Beispiel 180 **Zusätzliche Terminsgebühr beim Hauptbevollmächtigen trotz Beauftragung eines Terminvertreters**

Hauptbevollmächtigter und Unterbevollmächtigter nehmen auf Wunsch des Mandanten gemeinsam den Verhandlungstermin wahr. Der Gegenstandswert beträgt 1.200,00 EUR.

Da beide Anwälte am Termin teilgenommen haben, verdienen auch beide – neben der ihnen jeweils zustehenden Verfahrensgebühr – die Terminsgebühr.

Der Hauptbevollmächtigte verdient:		
1,3 Verfahrensgebühr, Nr. 3100 VV RVG		
i.V.m. § 13 RVG aus 2.100,00 EUR		261,30 EUR
1,2 Terminsgebühr, Nr. 3100 VV RVG		
i.V.m. § 13 RVG aus 2.100,00 EUR		241,20 EUR
Auslagenpauschale, Nr. 7002 VV RVG		20,00 EUR
Zwischensumme	522,50 EUR	
19 % Mehrwertsteuer, Nr. 7008 VV RVG		99,28 EUR
Gesamtbetrag		**621,78 EUR**
Der Unterbevollmächtigte verdient:		
1,3 Verfahrensgebühr, **gekappt auf**:		
0,65 Verfahrensgebühr, Nr. 3401 VV RVG		
i.V.m. § 13 RVG aus 2.100,00 EUR		130,65 EUR
1,2 Terminsgebühr, Nr. 3100 VV RVG		
i.V.m. § 13 RVG aus 2.100,00 EUR		241,20 EUR
Auslagenpauschale, Nr. 7002 VV RVG		20,00 EUR
Zwischensumme	391,85 EUR	
19 % Mehrwertsteuer, Nr. 7008 VV RVG		74,45 EUR
Gesamtbetrag		**466,30 EUR**

Ebenso ist es möglich, dass auch der Hauptbevollmächtigte zusätzlich eine Einigungsgebühr verdient, z.B., wenn er am Termin zusammen mit dem Terminsvertreter teilnimmt und dort ein Vergleich geschlossen wird, an dem beide Rechtsanwälte mitwirken. 311

Beispiel 181 **Zusätzliche Einigungsgebühr beim Hauptbevollmächtigten trotz Beauftragung eines Terminvertreters**

Wie zuvor unter Beispiel 180, im Termin wird sodann noch ein Vergleich geschlossen. Der Gegenstandswert beträgt 4.800,00 EUR.

Beide Anwälte haben am Termin teilgenommen, beide Anwälte waren an der Einigung beteiligt, so dass beide – neben der ihnen jeweils zustehenden Verfahrensgebühr – sowohl die Terminsgebühr als auch die Einigungsgebühr verdienen.

Der Hauptbevollmächtigte verdient:		
1,3 Verfahrensgebühr, Nr. 3100 VV RVG		
i.V.m. § 13 RVG aus 4.800,00 EUR		393,90 EUR
1,2 Terminsgebühr, Nr. 3100 VV RVG		
i.V.m. § 13 RVG aus 4.800,00 EUR		363,60 EUR
1,0 Einigungsgebühr, Nr. 1003 VV RVG		
i.V.m. § 13 RVG aus 4.800,00 EUR		303,00 EUR
Auslagenpauschale, Nr. 7002 VV RVG		20,00 EUR
Zwischensumme	1.080,50 EUR	
19 % Mehrwertsteuer, Nr. 7008 VV RVG		205,30 EUR
Gesamtbetrag		**1.285,80 EUR**

Der Unterbevollmächtigte verdient:		
1,3 Verfahrensgebühr, **gekappt auf**:		
0,65 Verfahrensgebühr, Nr. 3401 VV RVG		
i.V.m. § 13 RVG aus 4.800,00 EUR		196,95 EUR
1,2 Terminsgebühr, Nr. 3100 VV RVG		
i.V.m. § 13 RVG aus 4.800,00 EUR		363,60 EUR
1,0 Einigungsgebühr, Nr. 1003 VV RVG		
i.V.m. § 13 RVG aus 4.800,00 EUR		303,00 EUR
Auslagenpauschale, Nr. 7002 VV RVG		20,00 EUR
Zwischensumme	883,55 EUR	
19 % Mehrwertsteuer, Nr. 7008 VV RVG		167,87 EUR
Gesamtbetrag		**1.051,42 EUR**

312 Ebenso kann der Hauptbevollmächtigte natürlich auch ohne Terminsteilnahme (das ist der gängige Fall!) eine Einigungsgebühr verdienen, z.B. wenn der Unterbevollmächtigte einen Widerrufsvergleich abschließt und der Hauptbevollmächtigte dem Mandanten rät, nicht zu widerrufen, so dass der Vergleich bestandskräftig wird.

Beispiel 182 **Zusätzliche Einigungsgebühr beim Hauptbevollmächtigen ohne eigene Terminsteilnahme**

Der Unterbevollmächtigte nimmt für den Mandanten den Termin wahr. Er schließt vor Gericht einen Widerrufsvergleich, den er im Anschluss an den Termin mit dem Hauptbevollmächtigten bespricht. Der Hauptbevollmächtigte rät sodann der gemeinsamen Partei, den Vergleich nicht zu widerrufen. Der Vergleich wird nicht widerrufen, somit bestandskräftig. Der Gegenstandswert beträgt 13.800,00 EUR.

Der Unterbevollmächtigte hat den Termin wahrgenommen und unzweifelhaft den Widerrufsvergleich geschlossen; damit gebühren ihm neben der Verfahrensgebühr auch die Termins- und Einigungsgebühr. Der Hauptbevollmächtigte hat dem Termin nicht beigewohnt; eine Terminsgebühr kann somit nicht begründet werden. Wohl aber war seine Mitwirkung an dem Zustandekommen des Vergleichs ursächlich – durch den Rat an die Mandantschaft, den Vergleich nicht zu widerrufen –, so dass er ebenfalls eine Einigungsgebühr neben der ihm zustehenden Verfahrensgebühr abrechnen kann.

Der Hauptbevollmächtigte verdient:		
1,3 Verfahrensgebühr, Nr. 3100 VV RVG		
i.V.m. § 13 RVG aus 13.800,00 EUR		845,00 EUR
1,0 Einigungsgebühr, Nr. 1003 VV RVG		
i.V.m. § 13 RVG aus 13.800,00 EUR		650,00 EUR
Auslagenpauschale, Nr. 7002 VV RVG		20,00 EUR
Zwischensumme	1.515,00 EUR	
19 % Mehrwertsteuer, Nr. 7008 VV RVG		287,85 EUR
Gesamtbetrag		**1.802,85 EUR**

Der Unterbevollmächtigte verdient:		
1,3 Verfahrensgebühr, **gekappt auf**:		
0,65 Verfahrensgebühr, Nr. 3401 VV RVG		
i.V.m. § 13 RVG aus 13.800,00 EUR		422,50 EUR
1,2 Terminsgebühr, Nr. 3100 VV RVG		
i.V.m. § 13 RVG aus 13.800,00 EUR		780,00 EUR
1,0 Einigungsgebühr, Nr. 1003 VV RVG		
i.V.m. § 13 RVG aus 13.800,00 EUR		650,00 EUR
Auslagenpauschale, Nr. 7002 VV RVG		20,00 EUR
Zwischensumme	1.872,50 EUR	
19 % Mehrwertsteuer, Nr. 7008 VV RVG		355,78 EUR
Gesamtbetrag		**2.228,28 EUR**

2. Betragsrahmengebühren

Beschränkt sich der Auftrag des Rechtsanwalts in Verfahren vor den Sozialgerichten, 313
in denen der Rechtsanwalt Betragsrahmengebühren erhält, darauf, die Partei im Termin zu vertreten, so erhält er nach Nr. 3401 VV RVG eine Verfahrensgebühr in Höhe der Hälfte der dem Verfahrensbevollmächtigten zustehenden Verfahrensgebühr.

Beispiel 183 | Verfahrensgebühr des Terminvertreters

Rechtsanwalt X beauftragt den Rechtsanwalt Y, den Termin vor dem Gericht A in Untervollmacht (Verfahren im ersten Rechtszug) wahrzunehmen (oberste Schwierigkeitsgrenze).

Rechtsanwalt Y (der Anwalt in Untervollmacht bzw. Terminsvertreter) verdient gemäß Nr. 3401 VV RVG eine Verfahrensgebühr in Höhe der Hälfte der dem Verfahrensbevollmächtigten zustehenden Verfahrensgebühr neben der Terminsgebühr.

Rechtsanwalt X (Hauptbevollmächtigter) erhält:		
Verfahrensgebühr, Nr. 3102 VV RVG		
i.V.m. § 3 RVG		550,00 EUR
Auslagenpauschale, Nr. 7002 VV RVG		20,00 EUR
Zwischensumme	570,00 EUR	
19 % Mehrwertsteuer, Nr. 7008 VV RVG		108,30 EUR
Gesamtbetrag		**678,30 EUR**
Rechtsanwalt Y (Unterbevollmächtigter) erhält somit:		
Verfahrensgebühr, Nrn. 3102, 3400 VV RVG		
i.V.m. § 3 RVG = ½ von 550,00 EUR =		275,00 EUR
Terminsgebühr, Nr. 3402, 3106 VV RVG		
i.V.m. § 3 RVG		510,00 EUR
Auslagenpauschale, Nr. 7002 VV RVG		20,00 EUR
Zwischensumme	805,00 EUR	
19 % Mehrwertsteuer, Nr. 7008 VV RVG		152,95 EUR
Gesamtbetrag		**957,95 EUR**

314 Des Weiteren muss bedacht werden, dass gebührenerhöhende Tatbestände, wie etwa der Mehrvertretungszuschlag, sich entsprechend auf die Verfahrensgebühr des Terminsvertreters auswirken.

Beispiel 184 **Erhöhung der Verfahrensgebühr bei mehreren Auftraggebern**

In obiger Fallkonstellation werden zwei Personen vertreten.

Rechtsanwalt Y verdient gemäß Nr. 3401 VV RVG eine Verfahrensgebühr in Höhe der Hälfte der dem Verfahrensbevollmächtigten zustehenden Verfahrensgebühr neben der Terminsgebühr.

315 Hierbei ist der Rechenweg unerheblich: Es gibt – da es sich um Betragsrahmengebühren handelt, die auch keiner Kappungsgrenze unterliegen – keinen Unterschied, ob aus dem bereits um 30 % erhöhten Rahmen die Verfahrensgebühr des Verfahrensbevollmächtigten ermittelt und hieraus der Anspruch des Terminsvertreters errechnet wird oder ob aus der „nackten“ Gebühr die Terminsvertretergebühr errechnet wird, die anschließend um 30 % erhöht wird.

Variante a):

Der Betragsrahmen zu vorstehendem Beispiel beträgt 50,00 EUR bis 550,00 EUR; der untere sowie der obere Rahmen werden erhöht, und zwar um 30 %. Der Rahmen beträgt somit nach Erhöhung 65,00 EUR bis 715,00 EUR.

Der Anspruch des Rechtsanwaltes X (Hauptbevollmächtigter) beträgt demnach:

Verfahrensgebühr, Nr. 3102 VV RVG i.V.m. § 3 RVG, Nr. 1008 VV RVG i.V.m. § 7 RVG		715,00 EUR
Auslagenpauschale, Nr. 7002 VV RVG		20,00 EUR
Zwischensumme	735,00 EUR	
19 % Mehrwertsteuer, Nr. 7008 VV RVG		139,65 EUR
Gesamtbetrag		**874,65 EUR**

Der Terminsvertreter erhält daher:

Verfahrensgebühr, Nr. 3401 VV RVG ½ von 715,00 EUR =		357,50 EUR
Auslagenpauschale, Nr. 7002 VV RVG		20,00 EUR
Zwischensumme	377,50 EUR	
19 % Mehrwertsteuer, Nr. 7008 VV RVG		71,73 EUR
Gesamtbetrag		**449,23 EUR**

Variante b):

Rechtsanwalt X (Hauptbevollmächtigter) erhält (gesplittet):

Verfahrensgebühr, Nr. 3102 VV RVG i.V.m. § 3 RVG		550,00 EUR
Mehrvertretungszuschlag, Nr. 1008 VV RVG		165,00 EUR
Summe		715,00 EUR
Auslagenpauschale, Nr. 7002 VV RVG		20,00 EUR
Zwischensumme	735,00 EUR	
19 % Mehrwertsteuer, Nr. 7008 VV RVG		139,65 EUR
Gesamtbetrag		**874,65 EUR**

Der Terminsvertreter erhält daher:

Verfahrensgebühr, Nr. 3401 VV RVG ½ von 550,00 EUR =		275,00 EUR
Mehrvertretungszuschlag, Nr. 1008 VV RVG		82,50 EUR
Summe		357,50 EUR
Auslagenpauschale, Nr. 7002 VV RVG		20,00 EUR
Zwischensumme	377,50 EUR	
19 % Mehrwertsteuer, Nr. 7008 VV RVG		71,73 EUR
Gesamtbetrag		**449,23 EUR**

Die Ergebnisse beider Varianten zeigen keine Abweichung.

Endet der Auftrag des Terminvertreters, bevor der Termin begonnen hat, so reduziert 316
sich die Verfahrensgebühr nach Nr. 3405 VV RVG auf einen Maximalbetrag von 210,00 EUR.

Beispiel 185 Verfahrensgebühr bei vorzeitiger Erledigung

Rechtsanwalt X (Hauptbevollmächtigter) beauftragt den Rechtsanwalt Y (Terminsvertreter), den Termin vor dem Gericht A in Untervollmacht (erstinstanzliches Verfahren) wahrzunehmen. Kurz vor dem Termin nimmt der Kläger die Klage zurück, so dass der Termin aufgehoben wird. Rechtsanwalt Y sendet die Akten an Rechtsanwalt X zurück und legt eine Kostennote bei.

Rechtsanwalt Y (der Anwalt in Untervollmacht bzw. Terminsvertreter) verdient grundsätzlich gemäß Nr. 3401 VV RVG eine Verfahrensgebühr in Höhe der Hälfte der dem Verfahrensbevollmächtigten zustehenden Verfahrensgebühr. Da der Auftrag jedoch vorzeitig geendet hat, reduziert sich die Gebühr nach Nr. 3405 VV RVG auf einen Maximalbetrag von 210,00 EUR.

Verfahrensgebühr, Nrn. 3102, 3400, 3405 VV RVG i.V.m. § 3 RVG, maximal:		210,00 EUR
Auslagenpauschale, Nr. 7002 VV RVG		20,00 EUR
Zwischensumme	230,00 EUR	
19 % Mehrwertsteuer, Nr. 7008 VV RVG		43,70 EUR
Gesamtbetrag		**273,70 EUR**

III. Sonstige Einzeltätigkeiten

317 Soweit in diesem Abschnitt nichts anderes bestimmt ist, erhält der Rechtsanwalt für sonstige Einzeltätigkeiten, insbesondere für die Einreichung, Anfertigung oder Unterzeichnung von Schriftsätzen und für die Wahrnehmung von anderen als zur mündlichen Verhandlung oder zur Beweisaufnahme bestimmten Terminen eine Verfahrensgebühr in Höhe von 0,8 nach Nr. 3403 VV RVG. Er erhält sie jedoch lediglich, sofern er nicht zum Prozess- oder Verfahrensbevollmächtigten bestellt ist. Dies könnte z.B. der Fall sein, wenn der Anwalt beauftragt ist, einen Protokollierungstermin für die Partei wahrzunehmen.

318 Die Verfahrensgebühr der Nr. 3403 VV RVG erhält der Rechtsanwalt ebenso für sonstige Tätigkeiten in einem gerichtlichen Verfahren, die keine spezielle Regelung in diesem Abschnitt enthalten. Die Gebühr der Nr. 3403 VV RVG unterliegt nach Nr. 3405 VV RVG ebenfalls der Reduktion auf einen Satz von 0,5, sofern der Auftrag vorzeitig endet.

319 Ist die sonstige Tätigkeit des Anwalts, die nach Nr. 3403 VV RVG eine Gebühr in Höhe eines Satzes von 0,8 auslösen würde, auf ein Schreiben einfacher Art beschränkt, insbesondere, wenn das Schreiben weder schwierigere rechtliche Ausführungen noch größere sachliche Auseinandersetzungen enthält, so reduziert sich die Gebühr der Nr. 3403 VV RVG gemäß Nr. 3404 VV RVG auf einen Satz von 0,3.

320 Die Verfahrensgebühr für sonstige Einzeltätigkeiten in Verfahren vor den Sozialgerichten, in denen der Rechtsanwalt Betragsrahmengebühren erhält, beträgt nach Nr. 3406 VV RVG zwischen 30,00 EUR und 340,00 EUR.

I. Beschwerde, Nichtzulassungsbeschwerde und Erinnerung

I. Gebühren in gegenstandswertabhängigen Verfahren

Um ein Beschwerdeverfahren kostenrechtlich richtig einzugliedern, muss man prüfen, um welche Art der Beschwerde es sich handelt, da für **unterschiedliche Beschwerdeverfahren differenzierte gebührenrechtliche Vorschriften** gelten. 321

Neben den allgemeinen Beschwerden (Auffangregelungen für Beschwerden, die nicht besonders geregelt sind, dazu sogleich) gibt es spezielle Regelungen für bestimmte Beschwerden, nämlich 322

- Verfahren über die Rechtsbeschwerde nach § 574 ZPO,
- Beschwerde gegen die Nichtzulassung der Berufung,
- Beschwerde gegen Nichtzulassung der Revision, Verfahren über die Nichtzulassung der Rechtsbeschwerde nach § 92a des ArbGG sowie Verfahren über die Nichtzulassung der Rechtsbeschwerde nach § 75 GWB,
- Beschwerdeverfahren vor dem Bundespatentgericht,
- Beschwerdeverfahren nach Vorbemerkung 3.1,
- Beschwerdeverfahren nach Vorbemerkung 3.2.1,
- Beschwerdeverfahren nach Vorbemerkung 3.2.2.

1. Allgemeine Beschwerdeverfahren

Nur noch wenige einfache Beschwerden gegen Zwischenentscheidungen, Zwischenverfügungen oder prozessleitende Beschlüsse I. Instanz sowie Beschwerden gegen Nebenentscheidungen (Kostenfestsetzungsbeschlüsse, Streitwertbeschlüsse pp.) sollen mit den (geringen) Gebühren der Nrn. 3500 ff. VV RVG vergütet werden. 323

Hierzu gehören:

- **Erinnerungen und Beschwerden** in der **Kostenfestsetzung** oder beim **Kostenansatz** (auch in Strafsachen und sonstigen Verfahren),
- Erinnerungen und **Beschwerden** gegen die **Festsetzung** der aus der **Staatskasse** zu zahlenden Vergütung,
- **Rechtspflegererinnerungen** nach § 11 Abs. 2 RPflG,
- **Erinnerungen** gegen die **Zurückweisung** eines Antrages auf Erlass eines **Vollstreckungsbescheides**,
- **Erinnerungen** in der **Zwangsvollstreckung**,
- **Beschwerden** gegen die **Zurückweisung** eines Antrages auf **Arrest oder einstweilige Verfügung**,
- **Beschwerden** oder **Erinnerungen** im **PKH-Antragsverfahren**,
- **Beschwerden** gegen **abhelfende Abhilfeentscheidungen**,
- **Erinnerungen nach § 573 ZPO**, sofern ein **anderer Rechtsanwalt** als der Verfahrensbevollmächtigte über die Beschwerde tätig wird,

- **unzulässige Beschwerden** (Beschwerden in Verfahren, bei denen solche nicht vorgesehen sind),
- **Beschwerden nach § 78 Abs. 1 S. 1 ArbGG.**

324 Die **allgemeinen Beschwerdeverfahren** werden mit der Verfahrensgebühr der Nr. 3500 VV RVG – einer Auffangvorschrift für im Gesetz nicht speziell geregelte Beschwerden – abgedeckt. Die Verfahrensgebühr der Nr. 3500 VV RVG entsteht für **jegliche Tätigkeit** für den Mandanten im allgemeinen Beschwerdeverfahren; sie entsteht demnach **bereits durch Entgegennahme der notwendigen Informationen**. Voraussetzung ist ein Auftrag als Verfahrensbevollmächtigter; dieser kann ausdrücklich, aber auch stillschweigend, wenn sich dies aus den Umständen ergibt, erteilt werden. Wenn die Tätigkeit im Beschwerdeverfahren noch der Vorinstanz zuzurechnen ist, entsteht die Gebühr nicht (z.B. die Empfangnahme und Weiterleitung der Beschwerdeschrift, soweit kein Auftrag besteht, den Sachverhalt zu prüfen). Gleiches gilt, wenn der Anwalt lediglich beratend tätig ist oder einen Auftrag hat, die Erfolgsaussichten der Beschwerde zu prüfen.

325 Die Verfahrensgebühr für die Vertretung in Verfahren über die allgemeine Beschwerde und die Erinnerung beträgt nach Nr. 3500 VV RVG 0,5. Sie entsteht – wie vorstehend schon erwähnt – mit der Entgegennahme und Prüfung der Beschwerdeschrift; ein Tätigwerden nach außen hin ist nicht zwingend erforderlich.

Beispiel 186 **Tätigkeit über die Beschwerde gegen den Kostenfestsetzungsbeschluss**

Der Rechtsanwalt legt gegen den ihm zugestellten Kostenfestsetzungsbeschluss Beschwerde ein, da in der Berechnung die von ihm bekannt gegebenen Kosten ohne jegliche Begründung nur zum Teil berücksichtigt worden sind. Der Gegenstandswert beträgt 2.400,00 EUR.

Der Rechtsanwalt verdient die Verfahrensgebühr der Nr. 3500 VV RVG; der Gegenstandswert ist nach § 23 Abs. 2 GKG in Beschwerdesachen nach dem Interesse des Beschwerdeführers zu bestimmen; vorliegend sind dies die abgesetzten Kosten.

0,5 Verfahrensgebühr, Nr. 3500 VV RVG		
i.V.m. § 13 RVG aus 2.400,00 EUR		100,50 EUR
Auslagenpauschale, Nr. 7002 VV RVG		20,00 EUR
Zwischensumme	120,50 EUR	
19 % Mehrwertsteuer, Nr. 7008 VV RVG		22,90 EUR
Gesamtbetrag		**143,40 EUR**

Merke

Die Beschwerdegebühr ist selbst dann zu erstatten, wenn der Beschwerdeführer die Beschwerde nur zur Fristwahrung erhebt und vor Ablauf der Beschwerdebegründungsfrist zurücknimmt. Der Auftrag des Rechtsanwalts des Antragsgegners zur

Rechtsverteidigung endet erst dann, wenn dieser weiß oder wissen muss, dass die Beschwerde zurückgenommen worden ist.[49]

In Verfahren über die Beschwerde und die Erinnerung, in dem der Rechtsanwalt die Gebühr der Nr. 3500 VV RVG verdient, erwächst dem Rechtsanwalt für die Teilnahme an Terminen die Terminsgebühr nach Nr. 3513 VV RVG in Höhe eines Satzes von 0,5. **326**

Beispiel 187 **Terminsgebühr im allgemeinen Beschwerdeverfahren (durch Terminswahrnehmung)**

Der Rechtsanwalt nimmt im Beschwerdeverfahren einen Termin wahr, in dem die Sache erörtert wird. Der Gegenstandswert beträgt 4.100,00 EUR.

Neben der Verfahrensgebühr der Nr. 3500 VV RVG erhält der Rechtsanwalt die Terminsgebühr der Nr. 3513 VV RVG.

0,5 Verfahrensgebühr, Nr. 3500 VV RVG i.V.m. § 13 RVG aus 4.100,00 EUR		151,50 EUR
0,5 Terminsgebühr, Nr. 3513 VV RVG i.V.m. § 13 RVG aus 4.100,00 EUR		151,50 EUR
Auslagenpauschale, Nr. 7002 VV RVG		20,00 EUR
Zwischensumme	323,00 EUR	
19 % Mehrwertsteuer, Nr. 7008 VV RVG		61,37 EUR
Gesamtbetrag		**384,37 EUR**

Ebenso kann der Rechtsanwalt, der im laufenden Beschwerdeverfahren eine außergerichtliche Besprechung zur gütlichen Beilegung des Rechtsstreites mit der Gegenseite führt, eine Terminsgebühr in Verbindung mit Vorbemerkung 3 (3) des 3. Teils des VV RVG verdienen. **327**

Beispiel 188 **Terminsgebühr im allgemeinen Beschwerdeverfahren (durch außergerichtliche Besprechung)**

Der Rechtsanwalt führt im laufenden Beschwerdeverfahren eine außergerichtliche Besprechung mit der Gegenseite, um die Sache außergerichtlich zu erledigen. Der Gegenstandswert beträgt 6.200,00 EUR.

Neben der Verfahrensgebühr der Nr. 3500 VV RVG erhält der Rechtsanwalt die Terminsgebühr der Nr. 3513 VV RVG, und zwar nach Vorbemerkung 3 (3) des 3. Teils des VV RVG.

49 Vgl. auch Niedersächsisches OVG, Beschl. v. 11.9.2009 – 2 OA 302/09, JurBüro 2010, 91.

0,5 Verfahrensgebühr, Nr. 3500 VV RVG i.V.m. § 13 RVG aus 6.200,00 EUR		202,50 EUR
0,5 Terminsgebühr, Vorbem. 3 (3) VV RVG, Nr. 3513 VV RVG i.V.m. § 13 RVG aus 6.200,00 EUR		202,50 EUR
Auslagenpauschale, Nr. 7002 VV RVG		20,00 EUR
Zwischensumme	425,00 EUR	
19 % Mehrwertsteuer, Nr. 7008 VV RVG		80,75 EUR
Gesamtbetrag		**505,75 EUR**

328 Wird in einem Verfahren über die **Beschwerde gegen die Zurückweisung des Antrags auf Anordnung des Arrests oder des Antrags auf Erlass einer einstweiligen Verfügung** Termin anberaumt, so hat die Terminsgebühr gemäß Nr. 3514 VV RVG einen Satz von 1,2.

329 Der Tatbestand für den Anfall der „erhöhten" Terminsgebühr ist dergestalt neu formuliert worden, dass nicht mehr (wie in der vorherigen Fassung des RVG) „auf die Entscheidung durch Urteil" abgestellt wird, sondern auf eine Terminsbestimmung. Das bedeutet, dass in diesen Beschwerdeverfahren (**gegen die Zurückweisung des Antrags auf Anordnung des Arrest oder des Antrags auf Erlass einer einstweiligen Verfügung**) eine Terminsteilnahme stets die 1,2 Terminsgebühr auslöst.

Der Grund dafür: Bereits mit Terminierung gibt das Gericht zu erkennen, dass es vom Beschlussverfahren Abstand nimmt. Das bedeutet einen Mehraufwand, der auch dann zu vergüten ist, wenn das Verfahren nicht durch Urteil, sondern z.B. durch übereinstimmende Erledigung endet.

Beispiel 189 Erhöhte Terminsgebühr bei Terminswahrnehmung im Beschwerdeverfahren über die Zurückverweisung des Antrags auf Anordnung eines Arrestes

Der Rechtsanwalt legt Beschwerde gegen die Zurückweisung des Antrages auf Anordnung eines Arrestes ein; das Beschwerdegericht terminiert und der Anwalt nimmt am Verhandlungstermin teil. Der Gegenstandswert beträgt 7.800,00 EUR.

Da das Gericht über die Beschwerde terminiert hat, erhöht sich die Terminsgebühr der Nr. 3513 VV RVG durch Nr. 3514 VV RVG auf einen Satz von 1,2.

0,5 Verfahrensgebühr, Nr. 3500 VV RVG i.V.m. § 13 RVG aus 7.800,00 EUR		228,00 EUR
1,2 Terminsgebühr, Nrn. 3513, 3514 VV RVG i.V.m. § 13 RVG aus 7.800,00 EUR		547,20 EUR
Auslagenpauschale, Nr. 7002 VV RVG		20,00 EUR
Zwischensumme	795,20 EUR	
19 % Mehrwertsteuer, Nr. 7008 VV RVG		151,09 EUR
Gesamtbetrag		**946,29 EUR**

Das hat natürlich aus Auswirkungen auf die Terminsgebühr gemäß Vorbemerkung 3 (3) des 3. Teils des VV RVG, die für außergerichtliche Verhandlungen zur gütlichen Beilegung der Sache entsteht. Sie entsteht immer dann, wenn bereits Termin anberaumt wurde, auch insoweit in Höhe eines Satzes von 1,2 (während sie im laufenden Beschwerdeverfahren, in dem kein Termin anberaumt wurde, dann nur 0,5 beträgt). 330

Beispiel 190 **Erhöhte Terminsgebühr im Beschwerdeverfahren über die Zurückverweisung des Antrags auf Anordnung eines Arrestes durch außergerichtliche Besprechung**

Der Rechtsanwalt legt Beschwerde gegen die Zurückweisung des Antrages auf Anordnung eines Arrestes ein; das Beschwerdegericht hat terminiert. Vor dem Termin besprechen die Rechtsanwälte die Angelegenheit außergerichtlich; die Beschwerde wird nicht weiterverfolgt. Der Gegenstandswert beträgt 12.600,00 EUR.

Da das Gericht über die Beschwerde terminiert hat, erwächst dem Rechtsanwalt für die außergerichtliche Besprechung eine Terminsgebühr in Höhe eines Satzes von 1,2.

0,5 Verfahrensgebühr, Nr. 3500 VV RVG i.V.m. § 13 RVG aus 12.600,00 EUR		302,00 EUR
1,2 Terminsgebühr, Vorbem. 3 (3), Nrn. 3513, 3514 VV RVG i.V.m. § 13 RVG aus 12.600,00 EUR		724,80 EUR
Auslagenpauschale, Nr. 7002 VV RVG		20,00 EUR
Zwischensumme	1.046,80 EUR	
19 % Mehrwertsteuer, Nr. 7008 VV RVG		198,89 EUR
Gesamtbetrag		**1.245,69 EUR**

Neben der Verfahrens- und Terminsgebühr kann der Anwalt im Beschwerdeverfahren zudem die Einigungsgebühr verdienen, und zwar nach Nr. 1003 VV RVG in Höhe eines Satzes von 1,0. 331

Beispiel 191 **Einigungsgebühr im allgemeinen Beschwerdeverfahren**

Im Beschwerdeverfahren gegen die Zurückweisung des Antrags auf Erlass einer einstweiligen Verfügung wird Termin bestimmt; hierzu kommt es nicht mehr, denn die Prozessbevollmächtigten einigen sich im Rahmen einer Besprechung außergerichtlich und die Beschwerde wird zurückgenommen. Gegenstandswert: 5.000,00 EUR

Da das Gericht über die Beschwerde terminiert hat, erwächst dem Rechtsanwalt für die außergerichtliche Besprechung eine Terminsgebühr in Höhe eines Satzes von 1,2. Für die Einigung erwächst ihm zudem die Einigungsgebühr der Nr. 1003 VV RVG in Höhe eines Satzes von 1,0 (weil gerichtlich anhängig).

0,5 Verfahrensgebühr, Nr. 3500 VV RVG i.V.m. § 13 RVG aus 5.000,00 EUR		151,50 EUR
1,2 Terminsgebühr, Vorbem. 3 (3), Nrn. 3513, 3514 VV RVG i.V.m. § 13 RVG aus 5.000,00 EUR		363,60 EUR
1,0 Einigungsgebühr, Nr. 1003 VVR VG i.V.m. § 13 RVG aus 5.000,00 EUR		303,00 EUR
Auslagenpauschale, Nr. 7002 VV RVG		20,00 EUR
Zwischensumme	838,10 EUR	
19 % Mehrwertsteuer, Nr. 7008 VV RVG		159,24 EUR
Gesamtbetrag		**997,34 EUR**

2. Verfahren über die Rechtsbeschwerde

332 Für die Tätigkeit im **Verfahren über die Rechtsbeschwerde nach § 574 ZPO**, demnach bei Rechtsbeschwerden gegen Beschlüsse, wenn

- das Gesetz die Rechtsbeschwerde ausdrücklich bestimmt (bei grundsätzlicher Bedeutung der Sache bzw. bei Fortbildung des Rechts bzw. wenn Sicherung einer einheitlichen Rechtsprechung gefordert ist)

oder

- das Gericht die Rechtsbeschwerde zugelassen hat,

verdient der Rechtsanwalt die Verfahrensgebühr gemäß Nr. 3502 VV RVG mit einem Satz von 1,0. (Das gilt auch für Rechtsbeschwerden nach § 78 Abs. 2 ArbGG). Sie entsteht durch jegliche Tätigkeit für den Mandanten, demnach bereits mit Entgegennahme der notwendigen Informationen. Voraussetzung ist ein Auftrag als Verfahrensbevollmächtigter.

Beispiel 192 **Verfahrensgebühr im Verfahren über die Rechtsbeschwerde**

Der Rechtsanwalt greift einen zu Ungunsten seines Mandanten ergangenen Beschluss einer Rechtssache mit grundsätzlicher Bedeutung mit der Rechtsbeschwerde an. Er fertigt eine entsprechende Beschwerdeschrift und reicht diese beim Rechtsbeschwerdegericht ein. Der Gegenstandswert beträgt 1.300,00 EUR.

Der Rechtsanwalt erhält eine Verfahrensgebühr nach Nr. 3502 VV RVG in Höhe eines Satzes von 1,0.

1,0 Verfahrensgebühr, Nr. 3502 VV RVG i.V.m. § 13 RVG aus 1.300,00 EUR		115,00 EUR
Auslagenpauschale, Nr. 7002 VV RVG		20,00 EUR
Zwischensumme	135,00 EUR	
19 % Mehrwertsteuer, Nr. 7008 VV RVG		25,65 EUR
Gesamtbetrag		**160,65 EUR**

Endet der Auftrag des Rechtsanwaltes vorzeitig, also bevor der Rechtsanwalt die Rechtsbeschwerde eingereicht hat, so erfährt die Verfahrensgebühr der Nr. 3502 VV RVG nach Nr. 3503 VV RVG eine Reduktion auf den Satz von 0,5. 333

Beispiel 193 **Vorzeitige Erledigung der Rechtsbeschwerde**

Der Rechtsanwalt erhält einen zu Ungunsten seiner Partei ergangenen Beschluss, in dem die Rechtsbeschwerde ausdrücklich zugelassen ist. Der Mandant beauftragt den Anwalt, Rechtsbeschwerde einzureichen. Der Anwalt fertigt die Beschwerdeschrift, hat sie jedoch noch nicht beim Rechtsbeschwerdegericht eingereicht, als die Partei anruft und bittet, die Sache auf sich beruhen zu lassen. Der Gegenstandswert beträgt 5.200,00 EUR.

Der Rechtsanwalt erhält eine nach Nr. 3503 VV RVG reduzierte Verfahrensgebühr der Nr. 3502 VV RVG in Höhe eines Satzes von 0,5.

0,5 Verfahrensgebühr, Nrn. 3502, 3503 VV RVG		
i.V.m. § 13 RVG aus 5.200,00 EUR		177,00 EUR
Auslagenpauschale, Nr. 7002 VV RVG		20,00 EUR
Zwischensumme	197,00 EUR	
19 % Mehrwertsteuer, Nr. 7008 VV RVG		37,43 EUR
Gesamtbetrag		**234,43 EUR**

Im Verfahren über die Rechtsbeschwerde erhält der Rechtsanwalt für die Wahrnehmung eines gerichtlichen Termins eine Terminsgebühr nach Nr. 3516 VV RVG mit einem Satz von 1,2. 334

Beispiel 194 **Terminsgebühr im Verfahren über die Rechtsbeschwerde durch Teilnahme an einer mündlichen Verhandlung**

Im Verfahren über die Rechtsbeschwerde beraumt das Gericht einen Verhandlungstermin an, der auch vom Rechtsanwalt wahrgenommen wird. Der Gegenstandswert beträgt 1.600,00 EUR.

Der Rechtsanwalt verdient neben der 1,0 Verfahrensgebühr der Nr. 3502 VV RVG die Terminsgebühr der Nr. 3516 VV RVG mit einem Satz von 1,2.

1,0 Verfahrensgebühr, Nr. 3502 VV RVG		
i.V.m. § 13 RVG aus 1.600,00 EUR		150,00 EUR
1,2 Terminsgebühr, Nr. 3516 VV RVG		
i.V.m. § 13 RVG aus 1.600,00 EUR		180,00 EUR
Auslagenpauschale, Nr. 7002 VV RVG		20,00 EUR
Zwischensumme	350,00 EUR	
19 % Mehrwertsteuer, Nr. 7008 VV RVG		66,50 EUR
Gesamtbetrag		**416,50 EUR**

335 Ebenso kann der Rechtsanwalt, der im laufenden Rechtsbeschwerdeverfahren eine außergerichtliche Besprechung zur gütlichen Beilegung des Rechtstreites mit der Gegenseite führt, eine Terminsgebühr in Verbindung mit Vorbemerkung 3 (3) des 3. Teils des VV RVG verdienen.

Beispiel 195 **Terminsgebühr im Verfahren über die Rechtsbeschwerde durch außergerichtliche Besprechung**

Im Verfahren über die Rechtsbeschwerde beraumt das Gericht einen Verhandlungstermin an; noch bevor es zum Verhandlungstermin kommt, besprechen die Anwälte die Angelegenheit außergerichtlich, um sie beizulegen. Der Gegenstandswert beträgt 18.000,00 EUR.

Der Rechtsanwalt verdient neben der 1,0 Verfahrensgebühr der Nr. 3502 VV RVG die Terminsgebühr der Nr. 3516 VV RVG mit einem Satz von 1,2.

1,0 Verfahrensgebühr, Nr. 3502 VV RVG i.V.m. § 13 RVG aus 18.000,00 EUR		696,00 EUR
1,2 Terminsgebühr, Vorbemerkung 3 (3), Nr. 3516 VV RVG i.V.m. § 13 RVG aus 18.000,00 EUR		835,20 EUR
Auslagenpauschale, Nr. 7002 VV RVG		20,00 EUR
Zwischensumme	1.551,20 EUR	
19 % Mehrwertsteuer, Nr. 7008 VV RVG		294,73 EUR
Gesamtbetrag		**1.845,93 EUR**

336 Neben der Verfahrens- und Terminsgebühr kann der Anwalt im Rechtsbeschwerdeverfahren zudem die Einigungsgebühr verdienen, und zwar nach Nr. 1003 VV RVG in Höhe eines Satzes von 1,0.

Beispiel 196 **Einigungsgebühr im Verfahren über die Rechtsbeschwerde**

Im Verfahren über die Rechtsbeschwerde beraumt das Gericht einen Verhandlungstermin an, der auch vom Rechtsanwalt wahrgenommen wird. Die Parteien einigen sich sodann endgültig. Der Gegenstandswert beträgt 40.500,00 EUR.

Der Rechtsanwalt verdient neben der 1,0 Verfahrensgebühr der Nr. 3502 VV RVG und der Terminsgebühr der Nr. 3516 VV RVG mit einem Satz von 1,2 eine Einigungsgebühr nach Nr. 1003 VV RVG mit einem Satz von 1,0.

1,0 Verfahrensgebühr, Nr. 3502 VV RVG i.V.m. § 13 RVG aus 40.500,00 EUR		1.088,00 EUR
1,2 Terminsgebühr, Nr. 3516 VV RVG i.V.m. § 13 RVG aus 40.500,00 EUR		1.305,60 EUR
1,0 Einigungsgebühr, Nr. 1003 VV RVG i.V.m. § 13 RVG aus 40.500,00 EUR		1.088,00 EUR
Auslagenpauschale, Nr. 7002 VV RVG		20,00 EUR
Zwischensumme	3.501,60 EUR	
19 % Mehrwertsteuer, Nr. 7008 VV RVG		665,30 EUR
Gesamtbetrag		**4.166,90 EUR**

3. Beschwerdeverfahren über die Nichtzulassung der Berufung

Im Verfahren über die Beschwerde gegen die Nichtzulassung der Berufung verdient der Rechtsanwalt die Verfahrensgebühr der Nr. 3504 VV RVG in Höhe eines Satzes von 1,6. Sie fällt bereits mit der Entgegennahme der Information bzw. dem Auftrag, entsprechend tätig zu werden, an. **337**

Beispiel 197 **Tätigkeit über die Beschwerde gegen die Nichtzulassung der Berufung**

Der Rechtsanwalt hat auftragsgemäß Beschwerde gegen die Nichtzulassung der Berufung eingereicht. Der Gegenstandswert beträgt 9.300,00 EUR.

Der Rechtsanwalt erhält eine 1,6 Verfahrensgebühr nach Nr. 3504 VV RVG.

1,6 Verfahrensgebühr, Nr. 3504 VV RVG i.V.m. § 13 RVG aus 9.300,00 EUR		892,80 EUR
Auslagenpauschale, Nr. 7002 VV RVG		20,00 EUR
Zwischensumme	912,80 EUR	
19 % Mehrwertsteuer, Nr. 7008 VV RVG		173,43 EUR
Gesamtbetrag		**1.086,23 EUR**

Sofern der Rechtsanwalt in einem nachfolgenden Berufungsverfahren tätig wird, so wird die Gebühr der Nr. 3504 VV RVG auf die Verfahrensgebühr der Nr. 3200 VV RVG angerechnet. **338**

Beispiel 198 **Anrechnung der Verfahrensgebühr über die Beschwerde gegen die Nichtzulassung der Berufung auf die Verfahrensgebühr des Berufungsverfahrens**

Der Rechtsanwalt hat erfolgreich Beschwerde gegen die Nichtzulassung der Berufung eingereicht. Er selbst wird anschließend beauftragt, die Berufung für die Partei durchzuführen. Der Gegenstandswert beträgt 11.700,00 EUR.

Der Rechtsanwalt erhält zunächst die Verfahrensgebühr nach Nr. 3504 VV RVG in Höhe von 1,6 für das Verfahren über die Beschwerde gegen die Nichtzulassung der

Berufung. Für das Berufungsverfahren selbst erwächst ihm die Verfahrensgebühr der Nr. 3200 VV RVG, die jedoch die vorgenannte Verfahrensgebühr schluckt. Zu beachten ist zudem: Vorliegend handelt es sich um zwei Verfahren, so dass zwei Auslagenpauschalen abzurechnen sind (sofern nicht die tatsächlichen Kosten gefordert werden).

1,6 Verfahrensgebühr, Nr. 3504 VV RVG i.V.m. § 13 RVG aus 11.700,00 EUR		966,40 EUR
Auslagenpauschale, Nr. 7002 VV RVG		20,00 EUR
1,6 Verfahrensgebühr, Nr. 3200 VV RVG i.V.m. § 13 RVG aus 11.700,00 EUR		966,40 EUR
– 1,6 Verfahrensgebühr, Nr. 3504 VV RVG i.V.m. § 13 RVG 11.700,00 EUR		– 966,40 EUR
Auslagenpauschale, Nr. 7002 VV RVG		20,00 EUR
Zwischensumme	1.006,40 EUR	
19 % Mehrwertsteuer, Nr. 7008 VV RVG		191,22 EUR
Gesamtbetrag		**1.197,62 EUR**

339 Endet der Auftrag, im Verfahren über die Nichtzulassung der Berufung tätig zu werden, vorzeitig, so erfährt die Gebühr der Nr. 3504 VV RVG nach Nr. 3505 VV RVG eine Reduktion auf den Satz von 1,0.

Beispiel 199 **Vorzeitige Erledigung im Verfahren über die Beschwerde gegen die Nichtzulassung der Berufung**

Der Rechtsanwalt ist beauftragt, Beschwerde gegen die Nichtzulassung der Berufung einzureichen. Er fertigt den entsprechenden Schriftsatz, den er zur Post geben möchte. Noch bevor der Schriftsatz beim Beschwerdegericht eingereicht wird, ruft der Mandant an und bittet darum, das Verfahren nicht weiter zu betreiben. Der Gegenstandswert beträgt 6.500,00 EUR.

Die zu berechnende Verfahrensgebühr der Nr. 3504 VV RVG erfährt durch die Vorschrift der Nr. 3505 VV RVG eine Reduktion auf den Satz von 1,0.

1,0 Verfahrensgebühr, Nrn. 3504, 3505 VV RVG i.V.m. § 13 RVG aus 6.500,00 EUR		405,00 EUR
Auslagenpauschale, Nr. 7002 VV RVG		20,00 EUR
Zwischensumme	425,00 EUR	
19 % Mehrwertsteuer, Nr. 7008 VV RVG		80,75 EUR
Gesamtbetrag		**505,75 EUR**

340 Im Beschwerdeverfahren über die Nichtzulassung der Berufung erhält der Rechtsanwalt für die Wahrnehmung eines gerichtlichen Termins eine Terminsgebühr nach Nr. 3516 VV RVG mit einem Satz von 1,2.

Beispiel 200 **Terminsgebühr im Verfahren über die Beschwerde gegen die Nichtzulassung der Berufung bei Terminswahrnehmung**

Im Beschwerdeverfahren über die Nichtzulassung der Berufung beraumt das Gericht einen Verhandlungstermin an, der auch vom Rechtsanwalt wahrgenommen wird. Der Gegenstandswert beträgt 3.700,00 EUR.

Der Rechtsanwalt verdient neben der 1,6 Verfahrensgebühr der Nr. 3504 VV RVG die Terminsgebühr der Nr. 3516 VV RVG mit einem Satz von 1,2.

1,6 Verfahrensgebühr, Nr. 3504 VV RVG i.V.m. § 13 RVG aus 3.700,00 EUR		403,20 EUR
1,2 Terminsgebühr, Nr. 3516 VV RVG i.V.m. § 13 RVG aus 3.700,00 EUR		302,40 EUR
Auslagenpauschale, Nr. 7002 VV RVG		20,00 EUR
Zwischensumme	725,60 EUR	
19 % Mehrwertsteuer, Nr. 7008 VV RVG		137,86 EUR
Gesamtbetrag		**863,46 EUR**

Ebenso kann der Rechtsanwalt, der im laufenden Beschwerdeverfahren über die Nicht- **341**
zulassung der Berufung eine außergerichtliche Besprechung zur gütlichen Beilegung des Rechtstreites mit der Gegenseite führt, eine Terminsgebühr in Verbindung mit Vorbemerkung 3 (3) des 3. Teils des VV RVG verdienen.

Beispiel 201 **Terminsgebühr im Verfahren über die Beschwerde gegen die Nichtzulassung der Berufung durch außergerichtliche Besprechungen**

Im Beschwerdeverfahren über die Nichtzulassung der Berufung beraumt das Gericht einen Verhandlungstermin an; noch bevor es zum Verhandlungstermin kommt, besprechen die Anwälte die Angelegenheit außergerichtlich, um sie beizulegen. Der Gegenstandswert beträgt 6.800,00 EUR.

Der Rechtsanwalt verdient neben der 1,6 Verfahrensgebühr der Nr. 3504 VV RVG die Terminsgebühr der Nr. 3516 VV RVG mit einem Satz von 1,2.

1,6 Verfahrensgebühr, Nr. 3504 VV RVG i.V.m. § 13 RVG aus 6.800,00 EUR		648,00 EUR
1,2 Terminsgebühr, Vorbem. 3 (3), Nr. 3516 VV RVG i.V.m. § 13 RVG aus 6.800,00 EUR		486,00 EUR
Auslagenpauschale, Nr. 7002 VV RVG		20,00 EUR
Zwischensumme	1.154,00 EUR	
19 % Mehrwertsteuer, Nr. 7008 VV RVG		219,26 EUR
Gesamtbetrag		**1.373,26 EUR**

Darüber hinaus kann der Anwalt, sofern er bei einer Einigung ursächlich mitwirkt, eine **342**
Einigungsgebühr verdienen, und zwar in Höhe eines Satzes von 1,3. Insoweit sind die

Voraussetzungen für den Anfall der 1,3-Einigungsgebühr in Nr. 1004 VV RVG ergänzt worden, unter anderem um Verfahren über die Beschwerde gegen die Nichtzulassung der Berufung. Bislang gab es für diese Verfahren, die in ihren übrigen Gebühren (Verfahrens- und Terminsgebühren) den Berufungsverfahren gleichgestellt sind, für die Einigungsgebühr keine entsprechende Regelung, so dass eine 1,0-Einigungsgebühr Geltung hatte. Diese Lücke wurde zwischenzeitlich geschlossen und die Einigungsgebühr demnach ist auch im Beschwerdeverfahren über die Nichtzulassung der Berufung mit einem Satz von 1,3 anzusetzen.

Beispiel 202 **Einigungsgebühr im Verfahren über die Beschwerde gegen die Nichtzulassung der Berufung**

Die Parteien schließen über ihre Anwälte im Beschwerdeverfahren über die Nichtzulassung der Berufung einen abschließenden Vergleich. Der Gegenstandswert beträgt 1.800,00 EUR.

Der Rechtsanwalt verdient neben der 1,6 Verfahrensgebühr der Nr. 3504 VV RVG und der Terminsgebühr der Nr. 3516 VV RVG mit einem Satz von 1,2 zusätzlich die Einigungsgebühr der Nr. 1004 VV RVG mit einem Satz von 1,3.

1,6 Verfahrensgebühr, Nr. 3504 VV RVG i.V.m. § 13 RVG aus 1.900,00 EUR		240,00 EUR
1,2 Terminsgebühr, Nr. 3516 VV RVG i.V.m. § 13 RVG aus 1.900,00 EUR		180,00 EUR
1,3 Einigungsgebühr, Nr. 1004 VV RVG i.V.m. § 13 RVG aus 1.900,00 EUR		195,00 EUR
Auslagenpauschale, Nr. 7002 VV RVG		20,00 EUR
Zwischensumme	635,00 EUR	
19 % Mehrwertsteuer, Nr. 7008 VV RVG		120,65 EUR
Gesamtbetrag		**755,65 EUR**

4. Verfahren über die Beschwerde gegen die Nichtzulassung der Revision (jeder Anwalt) bzw. Verfahren über die Nichtzulassung der Rechtsbeschwerde nach § 92a des ArbGG sowie Verfahren über die Nichtzulassung der Rechtsbeschwerde nach § 75 GWB

343 Ist der Rechtsanwalt in Verfahren über die Beschwerde gegen die Nichtzulassung der Revision (ohne BGH-Anwaltszwang) bzw. in Verfahren über die Nichtzulassung der Rechtsbeschwerde nach § 92a des ArbGG sowie in Verfahren über die Nichtzulassung der Rechtsbeschwerde nach § 75 GWB tätig, so erwächst ihm nach Nr. 3506 VV RVG eine Verfahrensgebühr in Höhe von 1,6. Sie entsteht mit Entgegennahme und Prüfung der Informationen. Ein Auftrag für das Verfahren ist Voraussetzung.

Beispiel 203 **Tätigkeit im Verfahren über die Beschwerde gegen die Nichtzulassung der Revision**

Der Rechtsanwalt hat auftragsgemäß Beschwerde gegen die Nichtzulassung der Revision eingereicht. Der Gegenstandswert beträgt 13.400,00 EUR.

Der Rechtsanwalt erhält eine 1,6 Verfahrensgebühr nach Nr. 3506 VV RVG.

1,6 Verfahrensgebühr, Nr. 3506 VV RVG i.V.m. § 13 RVG aus 13.400,00 EUR		1.040,00 EUR
Auslagenpauschale, Nr. 7002 VV RVG		20,00 EUR
Zwischensumme	1.060,00 EUR	
19 % Mehrwertsteuer, Nr. 7008 VV RVG		201,40 EUR
Gesamtbetrag		**1.261,40 EUR**

Sofern der Rechtsanwalt in einem nachfolgenden Revisionsverfahren tätig wird, so wird die Gebühr der Nr. 3506 VV RVG auf die Verfahrensgebühr der Nr. 3206 VV RVG angerechnet. 344

Beispiel 204 **Anrechnung der Verfahrensgebühr im Verfahren über die Beschwerde gegen die Nichtzulassung der Revision auf die Verfahrensgebühr des Revisionsverfahrens**

Der Rechtsanwalt hat erfolgreich Beschwerde gegen die Nichtzulassung der Revision eingereicht. Er selbst wird beauftragt, die Revision für die Partei durchzuführen. Der Gegenstandswert beträgt 9.600,00 EUR.

Der Rechtsanwalt erhält zunächst die Verfahrensgebühr nach Nr. 3506 VV RVG in Höhe von 1,6. Für das Revisionsverfahren selbst erwächst ihm die Verfahrensgebühr der Nr. 3206 VV RVG, die jedoch die vorgenannte Verfahrensgebühr schluckt.

Zu beachten ist zudem: Vorliegend handelt es sich um zwei Verfahren, so dass zwei Auslagenpauschalen abzurechnen sind (sofern nicht die tatsächlichen Kosten gefordert werden).

1,6 Verfahrensgebühr, Nr. 3506 VV RVG i.V.m. § 13 RVG aus 9.600,00 EUR		892,80 EUR
Auslagenpauschale, Nr. 7002 VV RVG		20,00 EUR
1,6 Verfahrensgebühr, Nr. 3206 VV RVG i.V.m. § 13 RVG aus 9.600,00 EUR		892,80 EUR
– 1,6 Verfahrensgebühr, Nr. 3506 VV RVG i.V.m. § 13 RVG aus 9.600,00 EUR		– 892,80 EUR
Auslagenpauschale, Nr. 7002 VV RVG		20,00 EUR
Zwischensumme	932,80 EUR	
19 % Mehrwertsteuer, Nr. 7008 VV RVG		177,23 EUR
Gesamtbetrag		**1.110,03 EUR**

Letztendlich kann also der Rechtsanwalt für seine Tätigkeit im Verfahren über die Beschwerde gegen die Nichtzulassung der Revision und für die Tätigkeit im Revisionsverfahren nur eine Verfahrensgebühr abrechnen.

345 Endet der Auftrag, im Verfahren über die Nichtzulassung der Revision tätig zu werden, vorzeitig, so erfährt die Gebühr der Nr. 3506 VV RVG nach Nr. 3507 VV RVG eine Reduktion auf den Satz von 1,1.

Beispiel 205 **Vorzeitige Erledigung im Verfahren über die Beschwerde gegen die Nichtzulassung der Revision**

Der Rechtsanwalt ist beauftragt, Beschwerde gegen die Nichtzulassung der Revision einzureichen. Er fertigt den entsprechenden Schriftsatz, den er zur Post geben möchte. Noch bevor der Schriftsatz beim Beschwerdegericht eingereicht wird, ruft der Mandant an und bittet darum, das Verfahren nicht weiter zu betreiben. Der Gegenstandswert beträgt 3.200,00 EUR.

Die zu berechnende Verfahrensgebühr der Nr. 3506 VV RVG erfährt durch die Vorschrift der Nr. 3507 VV RVG eine Reduktion auf den Satz von 1,1.

1,1 Verfahrensgebühr, Nrn. 3506, 3507 VV RVG i.V.m. § 13 RVG aus 3.200,00 EUR		277,20 EUR
Auslagenpauschale, Nr. 7002 VV RVG		20,00 EUR
Zwischensumme	297,20 EUR	
19 % Mehrwertsteuer, Nr. 7008 VV RVG		56,47 EUR
Gesamtbetrag		**353,67 EUR**

346 Findet im Verfahren über die Beschwerde gegen die Nichtzulassung der Revision ein Termin statt, so erwächst dem Rechtsanwalt eine Terminsgebühr in Höhe eines Satzes von 1,2, und zwar nach Nr. 3516 VV RVG.

Beispiel 206 **Terminsgebühr im Verfahren über die Beschwerde gegen die Nichtzulassung der Revision**

Das Beschwerdegericht terminiert im Verfahren über die Beschwerde gegen die Nichtzulassung der Revision, in der die Angelegenheit erörtert wird. Der Gegenstandswert beträgt 4.900,00 EUR.

Der Rechtsanwalt erhält neben der Verfahrensgebühr der Nr. 3506 VV RVG in Höhe eines Satzes von 1,6 die Terminsgebühr nach Nr. 3516 VV RVG in Höhe eines Satzes von 1,2.

1,6 Verfahrensgebühr, Nr. 3506 VV RVG i.V.m. § 13 RVG aus 4.900,00 EUR		484,80 EUR
1,2 Terminsgebühr, Nr. 3516 VV RVG i.V.m. § 13 RVG aus 4.900,00 EUR		363,60 EUR
Auslagenpauschale, Nr. 7002 VV RVG		20,00 EUR
Zwischensumme	868,40 EUR	
19 % Mehrwertsteuer, Nr. 7008 VV RVG		164,99 EUR
Gesamtbetrag		**1.033,39 EUR**

Darüber hinaus kann der Anwalt, sofern er bei einer Einigung ursächlich mitwirkt, eine Einigungsgebühr verdienen, die sich nach Nr. 1004 VV RVG mit einem Satz von 1,3 bemisst. Insoweit sind die Voraussetzungen für den Anfall der 1,3-Einigungsgebühr in Nr. 1004 VV RVG ergänzt worden, unter anderem um Verfahren über die Beschwerde gegen die Nichtzulassung der Revision. Bislang gab es für diese Verfahren, die in ihren übrigen Gebühren (Verfahrens- und Terminsgebühren) den Revisionsverfahren gleichgestellt sind, für die Einigungsgebühr keine entsprechende Regelung, so dass eine 1,0-Einigungsgebühr Geltung hatte. Diese Lücke wurde zwischenzeitlich geschlossen und die Einigungsgebühr ist demnach auch im Beschwerdeverfahren über die Nichtzulassung der Revision mit einem Satz von 1,3 anzusetzen. **347**

Beispiel 207 **Einigungsgebühr im Verfahren über die Beschwerde gegen die Nichtzulassung der Revision**

Die Parteien schließen über ihre Anwälte im Beschwerdeverfahren über die Nichtzulassung der Berufung einen abschließenden Vergleich. Der Gegenstandswert beträgt 2.500,00 EUR.

Der Rechtsanwalt verdient neben der 1,6 Verfahrensgebühr der Nr. 3506 VV RVG und der Terminsgebühr der Nr. 3516 VV RVG mit einem Satz von 1,2 zusätzlich die Einigungsgebühr der Nr. 1004 VV RVG in Höhe eines Satzes von 1,3.

1,6 Verfahrensgebühr, Nr. 3506 VV RVG i.V.m. § 13 RVG aus 2.500,00 EUR		321,60 EUR
1,2 Terminsgebühr, Nr. 3516 VV RVG i.V.m. § 13 RVG aus 2.500,00 EUR		241,20 EUR
1,3 Einigungsgebühr, Nr. 1004 VV RVG i.V.m. § 13 RVG aus 2.500,00 EUR		261,30 EUR
Auslagenpauschale, Nr. 7002 VV RVG		20,00 EUR
Zwischensumme	844,10 EUR	
19 % Mehrwertsteuer, Nr. 7008 VV RVG		160,38 EUR
Gesamtbetrag		**1.004,48 EUR**

5. Verfahren über die Beschwerde gegen die Nichtzulassung der Revision (nur BGH-Anwalt)

Sofern sich im Verfahren über die Beschwerde gegen die Nichtzulassung der Revision die Parteien nur durch einen beim BGH zugelassenen Anwalt vertreten lassen, so beträgt **348** die Gebühr für diesen BGH-Anwalt nach Nr. 3508 VV RVG 2,3. Zu den Entstehungsvoraussetzungen siehe Rdn 343.

Beispiel 208 **Tätigkeit im Verfahren über die Beschwerde gegen die Nichtzulassung der Revision**

Das örtliche OLG hat die Revision nicht zugelassen, so dass die Parteien die Einlegung der Nichtzulassungsbeschwerde bei dem BGH erbeten haben. Der Gegenstandswert beträgt 47.300,00 EUR.

Da in diesem Verfahren nur ein beim BGH zugelassener Anwalt die Angelegenheit vertreten kann, erweitert sich die Verfahrensgebühr Nr. 3506 VV RVG entsprechend der Vorschrift Nr. 3508 VV RVG auf einen Satz von 2,3.

2,3 Verfahrensgebühr, Nrn. 3506, 3508 VV RVG i.V.m. § 13 RVG aus 47.300,00 EUR		2.674,90 EUR
Auslagenpauschale, Nr. 7002 VV RVG		20,00 EUR
Zwischensumme	2.694,90 EUR	
19 % Mehrwertsteuer, Nr. 7008 VV RVG		512,03 EUR
Gesamtbetrag		**3.206,93 EUR**

349 Sofern der BGH-Anwalt in einem nachfolgenden Revisionsverfahren tätig wird, so wird die Gebühr der Nr. 3508 VV RVG auf die Verfahrensgebühr der Nr. 3208 VV RVG angerechnet.

Beispiel 209 **Anrechnung der Verfahrensgebühr im Verfahren über die Beschwerde gegen die Nichtzulassung der Revision auf die Verfahrensgebühr der Revision**

Der BGH-Anwalt hat erfolgreich die Beschwerde über die Nichtzulassung der Revision geführt; er ist im Anschluss hieran auch beauftragt, die Revision durchzuführen. Der Gegenstandswert beträgt 28.500,00 EUR.

Der BGH-Anwalt verdient zunächst die Verfahrensgebühr der Nr. 3508 VV RVG für das Beschwerdeverfahren, sodann die Verfahrensgebühr der Nr. 3208 VV RVG für das Revisionsverfahren. Erstere Gebühr muss er sich jedoch anrechnen lassen.

Zu beachten ist zudem: Vorliegend handelt es sich um zwei Verfahren, so dass zwei Auslagenpauschalen abzurechnen sind (sofern nicht die tatsächlichen Kosten gefordert werden).

2,3 Verfahrensgebühr, Nrn. 3506, 3508 VV RVG i.V.m. § 13 RVG aus 28.500,00 EUR		1.984,90 EUR
Auslagenpauschale, Nr. 7002 VV RVG		20,00 EUR
2,3 Verfahrensgebühr, Nrn. 3206, 3208 VV RVG i.V.m. § 13 RVG aus 28.500,00 EUR		1.984,90 EUR
– 2,3 Verfahrensgebühr, Nrn. 3506, 3508 VV RVG i.V.m. § 13 RVG aus 28.500,00 EUR		– 1.984,90 EUR
Auslagenpauschale, Nr. 7002 VV RVG		20,00 EUR
Zwischensumme	2.024,90 EUR	
19 % Mehrwertsteuer, Nr. 7008 VV RVG		384,73 EUR
Gesamtbetrag		**2409,63 EUR**

Erledigt sich die Angelegenheit vorzeitig, so reduziert sich die Verfahrensgebühr für den beim BGH zugelassenen Rechtsanwalt gemäß Nr. 3509 VV RVG auf einen Satz in Höhe von 1,8. **350**

Beispiel 210 Vorzeitige Erledigung im Verfahren über die Beschwerde gegen die Nichtzulassung der Revision

Der beim BGH zugelassene Rechtsanwalt ist beauftragt, Beschwerde gegen die Nichtzulassung der Revision einzulegen. Er fertigt den entsprechenden Schriftsatz, bevor dieser jedoch zur Absendung gelangt, zieht der Mandant seinen Auftrag zurück. Der Gegenstandswert beträgt 21.300,00 EUR.

Der Rechtsanwalt erhält die Verfahrensgebühr nach Nrn. 3506, 3508 VV RVG, reduziert auf einen Satz in Höhe von 1,8 nach Nr. 3509 VV RVG.

1,8 Verfahrensgebühr, Nrn. 3506, 3508, 3509 VV RVG i.V.m. § 13 RVG aus 21.300,00 EUR		1.335,60 EUR
Auslagenpauschale, Nr. 7002 VV RVG		20,00 EUR
Zwischensumme	1.355,60 EUR	
19 % Mehrwertsteuer, Nr. 7008 VV RVG		257,56 EUR
Gesamtbetrag		**1.613,16 EUR**

Findet in dem Verfahren über die Beschwerde gegen die Nichtzulassung der Revision vor dem BGH ein Termin statt, so erwächst dem Rechtsanwalt die „normale" Terminsgebühr nach Nr. 3516 VV RVG in Höhe eines Satzes von 1,2. Die Terminsgebühr ist demgemäß – anders als die Verfahrensgebühr – nicht erhöht. **351**

Beispiel 211 Terminsgebühr im Verfahren über die Beschwerde gegen die Nichtzulassung der Revision bei mündlicher Verhandlung

Im Verfahren über die Beschwerde gegen die Nichtzulassung der Revision vor dem BGH findet ein Termin statt, den der vor dem BGH zugelassene Anwalt auch wahrnimmt. Der Gegenstandswert beträgt 56.800,00 EUR.

Der Rechtsanwalt erhält neben der Verfahrensgebühr der Nr. 3506 VV RVG, die nach Nr. 3508 VV RVG auf den Satz von 2,3 erhöht ist, die Terminsgebühr der Nr. 3516 VV RVG in Höhe eines Satzes von 1,2.

2,3 Verfahrensgebühr, Nrn. 3506, 3508 VV RVG i.V.m. § 13 RVG aus 56.800,00 EUR		2.870,40 EUR
1,2 Terminsgebühr, Nr. 3516 VV RVG i.V.m. § 13 RVG aus 56.800,00 EUR		1.497,60 EUR
Auslagenpauschale, Nr. 7002 VV RVG		20,00 EUR
Zwischensumme	4.388,00 EUR	
19 % Mehrwertsteuer, Nr. 7008 VV RVG		833,72 EUR
Gesamtbetrag		**5.221,72 EUR**

352 Ebenso kann der Rechtsanwalt, der im laufenden Beschwerdeverfahren über die Nichtzulassung der Revision eine außergerichtliche Besprechung zur gütlichen Beilegung des Rechtstreites mit der Gegenseite führt, eine Terminsgebühr in Verbindung mit Vorbemerkung 3 (3) des 3. Teils des VV RVG verdienen.

Beispiel 212 **Terminsgebühr im Verfahren über die Beschwerde gegen die Nichtzulassung der Revision bei außergerichtlicher Besprechung**

Im Beschwerdeverfahren über die Nichtzulassung der Revision beraumt das Gericht einen Verhandlungstermin an; noch bevor es zum Verhandlungstermin kommt, besprechen die Anwälte die Angelegenheit außergerichtlich, um sie beizulegen. Der Gegenstandswert beträgt 37.000,00 EUR.

Der Rechtsanwalt erhält neben der Verfahrensgebühr der Nr. 3506 VV RVG, die nach Nr. 3508 VV RVG auf den Satz von 2,3 erhöht ist, die Terminsgebühr der Nr. 3516 VV RVG in Höhe eines Satzes von 1,2.

2,3 Verfahrensgebühr, Nrn. 3506, 3508 VV RVG i.V.m. § 13 RVG aus 37.000,00 EUR		2.329,90 EUR
1,2 Terminsgebühr, Nr. 3516 VV RVG, Vorbem. 3 (3) VV RVG i.V.m. § 13 RVG aus 37.000,00 EUR		1.215,60 EUR
Auslagenpauschale, Nr. 7002 VV RVG		20,00 EUR
Zwischensumme	3.565,50 EUR	
19 % Mehrwertsteuer, Nr. 7008 VV RVG		677,45 EUR
Gesamtbetrag		**4.242,95 EUR**

353 Darüber hinaus kann der Anwalt, sofern er bei einer Einigung ursächlich mitwirkt, eine Einigungsgebühr verdienen, die sich nach Nr. 1004 VV RVG mit einem Satz von 1,3 bemisst. Insoweit sind die Voraussetzungen für den Anfall der 1,3-Einigungsgebühr in Nr. 1004 VV RVG ergänzt worden, unter anderem um Verfahren über die Beschwerde gegen die Nichtzulassung der Revision. Bislang gab es für diese Verfahren, die in ihren übrigen Gebühren (Verfahrens- und Terminsgebühren) den Revisionsverfahren gleichgestellt sind, für die Einigungsgebühr keine entsprechende Regelung, so dass eine

1,0-Einigungsgebühr Geltung hatte. Diese Lücke wurde zwischenzeitlich geschlossen und die Einigungsgebühr demnach ist auch im Beschwerdeverfahren über die Nichtzulassung der Revision mit einem Satz von 1,3 anzusetzen.

Beispiel 213 **Einigungsgebühr im Verfahren über die Beschwerde gegen die Nichtzulassung der Revision**

Die Parteien schließen über ihre Anwälte im Beschwerdeverfahren über die Nichtzulassung der Berufung im Verhandlungstermin einen abschließenden Vergleich. Der Gegenstandswert beträgt 150.000,00 EUR.

Der Rechtsanwalt verdient neben der 1,6 Verfahrensgebühr der Nr. 3508 VV RVG und der Terminsgebühr der Nr. 3516 VV RVG mit einem Satz von 1,2 zusätzlich die Einigungsgebühr der Nr. 1004 VV RVG mit einem Satz von 1,3.

2,3 Verfahrensgebühr, Nr. 3508 VV RVG i.V.m. § 13 RVG aus 150.000,00 EUR		4.043,40 EUR
1,2 Terminsgebühr, Nr. 3516 VV RVG i.V.m. § 13 RVG aus 150.000,00 EUR		2.109,60 EUR
1,3 Einigungsgebühr, Nr. 1004 VV RVG i.V.m. § 13 RVG aus 150.000,00 EUR		2.285,40 EUR
Auslagenpauschale, Nr. 7002 VV RVG		20,00 EUR
Zwischensumme	8.458,40 EUR	
19 % Mehrwertsteuer, Nr. 7008 VV RVG		1.607,10 EUR
Gesamtbetrag		**10.065,50 EUR**

6. Beschwerdeverfahren vor dem Bundespatentgericht

Die Verfahrensgebühr für die Vertretung in Beschwerdeverfahren vor dem Patentgericht hat nach Nr. 3510 VV RVG einen Satz in Höhe von 1,3. Hier sind diverse Verfahren vor dem Patentgesetz, dem Sortenschutzgesetz, dem Geschmacksmustergesetz und nach dem Markengesetz inbegriffen. Auf die Anmerkung zu Nr. 3510 VV RVG wird insoweit verwiesen. Auch hier sind die Entstehungsvoraussetzungen Auftrag sowie Entgegennahme und Prüfung der Informationen. **354**

In den in Nr. 3510 VV RVG genannten Verfahren erwächst dem Rechtsanwalt für die Teilnahme an Terminen eine Terminsgebühr nach Nr. 3516 VV RVG in Höhe eines Satzes von 1,2. **355**

Beispiel 214 **Verfahrens- und Terminsgebühr im Verfahren vor dem Bundespatentgericht**

Der Rechtsanwalt ist beauftragt, Beschwerde gegen einen Beschluss einzulegen, durch den über die Anmeldung einer Marke zu Ungunsten der Partei entschieden

worden ist. Er fertigt die entsprechende Beschwerdeschrift und reicht diese beim Patentgericht ein. Das Patentgericht terminiert, der Rechtsanwalt zieht seine Beschwerdeschrift nach Erörterung der Sache im Termin zurück. Der Gegenstandswert beträgt 97.000,00 EUR.

Der Rechtsanwalt erhält die Verfahrensgebühr der Nr. 3510 VV RVG in Höhe eines Satzes von 1,3. Die Terminsgebühr ist anzusetzen nach Nr. 3516 VV RVG mit einem Satz von 1,2.

1,3 Verfahrensgebühr, Nr. 3510 VV RVG i.V.m. § 13 RVG aus 97.000,00 EUR		1.953,90 EUR
1,2 Terminsgebühr, Nr. 3516 VV RVG i.V.m. § 13 RVG aus 97.000,00 EUR		1.803,60 EUR
Auslagenpauschale, Nr. 7002 VV RVG		20,00 EUR
Zwischensumme	3.777,50 EUR	
19 % Mehrwertsteuer, Nr. 7008 VV RVG		717,73 EUR
Gesamtbetrag		**4.495,23 EUR**

356 Ebenso kann der Rechtsanwalt, der im entsprechenden Verfahren eine außergerichtliche Besprechung zur gütlichen Beilegung des Rechtstreites mit der Gegenseite führt, eine Terminsgebühr in Verbindung mit Vorbemerkung 3 (3) des 3. Teils des VV RVG verdienen.

Beispiel 215 **Terminsgebühr im Verfahren vor dem Bundespatentgericht durch außergerichtliche Besprechung**

Der Rechtsanwalt ist beauftragt, Beschwerde gegen einen Beschluss einzulegen, durch den über die Anmeldung einer Marke zu Ungunsten der Partei entschieden worden ist. Er fertigt die entsprechende Beschwerdeschrift und reicht diese beim Patentgericht ein. Noch vor der Durchführung des Verhandlungstermins besprechen die Anwälte die Möglichkeit einer Einigung außergerichtlich. Der Gegenstandswert beträgt 43.000,00 EUR.

Der Rechtsanwalt erhält die Verfahrensgebühr der Nr. 3510 VV RVG in Höhe eines Satzes von 1,3. Die Terminsgebühr ist nach Nr. 3516 VV RVG mit einem Satz von 1,2 anzusetzen.

1,3 Verfahrensgebühr, Nr. 3510 VV RVG i.V.m. § 13 RVG aus 43.000,00 EUR		1.414,40 EUR
1,2 Terminsgebühr, Vorbem. 3 (3), Nr. 3516 VV RVG i.V.m. § 13 RVG aus 43.000,00 EUR		1.305,60 EUR
Auslagenpauschale, Nr. 7002 VV RVG		20,00 EUR
Zwischensumme	2.740,00 EUR	
19 % Mehrwertsteuer, Nr. 7008 VV RVG		520,60 EUR
Gesamtbetrag		**3.260,60 EUR**

Darüber hinaus kann der Anwalt, sofern er bei einer Einigung ursächlich mitwirkt, eine Einigungsgebühr verdienen, die sich nach Nr. 1003 VV RVG mit einem Satz von 1,0 bemisst. 357

Beispiel 216 | Einigungsgebühr im Verfahren vor dem Bundespatentgericht

Der Rechtsanwalt ist beauftragt, Beschwerde gegen einen Beschluss einzulegen, durch den über die Anmeldung einer Marke zu Ungunsten der Partei entschieden worden ist. Er fertigt die entsprechende Beschwerdeschrift und reicht diese beim Patentgericht ein. Noch vor der Durchführung des Verhandlungstermins einigen sich die Parteien im Rahmen einer außergerichtlichen Besprechung. Der Gegenstandswert beträgt 11.000,00 EUR.

Der Rechtsanwalt erhält die Verfahrensgebühr der Nr. 3510 VV RVG in Höhe eines Satzes von 1,3. Die Terminsgebühr ist nach Nr. 3516 VV RVG mit einem Satz von 1,2 anzusetzen. Für die Einigung erwächst dem Rechtsanwalt eine 1,0 Verfahrensgebühr nach Nr. 1003 VV RVG.

1,3 Verfahrensgebühr, Nr. 3510 VV RVG i.V.m. § 13 RVG aus 11.000,00 EUR		785,20 EUR
1,2 Terminsgebühr, Vorbem. 3 (3), Nr. 3516 VV RVG i.V.m. § 13 RVG aus 11.000,00 EUR		724,80 EUR
1,0 Einigungsgebühr, Nr. 1003 VV RVG i.V.m. § 13 RVG aus 11.000,00 EUR		604,00 EUR
Auslagenpauschale, Nr. 7002 VV RVG		20,00 EUR
Zwischensumme	2.134,00 EUR	
19 % Mehrwertsteuer, Nr. 7008 VV RVG		405,46 EUR
Gesamtbetrag		**2.539,46 EUR**

7. Beschwerdeverfahren nach Vorbemerkung 3.1

Nach Vorbemerkung 3.1 VV RVG werden Rechtsbeschwerden in Schiedsgerichtsverfahren nach §§ 1065, 1062 Abs. 1 Nr. 1 und 4 ZPO nach den Vorschriften des ersten Abschnitts des Teil 3 vergütet; hierfür fallen demnach die Verfahrens- und Terminsgebühren für den ersten Rechtszug an (Nrn. 3100 ff. VV RVG, Einigungsgebühr nach Nr. 1003 VV RVG). 358

8. Beschwerdeverfahren nach Vorbemerkung 3.2.1

Nach Vorbemerkung 3.2.1 Nr. 2–9 VV RVG werden bestimmte Beschwerden nach den Vorschriften des zweiten Abschnitts, Unterabschnitt 1 des Teils 3 vergütet; es handelt sich dabei um folgende Beschwerden: 359

- Beschwerdeverfahren gegen die den Rechtszug beendenden Entscheidungen in Verfahren über Anträge auf Vollstreckbarerklärung ausländischer Titel oder auf Erteilung der Vollstreckungsklausel zu ausländischen Titeln sowie über Anträge auf Aufhebung oder Abänderung der Vollstreckbarerklärung oder der Vollstreckungsklausel,

- Beschwerden gegen die Endentscheidung wegen des Hauptgegenstands in Familiensachen und in den Angelegenheiten der freiwilligen Gerichtsbarkeit,
- Beschwerden gegen die den Rechtszug beendenden Entscheidungen im Beschlussverfahren vor den Gerichten für Arbeitssachen,
- Beschwerden gegen die den Rechtszug beendenden Entscheidungen im personalvertretungsrechtlichen Beschlussverfahren vor den Gerichten der Verwaltungsgerichtsbarkeit,
- Beschwerden nach dem GWB, EnWG, KSpG, VSchDG, SpruchG sowie WpÜG
- Beschwerden gegen die Entscheidung des Verwaltungs- oder Sozialgerichts wegen des Hauptgegenstands in Verfahren des vorläufigen oder einstweiligen Rechtsschutzes,
- Beschwerden nach dem WpHG,
- Rechtsbeschwerden nach dem StVollzG, auch i.V.m. § 92 JGG.

360 Für diese Beschwerden fallen demnach die Verfahrens- und Terminsgebühren für den zweiten Rechtszug an (Nr. 3200 ff. VV RVG), nämlich grundsätzlich die 1,6 Verfahrensgebühr (Nr. 3200 VV RVG), die 1,2 Terminsgebühr (Nr. 3202 VV RVG) und die 1,3 Einigungsgebühr (Nr. 1004 VV RVG).

> *Merke*
>
> Die Abrechenbarkeit einer vollen 1,6 Verfahrensgebühr in den Beschwerdeverfahren nach 3.2.1 VV RVG wird durch eine weitere Neuregelung („eingeschränkte Tätigkeit des Rechtsanwaltes, vgl. neue Anmerkung zu Nr. 3201 VV RVG) in den meisten Fällen, in denen ja mit dem Gesetz an und für sich „aufgestockt werden soll, sogleich wieder eingeschränkt, also auf einen Satz von 1,1 nach Nr. 3201 VV RVG reduziert.

361 Eine eingeschränkte Tätigkeit liegt vor bei nur Einlegung und Begründung des Rechtsmittels sowie Entgegennahme der Entscheidung in Familiensachen, die nur die Erteilung der Genehmigung oder die Zustimmung des Familiengerichts zum Gegenstand haben, oder aber in Angelegenheiten der freiwilligen Gerichtsbarkeit, an denen sich kein anderer beteiligt. Die Neuregelung wurde mit Blick darauf geschaffen, weil gerade in diesen bestimmten Beschwerdeverfahren bei Nichtbeteiligung einer weiteren Partei der Ansatz einer vollen 1,6 Verfahrensgebühr nach Nr. 3200 VV RVG zu einer ungerecht (hohen) Vergütung führen würde.

362 Sofern keine eingeschränkte Tätigkeit vorliegt, also ein anderer am Beschwerdeverfahren beteiligt ist, kann der Anwalt neben der 1,6 Verfahrensgebühr der Nr. 3200 VV RVG eine 1,2 Terminsgebühr nach Nr. 3202 VV RVG, und, sofern er bei einer Einigung ursächlich mitwirkt, eine Einigungsgebühr verdienen, die sich nach Nr. 1004 VV RVG mit einem Satz von 1,3 bemisst.

9. Beschwerdeverfahren nach Vorbemerkung 3.2.2

Die Vorbemerkung 3.2.2 VV RVG gliedert verschiedene Rechtsbeschwerden aus dem fünften Abschnitt aus. Es handelt sich hierbei um folgende Beschwerdeverfahren: 363

- Rechtsbeschwerdeverfahren nach § 20 KapMuG,
- Rechtsbeschwerdeverfahren, in den in der Vorbemerkung 3.2.1 Nr. 2 genannten Fällen, demnach:
- Beschwerdeverfahren gegen die den Rechtszug beendenden Entscheidungen in Verfahren über Anträge auf Vollstreckbarerklärung ausländischer Titel oder auf Erteilung der Vollstreckungsklausel zu ausländischen Titeln sowie über Anträge auf Aufhebung oder Abänderung der Vollstreckbarerklärung oder der Vollstreckungsklausel,
- Beschwerden gegen die Endentscheidung wegen des Hauptgegenstands in Familiensachen und in den Angelegenheiten der freiwilligen Gerichtsbarkeit,
- Beschwerden gegen die den Rechtszug beendenden Entscheidungen im Beschlussverfahren vor den Gerichten für Arbeitssachen,
- Beschwerden gegen die den Rechtszug beendenden Entscheidungen im personalvertretungsrechtlichen Beschlussverfahren vor den Gerichten der Verwaltungsgerichtsbarkeit,
- Beschwerden nach dem GWB, EnWG, KSpG, VSchDG, SpruchG sowie WpÜG,
- Rechtsbeschwerden vor dem Bundesgerichtshof über Berufungen, Beschwerden oder Rechtsbeschwerden gegen Entscheidungen des Bundespatentgerichts und
- Rechtsbeschwerden vor dem Bundesfinanzhof über Beschwerden nach § 128 Abs. 3 FGO.

Vorstehende Rechtsbeschwerden werden nach den für die Revision geltenden Vorschriften (Verfahrensgebühren der Nrn. 3206 ff. VV RVG und Terminsgebühren der Nrn. 3210 f. VV RVG) vergütet. 364

> *Merke*
>
> Die Abrechenbarkeit einer vollen 1,6 / 2,3 Verfahrensgebühr in den Beschwerdeverfahren nach Vorbemerkung 3.2.2 VV RVG wird durch eine weitere Neuregelung („eingeschränkte Tätigkeit des Rechtsanwaltes, vgl. neue Anmerkung zu Nr. 3201 VV RVG) in den meisten Fällen sogleich wieder eingeschränkt, also auf einen Satz von 1,1 / 1,8 nach Nr. 3207 bzw. 3209 VV RVG reduziert.

Eine eingeschränkte Tätigkeit liegt vor bei nur Einlegung und Begründung des Rechtsmittels sowie Entgegennahme der Entscheidung (ohne Beteiligung einer anderen Partei). Die Neuregelung wurde mit Blick darauf geschaffen, weil gerade in bestimmten Be- 365 schwerdeverfahren (in Familiensachen, die nur die Erteilung der Genehmigung oder die Zustimmung des Familiengerichts zum Gegenstand haben, oder aber in Angelegenheiten der freiwilligen Gerichtsbarkeit, an denen sich kein anderer beteiligt) der Ansatz einer vollen 1,6 Verfahrensgebühr nach Nr. 3200 VV RVG zu einer ungerecht (hohen) Vergütung führen würde.

366 Sofern keine eingeschränkte Tätigkeit vorliegt, also ein anderer am Beschwerdeverfahren beteiligt ist, kann der Anwalt neben der Verfahrensgebühr der Nrn. 3206/3208 VV RVG eine 1,5 Terminsgebühr nach Nr. 3210 VV RVG und, sofern er bei einer Einigung ursächlich mitwirkt, eine Einigungsgebühr verdienen, die sich nach Nr. 1004 VV RVG mit einem Satz von 1,3 bemisst.

II. Gebühren in Verfahren vor den Gerichten der Sozialgerichtsbarkeit, in denen der Rechtsanwalt Betragsrahmen erhält

1. Allgemeine Beschwerdeverfahren

367 In Verfahren vor den Gerichten der Sozialgerichtsbarkeit über die Beschwerde und die Erinnerung, in denen der Rechtsanwalt Betragsrahmengebühren erhält, erwächst dem Rechtsanwalt die Verfahrensgebühr der Nr. 3501 VV RVG mit einem Gebührenrahmen von 20,00 EUR bis 210,00 EUR. Die Mittelgebühr beträgt daher [(20,00 EUR + 210,00 EUR) : 2 =] 115,00 EUR.

Beispiel 217 **Tätigkeit im Verfahren über die Erinnerung gegen die Kostenentscheidung**

Der Rechtsanwalt ist beauftragt, gegen eine Kostenentscheidung im Sozialgerichtsverfahren Erinnerung einzulegen und tut dies auch. Es soll sich um eine recht einfach gelagerte Sache handeln.

Der Rechtsanwalt verdient die Verfahrensgebühr der Nr. 3501 VV RVG mit Rahmen von 20,00 EUR bis 210,00 EUR, hier den untersten Rahmen.

Verfahrensgebühr, Nr. 3501 VV RVG i.V.m. § 3 RVG		20,00 EUR
Auslagenpauschale, Nr. 7002 VV RVG		4,00 EUR
Zwischensumme	24,00 EUR	
19 % Mehrwertsteuer, Nr. 7008 VV RVG		4,56 EUR
Gesamtbetrag		**28,56 EUR**

368 Findet im vorgenannten Erinnerungs- oder Beschwerdeverfahren ein Termin statt, so erwächst dem Rechtsanwalt zusätzlich die Terminsgebühr der Nr. 3515 VV RVG mit einem Rahmen von 20,00 EUR bis 210,00 EUR. Die Mittelgebühr beträgt daher [(20,00 EUR + 210,00 EUR) : 2 =] 115,00 EUR.

Beispiel 218 **Terminsgebühr im allgemeinen Beschwerdeverfahren**

Der Rechtsanwalt ist beauftragt, im Sozialgerichtsverfahren gegen einen Beschluss Beschwerde einzulegen und tut dies auch. Die Angelegenheit wird terminiert; der Anwalt nimmt den Termin wahr. Es handelt sich um eine Angelegenheit mittleren Umfangs und mittleren Niveaus.

Der Rechtsanwalt verdient die Verfahrensgebühr der Nr. 3501 VV RVG sowie die Terminsgebühr der Nr. 3515 VV RVG, jeweils in Höhe der Mittelgebühr.

Verfahrensgebühr, Nr. 3501 VV RVG i.V.m. § 3 RVG		115,00 EUR
Terminsgebühr, Nr. 3515 VV RVG i.V.m. § 3 RVG		115,00 EUR
Auslagenpauschale, Nr. 7002 VV RVG		20,00 EUR
Zwischensumme	250,00 EUR	
19 % Mehrwertsteuer, Nr. 7008 VV RVG		47,50 EUR
Gesamtbetrag		**297,50 EUR**

2. Beschwerdeverfahren über die Nichtzulassung der Berufung

Ist der Rechtsanwalt im Verfahren über die Beschwerde gegen die Nichtzulassung der **369**
Berufung vor dem Landessozialgericht tätig, so erwächst ihm nach Nr. 3511 VV RVG eine Verfahrensgebühr mit einem Rahmen von 60,00 EUR bis 680,00 EUR. Die Mittelgebühr beträgt daher [(60,00 EUR + 680,00 EUR) : 2 =] 370,00 EUR.

Beispiel 219 **Tätigkeit im Verfahren über Beschwerde gegen die Nichtzulassung der Berufung**

Der Rechtsanwalt reicht Beschwerde wegen Nichtzulassung der Berufung vor dem Landessozialgericht ein; die Angelegenheit ist sehr schwierig und bedeutend sowie auch umfangreich.

Der Rechtsanwalt verdient die Verfahrensgebühr der Nr. 3511 VV RVG, hier die Höchstgebühr.

Verfahrensgebühr, Nr. 3511 VV RVG i.V.m. § 3 RVG		680,00 EUR
Auslagenpauschale, Nr. 7002 VV RVG		20,00 EUR
Zwischensumme	700,00 EUR	
19 % Mehrwertsteuer, Nr. 7008 VV RVG		133,00 EUR
Gesamtbetrag		**833,00 EUR**

Die Verfahrensgebühr für die Tätigkeit über die Beschwerde gegen die Nichtzulassung **370**
der Berufung der Nr. 3511 VV RVG wird auf die Verfahrensgebühr, die der Rechtsanwalt in einem nachfolgenden Berufungsverfahren erhält, angerechnet.

Beispiel 220 **Anrechnung der Verfahrensgebühr im Verfahren über Beschwerde gegen die Nichtzulassung der Berufung auf die Verfahrensgebühr des Berufungsverfahrens**

Der Rechtsanwalt reicht Beschwerde gegen die Nichtzulassung der Berufung vor dem Landessozialgericht ein. Die Angelegenheit wird vor dem Landessozialgericht verhandelt; sie ist mittelschwer. Sodann wird die Berufung zugelassen; der Rechtsanwalt reicht die Berufungsschrift auch ein.

Der Rechtsanwalt verdient neben der Verfahrensgebühr der Nr. 3511 VV RVG (Rahmen: 60,00 EUR bis 680,00 EUR, Mittelgebühr daher: 370,00 EUR) die Terminsgebühr der Nr. 3517 VV RVG (Rahmen: 50,00 EUR bis 510,00 EUR, Mittelgebühr daher 280,00 EUR). Sodann erwächst ihm für die Einlegung der Berufung die Verfahrensgebühr der Nr. 3204 VV RVG (Rahmen: 60,00 EUR bis 680,00 EUR, Mittelgebühr daher: 370,00 EUR), die die Verfahrensgebühr der Nr. 3511 VV RVG „schluckt". Hier ist nach Fallgestaltung jeweils die Mittelgebühr in Ansatz zu bringen.

Zu beachten ist zudem: Vorliegend handelt es sich um zwei Verfahren, so dass zwei Auslagenpauschalen abzurechnen sind (sofern nicht die tatsächlichen Kosten gefordert werden).

Verfahrensgebühr, Nr. 3511 VV RVG i.V.m. § 3 RVG		370,00 EUR
Terminsgebühr, Nr. 3517 VV RVG i.V.m. § 3 RVG		280,00 EUR
Auslagenpauschale, Nr. 7002 VV RVG		20,00 EUR
Verfahrensgebühr, Nr. 3204 VV RVG i.V.m. § 3 RVG		370,00 EUR
– Verfahrensgebühr, Nr. 3511 VV RVG i.V.m. § 3 RVG		– 370,00 EUR
Auslagenpauschale, Nr. 7002 VV RVG		20,00 EUR
Zwischensumme	690,00 EUR	
19 % Mehrwertsteuer, Nr. 7008 VV RVG		131,10 EUR
Gesamtbetrag		**821,10 EUR**

371 Findet im Beschwerdeverfahren über die Nichtzulassung der Berufung ein Termin statt, so erhält der Rechtsanwalt neben der Verfahrensgebühr die Terminsgebühr nach Nr. 3517 VV RVG mit einem Rahmen von 50,00 EUR bis 510,00 EUR. Die Mittelgebühr beträgt daher 280,00 EUR.

Beispiel 221 **Terminsgebühr im Verfahren über Beschwerde gegen die Nichtzulassung der Berufung**

Der Rechtsanwalt reicht Beschwerde gegen die Nichtzulassung der Berufung vor dem Landessozialgericht ein; die Angelegenheit wird vor dem Landessozialgericht verhandelt; sie ist mittelschwer.

Der Rechtsanwalt verdient neben der Verfahrensgebühr der Nr. 3511 VV RVG (Rahmen: 60,00 EUR bis 680,00 EUR, Mittelgebühr daher: 370,00 EUR) die Terminsgebühr der Nr. 3517 VV RVG (Rahmen: 50,00 EUR bis 510,00 EUR, Mittelgebühr daher 280,00 EUR). Hier ist jeweils die Mittelgebühr in Ansatz zu bringen.

Verfahrensgebühr, Nr. 3511 VV RVG i.V.m. § 3 RVG		370,00 EUR
Terminsgebühr, Nr. 3517 VV RVG i.V.m. § 3 RVG		280,00 EUR
Auslagenpauschale, Nr. 7002 VV RVG		20,00 EUR
Zwischensumme	670,00 EUR	
19 % Mehrwertsteuer, Nr. 7008 VV RVG		127,30 EUR
Gesamtbetrag		**797,30 EUR**

Neben der Verfahrens- und Terminsgebühr kann der Rechtsanwalt im Beschwerdeverfahren über die Nichtzulassung der Berufung eine Einigungsgebühr verdienen. Sie entsteht entsprechend der Vorschrift Nr. 1006 VV RVG in Höhe der entstandenen Verfahrensgebühr. 372

Beispiel 222 Einigungsgebühr im Verfahren über Beschwerde gegen die Nichtzulassung der Berufung

Der Rechtsanwalt reicht Beschwerde gegen die Nichtzulassung der Berufung vor dem Landessozialgericht ein; die Angelegenheit wird vor dem Landessozialgericht verhandelt; sie ist mittelschwer. Die Parteien einigen sich; die Beschwerde endet also im Vergleich.

Der Rechtsanwalt verdient neben der Verfahrensgebühr der Nr. 3511 VV RVG und der Terminsgebühr der Nr. 3517 VV RVG zusätzlich die Einigungsgebühr der Nr. 1006 VV RVG. Hier sind die Mittelgebühren anzusetzen, wobei die Einigungsgebühr in Höhe der Verfahrensgebühr entsteht.

Verfahrensgebühr, Nr. 3511 VV RVG i.V.m. § 3 RVG		370,00 EUR
Terminsgebühr, Nr. 3517 VV RVG i.V.m. § 3 RVG		280,00 EUR
Einigungsgebühr, Nr. 1006 VV RVG i.V.m. § 3 RVG		370,00 EUR
Auslagenpauschale, Nr. 7002 VV RVG		20,00 EUR
Zwischensumme	1.040,00 EUR	
19 % Mehrwertsteuer, Nr. 7008 VV RVG		197,60 EUR
Gesamtbetrag		**1.237,60 EUR**

3. Verfahren über die Beschwerde gegen die Nichtzulassung der Revision

373 Sofern das Verfahren über die Beschwerde gegen die Nichtzulassung der Revision vor dem Bundessozialgericht geführt wird, erwächst dem Rechtsanwalt eine Verfahrensgebühr nach Nr. 3512 VV RVG mit einem Rahmen von 80,00 EUR bis 880,00 EUR. Die Mittelgebühr beträgt 480,00 EUR.

Beispiel 223 **Tätigkeit im Verfahren über Beschwerde gegen die Nichtzulassung der Revision**

Der Rechtsanwalt hat das Beschwerdeverfahren gegen die Nichtzulassung der Revision vor dem Bundessozialgericht eingeleitet. Es ist eine sehr schwere und langwierige Angelegenheit von hoher Bedeutung.

Der Rechtsanwalt erhält die Verfahrensgebühr der Nr. 3512 VV RVG, hier eine Höchstgebühr.

Verfahrensgebühr, Nr. 3512 VV RVG i.V.m. § 3 RVG		880,00 EUR
Auslagenpauschale, Nr. 7002 VV RVG		20,00 EUR
Zwischensumme	900,00 EUR	
19 % Mehrwertsteuer, Nr. 7008 VV RVG		171,00 EUR
Gesamtbetrag		**1.071,00 EUR**

374 Die Verfahrensgebühr der Nr. 3512 VV RVG wird auf die Verfahrensgebühr, die der Rechtsanwalt in einem nachfolgenden Revisionsverfahren erhält, angerechnet.

Beispiel 224 **Anrechnung der Verfahrensgebühr im Verfahren über Beschwerde gegen die Nichtzulassung der Revision auf die Verfahrensgebühr der Revision**

Der Rechtsanwalt reicht Beschwerde gegen die Nichtzulassung der Revision vor dem Bundessozialgericht ein. Die Angelegenheit wird vor dem Bundessozialgericht verhandelt; sie ist mittelschwer. Sodann wird die Revision zugelassen; der Rechtsanwalt reicht die Revisionsschrift auch ein.

Der Rechtsanwalt verdient neben der Verfahrensgebühr der Nr. 3512 VV RVG mit einem Rahmen von 80,00 EUR bis 880,00 EUR (die Mittelgebühr beträgt 480,00 EUR). die Terminsgebühr der Nr. 3518 VV RVG mit einem Rahmen von 60,00 EUR–660,00 EUR (die Mittelgebühr beträgt 360,00 EUR). Sodann erwächst ihm für die Einlegung der Revision die Verfahrensgebühr der Nr. 3212 VV RVG mit einem Rahmen von 80,00 EUR bis 880,00 EUR (die Mittelgebühr beträgt 480,00 EUR), die die Verfahrensgebühr der Nr. 3512 VV RVG „schluckt“. Hier ist nach Fallgestaltung jeweils die Mittelgebühr in Ansatz zu bringen.

Zu beachten ist zudem: Vorliegend handelt es sich um zwei Verfahren, so dass zwei Auslagenpauschalen abzurechnen sind (sofern nicht die tatsächlichen Kosten gefordert werden).

Verfahrensgebühr, Nr. 3512 VV RVG i.V.m. § 3 RVG		480,00 EUR
Terminsgebühr, Nr. 3518 VV RVG i.V.m. § 3 RVG		360,00 EUR
Auslagenpauschale, Nr. 7002 VV RVG		20,00 EUR
Verfahrensgebühr, Nr. 3212 VV RVG i.V.m. § 3 RVG		480,00 EUR
– Verfahrensgebühr, Nr. 3512 VV RVG i.V.m. § 3 RVG		– 480,00 EUR
Auslagenpauschale, Nr. 7002 VV RVG		20,00 EUR
Zwischensumme	880,00 EUR	
19 % Mehrwertsteuer, Nr. 7008 VV RVG		167,20 EUR
Gesamtbetrag		**1.047,20 EUR**

Findet im Beschwerdeverfahren über die Nichtzulassung der Revision ein Termin statt, **375** so erhält der Rechtsanwalt neben der Verfahrensgebühr die Terminsgebühr nach Nr. 3518 VV RVG zwischen 60,00 EUR und 660,00 EUR. Die Mittelgebühr beträgt 360,00 EUR.

Beispiel 225 **Terminsgebühr im Verfahren über Beschwerde gegen die Nichtzulassung der Revision**

Der Rechtsanwalt hat das Beschwerdeverfahren gegen die Nichtzulassung der Revision vor dem Bundessozialgericht eingeleitet. Das Bundessozialgericht beraumt einen entsprechenden Termin an, der vom Rechtsanwalt auch wahrgenommen wird. Es ist eine sehr schwere und sehr langwierige Angelegenheit von hoher Bedeutung und großen Umfang.

Der Rechtsanwalt erhält neben der Verfahrensgebühr der Nr. 3512 VV RVG mit einem Rahmen von 80,00 EUR bis 880,00 EUR (die Mittelgebühr beträgt 480,00 EUR) die Terminsgebühr nach Nr. 3518 VV RVG mit einem Rahmen von 60,00 EUR–660,00 EUR (die Mittelgebühr beträgt 360,00 EUR); aufgrund Schwierigkeit und Umfang ist der Ansatz der Höchstgebühren gerechtfertigt.

Verfahrensgebühr, Nr. 3512 VV RVG i.V.m. § 3 RVG		880,00 EUR
Terminsgebühr, Nr. 3518 VV RVG i.V.m. § 3 RVG		660,00 EUR
Auslagenpauschale, Nr. 7002 VV RVG		20,00 EUR
Zwischensumme	1.560,00 EUR	
19 % Mehrwertsteuer, Nr. 7008 VV RVG		296,40 EUR
Gesamtbetrag		**1.856,40 EUR**

Neben der Verfahrens- und Terminsgebühr kann der Rechtsanwalt im Beschwerdever- **376** fahren über die Nichtzulassung der Revision eine Einigungsgebühr verdienen. Sie entsteht entsprechend der Vorschrift Nr. 1006 VV RVG in Höhe der entstandenen Verfahrensgebühr.

Beispiel 226 Einigungsgebühr im Verfahren über Beschwerde gegen die Nichtzulassung der Revision

Der Rechtsanwalt hat das Beschwerdeverfahren gegen die Nichtzulassung der Revision vor dem Bundessozialgericht eingeleitet. Das Bundessozialgericht beraumt einen entsprechenden Termin an, der vom Rechtsanwalt auch wahrgenommen wird. Die Parteien einigen sich im Termin. Es ist eine mittelschwere Angelegenheit.

Der Rechtsanwalt erhält neben der Verfahrensgebühr der Nr. 3512 VV RVG mit einem Rahmen von 80,00 EUR bis 880,00 EUR (die Mittelgebühr beträgt 480,00 EUR) und der Terminsgebühr nach Nr. 3518 VV RVG mit einem Rahmen von 60,00 EUR–660,00 EUR (die Mittelgebühr beträgt 360,00 EUR) eine Einigungsgebühr der Nr. 1006 VV RVG, die nach der Höhe der Verfahrensgebühr zu bestimmen ist.

Verfahrensgebühr, Nr. 3512 VV RVG i.V.m. § 3 RVG		480,00 EUR
Terminsgebühr, Nr. 3518 VV RVG i.V.m. § 3 RVG		360,00 EUR
Einigungsgebühr, Nr. 1006 VV RVG i.V.m. § 3 RVG		480,00 EUR
Auslagenpauschale, Nr. 7002 VV RVG		20,00 EUR
Zwischensumme	1.340,00 EUR	
19 % Mehrwertsteuer, Nr. 7008 VV RVG		254,60 EUR
Gesamtbetrag		**1.594,60 EUR**

§ 5a Exkurs: Titulierung der Erstattungsansprüche

A. Titulierung der Erstattungsansprüche in Zivilverfahren/ ordentlichen Verfahren

I. Voraussetzung für die Einleitung des Kostenfestsetzungs-/ Kostenausgleichungs- bzw. Gerichtskostenausgleichungsverfahrens

Voraussetzung für die Einleitung des Kostenfestsetzungs-/Kostenausgleichungs- bzw. Gerichtskostenausgleichungsverfahrens ist die **Existenz einer Kostengrundentscheidung** (§ 103 ZPO). 1

Eine Kostengrundentscheidung könnte in einem **Urteil** (so auch z.B. Anerkenntnisurteil, Versäumnisurteil) oder in einem **Vergleich** enthalten sein und z.B. lauten:

- „Der Beklagte trägt die Kosten des Rechtsstreits"
- „Die Klägerin trägt die Kosten des Rechtsstreits zu 25 %; der Beklagte trägt die Kosten des Rechtsstreits in Höhe von 75 %"
- „Der Kläger trägt die Kosten des Rechtsstreits"
- „Die Kosten werden gegeneinander aufgehoben"

Die **Kostengrundentscheidung** ist in der Regel **im Urteil enthalten**; denn die Kosten folgen der Hauptsache (§ 92 ZPO).

In einem Vergleich werden in aller Regel (und sollten auch immer) Vereinbarungen über die Kosten getroffen. In diesen Fällen ist daher ein **Antrag auf Erlass einer gesonderten Kostengrundentscheidung *nicht* mehr erforderlich**.

Werden Verfahren „anders" als vorstehend beendet, zum Beispiel 2

- durch Klagerücknahme bzw. Rücknahme des Einspruchs gegen den Vollstreckungsbescheid oder Rücknahme des Widerspruchs gegen den Mahnbescheid, wenn das ordentliche Verfahren bereits rechtshängig ist,
- durch Erledigungserklärung,
- durch Berufungsrücknahme,
- durch Anerkenntnis unter Protest gegen die Kostenlast,
- wenn im Vergleich z.B. die Kostenregelung „vergessen wurde",

muss eine Kostengrundentscheidung im **Beschlusswege** beantragt werden.

Wird kein Antrag gestellt, z.B. 3

- „dem Kläger nach erfolgter Klagerücknahme die Kosten des Verfahrens aufzuerlegen",
- „dem Beklagten nach erfolgter Einspruchsrücknahme die Kosten des weiteren Verfahrens aufzuerlegen",

- „dem Berufungskläger nach erfolgter Berufungsrücknahme die Kosten des Verfahrens aufzuerlegen“ oder etwa
- „eine Entscheidung über die Kosten im Beschlusswege zu erlassen“,

ergeht keine Kostengrundentscheidung, die jedoch Voraussetzung für das Kostenfestsetzungs-, Kostenausgleichungs- oder Gerichtskostenausgleichungsverfahren ist.

4 Werden Verfahren durch z.B.

- Teil-Urteil,
- oder Zwischenurteil oder
- Grundurteil,

in denen die „Entscheidung über die Kosten dem Schlussurteil vorbehalten“ bleibt, „vorläufig“ beendet, kann das Kostenfestsetzungsverfahren/-ausgleichungsverfahren nicht betrieben werden, weil das Schlussurteil und die darin enthaltene Kostengrundentscheidung abgewartet werden muss. Ein separater Antrag, über die Kosten im Beschlusswege zu entscheiden, scheidet hier natürlich aus.

5 Genaue Betrachtung verdient an dieser Stelle das selbstständige Beweisverfahren: Hier hat das Gericht im Regelfall gar keine Möglichkeit, eine Kostengrundentscheidung zu treffen. Denn die Kosten des selbstständigen Beweisverfahrens gehören zum Hauptsacheverfahren. Eine Ausnahme regelt § 494a Abs. 2 S. 1 ZPO: Wenn ein Rechtsstreit nicht anhängig ist, hat das Gericht nach Beendigung der Beweiserhebung auf Antrag ohne mündliche Verhandlung anzuordnen, dass der Antragsteller binnen einer zu bestimmenden Frist Klage zu erheben hat. Tut er dies nicht, kann das Gericht auf Antrag beschließen, dass der Antragsteller die dem Gegner entstandenen Kosten zu erstatten hat. Eine Kostengrundentscheidung kann zu Lasten des Antragstellers auch ohne die Bestimmung einer Klagefrist ergehen, wenn dieser schon vorher angekündigt hat, keine Klage erheben zu wollen.

Auch kann eine Kostengrundentscheidung ergehen, wenn der Antrag als unzulässig zurückgewiesen wird, der Antrag zurückgenommen wird, ein angeforderter Auslagenvorschuss nicht eingezahlt wird (steht der Antragsrücknahme gleich), das Verfahren nicht betrieben wird oder das Verfahren für erledigt erklärt wird.

In all diesen Fällen – mit Ausnahme der Erledigungserklärung – kann das Gericht im Beweisverfahren eine Kostengrundentscheidung **nur zu Lasten des Antragstellers** treffen.

Dann kommt das Kostenfestsetzungsverfahren nur für den Antragsgegner in Betracht. Für den Antragsteller bleibt damit im Regelfall nur die Möglichkeit, das Hauptsacheverfahren einzuleiten (die Kosten des Beweisverfahrens gehören zu den Kosten des Hauptsacheverfahrens, sofern sie notwendig waren) oder die Kosten als Schadensersatz geltend zu machen, wenn dafür eine materiell-rechtliche Anspruchsgrundlage besteht.

Wenn im Anschluss an das selbstständige Beweisverfahren Klageerhebung erfolgt, wird nach Beendigung des Klageverfahrens eine Kostengrundentscheidung erlassen werden, die sowohl die Kosten des selbstständigen Beweisverfahrens als auch diejenigen des Hauptsacheverfahrens umfasst.

> *Merke*
>
> Bevor ein entsprechender Antrag auf Erstattung/Ausgleichung von Gebühren bzw. Gerichtskosten gestellt wird, ist daher die Akte auf die Existenz einer – wie auch immer gearteten – Kostengrundentscheidung zu prüfen.

II. Eine Kostengrundentscheidung existiert

1. Antragsart und Anspruchsberechtigter: Wer stellt welchen Antrag?

Den Antrag stellt stets die Partei, die einen Anspruch auf Erstattung hat. Welchen Antrag die Partei stellt, kommt auf den Inhalt der Kostengrundentscheidung an: 6

- **Die Kosten des Verfahrens trägt der/die Beklagte**
  Antragsberechtigt ist hier der/die Kläger/in, und zwar hinsichtlich der Kosten in vollem Umfang. Hierin eingeschlossen sind die beim Klägervertreter entstandenen (notwendigen) Kosten der Rechtsverfolgung sowie die vorverauslagten Gerichtskosten. Er sollte schnellstmöglich die **Festsetzung seiner Kosten** beantragen.
- **Die Kosten des Verfahrens trägt der/die Kläger/in**
  Antragsberechtigt ist hier der/die Beklagte, und zwar hinsichtlich der Kosten in vollem Umfang. Hierin eingeschlossen sind die beim Beklagtenvertreter entstandenen (notwendigen) Kosten der Rechtsverfolgung sowie etwa vorverauslagte Zeugen- oder Sachverständigenvorschüsse (den Gerichtskostenvorschuss hat der Klägervertreter eingezahlt). Der Beklagtenvertreter sollte schnellstmöglich die **Festsetzung seiner Kosten** beantragen.
- **Die Kosten des Verfahrens trägt der/die Kläger/in zu 75 %; der Beklagte zu 25 %**
  Vorliegend sind die Kosten im Verhältnis 75 % zu 25 % gequotelt; das bedeutet, dass der/die Kläger/in 75 % der gesamten Verfahrenskosten (= eigene Kosten + Kosten des Gegenanwalts + Gerichtskosten) zu tragen hat; der/die Beklagte muss von den gesamten Kosten nur 25 % tragen. Damit hat der /die Beklagte einen Erstattungsanspruch zu erwarten, so dass er/sie den **Antrag auf Ausgleichung und Festsetzung des sich nach Ausgleichung ergebenden Betrages** (Kostenausgleichungsantrag) stellen wird. Der/die Kläger/in ist gleichwohl antragsberechtigt; allerdings hat er/sie keinen Erstattungsanspruch zu erwarten, so dass er/sie – wenn überhaupt – nur Antrag auf Ausgleichung stellen wird oder die entstandenen Verfahrenskosten zur Ausgleichung nur anmeldet. Eine Festsetzung kommt insoweit nicht in Betracht (Ausnahme: Der/Die Kläger/in ist neben den Gerichtskosten noch mit

sehr hohen Sachverständigen- und/oder Zeugengebühren belastet worden, die die anzumeldenden Gebühren übersteigen, dann erwächst dem/der Kläger/in ein Erstattungsanspruch).

- **Die Kosten des Verfahrens werden gegeneinander aufgehoben**
  Diese Kostenregelung hat zum Inhalt, dass jede der beiden Parteien ihre eigenen Anwaltskosten zu tragen hat und dass die Gerichtskosten hälftig geteilt werden (§ 92 Abs. 1 S. 2 ZPO). Dementsprechend ist ein **Gerichtskostenausgleichungsantrag** zu stellen. In der Regel wird der/die Kläger/in den Antrag stellen, weil er/sie mit den Gerichtskosten bei Einreichung der Klage in Vorlage getreten ist. **Wichtig:** Gegebenenfalls ist noch ein Antrag auf Rückerstattung nicht verbrauchter Gerichtskosten zu stellen (vgl. Rdn 16).
  Ist die/der Beklagte in Vorleistung getreten, etwa mit Sachverständigen- und/oder Zeugengebühren, die betragsmäßig über den Gerichtskosten für das Verfahren liegen, so wird die/der Beklagte den Antrag auf Ausgleichung der Gerichtskosten stellen.

2. Zeitpunkt der Antragstellung

7 Ab dem Zeitpunkt der Antragstellung (maßgeblich ist der Eingang des entsprechenden Antrages bei Gericht) ist der Erstattungsanspruch (wenn es so beantragt ist) mit 5 Prozentpunkten über dem jeweils gültigen Basiszinssatz zu verzinsen. Aber nicht nur die Tatsache der Verzinsung sollte ein Grund zur schnellen Reaktion sein, sondern vielmehr die Tatsache, dass man schneller an einen (weiteren) Titel – nämlich den Kostentitel – gelangt, wenn man so zeitig wie möglich beantragt. Im Übrigen zeigt die Kanzlei mit sofortiger Antragstellung dem Auftraggeber, dass auch die weiteren Formalien wie die Kostenerstattung in den richtigen Händen liegen.

> *Merke*
>
> Die **Vorlage** einer Kostengrundentscheidung ist **nicht notwendig**; nur **die Existenz!**

8 In der Vielzahl der Kanzleien wird Kostenfestsetzung/Kostenausgleichung/Gerichtskostenausgleichung erst bei Eingang beispielsweise des Urteils oder des Vergleichs beantragt. Zwischen Eingang der schriftlich abgefassten Entscheidung oder auch des Vergleichsprotokolls können aber mehrere Wochen verstreichen. Womöglich wird dann sogar der entsprechende Antrag vergessen.

9 Wenn **bekannt ist, dass eine Kostengrundentscheidung** (zugunsten der Partei) **existiert**, kann der Antrag hinsichtlich der Gebühren **sofort** gestellt werden:

- Der Anwalt diktiert einen Terminsbericht an die Partei, dem entnommen werden kann, dass die beklagte Partei nicht erschienen ist, so dass im Termin antragsgemäß Versäumnisurteil ergangen ist.
  Im antragsgemäß erlassenen Versäumnisurteil folgen die Kosten der Hauptsache (§ 95 ZPO); die Kostengrundentscheidung ist also Bestandteil des Urteils.

Wenn es also keine Probleme mit dem Gegenstandswert gibt (der in der Regel bezifferbar oder schon wegen der Gerichtsgebühren im Vorfeld festgesetzt wurde), ist bereits jetzt – auch ohne Vorliegen des Urteils – der richtige Zeitpunkt, die Kostenfestsetzung zu beantragen.

- Der Anwalt diktiert einen Terminsbericht an die Partei, dem entnommen werden kann, dass der/die Beklagte vollumfänglich anerkannt hat, so dass im Termin antragsgemäß Anerkenntnisurteil ergangen ist.
  Im antragsgemäß erlassenen Anerkenntnisurteil folgen die Kosten der Hauptsache; die Kostengrundentscheidung ist also Bestandteil des Urteils (anders wäre dies nur – und dies ergäbe sich dann aus dem Terminsbericht – wenn der Beklagte unter Protest gegen die Kostenlast anerkennen würde, vgl. § 93 ZPO).
  Wenn es also auch hier keine Probleme mit dem Gegenstandswert gibt (der in der Regel bezifferbar oder schon wegen der Gerichtsgebühren im Vorfeld festgesetzt wurde), ist bereits jetzt – auch ohne Vorliegen des Urteils – der richtige Zeitpunkt, die Kostenfestsetzung zu beantragen.
- Der Spruch wird telefonisch abgefragt; der vollständige Tenor ist somit bekannt (der eine wie auch immer geartete Kostengrundentscheidung enthält).
  Der Antrag (wenn der Kostenausspruch zugunsten der Partei erfolgt ist) kann und sollte sofort erfolgen (Kostenfestsetzung, Kostenausgleichung, Gerichtskostenausgleichung); verkündet ist verkündet!

Um die Erstattungsansprüche kann man sich im Anschluss an die Beendigung des Erkenntnisverfahrens hinsichtlich des Hauptanspruchs **nicht sofort** kümmern (vgl. auch Rdn 2), bei **10**

- Klagerücknahme,
- Berufungsrücknahme,
- Erledigungserklärung mit streitiger Kostenentscheidung,
- den bereits erwähnten Teil- und Zwischenurteilen, Anerkenntnis unter Protest gegen die Kostenlast,

kurzum: wenn die Kostengrundentscheidung fehlt und im Nachhinein beantragt oder beschieden wird.

Nur in diesen wenigen Fällen bleibt der tatsächliche Eingang der Kostengrundentscheidung abzuwarten.

In den vorerwähnten Fällen ist demnach darauf zu achten, dass unmittelbar nach Eingang des entsprechenden Schriftstückes (also Klagerücknahme, Berufungsrücknahme etc.) eine entsprechende Kostengrundentscheidung beantragt wird, sofern dies nicht bereits vielleicht im Termin mündlich beantragt wurde. Denn ohne Kostengrundentscheidung kann keine Kostenfestsetzung bzw. Ausgleichung erfolgen!

3. Zuständiges Gericht

11 Über den Festsetzungsantrag entscheidet das **Gericht des ersten Rechtszuges** (§ 104 ZPO). Das bedeutet, dass das Gericht, bei dem der Rechtsstreit in erster Instanz anhängig war, auch für die Entscheidung über die Kosten zuständig ist, der Antrag also auch zum Aktenzeichen eingereicht wird.

Existiert eine Kostengrundentscheidung z.B. des Berufungsgerichts (hier: LG Koblenz) mit dem Inhalt

„die Kosten des Verfahrens werden der Berufungsklägerin auferlegt“

und die vertretene Partei ist der/die Berufungsbeklagte, so ist umgehend die erstinstanzliche Akte zu ziehen und es sind bei dem Gericht, bei dem das Verfahren in erster Instanz anhängig war (z.B. Amtsgericht), die Gebühren (auch) der zweiten Instanz dort zur Festsetzung anzumelden.[1]

4. Formulierungsvorschläge

a) Antrag auf Erlass einer Kostengrundentscheidung

12
- **bei Klagerücknahme:**
  „beantragen wir, der Klägerin nach erfolgter Klagerücknahme die Kosten des Verfahrens aufzuerlegen.“
- **bei Berufungsrücknahme:**
  „beantragen wir, die Berufungsklägerin aufgrund erfolgter Berufungsrücknahme des Rechtsmittels der Berufung für verlustig zu erklären und ihr die Kosten des Verfahrens aufzuerlegen.“
- **bei unterbliebener Kostenregelung im Vergleich:**
  „beantragen wir auszusprechen, dass die Kosten des Verfahrens und des Vergleichs im Verhältnis zum Hauptanspruch geteilt werden, und zwar mit Y % zu X % zu Lasten der/der Klägerin/Beklagten.“

b) Kostenfestsetzungsantrag

▼

13 Muster: Kostenfestsetzungsantrag

An das Gericht
des 1. Rechtszuges

1 Abweichend von den „üblichen“ Prozesskosten gibt es noch die Möglichkeit, die Kosten der notwendigen Zwangsvollstreckung festsetzen zu lassen (z.B. um die Vollstreckungsunterlagen „abzuspecken“), und zwar gemäß § 788 Abs. 2 ZPO (vgl. Rdn 85). Für Vollstreckungsanträge der §§ 887, 888 und 890 ZPO, die ja gleichfalls beim Prozessgericht anzubringen sind, ist auch für die Festsetzung der Vollstreckungskosten möglich, vgl. Rdn 89).

Kostenfestsetzungsantrag gemäß § 104 ZPO

In Sachen

X ./. Y

– Aktenzeichen des erstinstanzlichen Verfahrens –

beantragen wir, nachstehende Kosten gemäß § 104 ZPO vollstreckbar festzusetzen sowie die notwendige Zustellungsklausel für den Beschluss zu erteilen. Wir bitten außerdem um Verzinsung des festgesetzten Betrages mit dem in § 104 Abs. 1 S. 2 ZPO festgelegten Zinssatz seit Antragstellung. Alle (weiter) gezahlten Gerichtskosten sollen hinzugesetzt werden.

(Die Mandantschaft ist nicht vorsteuerabzugsberechtigt, was hiermit anwaltlich versichert wird. / Es wird anwaltlich versichert, dass eine außergerichtliche Geschäftsgebühr gem. Nr. 2300 VV RVG nicht anderweitig tituliert und auch nicht bereits erstattet worden ist. Eine solche wurde ebenfalls nicht in diesem Verfahren als Nebenforderung geltend gemacht.)

Die zur Kostenfestsetzung angemeldeten Kosten werden wie folgt spezifiziert:

Aufstellung der Gebühren und Auslagen

Von hier eingezahlte und nicht verbrauchte Gerichtskosten bitten wir zurückzuerstatten.

Beglaubigte und einfache Abschrift anbei.

– Unterschrift –

▲

c) Kostenausgleichungsantrag

aa) Antrag der Partei, die einen Erstattungsanspruch hat

▼

Muster: Kostenausgleichungsantrag: Antrag der Partei, die einen Erstattungsanspruch hat 14

An das Gericht
des 1. Rechtszuges

Kostenausgleichungsantrag gemäß § 106 ZPO

In Sachen

X ./. Y

– Aktenzeichen des erstinstanzlichen Verfahrens –

beantragen wir die Ausgleichung gemäß § 106 ZPO über die nachstehenden Kosten und die vollstreckbare Festsetzung des Erstattungsbetrages sowie die Erteilung der Zustellungsbescheinigung. Wir bitten außerdem um Verzinsung des festgesetzten Betrages mit dem in § 104 Abs. 1 S. 2 ZPO festgelegten Zinssatz seit Antragstellung. Alle (weiter) gezahlten Gerichtskosten sollen hinzugesetzt werden.

(Die Mandantschaft ist nicht vorsteuerabzugsberechtigt, was hiermit anwaltlich versichert wird. / Es wird anwaltlich versichert, dass eine außergerichtliche Geschäftsgebühr gem. Nrn. 2300 VV RVG nicht anderweitig tituliert und auch nicht bereits erstattet worden ist. Eine solche wurde ebenfalls nicht in diesem Verfahren als Nebenforderung geltend gemacht.)

Die zur Kostenfestsetzung angemeldeten Kosten werden wie folgt spezifiziert:

Aufstellung der Gebühren und Auslagen

Von hier eingezahlte und nicht verbrauchte Gerichtskosten bitten wir zurückzuerstatten.

Beglaubigte und einfache Abschrift anbei.

– Unterschrift –

▲

bb) Antrag der Partei, die erstattungspflichtig ist, aber eigene Gebühren anmelden kann

▼

15 Muster: Kostenausgleichungsantrag: Antrag der Partei, die erstattungspflichtig ist, aber eigene Gebühren anmelden kann

An das Gericht
des 1. Rechtszuges

In Sachen

X ./. Y

– Aktenzeichen des erstinstanzlichen Verfahrens –

melden wir die hier entstandenen Gebühren und Auslagen zum Zwecke der Ausgleichung wie nachstehend an. Alle (weiter) gezahlten Gerichtskosten sollen hinzugesetzt werden.

(Die Mandantschaft ist nicht vorsteuerabzugsberechtigt, was hiermit anwaltlich versichert wird. / Es wird anwaltlich versichert, dass eine außergerichtliche Geschäftsgebühr gem. Nr. 2300 VV RVG nicht anderweitig tituliert und auch nicht bereits erstattet worden ist. Eine solche wurde ebenfalls nicht in diesem Verfahren als Nebenforderung geltend gemacht.)

Die bei Ausgleichung zu berücksichtigenden Kosten werden wie folgt spezifiziert:

Aufstellung der Gebühren und Auslagen

Beglaubigte und einfache Abschrift anbei.

– Unterschrift –

▲

Beachte

Sind die Prozesskosten ganz oder teilweise nach Quoten verteilt, so hat das Gericht den Gegner aufzufordern, die Berechnung seiner Kosten binnen Wochenfrist einzureichen. Wird die Frist nicht eingehalten, so entscheidet das Gericht ohne Rücksicht auf diese Kosten. Das Recht zur nachträglichen Geltendmachung bleibt bestehen; etwaige Mehrkosten gehen aber zu Lasten der säumigen Partei (§ 106 Abs. 2 ZPO).

d) Antrag auf Ausgleichung (und Rückerstattung nicht verbrauchter) Gerichtskosten

▼

Muster: Antrag auf Ausgleichung (und Rückerstattung nicht verbrauchter) Gerichtskosten 16

An das Gericht
des 1. Rechtszuges

In Sachen

X ./. Y

– Aktenzeichen des erstinstanzlichen Verfahrens –

beantragen wir

Gerichtskostenausgleichung.

Des Weiteren wird beantragt,

den festzusetzenden Betrag ab Antragstellung mit dem in § 104 Abs. 1 S. 2 ZPO festgelegten Zinssatz zu verzinsen.

Weiterhin bitten wir um

Rückerstattung der nicht verbrauchten Gerichtskosten

auf eines unserer Konten.

Beglaubigte und einfache Abschrift anbei.

– Unterschrift –

▲

III. Erstattungsfähige Gebühren contra abrechenbare Gebühren

1. Umfang der Erstattung bestimmter Gebühren bestimmt sich durch Kostenausspruch

Grundsätzlich erstattungsfähig bzw. berücksichtigungsfähig sind die **notwendigen Kosten der Rechtsverfolgung** (§ 91 ZPO). Das bedeutet aber nicht gleichzeitig, dass tatsächlich auch alle auf den ersten Blick als notwendig erachteten Kosten Berücksichtigung finden. Zunächst muss anhand der vorliegenden Kostengrundentscheidung nämlich überprüft werden, **welche** Gebühren überhaupt zu erstatten sind. 17

Nicht immer lautet der Tenor: 18

Die Kosten des Rechtsstreits werden dem Beklagten/Kläger auferlegt.

Mit vorliegendem Ausspruch sind sämtliche Kosten des Verfahrens, also auch z.B. Kosten zweitinstanzlicher Verfahren umfasst. Erstinstanzlich vorher erlassene Kostenfestsetzungsbeschlüsse verlieren automatisch ihre Wirkung und – wenn dieser Ausspruch vom Berufungsgericht kommt – auch die erstinstanzlichen Gebühren und Auslagen sind zu berücksichtigen.

19 **Andere Möglichkeiten** könnten sein:

- **„Die Kosten des Rechtsstreites mit Ausnahme der Kosten des Vergleichs trägt der/die Beklagte.“**
  In diesem Fall muss darauf geachtet werden, dass nur die Verfahrens- und Terminsgebühr nebst Auslagen zur Festsetzung angemeldet werden, keinesfalls eine Einigungsgebühr. Die Einigungsgebühr sowie eine gegebenenfalls angefallene reduzierte Verfahrensgebühr der Nr. 3101 VV RVG (Antrag auf Protokollierung einer nicht rechtshängigen Forderung) dürfen demnach im Antrag keine Berücksichtigung finden.[2]
- **„Die Kosten des Berufungsverfahrens trägt der/die Berufungskläger/in“**
  Hier verbleibt es für das erstinstanzliche Verfahren bei der dort getroffenen Kostenentscheidung (also einer anders lautenden Entscheidung, z.B. einer Quotelung). Der Festsetzungsantrag darf daher nur die zweitinstanzlich entstandenen Kosten umfassen.

2. Minderung der Verfahrensgebühr durch eine außergerichtliche Geschäftsgebühr, § 15a RVG

20 Nach BGH-Rechtsprechung[3] war es für die Anrechnung im Kostenfestsetzungsverfahren zunächst ohne Bedeutung, ob die Geschäftsgebühr auf materiell-rechtlicher Grundlage vom Prozessgegner zu erstatten und ob sie unstreitig, geltend gemacht, tituliert oder bereits beglichen war. Das bedeutete, dass seit Erlass dieser Entscheidung der Kostenbeamte stets einen Abzug von der Verfahrensgebühr vorzunehmen hatte, wenn zum einen der Anfall einer Geschäftsgebühr der Nrn. 2300 ff. VV RVG aus den Akten (z.B. aus den Verzug begründenden Anlagen zur Klageschrift) ersichtlich war oder aber im Kostenfestsetzungsverfahren nicht anwaltlich versichert werden konnte, dass eine solche Geschäftsgebühr nicht angefallen ist. Ob diese als Nebenforderung bereits geltend gemacht wurde oder nicht, war unerheblich; im Zweifel war der Anspruchsberechtigte dann gehalten, die Forderung in einem weiteren Prozess oder im Mahnverfahren geltend zu machen. Dies führte – gerade in der Übergangszeit, in der im eventuell bereits abgeschlossenen Erkenntnisverfahren keine entsprechende Gebühr als Nebenforderung

2 Treffen die Parteien in einem Vergleich unterschiedliche Kostenregelungen für die Kosten des Verfahrens und die Kosten des Vergleichs, so zählt eine entstandene 0,8 Verfahrensgebühr nach Nr. 3101 Ziffer 2 VV RVG – nach dem Mehrwert mitverglichener, nicht rechtshängiger Ansprüche – zu den Kosten des Vergleichs. Dies gilt auch für den Mehrbetrag der Terminsgebühr, der nach dem Wert der nicht anhängigen Ansprüche ausgelöst wurde; so z.B. OLG München, Beschl. v. 17.5.2006 –11 WF 1030/06, JurBüro 2006, 598 f.

3 BGH, Beschl. v. 22.1.2008 – VIII ZB 57/07.

geltend gemacht wurde, aber das Nichtentstehen nicht anwaltlich versichert werden konnte – zum Nachteil der Mandantschaft. Dieser Nachteil konnte dann letztlich nur durch höheren Aufwand (weiterer Prozess oder das Mahnverfahren) beseitigt werden.

Mit der Einfügung eines § 15a RVG[4] im August 2009 ist dieser Nachteil vollständig bereinigt worden. **21**

Denn das Gesetz differenziert mit diesem § 15a RVG in Bezug auf die Anrechnung zwischen dem Verhältnis „Mandant – Anwalt" und dem Verhältnis „Mandant – Erstattungspflichtiger".

Absatz 1 regelt, dass der Anwalt bei Bestehen einer Anrechnungsvorschrift stets beide Gebühren einfordern kann, insgesamt jedoch nicht mehr als den um den Anrechnungsbetrag geminderten Gesamtbetrag. Absatz 2 stellt dann weiter klar, dass ein Dritter (also der Erstattungspflichtige) sich nur auf die Anrechnung berufen kann, „soweit er den Anspruch auf eine der beiden Gebühren erfüllt hat, wegen eines dieser Ansprüche gegen ihn ein Vollstreckungstitel besteht oder beide Gebühren gegen ihn geltend gemacht werden".

Das bedeutet also, dass seit dem 5.8.2009 entgegen der bis dahin geltenden Rechtsprechung des BGH der Kostenbeamte nach dieser Vorschrift die anrechnungsfähige Geschäftsgebühr im Kostenfestsetzungsverfahren nicht mehr „einfach" in Abzug bringen darf, wenn ihm etwa aus dem Verfahren heraus bekannt ist, dass dem Verfahren eine außergerichtliche Vertretung vorausgegangen ist oder aber wenn die anwaltliche Versicherung über das Nichtentstehen dieser anrechnungsfähigen Gebühr fehlt. **22**

Der Kostenbeamte muss die volle Verfahrensgebühr immer dann festsetzen, es sei denn **23**

- die anrechnungsfähige Gebühr ist im selben Verfahren gegen den Erstattungspflichtigen geltend gemacht und auch hierüber (ggf. teilweise) entscheiden worden oder
- der Erstattungspflichtige legt einen Vollstreckungstitel über die anrechnungspflichtige Gebühr vor oder
- der Erstattungspflichtige wendet Erfüllung ein.

Merke **24**

Sofern eine vorprozessual entstandene Geschäftsgebühr im Hauptsacheverfahren nur teilweise zugesprochen wurde, kommt deren Anrechnung im Kostenfestsetzungsverfahren nur insoweit in Betracht, soweit tatsächlich auch die Gebühr tituliert wurde. Dabei ist der anzurechnenden Geschäftsgebühr derselbe Gegenstandswert zugrunde zu legen, wie der im Hauptsacheverfahren zugesprochenen Geschäftsgebühr.[5]

4 In Kraft getreten mit Verkündung am 5.8.2009, vgl. BT-Drucks 16/12717 vom 22.4.2009.
5 Vgl. OLG München, Beschl. v. 13.10.2009 – 11 W 2244/09, JurBüro 2010, 23 ff.

Beispiel 1 **Anrechnung einer vorprozessual entstandenen Geschäftsgebühr**

Im Klageverfahren begehrt der Kläger einen Betrag in Höhe von 5.000,00 EUR. Als Nebenforderung macht er eine 1,5 außergerichtlich entstandene Geschäftsgebühr aus einem Gegenstandswert von 7.500,00 EUR geltend. Das Gericht erkennt nur eine Erstattungspflicht in Höhe eines Rahmens von 1,3 und nur aus einem Gegenstandswert von 3.000,00 EUR, da für die restlichen Forderungen zum Zeitpunkt der Beauftragung des Anwaltes noch kein Verzug begründet war.

Im Kostenfestsetzungsverfahren findet eine 0,65 Geschäftsgebühr aus einem Gegenstandswert von 3.000,00 EUR Anrechnung.

1,3 Verfahrensgebühr, Nr. 3100 VV RVG i.V.m. § 13 RVG aus 5.000,00 EUR		393,90 EUR
– 0,65 anrechenbare Geschäftsgebühr gem. Vorbem. 3 (3) VV RVG aus 3.000,00 EUR		– 130,65 EUR
1,2 Terminsgebühr, Nr. 3104 VV RVG i.V.m. § 13 RVG aus 5.000,00 EUR		363,60 EUR
Auslagenpauschale, Nr. 7002 VV RVG		20,00 EUR
Zwischensumme	646,85 EUR	
19 % Mehrwertsteuer, Nr. 7008 VV RVG		122,90 EUR
Gesamtbetrag		**769,75 EUR**

25 Ist keine Entscheidung über den Antrag auf Erstattung der vorprozessualen Kosten im Rahmen des gerichtlichen Verfahrens getroffen worden, etwa wenn im Rahmen eines Prozessvergleiches keine Regelung dazu getroffen wurde, inwieweit eine solche Geschäftsgebühr in der zu zahlenden Vergleichssumme enthalten sein soll, kommt eine Anrechnung der Geschäftsgebühr im Kostenfestsetzungsverfahren hingegen gar nicht in Betracht.[6]

26 [**Anmerkung:** Ungeregelt blieb nach Einfügung des § 15a RVG mangels einer eindeutigen Übergangsvorschrift jedoch bis zu diesem Zeitpunkt, ob § 15a RVG auch für „Altfälle“, also bereits laufende Kostenfestsetzungsverfahren, Geltung haben sollte. Insoweit gab es bereits zur Zeit vor Inkrafttreten des neuen § 15a RVG, aber in Kenntnis dieses Entwurfs richtungsweisende Entscheidungen. So hat zum Beispiel bereits damals das AG Wesel[7] entschieden, dass die Rechtsprechung des BGH zur Anrechenbarkeit der Geschäftsgebühr[8] keine Bindungswirkung für die Gerichte entfaltet, da der Gesetzgeber „in Kürze“ einen § 15a RVG einführen werde, der die Anrechnung im Kostenfestsetzungsverfahren grundsätzlich verbiete. Aus der Begründung der Gesetzesänderung gehe nämlich eindeutig hervor, dass diese Verfahrensweise bereits mit Einführung des RVG gewollt gewesen sei. Damit sei mit der erfolgten Verabschiedung des Gesetzes

6 BGH, Beschl. v. 7.12.2010 – VI ZB 45/10.
7 AG Wesel, Beschl. v. 26.5.2009 – 27 C 125/07.
8 U.a. BGH v. 7.3.2007 – VIII ZR 86/06.

durch den Bundestag eine Bindungswirkung der einschlägigen anderslautenden Urteile des BGH nicht mehr gegeben.

Während der II. Senat,[9] der IX. Senat[10] und auch der XII. Senat[11] diese Auffassung bestätigten, sträubte sich der X. Zivilsenat des BGH[12] und lehnte mit seinem Beschl. v. 29.9.2009 die Anwendung des § 15a RVG auf Altfälle ausdrücklich ab. Er stützte sich auf die – in Schrifttum und Rechtsprechung zwar ab und zu bestätigte, aber vorherrschend auf heftige Kritik gestoßene – Entscheidung des VIII. Zivilsenats,[13] nach der eine Verfahrensgebühr bei vorgerichtlicher Tätigkeit stets nur in reduzierter Höhe entstehe, womit eine volle Festsetzung der Verfahrensgebühr im Kostenfestsetzungsverfahren bei vorangegangener außergerichtlicher Tätigkeit ausscheidet. Die Unsicherheiten wurden dann wohl endgültig behoben durch den einlenkenden Beschluss des VIII. Senates vom 10.8.2010,[14] der unter Aufgabe seiner früheren Rechtsprechung zum Ausdruck brachte, dass (wohl auch in Anbetracht der Tatsache, dass eine Vielzahl der Senate die Anwendbarkeit des § 15a RVG auch auf Altfälle bejahte) die Anrufung des Großen Senates unangemessen erscheine. In der Folgezeit sprachen die Senate einheitlich Recht und bestätigten stets die Anwendbarkeit des § 15a RVG auch für Altfälle.[15] Mittlerweile und nach doch einigen Jahren Erprobung dürften diese Fälle in der Praxis auch regelmäßig von untergeordneten Gerichten in diese Richtung entschieden worden sein; große Bedeutung dürfte das Thema – da die meisten „Altfälle“ zwischenzeitlich abgeschlossen sein dürften – heute nicht mehr haben.]

3. (Bedingt) festsetzungsfähige Kosten

a) Korrespondenz-/Verkehrsanwaltskosten/„Hausanwalt“

Im Hinblick auf die Höhe des Erstattungsanspruchs muss differenziert werden zwischen 27
dem Rechtanwalt am Wohn- bzw. Geschäftssitz der Partei im Inland, am Wohn- bzw. Geschäftssitz der Partei im Ausland und weiter demjenigen Anwalt, der seine Kanzlei an einem „dritten Ort“ hat, also weder am Wohn- oder Geschäftssitz der Kanzlei noch am angerufenen Gericht.

Vorab: Wohnt die Partei selbst am Gerichtsort bzw. hat die Firma ihren Geschäftssitz direkt am Gerichtsort, so sind naturgemäß Kosten eines auswärtigen Rechtsanwalts

9 BGH, Beschl. v. 2.9.2009 – II ZB 35/07.
10 BGH, Beschl. v. 11.3.2010 – IX ZB 82/08.
11 BGH, Beschl. v. 9.12.2009 – XII ZB 175/07.
12 BGH, Beschl. v. 29.9.2009 – X ZB 1/09.
13 BGH, Beschl. v. 22.1.2008 – VIII ZB 57/07.
14 BGH, Beschl. v. 10.8.2010 – VIII ZB 15/10.
15 So z.B. BGH, Beschl. v. 6.10.2010 – VIII ZB 23/10; Beschl. v. 19.10.2010 – VI ZB 26/10; Beschl. v. 28.10.2010 – VII ZB 26/10; Beschl. v. 28.10.2010 – VII ZB 99/09; Beschl. v. 28.10.2010 – VII ZB 55/09; Beschl. v. 28.10.2010 – VII ZB 106/09; Beschl. v. 4.11.2010 – VI ZB 86/09; Beschl. v. 16.11.2010 – VI ZB 47/10; Beschl. v. 11.1.2011 – VIII ZB 92/09; Beschl. v. 7.2.2011 – I ZB 96/09; Beschl. v. 7.2.2011 – I ZB 95/09; Beschl. v. 1.3.2011 – V ZB 272/10; Beschl. v. 31.3.2011 – III ZB 38/10.

grundsätzlich nicht (vollen Umfangs) erstattungsfähig. Eine Ausnahme kann hier nur gelten, wenn es an diesem Gerichtsort keinen für diesen Rechtsfall spezialisierten Anwalt gibt, der hier notwendig wäre.

Allerdings heißt das nicht gleichzeitig, dass in den Fällen, an denen die Partei am Gerichtsort wohnt bzw. die Firma ihren Geschäftssitz hat, es nicht auch zur Kostenerstattung kommen kann: Da der Gerichtsbezirk in der Regel doch sehr weitläufig ist und die Partei ein Wahlrecht hat, welchen Anwalt sie (im weitläufigen Gerichtsbezirk) beauftragt, können im ungünstigen Fall Fahrtkosten anfallen, die naturgemäß auch erstattungsfähig sind. **Korrespondierend hierzu sind auch die Kosten eines auswärtigen Rechtsanwalts der im Gerichtsbezirk ansässigen Partei bis zur höchstmöglichen Entfernung innerhalb des Gerichtsbezirks erstattungsfähig.**[16]

aa) Rechtsanwalt am Wohn- bzw. Geschäftssitz der Partei, Inland

28 Als regelmäßig notwendig und somit in vollem Umfang erstattungsfähig werden die Kosten der Zuziehung eines am Wohn- oder Geschäftsort der auswärtigen Partei ansässigen Rechtsanwaltes qualifiziert.[17]

Das resultiert aus dem Umstand, dass üblicherweise vom Mandanten ein persönliches mündliches Gespräch erwartet wird und darüber hinaus der Mandant auch ein Interesse daran hat, sich durch einen Rechtsanwalt des Vertrauens auch vor auswärtigen Gerichten vertreten zu lassen, und somit nicht gezwungen ist, eine ihr „fremde“ bzw. unbekannte Kanzlei am Gerichtsort beauftragen und den Kontakt mit ihr finden zu müssen.

Zum Rechtsanwalt am Wohnsitz- bzw. Geschäftssitz der Partei gehört insoweit auch der Anwalt, der seine Kanzlei im Gerichtsbezirk, allerdings an einem anderen Ort als das Gericht hat. Die insoweit anfallenden Kosten sind ohne Notwendigkeitsüberprüfung zu erstatten.[18]

29 Eine Ausnahme von diesem Grundsatz greift z.B. nur dann, wenn schon im Zeitpunkt der Beauftragung feststeht, dass ein eingehendes Mandantengespräch für die Prozessführung nicht erforderlich sein wird, z.B. was in der Regel beim gewerblichen Unternehmen mit eigener Rechtsabteilung der Fall ist.[19]

Weiterhin hält der BGH[20] ein ausführliches Mandantengespräch dann für nicht erforderlich, wenn die Sache vom Kläger selbst oder von Mitarbeitern bearbeitet wird, die in der Lage sind, einen am Gerichtsort ansässigen Prozessbevollmächtigten umfassend zu

16 Vgl. OLG Köln, Beschl. v. 25.11.2015 – 17 W 247/15, AnwBl. 2016, 361; OLG Celle, Beschl. v. 22.6.2105 – 2 W 150/15, JurBüro 2016, 146 f.

17 BGH, Beschl. v. 16.10.2002 – VIII ZB 30/02, NJW 2003, 898 ff.; BGH, Beschl. v. 10.4.2003 – I ZB 36/02, NJW 2003, 2027 ff.; BGH, Beschl. v. 9.10.2003 – VII 10/02, BGHReport 2004, 639 f.

18 LG Bonn, Beschl. v. 11.12.2015 – 30 O 3/15, AnwBl. 2016, 361.

19 BGH, Beschl. v. 16.10.2002 – VIII ZB 30/02, NJW 2003, 898 ff.

20 BGH, Beschl. v. 8.3.2012 – I ZB 474/10, BeckRS 2012, 06802.

informieren. Das ist zum Beispiel dann der Fall, wenn ein Insolvenzverwalter einen Rechtsanwalt mit der Führung eines Rechtsstreits vor einem auswärtigen Gericht beauftragt.

Auch kann eine Ausnahme vorliegen, wenn bei einem Streit um eine Forderung die Versicherung des Beklagten vorliegt, nicht leistungsfähig zu sein und gegenüber der Klage keine Einwendungen zu erheben.

Von vorstehenden Ausnahmen abgesehen, ist die unterlegene Partei vom Grundsatz her **30**
auch hinsichtlich etwaiger Korrespondenz-/Verkehrsanwaltskosten erstattungspflichtig. Nach ständiger Rechtsprechung und herrschender Meinung im Schrifttum war aber zunächst und bis Anfang 2010 die Erstattung der Verkehrsanwaltskosten oder auch Reisekosten des Hausanwaltes bei eigener Terminswahrnehmung auf die Kosten eines beauftragten Terminsvertreters beschränkt, sofern diese Kosten deutlich geringer waren, als die Terminsteilnahme durch den beauftragten „Hausanwalt".

Der III. Senat des BGH hat jedoch mit Beschl. v. 28.1.2010[21] die Rechte des Mandanten **31**
gestärkt und klargestellt, dass auch dann **volle Erstattungspflicht** besteht, wenn die Beauftragung eines unterbevollmächtigten Terminsvertreters (deutlich) kostengünstiger ausfällt als die Terminswahrnehmung durch den beauftragten Rechtsanwalt: Denn wenn die Hinzuziehung eines am Wohn- oder Geschäftsort der Partei ansässigen Rechtsanwaltes als notwendig und damit erstattungsfähig qualifiziert wird, muss der Partei ebenfalls regelmäßig zugebilligt werden – so der BGH in seiner Begründung –, sich auch in der mündlichen Verhandlung durch den Anwalt seines Vertrauens vertreten zu lassen. Der BGH bringt mit diesem Beschluss mehr als deutlich zum Ausdruck, dass das Interesse der Partei, sich vom Anwalt ihres Vertrauens auch in der mündlichen Verhandlung vertreten zu lassen, vorrangig gegenüber dem Interesse der Gegenseite an einer Kostenersparnis ist.

Merke

Die Reisekosten des beauftragten Rechtsanwaltes am Wohnort bzw. Geschäftssitz der Partei (Inland) sind (von wenigen Ausnahmen abgesehen) in voller Höhe zu erstatten. Sie sind nicht etwa auf die fiktiven Kosten eines unterbevollmächtigten Terminsvertreters beschränkt.

Erwähnenswert an dieser Stelle ist eine Entscheidung zum „Anwalt in eigener Sache". **32**
Dieser ist nämlich auch gerade nicht gefordert, einen auswärtigen Anwalt einzuschalten, selbst wenn die eigenen Reisekosten weitaus höher ausfallen: Er hat ein eigenes persönliches Anliegen, sich selbst zu vertreten, und hat daher regelmäßig auch den Anspruch auf Ersatz seiner Reisekosten nach den Bestimmungen des RVG.[22]

21 BGH, Beschl. v. 28.1.2010 – III ZB 64/09.
22 OLG München, Beschl. v. 24.4.2012 – 11 W 627/12, BeckRS 2012, 09366.

bb) Rechtsanwalt am Wohn- bzw. Geschäftssitz der Partei, Ausland

33 Vom Grundsatz her gilt Gleiches wie vorstehend unter Rdn 28. Zugunsten der (ausländischen) Partei kommt noch hinzu, dass diese in der Regel der deutschen (Amts-)Sprache nicht ausreichend mächtig ist, ohne ihren eigenen Anwalt vor Ort das Mandat und die damit verbundenen Informationen zu vermitteln.

34 Nach herrschender Meinung bis Anfang 2005 umfasste der Erstattungsanspruch gegen die unterlegene Partei der Höhe nach sämtliche Kosten, die der ausländische Rechtsanwalt seiner Partei gemäß dem Recht seines Heimatstaats berechnet hat.[23]

Mit Beschl. v. 8.3.2005[24] hat der BGH jedoch klargestellt, dass die Kosten eines ausländischen Rechtsanwaltes, dessen Hinzuziehung zur zweckentsprechenden Rechtsverfolgung oder Rechtsverteidigung geboten war, nur in Höhe der Gebühren eines deutschen Verkehrsanwaltes erstattungsfähig sind. Die Begründung des BGH ist nachvollziehbar und deshalb wird nach wie vor daran festgehalten: Weil das deutsche Recht für die generelle Erstattungsfähigkeit der Kosten des ausländischen Rechtsanwaltes Anwendung findet, muss das deutsche Recht auch für die Höhe der Kosten maßgeblich sein.

> *Merke*
>
> Die Kosten eines ausländischen Rechtsanwaltes können maximal bis zur Höhe der Kosten eines deutschen Verkehrsanwaltes im Rahmen der Kostenfestsetzung Berücksichtigung finden.

cc) Rechtsanwalt am dritten Ort (weder am Ort des Gerichts noch am Wohn- bzw. Geschäftssitz der Partei)

35 Die Kosten des Rechtsanwaltes am dritten Ort, der demnach weder seinen Kanzleisitz am Gerichtsort noch am Wohnort der Partei hat, sind ebenfalls erstattungsfähig, allerdings regelmäßig begrenzt auf die fiktiven Kosten, die angefallen wären, wenn dieser Anwalt seinen Kanzleisitz am Wohnort der Partei hätte.[25] Für darüber hinausgehende Erstattungsansprüche gibt es **nur in Ausnahmefällen** Raum. Das kann laut BGH[26] z.B. dann der Fall sein, wenn die Beauftragung eines **spezialisierten** auswärtigen Rechtsanwalts am dritten Ort notwendig ist, weil ein vergleichbarer ortsansässiger Rechtsanwalt nicht beauftragt werden kann.

23 Z.B.: OLG Bremen, OLGR 2001, 363; LG Münster vom 6.7.2001 – 12 O 444/00; LG Essen v. 19.5.2000 – 44 O 182/98; AG Stuttgart v. 9.6.1998 – 7 C 5584/97; HansOLG Hamburg JurBüro 1988, 1186; OLG Celle JurBüro 1986, 281.; OLG Celle, Beschl. v. 22.6.2015 – 2 W 150/15, JurBüro 2016, 146 f.; OLG Frankfurt, Beschl. v. 16.11.2015 – 6 W 100/15, JurBüro 2016, 203 f.

24 BGH, Beschl. v. 8.3.2005 – VIII ZB 55/04.

25 So z.B. BGH, Beschl. v. 13.9.2011 – VI ZB 9/10, JurBüro 2012, 89; BGH, Beschl. v. 21.12.2011 – I ZB 47/09, BeckRS 2012, 01015.

26 BGH, Beschl. v. 20.11.2011 – IX ZB 13/11, BeckRS 202, 03797.

Liegt eine entsprechende Ausnahme nicht vor, so ist zur Ermittlung der berücksichtigungsfähigen Beträge eine Vergleichsrechnung anzustellen: Die addierten Beträge von Fahrtkosten und Abwesenheitsgeldern zuzüglich Terminsgebühr, die beim Anwalt am dritten Ort entstanden sind, sind den fiktiven Kosten gegenüber zu stellen, die entstanden wären, wenn der Anwalt seinen Wohnsitz am Ort der Partei gehabt hätte und von dort aus den Termin wahrgenommen hätte; die Kosten sind dann gegebenenfalls auf diesen Betrag zu reduzieren.

b) Kosten des Unterbevollmächtigten

Grundsätzlich ist eine Partei berechtigt, die Kosten ihres Prozessbevollmächtigten auch dann erstattet zu verlangen, wenn dieser bei dem Prozessgericht nicht zugelassen und am Gerichtsort auch nicht ansässig („Hausanwalt") ist (vgl. Rdn 28). **36**

Entstehen zusätzliche Kosten für die Beauftragung eines Unterbevollmächtigten, sind diese zur zweckentsprechenden Rechtsverfolgung oder Rechtsverteidigung notwendig und erstattungsfähig, soweit sie die durch die Tätigkeit des Unterbevollmächtigten ersparten Reisekosten des Hauptbevollmächtigten nicht wesentlich (regelmäßig werden 10 % anerkannt) übersteigen.[27]

Insbesondere ist dies **nicht** „im Nachhinein", also nicht nach dem Verlauf des Verfahrens zu beurteilen, sondern vielmehr nach dem seinerzeit „zu erwartenden Verlauf".[28]

War jedoch die Einschaltung eines Unterbevollmächtigten nicht erforderlich (z.B. wenn absehbar ist, dass die Angelegenheit mit einem Termin erledigt ist und die Reisekosten erheblich niedriger sind als die Kosten eines Unterbevollmächtigten), ist die Erstattungsfähigkeit auf 100 % der fiktiven Reisekosten beschränkt.[29]

> *Merke*
>
> Eine Erstattung der Kosten kommt aber immer nur dann in Betracht, wenn die Beauftragung des Terminsvertreters durch die Partei erfolgt (auf die Formulierung im Auftragsschreiben achten!); gegebenenfalls ist dies glaubhaft zu machen. Eine Erstattung der Terminsvertretergebühren ist ausgeschlossen, wenn der Terminsvertreter vom Hauptbevollmächtigten im eigenen Namen beauftragt wurde.[30]

c) Parteireisekosten

Weitgehend unbekannt – obwohl in Rechtsprechung und Literatur seit vielen Jahren anerkannt – ist die Möglichkeit, die Parteireisekosten im Falle des Obsiegens erstattet **37**

27 BGH, Beschl. v. 28.6.2006 – IV ZB 44/05, NJW 2006, 3008 f.
28 Vgl. BGH, Beschl. v. 10.7.2012 – VIII ZB 106/11, JurBüro 2012, 593.
29 OLG Oldenburg, Beschl. v. 18.2.2008 – 5 W 8/08, JurBüro 2008, 321.
30 Z.B. OLG Koblenz, Beschl. v. 25.7.2012 – 14 W 400/12, BeckRS 2012, 24557.

zu verlangen (bzw. bei teilweisem Obsiegen bei der Kostenausgleichung zu berücksichtigen).

Während noch vor der Jahrhundertwende die Erstattungsfähigkeit der Parteireisekosten an die Anordnung des persönlichen Erscheinens gebunden war, so steht heute einer Partei in der Regel auch unter Erstattungsgesichtspunkten das Recht zu, der Verhandlung ihres eigenen Rechtsstreites beizuwohnen. Dies hat zur Folge, dass die Kosten, die die anwaltlich vertretene Partei für die Teilnahme an einem Gerichtstermin aufwendet, unabhängig davon zu erstatten sind, ob das Gericht das persönliche Erscheinen angeordnet hat oder nicht.[31]

Dies allerdings nur, sofern die Kosten nicht außer Verhältnis zu den mit der Klage oder der Rechtsverteidigung verfolgten wirtschaftlichen Interessen stehen und die Anwesenheit der Parteien nicht ausnahmsweise wegen ganz besonderer Umstände von vornherein als greifbar überflüssig angesehen werden muss.[32]

38 Zu den Parteikosten für die Wahrnehmung des Termins gehört auch die Zeitversäumnis, die sich für **unbezahlten** Urlaub nach § 22 JVEG, für **bezahlten** Urlaub nach § 20 JVEG richtet.[33]

Die Entschädigung für Zeitversäumnis beträgt 3,50 EUR/Std; die Höchstentschädigung für Verdienstausfall 21,00 EUR. Nachteile bei der Haushaltsführung werden mit 14,00 EUR entschädigt. Daneben hat die Partei natürlich auch Anspruch auf Ersatz von Fahrtkosten und sonstigen Auslagen, z.B. Parkkosten.

d) Inkassokosten

39 Zu den erstattungsfähigen Kosten gehören regelmäßig auch Inkassokosten.[34] Die Inkassokosten sind damit aber **keine notwendigen Kosten im Sinne von § 91 ZPO,** sondern hier besteht die Möglichkeit, diese Ersatzansprüche als **Nebenforderung im Klageverfahren** oder im separaten Mahnverfahren geltend zu machen. Eine **Berücksichtigung im Kostenfestsetzungsverfahren scheidet insoweit aus**.

40 Früher war es in Rechtsprechung und Literatur umstritten, ob die Kosten eines zugelassenen Inkassobüros regelmäßig einen vom Schuldner zu ersetzenden Verzugsschaden darstellen oder nicht. Häufig wurde die Erstattbarkeit der Inkassogebühren mit der Begründung verneint, dass der Gläubiger unter dem Gesichtspunkt der Schadensminderung unmittelbar einen Rechtsanwalt hätte beauftragen können:

31 Z.B. OLG Koblenz, Beschl. v. 3.7.2009 – 14 W 442/09, JurBüro 2010, 210.

32 OLG Köln, Beschl. v. 19.4.2006 –17 W 63/06, JurBüro 2006, 599; aber auch schon: OLG Celle, Beschl. v. 8.8.2003 – 8 W 271/03 und OLG München, Beschl. v. 18.7.2003 – 11 W 1732, JurBüro 2003, 645.

33 Zur Rechtmäßigkeit der Ungleichbehandlung (Bruttostundenverdienst mit maximal 17,00 EUR gegen 3,00 EUR) siehe BGH, Beschl. v. 26.1.2012 – VII ZB 60ß/09, Beck RS 2012, 04465.

34 So z.B. OLG Stuttgart, Urt. v. 8.12.2009 – 6 U 99/09, nach herrschender Rechtsprechung begrenzt auf eine 1,3 Geschäftsgebühr.

Dann nämlich wären keine zusätzlichen Gebühren entstanden, da die außergerichtlichen Gebühren nach der BRAGO – Bundesrechtsanwaltsgebührenordnung – in den Gebühren für das sich anschließende gerichtliche Verfahren voll untergegangen sind.

Die Gerichte haben in der Regel die Erstattungsfähigkeit der Inkassokosten nur dann bejaht, wenn der Schuldner zum Zeitpunkt der Beauftragung des Inkassobüros keine Einwendungen gegen die Forderung hervorgebracht hat. Denn in diesen Fällen konnte davon ausgegangen werden, dass die Titulierung der Forderung durch das Inkassobüro ohne weitere Zuhilfenahme eines Anwaltes vorgenommen werden könnte.[35]

Dann aber – insbesondere mit Einführung des Rechtsanwaltsvergütungsgesetzes (RVG) 41
am 1.7.2004 wurden die Stimmen laut, dass Inkassokosten – nicht zuletzt auch wegen der Wahlmöglichkeit des Mandanten, die Titulierung durch einen Anwalt oder einem Inkassobüro vornehmen zu lassen – grundsätzlich unter dem Gesichtspunkt des Schadensersatzes zu erstatten seien. Zweifelhaft sei allerdings die Höhe:

Nach dem RVG werden Rechtsanwaltskosten für die vorgerichtliche Tätigkeit nur noch zur Hälfte, jedoch höchstens mit 0,75 auf die Verfahrensgebühr angerechnet.

Dies nahm eine Vielzahl von Gerichten zum Anlass, Inkassokosten als erstattungsfähig anzuerkennen, die sich in Höhe ersparter vorgerichtlicher Anwaltskosten (und das ist nur die hälftige, stehen bleibende Geschäftsgebühr) beliefen.

Langsam, aber sicher geht die Tendenz wieder in Richtung Erstattung der vollen Inkas- 42
sogebühren, in der Regel begrenzt auf eine 1,3 Gebühr,[36] aber zum Teil auch darauf abstellend, ob vor Beauftragung des Inkassounternehmens nicht damit gerechnet werden musste, dass es zu einem gerichtlichen Verfahren kommt.[37]

Es sollte stets versucht werden – gegebenenfalls unter Verweis auf die aktuelle Rechtsprechung –, die vollen Gebühren erstattet zu halten (als Nebenforderung im Erkenntnisverfahren, nicht im Rahmen eines Kostenfestsetzungsverfahrens).

e) Avalkosten für die Gestellung von Bürgschaften

Die Erstattungsfähigkeit der Kosten für die Gestellung von Bürgschaften („Avalprovi- 43
sionen“) wird heute überwiegend bejaht; sie dienen der Vorbereitung des Prozesserfolgs und sind somit notwendige Kosten der zweckentsprechenden Rechtsverfolgung im Sinne von § 91 ZPO. Der Erstattungsanspruch begründet sich mit der im Berufungsverfahren ergehenden Kostenentscheidung.[38]

35 Z.B.: AG Garmisch-Partenkirchen, Urt. v. 8.12.2005 – 5 C 457/05, JurBüro 2007, 90.

36 Vgl. z.B. AG Charlottenburg, Urt. v. 8.3.2011 – 218 C 523/10, JurBüro 2011, 599 f.; vgl. auch Aufsatz von *Dr. Thomas Wedel* in JurBüro 2012, 60.

37 LG Oldenburg, Urt. v. 6.7.2012 – 17 O 3635/11, JurBüro 2012, 593.

38 BGH, Beschl. v. 4.10.2012 – VI ZB 11/10.

Das bedeutet, dass der Berufungskläger, der zur Abwendung der Zwangsvollstreckung gegen ihn Sicherheit leistet, dann aber im zweitinstanzlichen Verfahren obsiegt (der Berufung also stattgegeben wird), die Gebühren für die Gestellung der Sicherheit vom Prozessgegner erstattet verlangen kann.

Gleichermaßen kann der Berufungsbeklagte, der während des laufenden Berufungsverfahrens nur gegen Sicherheitsleistung vollstrecken kann, die Gebühren für die Gestellung der Sicherheit dann vom Prozessgegner erstattet verlangen, wenn das Berufungsgericht das erstinstanzliche Urteil bestätigt.

44 Bei Avalprovisionen für eine Bürgschaftsgestellung ist allerdings grundsätzlich das Vollstreckungsgericht, nur falls keine Zwangsvollstreckung stattfindet: das Prozessgericht, zuständig.[39]

4. Nicht festsetzungsfähige Kosten

45 Wie das Gesetz bereits ausführt, umfasst die Kostenerstattungspflicht lediglich die Kosten, „die zur zweckentsprechenden Rechtsverfolgung notwendig sind".

Das bedeutet, dass die unterlegene Partei nicht etwa die Kosten mehrerer Anwälte tragen muss, wenn die obsiegende Partei der Meinung war, dass sie durch vier, fünf oder mehr Anwälte besser vertreten sei.

46 Hier sind in aller Regel lediglich die Gebühren **eines Anwaltes** zu berücksichtigen, auch, wenn die Partei sich entscheidet, im Verlauf des Verfahrens ihren Anwalt zu wechseln und somit doppelte Gebühren auslöst.

Hiervon zu unterscheiden ist jedoch z.B. ein notwendiger Anwaltswechsel: So sieht z.B. das OLG Koblenz[40] die Mehrkosten durch einen Anwaltswechsel dann als erstattungsfähig an, wenn ein solcher aufgrund unvorhergesehener (altersbedingter) Rückgabe der Zulassung erfolgen muss; der BGH selbst sieht eine Erstattungspflicht dann als gegeben an, „wenn die Rückgabe der Zulassung zur Anwaltschaft aus achtenswerten Gründen" während des Mandates erfolgt.[41] Ein achtenswerter Grund für die Aufgabe der Zulassung sind aber nicht wirtschaftliche Schwierigkeiten, so dass in einem solchen Fall eine Erstattung ausfällt.[42]

47 Ein häufig vorkommender Fall ist derjenige, dass in einem Termin nach Erörterung der Sache auch nicht rechtshängige Ansprüche mitverglichen werden, wobei der Vergleich als Widerrufsvergleich geschlossen wird. Wenn und soweit dann der Vergleich widerrufen wird und das Verfahren letztlich durch Urteil (oder auch z.B. durch Rücknahme)

39 Vgl. BGH, Beschl. v. 3.12.2007 – II ZB 8/07, JurBüro 2008, 214.
40 OLG Koblenz, Beschl. v. 3.6.2011 – 14 W 315/11, BeckRS 2012, 03414.
41 BGH, Beschl. v. 12.9.2012 – IV ZB 3/12, BeckRS 2012, 20759.
42 BGH, Beschl. v. 22.8.2012 – XII B 183/11, BeckRS 2012, 21657.

erledigt wird, weichen die erstattungsfähigen Gebühren von den Gebühren, die der Anwalt von seiner eigenen Partei verlangen kann, erheblich voneinander ab.

Beispiel 2 Nicht erstattungsfähige Verfahrensdifferenzgebühr bei gescheitertem Vergleich nach Protokollierung

Rechtshängig ist eine Forderung in Höhe von 5.000,00 EUR; im Termin wird nach Erörterung ein widerruflicher Überhangvergleich dahingehend geschlossen, dass zum Ausgleich auch nicht rechtshängiger Ansprüche von 3.000,00 EUR eine Vergleichszahlung erfolgt. Der Vergleich wird durch eine Partei widerrufen; im Anschluss ergeht ein die Klage stattgebendes Urteil.

Der Anwalt kann seiner Partei folgende Gebühren in Rechnung stellen:

1,3 Verfahrensgebühr, Nr. 3100 VV RVG i.V.m. § 13 RVG aus 5.000,00 EUR	393,90 EUR	
0,8 Verfahrensgebühr, Nr. 3101 (2) VV RVG i.V.m. Nr. 3100 VV RVG aus Überhang (3.000,00 EUR)	160,80 EUR	
Zwischensumme	554,70 EUR	
Gemäß § 15 Abs. 3 RVG maximal:		
1,3 Gebühr aus 8.000,00 EUR	592,80 EUR	
=> Verfahrensgebühr		554,70 EUR
1,2 Terminsgebühr, Nr. 3104 VV RVG i.V.m. § 13 RVG aus 8.000,00 EUR		547,20 EUR
Auslagenpauschale, Nr. 7002 VV RVG		20,00 EUR
Zwischensumme	1.121,90 EUR	
19 % Mehrwertsteuer, Nr. 7008 VV RVG		213,16 EUR
Gesamtbetrag		**1.335,06 EUR**

Festsetzen lassen kann er gegen die unterlegene Partei jedoch nur:

1,3 Verfahrensgebühr, Nr. 3100 VV RVG i.V.m. § 13 RVG aus 5.000,00 EUR		393,90 EUR
1,2 Terminsgebühr, Nr. 3104 VV RVG i.V.m. § 13 RVG aus 5.000,00 EUR		363,60 EUR
Auslagenpauschale, Nr. 7002 VV RVG		20,00 EUR
Zwischensumme	777,50 EUR	
19 % Mehrwertsteuer, Nr. 7008 VV RVG		147,73 EUR
Gesamtbetrag		**925,23 EUR**

Merke

Die Kosten für den Versuch, gleichzeitig auch noch eine nicht rechtshängige Forderung mitzuerledigen, sind keine Kosten der notwendigen Rechtsverfolgung. Also fällt die Antragsgebühr für die Protokollierung der Forderung weg; gleichfalls die Terminsgebühr aus dem Teil der nicht rechtshängigen Forderung nach Nr. 3104 VV RVG i.V.m. Vorbemerkung 3 (3) des 3. Teils VV RVG.

5. Besonderheiten bei der Kostenfestsetzung

a) Berücksichtigung der Umsatzsteuer

48 Bei der Festsetzung der Kosten muss beachtet werden, ob die Partei vorsteuerabzugsberechtigt ist oder nicht: Sofern die Partei vorsteuerabzugsberechtigt ist, kann sie die an den Anwalt gezahlte Mehrwertsteuer beim Finanzamt abziehen (sie hat eine Rechnung erhalten, die die Mehrwertsteuer ausweist). In diesem Fall dürfen die Gebühren im Rahmen der Kostenfestsetzung bzw. Ausgleichung nur netto angemeldet werden, da die Partei – würde die Mehrwertsteuer festgesetzt werden – einen wirtschaftlichen Vorteil erlangen würde, der ihr nicht zusteht.

Selbstverständlich sollte im Rahmen der Kostenfestsetzung auch der Antrag der gegnerischen Partei dahingehend überprüft werden, ob nicht eventuell trotz bestehender Vorsteuerabzugsberechtigung die Mehrwertsteuer angesetzt wurde. Dies müsste dann entsprechend gerügt werden.

49 Wenn ein Mandant vertreten wird, der seinen gewöhnlichen Aufenthalt im Ausland hat, muss überprüft werden, ob er (hier im Inland) überhaupt Steuern zu zahlen hat:

50 Wenn der Mandant Unternehmer ist und seinen Sitz in der Europäischen Union hat, wird keine Umsatzsteuer erhoben; dementsprechend hat sie auch im Kostenfestsetzungs-/ausgleichungsverfahren nichts zu suchen.

51 Wenn der Mandant kein Unternehmer ist und seinen Sitz in der Europäischen Union hat, wird Umsatzsteuer erhoben, so dass er im Falle des Obsiegens insoweit auch Anspruch auf Ersatz hat.

52 Wenn der Mandant im Ausland, aber außerhalb der Europäischen Union seinen Sitz hat, wird keine Umsatzsteuer berechnet. Es ist insoweit unerheblich, ob der Mandant Unternehmer ist oder nicht. Auch hier gilt: Keine Umsatzsteuer auf die Gebühren auch im Kostenfestsetzungs-/ausgleichungsverfahren.

53 Wenn und soweit Sie eine eigene Honorarforderung gegen einen Schuldner eingeklagt haben, darf in dem von Ihnen beantragten Kostenfestsetzungsantrag ebenfalls keine Umsatzsteuer enthalten sein, denn bei dem für das Erkenntnisverfahren angefallenen Gebühren handelt es sich um „Kosten der Kanzlei“ und nicht um steuerbaren Umsatz.[43]

b) Kostenfestsetzung gegen die unterlegene Partei bei Prozesskostenhilfe

54 Obsiegt die Partei, die ihren Anwalt im Prozesskostenhilfeverfahren beigeordnet bekam, bedeutet dies aber nicht gleichzeitig, dass im Rahmen des Kostenfestsetzungsverfahrens gegen die unterlegene Partei auch nur die Vergütung auf Basis der Tabelle des § 49 RVG angemeldet wird.

43 Z.B. OLG Düsseldorf, Beschl. v. 12.11.2007 – I-24 W 93/07, JurBüro 2008, 52.

Der Gegner hat die **vollen Wahlanwaltsgebühren zu erstatten**, so dass im Antrag auf Festsetzung der Kosten gegen die andere Partei die Gebührentabelle des § 13 RVG zugrunde zu legen ist. 55

Hierbei muss beachtet werden, dass die Festsetzung dann aber nicht im Namen des Mandanten erfolgt, sondern der Erstattungsanspruch im Namen der Kanzlei geltend gemacht wird. In Höhe bereits aus der Landesjustizkasse gezahlter Gelder geht sodann der Erstattungsanspruch auf die Landesjustizkasse über (vgl. § 5 Rdn 279 f.). 56

IV. Welche Gerichtskosten gehören in welchen Antrag? Wann hat der Anwalt Anspruch auf Rückerstattung von Gerichtskosten?

1. Grundsätzliches

Die Höhe der Gerichtsgebühren bestimmt sich nach dem Wert des Streitgegenstandes (Streitwert), soweit nichts anderes bestimmt ist (§ 3 GKG). Sie wird in bürgerlichen Rechtsstreitigkeiten im Allgemeinen fällig mit der Einreichung von Klage, Antrags-, Einspruchs- oder Rechtsmittelschrift oder mit der Abgabe der entsprechenden Erklärung zu Protokoll (§ 6 GKG). 57

Insbesondere folgende Handlungen sollen vor Zahlung der Gebühren vom Gericht nicht vorgenommen werden: 58

- Zustellung der Klageschrift,
- Zustellung der Klageerweiterung,
- im maschinell-gerichtlichen Verfahren der Erlass des Vollstreckungsbescheides,
- Erteilung einer Abschrift des Vermögensverzeichnisses,
- diverse Vollstreckungsakte.

Ausnahmen gelten insoweit nur bei Gebührenfreiheit (z.B. Bund und Länder) und in Fällen der finanziellen Not (z.B. Prozesskostenhilfe); vgl. § 14 GKG.

> *Merke*
>
> Nicht vorschusspflichtig sind insbesondere die Widerklage, einstweilige Verfügungssachen und Berufungsverfahren.

Vorschusspflichtig ist stets derjenige, der die Handlung beantragt hat.

2. Gerichtskosten im erstinstanzlichen Verfahren

a) Einzuzahlende Gerichtskosten

Für das Prozessverfahren in erster Instanz fallen im Allgemeinen Gerichtskosten in Höhe eines Gebührensatzes von 3,0 an. Mit diesem Betrag hat der Kläger (wenn er nicht zu den oben aufgeführten Ausnahmefällen gehört) mit den Gerichtskosten bei Klageeinreichung in Vorlage zu treten. Ist ein Mahnverfahren vorausgegangen, für das 59 der den Mahnbescheid beantragende Gläubiger eine Gerichtsgebühr von 0,5 (mindestens 32,00 EUR) bereits eingezahlt ist, so muss er – um auf den Satz von 3,0 zu kommen – die weitere „Gerichtskostenhälfte" von 2,5 einzahlen, bevor das Verfahren an das ordentliche Verfahren abgegeben wird.

Beispiel 3 **Gerichtskosten im ordentlichen Verfahren nach vorausgegangenem Mahnverfahren**

Der Rechtsanwalt beantragt für seinen Mandanten einen Mahnbescheid über eine Forderung in Höhe von 4.500,00 EUR. Hierfür muss er die Gerichtskosten einzahlen.

Nachdem die Gegenseite Widerspruch eingelegt hat, wird er aufgefordert, die 2. Gerichtskostenhälfte für das ordentliche Verfahren einzuzahlen. Welche Gebühren zahlt der Anwalt wann ein?

Für den Mahnbescheid sind 0,5 Gerichtkosten einzuzahlen; für das ordentliche Verfahren sind weitere 2,5 Gerichtskosten einzuzahlen. In Summe hat der Anwalt dann 3,0 Gerichtsgebühren aus 4.500,00 EUR eingezahlt.

Mahnbescheid (Gegenstandswert: 4.500,00 EUR), 0,5 Gerichtsgebühren	73,00 EUR
Abgabe des Verfahrens, Fortgang vor den ordentlichen Gerichten (Gegenstandswert: 4.500,00 EUR), 2,5 Gerichtsgebühren	365,00 EUR
Summe Gerichtsgebühren	**438,00 EUR**
Entspricht 3,0 aus 4.500,00 EUR	438,00 EUR

60 Wie zuvor schon erwähnt, betragen die Mindest-Gerichtskosten für den Antrag auf Erlass eines Mahnbescheides 32,00 EUR. Bei einem geringen Gegenstandswert ergeben sich dann höhere einzuzahlende Gerichtskosten als 0,5 bei Beantragung des Mahnbescheides, was sodann bei der so genannten „2. Gerichtskostenhälfte" (es ist ja keine „Hälfte") berücksichtigt werden muss.

Beispiel 4 **Gerichtskosten im ordentlichen Verfahren nach vorausgegangenem Mahnverfahren bei einem geringen Gegenstandswert (unter 1.000,00 EUR)**

Der Rechtsanwalt beantragt für seinen Mandanten einen Mahnbescheid über eine Forderung in Höhe von 120,00 EUR. Hierfür muss er die Gerichtskosten einzahlen.

Nachdem die Gegenseite Widerspruch eingelegt hat, wird der Anwalt aufgefordert, die 2. Gerichtskostenhälfte für das ordentliche Verfahren einzuzahlen. Welche Gebühren zahlt der Anwalt wann ein?

Für den Mahnbescheid sind 0,5 Gerichtkosten (bei einem Gegenstandswert von 120,00 EUR wären das 17,50 EUR), mindestens aber 32,00 EUR einzuzahlen. Für das ordentliche Verfahren sind 2,5 Gerichtskosten einzuzahlen, maximal aber 3,0. Die Berücksichtigung der Obergrenze ist hier wichtig, da bei niedrigeren Gegenstandswerten die „0,5 Gerichtskoten" wegen der Mindestgrenze von 32,00 EUR eben nicht 0,5 Gerichtskosten sind.

Mahnbescheid (Gegenstandswert: 120,00 EUR), 0,5 Gerichtsgebühren (17,50 EUR), mindestens	32,00 ,EUR	32,00 EUR
Abgabe des Verfahrens, Fortgang vor den ordentlichen Gerichten (Gegenstandswert: 120,00 EUR), 2,5 Gerichtsgebühren	87,50 EUR	
Summe:	119,50 EUR	
Maximal: 3,0 aus 120,00 EUR	**105,00 EUR**	
– bereits entrichtet	– 32,00 EUR	
Noch einzuzahlen mithin:	73,00 EUR	73,00 EUR
Gesamte Gerichtskosten = 3,0 aus 120,00 EUR		**105,00 EUR**

Sofern das Verfahren wegen eines niedrigeren Gegenstandswertes an das ordentliche Gericht abgegeben wird, als derjenige, der für das Mahnverfahren Geltung hatte, ist zu beachten, dass die „2. Gerichtskostenhälfte" auf Basis des neu geltenden Gegenstandswertes zu ermitteln ist. 61

Beispiel 5

Gerichtskosten im ordentlichen Verfahren nach vorausgegangenem Mahnverfahren: Abgabe des Verfahrens wegen eines geringeren Streitwertes

Der Rechtsanwalt beantragt für seinen Mandanten einen Mahnbescheid über eine Forderung in Höhe von 7.500,00 EUR. Hierfür muss er die Gerichtskosten einzahlen.

Die Gegenseite zahlt 4.500,00 EUR, nach Widerspruch wird die Angelegenheit wegen der noch offenen 3.000,00 EUR fortgeführt. Hierüber beantragt der Anwalt die Abgabe des Verfahrens. Sodann wird er aufgefordert, die 2. Gerichtskostenhälfte für das ordentliche Verfahren einzuzahlen. Welche Gebühren zahlt der Anwalt wann ein?

Für den Mahnbescheid sind 0,5 Gerichtkosten einzuzahlen; für das ordentliche Verfahren sind weitere 2,5 Gerichtskosten einzuzahlen. Da hier unterschiedliche Gegenstandswerte eine Rolle spielen, hat der Anwalt in Summe gerade keine 3,0 Gerichtsgebühren aus 7.500,00 EUR einzuzahlen.

Mahnbescheid (Gegenstandswert: 7.500,00 EUR),	
0,5 Gerichtsgebühren	101,50 EUR
Abgabe des Verfahrens, Fortgang vor den ordentlichen Gerichten	
(Gegenstandswert: 3.000,00 EUR),	
2,5 Gerichtsgebühren	270,00 EUR
Summe Gerichtsgebühren	**371,50 EUR**
Ungleich 3,0 aus 7.500,00 EUR	609,00 EUR

Merke

Das gilt aber nur, soweit nicht schon bei Antrag auf Erlass des Mahnbescheides beantragt worden ist, im Falle des Widerspruchs die Durchführung des streitigen Verfahrens durchzuführen. In diesem Falle würde auch – weil die volle Forderung „ins streitige Verfahren übergeht" – die zweite Gerichtskostenhälfte auf Basis des hohen Gegenstandswertes einzuzahlen sein!

62 Wird eine Klage erweitert, müssen auch die weiteren Gerichtsgebühren auf den Differenzwert eingezahlt werden.

Beispiel 6 Gerichtskosten bei Klageerweiterung

Der Anwalt hatte Klage über 5.000,00 EUR eingereicht; im Laufe des Verfahrens erweitert er den Klagegegenstand um 3.000,00 EUR auf 8.000,00 EUR.

Klage eingereicht		
(Gegenstandswert: 5.000,00 EUR),		
3,0 Gerichtsgebühren	438,00 EUR	
Klage erweitert um 3.000,00 EUR		
auf 8.000,00 EUR:		
3,0 Gerichtsgebühren aus 8.000,00 EUR		609,00 EUR
– bereits entrichtete Gebühren, wie oben		– 438,00 EUR
bei Klageerweiterung zu zahlen		**171,00 EUR**
Ungleich 3,0 aus 3.000,00 EUR	324,00 EUR	

Beispiel 7 Gerichtskosten im ordentlichen Verfahren nach vorausgegangenem Mahnverfahren: Abgabe des Verfahrens wegen eines höheren Streitwertes

Der Rechtsanwalt beantragt für seinen Mandanten einen Mahnbescheid über eine Forderung in Höhe von 3.000,00 EUR. Hierfür muss er die Gerichtskosten einzahlen.

Nachdem die Gegenseite Widerspruch eingelegt hat, beantragt der Antragstellervertreter die Abgabe des Verfahrens und erweitert sodann seine Klage um zwischenzeitlich weitere fällige 2.000,00 EUR, so dass der Gegenstandswert nunmehr 5.000,00 EUR beträgt.

Für den Mahnbescheid sind 0,5 Gerichtkosten aus dem Gegenstandswert von 1.000,00 EUR einzuzahlen. Für das ordentliche Verfahren sind 2,5 Gerichtskosten einzuzahlen, und zwar über denselben Gegenstandswert von 1.000,00 EUR. Für die Klageerweiterung hat der Anwalt dann 3,0 Gerichtskosten aus 5.000,00 EUR abzüglich der bereits eingezahlten Gerichtskosten einzuzahlen.

Mahnbescheid, Gegenstandswert: 3.000,00 EUR		
0,5 Gerichtsgebühren	54,00 EUR	
Abgabe des Verfahrens, Fortgang vor den ordentlichen Gerichten,		
Gegenstandswert: 3.000,000 EUR,		
2,5 Gerichtsgebühren	270,00 EUR	
Summe = 3,0 Gerichtsgebühren aus 3.000,00 EUR:	324,00 EUR	324,00 EUR
Klageerweiterung um 2.000,00 EUR:		
3,0 Gerichtsgebühren aus Gegenstandswert:		
5.000,00 EUR	438,00 EUR	
– bereits entrichtet	– 324,00 EUR	
Noch einzuzahlen mithin:	114,00 EUR	114,00 EUR
(Ungleich 3,00 EUR aus 2.000,00 EUR = 267,00 EUR)		
Gesamte Gerichtskosten = 3,0 aus 5.000,00 EUR		**438,00 EUR**

Beispiel 8

Gerichtskosten im ordentlichen Verfahren nach vorausgegangenem Mahnverfahren: Abgabe des Verfahrens wegen eines höheren Streitwertes bei vorheriger Einzahlung des Mindestbetrages

Der Rechtsanwalt beantragt für seinen Mandanten einen Mahnbescheid über eine Forderung in Höhe von 1.000,00 EUR. Hierfür muss er die Gerichtskosten einzahlen.

Nachdem die Gegenseite Widerspruch eingelegt hat, beantragt der Antragstellervertreter die Abgabe des Verfahrens und erweitert sodann seine Klage um zwischenzeitlich weitere fällige 1.000,00 EUR, so dass der Gegenstandswert nunmehr 2.000,00 EUR beträgt.

Für den Mahnbescheid sind 0,5 Gerichtkosten aus dem Gegenstandswert von 1.000,00 EUR einzuzahlen. Für das ordentliche Verfahren sind 2,5 Gerichtskosten einzuzahlen, und zwar über denselben Gegenstandswert von 1.000,00 EUR. Für die Klageerweiterung hat der Anwalt dann 3,0 Gerichtskosten aus 2.000,00 EUR abzüglich der bereits eingezahlten Gerichtskosten einzuzahlen.

Mahnbescheid (Gegenstandswert: 1.000,00 EUR), 0,5 Gerichtsgebühren (26,50 EUR), mindestens aber	32,00 EUR	32,00 EUR
Abgabe des Verfahrens, Fortgang vor den ordentlichen Gerichten (Gegenstandswert: 1.000,000 EUR), 2,5 Gerichtsgebühren	132,50 EUR	
Summe:	164,50 EUR	
Maximal: 3,0 aus 1.000,00 EUR	**159,00 EUR**	
– bereits entrichtet	– 32,00 EUR	
Noch einzuzahlen vor Klageerweiterung	127,00 EUR	127,00 EUR
Gesamte Gerichtskosten vor Klageerweiterung		**159,00 EUR**
Klageerweiterung um 1.000,00 EUR 3,0 Gerichtsgebühren aus Gegenstandswert 2.000,00 EUR	267,00 EUR	
– bereits entrichtet	159,00 EUR	
Noch einzuzahlen mithin:	108,00 EUR	108,00 EUR
Gesamte Gerichtskosten = 3,0 aus 2.000,00 EUR		**267,00 EUR**

b) Klagerücknahme

63 Die Gebühren für das Verfahren im Allgemeinen reduzieren sich bei **rechtzeitiger** Klagerücknahme, und zwar

- vor dem Schluss der mündlichen Verhandlung,
- im schriftlichen Verfahren mit Zustimmung der Parteien vor dem Zeitpunkt, der dem Schluss der mündlichen Verhandlung entspricht (Schriftsatzschluss),
- in Verfahren nach § 495a ZPO vor Zustellung der Ladung zum Verkündungstermin oder Übermittlung des schriftlichen Urteils an die Geschäftsstelle,
- im Falle der Säumnis vor Ablauf des Tages, an dem das Urteil der Geschäftsstelle übermittelt wird

und kein Kostenantrag gestellt wird, auf einen Satz von **1,0**.

64 Eine Festsetzungsmöglichkeit gegenüber dem Gegner gibt es in vorliegenden Fällen nicht (höchstens: Festsetzung gegen die eigene Partei, wenn diese Honorar- und Gerichtskosten nicht an den Auftraggeber zahlt); die Berechnung der tatsächlich angefallenen Gebühr ist jedoch wichtig zur Überprüfung der ergehenden Gerichtskostenabrechnung. Im Übrigen sind in den in der Praxis häufig vorkommenden Fällen, in denen eine Einigung dergestalt erfolgt, dass der Beklagte Forderung und Kosten voll bezahlt und der Kläger im Gegenzug die Klage zurücknimmt, die 1,0 Gebühr in die Aufstellung der vom Gegner aus der übernommenen Verpflichtung zu zahlenden Gebühren mit aufzunehmen.

> *Merke*
>
> Der Zurücknahme der Klage steht die Zurücknahme des Antrags auf Durchführung des streitigen Verfahrens, des Widerspruchs gegen den Mahnbescheid oder des Einspruchs gegen den Vollstreckungsbescheid gleich.

c) Anerkenntnisurteil/Verzichtsurteil/Urteil ohne Tatbestand und Entscheidungsgründe (§ 313a Abs. 2 ZPO)

Die Gebühren für das Verfahren im Allgemeinen reduzieren sich beim Erlass eines Anerkenntnisurteils, Verzichtsurteils oder eines Urteils, das weder Tatbestand noch Entscheidungsgründe enthält, weil es im Termin verkündet wurde und die Parteien bzw. die belastete Partei auf die Urteilsbegründung verzichtet hat, auf einen Satz von **1,0** (Nr. 1211, S. 2 GKG-KV). 65

Das bedeutet, dass unabhängig davon, dass die klägerische Partei 3,0 Gerichtsgebühren vorgelegt hat, in den Kostenfestsetzungsantrag auch nur 1,0 einzubringen sind. Auf Antrag werden die überschüssigen Gerichtskosten in Höhe von 2,0 zurückerstattet, so dass die klägerische Partei letztlich nur mit einem Satz von 1,0 belastet ist. Und auch nur in Höhe dieses Betrages kann sie Erstattung von der Gegenseite beantragen.

d) Einigung/Vergleich über nur rechtshängige Ansprüche

Auch im Falle des gerichtlichen Vergleichs (hierbei ist es irrelevant, ob durch Protokollierung im Termin oder im Beschlusswege) reduziert sich die allgemeine Verfahrensgebühr auf einen Satz von **1,0**. 66

Das bedeutet, dass unabhängig davon, dass die klägerische Partei 3,0 Gerichtsgebühren vorgelegt hat, in den Kostenausgleichungsantrag auch nur 1,0 einzubringen sind. Auf Antrag werden die überschüssigen Gerichtskosten in Höhe von 2,0 zurückerstattet, so dass die klägerische Partei letztlich nur mit einem Satz von 1,0 belastet ist. Und auch nur in Höhe dieses Satzes kann die kostenbegünstigte Partei auf Basis des tenorierten Kostenausspruchs (zum Beispiel einer Quotelung von 70 : 30) die Erstattung im Rahmen des Kostenausgleichungsverfahrens von der Gegenseite beanspruchen.

e) Einigung/Vergleich über auch nicht rechtshängige Ansprüche

Vom Grundsatz her gilt für die rechtshängige Forderung Gleiches wie vorstehend unter Rdn 66: Die in Höhe von 3,0 eingezahlten Gerichtskosten reduzieren sich auf einen Satz von **1,0**. Allerdings möchte das Gericht im Hinblick auf den Antrag auf Protokollierung der nicht rechtshängigen Forderung „auch bezahlt" werden. Für die Protokollierung der nicht rechtshängigen Forderung sind **weitere Gerichtsgebühren** in Höhe eines Satzes von **0,25** zu zahlen (Nr. 1900 GKG-KV). 67

Beispiel 9 **Gerichtskosten bei Protokollierung eines Überhangvergleichs im ersten Rechtszug**

Rechtshängig ist eine Forderung in Höhe von 5.000,00 EUR; im Termin wird nach Erörterung ein Überhangvergleich dahingehend geschlossen, dass zum Ausgleich auch nicht rechtshängiger Ansprüche von 3.000,00 EUR eine Vergleichszahlung erfolgt.

1,0 Gerichtsgebühren aus 5.000,00 EUR	146,00 EUR
0,25 Gerichtsgebühren aus 3.000,00 EUR	27,00 EUR
Gesamtbetrag	**173,00 EUR**

68 Neu hinzugetreten mit Inkrafttreten des 2. KostRMoG ist die für diese Fälle nunmehr geltende Abgleichungsvorschrift des § 36 Abs. 3 GKG: Sind für Teile des Gegenstandswertes verschiedene Gebührensätze anzuwenden, gilt als Höchstwert der höhere Gebührensatz aus dem Gesamtbetrag der Wertteile.

Beispiel 10 **Höchstwert der Gerichtskosten bei Protokollierung eines Überhangvergleichs im ersten Rechtszug**

Die Klage lautet über 20.000,00 EUR; im Rahmen der mündlichen Verhandlung wird ein Vergleich geschlossen, nach dem auch wegen bislang nicht rechtshängiger Gegenstände ein Vergleichsbetrag von 25.000,00 EUR gezahlt wird. Der Mehrwert des Vergleichs beträgt 5.000,00 EUR.

Der Anwalt zahlt eine 1,0 Gerichtsgebühr für die Einigung aus dem rechtshängigen Betrag von 20.000,00 EUR; für die nicht rechtshängige Forderung lässt sich das Gericht mit 0,25 Gerichtsgebühren bezahlen. Maximal sind aber 1,0 Gerichtsgebühren aus dem Gesamtgegenstandswert von 25.000,00 EUR einzuzahlen.

1,0 Gerichtsgebühren aus 20.000,00 EUR	345,00 EUR
0,25 Gerichtsgebühren aus 5.000,00 EUR	36,50 EUR
Summe	381,50 EUR
Aber:	
Maximal 1,0 Gerichtsgebühr aus 25.000,00 EUR	
Anm. zu Nr. 1900 GKG-KV	**371,00 EUR**

f) „Normales Urteil" (= Richterspruch) und Versäumnisurteil

69 Da es sich bei einem „normalen" Richterspruch, also bei einem Urteil mit Tatbestand und Begründung, um ein Verfahren „im Allgemeinen" handelt, verbleibt es bei den **3,0** Gerichtsgebühren. Diese 3,0 Gebühren sind dann auch im Rahmen der Kostenfestsetzung oder Kostenausgleichung ungekürzt zu berücksichtigen.

Gleiches gilt für das Versäumnisurteil: Da es hierfür keine Vorschriften über eine etwaige Reduzierung gibt, verbleibt es bei 3,0 Gerichtsgebühren, die auch entsprechend anzusetzen sind.

3. Gerichtskosten im Berufungsverfahren

a) Einzuzahlende Gerichtskosten

Das Berufungsverfahren ist ein Verfahren, für das kein Vorschuss gefordert wird. In 70
der Regel geht die Gerichtskostenabrechnung auch „an der Kanzlei vorbei", weil die Justizkasse die Gebühren für das Berufungsverfahren während des laufenden Berufungsverfahrens, je nach „Gerichtssitte" auch erst im Anschluss an Berufungsverfahren (bei letzterem dann: unter Berücksichtigung der gefällten Kostenentscheidung) unmittelbar bei den Parteien einfordert.

Dennoch ist es wichtig, die anfallenden Gerichtskosten zu kennen, damit die gegebenenfalls von der Partei herein gegebene Gerichtskostenrechnung auf ihre Richtigkeit hin überprüft werden kann oder aber im Rahmen einer Einigung ohne Beteiligung des Gerichts die eventuell von einer Partei zu tragenden Kosten korrekt aufgestellt werden können.

Für das Verfahren allgemein werden Gerichtskosten in Höhe eines Satzes von **4,0** 71
berechnet. Greift also keiner der nachfolgenden Reduzierungstatbestände, ist der Ansatz von 4,0 Gerichtskosten gerechtfertigt.

b) Berufungsrücknahme

aa) Vor Begründung des Rechtsmittels

Die Gebühren für das Verfahren im Allgemeinen reduzieren sich bei **rechtzeitiger** 72
Berufungsrücknahme, **bevor die Begründung des Rechtsmittels** eingegangen ist, auf einen Satz von **1,0**.

Dies gilt auch bei der Erledigungserklärung, wenn keine Entscheidung über die Kosten zu fällen ist.

Eine Festsetzungsmöglichkeit gibt es in vorliegenden Fällen mangels Kostengrundentscheidung nicht (höchstens: Festsetzung gegen die eigene Partei, wenn diese die Vergütung an den Auftraggeber nicht zahlt).

bb) Nach Begründung des Rechtsmittels

Wird das Rechtsmittel **vor dem Schluss** der mündlichen Verhandlung bzw. vor dem 73
Zeitpunkt, der dem Schluss der mündlichen Verhandlung entspricht, **aber nach Begründung** zurückgenommen, so reduziert sich die allgemeine Verfahrensgebühr auf einen Satz von **2,0**.

c) Anerkenntnisurteil/Verzichtsurteil/Urteil ohne Tatbestand und Entscheidungsgründe (§ 313a Abs. 2 ZPO)

74 Die Gebühren für das Verfahren im Allgemeinen reduzieren sich beim Erlass eines Anerkenntnisurteils, Verzichtsurteils oder eines Urteils, das weder Tatbestand noch Entscheidungsgründe enthält, weil es im Termin verkündet wurde und die Parteien bzw. die belastete Partei auf die Urteilsbegründung verzichtet, auf einen Satz von **2,0** (Nr. 1222, S. 2 GKG-KV).

d) Einigung/Vergleich über nur rechtshängige Ansprüche

75 Auch im Falle des gerichtlichen Vergleichs (hierbei ist es irrelevant, ob durch Protokollierung im Termin oder im Beschlusswege) reduziert sich die allgemeine Verfahrensgebühr auf einen Satz von **2,0**.

Wenn im Berufungsverfahren die Gebühren nach Abschluss des Verfahrens jeweils bei der belasteten Partei unmittelbar eingefordert werden, ist in der Regel in der Abrechnung dann auch die getroffene Kostenregelung berücksichtigt.

Einigen sich die Parteien beispielsweise hinsichtlich der Gebühren (für das Berufungsverfahren) dahingehend, dass der/die Berufungskläger/in 2/3 der Kosten trägt und der/die Berufungsbeklagte 1/3 der Kosten, so wird die zuständige Gerichtskasse von sich aus dem/der Berufungskläger/in 2/3 von den insgesamt 2,0 anfallenden Gerichtsgebühren in Rechnung stellen und dem/der Berufungsbeklagten 1/3 von 2,0.

e) Einigung/Vergleich über auch nicht rechtshängige Ansprüche

76 Vom Grundsatz her gilt für die rechtshängige Forderung Gleiches wie vorstehend unter Rdn 75: Die Gerichtskosten für das Verfahren im Allgemeinen reduzieren sich auf einen Satz von **2,0**. Allerdings möchte das Gericht im Hinblick auf den Antrag auf Protokollierung der nicht rechtshängigen Forderung „auch bezahlt“ werden. Für die Protokollierung der nicht rechtshängigen Forderung sind **weitere** Gerichtsgebühren in Höhe eines Satzes von **0,25** zu zahlen (Nr. 1900 GKG-KV).

Beispiel 11 Gerichtskosten bei Protokollierung eines Überhangvergleichs im zweiten Rechtszug

Im Berufungsverfahren steht eine Forderung in Höhe von 5.000,00 EUR zur Überprüfung an; im Termin wird nach Erörterung ein Überhangvergleich dahingehend geschlossen, dass zum Ausgleich auch nicht rechtshängiger Ansprüche von 3.000,00 EUR eine Vergleichszahlung erfolgt.

2,0 Gerichtsgebühren aus 5.000,00 EUR	292,00 EUR
0,25 Gerichtsgebühren aus 3.000,00 EUR	27,00 EUR
Gesamtbetrag	**319,00 EUR**

Neu hinzugetreten mit Inkrafttreten des 2. KostRMoG ist die für diese Fälle nunmehr geltende Abgleichungsvorschrift des § 36 Abs. 3 GKG: Sind für Teile des Gegenstandswertes verschiedene Gebührensätze anzuwenden, gilt als Höchstwert der höhere Gebührensatz aus dem Gesamtbetrag der Wertteile. **77**

Beispiel 12 **Höchstwert der Gerichtskosten bei Protokollierung eines Überhangvergleichs im zweiten Rechtszug**

Es ist ein Berufungsverfahren rechtshängig über 20.000,00 EUR; im Rahmen der mündlichen Verhandlung wird ein Vergleich geschlossen, nach dem auch wegen bislang nicht rechtshängiger Gegenstände ein Vergleichsbetrag von 25.000,00 EUR gezahlt wird. Der Mehrwert des Vergleichs beträgt 5.000,00 EUR.

Der Anwalt zahlt eine 2,0 Gerichtsgebühr für die Einigung aus dem rechtshängigen Betrag von 20.000,00 EUR; für die nicht rechtshängige Forderung lässt sich das Gericht mit 0,25 Gerichtsgebühren bezahlen. Maximal sind aber 2,0 Gerichtsgebühren aus dem Gesamtgegenstandswert von 25.000,00 EUR einzuzahlen.

2,0 Gerichtsgebühren aus 20.000,00 EUR	690,00 EUR
0,25 Gerichtsgebühren aus 5.000,00 EUR	36,50 EUR
Summe	726,50 EUR
Aber:	
Maximal 2,0 Gerichtsgebühr aus 25.000,00 EUR	
Anm. zu Nr. 1900 GKG-KV = 742,00 EUR, höher =>	**726,50 EUR**

f) Urteil mit Verzicht auf schriftliche Begründung nach § 313a Abs. 1 S. 2 ZPO

Wird das Berufungsverfahren durch ein **nicht rechtsmittelfähiges Urteil** beendet, das wegen **eines Verzichts** der Parteien bzw. der belasteten Partei keine Entscheidungsgründe enthält, so reduziert sich die Verfahrensgebühr auf einen Satz von **3,0**. Dies aber auch nur dann, wenn **nicht bereits vorher ein anderes Urteil** (als ein Anerkenntnisurteil, Verzichtsurteil oder Urteil ohne Tatbestand und Entscheidungsgründen nach § 313a Abs. 2 ZPO) ergangen ist. **78**

B. Titulierung der Erstattungsansprüche in Mahnverfahren

79 Das Mahnverfahren kann auf unterschiedliche Weise enden; je nach Ausgang werden die Kosten auf unterschiedliche Art und Weise tituliert.

I. Das durchlaufende Mahnverfahren

80 Grundsätzlich gibt es im „durchlaufenden" Mahnverfahren kein Kostenfestsetzungsverfahren. Im Mahnbescheid werden, sofern aus dem Antrag auf Erlass eines Mahnbescheides hervorgeht, dass dieser von einem Rechtsanwalt beantragt wurde, automatisch die gesetzlichen Gebühren, Auslagen und Gerichtskosten berücksichtigt und – falls das Verfahren ohne Widerspruch bzw. Einspruch zu Ende geführt werden kann – im Vollstreckungsbescheid tituliert. Es bedarf daher keines besonderen Festsetzungsantrages.

II. Festsetzung der Gebühren nach Widerspruch bzw. Teilwiderspruch

81 Anders sieht dies aus, wenn der Mahnbescheid mit Widerspruch bzw. Teilwiderspruch angegriffen wird: Die (zum Teil anrechnungsfähigen) Gebühren des Mahnverfahrens sind dann nach Maßgabe der entsprechenden Kostengrundentscheidung vor dem Prozessgericht im einzuleitenden Kostenfestsetzungsverfahren zu berücksichtigen. Es ist demnach das „übliche" Kostenfestsetzungsverfahren vor den Zivilgerichten zu durchlaufen.

III. Festsetzung der Gebühren nach Rücknahme des Widerspruchs

82 In dem nicht alltäglichen, aber doch vorkommenden Fall, dass der Beklagte im Verfahren vor dem ordentlichen Gericht den Widerspruch gegen den Mahnbescheid zurückzieht, sind die Mahnverfahrensgebühren durch das Mahngericht im anschließend zu erlassenden Vollstreckungsbescheid aufzunehmen; darüber hinaus ist vor dem Prozessgericht eine Kostengrundentscheidung zu erwirken, wonach der Beklagte die weiteren Kosten der Rechtsverfolgung zu tragen hat. Mit dieser Grundlage kann dann vor dem ordentlichen Gericht die Verfahrensgebühr (unter Anrechnung der Mahnbescheidsgebühr) sowie eine gegebenenfalls angefallene Terminsgebühr festgesetzt werden.

IV. Festsetzung der Gebühren nach Einspruch

83 Legt der Antragsgegner gegen den ihm zugestellten Vollstreckungsbescheid Einspruch ein, geht das Verfahren vor den ordentlichen Gerichten weiter. Es existiert jedoch ein – wenn auch nicht rechtskräftiger, aber vollstreckbarer – Vollstreckungsbescheid, in dem die Kosten des Mahnverfahrens enthalten sind. Wird das Verfahren nach Einspruch durch Urteil beendet, findet sich dort zugleich die Kostengrundentscheidung: Wird der Einspruch aufrechterhalten, bleiben auch die im Vollstreckungsbescheid titulierten

Kosten erhalten und sind demnach vor dem ordentlichen Gericht die nach Beantragung des Vollstreckungsbescheides entstandenen Verfahrens- und Terminsgebühren (unter Anrechnung nur der Verfahrensgebühr für den Mahnbescheid) im Wege des üblichen Kostenfestsetzungsverfahrens zu titulieren.

Wird der Vollstreckungsbescheid aufgehoben und z.B. die Klage abgewiesen, verliert der Vollstreckungsbescheid auch im Hinblick auf die dort enthaltenen Kosten seine Wirkung. Hier hat dann der Antragsgegner bzw. Beklagte einen Anspruch auf Titulierung der Verfahrenskosten.

V. Festsetzung der Gebühren nach Rücknahme des Einspruchs

Wird der Einspruch gegen den Vollstreckungsbescheid im Laufe des Verfahrens zurückgenommen, so erwächst der Vollstreckungsbescheid in Rechtskraft; die im Rahmen des Mahnverfahrens entstandenen Kosten und Gebühren sind im Vollstreckungsbescheid enthalten; darüber hinaus ist vor dem Prozessgericht eine Kostengrundentscheidung zu beantragen, wonach der Beklagte die weiteren Kosten des Rechtsstreits zu tragen hat. Mit der dann ergehenden Kostengrundentscheidung kann dann vor dem ordentlichen Gericht die Verfahrensgebühr (unter Anrechnung der Verfahrensgebühr für den Mahnbescheid) sowie eine gegebenenfalls angefallene Terminsgebühr festgesetzt werden. 84

C. Titulierung der Erstattungsansprüche in der Zwangsvollstreckung

I. Vollstreckung durch Gerichtsvollzieher bzw. Vollstreckungsgericht

1. Keine Notwendigkeit – aber Möglichkeit

Die Kosten der notwendigen Zwangsvollstreckung werden grundsätzlich mit dem zu vollstreckenden Anspruch beigetrieben, sind also „Nebenforderungen ohne Vollstreckungstitel". Das gilt sowohl für die gleichzeitig anfallenden Kosten und Gebühren, als auch für die Kosten früherer (erfolgloser) Vollstreckungsmaßnahmen. Hierzu gehören neben den Verfahrensgebühren des Antragstellervertreters etwaige Gerichtskosten (für Pfändungs- und Überweisungsbeschlüsse, Protokollanforderungen etc.) sowie die verauslagten Gerichtsvollzieherkosten. 85

Da diese Beträge im Rahmen der Zwangsvollstreckung beigetrieben werden (als Nachweise dienen lediglich entsprechende Kopien), bedarf es hierüber keines besonderen Vollstreckungstitels. Die Kosten der notwendigen Zwangsvollstreckung können aber dennoch (auf Antrag) festgesetzt werden, z.B. um die Vollstreckungsunterlagen „abzuspecken", oder um strittige Positionen zu klären und dann zu titulieren. Im Übrigen sichert man sich damit auch die Verzinsung der Kosten!

2. Zuständigkeit

86 Die Festsetzung erfolgt gemäß § 788 Abs. 2 ZPO. Danach ist in der Regel das Gericht zuständig, bei dem zum Zeitpunkt der Antragstellung eine Vollstreckungshandlung anhängig ist oder, wenn dies nicht (mehr) der Fall ist, das Gericht, bei dem die letzte Vollstreckungshandlung anhängig war.

Handelt es sich bei den notwendigen Vollstreckungskosten um Kosten der Vorbereitung der Zwangsvollstreckung, so sind diese hingegen nicht vom Vollstreckungsgericht festzusetzen: In diesem Fall ist das Prozessgericht (des ersten Rechtszuges) zuständig.[44]

3. Festzusetzende Beträge/Nachweise

87 Der Nachweis über die im Rahmen der Zwangsvollstreckung angefallenen und von der Gegenseite zu erstattenden und somit festzusetzenden Kosten und Gebühren gestaltet sich unproblematisch: Durch Beifügung entsprechender Kopien der Anträge/Aufträge und Protokolle sowie Rechnungen der Gerichtsvollzieher und Gerichtskasse sind die Kosten und Gebühren zu belegen.

Lediglich die Erstattungsfähigkeit einer Einigungsgebühr im Rahmen der Zwangsvollstreckung ist noch nicht eindeutig geklärt: Zum einen ist unklar, ob § 788 ZPO eine entstandene Einigungsgebühr überhaupt erfassen kann. Um weitere Verfahren zur Titulierung dieser Gebühr zu vermeiden, wird die Erstattungsfähigkeit zumindest dann überwiegend bejaht, wenn im Rahmen der Einigung durch den Schuldner eine ausdrückliche Kostenübernahme erklärt wird. [Eine andere (Minder-)Meinung hingegen vertritt die Auffassung, dass die Einigungsgebühr nicht der Durchführung oder Vorbereitung der Vollstreckung diene, sondern der Vermeidung, so dass eine Festsetzung nach § 788 ZPO ausscheidet.]

Die weitere Frage, die sich stellt, ist diejenige, ob – analog § 91 Abs. 2 S. 1 ZPO – die Mitwirkung des Anwaltes bei der Einigung notwendig war. Grundsätzlich seien die Notwendigkeit und damit die Erstattungsfähigkeit zu bejahen, wenn der erstattungspflichtige Schuldner von der Mitwirkung des Rechtsanwaltes Kenntnis hatte und die Verpflichtung zur Erstattung übernommen hat. Sofern der Schuldner keine Kenntnis hatte und auch eine Übernahmeerklärung nicht ausgesprochen hat, muss im Einzelfall geprüft werden, ob nicht der Gläubiger selbst die Einigung hätte herbeiführen können (was in der Vielzahl der Fälle wohl unterstellt werden kann).

Sollte hingegen von der Notwendigkeit der Anwaltseinschaltung ausgegangen werden, ist darauf zu achten, dass die Einigungsgebühr auf Basis eines Gegenstandswertes von 20 % der Forderung zu berechnen ist (vgl. § 31b RVG).

44 Z.B. OLG Düsseldorf, Beschl. v. 1.2.2010 – I – 24 W 3/10.

4. Formulierungsbeispiel

▼

Muster: Festsetzung von Vollstreckungskosten bei Vollstreckung durch den Gerichtsvollzieher oder das Vollstreckungsgericht 88

An das
Vollstreckungsgericht der letzten Vollstreckungshandlung

In Sachen

X ./. Y (volles Rubrum)

Aktenzeichen der letzten Vollstreckungshandlung:

beantragen wir, nachstehende Kosten für vorangegangene Vollstreckungsmaßnahmen gem. §§ 103 Abs. 2, 104 i.V.m. § 788 Abs. 2 ZPO vollstreckbar festzusetzen sowie die notwendige Zustellungsklausel für den Beschluss zu erteilen. Wir bitten außerdem um Verzinsung des festgesetzten Betrags mit dem in § 104 Abs. 1 Satz 2 ZPO festgelegten Zinssatz seit Antragstellung. Alle (weiter) gezahlten Gerichtskosten sollen hinzugesetzt werden. Die Mandantschaft ist (nicht) vorsteuerabzugsberechtigt

Die zur Kostenfestsetzung angemeldeten Kosten werden wie folgt spezifiziert:

Aufstellung der Kosten und Gebühren der einzelnen Vollstreckungshandlungen

Beglaubigte und einfache Abschrift anbei.

– Unterschrift –

▲

II. Zwangsvollstreckung durch das Prozessgericht

1. Notwendigkeit – Grundsätzliches

Vollstreckungsanträge der §§ 887, 887 und 890 ZPO, also die Ersatzvornahme vertretbarer Handlungen durch Dritte auf Kosten des Schuldners, Zwangsgeld oder Ordnungshaft bei Verweigerung von nicht vertretbaren Handlungen sowie Erzwingungen von Unterlassungen oder Duldungen, sind beim Prozessgericht anzubringen. Dementsprechend können naturgemäß die Kosten für diese Anträge auch nicht „beigetrieben" werden, da eine Beitreibungsvollstreckung gerade nicht durchgeführt wird. Das ist auch der Grund, warum in diesen Fällen die Notwendigkeit besteht, die Kosten titulieren zu lassen, um sodann mit diesem Titel den Gerichtsvollzieher zu bemühen. 89

2. Zuständigkeit

Für Vollstreckungsanträge der §§ 887, 888 und 890 ZPO, die beim Prozessgericht anzubringen sind, ist auch für die Festsetzung der Vollstreckungskosten das Prozessgericht (unter Angabe des bereits bekannten Aktenzeichens) zuständig. 90

3. Formulierungsbeispiel

▼

91 Muster: Festsetzung von Vollstreckungskosten bei Vollstreckung durch das Prozessgericht

An das
Prozessgericht des ersten Rechtszugs

In Sachen

X ./. Y

Aktenzeichen

beantragen wir, nachstehende Kosten für nachfolgende (gerichtsbekannte) Vollstreckungsmaßnahmen gem. §§ 103 Abs. 2, 104 i.V.m. § 788 Abs. 2 ZPO vollstreckbar festzusetzen sowie die notwendige Zustellungsklausel für den Beschluss zu erteilen. Wir bitten außerdem um Verzinsung des festgesetzten Betrags mit dem in § 104 Abs. 1 Satz 2 ZPO festgelegten Zinssatz seit Antragstellung. Alle (weiter) gezahlten Gerichtskosten sollen hinzugesetzt werden. Die Mandantschaft ist (nicht) vorsteuerabzugsberechtigt.

Die zur Kostenfestsetzung angemeldeten Kosten werden wie folgt spezifiziert:

Aufstellung der Kosten und Gebühren der einzelnen Vollstreckungshandlungen.

Beglaubigte und einfache Abschrift anbei.

– Unterschrift –

▲

D. Festsetzung der Vergütung gegen die eigene Partei

I. Grundsätzliches/Voraussetzungen

92 Hat der Rechtsanwalt seine Partei im gerichtlichen Verfahren vertreten, so hat er – sofern die Partei die Vergütung nicht ausgleicht – durch das Kostenfestsetzungsverfahren gegen die eigene Partei die einfache und schnelle Möglichkeit, ohne großen Kostenaufwand (nur Zustellungskosten, die vom Gericht ebenfalls in den Beschluss aufzunehmen sind) an einen Vollstreckungstitel gegen den eigenen Auftraggeber zu gelangen. Sofern die Möglichkeit der Festsetzung nach § 11 RVG besteht, fehlt das Rechtsschutzbedürfnis, die Vergütung im Wege des Mahn- oder Klageverfahrens geltend zu machen. Lediglich in den Fällen, in denen (gerichtliche) Rahmengebühren betragsmäßig über dem Mindestsatz tituliert werden sollen und der Auftraggeber der Höhe der geltend gemachten Gebühr nicht ausdrücklich zugestimmt hat, sowie in den Fällen, in denen der Mandant Einwendungen hervorbringt, die nicht gebührenrechtlicher Art sind, eröffnet sich der Weg des Mahn- bzw. Klageverfahrens.

Festgesetzt werden können die gerichtlichen Vergütungen in allen gerichtlichen Verfahren jeglicher Gerichtsbarkeit; hierzu gehören neben den Gebühren auch die Auslagen.

Zur Festsetzung der Vergütung der eigenen Partei ist es erforderlich, dass der Anwalt der Partei zuvor eine Berechnung nach § 10 RVG übersandt hat; die Vergütung muss demnach fällig sein. Die Festsetzung erfolgt nur auf Antrag.

Zuständig ist das erstinstanzliche Gericht (das Verfahren muss nicht rechtshängig gewesen sein, Anhängigkeit genügt). Sofern es hier um die Festsetzung von in der Zwangsvollstreckung entstandener Vergütung geht, ist das Vollstreckungsgericht sachlich zuständig; örtlich ist das Amtsgericht zuständig, in dessen Bezirk die letzte Vollstreckungshandlung vorgenommen wurde.[45]

II. Antragsberechtigte

Der Festsetzungsantrag ist nach § 11 RVG von demjenigen zu stellen, dem die Vergütung zusteht; er muss in dem gerichtlichen Verfahren beauftragt gewesen sein. 93

Daraus folgt, dass nicht nur der Verfahrensbevollmächtigte des Auftraggebers, sondern gleichermaßen ein Unterbevollmächtigter/Terminsvertreter, Korrespondenzanwalt, Einzeltätigkeitsanwalt, Anwaltsvertreter oder Kanzleiabwickler usw. antragsberechtigt ist.

Aber auch „Nichtanwälte“ haben die Möglichkeit, die Festsetzung der Vergütung zu verlangen, soweit ihnen die Erlaubnis erteilt wurde, fremde Rechtsangelegenheiten zu besorgen, wie etwa Steuerberater, Rechtsbeistände oder Rechtsschutzversicherer.

III. Formulierungsbeispiel

▼

Muster: Vergütungsfestsetzungsantrag gegen die eigene Partei 94

An das
Prozessgericht des ersten Rechtszugs

Kostenfestsetzungsantrag gem. § 11 RVG

In Sachen

X ./. Y

Aktenzeichen

wird **beantragt**, die nachfolgend spezifizierten Kosten gem. § 11 RVG zugunsten des Rechtsanwalts/der Partnerschaft/der Sozietät vollstreckbar festzusetzen und auszusprechen, dass diese Kosten mit fünf Prozentpunkten über dem jeweils gültigen Basiszinssatz ab dem Eingang dieses Antrags zu verzinsen sind.

45 So auch OLG Celle, Beschl. v. 2.9.2015 – 4 AR 31/15, JurBüro 2016, 19 f.

Des Weiteren wird beantragt, den Zeitpunkt der Zustellung des Kostenfestsetzungsbeschlusses zu bescheinigen und eine vollstreckbare Ausfertigung dieses Antrags nebst Zustellungsvermerk zu erteilen.

Die zur Kostenfestsetzung angemeldeten Kosten, deren Anfall der Unterzeichner/die Unterzeichnerin versichert, werden wie folgt spezifiziert:

Aufstellung der Vergütung

Es wird anwaltlich versichert, dass der Auftraggeber eine Berechnung i.S.v. § 10 RVG erhalten hat; soweit im Antrag Gerichtskosten enthalten sind, versichert der Antragsteller, dass er diese aus eigenen Mitteln erbracht hat.

Beglaubigte und einfache Abschrift anbei.

– Unterschrift –

▲

§ 6 Strafsachen

A. Grundsätzliches

Im Rahmen der Mandatierung in Strafsachen entsteht dem Verteidiger (bzw. Vertreter, Beistand o.ä., dazu sogleich) zunächst eine Grundgebühr, die ihm unabhängig davon zusteht, in welchen Verfahrensabschnitten er tätig geworden ist. Hiermit soll die erstmalige Einarbeitung in den Rechtsfall vergütet werden. 1

Daneben erhält der Rechtsanwalt eine Verfahrensgebühr für das Betreiben des Geschäfts einschließlich der Information. 2

Neben der Verfahrensgebühr erwächst dem Anwalt für die Teilnahme an gerichtlichen Terminen eine Terminsgebühr, die nach Abs. 3 S. 2 der Vorbemerkung 4 VV RVG auch dann anfällt, wenn der Rechtsanwalt zu einem anberaumten Termin erscheint, dieser aber aus nicht von ihm zu vertretenden Gründen nicht stattfindet. Voraussetzung ist allerdings, dass der Rechtsanwalt vor dem Termin nicht mehr rechtzeitig informiert worden ist bzw. informiert werden konnte. 3

Die Gebühren des Vertreters oder Beistandes eines Nebenklägers, eines Einziehungs- oder Nebenbeteiligten, eines Verletzten, eines Zeugen oder Sachverständigen bestimmen sich gemäß Teil 4 Vorbemerkung 4 Abs. 1 VV RVG ebenfalls nach den nachfolgenden Vorschriften. Gleiches gilt für den Vertreter oder Beistand eines Privatklägers. 4

§ 16 Nr. 12 RVG legt fest, dass das Verfahren über die Privatklage und die Widerklage ein und dieselbe Angelegenheit ist. Sind der Privatkläger und der Verletzte nicht identisch und der Anwalt vertritt beide, kommt eine Erhöhung nach Nr. 1008 VV RVG zum Ansatz. 5

Festzuhalten ist an dieser Stelle, dass nach § 19 Abs. 1 Nr. 10 RVG die Einlegung des Rechtsmittels bei dem Gericht desselben Rechtszugs zum Verfahren gehört; die Einlegung des Rechtsmittels durch einen neuen Verteidiger gehört zum Rechtszug des Rechtsmittels. 6

B. Die Grundgebühr

Die Grundgebühr erhält der Rechtsanwalt – unabhängig, in welchem Verfahrensstand er mit der Angelegenheit betraut wird – für die erstmalige Einarbeitung in den Rechtsfall. Sie beträgt nach Nr. 4100 VV RVG für den gerichtlich bestellten oder beigeordneten Rechtsanwalt 160,00 EUR und für den Wahlanwalt zwischen 40,00 EUR und 360,00 EUR. 7

Merke

Die Grundgebühr entsteht stets neben der Verfahrensgebühr.

Die jeweilige Verfahrensgebühr (dazu nachfolgend) entsteht bereits mit der Entgegennahme der Information – eine **erstmalige Einarbeitung**, die ja die Grundgebühr entstehen lässt, kann aber **nur mit den entsprechenden Informationen** erfolgen.

Die früher in der Literatur vertretene Auffassung, dass erst eine Grundgebühr, später eine Verfahrensgebühr (Abgrenzung!) entsteht mit der Folge, dass auch eine Grundgebühr „allein" stehen kann, ist damit zerschlagen.

In den nachfolgenden Beispielen ist die Grundgebühr lediglich zur Darstellung der jeweiligen Höhe in den nachfolgenden Beispielen „separat" und ohne Verfahrensgebühr aufgeführt. Eine solche Rechnung wird es in der Realität nicht geben!

Beispiel 1 **Grundgebühr für die Einarbeitung**

Der Anwalt wird im erstinstanzlichen Verfahren vor dem Amtsgericht erstmalig mit der Verteidigung beauftragt. Er arbeitet sich anhand der Akten in den Rechtsfall ein und bespricht die Sache mit dem Mandanten in der Kanzlei. Es soll sich um eine einfache Angelegenheit handeln.

Der Rechtsanwalt erhält für die erstmalige Einarbeitung in die Sache die Grundgebühr der Nr. 4100 VV RVG mit einem Rahmen von 40,00 EUR bis 360,00 EUR; beim Wahlanwalt gilt hier die Mindestgebühr.

Der Rechtsanwalt ist Wahlanwalt	
Grundgebühr, Nr. 4100 VV RVG i.V.m. § 14 RVG	40,00 EUR
19 % Mehrwertsteuer, Nr. 7008 VV RVG	7,60 EUR
Gesamtbetrag	**47,60 EUR**
Der Rechtsanwalt ist gerichtlich bestellt bzw. beigeordnet	
Grundgebühr, Nr. 4100 VV RVG	160,00 EUR
19 % Mehrwertsteuer, Nr. 7008 VV RVG	30,40 EUR
Gesamtbetrag	**190,40 EUR**

8 Sofern sich der Beschuldigte nicht auf freiem Fuß befindet, erhöht sich die Gebühr für den gerichtlich bestellten oder beigeordneten Rechtsanwalt auf 192,00 EUR und für den Wahlanwalt auf 40,00 EUR bis 450,00 EUR.

Beispiel 2 **Grundgebühr mit Zuschlag**

In einer Angelegenheit, in der der Anwalt erstmals mit der Verteidigung beauftragt wurde, sitzt der Beschuldigte in Untersuchungshaft. Die Einarbeitung ist einfach und wenig zeitintensiv.

Da sich der Mandant nicht auf freiem Fuß befindet, erfährt die Grundgebühr der Nr. 4100 VV RVG durch die Vorschrift der Nr. 4101 VV RVG einen Zuschlag, die sich aber im untersten Rahmen beim Wahlanwalt kaum auswirkt.

Der Rechtsanwalt ist Wahlanwalt	
Grundgebühr, Nrn. 4100, 4101 VV RVG	
i.V.m. § 14 RVG, leicht erhöht	50,00 EUR
19 % Mehrwertsteuer, Nr. 7008 VV RVG	9,50 EUR
Gesamtbetrag	**59,50 EUR**
Der Rechtsanwalt ist gerichtlich bestellt bzw. beigeordnet	
Grundgebühr, Nrn. 4100, 4101 VV RVG	192,00 EUR
19 % Mehrwertsteuer, Nr. 7008 VV RVG	36,48 EUR
Gesamtbetrag	**228,48 EUR**

Merke

Eine **wegen derselben Handlung bereits entstandene Grundgebühr nach Nr. 5100 VV RVG findet nach Nr. 4100 Abs. 2 VV RVG volle Anrechnung:** Ist also im vorhergehenden Bußgeldverfahren bereits eine Grundgebühr nach Nr. 5100 VV RVG entstanden, findet diese auf die Grundgebühr des Strafverfahrens Anrechnung. Schließlich hat sich der Rechtsanwalt im Bußgeldverfahren bereits „erstmalig in den Rechtsfall eingearbeitet“.

Die Gebühren der **Nrn. 5100 und 4100 VV RVG schließen sich demnach gegenseitig** aus, soweit es um dieselbe „Sache“ geht.

C. Verfahren außerhalb der Hauptverhandlung

Mit den Gebührentatbeständen der Nr. 4102 VV RVG ist eine Terminsgebühr für die 9
Teilnahme an einem Termin außerhalb der Hauptverhandlung erfasst; sie entsteht für die Teilnahme an Terminen, in denen über die Anordnung oder Fortdauer der Untersuchungshaft verhandelt wird. Vorstehende Gebühr erwächst ebenfalls für die Teilnahme an polizeilichen, staatsanwaltschaftlichen oder richterlichen Vernehmungen, an Verhandlungen im Rahmen des Täter-Opfer-Ausgleichs sowie an einem Sühnetermin nach § 380 StPO. Im Termin muss verhandelt werden; das Stellen eines Antrages auf Akteneinsicht und die Übergabe von Akten stellen kein Verhandeln im Sinne der Nr. 4102 Ziffer 3 VV RVG dar[1] und reichen somit zum Entstehen dieser Terminsgebühr nicht aus.

Die Gebühr beträgt nach Nr. 4102 VV RVG pro Terminstag für den gerichtlich bestellten 10
oder beigeordneten Rechtsanwalt 136,00 EUR und für den Wahlanwalt von 40,00 EUR bis 300,00 EUR. Sie erwächst dem Rechtsanwalt im vorbereitenden Verfahren und in jedem Rechtszug für die Teilnahme an jeweils bis zu drei Terminen einmal.

1 OLG Hamm, Beschl. v. 28.4.2006 – 2 (s) Sbd IC – 31/06, JurBüro 2006, 641.

Beispiel 3 **Terminsgebühr im vorbereitenden Verfahren**

Der Verteidiger vertritt seinen Mandanten außerhalb der Hauptverhandlung und nimmt für seinen Mandanten an zwei Terminstagen an richterlichen Vernehmungen und Augenscheinseinnahmen teil. Es soll sich um eine Angelegenheit des mittleren Schwierigkeitsgrades handeln.

Entsprechend der Einschränkung in der Anmerkung zu Nr. 4102 VV RVG kann der Rechtsanwalt für die Teilnahme an beiden Terminen lediglich eine Terminsgebühr in Rechnung stellen. Da es sich um eine mittelschwere Angelegenheit handelt, die den üblichen Umfang aufweist, ist hier jeweils die Mittelgebühr anzusetzen.

Der Rechtsanwalt ist Wahlanwalt		
Grundgebühr, Nr. 4100 VV RVG i.V.m. § 14 RVG		200,00 EUR
Verfahrensgebühr, Nr. 4104 VV RVG i.V.m. § 14 RVG		165,00 EUR
Terminsgebühr, Nr. 4102 VV RVG i.V.m. § 14 RVG		170,00 EUR
Auslagenpauschale, Nr. 7002 VV RVG		20,00 EUR
Zwischensumme	555,00 EUR	
19 % Mehrwertsteuer, Nr. 7008 VV RVG		105,45 EUR
Gesamtbetrag		**660,45 EUR**

Der Rechtsanwalt ist gerichtlich bestellt bzw. beigeordnet		
Grundgebühr, Nr. 4100 VV RVG		160,00 EUR
Verfahrensgebühr, Nr. 4104 VV RVG		132,00 EUR
Terminsgebühr, Nr. 4102 VV RVG		136,00 EUR
Auslagenpauschale, Nr. 7002 VV RVG		20,00 EUR
Zwischensumme	448,00 EUR	
19 % Mehrwertsteuer, Nr. 7008 VV RVG		85,12 EUR
Gesamtbetrag		**533,12 EUR**

11 Mehrere Termine an einem Tag gelten als ein Termin.

Beispiel 4 **Terminsgebühr im vorbereitenden Verfahren: Mehrere Termine an einem Tag**

Der Verteidiger nimmt für den Beschuldigten an Verhandlungen im Rahmen des Täter-Opfer-Ausgleichs teil; für den Nachmittag wird ein weiterer Termin anberaumt, zu dem der Verteidiger ebenfalls erscheint. Sodann finden an den darauf folgenden Tagen zwei weitere Termine statt.

Zwar haben insgesamt vier Termine stattgefunden, zwei davon aber an ein und demselben Tag. Entsprechend der Anmerkung zu Nr. 4102 VV RVG ist dementsprechend die Terminsgebühr nur einmal anzusetzen.

Der Rechtsanwalt ist Wahlanwalt

Grundgebühr, Nr. 4100 VV RVG i.V.m. § 14 RVG		200,00 EUR
Verfahrensgebühr, Nr. 4104 VV RVG i.V.m. § 14 RVG		165,00 EUR
Terminsgebühr, Nr. 4102 VV RVG i.V.m. § 14 RVG		170,00 EUR
Auslagenpauschale, Nr. 7002 VV RVG		20,00 EUR
Zwischensumme	555,00 EUR	
19 % Mehrwertsteuer, Nr. 7008 VV RVG		105,45 EUR
Gesamtbetrag		**660,45 EUR**

Der Rechtsanwalt ist gerichtlich bestellt bzw. beigeordnet

Grundgebühr, Nr. 4100 VV RVG		160,00 EUR
Verfahrensgebühr, Nr. 4104 VV RVG		132,00 EUR
Terminsgebühr, Nr. 4102 VV RVG		136,00 EUR
Auslagenpauschale, Nr. 7002 VV RVG		20,00 EUR
Zwischensumme	448,00 EUR	
19 % Mehrwertsteuer, Nr. 7008 VV RVG		85,12 EUR
Gesamtbetrag		**533,12 EUR**

Sitzt der Beschuldigte in Haft (was in den Fällen über die Fortdauer der Untersuchungshaft oder der einstweiligen Unterbringung stets der Fall ist), erhöht sich die Gebühr der Nr. 4102 VV RVG gemäß 4103 VV RVG auf 166,00 EUR für den gerichtlich bestellten bzw. beigeordneten Rechtsanwalt und auf einen Rahmen von 40,00 EUR bis 375,00 EUR für den Wahlanwalt. 12

Beispiel 5 Terminsgebühr mit Zuschlag im vorbereitenden Verfahren

Der Verteidiger nimmt im Verfahren über die Fortdauer der Untersuchungshaft am Vormittag einen Termin wahr; für den Nachmittag wird ein weiterer Termin anberaumt, zu dem der Verteidiger ebenfalls erscheint. Sodann finden an den darauf folgenden Tagen zwei weitere Termine statt. Es soll sich vorliegend um ein schwieriges und umfangreiches Verfahren, das die Ausschöpfung des Rahmens berechtigt, handeln.

Zwar haben insgesamt vier Termine stattgefunden, zwei davon aber an ein und demselben Tag. Entsprechend der Anmerkung zu Nr. 4102 VV RVG ist dementsprechend die Terminsgebühr nur einmal anzusetzen; diese jedoch aufgrund des Einsitzens des Beschuldigten erhöht nach Nr. 4103 VV RVG. Im Beispielsfalls sind wegen Schwierigkeit und Umfangs beim Wahlanwalt die Höchstgebühren in Ansatz zu bringen.

Der Rechtsanwalt ist Wahlanwalt

Grundgebühr, Nr. 4100 VV RVG i.V.m. § 14 RVG		360,00 EUR
Verfahrensgebühr, Nr. 4104 VV RVG i.V.m. § 14 RVG		290,00 EUR
Terminsgebühr, Nrn. 4102, 4103 VV RVG i.V.m. § 14 RVG		375,00 EUR
Auslagenpauschale, Nr. 7002 VV RVG		20,00 EUR
Zwischensumme	1.045,00 EUR	
19 % Mehrwertsteuer, Nr. 7008 VV RVG		198,55 EUR
Gesamtbetrag		**1.243,55 EUR**

Der Rechtsanwalt ist gerichtlich bestellt bzw. beigeordnet		
Grundgebühr, Nr. 4100 VV RVG		160,00 EUR
Verfahrensgebühr, Nr. 4104 VV RVG		132,00 EUR
Terminsgebühr, Nrn. 4102, 4103 VV RVG		166,00 EUR
Auslagenpauschale, Nr. 7002 VV RVG		20,00 EUR
Zwischensumme	478,00 EUR	
19 % Mehrwertsteuer, Nr. 7008 VV RVG		90,82 EUR
Gesamtbetrag		**568,82 EUR**

13 Für die Tätigkeit im Verfahren bis zum Eingang der Klageschrift (vorbereitendes Verfahren) erhält der gerichtlich bestellte oder beigeordnete Rechtsanwalt nach Nr. 4104 VV RVG eine Verfahrensgebühr in Höhe von 132,00 EUR; für den Wahlanwalt beträgt der Rahmen von 40,00 EUR bis 290,00 EUR. Befindet sich der Beschuldigte nicht auf freiem Fuß, so erweitert sich die Gebühr der Nr. 4104 VV RVG nach Nr. 4105 VV RVG für den gerichtlich bestellten oder beigeordneten Anwalt auf 161,00 EUR, für den Wahlanwalt auf 40,00 EUR bis 362,50 EUR.

14 Nach Vorbemerkung 4.1.2 VV RVG (Teil 4) ist die Vorbereitung der Privatklage der Tätigkeit im vorbereitenden Verfahren gleichzustellen.

Beispiel 6 — Verfahrensgebühr im Verfahren bis zur Anklageschrift (vorbereitendes Verfahren)

Der Mandant ist des schweren Diebstahls beschuldigt und soll polizeilich verhört werden. Der Rechtsanwalt nimmt an der polizeilichen Vernehmung teil. Sodann wird die Sache an die Staatsanwaltschaft abgegeben, die die Ermittlungen führt. Es handelt sich um eine äußerst schwierige Angelegenheit.

Der Rechtsanwalt erhält zunächst die Grundgebühr für die erstmalige Einarbeitung in den Rechtsfall; die Terminsgebühr erhält er für die Teilnahme an der polizeilichen Vernehmung und die Verfahrensgebühr entsteht für seine Tätigkeit im Ermittlungsverfahren.

Der Rechtsanwalt ist Wahlanwalt		
Grundgebühr, Nr. 4100 VV RVG i.V.m. § 14 RVG		360,00 EUR
Terminsgebühr, Nr. 4102 VV RVG i.V.m. § 14 RVG		300,00 EUR
Verfahrensgebühr, Nr. 4104 VV RVG i.V.m. § 14 RVG		290,00 EUR
Auslagenpauschale, Nr. 7002 VV RVG		20,00 EUR
Zwischensumme	970,00 EUR	
19 % Mehrwertsteuer, Nr. 7008 VV RVG		184,30 EUR
Gesamtbetrag		**1.154,30 EUR**

Befindet sich der Mandant in Haft, betragen die Gebühren:	
Grundgebühr, Nrn. 4100, 4101 VV RVG i.V.m. § 14 RVG	450,00 EUR
Terminsgebühr, Nrn. 4102, 4103 VV RVG i.V.m. § 14 RVG	375,00 EUR

Verfahrensgebühr, Nrn. 4104, 4105 VV RVG i.V.m. § 14 RVG		362,50 EUR
Auslagenpauschale, Nr. 7002 VV RVG		20,00 EUR
Zwischensumme	1.207,50 EUR	
19 % Mehrwertsteuer, Nr. 7008 VV RVG		229,43 EUR
Gesamtbetrag		**1.436,93 EUR**
Der Rechtsanwalt ist gerichtlich bestellt bzw. beigeordnet		
Grundgebühr, Nr. 4100 VV RVG		160,00 EUR
Terminsgebühr, Nr. 4102 VV RVG		136,00 EUR
Verfahrensgebühr, Nr. 4104 VV RVG		132,00 EUR
Auslagenpauschale, Nr. 7002 VV RVG		20,00 EUR
Zwischensumme	448,00 EUR	
19 % Mehrwertsteuer, Nr. 7008 VV RVG		85,12 EUR
Gesamtbetrag		**533,12 EUR**
Befindet sich der Mandant in Haft, betragen die Gebühren:		
Grundgebühr, Nrn. 4100, 4101 VV RVG		192,00 EUR
Verfahrensgebühr, Nrn. 4104, 4105 VV RVG		161,00 EUR
Terminsgebühr, Nrn. 4102, 4103 VV RVG		166,00 EUR
Auslagenpauschale, Nr. 7002 VV RVG		20,00 EUR
Zwischensumme	539,00 EUR	
19 % Mehrwertsteuer, Nr. 7008 VV RVG		102,41 EUR
Gesamtbetrag		**641,41 EUR**

D. Der erste Rechtszug

I. Verfahren im ersten Rechtszug vor dem Amtsgericht

Die Verfahrensgebühr im ersten Rechtszug in der Hauptverhandlung vor dem Amtsgericht beträgt nach Nr. 4106 VV RVG für den gerichtlich bestellten oder beigeordneten Rechtsanwalt 132,00 EUR, für den Wahlanwalt 40,00 EUR bis 290,00 EUR. Befindet sich der Beschuldigte nicht auf freiem Fuß, erhöht sich die Gebühr der Nr. 4106 VV RVG nach Nr. 4107 VV RVG für den gerichtlich bestellten oder beigeordneten Rechtsanwalt auf 161,00 EUR und für den Wahlanwalt auf den Rahmen von 40,00 EUR bis 362,50 EUR. 15

Für die Entstehung der Verfahrensgebühr mit Zuschlag ist jedoch entscheidend, dass die angeklagte Partei sich in dem Verfahrensabschnitt, für den die Zuschlagsgebühr entstehen soll, nicht auf freiem Fuß befunden hat. „Auf freiem Fuß" bedeutet insoweit „Inhaftierung aufgrund behördlicher Anordnung" (Untersuchungshaft, Strafhaft, Sicherungsverwaltung, Auslieferungs- oder Abschiebehaft, Polizeigewahrsam). Hierunter fällt aber nicht eine stationäre Therapie.[2] 16

Die Terminsgebühr erwächst dem Rechtsanwalt im ersten Rechtszug vor dem Amtsgericht nach Nr. 4108 VV RVG für jeden Hauptverhandlungstag; sie beträgt für den 17

2 So ausdrücklich: AG Koblenz, Beschl. v. 26.9.2006 – 2090 Js 40464/06–25 Ls, JurBüro 2007, 82.

gerichtlich bestellten oder beigeordneten Anwalt 220,00 EUR und für den Wahlanwalt zwischen 70,00 EUR und 480,00 EUR. Hierbei ist aber auch zu beachten, dass die unterdurchschnittliche Dauer der Hauptverhandlung grundsätzlich nicht den Ansatz einer Mittelgebühr rechtfertigt: Bei einer kurzen Hauptverhandlung von beispielsweise nur 20 Minuten ist die Verteidigertätigkeit dann mit 140,00 EUR angemessen vergütet.[3]

18 Befindet sich der Beschuldigte nicht auf freiem Fuß, so erhöht sich die Terminsgebühr für den gerichtlich bestellten oder beigeordneten Anwalt nach Nr. 4109 VV RVG auf 268,00 EUR; für den Wahlanwalt erweitert sich der Rahmen auf 70,00 EUR bis 600,00 EUR.

Beispiel 7 Vertretung im ersten Rechtszug vor dem Amtsgericht

Der Rechtsanwalt ist beauftragt, den Mandanten in einem Strafverfahren im ersten Rechtszug vor dem Amtsgericht zu vertreten. Der Rechtsanwalt war im Vorverfahren bislang noch nicht tätig. Es finden insgesamt 5 Verhandlungstage statt; die Angelegenheit ist so schwer, dass der Rahmen auszuschöpfen ist.

Die Grundgebühr erhält der Rechtsanwalt neben der Verfahrens- und Terminsgebühr für die erstmalige Einarbeitung in den Rechtsfall. Wäre er bereits im Vorverfahren tätig gewesen, so wäre sie jetzt nicht anzusetzen, denn sie wäre ja bereits im Vorverfahren angefallen. Für das Betreiben des Geschäfts einschließlich der Information erhält der Rechtsanwalt die Verfahrensgebühr der Nr. 4106 VV RVG; für die Terminswahrnehmung erhält er pro Verhandlungstag die Terminsgebühr der Nr. 4108 VV RVG. Hier ist für den Wahlanwalt jeweils der oberste Rahmen der Gebühren in Ansatz zu bringen.

Der Rechtsanwalt ist Wahlanwalt		
Grundgebühr, Nr. 4100 VV RVG i.V.m. § 14 RVG		360,00 EUR
Verfahrensgebühr, Nr. 4106 VV RVG i.V.m. § 14 RVG		290,00 EUR
Terminsgebühr je Verhandlungstag nach Nr. 4108 VV RVG i.V.m. § 14 RVG, 5 × 480,00 EUR		2.400,00 EUR
Auslagenpauschale, Nr. 7002 VV RVG		20,00 EUR
Zwischensumme	3.070,00 EUR	
19 % Mehrwertsteuer, Nr. 7008 VV RVG		583,30 EUR
Gesamtbetrag		**3.653,30 EUR**

Befindet sich der Mandant in Haft, betragen die Gebühren:	
Grundgebühr, Nrn. 4100, 4101 VV RVG i.V.m. § 14 RVG	450,00 EUR
Verfahrensgebühr, Nrn. 4106, 4107 VV RVG i.V.m. § 14 RVG	362,50 EUR

3 LG Koblenz, Beschl. v. 7.3.2006 – 4 Qs 17/06, JurBüro 2006, 364; hieran anlehnend: AG Koblenz, Beschl. v. 8.6.2006 – 2040 Js 75997/04, JurBüro 2006, 533.

Terminsgebühr je Verhandlungstag nach Nrn. 4108, 4109 VV RVG i.V.m. § 14 RVG, 5 × 600,00 EUR		3.000,00 EUR
Auslagenpauschale, Nr. 7002 VV RVG		20,00 EUR
Zwischensumme	3.832,50 EUR	
19 % Mehrwertsteuer, Nr. 7008 VV RVG		728,18 EUR
Gesamtbetrag		**4.560,68 EUR**

Der Rechtsanwalt ist gerichtlich bestellt bzw. beigeordnet

Grundgebühr, Nr. 4100 VV RVG		160,00 EUR
Verfahrensgebühr, Nr. 4106 VV RVG		132,00 EUR
Terminsgebühr je Verhandlungstag nach Nr. 4108 VV RVG, 5 × 220,00 EUR		1.100,00 EUR
Auslagenpauschale, Nr. 7002 VV RVG		20,00 EUR
Zwischensumme	1.412,00 EUR	
19 % Mehrwertsteuer, Nr. 7008 VV RVG		268,28 EUR
Gesamtbetrag		**1.680,28 EUR**

Befindet sich der Mandant in Haft, betragen die Gebühren:

Grundgebühr, Nrn. 4100, 4101 VV RVG		192,00 EUR
Verfahrensgebühr, Nrn. 4106, 4107 VV RVG		161,00 EUR
Terminsgebühr je Verhandlungstag nach Nrn. 4108, 4109 VV RVG, 5 × 268,00 EUR		1.340,00 EUR
Auslagenpauschale, Nr. 7002 VV RVG		20,00 EUR
Zwischensumme	1.713,00 EUR	
19 % Mehrwertsteuer, Nr. 7008 VV RVG		325,47 EUR
Gesamtbetrag		**2.038,47 EUR**

Dauert die Hauptverhandlung mehr als 5 und bis 8 Stunden, so erhält (nur) der **gericht-** 19
lich bestellte oder beigeordnete Rechtsanwalt nach Nr. 4110 VV RVG zusätzlich zur Gebühr Nr. 4108 VV RVG (Terminsgebühr) oder Nr. 4109 VV RVG (Terminsgebühr mit Zuschlag) einen Betrag in Höhe von 110,00 EUR (der Wahlanwalt lässt sich diesen Umstand durch die Bestimmung seiner Gebühr innerhalb des vorgegebenen Gebührenrahmens honorieren).

Beispiel 8 Zusatzgebühr bei überlanger Terminsdauer (5–8 Stunden)

Wie zuvor Beispiel 7; der 3. Verhandlungstag dauert 6,5 Stunden.

Neben den Gebühren in der Lösung des Beispiels Nr. 7 erhält der Rechtsanwalt den Zuschlag für den überlangen Termin gemäß Nr. 4110 VV RVG.

Der Rechtsanwalt ist gerichtlich bestellt bzw. beigeordnet

Grundgebühr, Nr. 4100 VV RVG	160,00 EUR
Verfahrensgebühr, Nr. 4106 VV RVG	132,00 EUR
Terminsgebühr je Verhandlungstag nach Nr. 4108 VV RVG, 5 × 220,00 EUR	1.100,00 EUR

Zuschlag für Verhandlungstag Nr. 3, Nr. 4110 VV RVG		110,00 EUR
Auslagenpauschale, Nr. 7002 VV RVG		20,00 EUR
Zwischensumme	1.522,00 EUR	
19 % Mehrwertsteuer, Nr. 7008 VV RVG		289,18 EUR
Gesamtbetrag		**1.811,18 EUR**

Befindet sich der Mandant in Haft, betragen die Gebühren:

Grundgebühr, Nrn. 4100, 4101 VV RVG		192,00 EUR
Verfahrensgebühr, Nrn. 4106, 4107 VV RVG		161,00 EUR
Terminsgebühr je Verhandlungstag nach Nrn. 4108, 4109 VV RVG, 5 × 268,00 EUR		1.340,00 EUR
Zuschlag für Verhandlungstag Nr. 3, Nr. 4110 VV RVG		110,00 EUR
Auslagenpauschale, Nr. 7002 VV RVG		20,00 EUR
Zwischensumme	1.823,00 EUR	
19 % Mehrwertsteuer, Nr. 7008 VV RVG		346,37 EUR
Gesamtbetrag		**2.169,37 EUR**

20 Dauert die Hauptverhandlung mehr als 8 Stunden, so erhält der **gerichtlich bestellte oder beigeordnete Rechtsanwalt** nach Nr. 4111 VV RVG zusätzlich zur Gebühr Nr. 4108 VV RVG (Terminsgebühr) oder Nr. 4109 VV RVG (Terminsgebühr mit Zuschlag) einen Betrag in Höhe von 220,00 EUR.

Beispiel 9 Zusatzgebühr bei überlanger Terminsdauer (mehr als 8 Stunden)

Wie zuvor Beispiel 7; der 3. Verhandlungstag dauert 9 Stunden.

Neben den Gebühren in der Lösung des Beispiels 7 erhält der Rechtsanwalt den Zuschlag für den überlangen Termin gemäß Nr. 4111 VV RVG.

Der Rechtsanwalt ist gerichtlich bestellt bzw. beigeordnet

Grundgebühr, Nr. 4100 VV RVG		160,00 EUR
Verfahrensgebühr, Nr. 4106 VV RVG		132,00 EUR
Terminsgebühr je Verhandlungstag nach Nr. 4108 VV RVG, 5 × 220,00 EUR		1.100,00 EUR
Zuschlag für Verhandlungstag Nr. 3, Nr. 4111 VV RVG		220,00 EUR
Auslagenpauschale, Nr. 7002 VV RVG		20,00 EUR
Zwischensumme	1.632,00 EUR	
19 % Mehrwertsteuer, Nr. 7008 VV RVG		310,80 EUR
Gesamtbetrag		**1.942,08 EUR**

Befindet sich der Mandant in Haft, betragen die Gebühren:

Grundgebühr, Nrn. 4100, 4101 VV RVG		192,00 EUR
Verfahrensgebühr, Nrn. 4106, 4107 VV RVG		161,00 EUR
Terminsgebühr je Verhandlungstag nach Nrn. 4108, 4109 VV RVG, 5 × 268,00 EUR		1.340,00 EUR
Zuschlag für Verhandlungstag Nr. 3, Nr. 4111 VV RVG		220,00 EUR
Auslagenpauschale, Nr. 7002 VV RVG		20,00 EUR
Zwischensumme	1.933,00 EUR	
19 % Mehrwertsteuer, Nr. 7008 VV RVG		367,27 EUR
Gesamtbetrag		**2.300,27 EUR**

Merke

Hierbei ist „ein Hauptverhandlungstermin" gemeint und nicht etwa die Addition sämtlicher Termine der Hauptverhandlung. Würden (wohl selten) z.B. 2 Termine überlange Dauer haben, so sind die Zusatzgebühren entsprechend auch zweimal anzusetzen.

Zur Berechnung der Terminsdauer lässt sich das Gesetz allerdings nicht aus, so dass (erwartungsgemäß) Streit entstanden ist, ob Pausen (auch: Mittagspausen) bei der Berechnung der Terminsdauer in Abzug zu bringen sind oder nicht. **21**

Zu dieser Thematik liegen auch bereits gerichtliche Entscheidungen vor: Das OLG Hamm[4] hat so zum Beispiel festgestellt, dass bei der Beurteilung der für die Gewährung einer so genannten Zuschlagsgebühr für den Pflichtverteidiger von der maßgeblichen Zeitdauer (Hauptverhandlungs-)Pausen nicht abzuziehen sind. Das Pfälzische OLG Zweibrücken[5] sieht das genauso, stellt aber gleichzeitig klar, dass eine bis zu eineinhalbstündige Mittagspause die Dauer der Hauptverhandlung um diese Zeitspanne mindert: Denn die Mittagspause ist eine prozessneutrale Unterbrechung; sie ist – anders als Verzögerungen oder Unterbrechungen während der tatsächlichen Verhandlungstätigkeit („Arbeitszeit"), die von dem Verteidiger nicht selbst zu vertreten sind –, im eigenen Interesse begründet.

Aber auch bis heute ist dies nicht obergerichtlich entschieden und immer noch strittig.[6] Der Versuch, auch die Pausen einzuberechnen, kann daher empfohlen werden.

Wie bereits ausgeführt, finden die Vorschriften des 4. Teils des VV RVG auch für das Privatklageverfahren Anwendung. **22**

Beispiel 10 **Gebühren des Vertreters im Privatklageverfahren**

Der Rechtsanwalt stellt im Namen des Mandanten Strafanzeige gegen den Beschuldigten wegen übelster Beleidigung, Bedrohung und Hausfriedensbruch. Der Sühneversuch vor dem Schiedsmann verläuft ergebnislos, so dass Privatklage vor dem Amtsgericht erhoben wird. Nach zwei Verhandlungstagen ist die mittelschwere Angelegenheit abgeschlossen, und zwar dadurch, dass man sich auf ein Strafmaß und den Kostenerstattungsanspruch einigt.

Der Rechtsanwalt des Privatklägers erhält aufgrund Vorbemerkung Nr. 4 (1) des 4. Teils des VV RVG dieselben Gebühren wie der Verteidiger.

4 OLG Hamm, Beschl. v. 28.2.2006 – 2 (s) Sbd IX und 14/06, JurBüro 2006, 533.

5 Pfälz. OLG Zweibrücken, Beschl. v. 31.8.2006 – 1 Ws 342/06, JurBüro 2006, 642.

6 Für den Abzug von Pausen, also Ansatz der Nettoanwesenheit: OLG Frankfurt a.M., Beschl. v. 19.6.2012 – 2 Ws 83/12, BeckRS 2012, 16225; für den Einbezug von (zumindest kürzeren) Verhandlungspausen: OLG Stuttgart, Beschl. v. 27.7.2012 – 5 Ws 33/12, BeckRS 2012, 20576.

Für die erstmalige Einarbeitung in den Rechtsfall erhält er die Grundgebühr, sodann erhält er die Verfahrensgebühr der Nr. 4104 VV RVG, da ausweislich der dortigen Vorbemerkung die Vorbereitung der Privatklage dem vorbereiteten Verfahren gleichsteht.

In der Hauptverhandlung erhält er die Verfahrens- und Terminsgebühren der Nrn. 4106 und 4108 VV RVG; ferner erhält er die Einigungsgebühr nach Nr. 1000 VV RVG i.V.m. 4147 VV RVG. Aufgrund der Gegebenheiten sind hier die Mittelgebühren anzusetzen.

Zu beachten ist zudem: Vorliegend handelt es sich um zwei Verfahren, so dass zwei Auslagenpauschalen abzurechnen sind (sofern nicht die tatsächlichen Kosten gefordert werden).

Grundgebühr, Nr. 4100 VV RVG i.V.m. § 14 RVG		200,00 EUR
Verfahrensgebühr, Nr. 4104 VV RVG i.V.m. § 14 RVG		165,00 EUR
Auslagenpauschale, Nr. 7002 VV RVG		20,00 EUR
Verfahrensgebühr, Nr. 4106 VV RVG		165,00 EUR
Terminsgebühr je Verhandlungstag nach Nr. 4108 VV RVG i.V.m. § 14 RVG, 2 × 275,00 EUR		550,00 EUR
Einigungsgebühr, Nrn. 4147, 1000 VV RVG		165,00 EUR
Auslagenpauschale, Nr. 7002 VV RVG		20,00 EUR
Zwischensumme	1.285,00 EUR	
19 % Mehrwertsteuer, Nr. 7008 VV RVG		244,15 EUR
Gesamtbetrag		**1.529,15 EUR**

II. Verfahren im ersten Rechtszug vor der Strafkammer

23 Die Verfahrensgebühr im ersten Rechtszug in der Hauptverhandlung vor der Strafkammer beträgt nach Nr. 4112 VV RVG für den gerichtlich bestellten oder beigeordneten Rechtsanwalt 148,00 EUR, für den Wahlanwalt 50,00 EUR bis 320,00 EUR. Diese Verfahrensgebühr ist auch anzusetzen für Verfahren vor der Jugendkammer – soweit nicht Nr. 4118 VV RVG Anwendung findet – und für Rehabilitierungsverfahren nach Abschnitt 2 StrRehaG.

24 Befindet sich der Beschuldigte nicht auf freiem Fuß, erhöht sich die Gebühr der Nr. 4112 VV RVG nach Nr. 4113 VV RVG für den gerichtlich bestellten oder beigeordneten Rechtsanwalt auf 180,00 EUR und für den Wahlanwalt auf den Rahmen von 50,00 EUR bis 400,00 EUR.

25 Die Terminsgebühr erwächst dem Rechtsanwalt im ersten Rechtszug vor der Strafkammer nach Nr. 4114 VV RVG für jeden Hauptverhandlungstag; sie beträgt für den gerichtlich bestellten oder beigeordneten Anwalt 256,00 EUR und für den Wahlanwalt zwischen 80,00 EUR und 560,00 EUR. Befindet sich der Beschuldigte nicht auf freiem Fuß, so erhöht sich die Terminsgebühr für den gerichtlich bestellten oder beigeordneten

Anwalt nach Nr. 4115 VV RVG auf 312,00 EUR; für den Wahlanwalt erweitert sich der Rahmen auf 80,00 EUR bis 700,00 EUR.

Beispiel 11 **Vertretung im ersten Rechtszug vor der Strafkammer**

Der Rechtsanwalt ist beauftragt, den Mandanten in einem Strafverfahren im ersten Rechtszug vor der Strafkammer zu vertreten. Der Rechtsanwalt war im Vorverfahren bereits tätig. Es finden insgesamt 3 Verhandlungstage statt; die Angelegenheit ist so schwer, dass der Rahmen auszuschöpfen ist.

Die Grundgebühr erhält der Rechtsanwalt nicht mehr, da er bereits im Vorverfahren tätig gewesen ist. Sie ist bereits im Vorverfahren angefallen (und wurde dort abgerechnet) und erwächst dem Anwalt nur für die „erstmalige“ Einarbeitung in den Rechtsfall.

Der Rechtsanwalt ist Wahlanwalt		
Verfahrensgebühr, Nr. 4112 VV RVG i.V.m. § 14 RVG		320,00 EUR
Terminsgebühr je Verhandlungstag nach Nr. 4114 VV RVG i.V.m. § 14 RVG, 3 × 560,00 EUR		1.680,00 EUR
Auslagenpauschale, Nr. 7002 VV RVG		20,00 EUR
Zwischensumme	2.020,00 EUR	
19 % Mehrwertsteuer, Nr. 7008 VV RVG		383,80 EUR
Gesamtbetrag		**2.403,80 EUR**
Befindet sich der Mandant in Haft, betragen die Gebühren:		
Verfahrensgebühr, Nrn. 4112, 4113 VV RVG i.V.m. § 14 RVG		400,00 EUR
Terminsgebühr je Verhandlungstag nach Nrn. 4114, 4115 VV RVG i.V.m. § 14 RVG, 3 × 700,00 EUR		2.100,00 EUR
Auslagenpauschale, Nr. 7002 VV RVG		20,00 EUR
Zwischensumme	2.520,00 EUR	
19 % Mehrwertsteuer, Nr. 7008 VV RVG		478,80 EUR
Gesamtbetrag		**2.998,80 EUR**
Der Rechtsanwalt ist gerichtlich bestellt bzw. beigeordnet		
Verfahrensgebühr, Nr. 4112 VV RVG		148,00 EUR
Terminsgebühr je Verhandlungstag nach Nr. 4114 VV RVG, 3 × 256,00 EUR		768,00 EUR
Auslagenpauschale, Nr. 7002 VV RVG		20,00 EUR
Zwischensumme	936,00 EUR	
19 % Mehrwertsteuer, Nr. 7008 VV RVG		177,84 EUR
Gesamtbetrag		**1.113,84 EUR**

Befindet sich der Mandant in Haft, betragen die Gebühren:

Verfahrensgebühr, Nrn. 4112, 4113 VV RVG		180,00 EUR
Terminsgebühr je Verhandlungstag nach Nrn. 4114, 4115 VV RVG, 3 × 312,00 EUR		936,00 EUR
Auslagenpauschale, Nr. 7002 VV RVG		20,00 EUR
Zwischensumme	1.136,00 EUR	
19 % Mehrwertsteuer, Nr. 7008 VV RVG		215,84 EUR
Gesamtbetrag		**1.351,84 EUR**

26 Dauert die Hauptverhandlung im ersten Rechtszug vor der Strafkammer mehr als 5 und bis 8 Stunden, so erhält der **gerichtlich bestellte oder beigeordnete Rechtsanwalt** nach Nr. 4116 VV RVG zusätzlich zur Gebühr Nr. 4114 VV RVG (Terminsgebühr) oder Nr. 4115 VV RVG (Terminsgebühr mit Zuschlag) einen Betrag in Höhe von 128,00 EUR.

Beispiel 12 **Zusatzgebühr bei überlanger Terminsdauer (5–8 Stunden)**

Wie zuvor Beispiel 11; der erste Hauptverhandlungstermin dauert 7 Stunden.

Neben den Gebühren in der Lösung des Beispiels 11 erhält der Rechtsanwalt den Zuschlag für den überlangen Termin gemäß Nr. 4116 VV RVG.

Der Rechtsanwalt ist gerichtlich bestellt bzw. beigeordnet

Verfahrensgebühr, Nr. 4112 VV RVG		148,00 EUR
Terminsgebühr je Verhandlungstag nach Nr. 4114 VV RVG, 3 × 256,00 EUR		768,00 EUR
Zuschlag für Verhandlungstag Nr. 1, Nr. 4116 VV RVG		128,00 EUR
Auslagenpauschale, Nr. 7002 VV RVG		20,00 EUR
Zwischensumme	1.064,00 EUR	
19 % Mehrwertsteuer, Nr. 7008 VV RVG		202,16 EUR
Gesamtbetrag		**1.266,16 EUR**

Befindet sich der Mandant in Haft, betragen die Gebühren:

Verfahrensgebühr, Nrn. 4112, 4113 VV RVG		180,00 EUR
Terminsgebühr je Verhandlungstag nach Nrn. 4114, 4115 VV RVG, 3 × 312,00 EUR		936,00 EUR
Zuschlag für Verhandlungstag Nr. 1, Nr. 4116 VV RVG		128,00 EUR
Auslagenpauschale, Nr. 7002 VV RVG		20,00 EUR
Zwischensumme	1.264,00 EUR	
19 % Mehrwertsteuer, Nr. 7008 VV RVG		240,16 EUR
Gesamtbetrag		**1.504,16 EUR**

27 Dauert die Hauptverhandlung im ersten Rechtszug vor der Strafkammer mehr als 8 Stunden, so erhält der **gerichtlich bestellte oder beigeordnete Rechtsanwalt** nach Nr. 4117 VV RVG zusätzlich zur Gebühr Nr. 4114 VV RVG (Terminsgebühr) oder Nr. 4115 VV RVG (Terminsgebühr mit Zuschlag) einen Betrag in Höhe von 256,00 EUR.

Beispiel 13 **Zusatzgebühr bei überlanger Terminsdauer (mehr als 8 Stunden)**

Wie zuvor Beispiel 11; der erste Hauptverhandlungstermin dauert 9 Stunden.

Neben den Gebühren in der Lösung des Beispiels 11 erhält der Rechtsanwalt den Zuschlag für den überlangen Termin gemäß Nr. 4117 VV RVG.

Der Rechtsanwalt ist gerichtlich bestellt bzw. beigeordnet		
Verfahrensgebühr, Nr. 4112 VV RVG		148,00 EUR
Terminsgebühr je Verhandlungstag nach Nr. 4114 VV RVG, 3 × 256,00 EUR		768,00 EUR
Zuschlag für Verhandlungstag Nr. 1, Nr. 4117 VV RVG		256,00 EUR
Auslagenpauschale, Nr. 7002 VV RVG		20,00 EUR
Zwischensumme	1.192,00 EUR	
19 % Mehrwertsteuer, Nr. 7008 VV RVG		226,48 EUR
Gesamtbetrag		**1.418,48 EUR**

Befindet sich der Mandant in Haft, betragen die Gebühren:		
Verfahrensgebühr, Nrn. 4112, 4113 VV RVG		180,00 EUR
Terminsgebühr je Verhandlungstag nach Nrn. 4114, 4115 VV RVG, 3 × 312,00 EUR		936,00 EUR
Zuschlag für Verhandlungstag Nr. 1, Nr. 4117 VV RVG		256,00 EUR
Auslagenpauschale, Nr. 7002 VV RVG		20,00 EUR
Zwischensumme	1.392,00 EUR	
19 % Mehrwertsteuer, Nr. 7008 VV RVG		264,48 EUR
Gesamtbetrag		**1.656,48 EUR**

Merke

Hierbei ist „ein Hauptverhandlungstermin" gemeint und nicht etwa die Addition sämtlicher Termine der Hauptverhandlung. Würden (wohl selten) z.B. 2 Termine überlange Dauer haben, so sind die Zusatzgebühren entsprechend auch zweimal anzusetzen.

III. Verfahren im ersten Rechtszug vor dem Oberlandesgericht, dem Schwurgericht und der Strafkammer nach §§ 74a und 74c GVG

Die Verfahrensgebühr in der Hauptverhandlung vor dem Oberlandesgericht, dem Schwurgericht und der Strafkammer nach §§ 74a und 74c GVG beträgt nach Nr. 4118 VV RVG für den gerichtlich bestellten oder beigeordneten Rechtsanwalt 316,00 EUR, für den Wahlanwalt 100,00 EUR bis 690,00 EUR. Befindet sich der Beschuldigte nicht auf freiem Fuß, erhöht sich die Gebühr der Nr. 4118 VV RVG nach Nr. 4119 VV RVG für den gerichtlich bestellten oder beigeordneten Rechtsanwalt auf 385,00 EUR und für den Wahlanwalt auf den Rahmen von 100,00 EUR bis 862,50 EUR. Die Gebühr entsteht auch für Verfahren vor der Jugendkammer, soweit diese in Sachen entscheidet, die nach den allgemeinen Vorschriften zur Zuständigkeit des Schwurgerichts gehören würde. 28

29 Die Terminsgebühr erwächst dem Rechtsanwalt im ersten Rechtszug vor dem Oberlandesgericht, dem Schwurgericht und der Strafkammer nach §§ 74a und 74c GVG nach Nr. 4120 VV RVG für jeden Hauptverhandlungstag; sie beträgt für den gerichtlich bestellten oder beigeordneten Anwalt 424,00 EUR und für den Wahlanwalt zwischen 130,00 EUR und 930,00 EUR. Befindet sich der Beschuldigte nicht auf freiem Fuß, so erhöht sich die Terminsgebühr für den gerichtlich bestellten oder beigeordneten Anwalt nach Nr. 4121 VV RVG auf 517,00 EUR; für den Wahlanwalt erweitert sich der Rahmen auf 130,00 EUR bis 1.162,50 EUR.

Beispiel 14 **Vertretung im ersten Rechtszug vor dem OLG/Schwurgericht**

Der Rechtsanwalt ist beauftragt, den Mandanten in einem Strafverfahren im ersten Rechtszug vor dem Schwurgericht zu vertreten. Der Rechtsanwalt war im Vorverfahren bislang noch nicht tätig. Es finden insgesamt 4 Verhandlungstage statt; die Angelegenheit ist so schwer, dass der Rahmen auszuschöpfen ist.

Die Grundgebühr erhält der Rechtsanwalt jeweils neben der Verfahrens- und Terminsgebühr für die erstmalige Einarbeitung in den Rechtsfall. Wäre er bereits im Vorverfahren tätig gewesen, so wäre sie jetzt nicht anzusetzen, denn sie wäre ja bereits im Vorverfahren angefallen.

Der Rechtsanwalt ist Wahlanwalt		
Grundgebühr, Nr. 4100 VV RVG i.V.m. § 14 RVG		360,00 EUR
Verfahrensgebühr, Nr. 4118 VV RVG i.V.m. § 14 RVG		690,00 EUR
Terminsgebühr je Verhandlungstag nach Nr. 4120 VV RVG i.V.m. § 14 RVG, 4 × 930,00 EUR		3.720,00 EUR
Auslagenpauschale, Nr. 7002 VV RVG		20,00 EUR
Zwischensumme	4.790,00 EUR	
19 % Mehrwertsteuer, Nr. 7008 VV RVG		910,10 EUR
Gesamtbetrag		**5.700,10 EUR**

Befindet sich der Mandant in Haft, betragen die Gebühren:		
Grundgebühr, Nr. 4100, 4101 VV RVG i.V.m. § 14 RVG		450,00 EUR
Verfahrensgebühr, Nr. 4118, 4119 VV RVG i.V.m. § 14 RVG		862,50 EUR
Terminsgebühr je Verhandlungstag nach Nrn. 4120, 4121 VV RVG i.V.m. § 14 RVG, 4 × 1.162,50 EUR		4.650,00 EUR
Auslagenpauschale, Nr. 7002 VV RVG		20,00 EUR
Zwischensumme	5.982,50 EUR	
19 % Mehrwertsteuer, Nr. 7008 VV RVG		1.136,68 EUR
Gesamtbetrag		**7.119,18 EUR**

Der Rechtsanwalt ist gerichtlich bestellt bzw. beigeordnet		
Grundgebühr, Nr. 4100 VV RVG		160,00 EUR
Verfahrensgebühr, Nr. 4118 VV RVG		316,00 EUR
Terminsgebühr je Verhandlungstag nach Nr. 4120 VV RVG, 4 × 424,00 EUR		1.696,00 EUR
Auslagenpauschale, Nr. 7002 VV RVG		20,00 EUR
Zwischensumme	2.192,00 EUR	
19 % Mehrwertsteuer, Nr. 7008 VV RVG		416,48 EUR
Gesamtbetrag		**2.608,48 EUR**

Befindet sich der Mandant in Haft, betragen die Gebühren:		
Grundgebühr, Nrn. 4100, 4101 VV RVG		192,00 EUR
Verfahrensgebühr, Nrn. 4118, 4119 VV RVG		385,00 EUR
Terminsgebühr je Verhandlungstag nach Nrn. 4120, 4121 VV RVG, 4 × 517,00 EUR		2.068,00 EUR
Auslagenpauschale, Nr. 7002 VV RVG		20,00 EUR
Zwischensumme	2.665,00 EUR	
19 % Mehrwertsteuer, Nr. 7008 VV RVG		506,35 EUR
Gesamtbetrag		**3.171,35 EUR**

Dauert die Hauptverhandlung im ersten Rechtszug vor dem Oberlandesgericht, dem Schwurgericht und der Strafkammer nach §§ 74a und 74c GVG mehr als 5 und bis 8 Stunden, so erhält der **gerichtlich bestellte oder beigeordnete Rechtsanwalt** nach Nr. 4122 VV RVG zusätzlich zur Gebühr Nr. 4120 VV RVG (Terminsgebühr) oder Nr. 4121 VV RVG (Terminsgebühr mit Zuschlag) einen Betrag in Höhe von 212,00 EUR. Dies gilt aufgrund des Spielraums des Gebührenrahmens nicht für den Wahlanwalt. 30

Beispiel 15 **Zusatzgebühr bei überlanger Terminsdauer (5–8 Stunden)**

Wie zuvor Beispiel 14; der erste Hauptverhandlungstermin dauert 6 Stunden.

Neben den Gebühren aus dem Beispiel 14 verdient der beigeordnete Rechtsanwalt die Zusatzgebühr der Nr. 4122 VV RVG.

Der Rechtsanwalt ist gerichtlich bestellt bzw. beigeordnet		
Grundgebühr, Nr. 4100 VV RVG		160,00 EUR
Verfahrensgebühr, Nr. 4118 VV RVG		316,00 EUR
Terminsgebühr je Verhandlungstag nach Nr. 4120 VV RVG, 4 × 424,00 EUR		1.696,00 EUR
Zuschlag für Verhandlungstag Nr. 1, Nr. 4122 VV RVG		212,00 EUR
Auslagenpauschale, Nr. 7002 VV RVG		20,00 EUR
Zwischensumme	2.404,00 EUR	
19 % Mehrwertsteuer, Nr. 7008 VV RVG		456,76 EUR
Gesamtbetrag		**2.860,76 EUR**

Befindet sich der Mandant in Haft, betragen die Gebühren:

Grundgebühr, Nrn. 4100, 4101 VV RVG		192,00 EUR
Verfahrensgebühr, Nrn. 4118, 4119 VV RVG		385,00 EUR
Terminsgebühr je Verhandlungstag nach Nrn. 4120, 4121 VV RVG, 4 × 517,00 EUR		2.068,00 EUR
Zuschlag für Verhandlungstag Nr. 1, Nr. 4122 VV RVG		212,00 EUR
Auslagenpauschale, Nr. 7002 VV RVG		20,00 EUR
Zwischensumme	2.877,00 EUR	
19 % Mehrwertsteuer, Nr. 7008 VV RVG		546,63 EUR
Gesamtbetrag		**3.423,63 EUR**

31 Dauert die Hauptverhandlung mehr als 8 Stunden, so erhält der **gerichtlich bestellte oder beigeordnete Rechtsanwalt** nach Nr. 4123 VV RVG zusätzlich zur Gebühr Nr. 4120 VV RVG (Terminsgebühr) oder Nr. 4121 VV RVG (Terminsgebühr mit Zuschlag) einen Betrag in Höhe von 424,00 EUR; auch in diesem Falle ist eine Zusatzgebühr für den Wahlanwalt nicht vorgesehen, da dieser über Rahmenfreiheit verfügt.

Beispiel 16 **Zusatzgebühr bei überlanger Terminsdauer (mehr als 8 Stunden)**

Wie zuvor Beispiel 14; der erste Hauptverhandlungstermin dauert 9 Stunden.

Neben den Gebühren aus dem vorherigen Beispiel verdient der beigeordnete Rechtsanwalt die Zusatzgebühr der Nr. 4122 VV RVG.

Der Rechtsanwalt ist gerichtlich bestellt bzw. beigeordnet

Grundgebühr, Nr. 4100 VV RVG		160,00 EUR
Verfahrensgebühr, Nr. 4118 VV RVG		316,00 EUR
Terminsgebühr je Verhandlungstag nach Nr. 4120 VV RVG, 4 × 424,00 EUR		1.696,00 EUR
Zuschlag für Verhandlungstag Nr. 1, Nr. 4123 VV RVG		424,00 EUR
Auslagenpauschale, Nr. 7002 VV RVG		20,00 EUR
Zwischensumme	2.616,00 EUR	
19 % Mehrwertsteuer, Nr. 7008 VV RVG		497,04 EUR
Gesamtbetrag		**3.114,04 EUR**

Befindet sich der Mandant in Haft, betragen die Gebühren:

Grundgebühr, Nrn. 4100, 4101 VV RVG		192,00 EUR
Verfahrensgebühr, Nrn. 4118, 4119 VV RVG		385,00 EUR
Terminsgebühr je Verhandlungstag nach Nrn. 4120, 4121 VV RVG, 4 × 517,00 EUR		2.068,00 EUR
Zuschlag für Verhandlungstag Nr. 1, Nr. 4123 VV RVG		424,00 EUR
Auslagenpauschale, Nr. 7002 VV RVG		20,00 EUR
Zwischensumme	3.089,00 EUR	
19 % Mehrwertsteuer, Nr. 7008 VV RVG		586,91 EUR
Gesamtbetrag		**3.675,91 EUR**

Merke

Hierbei ist „ein Hauptverhandlungstermin" gemeint und nicht etwa die Addition sämtlicher Termine der Hauptverhandlung. Würden (wohl selten) z.B. 2 Termine überlange Dauer haben, so sind die Zusatzgebühren entsprechend auch zweimal anzusetzen.

Auch zu diesen Gebührenziffern, die ja vom Grundsatz her identisch mit denjenigen der Nrn. 4110, 4111 VV RVG sind, sind einige (unterschiedliche) Entscheidungen ergangen. So hat das OLG Düsseldorf[7] bereits im September 2006 entschieden, dass bei der Berechnung der für die Gewährung des Längenzuschlages maßgeblichen Dauer eines Hauptverhandlungstages die Zeitspanne zwischen dem gerichtlich verfügten Beginn (bzw. dem Erscheinen des Verteidigers, wenn durch ihn eine Verzögerung zu vertreten war) und der in der Verhandlung angeordneten Schließung der Sitzung zugrunde zu legen ist. Die Wartezeiten und Sitzungspausen werden grundsätzlich nicht abgezogen. Denn wenn die Inanspruchnahme des Verteidigers mit Wartezeiten belastet wird, darf sich dies nicht zu Ungunsten des anwaltlichen Gebührenanspruchs auswirken. Auch sind nach Ansicht des OLG Düsseldorf die Mittagspausen nicht in Abzug zu bringen, da sich der Verteidiger während der Terminszeit zur Verfügung halten muss und deshalb an einer anderweitigen Ausübung seines Berufs gehindert ist. Insbesondere sollte die Mittagspause gewöhnlich der Einnahme einer Mahlzeit und der Erholung dienen und kann daher nicht für berufliche Zwecke genutzt werden. Das OLG Düsseldorf hält eine Herausrechnung von Sitzungsunterbrechungen nur für geboten, wenn eine Sitzungspause gerade deshalb angeordnet wurde, um dem Verteidiger die Wahrnehmung eines anderen Termins zu ermöglichen. 32

Das OLG Oldenburg[8] sieht dies anders: Der im Beschl. v. 3.5.2007 geäußerten Auffassung nach sind kürzere Verhandlungspausen bei der Ermittlung der für den Längenzuschlag maßgeblichen Zeit nicht von der Hauptverhandlungsdauer abzuziehen; demgegenüber seien aber längere Pausen, insbesondere auch Mittagspausen, als Abzug zu berücksichtigen. Diese seien in der Regel vorhersehbar und planbar und „prozessneutral". Auch spräche der Wortlaut der Nrn. 4122 und 4123 VV RVG eher gegen die Einbeziehung der Mittagspause, denn während der Mittagspause *nimmt der Verteidiger gerade* ***nicht*** *an der Verhandlung teil.*

Ob andere längere Verhandlungspausen (als die Mittagspause) die Hauptverhandlungsdauer reduzieren, muss laut OLG Oldenburg im Einzelfall überprüft werden: Hier ist auf die Vorhersehbarkeit, die Länge der Sitzungspause sowie die Entfernung und Erreichbarkeit der Kanzlei abzustellen.

7 OLG Düsseldorf, Beschl. v. 7.9.2006 – III-3 (s)RVG 4/06, JurBüro 2006, 641.
8 OLG Oldenburg, Beschl. v. 3.5.2007 – 1 Ws 169/07, Burhoff online: RVG Entscheidungen, www.burhoff.de.

E. Der zweite Rechtszug – Berufungsverfahren

33 Die Verfahrensgebühr in Berufungsverfahren beträgt nach Nr. 4124 VV RVG für den gerichtlich bestellten oder beigeordneten Rechtsanwalt 256,00 EUR, für den Wahlanwalt 80,00 EUR bis 560,00 EUR. Befindet sich der Beschuldigte nicht auf freiem Fuß, erhöht sich die Gebühr der Nr. 4124 VV RVG nach Nr. 4125 VV RVG für den gerichtlich bestellten oder beigeordneten Rechtsanwalt auf 312,00 EUR und für den Wahlanwalt auf den Rahmen von 80,00 EUR bis 700,00 EUR.

Die Gebühr entsteht auch für Beschwerdeverfahren nach § 13 StrRehaG.

34 Die Terminsgebühr erwächst dem Rechtsanwalt in Berufungsverfahren nach Nr. 4126 VV RVG für jeden Hauptverhandlungstag; sie beträgt für den gerichtlich bestellten oder beigeordneten Anwalt 256,00 EUR und für den Wahlanwalt zwischen 80,00 EUR und 560,00 EUR. Befindet sich der Beschuldigte nicht auf freiem Fuß, so erhöht sich die Terminsgebühr für den gerichtlich bestellten oder beigeordneten Anwalt nach Nr. 4127 VV RVG auf 312,00 EUR; für den Wahlanwalt erweitert sich der Rahmen auf 80,00 EUR bis 700,00 EUR.

Beispiel 17 **Tätigkeit im Berufungsverfahren**

Der Rechtsanwalt ist beauftragt, den Mandanten in einem strafrechtlichen Berufungsverfahren zu vertreten. Der Rechtsanwalt war mit der Sache bereits im Vorfeld betraut. Es finden insgesamt 2 Verhandlungstage statt; die Angelegenheit ist einfach gelagert, so dass lediglich die Mindestgebühr bzw. bei Haftzuschlag ein geringfügig höherer Betrag in Ansatz zu bringen ist.

Die Grundgebühr erhält der Rechtsanwalt nicht mehr, da er bereits im Vorfeld (erster Rechtszug oder im Vorverfahren) betraut war und dort die Gebühr auch schon abgerechnet wurde.

Der Rechtsanwalt ist Wahlanwalt		
Verfahrensgebühr, Nr. 4124 VV RVG i.V.m. § 14 RVG		80,00 EUR
Terminsgebühr je Verhandlungstag nach Nr. 4126 VV RVG i.V.m. § 14 RVG, 2 × 80,00 EUR		160,00 EUR
Auslagenpauschale, Nr. 7002 VV RVG		20,00 EUR
Zwischensumme	260,00 EUR	
19 % Mehrwertsteuer, Nr. 7008 VV RVG		49,40 EUR
Gesamtbetrag		**309,40 EUR**

Befindet sich der Mandant in Haft, betragen die Gebühren:		
Verfahrensgebühr, Nrn. 4124, 4125 VV RVG i.V.m. § 14 RVG		90,00 EUR
Terminsgebühr je Verhandlungstag nach Nrn. 4126, 4127 VV RVG i.V.m. § 14 RVG, 2 × 90,00 EUR		180,00 EUR
Auslagenpauschale, Nr. 7002 VV RVG		20,00 EUR
Zwischensumme	290,00 EUR	
19 % Mehrwertsteuer, Nr. 7008 VV RVG		55,10 EUR
Gesamtbetrag		**345,10 EUR**

Der Rechtsanwalt ist gerichtlich bestellt bzw. beigeordnet		
Verfahrensgebühr, Nr. 4124 VV RVG		256,00 EUR
Terminsgebühr je Verhandlungstag nach Nr. 4126 VV RVG, 2 × 256,00 EUR		512,00 EUR
Auslagenpauschale, Nr. 7002 VV RVG		20,00 EUR
Zwischensumme	788,00 EUR	
19 % Mehrwertsteuer, Nr. 7008 VV RVG		149,72 EUR
Gesamtbetrag		**937,72 EUR**

Befindet sich der Mandant in Haft, betragen die Gebühren:		
Verfahrensgebühr, Nrn. 4124, 4125 VV RVG		312,00 EUR
Terminsgebühr je Verhandlungstag nach Nrn. 4126, 4127 VV RVG, 2 × 312,00 EUR		624,00 EUR
Auslagenpauschale, Nr. 7002 VV RVG		20,00 EUR
Zwischensumme	956,00 EUR	
19 % Mehrwertsteuer, Nr. 7008 VV RVG		181,64 EUR
Gesamtbetrag		**1.137,64 EUR**

Dauert die Hauptverhandlung in der Berufung mehr als 5 und bis 8 Stunden, so erhält 35
(nur) der **gerichtlich bestellte oder beigeordnete Rechtsanwalt** nach Nr. 4128 VV RVG zusätzlich zur Gebühr Nr. 4126 VV RVG (Terminsgebühr) oder Nr. 4127 VV RVG (Terminsgebühr mit Zuschlag) einen Betrag in Höhe von 128,00 EUR.

Beispiel 18 Zusatzgebühr bei überlanger Terminsdauer (5–8 Stunden)

Wie zuvor Beispiel 17; der erste Hauptverhandlungstermin dauert 5,5 Stunden.

Neben den schon im Beispiel 17 errechneten Gebühren erhält der Rechtsanwalt wegen der überlangen Terminsdauer einen Zuschlag nach Nr. 4128 VV RVG in Höhe von 128,00 EUR.

Der Rechtsanwalt ist gerichtlich bestellt bzw. beigeordnet		
Verfahrensgebühr, Nr. 4124 VV RVG		256,00 EUR
Terminsgebühr je Verhandlungstag nach Nr. 4126 VV RVG, 2 × 256,00 EUR		512,00 EUR
Zuschlag für Verhandlungstag Nr. 1, Nr. 4128 VV RVG		128,00 EUR
Auslagenpauschale, Nr. 7002 VV RVG		20,00 EUR
Zwischensumme	916,00 EUR	
19 % Mehrwertsteuer, Nr. 7008 VV RVG		174,04 EUR
Gesamtbetrag		**1.090,04 EUR**

Befindet sich der Mandant in Haft, betragen die Gebühren:		
Verfahrensgebühr, Nrn. 4124, 4125 VV RVG		312,00 EUR
Terminsgebühr je Verhandlungstag nach Nrn. 4126, 4127 VV RVG, 2 × 312,00 EUR		624,00 EUR
Zuschlag für Verhandlungstag Nr. 1, Nr. 4128 VV RVG		128,00 EUR
Auslagenpauschale, Nr. 7002 VV RVG		20,00 EUR
Zwischensumme	1.084,00 EUR	
19 % Mehrwertsteuer, Nr. 7008 VV RVG		205,96 EUR
Gesamtbetrag		**1.289,96 EUR**

36 Dauert die Hauptverhandlung in der Berufung mehr als 8 Stunden, so erhält (nur) der **gerichtlich bestellte oder beigeordnete Rechtsanwalt** nach Nr. 4129 VV RVG zusätzlich zur Gebühr Nr. 4126 VV RVG (Terminsgebühr) oder Nr. 4127 VV RVG (Terminsgebühr mit Zuschlag) einen Betrag in Höhe von 256,00 EUR.

Beispiel 19 **Zusatzgebühr bei überlanger Terminsdauer (mehr als 8 Stunden)**

Wie zuvor Beispiel 17; der erste Hauptverhandlungstermin dauert 10 Stunden.

Neben den schon im Beispiel 17 errechneten Gebühren erhält der Rechtsanwalt wegen der überlangen Terminsdauer einen Zuschlag nach Nr. 4129 VV RVG in Höhe von 256,00 EUR.

Der Rechtsanwalt ist gerichtlich bestellt bzw. beigeordnet		
Verfahrensgebühr, Nr. 4124 VV RVG		256,00 EUR
Terminsgebühr je Verhandlungstag nach Nr. 4126 VV RVG, 2 × 256,00 EUR		512,00 EUR
Zuschlag für Verhandlungstag Nr. 1, Nr. 4129 VV RVG		256,00 EUR
Auslagenpauschale, Nr. 7002 VV RVG		20,00 EUR
Zwischensumme	1.044,00 EUR	
19 % Mehrwertsteuer, Nr. 7008 VV RVG		198,36 EUR
Gesamtbetrag		**1.242,36 EUR**

Befindet sich der Mandant in Haft, betragen die Gebühren:		
Verfahrensgebühr, Nrn. 4124, 4125 VV RVG		312,00 EUR
Terminsgebühr je Verhandlungstag nach Nrn. 4126, 4127 VV RVG, 2 × 312,00 EUR		624,00 EUR
Zuschlag für Verhandlungstag Nr. 1, Nr. 4129 VV RVG		256,00 EUR
Auslagenpauschale, Nr. 7002 VV RVG		20,00 EUR
Zwischensumme	1.212,00 EUR	
19 % Mehrwertsteuer, Nr. 7008 VV RVG		230,28 EUR
Gesamtbetrag		**1.442,28 EUR**

Merke

Hierbei ist „ein Hauptverhandlungstermin“ gemeint und nicht etwa die Addition sämtlicher Termine der Hauptverhandlung. Würden (wohl selten) z.B. 2 Termine überlange Dauer haben, so sind die Zusatzgebühren entsprechend auch zweimal anzusetzen.

Auch zu diesen Gebührenziffern, die ja vom Grundsatz her identisch mit denjenigen der Nrn. 4110, 4111 VV RVG sind, sind einige (unterschiedliche) Entscheidungen ergangen (vgl. vorstehend Rdn 21, 32). 37

Die Gebühren sind, wie bereits ausgeführt, auch im Nebenklageverfahren entsprechend zu berechnen. 38

Beispiel 20 **Vertretung des Nebenklägers**

In einem Mordanklageverfahren vertritt der Rechtsanwalt seine Partei im zweiten Rechtszug als Nebenkläger. Der Rechtsanwalt war im Vorverfahren bislang noch nicht tätig. Es finden insgesamt 4 Verhandlungstage statt; die Angelegenheit ist so schwer, dass der Rahmen auszuschöpfen ist.

Der Rechtsanwalt des Nebenklägers erhält aufgrund Vorbemerkung Nr. 4 Abs. 1 zum 4. Teil des VV RVG dieselben Gebühren wie der Verteidiger.

Für die erstmalige Einarbeitung in den Rechtsfall erhält er die Grundgebühr, sodann erhält er die Verfahrens- und Terminsgebühren der Nrn. 4124 und 4126 VV RVG für die Hauptverhandlung bzw. für die Teilnahme an den Hauptverhandlungstagen.

Grundgebühr, Nr. 4100 VV RVG i.V.m. § 14 RVG		360,00 EUR
Verfahrensgebühr, Nr. 4124 VV RVG i.V.m. § 14 RVG		560,00 EUR
Terminsgebühr je Verhandlungstag nach Nr. 4126 VV RVG i.V.m. § 14 RVG, 4 × 560,00 EUR		2.240,00 EUR
Auslagenpauschale, Nr. 7002 VV RVG		20,00 EUR
Zwischensumme	3.180,00 EUR	
19 % Mehrwertsteuer, Nr. 7008 VV RVG		604,20 EUR
Gesamtbetrag		**3.784,20 EUR**

F. Der dritte Rechtszug – Revisionsverfahren

Die Verfahrensgebühr in Revisionsverfahren beträgt nach Nr. 4130 VV RVG für den gerichtlich bestellten oder beigeordneten Rechtsanwalt 492,00 EUR, für den Wahlanwalt 120,00 EUR bis 1.110,00 EUR. Befindet sich der Beschuldigte nicht auf freiem Fuß, erhöht sich die Gebühr der Nr. 4130 VV RVG nach Nr. 4131 VV RVG für den gerichtlich bestellten oder beigeordneten Rechtsanwalt auf 603,00 EUR und für den Wahlanwalt auf den Rahmen von 120,00 EUR bis 1.387,50 EUR. 39

Die Terminsgebühr erwächst dem Rechtsanwalt in Revisionsverfahren nach Nr. 4132 VV RVG für jeden Hauptverhandlungstag; sie beträgt für den gerichtlich bestellten oder 40 beigeordneten Anwalt 272,00 EUR und für den Wahlanwalt zwischen 120,00 EUR und 560,00 EUR. Befindet sich der Beschuldigte nicht auf freiem Fuß, so erhöht sich die Terminsgebühr für den gerichtlich bestellten oder beigeordneten Anwalt nach Nr. 4133 VV RVG auf 328,00 EUR; für den Wahlanwalt erweitert sich der Rahmen auf 120,00 EUR bis 700,00 EUR.

Beispiel 21 Tätigkeit im Revisionsverfahren

Der Rechtsanwalt ist beauftragt, den Mandanten in einem strafrechtlichen Revisionsverfahren zu vertreten. Der Rechtsanwalt war mit der Sache bereits im Vorfeld betraut. Es finden insgesamt 6 Verhandlungstage statt; die Angelegenheit ist ausgesprochen schwierig und zäh, so dass der oberste Rahmen anzusetzen ist.

Die Grundgebühr erhält der Rechtsanwalt nicht mehr, da er bereits im Vorfeld (erster Rechtszug oder im Vorverfahren) betraut war und dort die Gebühr auch schon abgerechnet hat.

Der Rechtsanwalt ist Wahlanwalt		
Verfahrensgebühr, Nr. 4130 VV RVG i.V.m. § 14 RVG		1.110,00 EUR
Terminsgebühr je Verhandlungstag nach Nr. 4132 VV RVG i.V.m. § 14 RVG, 6 × 560,00 EUR		3.360,00 EUR
Auslagenpauschale, Nr. 7002 VV RVG		20,00 EUR
Zwischensumme	4.490,00 EUR	
19 % Mehrwertsteuer, Nr. 7008 VV RVG		853,10 EUR
Gesamtbetrag		**5.343,10 EUR**
Befindet sich der Mandant in Haft, betragen die Gebühren:		
Verfahrensgebühr, Nrn. 4130, 4131 VV RVG i.V.m. § 14 RVG		1.387,50 EUR
Terminsgebühr je Verhandlungstag nach Nrn. 4132, 4133 VV RVG i.V.m. § 14 RVG, 6 × 700,00 EUR		4.200,00 EUR
Auslagenpauschale, Nr. 7002 VV RVG		20,00 EUR
Zwischensumme	5.607,50 EUR	
19 % Mehrwertsteuer, Nr. 7008 VV RVG		1.065,43 EUR
Gesamtbetrag		**6.672,93 EUR**
Der Rechtsanwalt ist gerichtlich bestellt bzw. beigeordnet		
Verfahrensgebühr, Nr. 4130 VV RVG		492,00 EUR
Terminsgebühr je Verhandlungstag nach Nr. 4132 VV RVG, 6 × 272,00 EUR		1.632,00 EUR
Auslagenpauschale, Nr. 7002 VV RVG		20,00 EUR
Zwischensumme	2.144,00 EUR	
19 % Mehrwertsteuer, Nr. 7008 VV RVG		407,36 EUR
Gesamtbetrag		**2.551,36 EUR**

Befindet sich der Mandant in Haft, betragen die Gebühren:

Verfahrensgebühr, Nrn. 4130, 4131 VV RVG		603,00 EUR
Terminsgebühr je Verhandlungstag nach Nrn. 4132, 4133 VV RVG, 6 × 328,00 EUR		1.968,00 EUR
Auslagenpauschale, Nr. 7002 VV RVG		20,00 EUR
Zwischensumme	2.591,00 EUR	
19 % Mehrwertsteuer, Nr. 7008 VV RVG		492,29 EUR
Gesamtbetrag		**3.083,29 EUR**

Dauert die Hauptverhandlung mehr als 5 und bis 8 Stunden, so erhält der **gerichtlich bestellte oder beigeordnete Rechtsanwalt** nach Nr. 4134 VV RVG zusätzlich zur Gebühr Nr. 4132 VV RVG (Terminsgebühr) oder Nr. 4133 VV RVG (Terminsgebühr mit Zuschlag) einen Betrag in Höhe von 136,00 EUR. 41

Beispiel 22 **Zusatzgebühr bei überlanger Terminsdauer (5–8 Stunden)**

Wie zuvor Beispiel 21; der 2. Verhandlungstag dauert 7 Stunden.

Neben den im Beispiel 21 berechneten Gebühren erhält der Rechtsanwalt den Zuschlag für die überlange Terminsdauer nach Nr. 4134 VV RVG in Höhe von 136,00 EUR.

Der Rechtsanwalt ist gerichtlich bestellt bzw. beigeordnet

Verfahrensgebühr, Nr. 4130 VV RVG		492,00 EUR
Terminsgebühr je Verhandlungstag nach Nr. 4132 VV RVG, 6 × 272,00 EUR		1.632,00 EUR
Zuschlag für Verhandlungstag Nr. 2, Nr. 4134 VV RVG		136,00 EUR
Auslagenpauschale, Nr. 7002 VV RVG		20,00 EUR
Zwischensumme	2.280,00 EUR	
19 % Mehrwertsteuer, Nr. 7008 VV RVG		433,20 EUR
Gesamtbetrag		**2.713,20 EUR**

Befindet sich der Mandant in Haft, betragen die Gebühren:

Verfahrensgebühr, Nrn. 4130, 4131 VV RVG		603,00 EUR
Terminsgebühr je Verhandlungstag nach Nrn. 4132, 4133 VV RVG, 6 × 328,00 EUR		1.968,00 EUR
Zuschlag für Verhandlungstag Nr. 2, Nr. 4134 VV RVG		136,00 EUR
Auslagenpauschale, Nr. 7002 VV RVG		20,00 EUR
Zwischensumme	2.727,00 EUR	
19 % Mehrwertsteuer, Nr. 7008 VV RVG		518,13 EUR
Gesamtbetrag		**3.245,13 EUR**

Dauert die Hauptverhandlung mehr als 8 Stunden, so erhält der **gerichtlich bestellte oder beigeordnete Rechtsanwalt** nach Nr. 4135 VV RVG zusätzlich zur Gebühr Nr. 4132 VV RVG (Terminsgebühr) oder Nr. 4133 VV RVG (Terminsgebühr mit Zuschlag) einen Betrag in Höhe von 272,00 EUR. Auch hier gilt: Die Zuschläge erwachsen dem Wahlanwalt, der sich ja die lange Dauer durch Ausnutzen seines Spielraums „Betragsrahmen" vergüten lassen kann, nicht. 42

Beispiel 23 **Zusatzgebühr bei überlanger Terminsdauer (mehr als 8 Stunden)**

Wie zuvor Beispiel 21; der 2. Verhandlungstag dauert 11 Stunden.

Neben den in Beispiel 21 berechneten Gebühren erhält der Rechtsanwalt den Zuschlag für die überlange Terminsdauer nach Nr. 4135 VV RVG in Höhe von 272,00 EUR.

Der Rechtsanwalt ist gerichtlich bestellt bzw. beigeordnet		
Verfahrensgebühr, Nr. 4130 VV RVG		492,00 EUR
Terminsgebühr je Verhandlungstag nach Nr. 4132 VV RVG, 6 × 272,00 EUR		1.632,00 EUR
Zuschlag für Verhandlungstag Nr. 2, Nr. 4135 VV RVG		272,00 EUR
Auslagenpauschale, Nr. 7002 VV RVG		20,00 EUR
Zwischensumme	2.416,00 EUR	
19 % Mehrwertsteuer, Nr. 7008 VV RVG		459,04 EUR
Gesamtbetrag		**2.875,04 EUR**

Befindet sich der Mandant in Haft, betragen die Gebühren:		
Verfahrensgebühr, Nrn. 4130, 4131 VV RVG		603,00 EUR
Terminsgebühr je Verhandlungstag nach Nrn. 4132, 4133 VV RVG, 6 × 328,00 EUR		1.968,00 EUR
Zuschlag für Verhandlungstag Nr. 2, Nr. 4135 VV RVG		272,00 EUR
Auslagenpauschale, Nr. 7002 VV RVG		20,00 EUR
Zwischensumme	2.863,00 EUR	
19 % Mehrwertsteuer, Nr. 7008 VV RVG		543,97 EUR
Gesamtbetrag		**3.406,97 EUR**

Merke

Hierbei ist „ein Hauptverhandlungstermin" gemeint und nicht etwa die Addition sämtlicher Termine der Hauptverhandlung. Würden (wohl selten) z.B. 2 Termine überlange Dauer haben, so sind die Zusatzgebühren entsprechend auch zweimal anzusetzen.

G. Wiederaufnahmeverfahren

43 Das Wiederaufnahmeverfahren und das wieder aufgenommene neue Strafverfahren sind verschiedene Angelegenheiten nach § 17 Nr. 12 RVG. Sie sind demnach separat zu vergüten. Insoweit ist lediglich zu beachten, dass **eine Grundgebühr nur im Strafverfahren** anfallen kann.

44 Für die Vorbereitung eines Antrages im Wiederaufnahmeverfahren erhält der Rechtsanwalt nach Nr. 4136 VV RVG eine Geschäftsgebühr in Höhe der Verfahrensgebühr für den ersten Rechtszug. Diese Gebühr erhält der Rechtsanwalt auch, wenn er von der Stellung des Antrages abrät.

Beispiel 24 **Wiederaufnahmeverfahren im ersten Rechtszug vor dem Amtsgericht**

In einem strafrechtlichen Verfahren, das im ersten Rechtszug vor dem Amtsgericht geführt wurde, bittet der Mandant seinen Anwalt um die Einleitung des Wiederaufnahmeverfahrens. Es handelt sich um eine sehr schwierige Angelegenheit. Der Rechtsanwalt rät vom Wiederaufnahmeverfahren ab.

Da das Verfahren im ersten Rechtszug vor dem Amtsgericht geführt wurde, ist die Geschäftsgebühr der Nr. 4136 VV RVG in Höhe der Verfahrensgebühr der Nr. 4106 VVR VG (diese hat einen Rahmen von 40,00 EUR bis 290,00 EUR) in Ansatz zu bringen. Eine Grundgebühr entsteht im Wiederaufnahmeverfahren entsprechend der Vorbemerkung nicht. Aufgrund der hohen Schwierigkeit ist hier die Höchstgebühr in Ansatz zu bringen.

Der Rechtsanwalt ist Wahlanwalt		
Geschäftsgebühr, Nrn. 4136, 4106 VV RVG i.V.m. § 14 RVG		290,00 EUR
Auslagenpauschale, Nr. 7002 VV RVG		20,00 EUR
Zwischensumme	310,00 EUR	
19 % Mehrwertsteuer, Nr. 7008 VV RVG		58,90 EUR
Gesamtbetrag		368,90 EUR
Befindet sich der Mandant in Haft, beträgt die Gebühr:		
Geschäftsgebühr, Nrn. 4136, 4106, 4107 VV RVG i.V.m. § 14 RVG		362,50 EUR
Auslagenpauschale, Nr. 7002 VV RVG		20,00 EUR
Zwischensumme	382,50 EUR	
19 % Mehrwertsteuer, Nr. 7008 VV RVG		72,68 EUR
Gesamtbetrag		**455,18 EUR**
Der Rechtsanwalt ist gerichtlich bestellt bzw. beigeordnet		
Geschäftsgebühr, Nr. 4136 VV RVG i.V.m. Nr. 4106 VV RVG		132,00 EUR
Auslagenpauschale, Nr. 7002 VV RVG		20,00 EUR
Zwischensumme	152,00 EUR	
19 % Mehrwertsteuer, Nr. 7008 VV RVG		28,88 EUR
Gesamtbetrag		**180,88 EUR**
Befindet sich der Mandant in Haft, beträgt die Gebühr:		
Geschäftsgebühr, Nr. 4136 VV RVG i.V.m. Nrn. 4106, 4107 VV RVG		161,00 EUR
Auslagenpauschale, Nr. 7002 VV RVG		20,00 EUR
Zwischensumme	181,00 EUR	
19 % Mehrwertsteuer, Nr. 7008 VV RVG		34,39 EUR
Gesamtbetrag		**215,39 EUR**

Die Verfahrensgebühr für das Verfahren über die Zulässigkeit des Wiederaufnahmever- **45**
fahrens beläuft sich nach Nr. 4137 VV RVG in Höhe der Verfahrensgebühr für den ersten Rechtszug; sowohl die Verfahrensgebühr für das weitere Verfahren (Nr. 4138 VV

RVG) als auch die Verfahrensgebühr für das Beschwerdeverfahren (Nr. 4139 VV RVG) belaufen sich ebenfalls in Höhe der Verfahrensgebühr für den ersten Rechtszug.

46 Die Terminsgebühr für jeden Verhandlungstag im Wiederaufnahmeverfahren beläuft sich in Höhe der Terminsgebühr für den ersten Rechtszug, und zwar nach Nr. 4140 VV RVG.

Beispiel 25 Vertretung im Verfahren über die Zulässigkeit des Wiederaufnahmeverfahrens vor der Strafkammer

In einem strafrechtlichen Verfahren, das im ersten Rechtszug vor der Strafkammer geführt wurde, bittet der Mandant seinen Anwalt um die Einleitung des Wiederaufnahmeverfahrens. Es handelt sich um eine sehr schwierige Angelegenheit (Höchstgebühr). Der Rechtsanwalt bereitet den Antrag vor, reicht ihn ein und nimmt 2 Verhandlungstage im Wiederaufnahmeverfahren wahr.

Da das Verfahren in erstem Rechtszug vor der Strafkammer geführt wurde, sind die Verfahrensgebühren der Nrn. 4112 ff. VV RVG in Ansatz zu bringen. Eine Grundgebühr entsteht im Wiederaufnahmeverfahren entsprechend der Vorbemerkung nicht.

Der Rechtsanwalt ist Wahlanwalt		
Geschäftsgebühr, Nrn. 4136, 4112 VV RVG i.V.m. § 14 RVG		320,00 EUR
Verfahrensgebühr, Nrn. 4138, 4112 VV RVG i.V.m. § 14 RVG		320,00 EUR
Auslagenpauschale, Nr. 7002 VV RVG		20,00 EUR
Terminsgebühr je Verhandlungstag, Nrn. 4140, 4114 VV RVG i.V.m. § 14 RVG, 2 × 560,00 EUR		1.120,00 EUR
Auslagenpauschale, Nr. 7002 VV RVG		20,00 EUR
Zwischensumme	1.800,00 EUR	
19 % Mehrwertsteuer, Nr. 7008 VV RVG		342,00 EUR
Gesamtbetrag		**2.142,00 EUR**

Befindet sich der Mandant in Haft, betragen die Gebühren:		
Geschäftsgebühr, Nrn. 4136, 4112, 4113 VV RVG i.V.m. § 14 RVG		400,00 EUR
Auslagenpauschale, Nr. 7002 VV RVG		20,00 EUR
Verfahrensgebühr, Nrn. 4138, 4112, 4113 VV RVG i.V.m. § 14 RVG		400,00 EUR
Terminsgebühr je Verhandlungstag, Nrn. 4140, 4114, 4115 VV RVG i.V.m. § 14 RVG, 2 × 700,00 EUR		1.400,00 EUR
Auslagenpauschale, Nr. 7002 VV RVG		20,00 EUR
Zwischensumme	2.240,00 EUR	
19 % Mehrwertsteuer, Nr. 7008 VV RVG		425,60 EUR
Gesamtbetrag		**2.665,60 EUR**

Der Rechtsanwalt ist gerichtlich bestellt bzw. beigeordnet		
Geschäftsgebühr, Nr. 4136 VV RVG		
i.V.m. Nr. 4112 VV RVG		148,00 EUR
Auslagenpauschale, Nr. 7002 VV RVG		20,00 EUR
Verfahrensgebühr, Nr. 4138 VV RVG		
i.V.m. Nr. 4112 VV RVG		148,00 EUR
Terminsgebühr je Verhandlungstag, Nr. 4140 VV RVG		
i.V.m. Nr. 4114 VV RVG, 2 × 256,00 EUR		512,00 EUR
Auslagenpauschale, Nr. 7002 VV RVG		20,00 EUR
Zwischensumme	848,00 EUR	
19 % Mehrwertsteuer, Nr. 7008 VV RVG		161,12 EUR
Gesamtbetrag		**1.009,12 EUR**

Befindet sich der Mandant in Haft, betragen die Gebühren:		
Geschäftsgebühr, Nr. 4136 VV RVG		
i.V.m. Nrn. 4112, 4113 VV RVG		180,00 EUR
Auslagenpauschale, Nr. 7002 VV RVG		20,00 EUR
Verfahrensgebühr, Nr. 4138 VV RVG		
i.V.m. Nrn. 4112, 4113 VV RVG		180,00 EUR
Terminsgebühr je Verhandlungstag, Nr. 4140 VV RVG		
i.V.m. Nrn. 4114, 4115 VV RVG, 2 × 312,00 EUR		624,00 EUR
Auslagenpauschale, Nr. 7002 VV RVG		20,00 EUR
Zwischensumme	1.024,00 EUR	
19 % Mehrwertsteuer, Nr. 7008 VV RVG		194,56 EUR
Gesamtbetrag		**1.218,56 EUR**

Beispiel 26 — Vertretung im Verfahren über die Zulässigkeit des Wiederaufnahmeverfahrens vor dem Oberlandesgericht

Der Rechtsanwalt ist im Verfahren über die Zulässigkeit des Wiederaufnahmeverfahrens tätig. Das Verfahren des ersten Rechtszuges wurde vor dem Oberlandesgericht geführt. Da es sich um eine schwierige Angelegenheit handelt, ist der oberste Rahmen anzusetzen.

Da das Verfahren im ersten Rechtszug vor dem Oberlandesgericht geführt wurde, sind die Gebühren der Nr. 4118 ff. VV RVG in Ansatz zu bringen. Auch im vorliegenden Fall erhält der Rechtsanwalt entsprechend der Vorbemerkung keine Grundgebühr.

Der Rechtsanwalt ist Wahlanwalt		
Verfahrensgebühr, Nrn. 4137, 4118 VV RVG		
i.V.m. § 14 RVG		690,00 EUR
Auslagenpauschale, Nr. 7002 VV RVG		20,00 EUR
Zwischensumme	710,00 EUR	
19 % Mehrwertsteuer, Nr. 7008 VV RVG		134,90 EUR
Gesamtbetrag		**844,90 EUR**

Befindet sich der Mandant in Haft, beträgt die Gebühr:

Verfahrensgebühr, Nrn. 4137, 4118, 4119 VV RVG i.V.m. § 14 RVG		862,50 EUR
Auslagenpauschale, Nr. 7002 VV RVG		20,00 EUR
Zwischensumme	882,50 EUR	
19 % Mehrwertsteuer, Nr. 7008 VV RVG		167,68 EUR
Gesamtbetrag		**1.050,18 EUR**

Der Rechtsanwalt ist gerichtlich bestellt bzw. beigeordnet

Verfahrensgebühr, Nr. 4137 VV RVG i.V.m. Nr. 4118 VV RVG		316,00 EUR
Auslagenpauschale, Nr. 7002 VV RVG		20,00 EUR
Zwischensumme	336,00 EUR	
19 % Mehrwertsteuer, Nr. 7008 VV RVG		63,84 EUR
Gesamtbetrag		399,84 EUR

Befindet sich der Mandant in Haft, beträgt die Gebühr:

Verfahrensgebühr, Nr. 4137 VV RVG i.V.m. Nrn. 4118, 4119 VV RVG		385,00 EUR
Auslagenpauschale, Nr. 7002 VV RVG		20,00 EUR
Zwischensumme	405,00 EUR	
19 % Mehrwertsteuer, Nr. 7008 VV RVG		76,95 EUR
Gesamtbetrag		**481,95 EUR**

H. Zusätzliche Gebühren

I. Die Zusatzgebühr der Nr. 4141 VV RVG (Vermeidung einer Hauptverhandlung)

47 Unter Abschnitt 1, Unterabschnitt 5 des 4. Teils des VV RVG sind zusätzliche Gebühren aufgeführt, die der Anwalt neben den Gebühren für das Verfahren verdienen kann. Hierzu gehört insbesondere auch die Zusatzgebühr der Nr. 4141 VV RVG, die dem Anwalt erwächst, wenn durch seine Mitwirkung eine Hauptverhandlung entbehrlich wird. Diese Gebühr erhält der Rechtsanwalt neben der von ihm verdienten Grundgebühr und neben den von ihm im Ermittlungsverfahren verdienten Verfahrens- und/oder Terminsgebühren.

48 Wird durch die Mitwirkung des Rechtsanwaltes eine Hauptverhandlung entbehrlich – wenn das Verfahren nicht nur vorläufig eingestellt wird, das Gericht beschließt, das Hauptverfahren nicht zu eröffnen oder das Verfahren durch Rücknahme des Rechtsmittels oder des Rechtsbehelfs erledigt ist –, so erwächst dem Rechtsanwalt nach Nr. 4141 VV RVG eine Gebühr in Höhe der jeweiligen Verfahrensgebühr (ohne Zuschlag).

Die Gebühr fällt mithin (bereits) bei Einstellung des Strafverfahrens an, und zwar auch dann, wenn die Bußgeldbehörde anschließend weiter tätig wird. Das wurde mit 2. KostRMoG endlich klargestellt, in dem der Wortlaut der Nr. 4141 VV RVG abgeändert wurde. Zuvor wurde nämlich der Anfall der Zusatzgebühr von den Gerichten vielfach verneint mit der Begründung, dass die Abgabe der Sache und Weiterverfolgung durch die Bußgeldbehörde im Grunde ja keine endgültige Einstellung des Verfahrens sei. Das Thema ist aber nunmehr endgültig geklärt:

> *Merke*
>
> Der Anfall der Zusatzgebühr ist auch zu bejahen, wenn die Bußgeldbehörde im Anschluss an das eingestellte Strafverfahren die Angelegenheit weiterverfolgt!

Erwähnenswert sind an dieser Stelle einige gerichtliche (Detail-)Entscheidungen zu **49**
diesem Thema:

- Sowohl das OLG Saarbrücken[9] als auch das OLG Stuttgart[10] haben entschieden, dass dem Verteidiger die Zusatzgebühr der Nr. 4141 VV RVG nur dann zusteht, wenn durch seine anwaltliche Mitwirkung die Hauptverhandlung entbehrlich geworden ist, was wiederum nur beurteilt werden kann, wenn die Sache beim Revisionsgericht anhängig geworden ist bzw. konkrete Anhaltspunkte dafür vorlagen, dass im Fall des Revisionsverfahrens eine Hauptverhandlung überhaupt durchgeführt worden wäre. Anhaltspunkte dafür kann es aber nur geben, wenn die Revision mindestens begründet ist.

  Die Voraussetzung der Vorlage der Begründung – jeweils – ist jedoch contra legem, denn das Gesetz verlangt ausdrücklich nur die anwaltliche Mitwirkung und (vgl. Anmerkung (1) 3. zu Nr. 4141 VV RVG) die Rücknahme der Revision.
- Anderer – und damit gesetzestreuer – Auffassung ist da jedoch das AG Wittlich:[11] Danach steht dem mitwirkenden Verteidiger die zusätzliche Gebühr der Nr. 4141 VV RVG unter Beachtung der Anmerkung (1) 3. zu Nr. 4141 VV RVG auch dann zu, wenn in der ersten Hauptverhandlung über die Berufung die Sache vertagt und später die Berufung zurückgenommen wird.
- Das LG Arnsberg[12] geht noch einen Schritt weiter und lässt zum Entstehen der zusätzlichen Gebühr nach Nr. 4141 VV RVG „nur einen irgendwie mitursächlichen Beitrag" ausreichen. Dies sogar auch, wenn die Vermeidung der Hauptverhandlung letztlich auf Betreiben des Gerichts oder der Staatsanwaltschaft erfolgt.

Letzteren Auffassungen möchte sich die Autorin an dieser Stelle anschließen, da wie bereits oben ausgeführt ist, die Auslegung des Gesetzes nicht viel Raum für Spekulationen zulässt. Ob eine Zusatzgebühr dann aber letztlich auch erstattet wird, muss sicherlich in den einen oder anderen Fällen „erkämpft" werden.

Die Gebühr (und damit die zu ermittelnde Höhe) richtet sich nach dem **Rechtszug**, in **50**
dem die **Hauptverhandlung vermieden** wurde; für den **Wahlanwalt ist die Mittelge-**

9 OLG Saarbrücken, Beschl. v. 2.6.2006 – 1 Ws 58/06, JurBüro 2007, 28 f.
10 OLG Stuttgart, Beschl. v. 9.2.2007 – 1 Ws 34/07, JurBüro 2007, 200 f.
11 AG Wittlich, Beschl. v. 15.8.2006 – 8004 Js 11520/05. 3 Ds, JurBüro 2006, 590.
12 LG Arnsberg, Beschl. v. 12.10.2006 – 2 Qs 194/06, JurBüro 2007, 82.

bühr anzusetzen. Die Gebühr erwächst dem Anwalt nicht, wenn ein Beitrag von ihm zur Förderung des Verfahrens nicht erkennbar ist.

Wie bereits vorstehend erwähnt: Die Zusatzgebühr erhält der Rechtsanwalt neben der von ihm verdienten Grundgebühr und neben den von ihm im Ermittlungsverfahren verdienten Verfahrens- und/oder Terminsgebühren.

Beispiel 27 **Mitwirkung an der Einstellung eines Verfahrens vor dem Schwurgericht**

Ein Ermittlungsverfahren, das im Falle der Anklage vor dem Schwurgericht zu führen wäre, wird durch Mitwirkung des Anwaltes endgültig eingestellt. Die Angelegenheit soll sehr schwer sein, so dass die Höchstgebühr in Ansatz zu bringen ist.

Es ist die Gebühr der Nr. 4118 VV RVG anzusetzen, da das zuständige Gericht im Falle der Anklage das Schwurgericht wäre. Obwohl die Angelegenheit schwer ist, so dass bei Ansatz der Gebühren die Obergrenze vertretbar ist, ist bei der Zusatzgebühr gemäß Anmerkung (3) zu Nr. 4141 VV RVG für den Wahlanwalt die Rahmenmitte zu wählen. Befindet sich der Mandant in Haft, ändert sich für den Zuschlag nichts, denn die Zusatzgebühr der Nr. 4141 VV RVG ist ohne Zuschlag in Ansatz zu bringen.

Der Rechtsanwalt ist Wahlanwalt		
Grundgebühr, Nr. 4100 VV RVG i.V.m. § 14 RVG		360,00 EUR
Verfahrensgebühr, Nr. 4118 VV RVG i.V.m. § 14 RVG		690,00 EUR
Zusatzgebühr, Nr. 4141 VV RVG i.V.m. Nr. 4118 VV RVG (Mittelgebühr!)		395,00 EUR
Auslagenpauschale, Nr. 7002 VV RVG		20,00 EUR
Zwischensumme	1.465,00 EUR	
19 % Mehrwertsteuer, Nr. 7008 VV RVG		278,35 EUR
Gesamtbetrag		**1.743,35 EUR**

Befindet sich der Mandant in Haft, beträgt die Gebühr:		
Grundgebühr, Nrn. 4100, 4101 VV RVG i.V.m. § 14 RVG		450,00 EUR
Verfahrensgebühr, Nrn. 4118, 4119 VV RVG i.V.m. § 14 RVG		862,50 EUR
Zusatzgebühr, Nr. 4141 VV RVG i.V.m. Nr. 4118 VV RVG (Mittelgebühr!)		395,00 EUR
Auslagenpauschale, Nr. 7002 VV RVG		20,00 EUR
Zwischensumme	1.727,50 EUR	
19 % Mehrwertsteuer, Nr. 7008 VV RVG		328,23 EUR
Gesamtbetrag		**2.055,73 EUR**

Der Rechtsanwalt ist gerichtlich bestellt bzw. beigeordnet

Grundgebühr, Nr. 4100 VV RVG		160,00 EUR
Verfahrensgebühr, Nr. 4118 VV RVG		316,00 EUR
Zusatzgebühr, Nr. 4141 VV RVG i.V.m. Nr. 4118 VV RVG		316,00 EUR
Auslagenpauschale, Nr. 7002 VV RVG		20,00 EUR
Zwischensumme	812,00 EUR	
19 % Mehrwertsteuer, Nr. 7008 VV RVG		154,28 EUR
Gesamtbetrag		**966,28 EUR**

Befindet sich der Mandant in Haft, beträgt die Gebühr:

Grundgebühr, Nrn. 4100, 4101 VV RVG		192,00 EUR
Verfahrensgebühr, Nrn. 4118, 4119 VV RVG		385,00 EUR
Zusatzgebühr, Nr. 4141 VV RVG i.V.m. Nr. 4118 VV RVG		316,00 EUR
Auslagenpauschale, Nr. 7002 VV RVG		20,00 EUR
Zwischensumme	913,00 EUR	
19 % Mehrwertsteuer, Nr. 7008 VV RVG		173,47 EUR
Gesamtbetrag		**1.086,47 EUR**

Beispiel 28 Mitwirkung an der Einstellung eines Verfahrens vor dem Amtsgericht

Der Rechtsanwalt, der in einem Verfahren tätig ist, das im Falle der Anklageerhebung vor dem Amtsgericht geführt würde, vermeidet die Hauptverhandlung dadurch, dass er den Einspruch gegen den Strafbefehl zurücknimmt. Die Angelegenheit hat mittlere Schwierigkeit.

Es ist die Gebühr der Nr. 4106 VV RVG anzusetzen, da das zuständige Gericht im Falle der Anklage das Amtsgericht wäre. Die Gebühr bemisst sich für den Wahlanwalt nach der Rahmenmitte. Es ist unerheblich für die Zusatzgebühr, ob es sich um ein schwieriges Mandat handelt oder nicht. Befindet sich der Mandant in Haft, ändert sich für den Zuschlag nichts, denn die Zusatzgebühr der Nr. 4141 VV RVG ist ohne Zuschlag in Ansatz zu bringen.

Der Rechtsanwalt ist Wahlanwalt

Grundgebühr, Nr. 4100 VV RVG i.V.m. § 14 RVG		200,00 EUR
Verfahrensgebühr, Nr. 4106 VV RVG		165,00 EUR
Zusatzgebühr, Nr. 4141, 4106 VV RVG (Mittelgebühr!)		165,00 EUR
Auslagenpauschale, Nr. 7002 VV RVG		20,00 EUR
Zwischensumme	550,00 EUR	
19 % Mehrwertsteuer, Nr. 7008 VV RVG		104,50 EUR
Gesamtbetrag		**654,50 EUR**

Befindet sich der Mandant in Haft, beträgt die Gebühr:		
Grundgebühr, Nrn. 4100, 4101 VV RVG i.V.m. § 14 RVG		245,00 EUR
Verfahrensgebühr, Nrn. 4106, 4107 VV RVG		201,25 EUR
Zusatzgebühr, Nr. 4141, 4106 VV RVG (Mittelgebühr! Kein Haftzuschlag)		165,00 EUR
Auslagenpauschale, Nr. 7002 VV RVG		20,00 EUR
Zwischensumme	631,25 EUR	
19 % Mehrwertsteuer, Nr. 7008 VV RVG		119,94 EUR
Gesamtbetrag		**751,19 EUR**
Der Rechtsanwalt ist gerichtlich bestellt bzw. beigeordnet		
Grundgebühr, Nr. 4100 VV RVG		160,00 EUR
Verfahrensgebühr, Nr. 4106 VV RVG		132,00 EUR
Zusatzgebühr, Nr. 4141 VV RVG i.V.m. Nr. 4106 VV RVG		132,00 EUR
Auslagenpauschale, Nr. 7002 VV RVG		20,00 EUR
Zwischensumme	444,00 EUR	
19 % Mehrwertsteuer, Nr. 7008 VV RVG		84,36 EUR
Gesamtbetrag		**528,36 EUR**
Befindet sich der Mandant in Haft, beträgt die Gebühr:		
Grundgebühr, Nrn. 4100, 4101 VV RVG		192,00 EUR
Verfahrensgebühr, Nrn. 4106, 4107 VV RVG		161,00 EUR
Zusatzgebühr, Nr. 4141 VV RVG i.V.m. Nr. 4106 VV RVG		132,00 EUR
Auslagenpauschale, Nr. 7002 VV RVG		20,00 EUR
Zwischensumme	505,00 EUR	
19 % Mehrwertsteuer, Nr. 7008 VV RVG		95,95 EUR
Gesamtbetrag		**600,95 EUR**

51 Abschließend sei noch einmal festgehalten: Unstreitiges Tatbestandsmerkmal für den Anfall dieser Zusatzgebühr ist die „Vermeidung der Hauptverhandlung"; wird demnach ein Strafverfahren in der Hauptverhandlung nach § 153a StPO vorläufig und nach Erfüllung einer Auflage sodann endgültig eingestellt, fällt die Zusatzgebühr gerade nicht an. Denn die Hauptverhandlung hat bereits begonnen.[13]

II. Verfahrensgebühr bei Einziehung und verwandten Maßnahmen

52 Wenn der Rechtsanwalt eine Tätigkeit für den Beschuldigten ausübt, die sich auf die (endgültige) Einziehung oder den Verfall, die Vernichtung, die Unbrauchbarmachung, die Abführung des Mehrerlöses oder auf eine diesen Zwecken dienende Beschlagnahme bezieht (§ 442 StPO), verdient er die Gebühr der Nr. 4142 VV RVG. Sie hat einen Satz von 1,0, und zwar sowohl für den gerichtlich bestellten oder beigeordneten Rechtsanwalt als auch für den Wahlanwalt. Die Gebühr, die für das Verfahren im ersten Rechtszug einschließlich des vorbereitenden Verfahrens und für jeden weiteren Rechtszug entstehen kann, entfällt, wenn der Gegenstandswert niedriger als 30,00 EUR ist.

13 BGH, Urt. v. 14.4.2011 – IX ZR 153/10, JurBüro 2011, 584 f.

III. Vermögensrechtliche Ansprüche

Im deutschen Prozessrecht können zivilrechtliche Ansprüche, die aus einer Straftat erwachsen sind, statt in einem eigenen zivilrechtlichen Verfahren unmittelbar im Strafprozess geltend gemacht werden, sofern der Streitgegenstand noch nicht anderweitig gerichtlich anhängig gemacht worden ist (Adhäsionsverfahren). Mit diesem Verfahren ist dann die Entscheidung über die Straftat und die daraus erwachsenen zivilrechtlichen Ansprüche in einer Entscheidung möglich, denn das Strafgericht entscheidet im Rahmen des Strafurteils neben der Strafe auch über die vorgetragenen zivilrechtlichen Ansprüche. Für die Geltendmachung der zivilrechtlichen Ansprüche durch das Adhäsionsverfahren entstehen nachfolgende Gebühren. **53**

1. Verfahren im ersten Rechtszug

Die Verfahrensgebühr für das erstinstanzliche Verfahren über vermögensrechtliche Ansprüche des Verletzten oder Erben hat sowohl für den gerichtlich bestellten oder beigeordneten Anwalt als auch für den Wahlanwalt nach Nr. 4143 VV RVG einen Satz von 2,0. Die Gebühr entsteht auch, wenn der Anspruch erstmalig im Berufungsverfahren geltend gemacht wird; der Anwalt, der auch Verteidiger ist, erhält diese Gebühr gesondert. **54**

Vorgenannte Verfahrensgebühr findet in Höhe eines Drittels Anrechnung auf eine Verfahrensgebühr im bürgerlichen Rechtsstreit wegen desselben Anspruchs.

2. Berufungs- oder Revisionsverfahren

Die Verfahrensgebühr im Berufungs- oder Revisionsverfahren über vermögensrechtliche Ansprüche des Verletzten oder Erben hat nach Nr. 4144 VV RVG einen Satz von 2,5; dem Anwalt, der auch Verteidiger ist, erwächst sie besonders. **55**

IV. Verfahren über die Beschwerde gegen den Beschluss, mit dem nach § 406 Abs. 5 Satz 2 StPO von einer Entscheidung abgesehen wird

Sofern das Gericht von einer Entscheidung durch Beschluss über den Antrag absieht, weil die Voraussetzungen für eine Entscheidung nicht erfüllt sind, erhält der Rechtsanwalt (sowohl der Wahlanwalt als auch der beigeordnete Rechtsanwalt) für das Beschwerdeverfahren eine Verfahrensgebühr in Höhe eines Satzes von 0,5 nach Nr. 4145 VV RVG. **56**

V. Verfahren über einen Antrag auf gerichtliche Entscheidung oder über die Beschwerde gegen eine den Rechtszug beendende Entscheidung nach § 25 Abs. 1 S. 1 bis 5, § 13 StrRehaG

57 Für die Tätigkeit im vorgenannten Verfahren erhält der Rechtsanwalt – unabhängig davon, ob er Wahlanwalt oder gerichtlich bestellt bzw. beigeordnet ist – einen Satz in Höhe von 1,5 nach Nr. 4146 VV RVG.

VI. Einigungsgebühr im Privatklageverfahren bezüglich des Strafanspruchs und des Kostenerstattungsanspruchs

58 Einigen sich die Parteien im Privatklageverfahren bezüglich des Strafanspruchs und des Kostenerstattungsanspruchs, so erhält der Rechtsanwalt eine Einigungsgebühr nach Nr. 4147 VV RVG i.V.m. Nr. 1000 VV RVG. Sie entsteht in Höhe der jeweiligen Verfahrensgebühr.

> *Merke*
>
> Wenn und soweit ein Vertrag im Privatklageverfahren über sonstige Ansprüche geschlossen wird, erhält der Rechtsanwalt eine weitere Einigungsgebühr nach Teil 1 des VV RVG entsprechend der Anmerkung zu Nr. 4147 VV RVG.

I. Gebühren in der Strafvollstreckung

59 In der Strafvollstreckung, die früher mit einer unangemessen kurzen Gebührenvorschrift über den § 91 BRAGO abgedeckt war, ist ein vollständiger Gebührenabschnitt zur angemessenen Honorierung geschaffen worden. Es handelt sich hierbei um Abschnitt 2 des 4. Teils des VV RVG, der nachfolgend erläutert wird.

I. Verfahrensgebühr, Nr. 4200 VV RVG

60 Die Verfahrensgebühr in einem Verfahren über die Erledigung oder Aussetzung der Maßregel der Unterbringung, über die Aussetzung einer Freiheitsstrafe oder über den Widerruf einer Strafaussetzung zur Bewährung oder den Widerruf einer zur Bewährung ausgesetzten Maßregel der Besserung und Sicherung beträgt nach Nr. 4200 VV RVG für den gerichtlich bestellten oder beigeordneten Rechtsanwalt 292,00 EUR und für den Wahlanwalt 60,00 EUR bis 670,00 EUR. Befindet sich der Beschuldigte nicht auf freiem Fuß, so erweitert sich die vorgenannte Gebühr nach Nr. 4201 VV RVG für den gerichtlich bestellten oder beigeordneten Rechtsanwalt auf 359,00 EUR und für den Wahlanwalt auf 60,00 EUR bis 837,50 EUR.

61 Die in vorgenannten Verfahren entstehende Terminsgebühr bemisst sich nach Nr. 4202 VV RVG für den gerichtlich bestellten oder beigeordneten Rechtsanwalt mit 144,00 EUR und für den Wahlanwalt zwischen 60,00 EUR und 300,00 EUR. Auch hier

gibt es einen Zuschlag, wenn sich der Beschuldigte nicht auf freiem Fuß befindet: Die Terminsgebühr beträgt in diesem Fall nach Nr. 4203 VV RVG für den gerichtlich bestellten oder beigeordneten Rechtsanwalt 174,00 EUR und für den Wahlanwalt zwischen 60,00 EUR und 375,00 EUR.

Beispiel 29 **Tätigkeit im Verfahren über die Aussetzung einer Freiheitsstrafe**

Der Rechtsanwalt ist beauftragt, den Mandanten im Verfahren über die Aussetzung des Restes einer zeitigen Freiheitsstrafe zu vertreten. Der Rechtsanwalt nimmt einen Termin wahr. Der Mandant befindet sich in Haft; die Sache ist ausgesprochen schwierig, so dass die Höchstgebühr in Ansatz zu bringen ist.

Der Rechtsanwalt ist Wahlanwalt		
Verfahrensgebühr, Nrn. 4200, 4201 VV RVG i.V.m. § 14 RVG		837,50 EUR
Terminsgebühr, Nr. 4202, 4203 VV RVG i.V.m. § 14 RVG		375,00 EUR
Auslagenpauschale, Nr. 7002 VV RVG		20,00 EUR
Zwischensumme	1.232,50 EUR	
19 % Mehrwertsteuer, Nr. 7008 VV RVG		234,18 EUR
Gesamtbetrag		**1.466,68 EUR**
Der Rechtsanwalt ist gerichtlich bestellt oder beigeordnet		
Verfahrensgebühr, Nr. 4200 VV RVG i.V.m. Nr. 4201 VV RVG		359 EUR
Terminsgebühr, Nr. 4202 VV RVG i.V.m. Nr. 4203 VV RVG		174,00 EUR
Auslagenpauschale, Nr. 7002 VV RVG		20,00 EUR
Zwischensumme	553,00 EUR	
19 % Mehrwertsteuer, Nr. 7008 VV RVG		105,07 EUR
Gesamtbetrag		**658,07 EUR**

II. Sonstige Verfahren in der Strafvollstreckung

Die Verfahrensgebühr in sonstigen Verfahren in der Strafvollstreckung beträgt nach Nr. 4204 VV RVG für den gerichtlich bestellten oder beigeordneten Rechtsanwalt 132,00 EUR und für den Wahlanwalt 30,00 EUR bis 300,00 EUR. **62**

Befindet sich der Beschuldigte nicht auf freiem Fuß, so erweitert sich die vorgenannte Gebühr nach Nr. 4205 VV RVG für den gerichtlich bestellten oder beigeordneten Rechtsanwalt auf 162,00 EUR und für den Wahlanwalt auf 30,00 EUR bis 375,00 EUR. **63**

Die in vorgenannten Verfahren entstehende Terminsgebühr bemisst sich nach Nr. 4206 VV RVG für den gerichtlich bestellten oder beigeordneten Rechtsanwalt mit 132,00 EUR und für den Wahlanwalt zwischen 30,00 EUR und 300,00 EUR. Auch hier gibt es einen Zuschlag, wenn sich der Beschuldigte nicht auf freiem Fuß befindet: Die **64**

Terminsgebühr beträgt in diesem Fall nach Nr. 4207 VV RVG für den gerichtlich bestellten oder beigeordneten Rechtsanwalt 162,00 EUR und für den Wahlanwalt zwischen 30,00 EUR und 375,00 EUR.

J. Einzeltätigkeiten

65 Übt der Rechtsanwalt für den Mandanten Einzeltätigkeiten aus (dann ist er in der Regel nicht Verteidiger), so erhält er nach Vorbemerkung 4.3 (2) Abschnitt 3 des 4. Teils des VV RVG für jede der dort genannten Einzeltätigkeiten die Gebühr gesondert, und zwar wie folgt.

I. Verfahrensgebühr, Nr. 4300 VV RVG

66 Die Verfahrensgebühr für die Anfertigung und Unterzeichnung einer Schrift zur Begründung der Revision, zur Erklärung auf die von dem Staatsanwalt, Privatkläger oder Nebenkläger eingelegte Revision oder in Verfahren nach den §§ 57a und 67e StGB beträgt für den gerichtlich bestellten oder beigeordneten Rechtsanwalt nach Nr. 4300 VV RVG 292,00 EUR, für den Wahlanwalt zwischen 60,00 EUR und 670,00 EUR.

> *Merke*
>
> Neben der Gebühr für die Begründung der Revision steht dem Rechtsanwalt für die Einlegung der Revision keine besondere Gebühr zu.

II. Verfahrensgebühr, Nr. 4301 VV RVG

67 Die Verfahrensgebühr für die Anfertigung oder Unterzeichnung einer Privatklage, die Anfertigung oder Unterzeichnung einer Schrift zur Rechtfertigung der Berufung oder zur Beantwortung einer eingelegten Berufung, die Führung des Verkehrs mit dem Verteidiger, die Beistandsleistung für den Beschuldigten bei einer Vernehmung, Anhörung oder Augenscheineinnahme oder für die Beistandsleistung im Verfahren zur gerichtlichen Erzwingung der Anklage und sonstige Tätigkeiten in der Strafvollstreckung bemisst sich nach Nr. 4301 VV RVG. Der gerichtlich bestellte oder beigeordnete Rechtsanwalt erhält eine Gebühr in Höhe von 200,00 EUR; der Wahlanwalt hat einen Rahmen von 40,00 EUR bis 460,00 EUR.

> *Merke*
>
> Neben der Gebühr für die Rechtfertigung der Berufung steht dem Rechtsanwalt für die Einlegung der Berufung keine besondere Gebühr zu.

III. Verfahrensgebühr, Nr. 4302 VV RVG

Für die Einlegung eines Rechtsmittels, die Anfertigung oder Unterzeichnung anderer Anträge, Gesuche oder Erklärungen sowie für Beistandsleistungen, die nicht in den Nrn. 4300 und 4301 VV RVG erwähnt sind, erhält der gerichtlich bestellte oder beigeordnete Rechtsanwalt nach Nr. 4302 VV RVG eine Gebühr in Höhe von 128,00 EUR; der Wahlanwalt hat einen Rahmen von 30,00 EUR bis 290,00 EUR. 68

IV. Gnadengesuche

Die Verfahrensgebühr für die Vertretung in einer Gnadensache beträgt nach Nr. 4303 VV RVG für den gerichtlich bestellten oder beigeordneten Rechtsanwalt 128,00 EUR; der Wahlanwalt hat einen Rahmen von 30,00 EUR bis 300,00 EUR. 69

> *Merke*
>
> **Ausnahme:** Der Rechtsanwalt erhält die Gebühr auch, wenn ihm die Verteidigung übertragen ist.

V. Tätigkeit für den als Kontaktperson beigeordneten Rechtsanwalt

Der Anwalt, der dem Gefangenen auf seinen Antrag hin als Kontaktperson beigeordnet wurde, um diesen rechtlich zu betreuen, gegebenenfalls durch Anträge und Anregungen auf die Ermittlung entlastender Tatsachen hinzuwirken, darf nicht gleichzeitig Verteidiger sein (§ 34a Abs. 3 EGGVG). 70

Die Gebühr für den als Kontaktperson beigeordneten Rechtsanwalt beträgt nach Nr. 4304 VV RVG 3.500,00 EUR. 71

§ 7 Bußgeldsachen

A. Grundsätzliches

Die Gebühren in Bußgeldsachen sind mit Ausnahme der in Nr. 4 genannten Tätigkeiten der Vorbemerkung 5 (5) des 5. Teils des VV RVG geregelt. Die Anwendung der Gebühren erfolgt entsprechend der Nr. 1 der Vorbemerkung Nr. 5 nicht nur für den Verteidiger, sondern die Gebühren erwachsen ebenfalls dem Rechtsanwalt, der als Beistand für einen Zeugen oder Sachverständigen in einem Verfahren, das in Teil 5 geregelt ist, tätig ist. 1

Die Verfahrensgebühr erhält der Rechtsanwalt für das Betreiben des Geschäfts einschließlich der Information. Die Terminsgebühr erhält der Rechtsanwalt für die Teilnahme an gerichtlichen Terminen, und zwar auch dann, wenn er zu einem anberaumten Termin erscheint, dieser aber aus von ihm nicht zu vertretenden Gründen nicht stattfindet und er nicht rechtzeitig von der Aufhebung des Termins in Kenntnis gesetzt wurde/werden konnte. 2

§ 17 Nr. 10 RVG regelt, dass das strafrechtliche Ermittlungsverfahren und ein nach dessen Einstellung sich anschließendes Bußgeldverfahren verschiedene Angelegenheiten sind. 3

Hinsichtlich der Aufrechnung im Bußgeldverfahren wird auf § 43 RVG verwiesen. Die frühere Vorschrift der BRAGO wurde ergänzt um den Zeitpunkt der Aufrechnung, der über die Wirksamkeit bzw. Unwirksamkeit entscheidet. Hinsichtlich des Vergütungsanspruchs des beigeordneten oder bestellten Rechtsanwalts findet sich die Regelung in § 45 Abs. 5 RVG wieder; der Umfang des Anspruchs und der Beiordnung ist in § 48 Abs. 5 RVG geregelt. 4

Ist der gerichtlich bestellte oder beigeordnete Rechtsanwalt in einem Bußgeldverfahren besonders schwieriger Art und langer Dauer tätig, so kann ihm auf Antrag eine Pauschgebühr nach § 51 Abs. 3 RVG zugebilligt werden. 5

Die Vorschrift, dass der gerichtlich bestellte Verteidiger von dem Beschuldigten die Zahlung der Gebühren eines Wahlanwaltes verlangen kann, findet sich in § 52 RVG. Der Beschuldigte ist verpflichtet, seine Einkommensverhältnisse (wie bei einem Antrag auf Bewilligung von Prozesskostenhilfe) darzulegen. Für den Fall, dass der Beschuldigte dem nicht nachkommt, wird die Leistungsfähigkeit vom Gericht festgestellt. 6

Die Festsetzung der aus der Staatskasse zu zahlenden Vergütung richtet sich nach § 55 RVG. 7

An dieser Stelle sei noch kurz der Hinweis auf die aktuelle Klarstellung bzw. Ergänzung des § 55 RVG in Bezug auf die Anrechnung von bereits gezahlten Geldern des Mandanten auf die Leistungen der Staatskasse erlaubt: Sind Gelder geflossen, die auf eine anzurechnende Gebühr gezahlt worden sind, sind diese der Staatskasse mitzuteilen.

Diese Regelung wurde mit Inkrafttreten des „Gesetzes zur Modernisierung von Verfahren im anwaltlichen und notariellen Berufsrecht, zur Errichtung einer Schlichtungsstelle der Rechtsanwaltschaft sowie zur Änderung der Verwaltungsgerichtsordnung, der Finanzgerichtsordnung und kostenrechtlicher Vorschriften“ am 4.8.2009[1] wirksam.

8 Über Erinnerungen des Rechtsanwaltes und der Bundes- oder Landeskasse gegen die Festsetzung entscheidet nach § 56 RVG der Vorsitzende des Gerichts des Rechtszuges.

9 Nach § 57 RVG kann gegen Entscheidungen der Verwaltungsbehörde die gerichtliche Entscheidung beantragt werden.

10 Wie bereits zu Beginn dieses Kapitels ausgeführt, sind **nicht sämtliche Tätigkeiten** des Rechtsanwaltes in Bußgeldsachen nach Teil 5 zu vergüten. Dies regelt Vorbemerkung 5 (4) des 5. Teils des VV RVG.

So erhält der Rechtsanwalt

- in Verfahren über die Erinnerung oder die Beschwerde gegen einen Kostenfestsetzungsbeschluss,
- in Verfahren über die Erinnerung gegen den Kostenansatz,
- in Verfahren über die Beschwerde gegen die Entscheidung über diese Erinnerung und
- in Verfahren über den Antrag auf gerichtliche Entscheidung gegen einen Kostenfestsetzungsbescheid und den Ansatz der Gebühren sowie
- in der Zwangsvollstreckung aus Entscheidungen, die über die Kosten ergangen sind, und in Beschwerdeverfahren über die vorstehend aufgezählten gerichtlichen Entscheidungen

die Gebühren nach den Vorschriften des 3. Teils des VV RVG (Bürgerliche Rechtsstreitigkeiten).

B. Die Grundgebühr

11 Für die erstmalige Einarbeitung in den Rechtsfall erwächst dem gerichtlich bestellten oder beigeordneten Rechtsanwalt nach Nr. 5100 VV RVG eine Grundgebühr in Höhe von 80,00 EUR, dem Wahlanwalt eine solche zwischen 30,00 EUR bis 170,00 EUR.

1 BT-Drucks 16/12717.

Merke

Die Grundgebühr entsteht stets neben der Verfahrensgebühr.

Die jeweilige Verfahrensgebühr (dazu nachfolgend) entsteht bereits mit der Entgegennahme der Information – eine **erstmalige Einarbeitung**, die ja die Grundgebühr entstehen lässt, kann aber **nur mit den entsprechenden Informationen** erfolgen.

Die seinerzeit in der Literatur vertretene Auffassung, dass erst eine Grundgebühr, später eine Verfahrensgebühr (Abgrenzung!) entsteht mit der Folge, dass auch eine Grundgebühr „allein" stehen kann, ist damit zerschlagen.

In den nachfolgenden Beispielen ist die Grundgebühr lediglich zur Darstellung der jeweiligen Höhe in den nachfolgenden Beispielen „separat" und ohne Verfahrensgebühr aufgeführt. Eine solche Rechnung wird es in der Realität nicht geben!

Beispiel 1 **Entstehung der Grundgebühr**

Der Rechtsanwalt wurde beauftragt, den (neuen) Mandanten in einer mittelschweren Bußgeldsache zu vertreten.

Der Rechtsanwalt erhält für die erstmalige Einarbeitung in den Rechtsfall eine Grundgebühr nach Nr. 5100 VV RVG.

Der Rechtsanwalt ist Wahlanwalt
Für den Wahlanwalt ist eine Mittelgebühr anzusetzen.

Grundgebühr, Nr. 5100 VV RVG i.V.m. § 14 RVG	100,00 EUR
19 % Mehrwertsteuer, Nr. 7008 VV RVG	19,00 EUR
Gesamtbetrag	**119,00 EUR**

Der Rechtsanwalt ist gerichtlich bestellt oder beigeordnet

Grundgebühr, Nr. 5100 VV RVG	80,00 EUR
19 % Mehrwertsteuer, Nr. 7008 VV RVG	15,20 EUR
Gesamtbetrag	**95,20 EUR**

Diese Gebühr entsteht nicht, wenn in einem vorangegangenen Strafverfahren für die- 12
selbe Handlung oder Tat die Gebühr der Nr. 4100 VV RVG entstanden ist.

Beispiel 2 **Keine Grundgebühr im Bußgeldverfahren, wenn eine solche zuvor im Strafverfahren entstanden ist**

Der bereits im Strafverfahren tätig gewesene Rechtsanwalt vertritt seinen Mandanten nunmehr auch im Bußgeldverfahren.

Im Bußgeldverfahren kann der Rechtsanwalt nach Anmerkung (2) der Nr. 5100 VV RVG keine Grundgebühr mehr verlangen, da ihm bereits eine Grundgebühr im Strafverfahren nach Nr. 4100 VV RVG entstanden ist.

Merke

Ist **wegen derselben Handlung bereits eine Grundgebühr nach Nr. 4100 VV RVG entstanden, entsteht eine Grundgebühr der Nr. 5100 VV RVG nicht mehr!** Die Gebühren der **Nrn. 5100 und 4100 VV RVG schließen sich demnach gegenseitig** aus, soweit es um dieselbe „Sache" geht.

C. Verfahren vor der Verwaltungsbehörde

13 Im Verfahren vor der Verwaltungsbehörde, zu dem auch das Verwarnungsverfahren und das Zwischenverfahren gehören, erwachsen dem Rechtsanwalt unterschiedliche Verfahrens- und Terminsgebühren, je nach Höhe der Geldbuße. Maßgeblich ist nach Vorbemerkung 5.1 (2) des 5. Teils des VV RVG die zum Zeitpunkt des Entstehens der Gebühr zuletzt festgesetzte Höhe der Geldbuße. Ist eine Geldbuße nicht festgesetzt, so richtet sich die Höhe der Gebühren nach dem mittleren Betrag der in der Bußgeldvorschrift angedrohten Geldbuße; sind in einer Rechtsvorschrift Regelsätze bestimmt, so sind diese maßgebend [Vorbemerkung 5.1 (2) des 5. Teils des VV RVG].

Hier ist vorwegzustellen, dass die nachfolgende Staffelung, betreffend die Gebühren Nrn. 5101, 5103, 5107 und 5109 VV RVG durch Gesetz zur Stärkung des Angeklagten auf Vertretung in der Berufungsverhandlung und über die Anerkennung von Abwesenheitsentscheidungen in der Rechtshilfe vom 17.7.2015, in Kraft getreten am 25.7.2015, geändert wurde. Nach der bis dahin geltenden Fassung des RVG bis 24.07.2015 (RVG 3) wurde bei diesen Gebührenziffern die erste Staffelung

- bei einer Geldbuße bis einschließlich 39,99 EUR
- bei einer Geldbuße von 40,00 EUR bis 5.000,00 EUR

unterschieden, wobei jetzt seit 25.7.2015 – wie nachstehend berücksichtigt, die erste Staffelung bei 59,99 EUR endet und die zweite bei 60,00 EUR beginnt.

14 Der **gerichtlich bestellte oder beigeordnete Rechtsanwalt** erhält eine Verfahrensgebühr:

- bei einer Geldbuße von weniger als 60,00 EUR
  nach Nr. 5101 VV RVG — 52,00 EUR
- bei einer Geldbuße von 60,00 EUR bis 5.000,00 EUR
  nach Nr. 5103 VV RV — 128,00 EUR
- bei einer Geldbuße über 5.000,00 EUR
  nach Nr. 5105 VV RVG — 136,00 EUR

15 und eine Terminsgebühr je Terminstag:

- bei einer Geldbuße von weniger als 60,00 EUR
  nach Nr. 5102 VV RVG — 52,00 EUR

- bei einer Geldbuße von 60,00 EUR bis 5.000,00 EUR
  nach Nr. 5104 VV RVG 128,00 EUR
- bei einer Geldbuße über 5.000,00 EUR
  nach Nr. 5106 VV RVG 136,00 EUR.

Beispiel 3 **Vertretung vor der Polizeibehörde (Bußgeld unter 60,00 EUR)**

Der Rechtsanwalt vertritt einen Mandanten, dem wegen zu schnellen Fahrens eine Geldbuße in Höhe von 30,00 EUR auferlegt wurde. Der Anwalt begleitet den Mandanten zur Vernehmung vor der Polizeibehörde.

Die Grundgebühr erhält der Rechtsanwalt für die einmalige Einarbeitung in den Rechtsfall; daneben erhält er die Verfahrensgebühr nach Nr. 5101 VV RVG und die Terminsgebühr nach Nr. 5102 VV RVG, weil das Bußgeld weniger als 60,00 EUR beträgt.

Grundgebühr, Nr. 5100 VV RVG		80,00 EUR
Verfahrensgebühr, Nr. 5101 VV RVG		52,00 EUR
Terminsgebühr, Nr. 5102 VV RVG		52,00 EUR
Auslagenpauschale, Nr. 7002 VV RVG		20,00 EUR
Zwischensumme	204,00 EUR	
19 % Mehrwertsteuer, Nr. 7008 VV RVG		38,76 EUR
Gesamtbetrag		**242,76 EUR**

Beispiel 4 **Vertretung vor der Polizeibehörde (Bußgeld von 60,00 EUR bis 5.000,00 EUR)**

Der Rechtsanwalt vertritt einen Mandanten, dem wegen Nichteinhaltung der Sperrzeit seines Biergartens eine Geldbuße in Höhe von 4.300,00 EUR auferlegt wurde. Der Anwalt begleitet den Mandanten zweimal zur Vernehmung vor der Polizeibehörde.

Die Grundgebühr erhält der Rechtsanwalt für die einmalige Einarbeitung in den Rechtsfall; daneben erhält er die Verfahrensgebühr der Nr. 5103 VV RVG und (2 ×) die Terminsgebühr der Nr. 5104 VV RVG, weil das Bußgeld mehr als 59,99 EUR und weniger als 5.000,01 EUR beträgt.

Grundgebühr, Nr. 5100 VV RVG		80,00 EUR
Verfahrensgebühr, Nr. 5103 VV RVG		128,00 EUR
Terminsgebühr, Nr. 5104 VV RVG, pro Tag 128,00 EUR → 2 × 128,00 EUR		256,00 EUR
Auslagenpauschale, Nr. 7002 VV RVG		20,00 EUR
Zwischensumme	484,00 EUR	
19 % Mehrwertsteuer, Nr. 7008 VV RVG		91,96 EUR
Gesamtbetrag		**575,96 EUR**

Beispiel 5 **Vertretung vor der Polizeibehörde (Bußgeld mehr als 5.000,00 EUR)**

Der Rechtsanwalt vertritt den Leiter einer Lebensmittelkette, dem wegen Nichteinhaltung von Hygienevorschriften ein Bußgeldbescheid über 8.000,00 EUR zugestellt wurde. Der Anwalt nimmt an der polizeilichen Vernehmung des Beschuldigten teil.

Die Grundgebühr erhält der Rechtsanwalt für die einmalige Einarbeitung in den Rechtsfall; daneben erhält er die Verfahrensgebühr der Nr. 5105 VV RVG und die Terminsgebühr der Nr. 5106 VV RVG, weil das Bußgeld mehr als 5.000,00 EUR beträgt.

Grundgebühr, Nr. 5100 VV RVG		80,00 EUR
Verfahrensgebühr, Nr. 5105 VV RVG		136,00 EUR
Terminsgebühr, Nr. 5106 VV RVG		136,00 EUR
Auslagenpauschale, Nr. 7002 VV RVG		20,00 EUR
Zwischensumme	372,00 EUR	
19 % Mehrwertsteuer, Nr. 7008 VV RVG		70,68 EUR
Gesamtbetrag		442,68 EUR

16 Der **Wahlanwalt** erhält eine Verfahrensgebühr:

- bei einer Geldbuße von weniger als 60,00 EUR nach Nr. 5101 VV RVG — 20,00 EUR bis 110,00 EUR
- bei einer Geldbuße von 60,00 EUR bis 5.000,00 EUR nach Nr. 5103 VV RVG — 30,00 EUR bis 290,00 EUR
- bei einer Geldbuße über 5.000,00 EUR nach Nr. 5105 VV RVG — 40,00 EUR bis 300,00 EUR

17 und eine Terminsgebühr je Terminstag:

- bei einer Geldbuße bis einschließlich 59.99 EUR nach Nr. 5102 VV RVG — 20,00 EUR bis 110,00 EUR
- bei einer Geldbuße von 60,00 EUR bis 5.000,00 EUR nach Nr. 5104 VV RVG — 30,00 EUR bis 290,00 EUR
- bei einer Geldbuße über 5.000,00 EUR nach Nr. 5106 VV RVG — 40,00 EUR bis 3.000,00 EUR.

Beispiel 6 **Vertretung vor der Polizeibehörde (Bußgeld unter 60,00 EUR)**

Der Rechtsanwalt vertritt einen Mandanten, dem wegen zu schnellen Fahrens eine Geldbuße in Höhe von 30,00 EUR auferlegt wurde. Der Anwalt begleitet den Mandanten zur Vernehmung vor der Polizeibehörde. Es soll sich vorliegend um ein mittelschweres Mandat handeln.

Die Grundgebühr erhält der Rechtsanwalt für die einmalige Einarbeitung in den Rechtsfall; daneben erhält er die Verfahrensgebühr der Nr. 5101 VV RVG und die Terminsgebühr der Nr. 5102 VV RVG – jeweils als Mittelgebühr –, weil das Bußgeld weniger als 60,00 EUR beträgt.

Grundgebühr, Nr. 5100 VV RVG i.V.m. § 14 RVG		100,00 EUR
Verfahrensgebühr, Nr. 5101 VV RVG i.V.m. § 14 RVG		65,00 EUR
Terminsgebühr, Nr. 5102 VV RVG i.V.m. § 14 RVG		65,00 EUR
Auslagenpauschale, Nr. 7002 VV RVG		20,00 EUR
Zwischensumme	250,00 EUR	
19 % Mehrwertsteuer, Nr. 7008 VV RVG		47,50 EUR
Gesamtbetrag		**297,50 EUR**

Beispiel 7 **Vertretung vor der Polizeibehörde (Bußgeld von 60,00 EUR bis 5.000,00 EUR)**

Der Rechtsanwalt vertritt einen Mandanten, dem wegen Nichteinhaltung der Sperrzeit seines Biergartens eine Geldbuße in Höhe von 4.300,00 EUR auferlegt wurde. Der Anwalt begleitet den Mandanten zweimal zur Vernehmung vor der Polizeibehörde. Es soll sich vorliegend um ein sehr schweres Mandat handeln.

Die Grundgebühr erhält der Rechtsanwalt für die einmalige Einarbeitung in den Rechtsfall; daneben erhält er die Verfahrensgebühr der Nr. 5103 VV RVG und (2 ×) die Terminsgebühr der Nr. 5104 VV RVG, weil das Bußgeld mehr als 59,99 EUR und weniger als 5.000,01 EUR beträgt. Weil es sich um ein sehr schwieriges Mandat handelt, soll die Höchstgebühr gerechtfertigt sein.

Grundgebühr, Nr. 5100 VV RVG i.V.m. § 14 RVG		170,00 EUR
Verfahrensgebühr, Nr. 5103 VV RVG i.V.m. § 14 RVG		290,00 EUR
Terminsgebühr, Nr. 5104 VV RVG i.V.m. § 14 RVG, pro Tag 290,00 EUR → 2 × 290,00 EUR		580,00 EUR
Auslagenpauschale, Nr. 7002 VV RVG		20,00 EUR
Zwischensumme	1.060,00 EUR	
19 % Mehrwertsteuer, Nr. 7008 VV RVG		201,40 EUR
Gesamtbetrag		**1.261,40 EUR**

Beispiel 8 **Vertretung vor der Polizeibehörde (Bußgeld mehr als 5.000,00 EUR)**

Der Rechtsanwalt vertritt den Leiter einer Lebensmittelkette, dem wegen Nichteinhaltung von Hygienevorschriften ein Bußgeldbescheid über 8.000,00 EUR zugestellt wurde. Der Anwalt nimmt an der polizeilichen Vernehmung des Beschuldigten teil; die Angelegenheit hat einen mittleren Schwierigkeitsgrad.

Die Grundgebühr erhält der Rechtsanwalt für die einmalige Einarbeitung in den Rechtsfall; daneben erhält er die Verfahrensgebühr der Nr. 5105 VV RVG und die Terminsgebühr der Nr. 5106 VV RVG, weil das Bußgeld mehr als 5.000,00 EUR beträgt.

Grundgebühr, Nr. 5100 VV RVG i.V.m. § 14 RVG		100,00 EUR
Verfahrensgebühr, Nr. 5105 VV RVG i.V.m. § 14 RVG		170,00 EUR
Terminsgebühr, Nr. 5106 VV RVG i.V.m. § 14 RVG		170,00 EUR
Auslagenpauschale, Nr. 7002 VV RVG		20,00 EUR
Zwischensumme	460,00 EUR	
19 % Mehrwertsteuer, Nr. 7008 VV RVG		87,40 EUR
Gesamtbetrag		**547,40 EUR**

18 Ist ein Bußgeld nicht festgesetzt, so richtet sich die Höhe der Gebühren gemäß Vorbemerkung 5.1 (2) des 5. Teils des VV RVG nach dem mittleren Betrag der in der Bußgeldvorschrift angedrohten Geldbuße bzw., wenn in einer Rechtsvorschrift Regelsätze bestimmt sind, nach den Regelsätzen.

Beispiel 9 **Vertretung vor der Polizeibehörde (ein Bußgeld ist nicht festgesetzt)**

Der Rechtsanwalt vertritt seine Mandantschaft im Vorverfahren wegen eines Verstoßes gegen das Ladenschlussgesetz. Ein Bußgeld wurde noch nicht festgesetzt. Der Rechtsanwalt nimmt an der polizeilichen Vernehmung teil.

Unterstellt man, dass im vorliegenden Fall ein Bußgeld von 200,00 EUR bis zu 5.000,00 EUR laut Bußgeldkatalog auszusprechen wäre, so betrüge der Mittelwert 2.600,00 EUR. Der Rechtsanwalt würde also die Verfahrensgebühr Nr. 5103 VV RVG und die Terminsgebühr der Nr. 5104 VV RVG verdienen.

D. Verfahren vor dem Amtsgericht

19 Die Gebühren im Bußgeldverfahren vor dem Amtsgericht bestimmen sich nach Unterabschnitt 3 des 5. Teils des VV RVG. Wie auch bei den Gebühren vor der Verwaltungsbehörde sind die Gebühren nach der Höhe des Bußgeldes gestaffelt. Ist der Rechtsanwalt auch im Wiederaufnahmeverfahren tätig, so erhält er die Gebühren dieses Abschnitts einschließlich seiner Vorbereitung gesondert.

20 Der **gerichtlich bestellte oder beigeordnete Rechtsanwalt** erhält folgende Verfahrensgebühr:

- bei einer Geldbuße von weniger als 60,00 EUR nach Nr. 5107 VV RVG — 52,00 EUR
- bei einer Geldbuße von 60,00 EUR bis 5.000,00 EUR nach Nr. 5109 VV RVG — 128,00 EUR
- bei einer Geldbuße über 5.000,00 EUR nach Nr. 5111 VV RVG — 160,00 EUR

und je Hauptverhandlungstag folgende Terminsgebühr: 21

- bei einer Geldbuße von weniger als 60,00 EUR nach Nr. 5108 VV RVG 104,00 EUR
- bei einer Geldbuße von 60,00 EUR bis 5.000,00 EUR nach Nr. 5110 VV RVG 204,00 EUR
- bei einer Geldbuße über 5.000,00 EUR nach Nr. 5112 VV RVG 256,00 EUR.

Beispiel 10 **Vertretung vor dem Amtsgericht (Bußgeld weniger als 60,00 EUR)**

Der Rechtsanwalt, der die Partei bereits im Vorverfahren vertreten hat, vertritt diese auch im Verfahren vor dem Amtsgericht und nimmt dort einen Verhandlungstermin wahr.

Die Grundgebühr erhält der Rechtsanwalt nicht mehr, da er diese bereits im Vorverfahren verdient hat. Nunmehr verdient er die Verfahrensgebühr der Nr. 5107 VV RVG und die Terminsgebühr der Nr. 5108 VV RVG, weil das Bußgeld weniger als 60,00 EUR beträgt.

Verfahrensgebühr, Nr. 5107 VV RVG		52,00 EUR
Terminsgebühr, Nr. 5108 VV RVG		104,00 EUR
Auslagenpauschale, Nr. 7002 VV RVG		20,00 EUR
Zwischensumme	176,00 EUR	
19 % Mehrwertsteuer, Nr. 7008 VV RVG		33,44 EUR
Gesamtbetrag		**209,44 EUR**

Beispiel 11 **Vertretung vor dem Amtsgericht (Bußgeld von 60,00 EUR bis 5.000,00 EUR)**

Der Rechtsanwalt vertritt einen Mandanten erstmalig in einem Amtsgerichtsverfahren wegen Verhängung eines Bußgeldes in Höhe von 4.300,00 EUR. Die Angelegenheit benötigt bis zum Verfahrensende 4 Verhandlungstage.

Die Grundgebühr erhält der Rechtsanwalt für die einmalige Einarbeitung in den Rechtsfall, da er mit der Sache bislang noch nicht betraut war; daneben erhält er die Verfahrensgebühr der Nr. 5109 VV RVG und (4 ×) die Terminsgebühr der Nr. 5110 VV RVG, weil das Bußgeld mehr als 59,99 EUR und weniger als 5.000,01 EUR beträgt.

Grundgebühr, Nr. 5100 VV RVG		80,00 EUR
Verfahrensgebühr, Nr. 5109 VV RVG		128,00 EUR
Terminsgebühr, Nr. 5110 VV RVG		
pro Tag 204,00 EUR → 4 × 204,00 EUR		816,00 EUR
Auslagenpauschale, Nr. 7002 VV RVG		20,00 EUR
Zwischensumme	1.044,00 EUR	
19 % Mehrwertsteuer, Nr. 7008 VV RVG		198,36 EUR
Gesamtbetrag		**1.242,36 EUR**

Beispiel 12 **Vertretung vor dem Amtsgericht (Bußgeld mehr als 5.000,00 EUR)**

Der Rechtsanwalt vertritt den Leiter einer Lebensmittelkette, dem wegen Nichteinhaltung von Hygienevorschriften ein Bußgeldbescheid über 8.000,00 EUR zugestellt wurde, nunmehr auch im Verfahren vor dem Amtsgericht. Der Anwalt nimmt an zwei Verhandlungsterminen teil.

Die Grundgebühr erhält der Rechtsanwalt nicht mehr, da er bereits im Vorverfahren tätig war. Die Verfahrensgebühr richtet sich nach Nr. 5111 VV RVG und die Terminsgebühr nach Nr. 5112 VV RVG, weil das Bußgeld mehr als 5.000,00 EUR beträgt.

Verfahrensgebühr, Nr. 5111 VV RVG		160,00 EUR
Terminsgebühr, Nr. 5112 VV RVG, 2 × 256,00 EUR		512,00 EUR
Auslagenpauschale, Nr. 7002 VV RVG		20,00 EUR
Zwischensumme	692,00 EUR	
19 % Mehrwertsteuer, Nr. 7008 VV RVG		131,48 EUR
Gesamtbetrag		**823,48 EUR**

22 Der **Wahlanwalt** erhält folgende Verfahrensgebühren:

- bei einer Geldbuße von weniger als 60,00 EUR nach Nr. 5107 VV RVG — 20,00 EUR bis 110,00 EUR
- bei einer Geldbuße von 60,00 EUR bis 5.000,00 EUR nach Nr. 5109 VV RVG — 30,00 EUR bis 290,00 EUR
- bei einer Geldbuße über 5.000,00 EUR nach Nr. 5111 VV RVG — 50,00 EUR bis 350,00 EUR

23 und folgende Terminsgebühr:

- bei einer Geldbuße von weniger als 60,00 EUR nach Nr. 5108 VV RVG — 20,00 EUR bis 240,00 EUR
- bei einer Geldbuße von 60,00 EUR bis 5.000,00 EUR nach Nr. 5110 VV RVG — 40,00 EUR bis 470,00 EUR
- bei einer Geldbuße über 5.000,00 EUR nach Nr. 5112 VV RVG — 80,00 EUR bis 560,00 EUR.

Beispiel 13 **Vertretung vor dem Amtsgericht (Bußgeld weniger als 60,00 EUR)**

Der Rechtsanwalt, der die Partei bereits im Vorverfahren vertreten hat, vertritt diese auch im Verfahren vor dem Amtsgericht und nimmt dort einen Verhandlungstermin wahr. Die Sache hat eine Schwierigkeit des mittleren Grades.

Die Grundgebühr erhält der Rechtsanwalt nicht mehr, da er diese bereits im Vorverfahren verdient hat. Nunmehr verdient er die Verfahrensgebühr der Nr. 5107 VV RVG und die Terminsgebühr der Nr. 5108 VV RVG, weil das Bußgeld weniger als 60,00 EUR beträgt.

Verfahrensgebühr, Nr. 5107 VV RVG i.V.m. § 14 RVG		65,00 EUR
Terminsgebühr, Nr. 5108 VV RVG i.V.m. § 14 RVG		130,00 EUR
Auslagenpauschale, Nr. 7002 VV RVG		20,00 EUR
Zwischensumme	215,00 EUR	
19 % Mehrwertsteuer, Nr. 7008 VV RVG		40,85 EUR
Gesamtbetrag		**255,85 EUR**

Beispiel 14 **Vertretung vor dem Amtsgericht (Bußgeld von 60,00 EUR bis 5.000,00 EUR)**

Der Rechtsanwalt vertritt einen Mandanten erstmalig in einem Amtsgerichtsverfahren wegen Verhängung eines Bußgeldes in Höhe von 4.300,00 EUR. Die besonders schwere Angelegenheit, die zum Ausschöpfen des Rahmens berechtigt, benötigt bis zum Verfahrensende 4 Verhandlungstage.

Die Grundgebühr erhält der Rechtsanwalt für die einmalige Einarbeitung in den Rechtsfall, da er mit der Sache bislang noch nicht betraut war; daneben erhält er die Verfahrensgebühr der Nr. 5109 VV RVG und (4 ×) die Terminsgebühr der Nr. 5110 VV RVG, weil das Bußgeld mehr als 59,99 EUR und weniger als 5.000,01 EUR beträgt.

Grundgebühr, Nr. 5100 VV RVG i.V.m. § 14 RVG		170,00 EUR
Verfahrensgebühr, Nr. 5109 VV RVG i.V.m. § 14 RVG		290,00 EUR
Terminsgebühr, Nr. 5110 VV RVG i.V.m. § 14 RVG, pro Tag 470,00 EUR → 4 × 470,00 EUR		1.880,00 EUR
Auslagenpauschale, Nr. 7002 VV RVG		20,00 EUR
Zwischensumme	2.360,00 EUR	
19 % Mehrwertsteuer, Nr. 7008 VV RVG		448,40 EUR
Gesamtbetrag		**2.808,40 EUR**

Beispiel 15 **Vertretung vor dem Amtsgericht (Bußgeld mehr als 5.000,00 EUR)**

Der Rechtsanwalt vertritt den Leiter einer Lebensmittelkette, dem wegen Nichteinhaltung von Hygienevorschriften ein Bußgeldbescheid über 8.000,00 EUR zugestellt wurde, nunmehr auch im Verfahren vor dem Amtsgericht. Der Anwalt nimmt an zwei Verhandlungsterminen teil; die Angelegenheit hat immer noch einen mittleren Schwierigkeitsgrad.

Die Grundgebühr erhält der Rechtsanwalt nicht mehr, da er bereits im Vorverfahren tätig war. Die Verfahrensgebühr richtet sich nach Nr. 5111 VV RVG und die Terminsgebühr nach Nr. 5112 VV RVG, weil das Bußgeld mehr als 5.000,00 EUR beträgt.

Verfahrensgebühr, Nr. 5111 VV RVG i.V.m. § 14 RVG		200,00 EUR
Terminsgebühr, Nr. 5112 VV RVG i.V.m. § 14 RVG, 2 × 320,00 EUR =		640,00 EUR
Auslagenpauschale, Nr. 7002 VV RVG		20,00 EUR
Zwischensumme	860,00 EUR	
19 % Mehrwertsteuer, Nr. 7008 VV RVG		163,40 EUR
Gesamtbetrag		**1.023,40 EUR**

24 Ist eine Geldbuße nicht festgesetzt, so richtet sich die Höhe der Gebühren gemäß Vorbemerkung 5.1 des 5. Teils des VV RVG nach dem mittleren Betrag der in der Bußgeldvorschrift angedrohten Geldbuße.

Beispiel 16 **Vertretung vor dem Amtsgericht (ein Bußgeld ist nicht festgesetzt)**

Der Rechtsanwalt vertritt eine Bierbrauerei in einem amtsgerichtlichen Bußgeldverfahren wegen Verstoßes gegen das deutsche Reinheitsgebot. Ein Bußgeld wurde noch nicht festgesetzt. Der Rechtsanwalt nimmt an einer Verhandlung teil.

Unterstellt man, dass im vorliegenden Fall ein Bußgeld von 1.000,00 EUR bis zu 10.000,00 EUR laut Bußgeldkatalog auszusprechen wäre, so betrüge der Mittelwert 5.500,00 EUR. Der Rechtsanwalt würde also die Verfahrensgebühr Nr. 5111 VV RVG und die Terminsgebühr der Nr. 5112 VV RVG verdienen.

Verfahrensgebühr, Nr. 5111 VV RVG i.V.m. § 14 RVG		200,00 EUR
Terminsgebühr, Nr. 5112 VV RVG i.V.m. § 14 RVG		320,00 EUR
Auslagenpauschale, Nr. 7002 VV RVG		20,00 EUR
Zwischensumme	540,00 EUR	
19 % Mehrwertsteuer, Nr. 7008 VV RVG		102,60 EUR
Gesamtbetrag		**642,60 EUR**

E. Rechtsbeschwerde

25 Im Verfahren über die Rechtsbeschwerde erhält der gerichtlich bestellte oder beigeordnete Rechtsanwalt eine Verfahrensgebühr nach Nr. 5113 VV RVG in Höhe von 256,00 EUR, dem Wahlanwalt steht nach dieser Vorschrift ein Rahmen von 80,00 EUR bis 560,00 EUR zu.

26 Die im Verfahren über die Rechtsbeschwerde entstehende Terminsgebühr je Hauptverhandlungstag beträgt für den gerichtlich bestellten oder beigeordneten Rechtsanwalt ebenfalls 256,00 EUR, für den Wahlanwalt zwischen 80,00 EUR und 560,00 EUR, und zwar nach Nr. 5114 VV RVG.

Beispiel 17 **Verfahrens- und Terminsgebühr im Verfahren über die Rechtsbeschwerde**

Der Rechtsanwalt vertritt den Mandanten in einem Verfahren über die Rechtsbeschwerde eines Bußgeldverfahrens und nimmt einen Hauptverhandlungstermin wahr. Die Angelegenheit hat einen mittleren Schwierigkeitsgrad.

Dem Rechtsanwalt entstehen die Verfahrens- und Terminsgebühr nach Nr. 5113 bzw. 5114 VV RVG. Der Anwalt verdient hier die Mittelgebühr des jeweiligen Verfahrens.

Der Rechtsanwalt ist Wahlanwalt		
Verfahrensgebühr, Nr. 5113 VV RVG i.V.m. § 14 RVG		320,00 EUR
Terminsgebühr, Nr. 5114 VV RVG i.V.m. § 14 RVG		320,00 EUR
Auslagenpauschale, Nr. 7002 VV RVG		20,00 EUR
Zwischensumme	660,00 EUR	
19 % Mehrwertsteuer, Nr. 7008 VV RVG		125,40 EUR
Gesamtbetrag		**785,40 EUR**
Der Rechtsanwalt ist gerichtlich bestellt oder beigeordnet		
Verfahrensgebühr, Nr. 5113 VV RVG		256,00 EUR
Terminsgebühr, Nr. 5114 VV RVG		256,00 EUR
Auslagenpauschale, Nr. 7002 VV RVG		20,00 EUR
Zwischensumme	532,00 EUR	
19 % Mehrwertsteuer, Nr. 7008 VV RVG		101,08 EUR
Gesamtbetrag		**633,08 EUR**

F. Zusatzgebühren/Einzeltätigkeiten

Zu den Zusatzgebühren gehört insbesondere die Gebühr der Nr. 5115 VV RVG: 27

Wird durch die Mitwirkung des Rechtsanwalts das Verfahren vor der Verwaltungsbehörde erledigt oder eine **Hauptverhandlung entbehrlich**, erhält der Rechtsanwalt eine **zusätzliche Gebühr in Höhe der jeweiligen Verfahrensgebühr**, und zwar nach Nr. 5115 VV RVG. Die Höhe der Gebühr bemisst sich **für den Wahlanwalt** nach Anmerkung 5 (3) zu Nr. 5115 VV RVG nach der **Rahmenmitte**; der Rechtsanwalt verdient sie – wie der Name schon sagt – **neben** den sonstigen, ihm entstehenden Gebühren. 28

Beispiel 18 **Zusatzgebühr bei Vermeidung einer Hauptverhandlung (Bußgeld von 60,00 EUR bis 5.000,00 EUR)**

Ein Bußgeldverfahren, wird durch Mitwirkung des Anwaltes endgültig eingestellt. Die Angelegenheit soll sehr schwer sein, so dass die Höchstgebühr in Ansatz zu bringen ist. Das zunächst ausgestellte Bußgeld betrug 300,00 EUR.

Da sich das Bußgeld über einen Betrag von mehr als 59,99 EUR, aber weniger als 5.000,01 EUR beläuft, ist die Zusatzgebühr in Höhe der Verfahrensgebühr der Nr. 5109

VV RVG in Ansatz zu bringen. Die Höhe der Gebühr bemisst sich für den Wahlanwalt nach Anmerkung 5 (3) zu Nr. 5115 VV RVG nach der Rahmenmitte.

Der Rechtsanwalt ist Wahlanwalt		
Grundgebühr, Nr. 5100 VV RVG i.V.m. § 14 RVG		170,00 EUR
Verfahrensgebühr, Nr. 5109 VV RVG i.V.m. § 14 RVG		290,00 EUR
Zusatzgebühr, Nr. 5115 VV RVG i.V.m. Nr. 5109 VV RVG, Mittelgebühr		160,00 EUR
Auslagenpauschale, Nr. 7002 VV RVG		20,00 EUR
Zwischensumme	640,00 EUR	
19 % Mehrwertsteuer, Nr. 7008 VV RVG		121,60 EUR
Gesamtbetrag		**761,60 EUR**

Der Rechtsanwalt ist gerichtlich bestellt bzw. beigeordnet		
Grundgebühr, Nr. 5100 VV RVG		80,00 EUR
Verfahrensgebühr, Nr. 5109 VV RVG		128,00 EUR
Zusatzgebühr, Nr. 5115 VV RVG i.V.m. Nr. 5109 VV RVG		128,00 EUR
Auslagenpauschale, Nr. 7002 VV RVG		20,00 EUR
Zwischensumme	356,00 EUR	
19 % Mehrwertsteuer, Nr. 7008 VV RVG		67,64 EUR
Gesamtbetrag		**423,64 EUR**

Beispiel 19 Zusatzgebühr bei Vermeidung einer Hauptverhandlung (Bußgeld über 5.000,00 EUR)

Im Bußgeldverfahren ist ein Bußgeld über 6.000,00 EUR verhängt worden, gegen das die Partei Einspruch eingelegt hat. Nach Abwägung aller Umstände rät der Anwalt der Partei, den Einspruch zurückzunehmen und das Bußgeld zu zahlen. Der Mandant stimmt zu und bittet den Anwalt um Rücknahme des Einspruchs, der dies auch erledigt. Es handelt sich um eine mittelschwere Angelegenheit.

Da sich das Bußgeld über einen Betrag von mehr als 5.000,00 EUR beläuft, ist die Zusatzgebühr in Höhe der Verfahrensgebühr der Nr. 5111 VV RVG in Ansatz zu bringen. Die Höhe der Zusatzgebühr bemisst sich für den Wahlanwalt nach Anmerkung 5 (3) zu Nr. 5115 VV RVG nach der Rahmenmitte der Verfahrensgebühr Nr. 5111 VV RVG.

Der Rechtsanwalt ist Wahlanwalt		
Grundgebühr, 5100 VV RVG i.V.m. § 14 RVG		100,00 EUR
Verfahrensgebühr, Nr. 5111 VV RVG i.V.m. § 14 RVG		200,00 EUR
Zusatzgebühr, Nr. 5115 VV RVG i.V.m. Nr. 5111 VV RVG, Mittelgebühr		200,00 EUR
Auslagenpauschale, Nr. 7002 VV RVG		20,00 EUR
Zwischensumme	520,00 EUR	
19 % Mehrwertsteuer, Nr. 7008 VV RVG		98,80 EUR
Gesamtbetrag		**618,80 EUR**

Der Rechtsanwalt ist gerichtlich bestellt bzw. beigeordnet

Grundgebühr, Nr. 5100 VV RVG		80,00 EUR
Verfahrensgebühr, Nr. 5111 VV RVG		160,00 EUR
Zusatzgebühr, Nr. 5115 VV RVG i.V.m. Nr. 5111 VV RVG		160,00 EUR
Auslagenpauschale, Nr. 7002 VV RVG		20,00 EUR
Zwischensumme	420,00 EUR	
19 % Mehrwertsteuer, Nr. 7008 VV RVG		79,80 EUR
Gesamtbetrag		**499,80 EUR**

Die Verfahrensgebühr bei Einziehung und verwandten Maßnahmen in Bußgeldsachen hat nach Nr. 5116 VV RVG einen Gebührensatz von 1,0, und zwar sowohl für den gerichtlich bestellten oder beigeordneten Rechtsanwalt als auch für den Wahlanwalt. Sie entfällt, wenn der Gegenstandswert niedriger als 30,00 EUR ist. Die Gebühr entsteht nach Anmerkung (3) zu Nr. 5116 VV RVG nur einmal für das Verfahren vor der Verwaltungsbehörde und dem Amtsgericht. Im Rechtsbeschwerdeverfahren entsteht die Gebühr besonders. 29

Für **Einzeltätigkeiten** erwächst dem gerichtlich bestellten oder beigeordneten Rechtsanwalt nach Nr. 5200 VV RVG eine Verfahrensgebühr in Höhe von 52,00 EUR; diejenige für den Wahlanwalt hat einen Rahmen von 20,00 EUR bis 110,00 EUR. Für jede Einzeltätigkeit erhält der Rechtsanwalt die Verfahrensgebühr gesondert. Voraussetzung für den Anfall der Gebühren ist, dass einzelne Tätigkeiten ausgeübt werden, **ohne dass dem Anwalt die Verteidigung übertragen** ist. Wird dem Rechtsanwalt die Verteidigung übertragen, so findet die Gebühr nach Nr. 5200 VV RVG Anrechnung auf die Verfahrensgebühr für die Verteidigung. 30

Merke

Ist der Rechtsanwalt in einer Gnadensache mit einer Einzeltätigkeit betraut, so erhält er die Verfahrensgebühr der Nr. 5200 VV RVG auch (also besonders), wenn ihm die Verteidigung übertragen war.

§ 8 Sonstige Verfahren

A. Allgemeine Hinweise/Geltungsbereich der Vorschriften

Sonstige Verfahren, die nicht in den Teilen 1 bis 5 enthalten sind, werden unter Teil 6 des Vergütungsverzeichnisses geführt. 1

> *Merke*
>
> Für die Tätigkeit als Beistand eines Zeugen oder eines Sachverständigen erhält der Rechtsanwalt die gleichen Gebühren wie ein Verfahrensbevollmächtigter in diesem Verfahren.

Der Rechtsanwalt erhält eine Verfahrensgebühr für das Betreiben des Geschäfts einschließlich der Information sowie eine Terminsgebühr für die Teilnahme an gerichtlichen Terminen, soweit nichts anderes bestimmt ist. 2

> *Merke*
>
> Die Terminsgebühr erwächst dem Rechtsanwalt auch, wenn ein anberaumter Termin nicht stattfindet und der Rechtsanwalt die Gründe, die zur Aufhebung des Termins führten, nicht zu vertreten hat. Dies gilt nicht, wenn er rechtzeitig von der Aufhebung oder Verlegung des Termins in Kenntnis gesetzt worden ist.

B. Verfahren nach dem Gesetz über die internationale Rechtshilfe in Strafsachen (IRG)

Die Kernbereiche der internationalen Rechtshilfe in Strafsachen sind die Auslieferung und die Vollstreckungshilfe. Über die Gewährung von Rechtshilfe wird in einem besonderen Bewilligungsverfahren entschieden. 3

Für die behördliche Tätigkeit (= das Bewilligungsverfahren) entsteht eine Verfahrensgebühr nach Nr. 6100 VV RVG, die für den Wahlverteidiger einen Betrag von 50,00 EUR bis 340,00 EUR ausmacht und für den beigeordneten Rechtsanwalt 156,00 EUR beträgt. 4

Beispiel 1 **Vertretung im Bewilligungsverfahren**

Der Rechtsanwalt ist für seinen Mandanten im Verfahren nach dem Gesetz über die internationale Rechtshilfe in Strafsachen (IRG) im Bewilligungsverfahren vor der Behörde tätig und lässt sich dort für den Mandanten ein. Die Angelegenheit ist von mittlerer Schwierigkeit und von mittlerem Umfang.

Die Vergütung des Rechtsanwalts erfolgt nach Teil 6, Abschnitt 1 des VV RVG: Es sind die Verfahrensgebühr nach Nr. 6100 VV RVG (und für die Teilnahme an Terminen die Terminsgebühr nach Nr. 6101 VV RVG) in Ansatz zu bringen, wobei für den Wahlverteidiger die Mittelgebühr anzusetzen ist.

Der Anwalt ist Wahlverteidiger oder Verfahrensbevollmächtigter		
Verfahrensgebühr, Nr. 6100 VV RVG i.V.m. § 14 RVG		195,00 EUR
Auslagenpauschale, Nr. 7002 VV RVG		20,00 EUR
Zwischensumme	215,00 EUR	
19 % Mehrwertsteuer, Nr. 7008 VV RVG	40,85 EUR	
Gesamtbetrag		**255,85 EUR**

Der Rechtsanwalt ist gerichtlich bestellt oder beigeordnet		
Verfahrensgebühr, Nr. 6100 VV RVG		156,00 EUR
Auslagenpauschale, Nr. 7002 VV RVG		20,00 EUR
Zwischensumme	176,00 EUR	
19 % Mehrwertsteuer, Nr. 7008 VV RVG		33,44 EUR
Gesamtbetrag		**209,44 EUR**

5 Wird der Anwalt im gerichtlichen Verfahren tätig, ist also das Bewilligungsverfahren positiv verlaufen, so dass die Rechtshilfe bewilligt wurde, so hat die Verfahrensgebühr gemäß Nr. 6101 VV RVG für den Wahlanwalt einen Rahmen von 100,00 EUR bis 690,00 EUR und für den gerichtlich bestellten oder beigeordneten Rechtsanwalt beträgt sie 316,00 EUR. Pro Verhandlungstag verdient der Wahlverteidiger zwischen 130,00 EUR und 930,00 EUR, für den gerichtlich bestellten oder beigeordneten Rechtsanwalt beträgt die Terminsgebühr je Verhandlungstag 424,00 EUR. Diese Regelung findet sich in Nr. 6102 VV RVG wieder.

Beispiel 2 | **Vertretung im Rechtshilfeverfahren**

Der Rechtsanwalt ist für seinen Mandanten im Rahmen seiner Auslieferung tätig und nimmt an drei Verhandlungstagen teil. Die Angelegenheit ist ausgesprochen schwierig und zäh.

Die Vergütung des Rechtsanwalts erfolgt nach Teil 6, Abschnitt 1 des VV RVG: Es sind die Verfahrensgebühren nach Nr. 6101 VV RVG und die Terminsgebühr pro Verhandlungstag nach Nr. 6102 VV RVG in Ansatz zu bringen, wobei für den Wahlverteidiger der Rahmen auszuschöpfen ist.

Der Anwalt ist Wahlverteidiger oder Verfahrensbevollmächtigter		
Verfahrensgebühr, Nr. 6101 VV RVG i.V.m. § 14 RVG		690,00 EUR
3 × Terminsgebühr nach Nr. 6102 VV RVG i.V.m. § 14 RVG, 3 × 930,00 EUR		2.790,00 EUR
Auslagenpauschale, Nr. 7002 VV RVG		20,00 EUR
Zwischensumme	3.500,00 EUR	
19 % Mehrwertsteuer, Nr. 7008 VV RVG		665,00 EUR
Gesamtbetrag		**4.165,00 EUR**

Der Rechtsanwalt ist gerichtlich bestellt oder beigeordnet

Verfahrensgebühr, Nr. 6101 VV RVG		316,00 EUR
3 × Terminsgebühr nach Nr. 6102 VV RVG, 3 × 424,00 EUR		1.272,00 EUR
Auslagenpauschale, Nr. 7002 VV RVG		20,00 EUR
Zwischensumme	1.608,00 EUR	
19 % Mehrwertsteuer, Nr. 7008 VV RVG		305,52 EUR
Gesamtbetrag		**1.913,52 EUR**

Merke

Zu beachten ist hier, dass die Terminsgebühr der Nr. 6102 VV RVG tatsächlich auch nur dann entsteht, wenn ein Verhandlungstag anfällt, worunter die Teilnahme an der mündlichen Verhandlung vor dem Oberlandesgericht gemäß §§ 33 Abs. 3, 31 IRG zu verstehen ist. Weil die „Anhörung" keine Verhandlung im Sinne der Nr. 6101 VV RVG darstellt, verdient der nach § 40 Abs. 2 IRG bestellte Beistand für die Teilnahme an der Anhörung des Verfolgten (§ 28 IRG) gerade keine Terminsgebühr der Nr. 6102 VV RVG.[1] Entsprechend kann auch die bloße Teilnahme eines Beistandes an dem Termin zur Verkündung des Auslieferungshaftbefehls und der damit einhergehenden Vernehmung des Verfolgten keine Gebühr nach Nr. 6102 VV RVG auslösen.[2]

Vorstehende Gebühren entstehen ebenfalls in Verfahren vor der Bewilligungsbehörde nach Abschnitt 2 Unterabschnitt 2 des 9. Teils des Gesetzes über die internationale Rechtshilfe in Strafsachen (Vollstreckungshilfeverkehr mit den Mitgliedsstaaten der Europäischen Union). 6

C. Disziplinarverfahren, berufsgerichtliche Verfahren wegen der Verletzung einer Berufspflicht

I. Grundgebühr

Für die erstmalige Einarbeitung in den Rechtsfall erhält der Rechtsanwalt eine Grundgebühr nach Nr. 6200 VV RVG. Sie erwächst dem Anwalt nur einmal, unabhängig davon, in welchem Verfahrensabschnitt er tätig geworden ist. Sie beträgt für den gerichtlich bestellten oder beigeordneten Rechtsanwalt 156,00 EUR und für den Wahlanwalt zwischen 40,00 EUR und 350,00 EUR. 7

Merke

Die Grundgebühr entsteht stets neben der Verfahrensgebühr.

1 So OLG Dresden, Beschl. v. 6.2.2007 – OLG 33 Ausl 84/06, JurBüro 2007, 252 f.

2 Vgl. OLG Hamm, Beschl. v. 30.3.2006 – 2 (s) Sbd IX 43/06, JurBüro 2006, 424.

Die jeweilige Verfahrensgebühr (dazu nachfolgend) entsteht bereits mit der Entgegennahme der Information – eine **erstmalige Einarbeitung**, die ja die Grundgebühr entstehen lässt, kann aber **nur mit den entsprechenden Informationen** erfolgen.

Die früher in der Literatur vertretene Auffassung, dass erst eine Grundgebühr, später eine Verfahrensgebühr (Abgrenzung!) entsteht mit der Folge, dass auch eine Grundgebühr „allein" stehen kann, ist damit zerschlagen.

In den nachfolgenden Beispielen ist die Grundgebühr lediglich zur Darstellung der jeweiligen Höhe in den nachfolgenden Beispielen „separat" und ohne Verfahrensgebühr aufgeführt. Eine solche Rechnung wird es in der Realität nicht geben!

Beispiel 3 **Entstehung der Grundgebühr**

Der Rechtsanwalt wird im außergerichtlichen Stadium mit der Vertretung eines Soldaten im Disziplinarverfahren betraut. Die Angelegenheit ist mittelschwer und hat mittleren Umfang.

Der Rechtsanwalt erhält neben den Gebühren, die ihm für die außergerichtliche Tätigkeit entstehen, die Grundgebühr nach Nr. 6200 VV RVG. Für den Wahlanwalt ist aufgrund des mittleren Umfangs und des mittleren Schwierigkeitsgrades von der Mittelgebühr auszugehen.

Der Rechtsanwalt ist Wahlanwalt	
Grundgebühr, Nr. 6200 VV RVG i.V.m. § 14 RVG	195,00 EUR
19 % Mehrwertsteuer, Nr. 7008 VV RVG	37,05 EUR
Gesamtbetrag	**232,05 EUR**
Der Rechtsanwalt ist gerichtlich bestellt oder beigeordnet	
Grundgebühr, Nr. 6200 VV RVG	156,00 EUR
19 % Mehrwertsteuer, Nr. 7008 VV RVG	29,64 EUR
Gesamtbetrag	**185,64 EUR**

8 Die Terminsgebühr für jeden Tag, an dem eine außergerichtliche Anhörung oder eine außergerichtliche Beweisaufnahme im Disziplinarverfahren stattfindet, beträgt nach Nr. 6201 VV RVG für den gerichtlich bestellten oder beigeordneten Rechtsanwalt 164,00 EUR und für den Wahlanwalt zwischen 40,00 EUR und 370,00 EUR.

Das **Beispiel** siehe unter nachfolgender Ziffer II.

II. Außergerichtliches Verfahren

9 Eine gesonderte Verfahrensgebühr erhält der Rechtsanwalt nach Nr. 6202 VV RVG in dem dem gerichtlichen Verfahren vorausgehenden und der Überprüfung der Verwaltungsentscheidung dienenden Verfahren. Die Gebühr deckt die Tätigkeit in dem Verfahren bis zum Eingang des Antrages oder der Anschuldigungsschrift bei Gericht

ab; sie beträgt nach Nr. 6202 VV RVG für den gerichtlich bestellten oder beigeordneten Rechtsanwalt 132,00 EUR und für den Wahlanwalt zwischen 40,00 EUR und 290,00 EUR.

Die Terminsgebühr für jeden Tag, an dem eine außergerichtliche Anhörung oder eine außergerichtliche Beweisaufnahme stattfindet, beträgt auch in dem dem gerichtlichen Verfahren vorausgehenden Verfahren nach Nr. 6201 VV RVG für den gerichtlich bestellten oder beigeordneten Rechtsanwalt 164,00 EUR und für den Wahlanwalt zwischen 40,00 EUR und 370,00 EUR. 10

Beispiel 4 **Vertretung im Vorverfahren**

Der Rechtsanwalt vertritt seinen Mandanten im außergerichtlichen Disziplinarverfahren wegen Missachtung von Dienstvorschriften. Er unterstützt seinen Mandanten im Rahmen der Anhörung, die an zwei Tagen stattfindet. Die Angelegenheit ist mittelschwer.

Der Rechtsanwalt verdient zunächst für die erstmalige Einarbeitung in den Rechtsfall die Grundgebühr der Nr. 6200 VV RVG; für das Betreiben des Geschäfts einschließlich der Information erhält er die Verfahrensgebühr der Nr. 6202 VV RVG und für jeden Terminstag die Terminsgebühr der Nr. 6201 VV RVG. Da die Angelegenheit einen mittleren Schwierigkeitsgrad hat, ist der Ansatz der Mittelgebühr gerechtfertigt.

Der Rechtsanwalt ist Wahlanwalt		
Grundgebühr, Nr. 6200 VV RVG i.V.m. § 14 RVG		195,00 EUR
Verfahrensgebühr, Nr. 6202 VV RVG i.V.m. § 14 RVG		165,00 EUR
Terminsgebühr, Nr. 6201 VV RVG i.V.m. § 14 RVG, pro Tag 205,00 EUR → 2 × 205,00 EUR		410,00 EUR
Auslagenpauschale, Nr. 7002 VV RVG		20,00 EUR
Zwischensumme	790,00 EUR	
19 % Mehrwertsteuer, Nr. 7008 VV RVG		150,10 EUR
Gesamtbetrag		**940,10 EUR**
Der Rechtsanwalt ist gerichtlich bestellt oder beigeordnet		
Grundgebühr, Nr. 6200 VV RVG		156,00 EUR
Verfahrensgebühr, Nr. 6202 VV RVG		132,00 EUR
Terminsgebühr, Nr. 6201 VV RVG, pro Tag 164,00 EUR → 2 × 164,00 EUR		328,00 EUR
Auslagenpauschale, Nr. 7002 VV RVG		20,00 EUR
Zwischensumme	636,00 EUR	
19 % Mehrwertsteuer, Nr. 7008 VV RVG		120,84 EUR
Gesamtbetrag		**756,84 EUR**

III. Erster Rechtszug

11 Die Verfahrensgebühr im erstinstanzlichen Verfahren beträgt nach Nr. 6203 VV RVG für den gerichtlich bestellten oder beigeordneten Rechtsanwalt 148,00 EUR, für den Wahlanwalt 50,00 EUR bis 320,00 EUR.

12 Die Terminsgebühr erwächst dem Rechtsanwalt im ersten Rechtszug nach Nr. 6204 VV RVG für jeden Hauptverhandlungstag; sie beträgt für den gerichtlich bestellten oder beigeordneten Anwalt 256,00 EUR und für den Wahlanwalt zwischen 80,00 EUR und 560,00 EUR.

Beispiel 5 **Vertretung im ersten Rechtszug**

Der Rechtsanwalt vertritt seinen Mandanten im Disziplinarverfahren wegen Missachtung von Dienstvorschriften im ersten Rechtszug. Es finden zwei Hauptverhandlungstage statt; der Anwalt war bereits im außergerichtlichen Verfahren mit dieser mittelschweren Sache betraut.

Dem Rechtsanwalt erwächst eine Verfahrensgebühr nach Nr. 6203 VV RVG sowie je eine Terminsgebühr pro Verhandlungstag nach Nr. 6204 VV RVG. Eine Grundgebühr entsteht dem Anwalt nicht mehr, da er diese im Vorverfahren bereits erhalten hat.

Der Rechtsanwalt ist Wahlanwalt		
Verfahrensgebühr, Nr. 6203 VV RVG i.V.m. § 14 RVG		185,00 EUR
Terminsgebühr, Nr. 6204 VV RVG i.V.m. § 14 RVG, pro Tag 320,00 EUR → 2 × 320,00 EUR		640,00 EUR
Auslagenpauschale, Nr. 7002 VV RVG		20,00 EUR
Zwischensumme	845,00 EUR	
19 % Mehrwertsteuer, Nr. 7008 VV RVG		160,55 EUR
Gesamtbetrag		**1.005,55 EUR**
Der Rechtsanwalt ist gerichtlich bestellt oder beigeordnet		
Verfahrensgebühr, Nr. 6203 VV RVG		148,00 EUR
Terminsgebühr, Nr. 6204 VV RVG, pro Tag 256,00 EUR → 2 × 256,00 EUR		512,00 EUR
Auslagenpauschale, Nr. 7002 VV RVG		20,00 EUR
Zwischensumme	680,00 EUR	
19 % Mehrwertsteuer, Nr. 7008 VV RVG		129,20 EUR
Gesamtbetrag		**809,20 EUR**

13 Dauert die Hauptverhandlung mehr als 5 und bis 8 Stunden, so erhält der **gerichtlich bestellte oder beigeordnete Rechtsanwalt** nach Nr. 6205 VV RVG zusätzlich zur Gebühr Nr. 6204 VV RVG (Terminsgebühr) einen Betrag in Höhe von 128,00 EUR.

Beispiel 6 **Zusatzgebühr für überlange Verfahrensdauer (5 bis 8 Stunden)**

Wie vorstehend Beispiel 5; der erste Hauptverhandlungstag dauert 7 Stunden.

Neben den auch schon im vorstehenden Bespiel errechneten Gebühren erhält der gerichtlich bestellte/beigeordnete Rechtsanwalt einen Zuschlag nach Nr. 6205 VV RVG für die überlange Dauer des ersten Verhandlungstermins in Höhe von 128,00 EUR.

Verfahrensgebühr, Nr. 6203 VV RVG		148,00 EUR
Terminsgebühr, Nr. 6204 VV RVG, pro Tag 256,00 EUR → 2 × 256,00 EUR		512,00 EUR
Zuschlag für überlange Terminsdauer, Nr. 6205 VV RVG		128,00 EUR
Auslagenpauschale, Nr. 7002 VV RVG		20,00 EUR
Zwischensumme	808,00 EUR	
19 % Mehrwertsteuer, Nr. 7008 VV RVG		153,52 EUR
Gesamtbetrag		**961,52 EUR**

Dauert die Hauptverhandlung mehr als 8 Stunden, so erhält der **gerichtlich bestellte oder beigeordnete Rechtsanwalt** nach Nr. 6206 VV RVG zusätzlich zur Gebühr Nr. 6204 VV RVG (Terminsgebühr) einen Betrag in Höhe von 256,00 EUR. 14

Beispiel 7 **Zusatzgebühr für überlange Verfahrensdauer (mehr als 8 Stunden)**

Wie vorstehend Beispiel 5; der erste Hauptverhandlungstag dauert 10 Stunden.

Neben den auch schon im vorstehenden Bespiel errechneten Gebühren erhält der gerichtlich bestellte/beigeordnete Rechtsanwalt einen Zuschlag nach Nr. 6206 VV RVG für die überlange Dauer des ersten Verhandlungstermins in Höhe von 256,00 EUR.

Verfahrensgebühr, Nr. 6203 VV RVG		148,00 EUR
Terminsgebühr, Nr. 6204 VV RVG, pro Tag 256,00 EUR → 2 × 256,00 EUR		512,00 EUR
Zuschlag für überlange Terminsdauer, Nr. 6206 VV RVG		256,00 EUR
Auslagenpauschale, Nr. 7002 VV RVG		20,00 EUR
Zwischensumme	936,00 EUR	
19 % Mehrwertsteuer, Nr. 7008 VV RVG		177,84 EUR
Gesamtbetrag		**1.113,84 EUR**

IV. Zweiter Rechtszug

Die Verfahrensgebühr im zweiten Rechtszug beträgt nach Nr. 6207 VV RVG für den gerichtlich bestellten oder beigeordneten Rechtsanwalt 256,00 EUR, für den Wahlanwalt 80,00 EUR bis 560,00 EUR. 15

Die Terminsgebühr erwächst dem Rechtsanwalt im zweiten Rechtszug nach Nr. 6208 VV RVG für jeden Hauptverhandlungstag; sie beträgt für den gerichtlich bestellten oder 16 beigeordneten Anwalt 256,00 EUR und für den Wahlanwalt zwischen 80,00 EUR und 560,00 EUR.

Beispiel 8 **Vertretung im zweiten Rechtszug**

Der Rechtsanwalt vertritt seinen Mandanten im Disziplinarverfahren wegen Missachtung von Dienstvorschriften im zweiten Rechtszug. Es finden 3 Hauptverhandlungstage statt; der Anwalt war mit der Sache im außergerichtlichen Verfahren noch nicht betraut, sondern ist erstmalig für den Mandanten tätig. Es handelt sich vorliegend um eine besonders schwierige Angelegenheit.

Der Rechtsanwalt ist im zweiten Rechtszug tätig, deshalb erhält er die Gebühren der Nrn. 6207 ff. VV RVG. Eine Grundgebühr erwächst dem Anwalt für die erstmalige Einarbeitung in die Angelegenheit, denn er war zuvor mit der Angelegenheit noch nicht betraut. Daneben entstehen ihm die Verfahrensgebühr der Nr. 6207 VV RVG und die Terminsgebühr (pro Verhandlungstag) nach Nr. 6208 VV RVG, in diesem Beispiel jeweils die Höchstgebühr.

Der Rechtsanwalt ist Wahlanwalt		
Grundgebühr, Nr. 6200 VV RVG i.V.m. § 14 RVG		350,00 EUR
Verfahrensgebühr, Nr. 6207 VV RVG i.V.m. § 14 RVG		560,00 EUR
Terminsgebühr, Nr. 6208 VV RVG i.V.m. § 14 RVG, pro Tag 560,00 EUR → 3 × 560,00 EUR		1.680,00 EUR
Auslagenpauschale, Nr. 7002 VV RVG		20,00 EUR
Zwischensumme	2.610,00 EUR	
19 % Mehrwertsteuer, Nr. 7008 VV RVG		495,90 EUR
Gesamtbetrag		**3.105,90 EUR**

Der Rechtsanwalt ist gerichtlich bestellt oder beigeordnet		
Grundgebühr, Nr. 6200 VV RVG		156,00 EUR
Verfahrensgebühr, Nr. 6207 VV RVG		256,00 EUR
Terminsgebühr, Nr. 6208 VV RVG, pro Tag 256,00 EUR → 3 × 256,00 EUR		768,00 EUR
Auslagenpauschale, Nr. 7002 VV RVG		20,00 EUR
Zwischensumme	1.200,00 EUR	
19 % Mehrwertsteuer, Nr. 7008 VV RVG		228,00 EUR
Gesamtbetrag		**1.428,00 EUR**

17 Dauert die Hauptverhandlung mehr als 5 bis 8 Stunden, so erhält der **gerichtlich bestellte oder beigeordnete Rechtsanwalt** nach Nr. 6209 VV RVG zusätzlich zur Gebühr Nr. 6208 VV RVG (Terminsgebühr) einen Betrag in Höhe von 128,00 EUR.

Beispiel 9 **Zusatzgebühr für überlange Verfahrensdauer (5 bis 8 Stunden)**

Wie zuvor Beispiel 8; der zweite Verhandlungstag dauert 6,5 Stunden.

Neben den auch schon im vorstehenden Bespiel errechneten Gebühren erhält der gerichtlich bestellte/beigeordnete Rechtsanwalt einen Zuschlag nach Nr. 6209 VV RVG für die überlange Dauer des ersten Verhandlungstermins in Höhe von 128,00 EUR.

Grundgebühr, Nr. 6200 VV RVG		156,00 EUR
Verfahrensgebühr, Nr. 6207 VV RVG		256,00 EUR
Terminsgebühr, Nr. 6208 VV RVG, pro Tag 256,00 EUR → 3 × 256,00 EUR		768,00 EUR
Zuschlag für überlange Terminsdauer, Nr. 6209 VV RVG		128,00 EUR
Auslagenpauschale, Nr. 7002 VV RVG		20,00 EUR
Zwischensumme	1.328,00 EUR	
19 % Mehrwertsteuer, Nr. 7008 VV RVG		252,32 EUR
Gesamtbetrag		**1.580,32 EUR**

Dauert die Hauptverhandlung mehr als 8 Stunden, so erhält der **gerichtlich bestellte oder beigeordnete Rechtsanwalt** nach Nr. 6210 VV RVG zusätzlich zur Gebühr Nr. 6208 VV RVG (Terminsgebühr) einen Betrag in Höhe von 256,00 EUR. 18

Beispiel 10 **Zusatzgebühr für überlange Verfahrensdauer (mehr als 8 Stunden)**

Wie zuvor Beispiel 8; der zweite Verhandlungstag dauert 9 Stunden.

Neben den auch schon im vorstehenden Bespiel errechneten Gebühren erhält der gerichtlich bestellte/beigeordnete Rechtsanwalt einen Zuschlag nach Nr. 6210 VV RVG für die überlange Dauer des ersten Verhandlungstermins in Höhe von 258,00 EUR.

Grundgebühr, Nr. 6200 VV RVG		156,00 EUR
Verfahrensgebühr, Nr. 6207 VV RVG		256,00 EUR
Terminsgebühr, Nr. 6208 VV RVG, pro Tag 256,00 EUR → 3 × 256,00 EUR		768,00 EUR
Zuschlag für überlange Terminsdauer, Nr. 6209 VV RVG		258,00 EUR
Auslagenpauschale, Nr. 7002 VV RVG		20,00 EUR
Zwischensumme	1.458,00 EUR	
19 % Mehrwertsteuer, Nr. 7008 VV RVG		277,02 EUR
Gesamtbetrag		**1.735,02 EUR**

Auch hier dürften die schon vorliegenden Rechtsprechungen zu den Gebühren der Nrn. 4110 und 4111 VV RVG anwendbar sein (vgl. § 6 Rdn 21, 32). 19

V. Dritter Rechtszug

20 Die Verfahrensgebühr im dritten Rechtszug beträgt nach Nr. 6211 VV RVG für den gerichtlich bestellten oder beigeordneten Rechtsanwalt 492,00 EUR, für den Wahlanwalt 120,00 EUR bis 1.110,00 EUR.

21 Die Terminsgebühr erwächst dem Rechtsanwalt im zweiten Rechtszug nach Nr. 6212 VV RVG für jeden Hauptverhandlungstag; sie beträgt für den gerichtlich bestellten oder beigeordneten Anwalt 268,00 EUR und für den Wahlanwalt zwischen 120,00 EUR und 550,00 EUR.

Beispiel 11 **Vertretung im dritten Rechtszug**

Der Rechtsanwalt vertritt seinen Mandanten im Verfahren wegen Fahnenflucht im dritten Rechtszug. Es finden zwei Hauptverhandlungstage statt; der Anwalt war bereits im Vorfeld mit dieser mittelschweren Sache betraut.

Der Rechtsanwalt erhält die Gebühren der Nrn. 6211 ff. VV RVG; eine Grundgebühr erwächst dem Anwalt nicht mehr, da ihm diese bereits entstanden ist; die Verfahrensgebühr Nr. 6211 VV RVG und die Terminsgebühr der Nr. 6212 VV RVG sind hier beim Wahlanwalt mit der Mittelgebühr anzusetzen.

Der Rechtsanwalt ist Wahlanwalt		
Verfahrensgebühr, Nr. 6211 VV RVG i.V.m. § 14 RVG		615,00 EUR
Terminsgebühr, Nr. 6212 VV RVG i.V.m. § 14 RVG, pro Tag 335,00 EUR → 2 × 335,00 EUR		670,00 EUR
Auslagenpauschale, Nr. 7002 VV RVG		20,00 EUR
Zwischensumme	1.305,00 EUR	
19 % Mehrwertsteuer, Nr. 7008 VV RVG		247,95 EUR
Gesamtbetrag		**1.552,95 EUR**
Der Rechtsanwalt ist gerichtlich bestellt oder beigeordnet		
Verfahrensgebühr, Nr. 6211 VV RVG		492,00 EUR
Terminsgebühr, Nr. 6212 VV RVG, pro Tag 268,00 EUR → 2 × 268,00 EUR		536,00 EUR
Auslagenpauschale, Nr. 7002 VV RVG		20,00 EUR
Zwischensumme	1.048,00 EUR	
19 % Mehrwertsteuer, Nr. 7008 VV RVG		199,12 EUR
Gesamtbetrag		**1.247,12 EUR**

22 Dauert die Hauptverhandlung mehr als 5 und bis 8 Stunden, so erhält der **gerichtlich bestellte oder beigeordnete Rechtsanwalt** nach Nr. 6213 VV RVG zusätzlich zur Gebühr Nr. 6212 VV RVG (Terminsgebühr) einen Betrag in Höhe von 134,00 EUR.

Beispiel 12 **Zusatzgebühr für überlange Verfahrensdauer (5 bis 8 Stunden)**

Wie zuvor Beispiel 11; die erste Hauptverhandlung dauert 7,5 Stunden.

Neben den auch schon im vorstehenden Bespiel errechneten Gebühren erhält der gerichtlich bestellte/beigeordnete Rechtsanwalt einen Zuschlag nach Nr. 6213 VV RVG für die überlange Dauer des ersten Verhandlungstermins in Höhe von 134,00 EUR.

Verfahrensgebühr, Nr. 6211 VV RVG		492,00 EUR
Terminsgebühr, Nr. 6212 VV RVG, pro Tag 268,00 EUR → 2 × 268,00 EUR		536,00 EUR
Zuschlag für überlange Terminsdauer, Nr. 6213 VV RVG		134,00 EUR
Auslagenpauschale, Nr. 7002 VV RVG		20,00 EUR
Zwischensumme	1.182,00 EUR	
19 % Mehrwertsteuer, Nr. 7008 VV RVG		224,58 EUR
Gesamtbetrag		**1.406,58 EUR**

Dauert die Hauptverhandlung mehr als 8 Stunden, so erhält der **gerichtlich bestellte oder beigeordnete Rechtsanwalt** nach Nr. 6214 VV RVG zusätzlich zur Gebühr Nr. 6212 VV RVG (Terminsgebühr) einen Betrag in Höhe von 268,00 EUR. 23

Beispiel 13 **Zusatzgebühr für überlange Verfahrensdauer (mehr als 8 Stunden)**

Wie zuvor Beispiel 11; die erste Hauptverhandlung dauert 9 Stunden.

Neben den auch schon im vorstehenden Bespiel errechneten Gebühren erhält der gerichtlich bestellte/beigeordnete Rechtsanwalt einen Zuschlag nach Nr. 6214 VV RVG für die überlange Dauer des ersten Verhandlungstermins in Höhe von 268,00 EUR.

Verfahrensgebühr, Nr. 6211 VV RVG		492,00 EUR
Terminsgebühr, Nr. 6212 VV RVG, pro Tag 268,00 EUR → 2 × 268,00 EUR		536,00 EUR
Zuschlag für überlange Terminsdauer, Nr. 6214 VV RVG		268,00 EUR
Auslagenpauschale, Nr. 7002 VV RVG		20,00 EUR
Zwischensumme	1.316,00 EUR	
19 % Mehrwertsteuer, Nr. 7008 VV RVG		250,04 EUR
Gesamtbetrag		**1.566,04 EUR**

Auch hier wird die schon vorliegende Rechtsprechung zu den Gebühren der Nrn. 4110 und 4111 VV RVG anwendbar sein (vgl. § 6 Rdn 21, 32). 24

Für das Beschwerdeverfahren über die Nichtzulassung der Revision, das nach § 17 Nr. 9 RVG zum Revisionsverfahren eine verschiedene Angelegenheit darstellt, entsteht die Verfahrensgebühr der Nr. 6215 VV RVG. Sie entsteht dem Anwalt, der beigeordnet ist, in Höhe von 472,00 EUR; für den Wahlanwalt beträgt der Rahmen 70,00 EUR bis 1.110,00 EUR. 25

Beispiel 14 **Vertretung im Verfahren über die Beschwerde gegen die Nichtzulassung der Revision**

Der Rechtsanwalt führt im Rahmen eines berufsrechtlichen Verfahrens eine besonders schwere und umfangreiche Beschwerde gegen die Nichtzulassung der Revision.

Dem Rechtsanwalt entsteht eine Verfahrensgebühr der Nr. 6215 VV RVG; hier aufgrund Umfangs und der Schwierigkeit beim Wahlanwalt in Höhe der Höchstgebühr.

Der Rechtsanwalt ist Wahlanwalt		
Verfahrensgebühr, Nr. 6215 VV RVG i.V.m. § 14 RVG		1.110,00 EUR
Auslagenpauschale, Nr. 7002 VV RVG		20,00 EUR
Zwischensumme	1.130,00 EUR	
19 % Mehrwertsteuer, Nr. 7008 VV RVG		214,70 EUR
Gesamtbetrag		**1.344,70 EUR**

Der Rechtsanwalt ist gerichtlich bestellt bzw. beigeordnet		
Verfahrensgebühr, Nr. 6215 VV RVG		472,00 EUR
Auslagenpauschale, Nr. 7002 VV RVG		20,00 EUR
Zwischensumme	492,00 EUR	
19 % Mehrwertsteuer, Nr. 7008 VV RVG		93,48 EUR
Gesamtbetrag		**585,48 EUR**

26 Allerdings findet diese Gebühr auf die Gebühren eines nachfolgenden Revisionsverfahrens volle Anrechnung.

Beispiel 15 **Anrechnungspflicht der Verfahrensgebühr im Verfahren über die Beschwerde gegen die Nichtzulassung der Revision auf die Revisionsverfahrensgebühr**

In einem Disziplinarverfahren von mittlerem Umfang und mittlerer Schwierigkeit reicht der Anwalt Beschwerde über die Nichtzulassung der Revision ein, die auch im Sinne des Antrags beschieden wird. Daraufhin leitet der Anwalt das Revisionsverfahren ein.

Die Verfahrensgebühr der Nr. 6215 VV RVG findet auf die Verfahrensgebühr der Nr. 6211 VV RVG (Rahmen 120,00 EUR–1.110,00 EUR) volle Anrechnung.

Zu beachten ist zudem: Vorliegend handelt es sich um zwei Verfahren, so dass zwei Auslagenpauschalen abzurechnen sind (sofern nicht die tatsächlichen Kosten gefordert werden).

Der Rechtsanwalt ist Wahlanwalt

Verfahrensgebühr, Nr. 6215 VV RVG i.V.m. § 14 RVG (Nichtzulassungsbeschwerde)		590,00 EUR
Auslagenpauschale, Nr. 7002 VV RVG		20,00 EUR
Verfahrensgebühr, Nr. 6211 VV RVG i.V.m. § 14 RVG (Revision)		615,00 EUR
Auslagenpauschale, Nr. 7002 VV RVG i.V.m. § 14 RVG		20,00 EUR
– Verfahrensgebühr Nr. 6215 VV RVG i.V.m. § 14 RVG (Nichtzulassungsbeschwerde)		– 590,00 EUR
Zwischensumme	655,00 EUR	
19 % Mehrwertsteuer, Nr. 7008 VV RVG		124,45 EUR
Gesamtbetrag		**779,45 EUR**

Der Rechtsanwalt ist gerichtlich bestellt bzw. beigeordnet

Verfahrensgebühr, Nr. 6215 VV RVG (Nichtzulassungsbeschwerde)		472,00 EUR
Auslagenpauschale, Nr. 7002 VV RVG		20,00 EUR
Verfahrensgebühr, Nr. 6211 VV RVG (Revision)		492,00 EUR
Auslagenpauschale, Nr. 7002 VV RVG		20,00 EUR
– Verfahrensgebühr Nr. 6215 VV RVG (Nichtzulassungsbeschwerde)		– 472,00 EUR
Zwischensumme	532,00 EUR	
19 % Mehrwertsteuer, Nr. 7008 VV RVG		101,80 EUR
Gesamtbetrag		**633,08 EUR**

IV. Die Zusatzgebühr der Nr. 6216 VV RVG (Vermeidung der mündlichen Verhandlung)

Wird durch die Mitwirkung des Rechtsanwaltes eine mündliche Verhandlung im gericht- 27
lichen Verfahren entbehrlich, so erhält der Rechtsanwalt eine zusätzliche Verfahrensgebühr in Höhe der jeweiligen Verfahrensgebühr, die sich nach dem Rechtszug richtet, in dem die Hauptverhandlung vermieden wurde. Dies regelt Nr. 6216 VV RVG.

Merke

Für den Wahlanwalt bemisst sich die Gebühr nach der Rahmenmitte.

Beispiel 16 **Vermeidung einer Hauptverhandlung durch Entscheidung ohne mündliche Verhandlung im ersten Rechtszug**

In einem Disziplinarverfahren im ersten Rechtszug, in dem der Rechtsanwalt erstmals tätig ist, einigen sich die Parteien darauf, die gerichtliche Entscheidung ohne mündliche Verhandlung ergehen zu lassen. Die Angelegenheit ist sehr schwierig und umfangreich.

Der Rechtsanwalt erhält die neben der Grundgebühr die Verfahrensgebühr der Nr. 6203 VV RVG, wobei er wegen der Schwierigkeit und des Umfanges den Rahmen voll ausschöpft (Höchstgebühr). Daneben erhält er als Zusatz die Gebühr der Nr. 6203 VV RVG, weil dies die Verfahrensgebühr für den Rechtszug ist, in dem die Hauptverhandlung vermieden wurde. Die Zusatzgebühr ist hier **für den Wahlanwalt nicht in gleicher Höhe** wie die Verfahrensgebühr in Ansatz zu bringen, denn die Zusatzgebühr in Höhe der jeweiligen Verfahrensgebühr bemisst sich für den Wahlanwalt immer nach der Gebührenmitte.

Der Rechtsanwalt ist Wahlanwalt		
Grundgebühr, Nr. 6200 VV RVG i.V.m. § 14 RVG		350,00 EUR
Verfahrensgebühr, Nr. 6203 VV RVG i.V.m. § 14 RVG		320,00 EUR
Zusatzgebühr, Nr. 6216 VV RVG i.V.m. Nr. 6203 VV RVG, Mittelgebühr		185,00 EUR
Auslagenpauschale, Nr. 7002 VV RVG		20,00 EUR
Zwischensumme	875,00 EUR	
19 % Mehrwertsteuer, Nr. 7008 VV RVG		166,25 EUR
Gesamtbetrag		**1.041,25 EUR**

Der Rechtsanwalt ist gerichtlich bestellt oder beigeordnet		
Grundgebühr, Nr. 6200 VV RVG		156,00 EUR
Verfahrensgebühr, Nr. 6203 VV RVG		148,00 EUR
Zusatzgebühr, Nr. 6216 VV RVG i.V.m. Nr. 6203 VV RVG		148,00 EUR
Auslagenpauschale, Nr. 7002 VV RVG		20,00 EUR
Zwischensumme	472,00 EUR	
19 % Mehrwertsteuer, Nr. 7008 VV RVG		89,68 EUR
Gesamtbetrag		**561,68 EUR**

Beispiel 17 — Vermeidung einer Hauptverhandlung durch Entscheidung ohne mündliche Verhandlung im zweiten Rechtszug

In einem Disziplinarverfahren im zweiten Rechtszug, in dem der Rechtsanwalt erstmals tätig ist, einigen sich die Parteien darauf, die gerichtliche Entscheidung ohne mündliche Verhandlung ergehen zu lassen. Die Angelegenheit ist sehr schwierig und umfangreich.

Der Rechtsanwalt erhält die neben der Grundgebühr die Verfahrensgebühr der Nr. 6207 VV RVG, wobei er wegen der Schwierigkeit und des Umfanges den Rahmen voll ausschöpft (Höchstgebühr). Daneben erhält er als Zusatz die Gebühr der Nr. 6207 VV RVG, weil dies die Verfahrensgebühr für den Rechtszug ist, in dem die Hauptverhandlung vermieden wurde. Die Zusatzgebühr ist **hier für den Wahlanwalt nicht in gleicher Höhe** wie die Verfahrensgebühr in Ansatz zu bringen, denn die Zusatzgebühr in Höhe der jeweiligen Verfahrensgebühr bemisst sich für den Wahlanwalt immer nach der Gebührenmitte.

Der Rechtsanwalt ist Wahlanwalt		
Grundgebühr, Nr. 6200 VV RVG i.V.m. § 14 RVG		350,00 EUR
Verfahrensgebühr, Nr. 6207 VV RVG i.V.m. § 14 RVG		560,00 EUR
Zusatzgebühr, Nr. 6216 VV RVG i.V.m. Nr. 6207 VV RVG, Mittelgebühr		320,00 EUR
Auslagenpauschale, Nr. 7002 VV RVG		20,00 EUR
Zwischensumme	1.250,00 EUR	
19 % Mehrwertsteuer, Nr. 7008 VV RVG		237,50 EUR
Gesamtbetrag		**1.487,50 EUR**

Der Rechtsanwalt ist gerichtlich bestellt oder beigeordnet		
Grundgebühr, Nr. 6200 VV RVG		156,00 EUR
Verfahrensgebühr, Nr. 6207 VV RVG		256,00 EUR
Zusatzgebühr, Nr. 6216 VV RVG i.V.m. Nr. 6207 VV RVG		256,00 EUR
Auslagenpauschale, Nr. 7002 VV RVG		20,00 EUR
Zwischensumme	688,00 EUR	
19 % Mehrwertsteuer, Nr. 7008 VV RVG		130,72 EUR
Gesamtbetrag		**818,72 EUR**

Beispiel 18 Vermeidung einer Hauptverhandlung durch Entscheidung ohne mündliche Verhandlung im dritten Rechtszug

In einem Disziplinarverfahren im dritten Rechtszug, in dem der Rechtsanwalt erstmals tätig ist, einigen sich die Parteien darauf, die gerichtliche Entscheidung ohne mündliche Verhandlung ergehen zu lassen. Die Angelegenheit ist sehr schwierig und umfangreich.

Der Rechtsanwalt erhält die neben der Grundgebühr die Verfahrensgebühr der Nr. 6211 VV RVG, wobei er wegen der Schwierigkeit und des Umfanges den Rahmen voll ausschöpft (Höchstgebühr). Daneben erhält er als Zusatz die Gebühr der Nr. 6211 VV RVG, weil dies die Verfahrensgebühr für den Rechtszug ist, in dem die Hauptverhandlung vermieden wurde. Die Zusatzgebühr **hier für den Wahlanwalt nicht in gleicher Höhe** wie die Verfahrensgebühr in Ansatz zu bringen, denn die Zusatzgebühr in Höhe der jeweiligen Verfahrensgebühr bemisst sich bei dem Wahlanwalt nach der Gebührenmitte.

Der Rechtsanwalt ist Wahlanwalt		
Grundgebühr, Nr. 6200 VV RVG i.V.m. § 14 RVG		350,00 EUR
Verfahrensgebühr, Nr. 6211 VV RVG i.V.m. § 14 RVG		1.110,00 EUR
Zusatzgebühr, Nr. 6216 VV RVG i.V.m. Nr. 6211 VV RVG, Mittelgebühr		615,00 EUR
Auslagenpauschale, Nr. 7002 VV RVG		20,00 EUR
Zwischensumme	2.095,00 EUR	
19 % Mehrwertsteuer, Nr. 7008 VV RVG		398,05 EUR
Gesamtbetrag		**2.493,05 EUR**

Der Rechtsanwalt ist gerichtlich bestellt oder beigeordnet		
Grundgebühr, Nr. 6200 VV RVG		156,00 EUR
Verfahrensgebühr, Nr. 6211 VV RVG		492,00 EUR
Zusatzgebühr, Nr. 6216 VV RVG i.V.m. Nr. 6211 VV RVG		492,00 EUR
Auslagenpauschale, Nr. 7002 VV RVG		20,00 EUR
Zwischensumme	1.160,00 EUR	
19 % Mehrwertsteuer, Nr. 7008 VV RVG		220,40 EUR
Gesamtbetrag		**1.380,40 EUR**

D. Gerichtliche Verfahren bei Freiheitsentziehung und in Unterbringungssachen

28 Der Rechtsanwalt erhält in jedem Rechtszug bei erstmaliger Freiheitsentziehung die Verfahrensgebühr nach Nr. 6300 VV RVG. Für den gerichtlich bestellten oder beigeordneten Rechtsanwalt beträgt die Gebühr 204,00 EUR; dem Wahlanwalt steht ein Rahmen von 40,00 EUR bis 470,00 EUR zur Verfügung.

29 Die Terminsgebühr in vorgenannten Verfahren, die der Anwalt für die Teilnahme an gerichtlichen Terminen erhält, beläuft sich nach Nr. 6301 VV RVG auf **dieselbe Höhe**.

30 Die Verfahrensgebühr in sonstigen, nicht zu Nr. 6300 VV RVG genannten Fällen beträgt nach Nr. 6302 VV RVG für den gerichtlich bestellten oder beigeordneten Rechtsanwalt 128,00 EUR und für den Wahlanwalt 20,00 EUR bis 300,00 EUR. Der Rechtsanwalt kann sie in jedem Rechtszug im Verfahren über die Fortdauer der Freiheitsentziehung und über Anträge auf Aufhebung der Freiheitsentziehung sowie im Verfahren über die Aufhebung oder Verlängerung einer Unterbringungsmaßnahme nach § 70i FGG verdienen.

31 Die in **gleicher Höhe** anfallende Terminsgebühr in diesen sonstigen Verfahren erwächst dem Anwalt nach Nr. 6303 VV RVG für die Teilnahme an gerichtlichen Terminen.

E. Gerichtliche Verfahren nach der Wehrbeschwerdeordnung (WBO)

Ist der Rechtsanwalt im Verfahren auf gerichtliche Entscheidung nach der Wehrbeschwerdeordnung (WBO), auch i.V.m. § 42 WDO, wenn das Verfahren vor dem Truppendienstgericht oder vor dem Bundesverwaltungsgericht an die Stelle des Verwaltungsrechtswegs tritt, tätig, so erhält er die Gebühren des Abschnitts 4 des Teil 6 des VV RVG. Eine **Grundgebühr** für diese Verfahren **existiert nicht**. 32

In Verfahren auf gerichtliche Entscheidung vor dem Truppendienstgericht beträgt die Verfahrensgebühr nach Nr. 6400 VV RVG 80,00 EUR bis 680,00 EUR. Die Terminsgebühr in vorgenannten Verfahren bestimmt sich nach Nr. 6401 VV RVG und beträgt ebenfalls zwischen 80,00 EUR und 680,00 EUR. 33

In Verfahren auf gerichtliche Entscheidung vor dem Bundesverwaltungsgericht beträgt die Verfahrensgebühr nach Nr. 6402 VV RVG 100,00 EUR bis 790,00 EUR. Die Terminsgebühr in vorgenannten Verfahren bestimmt sich nach Nr. 6403 VV RVG und beträgt ebenfalls zwischen 100,00 EUR und 790,00 EUR. 34

Die vorstehenden Verfahren- und Terminsgebühren fallen ebenso in **Verfahren über die Rechtsbeschwerde** oder über die Beschwerde gegen die **Nichtzulassungsbeschwerde** an, wobei in diesen beiden Verfahren darauf zu achten ist, dass diese Gebühren auf die Gebühren eines sich anschließenden Rechtsbeschwerdeverfahrens **vollumfänglich anzurechnen** sind. 35

F. Einzeltätigkeiten und Verfahren auf Aufhebung oder Änderung einer Disziplinarmaßnahme

Soweit dem Rechtsanwalt nicht die Verteidigung oder Vertretung übertragen ist, so erwächst ihm für jede Einzeltätigkeit eine Verfahrensgebühr gemäß Nr. 6500 VV RVG, die für den gerichtlich bestellten oder beigeordneten Rechtsanwalt 128,00 EUR beträgt und die sich für den Wahlanwalt im Rahmen von 20,00 EUR bis 300,00 EUR bewegt. 36

In der Summe der Einzeltätigkeiten sind jedoch die Gebühren, die im Falle der Verteidigung oder Vertretung im Ganzen angefallen wären, nicht zu überschreiten. 37

Ebenso sind die Gebühren für die Einzeltätigkeiten vollumfänglich anzurechnen, soweit dem Anwalt im Nachhinein die Verteidigung oder Vertretung übertragen wird. 38

§ 9 Abgrenzung: Wann ist das RVG in welcher Fassung anzuwenden? – In welchen (wenigen) Fällen ist nach der BRAGO abzurechnen?

A. Allgemeine Vorschriften zur Abgrenzung

In § 60 RVG wurde die „Dauerübergangsregelung" des seinerzeitigen § 134 BRAGO übernommen worden, die die Anwendung der jeweilig gültigen Fassung (jetzt) des RVG regelt. 1

Die Übergangstatbestände, die zwischen der Anwendung der Bundesgebührenordnung für Rechtsanwälte (BRAGO) und dem RVG (Rechtsanwaltsvergütungsgesetz) abgrenzen, sind in § 61 RVG geregelt. 2

Aus diesen Vorschriften ergibt sich, dass für die Abgrenzung der Zeitpunkt des unbedingten Auftrages zur Erledigung derselben Angelegenheit im Sinne von § 15 RVG maßgeblich ist; Stichtag ist das Inkrafttreten des Gesetzes bzw. der jeweiligen Änderung/Modernisierung des Gesetzes.

Nachfolgend werden die Änderungen – chronologisch, auch wenn die sogenannten „Altfälle" mit der BRAGO kaum noch eine Rolle spielen dürften – dargestellt.

B. Inkrafttreten des RVG am 1.7.2004 (RVG 1)

Wurde der **unbedingte Auftrag** zur Erledigung derselben Angelegenheit **vor dem 1.7.2004** erteilt, so ist die Angelegenheit gebührenrechtlich nach „altem Recht", also nach der **BRAGO** zu betrachten. Wurde der **unbedingte Auftrag nach dem 30.6.2004** (aber vor dem 1.7.2006!) erteilt, hat für die Abrechnung des Rechtsanwaltes das **RVG** (RVG 1) Geltung. 3

Beispiel 1 **Auftrag vor dem 1.7.2004 – Ausführung nach dem 30.6.2004**

Der Rechtsanwalt wurde am 26.6.2004 beauftragt, ein anwaltliches Forderungsschreiben zu fertigen. Aufgrund Arbeitsüberlastung verlässt das entsprechende Schreiben seine Kanzlei erst am 3.7.2004; der Schuldner wird neben der Hauptforderung auch zur Zahlung von Zinsen und der Kosten für diese Aufforderung aufgefordert.

Der Rechtsanwalt berechnet eine Geschäftsgebühr nach § 118 Abs. 1 S. 1 BRAGO; die Anwendung des RVG kommt nicht in Betracht, da der Auftrag bereits vor Inkrafttreten des RVG erteilt wurde.

Beispiel 2 **Auftrag und Ausführung nach dem 30.6.2004**

Der Rechtsanwalt wurde am 3.7.2004 beauftragt, ein anwaltliches Mahnschreiben zu fertigen.

Der Rechtsanwalt berechnet eine Geschäftsgebühr Nr. 2400 VV RVG in der Fassung vom 1.7.2004 (RVG 1); die Anwendung des RVG 1 ergibt sich daraus, dass die Beauftragung nach Inkrafttreten des RVG, aber vor weiteren Änderungen (RVG 2) erfolgte.

4 „Schwieriger" wird es, wenn der Auftrag während der Übergangszeit „ausgeweitet" wurde oder aber der Verlauf von Anfang an bestimmt war.

Beispiel 3 **Ausweitung des Auftrags über den 30.6.2004 hinaus**

Der Rechtsanwalt war beauftragt, den Schuldner zunächst außergerichtlich zur Zahlung aufzufordern. Der Auftrag wurde am 2.6.2004 erteilt. Der Rechtsanwalt erledigte Entsprechendes, der Schuldner zahlte jedoch nicht. Im Laufe des Monats Juli entschloss sich der Gläubiger, den Rechtsanwalt mit der Erhebung der Klage zu beauftragen und tat dies auch.

Zunächst verdiente der Rechtsanwalt eine Geschäftsgebühr nach § 118 Abs. 1 S. 1 BRAGO für die außergerichtliche Zahlungsaufforderung, denn der unbedingte Auftrag hierfür erfolgte vor Inkrafttreten des RVG.

Der Auftrag zur Klageerhebung erfolgte demgegenüber zu dem Zeitpunkt, in dem das RVG schon Geltung hatte, so dass für das Klageverfahren eine 1,3 Verfahrensgebühr nach Nr. 3100 (1) VV RVG (RVG 1) abzurechnen war.

Merke

Die nach der BRAGO abgerechnete Geschäftsgebühr ist auf die Verfahrensgebühr anzurechnen, und zwar **in voller Höhe** und nicht etwa – wie dies das RVG bestimmt – in Höhe der Hälfte und mit maximal 0,75. Dies geschieht, weil sich die Anrechnungsbestimmung der Geschäftsgebühr nach § 118 Abs. 2 BRAGO in voller Höhe unmittelbar aus der BRAGO ergibt und sich die hälftige Anrechnung aus dem RVG nur auf bestimmte Gebührenziffern – die es nach BRAGO nicht gab – beschränkt ist.[1]

Beispiel 4 **Bedingter Auftrag: Bedingung trat vor dem 1.7.2004 ein**

Der Rechtsanwalt war beauftragt, den Schuldner zunächst außergerichtlich zur Zahlung aufzufordern. Der Auftrag wurde am 12.6.2004 erteilt. Gleichzeitig mit

1 Vgl. eigenen Aufsatz in JurBüro 2004, 365, sowie: OLG München, Beschl. v. 6.5.2005 – 11 WF 1000/05, AGS 2005, 344; LG Bonn, Urt. v. 3.11.2005 – 8 S 114/04, AGS 2006, 28; AG Freiburg (Breisgau), Urt. v. 23.11.2004 – 53 C 3522/04; JurBüro 2005, 82.

diesem Auftrag erhielt der Rechtsanwalt die Aufgabe, im Falle des fruchtlosen Verstreichens der Zahlungsfrist unverzüglich Klage einzureichen, was der Anwalt dann auch am 4.7.2004 erledigte. Die Zahlungsfrist verstrich am 28.6.2004.

Zunächst verdiente der Rechtsanwalt eine Geschäftsgebühr nach § 118 Abs. 1 S. 1 BRAGO für die außergerichtliche Zahlungsaufforderung, denn der unbedingte Auftrag hierfür erfolgte vor Inkrafttreten des RVG.

Der Auftrag zur Klageerhebung war von der Bedingung abhängig, dass der Schuldner nicht zahlt; die Zahlungsfrist verstrich am 28.6.2004. Damit galt der Auftrag zur Klageerhebung am 29.6.2004 als erteilt, so dass der Rechtsanwalt die Prozessgebühren des § 31 BRAGO abzurechnen hat.

Selbstverständlich ist auch hier die Geschäftsgebühr in voller Höhe auf die Prozessgebühr anzurechnen, so dass letztlich für das außergerichtliche Verfahren lediglich die Auslagen bestehen bleiben.

Beispiel 5 **Bedingter Auftrag: Bedingung trat nach dem 30.6.2004 ein**

Der Rechtsanwalt war beauftragt, den Schuldner zunächst außergerichtlich zur Zahlung aufzufordern. Der Auftrag wurde am 12.6.2004 erteilt. Gleichzeitig mit diesem Auftrag erhielt der Rechtsanwalt die Aufgabe, im Falle des fruchtlosen Verstreichens der Zahlungsfrist unverzüglich Klage einzureichen, was der Anwalt dann auch am 4.7.2004 erledigte. Die Zahlungsfrist verstrich am 3.7.2004.

Zunächst verdient der Rechtsanwalt eine Geschäftsgebühr nach § 118 Abs. 1 S. 1 BRAGO für die außergerichtliche Zahlungsaufforderung, denn der unbedingte Auftrag hierfür erfolgte vor Inkrafttreten des RVG.

Der Auftrag zur Klageerhebung war bedingt; er hing von dem Verhalten des Schuldners ab. Die Bedingung trat am 3.7.2004 ein, so dass für das Klageverfahren nach dem RVG eine 1,3 Verfahrensgebühr nach Nr. 3100 (1) VV RVG (1) abzurechnen war.

Selbstverständlich war auch hier die nach der BRAGO abgerechnete Gebühr voll auf die Verfahrensgebühr anzurechnen.

Schwierigkeiten ergaben sich insbesondere, wenn zwei Parteien im Rahmen eines Prozesses zu unterschiedlichen Daten den Auftrag zur Vertretung erteilten: Man stelle sich den Fall vor, dass der Mandant M1, dem die Klage am 29.6.2004 zugestellt wurde, dem Anwalt am selben Tag den Auftrag zur Verteidigung und Klageerwiderung erteilt und der M2, dem erst einen Tag später im Rahmen desselben Prozesses die Klageschrift zugestellt wurde, nach Kontaktaufnahme mit M1 denselben Rechtsanwalt am 2.7.2004 beauftragt. Nach streitiger Verhandlung und sich anschließender Beweisaufnahme wurde ein Urteil verkündet. 5

Für die Vertretung des M1 steht aufgrund der eindeutigen Beauftragung vor Inkrafttreten des RVG dem Rechtsanwalt der Gebührenanspruch nach der BRAGO zu, und zwar:

10/10 Prozessgebühr, § 31 Abs. 1 S. 1 BRAGO
aus Gegenstandswert ... EUR
10/10 Verhandlungsgebühr, § 31 Abs. 1 S. 2 BRAGO
aus Gegenstandswert ... EUR
10/10 Beweisgebühr, § 31 Abs. 1 S. 3 BRAGO
aus Gegenstandswert ... EUR
zzgl. Auslagen und Mehrwertsteuer.

Für die Vertretung des M2 entsteht ein Vergütungsanspruch nach dem RVG, und zwar:

1,3 Verfahrensgebühr, Nr. 3100 VV RVG i.V.m. § 13 RVG
aus Gegenstandswert ... EUR
1,2 Terminsgebühr, Nr. 3104 VV RVG i.V.m. § 13 RVG
aus Gegenstandswert ... EUR
zzgl. Auslagen und Mehrwertsteuer

Letztlich stellte sich damit aber das Problem der Berechnung des Gebührenanspruchs, der dem Rechtsanwalt insgesamt zusteht: Denn nach § 6 BRAGO bzw. § 7 RVG erhält der Rechtsanwalt, der in derselben Angelegenheit für mehrere Auftraggeber tätig wird, die Gebühren nur einmal; für den Mehraufwand erhält er eine Erhöhung bzw. einen Mehrvertretungszuschlag gemäß Nr. 1008 VV RVG.

6 Eine Möglichkeit wäre durchaus gewesen, dem Rechtsanwalt die Gebühren nach der BRAGO, die er für die Vertretung des M1 erhält, zuzüglich einer 0,3 Gebührenerhöhung nach Nr. 1008 VV RVG (1) aus dem Gegenstandswert zuzubilligen.

7 Vertretbar wäre jedoch auch die Argumentation dahingehend, dass aufgrund dessen, dass der Rechtsanwalt durch M1 die Vertretung bereits übernommen hat und sich M2 – wenn auch nach Änderung der Gesetzeslage – nur „anhängt", das Verfahren gesamt nach BRAGO unter Einschluss einer Erhöhung nach § 6 BRAGO abzurechnen ist. Der Autorin ist allerdings keine Entscheidung hinsichtlich dieser Thematik bekannt, so dass es möglich ist, dass Entsprechendes nicht zur Entscheidung gestellt wurde. Hier war die eigene Kreativität gefragt.

8 In einem Verfahren über ein **Rechtsmittel oder einen Rechtsbehelf, das nach dem 1.7.2004** (aber vor dem 1.7.2006!) **eingelegt** wurde, findet/fand das RVG (1) Anwendung, auch wenn der Rechtsanwalt bereits vor dem 1.7.2004 in derselben Angelegenheit bzw. in demselben Rechtszug bereits tätig gewesen ist.

Beispiel 6 **Auftrag/Einlegung einer Beschwerde nach dem 30.6.2004**

Der Rechtsanwalt, der in einem gerichtlichen Verfahren schon seit einigen Monaten tätig war, legte am 15.7.2004 gegen eine Entscheidung des Gerichts das Rechtsmittel der Beschwerde ein.

Da das Rechtsmittel nach dem Inkrafttreten des RVG eingelegt wurde, sind für das Beschwerdeverfahren die Gebühren des RVG (1), dort Nrn. 3500 ff. VV RVG, abzurechnen.

Beispiel 7 **Auftrag/Einlegung einer Nichtzulassungsbeschwerde/ Revision nach dem 30.6.2004**

Der Rechtsanwalt hat im Mai 2004 Beschwerde gegen die Nichtzulassung der Revision eingelegt; im Anschluss an ein erfolgreiches Verfahren – im August 2004 – reichte er die Revisionsschrift ein.

Die Gebühren für die Nichtzulassungsbeschwerde berechnet der Rechtsanwalt nach der BRAGO; für das Revisionsverfahren gilt das RVG (1), dort die Nrn. 3506 ff. VV RVG.

Da jeder Rechtszug ohnehin eine eigene Angelegenheit ist, ist die Abgrenzung bei Einlegung von Berufung oder Revision unproblematisch; jede Angelegenheit wird separat betrachtet und der unbedingte Auftrag zur Erledigung der Sache geprüft.

Beispiel 8 **Einlegung einer Berufung – Auftrag vor dem 1.7.2004**

Dem Rechtsanwalt wurde das erstinstanzliche, berufungsfähige Urteil am 15.6.2004 zugestellt. Mit der Weiterleitung des Urteils am selbigen Tag verband er die Empfehlung, das Urteil mit der Berufung anzugreifen. Gleichzeitig wurde die Berufungsfrist für den 15.7.2004 notiert. Wenige Tage später, am 18.6.2004 rief der Mandant an und bat den Rechtsanwalt um Einleitung bzw. Durchführung des Berufungsverfahrens. Da die Sache aufgrund der erst am 15.7.2004 ablaufenden Berufungsfrist nicht unter Zeitdruck stand, wurde der entsprechende Schriftsatz erst am 4.7.2004 gefertigt und bei Gericht eingereicht.

Dass das erstinstanzliche Verfahren nach der BRAGO abzurechnen ist, ergibt sich bereits daraus, dass dieses vor dem 1.7.2004 eingeleitet worden sein muss, denn es ist ja auch bereits vor dem 1.7.2004 abgeschlossen.

Das zweitinstanzliche Verfahren wurde mit Berufungsschrift vom 4.7.2004, eingehend bei Gericht am 5.7.2004, eingeleitet. Das bedeutet aber nicht zugleich, dass bei der Abrechnung der Gebühren das RVG Anwendung findet: Abgestellt werden muss auf den erteilten Auftrag und diesen erhielt der Rechtsanwalt noch zu dem Zeitpunkt vor dem Inkrafttreten des RVG, nämlich am 18.6.2004. Demnach hat der Rechtsanwalt auch für das Berufungsverfahren seine Gebühren nach der BRAGO abzurechnen.

Merke

Der Vertreter des Berufungsbeklagten würde hier jedoch – anders als der Vertreter des Berufungsklägers, nach RVG abrechnen: Denn er erhielte die Berufungsschrift definitiv erst nach dem 1.7.2004 zugestellt, so dass er vorher auch keinen Auftrag für das Berufungsverfahren hätte haben können!

Beispiel 9 **Einlegung einer Berufung – Auftrag nach dem 30.6.2004**

Dem Rechtsanwalt wurde das erstinstanzliche, berufungsfähige Urteil am 15.6.2004 zugestellt. Mit der Weiterleitung des Urteils am selbigen Tag verbindet er die Empfehlung, das Urteil mit der Berufung anzugreifen. Gleichzeitig wird die Berufungsfrist für den 15.7.2004 notiert. Nach einer reiflichen Überlegungszeit ruft der Mandant am 4.7.2004 an und bittet den Rechtsanwalt um Einleitung bzw. Durchführung des Berufungsverfahrens. Der entsprechende Schriftsatz wird noch am gleichen Tag gefertigt und an das Gericht gesandt.

Dass das erstinstanzliche Verfahren nach der BRAGO abzurechnen ist, ergibt sich auch bei diesem Beispiel bereits daraus, dass dieses vor dem 1.7.2004 eingeleitet worden sein muss, denn es ist ja auch bereits vor dem 1.7.2004 abgeschlossen.

Das zweitinstanzliche Verfahren wurde mit Berufungsschrift vom 4.7.2004, eingehend bei Gericht am 5.7.2004, eingeleitet. Der Auftrag wurde auch am 4.7.2004 erteilt, also nach Inkrafttreten des RVG (1), so dass dieses das maßgebliche Gesetz zur Berechnung der Anwaltsgebühren für das zweitinstanzliche Verfahren ist.

C. Abgrenzung RVG Stand 1.7.2004 (RVG 1) – RVG Stand 1.7.2006 (RVG 2)

9 Wie bereits zu Beginn dieses Buches ausgeführt, stand bereits zum Zeitpunkt des Inkrafttretens des RVG am 1.7.2004 fest, dass es weitere Änderungen zum 1.7.2006 geben wird: Diese Änderungen wurden bereits mit Gesetz zur Modernisierung des Kostenrechts (KostRMoG) vom 5.5.2004 unter Artikel 5 beschlossen.

10 Auf den Punkt gebracht bedeutet die Änderung den Wegfall der bis dahin unter den Nrn. 2100 ff. VV RVG fixierten Gebühren für Beratung und Gutachten, die seit dem 1.7.2006 nicht mehr im Vergütungsverzeichnis wiederzufinden sind, vielmehr in § 34 des RVG aufgenommen wurden. Daraus resultierend haben sich die übrigen Nummern des Vergütungsverzeichnisses des Teils 2 jeweils „um einen Hunderter" nach vorne verschoben; aus der Nr. 2200 VV RVG im bis zum 30.6.2006 geltenden Teil ist nunmehr in der ab 1.7.2006 geltenden Fassung die Nr. 2100 VV RVG geworden; aus der Nr. 2400 VV RVG (Geschäftsgebühr für die Vertretung) nunmehr die Nr. 2300 VV RVG. In Bezug auf den ab dem 1.7.2006 geltenden Teil 2 ist sodann keine wirkliche Abgrenzung vorzunehmen, sondern auf die dann richtige Bezeichnung zu achten.

11 Dies gilt aber naturgemäß nicht für die Tätigkeiten „Beratung und Gutachten". Auch hier ist – da das Gesetz insofern keine Änderung erfahren hat und nach wie vor die

Übergangsregelung des § 60 RVG Geltung hat – auf den Zeitpunkt des Auftrages abzustellen.

Wurde also der **unbedingte Auftrag** zur Erledigung der Angelegenheit **vor dem 1.7.2006** erteilt, so ist die Beratung oder die Erstellung des Gutachtens nach dem RVG in der Fassung 1.7.2004 (RVG 1) abzurechnen. Wurde der Auftrag ab dem 1.7.2006 erteilt, hat der Anwalt die Gebühren nach dem RVG in der Fassung vom 1.7.2006 (RVG 2) zu berechnen. 12

Beispiel 10 **Gutachtenerstellung: Beauftragung vor dem 1.7.2006**

Der Rechtsanwalt wird am 21.6.2006 von dem Mandanten beauftragt, ein Gutachten zu erstellen. Das Gutachten wird dem Mandanten am 17.7.2006 übersandt.

Der Rechtsanwalt berechnet eine Gutachtengebühr gemäß Nr. 2103 VV RVG in der Fassung vom 1.7.2004 (RVG 1), da der Auftrag vor dem Stichtag erteilt wurde.

Beispiel 11 **Gutachtenerstellung: Beauftragung nach dem 30.6.2006**

Der Rechtsanwalt wird am 3.7.2006 beauftragt, das entsprechende Gutachten zu erstellen, was er sodann auch erledigt.

Der Rechtanwalt berechnet eine angemessene Gebühr nach § 34 RVG in der Fassung vom 1.7.2006 (RVG 2) mit der Gefahr, hier beim Verbraucher in die „250,00 EUR-Falle“ zu tappen, sofern keine Honorarvereinbarung getroffen wurde.

D. „Gesetz zur Modernisierung von Verfahren im anwaltlichen und notariellen Berufsrecht (...)“ – 5.8.2009

Das „Gesetz zur Modernisierung von Verfahren im anwaltlichen und notariellen Berufsrecht, zur Errichtung einer Schlichtungsstelle der Rechtsanwaltschaft sowie zur Änderung der Verwaltungsgerichtsordnung, der Finanzgerichtsordnung und kostenrechtlicher Vorschriften“ trat mit seiner Verkündung am 5.8.2009[2] in Kraft. 13

In vorstehendem Gesetz geht es in Bezug auf die Änderungen des Rechtsanwaltsvergütungsgesetzes „lediglich“ um die **Einführung eines neuen § 15a RVG** (behandelt in § 5 Rdn 147), um **Abänderungen des § 18 RVG im Zusammenhang mit Neuerungen durch das FamFG** sowie um **Ergänzungen** und **Klarstellungen im § 55 RVG** in Bezug auf die Anrechnung von Gebühren bei Abrechnungen mit der Staatskasse. 14

2 Vgl. BT-Drucks 16/12717 v. 22.4.2009.

15 Ob die mit diesem Gesetz aktualisierten Vorschriften unmittelbar nach der Verkündung anzuwenden waren, blieb allerdings mangels einer konkreten Übergangsvorschrift offen.

Bereits in den Wochen vor Inkrafttreten des neuen § 15a RVG, aber in Kenntnis dieses Entwurfs, ergingen richtungsweisende Entscheidungen: So hatte zum Beispiel das AG Wesel[3] bereits im Mai 2009, also knapp 3 Monate vor Inkrafttreten des § 15a RVG, entschieden, dass die frühere Rechtsprechung des BGH zur Anrechenbarkeit der Geschäftsgebühr[4] keine Bindungswirkung für die Gerichte entfalte, da der Gesetzgeber „in Kürze" einen § 15a RVG einführen werde, der die Anrechnung im Kostenfestsetzungsverfahren grundsätzlich verbiete." Aus der Begründung der Gesetzesänderung gehe nämlich eindeutig hervor, dass diese Verfahrensweise bereits mit Einführung des RVG gewollt gewesen sei. Damit sei mit der erfolgten Verabschiedung des Gesetzes durch den Bundestag eine Bindungswirkung der einschlägigen anders lautenden Urteile des BGH nicht mehr gegeben. Viele andere Gerichte sahen dies gleichermaßen.[5]

Wenig später hatte dies sodann auch der II. Senat des Bundesgerichtshofs bestätigt: Auch er hielt die Anwendung des „neuen § 15a RVG" in Altfällen für sachgerecht,[6] weil auch er in der Regelung des § 15a RVG lediglich eine bloße Klarstellung der bestehenden Gesetzeslage gesehen hat.

Der X. Zivilsenat des BGH[7] lehnte im Anschluss hieran jedoch mit seinem Beschl. v. 29.9.2009 die Anwendung des § 15a RVG auf Altfälle ausdrücklich ab.

Dann hat wiederum der XII. Senat des BGH für die Anwendung des § 15a RVG in Altfällen entschieden[8] und dabei die Rechtsprechung des VIII. Senates, auf den sich die Begründung der Entscheidung des X. Senates stützte, als fehlerhaft kritisiert.

Mit einer weiteren Entscheidung vom 3.2.2010[9] bekräftigte der II. Senat seine vorherige Auffassung erneut, der IX. Senat[10] entschied gleichermaßen.

16 Die Unsicherheiten wurden dann wohl endgültig behoben durch den einlenkenden Beschluss des VIII. Senates vom 10.8.2010,[11] der unter Aufgabe seiner früheren Rechtsprechung zum Ausdruck brachte, dass (wohl auch in Anbetracht der Tatsache, dass eine Vielzahl der Senate die Anwendbarkeit des § 15a RVG auch auf Altfälle bejaht) die Anrufung des Großen Senates unangemessen erscheine. In der Folgezeit sprachen

3 AG Wesel, Beschl. v. 26.5.2009 – 27 C 125/07.
4 U.a. BGH v. 7.3.2007 – VIII ZR 86/06.
5 Z.B. OLG Stuttgart, Beschl. v. 11.8.2009 – 8 W 3039/09 und OLG Köln, Beschl. v. 14.9.2009 – 17 W 195/09.
6 BGH, Beschl. v. 2.9.2009 – II ZB 35/07.
7 BGH, Beschl. v. 29.9.2009 – X ZB 1/09.
8 BGH, Beschl. v. 9.12.2009 – XII ZB 175/07.
9 BGH, Beschl. v. 3.2.2010 – XII ZB 177/09.
10 BGH, Beschl. v. 11.3.2010 – IX ZB 82/08.
11 BGH, Beschl. v. 10.8.2010 – VIII ZB 15/10.

die Senate einheitlich Recht und bestätigten stets die Anwendbarkeit des § 15a RVG auch für Altfälle.[12]

Gebührensätze, Gebührentabellen oder ähnliches wurden mit diesem Gesetz nicht geändert, so dass hier nicht von einer „großen RVG-Reform“ gesprochen wird.

E. „Gesetz zur Reform des Verfahrens in Familiensachen und in den Angelegenheiten der freiwilligen Gerichtsbarkeit“ (FGG-RG) – 1.9.2009

Am 17.12.2008 wurde das „Gesetz zur Reform des Verfahrens in Familiensachen und in den Angelegenheiten der freiwilligen Gerichtsbarkeit“ (FGG-RG) vom Bundestag beschlossen, das im Wesentlichen die **Einführung eines Verfahrensgesetzes für Familiensachen und Angelegenheiten der Freiwilligen Gerichtsbarkeit** (FamFG) zum Inhalt hat. Die Reform trat zum 1.9.2009 in Kraft. **17**

Sie betrifft alle hierin geregelten Verfahren, die ab dem 1.9.2009 eingeleitet werden; ebenso werden die höheren Rechtszüge (Beschwerden oder Rechtsbeschwerden in Familiensachen gegen Endentscheidungen) nach dem neuen Gesetz behandelt (bis dahin: Berufung oder Revision). Alle vor dem 1.9.2009 eingeleiteten Verfahren oder Rechtsmittel richten sich nach dem bis dahin geltenden Recht. Das gilt dann entsprechend für die mit dem FGG-RG einhergehenden Änderungen in Bezug auf das RVG. **18**

Demnach gilt für die Berechnung der Rechtsanwaltsgebühren für ab dem 1.9.2009 eingeleitete Verfahren: **19**

Wenn für ein gerichtliches Verfahren in Familiensachen **Gerichtsgebühren** erhoben werden, so ist der hierfür maßgebliche Wert auch **maßgeblich für die Gebühren des Rechtsanwaltes**; die allgemeinen Wertvorschriften in Familiensachen sind in den §§ 33 bis 42 FamGKG geregelt, die besonderen Wertvorschriften in den §§ 43 bis 52 FamGKG. **20**

Im Verbund gilt nach wie vor der Additionsgrundsatz, jetzt nach § 33 FamFG: In demselben Verfahren und demselben Rechtszug werden die Werte mehrerer Gegenstände zusammengerechnet und die entstandenen Gebühren aus diesem Gesamtgegenstandswert berechnet. **21**

12 So. z.B. BGH, Beschl. v. 6.10.2010 – VIII ZB 23/10; Beschl. v. 19.10.2010 – VI ZB 26/10; Beschl. v. 28.10.2010 – VII ZB 26/10; Beschl. v. 28.10.2010 – VII ZB 99/09; Beschl. v. 28.10.2010 – VII ZB 55/09; Beschl. v. 28.10.2010 – VII ZB 106/09; Beschl. v. 4.11.2010 – VI ZB 86/09; Beschl. v. 16.11.2010 – VI ZB 47/10; Beschl. v. 11.1.2011 – VIII ZB 92/09; Beschl. v. 7.2.2011 – I ZB 96/09; Beschl. v. 7.2.2011 – I ZB 95/09; Beschl. v. 1.3.2011 – V ZB 272/10; Beschl. v. 31.3.2011 – III ZB 38/10.

Gebührensätze, Gebührentabellen oder ähnliches wurden mit diesem Gesetz ebenfalls nicht geändert, so dass auch hier nicht von einer „großen RVG-Reform“ gesprochen wird.

F. Abgrenzung RVG Stand bis 31.7.2013 (RVG 2) – RVG i.d.F. ab dem 1.8.2013 (RVG 3)

22 Die neuerlichen Änderungen durch das 2. Kostenrechtsmodernisierungsgesetz vom 23.7.2013 kann man durchaus als **„2. Große RVG-Reform“** bezeichnen.

I. Änderungen bei gegenstandswertabhängigen Gebühren

1. Neue Wertgebührentabelle

23 Zunächst wurde die **Wertgebührentabelle angepasst** und damit für eine Steigerung des Honorars gesorgt. So wurde die Mindestgebühr von 10,00 EUR auf 15,00 EUR erhöht, daneben wurde die **Tabellenstruktur (Gebührensprünge)** angepasst: Die 1,0 Einstiegsgebühr beträgt nunmehr bei einem Gegenstandswert von 0,00 EUR bis 500 EUR 45,00 EUR.

24 In der Regel führt dies zur Erhöhung des Anwaltshonorars, wobei sich die Erhöhungen in Verwaltungsverfahren gerade aufgrund der geänderten Struktur {Anrechnung bei Vorbefassung anstelle neuer (geminderter) Gebühren bei Neubefassung} in Grenzen halten und es in Einzelfällen sogar zur Gebührenminderung kommt.

2. Neuerungen bei gebührenrechtlicher Zuordnung/Verfahrensgebühr (z.T. auch Terminsgebühr)

25 Die Vorbemerkung 3.2.1 VV RVG – Berufung, bestimmte Beschwerden und Verfahren vor dem Finanzgericht – wurde angepasst:

Neben zweitinstanzlichen und finanzgerichtlichen Verfahren erster Instanz werden auch ab sofort auch **bestimmte Beschwerden nach Unterabschnitt 3.2.1** (Gebühren für Berufung, Nrn. 3200 ff. VV RVG) vergütet (1,6 Verfahrensgebühr anstelle „übliche Beschwerdegebühr“ von 0,5).

26 Die Anwendung dieser Gebühren wird auf alle **Beschwerden gegen Endentscheidungen wegen der Hauptsachen in Angelegenheiten der freiwilligen Gerichtsbarkeit** ausgeweitet. Bislang wurden wegen eindeutig fehlender Regelungen in diesen Fällen nur Gebühren nach Nrn. 3500 ff. VV RVG verdient. Die Vorbemerkung wurde weiter ausgedehnt auf Beschwerden gegen die den Rechtszug beendenden Entscheidungen im personalvertretungsrechtlichen Beschlussverfahren vor den Gerichten der Verwaltungsgerichtsbarkeit.

Letztlich sollen nur noch **wenige einfache Beschwerden gegen Zwischenentscheidungen, Zwischenverfügungen oder prozessleitende Beschlüsse erster Instanz sowie Beschwerden gegen Nebenentscheidungen** (Kostenfestsetzungsbeschlüsse, Streitwertbeschlüsse pp.) mit den (geringen) Gebühren der **Nrn. 3500 ff. VV RVG vergütet** werden. 27

Allerdings wurde die **Abrechenbarkeit einer vollen 1,6 Verfahrensgebühr** in den Beschwerdeverfahren nach Vorbemerkung 3.2.1 VV RVG durch eine weitere Neuregelung in den meisten Fällen **sogleich wieder eingeschränkt**, also auf einen Satz von 1,1 nach Nr. 3201 VV RVG reduziert, und zwar in Familiensachen, die nur die Erteilung der Genehmigung oder die Zustimmung des Familiengerichts zum Gegenstand haben, oder aber in Angelegenheiten der freiwilligen Gerichtsbarkeit, an denen sich **kein anderer beteiligt**. Eine 1,6 Gebühr würde in diesen Verfahren zu einer verhältnismäßig zu hohen Vergütung führen. 28

Mit der Ergänzung in Vorbemerkung 3.2.1 VV RVG und der Abänderung der Vorbemerkung 3.2.2 VV RVG geht zugleich einher, dass auf diese Entscheidung folgende Rechtsbeschwerden nach Vorbemerkung 3.2.2 VV RVG – Revision, bestimmte Beschwerden und Rechtsbeschwerden – vergütet werden.

3. Änderungen/Erweiterungen bei Terminsgebühren

a) Terminsgebühr, Nr. 3104 VV RVG

Die Terminsgebühr der Nr. 3104 VV RVG hat eine Weiterung erfahren, mit der nunmehr **sämtliche Anhörungstermine** erfasst werden. 29

Voraussetzung für den Anfall der Gebühren nach Teil 3 ist zunächst ein unbedingter Prozess- oder Verfahrensauftrag oder eine Tätigkeit als Beistand für einen Zeugen oder einen Sachverständigen bzw. ein sonstiger Auftrag für eine Tätigkeit in einem gerichtlichen Verfahren. Sind diese Voraussetzungen erfüllt, entsteht die Terminsgebühr für die **Wahrnehmung jeglicher gerichtlicher Termine**, also auch für **Anhörungstermine, Protokollierungstermine und sonstige Termine**, mit Ausnahme der Teilnahme an einem Verkündungstermin. Dabei kann es sich zum Beispiel um einen Termin zur Anhörung eines Ehegatten handeln (§ 128 Abs. 1 FamFG), um einen Termin in einem Sorgerechtsverfahren zur Anhörung des Kindes (§ 159 FamFG) oder der Eltern (§ 160 FamFG) oder sonstige Termine zur Anhörung einer Partei oder eines Beteiligten, die bislang nicht gesondert vergütet wurden. 30

b) Terminsgebühr, Nr. 3514 VV RVG

Bei der **Terminsgebühr bei Beschwerde gegen die Zurückweisung des Antrags auf Anordnung eines Arrests oder Erlass einer einstweiligen Verfügung wurde** der Tatbestand für den Anfall der „erhöhten" Terminsgebühr dergestalt neu formuliert, dass 31 nicht mehr „**auf die Entscheidung durch Urteil**" abgestellt wird, sondern auf eine **Terminsbestimmung**.

32 Bereits mit Terminierung gibt das Gericht zu erkennen, dass es vom Beschlussverfahren Abstand nimmt. Das bedeutet einen Mehraufwand, der auch dann zu vergüten ist, wenn das Verfahren nicht durch Urteil, sondern z.B. durch übereinstimmende Erledigung endet. Daher nach neuem Recht: **Wenn terminiert wurde, beträgt die Terminsgebühr 1,2 (statt: 0,5)**.

c) Zusatzgebühr, Nr. 1010 VV RVG

33 Es wurde eine **Vergütungsregelung für besonders umfangreiche und aufwendige Beweisaufnahmen** geschaffen, wenn mindestens drei gerichtliche Termine stattfinden, in denen Zeugen oder Sachverständige vernommen werden: Für diese Fälle gibt es einen **Aufschlag** auf die Terminsgebühr in Höhe eines Satzes **von 0,3**.

4. Erweiterungen/Neuerungen bei der Einigungsgebühr

a) Einigungsgebühr, Nr. 1000 VV RVG

34 Die Einigungsgebühr wurde um den Zusatz konkretisiert, dass die Gebühr auch für den Abschluss eines Vertrags entsteht, durch den „die Erfüllung des Anspruchs bei vorläufigem Verzicht auf die gerichtliche Geltendmachung und, wenn bereits ein zur Zwangsvollstreckung geeigneter Titel vorliegt, bei gleichzeitigem vorläufigen Verzicht auf Vollstreckungsmaßnahmen" erfolgt (Zahlungsvereinbarung).

35 Hiermit wurde nunmehr deutlich verankert, dass auch für die **Mitwirkung bei Ratenzahlungsvereinbarungen eine Einigungsgebühr** entsteht, was bislang doch unterschiedlich gehandhabt wurde, da ja – gerade wenn die Forderung z.B. vollumfänglich anerkannt oder bereits tituliert ist – nach dem vorhergegangenen Wortlaut keine Rechtsunsicherheit oder kein Streit (zumindest in Bezug auf die Forderung selbst) bestand. Mit dieser Anfügung ist also ausdrücklich fixiert, dass die Einigungsgebühr für die Mitwirkung an einer Ratenzahlungsvereinbarung auch dann anfällt, wenn die vollständige Forderung (also auch ohne einen Verzicht auf einen Teil) in Raten beglichen wird, was i.d.R. dann der Fall ist, **wenn über die Forderung bzw. die Höhe der Forderung kein Streit (mehr) besteht oder aber die Forderung bereits tituliert ist**.

Hierbei muss aber bei der Abrechnung der neue § 31b RVG beachtet werden, der für solche Fälle den **Gegenstandswert für die Einigungsgebühr auf 20 % des Anspruchs** begrenzt.

b) Einigungsgebühr, Nr. 1004 VV RVG

Bei der Einigungsgebühr in Berufungs- oder Revisionsverfahren sind die Voraussetzungen für den Anfall der 1,3 Einigungsgebühr um Verfahren über die Beschwerde gegen die **Nichtzulassung der Berufung oder Revision** und um **Verfahren vor dem Rechtsmittelgericht über die Zulassung des Rechtsmittels** ergänzt worden. 36

Bislang gab es für diese Verfahren, die in ihren übrigen Gebühren (Verfahrens- und Terminsgebühren) den Berufungs- bzw. Revisionsverfahren gleichgestellt sind, für die Einigungsgebühr keine entsprechende Regelung, so dass – aus dem Gesetz heraus gelesen, aber nicht immer in der Praxis angewandt – eine 1,0 Einigungsgebühr Geltung haben müsste. Diese Lücke wurde hiermit geschlossen und die Einigungsgebühr in diesen Fällen ist mit einem Satz von 1,3 abzurechnen. 37

II. Änderungen bei Betragsrahmengebühren

1. Durch neue Struktur bedingte Änderungen/Anrechnungsvorschriften/ Anhebung der Betragsrahmen

Die Struktur der Vorschriften wurde insoweit geändert, als dass der Anwalt **sowohl in Verwaltungsverfahren als auch im Nachprüfungsverfahren dieselbe Gebühr** mit demselben Gebührenrahmen erhält. 38

Wo bislang durch unterschiedliche Gebührenrahmen differenziert wurde, wird nunmehr auch hier – wie an allen anderen Stellen im RVG – **mit Anrechnungsvorschriften** gearbeitet. 39

2. Änderungen/Erweiterungen bei Terminsgebühren

a) Fiktive Terminsgebühr in Verfahren vor den Sozialgerichten, in denen Betragsrahmengebühren entstehen, Nr. 3106 VV RVG

Die Anmerkung 1 zu Nr. 3106 VV RVG wurde dahingehend ergänzt, dass eine (fiktive) Terminsgebühr entsteht, wenn ein schriftlicher Vergleich geschlossen wird. Bislang konnte – anders als in Verfahren, in denen die Gebührenabrechnung nach Gegenstandswerten zu erfolgen hat – für einen schriftlichen Vergleich (in einem mit Betragsrahmengebühren abzurechnenden Verfahren) keine Terminsgebühr entstehen. 40

Die **fiktive Terminsgebühr** hat einen **„festen Betrag"**, der sich an der Höhe der Verfahrensgebühr orientiert, und zwar **in Höhe von 90 %** ohne Berücksichtigung einer etwaigen Erhöhung nach Nr. 1008 VV RVG. 41

b) Fiktive Terminsgebühr in Verfahren vor den Landessozialgerichten, in denen Betragsrahmengebühren entstehen, Nr. 3205 VV RVG

42 Hier wird ebenfalls das Entstehen einer fiktiven Terminsgebühr bei schriftlicher Einigung statuiert. Die **fiktive Terminsgebühr** hat in Verfahren vor den Landessozialgerichten einen **„festen Betrag"**, der sich ebenfalls an der Höhe der Verfahrensgebühr orientiert, und zwar **in Höhe von 75 %** ohne Berücksichtigung einer etwaigen Erhöhung nach Nr. 1008 VV RVG.

b) Zusatzgebühr, Nr. 1010 VV RVG

43 Wie bei gegenstandswertabhängigen Gebühren wurde eine **Vergütungsregelung für besonders umfangreiche und aufwendige Beweisaufnahmen**, wenn mindestens drei gerichtliche Termine stattfinden, in denen Zeugen oder Sachverständige vernommen werden, geschaffen, die Zusatzgebühr als Aufschlag auf die Terminsgebühr mit einer **30 %igen Erhöhung des Mindest- und des Höchstbetrags des Gebührenrahmens**.

3. Erweiterungen/Neuerungen bei der Einigungsgebühr

44 Die Einigungs-/Erledigungsgebühren in sozialrechtlichen Angelegenheiten, in denen im gerichtlichen Verfahren Betragsrahmengebühren entstehen, Nrn. 1005, 1006 VV RVG, haben eine Abänderung erfahren: Es gibt nunmehr eine einheitliche Regelung dahingehend, dass die **Einigungs-/Erledigungsgebühr jeweils in Höhe der Geschäfts**- (bei Nr. 1005 VV RVG) **bzw. der Verfahrensgebühr** (bei Nr. 1006 VV RVG) entsteht. Damit entfällt für die Bestimmung der Einigungsgebühr ein eigener Ermessensspielraum (§ 14 RVG findet keine Anwendung) und somit entfällt auch ein entsprechender Prüfungsaufwand, wodurch die Bemessung der Gebühr wesentlich vereinfacht wird.

45 Stehen dem Anwalt ausschließlich Gebühren nach § 34 RVG (**vereinbarte Vergütung**, Vergütung nach dem BGB, evtl. Verbraucherkappungsgrenzen) zu, so beträgt die Einigungsgebühr die Hälfte des in Nr. 2304 VV RVG genannten Betrags (das sind 300 EUR), ist demnach **fix 150 EUR**.

III. Änderungen bei den Gebühren in Strafsachen

46 Auch bei den Gebühren in Strafsachen sind die Beträge bzw. Betragsrahmen erhöht worden, um die Honorare anzupassen. Darüber hinaus gab es folgende wichtige Änderungen:

1. Grundgebühr, Nr. 4100 VV RVG

47 Klargestellt wurde nunmehr, dass die Grundgebühr **neben** der Verfahrensgebühr entsteht.

2. Zusatzgebühr: Durch die anwaltliche Mitwirkung wird die Hauptverhandlung entbehrlich, Nr. 4141 VV RVG

In Anmerkung Abs. 1 Nr. 1 **wird aus „Verfahren" nunmehr „Strafverfahren"**; die Gebühr soll also immer dann entstehen, wenn das Strafverfahren nicht nur vorläufig eingestellt wird. Das bedeutet: **Selbst bei Abgabe an die Bußgeldbehörde entsteht die Zusatzgebühr, wenn das Strafverfahren eingestellt wurde** (wurde bislang vom BGH verneint!). 48

Zugleich wird zu Anmerkung Abs. 1 eine neue Nr. 4 aufgenommen, die als zusätzliche Tatbestandsvariante der Gebühr das Ende des Verfahrens durch Beschluss nach § 411 Abs. 1 Satz 3 StPO niederlegt. 49

In Anmerkung Abs. 2 erfolgt eine Klarstellung, dass die Gebühr nach Nr. 4141 VV RVG nicht neben einer solchen nach Nr. 4147 VV RVG entstehen kann. 50

Darüber hinaus wird klargestellt, dass die Gebühr nach Nr. 4141 VV RVG ebenfalls anfällt, wenn über einen Einspruch ohne Hauptverhandlung, also im schriftlichen Verfahren nach § 411 Abs. 1 Satz 3 StPO, entschieden wird. Das war bislang strittig. 51

IV. Änderungen bei den Gebühren in Bußgeldsachen

Hier erfolgte – neben der Erhöhung der Gebühren an sich – eine Klarstellung hinsichtlich der Grundgebühr, Nr. 5100 VV RVG: Die **Grundgebühr entsteht neben** der Verfahrensgebühr. 52

V. Änderungen bei der Beiordnung/PKH/VKH

Im Umfang des Anspruchs und der Beiordnung, § 48 RVG, haben umfassende Ergänzungen Einzug gefunden, die jeweils die Beiordnung erweitern bzw. erstrecken. 53

Hervorzuheben sind hier die Erweiterung der Beiordnung in Rechtsmittelverfahren, sowie die Klarstellung, dass in Ehesachen bei sogenannten Überhangvergleichen die Mehrwerte und somit sowohl die Verfahrensgebühr als auch die aus einem höheren Gegenstandswert zu berechnende Terminsgebühr von der Beiordnung umfasst sind. Schließlich die Regelung, dass die Beiordnung in Angelegenheiten mit Betragsrahmengebühren auch für die Tätigkeit im Prozesskostenhilfeverfahren erstreckt wird.

VI. Bestimmung der Anwendung von Änderungen gemäß I. bis V.

Die Übergangsvorschrift als „Dauerregel" findet sich in § 60 RVG: Auch mit Inkrafttreten der neuerlichen Änderungen durch das 2. Kostenrechtsmodernisierungsgesetz gilt nach wie vor, dass es grundsätzlich auf den Tag des unbedingten Auftrags zur Erledigung der „Angelegenheit" an kommt. Wurde dem Anwalt der (unbedingte) Auftrag vor dem 1.8.2013 erteilt bzw. wurde er vor diesem Tag gerichtlich bestellt oder beigeordnet, so 54 findet das RVG in der Fassung bis zum 30.6.2013 Anwendung (RVG 2). Erfolgte die (unbedingte) Auftragserteilung bzw. die Bestellung oder gerichtliche Beiordnung nach dem 31.7.2013, gilt das RVG i.d.F. ab dem 1.8.2013 (RVG 3). Da ein Mandat verschiedene Angelegenheiten zum Inhalt haben kann, kann dies – naturgemäß – dazu führen, dass sich in einem Mandat das anzuwendende Recht ändert.

Beispiel 12 **Auftragsausweitung über den 1.8.2013 hinaus**

Der Auftrag zur außergerichtlichen Tätigkeit erfolgte vor dem 1.8.2013; der Klageauftrag wurde hingegen nach dem 31.7.2013 erteilt.

Die Gebühren für die außergerichtliche Tätigkeit berechnen sich (mit den alten Gebührenbeträgen) nach dem RVG 2, die Gebühren für die gerichtliche Tätigkeit berechnen sich (mit den neuen Gebührenbeträgen) nach dem RVG 3. Die Anrechnung muss dann folglich auch in Höhe der hälftigen Gebühr nach alter Fassung (RVG 2) erfolgen.

55 Gleichermaßen erfolgt die Rechtsanwendung in ähnlichen Konstellationen, z.B.:

a)	Mahnverfahren eingeleitet vor dem 1.8.2013	RVG 2
	Übergang ins streitige Verfahren nach dem 31.7.2013	RVG 3
b)	Gerichtsverfahren eingeleitet vor dem 1.8.2013	RVG 2
	Berufungsauftrag nach dem 31.7.2013	RVG 3
c)	Urkundenverfahren eingeleitet vor dem 1.8.2013	RVG 2
	Beauftragung im Nachverfahren nach dem 31.7.2013	RVG 3
d)	Selbstständiges Beweisverfahren eingeleitet vor dem 1.8.2013	RVG 2
	Einleitung Hauptsacheverfahren nach dem 31.7.2013	RVG 3

56 Wie stets bei Änderungen im Gebührenrecht kommt es gerade in der Übergangszeit dazu, dass z.B. in demselben Verfahren mehrere Anwälte unterschiedliches Recht anzuwenden haben, was insbesondere auch für die Überprüfung eines etwaigen Kostenausgleichungsverfahrens von Bedeutung ist.

Beispiel 13 **Unterschiedliche Fassungen des RVG bei Klägervertreter und Beklagtenvertreter im ersten Rechtszug**

Der Klägervertreter erhebt Mitte Juni des Jahres 2013 Klage vor dem Landgericht; die Klage wird dem Beklagten am 5.8.2013 zugestellt, der daraufhin seinen Rechtsanwalt mit der Interessenvertretung beauftragt.

Klägervertreter	RVG 2
Beklagtenvertreter	RVG 3

Beispiel 14 **Unterschiedliche Fassungen des RVG bei Berufungsklägervertreter und Berufungsbeklagtenvertreter im zweiten Rechtszug**

Der Beklagtenvertreter legt am 27.7.2013 Berufung ein; diese wird dem Klägervertreter am 4.8.2013 zugestellt, der sich unverzüglich für seinen Mandanten im Berufungsverfahren bestellt.

Klägervertreter	RVG 2
Beklagtenvertreter	RVG 3

§ 10 Besondere Gegenstandswertbestimmungen im RVG

Nach § 2 Abs. 1 RVG werden die Gebühren, soweit das RVG nichts anderes bestimmt, nach dem Wert berechnet, den der Gegenstand der anwaltlichen Tätigkeit hat (Gegenstandswert: auch Streitwert). 1

Der Gegenstandswert selbst ist in Abschnitt 4 des RVG, dort: §§ 22 ff. RVG, geregelt. 2

Grundsätzlich ist zu beachten, dass in **derselben Angelegenheit** die Werte **mehrerer Gegenstände zusammengerechnet** werden. 3

Beispiel 1 **Addition bei mehreren Gegenstandswerten in einem Verfahren**

Der Rechtsanwalt fertigt eine Klageschrift und beantragt unter Ziffer 1, den Beklagten zur Zahlung von 1.000,00 EUR zu verurteilen. Ferner beantragt er unter Ziffer 2, den Beklagten zu verurteilen, weitere 350,00 EUR an den Kläger zu zahlen.

Auf Grund der Vorschrift des § 22 Abs. 1 RVG sind die Gegenstandswerte zu addieren, so dass der Gegenstandswert der anwaltlichen Tätigkeit in dieser Angelegenheit 1.350,00 EUR beträgt.

Zu beachten ist, dass der Gegenstandswert der anwaltlichen Tätigkeit gemäß § 22 Abs. 2 RVG auf **30 Mio. EUR beschränkt** ist, soweit keine anderen Bestimmungen diesbezüglich anzuwenden sind. Satz 2 regelt außerdem, dass in dem Falle, dass **mehrere Personen** mit **verschiedenen Gegenständen** in **ein und derselben Angelegenheit** Auftraggeber sind, der Wert für jede Person maximal 30 Mio. EUR betragen darf, insgesamt jedoch nicht mehr als **100 Mio. EUR**. 4

Beispiel 2 **Begrenzung des Gegenstandswerts auf 30 Mio. EUR pro Auftraggeber**

Der Rechtsanwalt vertritt insgesamt vier Mandanten, nämlich A, B, C und D. In einer einheitlichen Klage wird beantragt:

1. **Der Beklagte wird verurteilt, an den Kläger zu 1 eine Abfindung in Höhe von 26.750.000,00 EUR zu zahlen.**
2. **Der Beklagte wird verurteilt, an den Kläger zu 2 eine Abfindung in Höhe von 31.000.000,00 EUR zu zahlen.**
3. **Der Beklagte wird verurteilt, an den Kläger zu 3 eine Abfindung in Höhe von 14.350.000,00 EUR zu zahlen.**

4. Der Beklagte wird verurteilt, an den Kläger zu 4 eine Abfindung in Höhe von 24.000.000,00 EUR zu zahlen.

Vorliegend handelt es sich nicht um den Fall, in dem eine Erhöhung nach Nr. 1008 VV RVG anzusetzen ist, da jede Person im Rahmen einer einheitlichen Angelegenheit einen separaten Anspruch verfolgt. Demgemäß werden die Werte dieser Gegenstände zusammenaddiert.

26.750.000,00 EUR
31.000.000,00 EUR
14.350.000,00 EUR
24.000.000,00 EUR
96.100.000,00 EUR

Hier ist jedoch die Wertgrenze des § 22 Abs. 2 RVG zu beachten. Nach vorstehender Berechnung beträgt der Gesamtgegenstandswert 96.100.000,00 EUR. **Anzusetzen sind jedoch 95.100.000,00 EUR**, denn für den Kläger zu 2 sind maximal 30 Mio. EUR anzusetzen.

> *Merke*
>
> Würde der Rechtsanwalt im vorliegenden Verfahren eine weitere Person vertreten, die einen Betrag von mehr als 5 Mio. EUR geltend machen würde, wäre die Maximal-Streitwertgrenze von 100 Mio. EUR zu beachten sein.

5 Wie der Gegenstandswert selbst zu berechnen ist, bestimmt § 23 RVG: Demnach bestimmt sich der Gegenstandswert in gerichtlichen Verfahren nach den für die Gerichtsgebühren geltenden Wertvorschriften. Diese finden sich in den §§ 12 ff. GKG wieder; in Familiensachen bestimmen sich diese nach dem zum 1.9.2009 neu eingefügten FamGKG (dazu sogleich).

6 Kann der Gegenstandswert nicht nach den Vorschriften des GKG bestimmt werden, so verweist § 12 Abs. 1 GKG auf den Zuständigkeitsstreitwert nach den Vorschriften in den §§ 3–9 ZPO. Dieser Wert bestimmt die Zuständigkeit in vermögensrechtlichen Angelegenheiten (Amtsgericht bis einschließlich 5.000,00 EUR, Landgericht ab 5.000,01 EUR); dieser Wert bestimmt auch, ob ein Rechtsmittel zulässig ist oder nicht. Es ist unbedingt darauf zu achten, dass der Zuständigkeitsstreitwert der §§ 3–9 ZPO nur greift, wenn in den §§ 12 ff. GKG nichts anderes bestimmt ist.

> *Merke*
>
> Die vorgenannten Wertvorschriften gelten entsprechend auch für die außergerichtliche Tätigkeit, wenn der Gegenstandswert der außergerichtlichen Tätigkeit auch Gegenstandswert eines gerichtlichen Verfahrens sein könnte. Dies bestimmt § 23 Abs. 1 RVG.

§ 23 Abs. 2 RVG regelt die Bestimmung des Gegenstandswertes in Beschwerdeverfahren, in denen Gerichtsgebühren nicht erhoben werden oder die Gerichtsgebühren sich nicht nach dem Wert richten. In diesem Falle ist der Wert unter Berücksichtigung des Interesses des Beschwerdeführers zu bestimmen, soweit keine besonderen Regelungen in diesem Gesetz getroffen wurden. 7

Beispiel 3 **Gegenstandswert im Beschwerdeverfahren/Interesse des Beschwerdeführers**

Der Rechtsanwalt hat beantragt, die Kosten des Verfahrens auf 2.700,00 EUR festzusetzen. Das Gericht erlässt daraufhin einen Kostenfestsetzungsbeschluss, der lediglich eine Summe in Höhe von 2.050,00 EUR ausweist. Der Rechtsanwalt legt daraufhin Beschwerde gegen den Kostenfestsetzungsbeschluss ein.

Sein Interesse bzw. das Interesse seines Mandanten beläuft sich nicht auf den begehrten Kostenerstattungsanspruch, auch nicht auf den Wert, den der angegriffene Kostenfestsetzungsbeschluss hat: Zugrunde zu legen ist hier das Interesse, nämlich die Differenz aus dem begehrten zu dem zugesprochenen Betrag, also 650,00 EUR.

Ist der Gegenstandswert nicht nach den Vorschriften des GKG, nicht nach den Zuständigkeitswerten der §§ 3–9 ZPO zu bestimmen und ergeben sich im Übrigen keine anderweitigen Regelungen aus diesem Gesetz, so bestimmt sich der Gegenstandswert nach den in § 23 Abs. 3 RVG zitierten Bewertungsvorschriften des Gerichts- und Notarkostengesetzes und den §§ 38, 42 bis 45 sowie 100 bis 102 des Gerichtskosten- und Notargesetzes (GNotGKG) entsprechend. 8

Sollte sich der Gegenstandswert auch aus diesen Vorschriften nicht bestimmen und auch sonst nicht feststellen lassen, so ist er nach billigem Ermessen zugrunde zu legen. In Ermangelung genügender tatsächlicher Anhaltspunkte für eine Schätzung und bei nicht vermögensrechtlichen Gegenstandswerten ist der Gegenstandswert regelmäßig mit 5.000,00 EUR anzunehmen, nach Lage des Falles niedriger oder höher. Bei der Bestimmung nach billigem Ermessen ist zu beachten, dass der Gegenstandswert 500.000,00 EUR nicht übersteigen darf (§ 23 Abs. 3 RVG). 9

Daneben sind im RVG selbst einzelne Gegenstandswertbestimmungen getroffen worden, die sich in den §§ 24 ff. RVG wieder finden, und zwar wie folgt: 10

- einstweilige Anordnung (§ 24 RVG)
- Zwangsvollstreckung (§ 25 RVG)
- Zwangsversteigerung (§ 26 RVG)
- Zwangsverwaltung (§ 27 RVG)
- Insolvenzverfahren (§ 28 RVG)
- Verteilungsverfahren nach der Schifffahrtsrechtlichen Verteilungsordnung (§ 29 RVG)

- gerichtliche Verfahren nach dem Asylverfahrensgesetz (§ 30 RVG)
- gerichtliche Verfahren nach dem Spruchverfahrensgesetz (§ 31 RVG)

und seit dem 1.8.2013 eingeführt:

- Begrenzung des Gegenstandswertes auf 20 % des Anspruchs für diejenigen Fälle, in denen eine Einigung bloß eine Zahlungsvereinbarung zum Inhalt hat (§ 31b RVG, eingefügt mit 2. Kostenrechtsmodernisierungsgesetz, in Kraft getreten am 1.8.2013).

Diese Vorschriften sind bei der Berechnung der Gebühren unbedingt zu beachten.

> *Merke*
>
> Wird der für die Gerichtsgebühren maßgebliche Wert festgesetzt, z.B., wenn ein Gegenstandswert geschätzt wird oder nicht eindeutig bestimmbar ist, so ist die Festsetzung dieses Gegenstandswertes auch für die Gebühren des Rechtsanwalts bindend. Der Rechtsanwalt ist befugt, aus eigenem Recht die Festsetzung des Wertes zu beantragen und Rechtsmittel gegen die Festsetzung einzulegen. Dies bestimmt § 32 RVG.

11 Die Wertfestsetzung kommt auch in Betracht, wenn sich die Gebühren für die anwaltliche Tätigkeit in einem gerichtlichen Verfahren nicht nach dem für die Gerichtsgebühren maßgeblichen Wert bestimmen oder es an einem entsprechenden Wert fehlt. In diesem Fall setzt das Gericht des Rechtszuges den Wert des Gegenstandes der anwaltlichen Tätigkeit auf Antrag fest. Zulässig ist dieser Antrag, wenn die Vergütung fällig ist. Diese und weitergehende Regelungen über die Angriffsmöglichkeiten gegen den Wertfestsetzungsbeschluss finden sich in § 33 RVG wieder.

12 Aber nicht nur im RVG, sondern auch in diversen Anmerkungen zu den einzelnen Gebührenvorschriften im **Vergütungsverzeichnis** sind Gegenstandswertregelungen getroffen worden.

13 Gemäß Anmerkung zu Nr. 3408 VV RVG bestimmt sich der Gegenstandswert für die Berechnung der Verfahrensgebühr in einem **Verteilungsverfahren außerhalb der Zwangsversteigerung und der Zwangsverwaltung** nach den Vorschriften des § 26 Nr. 1 und Nr. 2 RVG.

14 Anmerkung zu Nr. 3410 des VV RVG bestimmt, dass zur Berechnung der Verfahrensgebühr im **Verfahren über die Prozesskostenhilfe** der Gegenstandswert zugrunde gelegt wird, der der Hauptsache entspricht. Im Übrigen ist er nach dem Kosteninteresse nach billigem Ermessen zu bestimmen.

15 Anmerkung zu Nr. 3411 VV RVG hält fest, dass sich der Gegenstandswert für die Verfahrensgebühr im Verfahren über einen Antrag auf **Abänderung eines Vollstreckungstitels** nach § 17 GKG bestimmt.

Die Anmerkung Nr. 2 zu Nr. 4142 des VV RVG bestimmt, dass eine Gebühr bei **Einziehung und verwandten Maßnahmen** nicht zu berechnen ist, wenn der Gegenstandswert weniger als 30,00 EUR beträgt. 16

Die gleiche Regelung findet sich in Nr. 5116 des VV RVG wieder.

Am 17.12.2008 ist das Gesetz zur Reform des Verfahrens in Familiensachen und in den Angelegenheiten der freiwilligen Gerichtsbarkeit (FGG-RG) vom Bundestag beschlossen worden, das im Wesentlichen die Einführung eines Verfahrensgesetzes für Familiensachen und Angelegenheiten der Freiwilligen Gerichtsbarkeit zum Inhalt hat. Die Reform ist am 1.9.2009 in Kraft getreten. 17

Das Gesetz bringt auch Veränderungen im Kostenrecht mit sich. Durch Einführung des eigenen **Kostenrechts für familiengerichtliche Verfahren** (FamGKG) werden sämtliche Kostenvorschriften des GKG, die ausschließlich familiengerichtliche Verfahren betreffen, aufgehoben, damit einhergehend auch die entsprechenden Wertvorschriften des GKG. Insbesondere wurden aufgrund der Tatsache, dass das FamFG einstweilige Anordnungen ohne Hauptsacheverfahren zulässt, sämtliche Streitwerte für einstweilige Anordnungen geregelt, korrespondierend dazu Regelungen im FamGKG, dass für einstweilige Anordnungsverfahren künftig Gerichtsgebühren erhoben werden. § 24 RVG, der bislang die Gegenstandswerte für bestimmte einstweilige Anordnungen regelte, ist ersatzlos weggefallen, weil diese nunmehr im FamGKG, dort § 41, geregelt sind. 18

Bei der Abrechnung in Familiensachen ist also in Zukunft darauf zu achten, dass nicht das GKG, sondern vielmehr das FamGKG zugrunde zu legen ist. 19

Wenn für ein gerichtliches Verfahren in Familiensachen Gerichtsgebühren erhoben werden, so ist der hierfür maßgebliche Wert auch maßgeblich für die Gebühren des Rechtsanwaltes; die allgemeinen Wertvorschriften in Familiensachen sind in den §§ 33 bis 42 FamGKG geregelt, die besonderen Wertvorschriften in den §§ 43 bis 52 FamGKG. 20

Merke

Im Verbund gilt nach wie vor der Additionsgrundsatz, jetzt nach § 33 FamGKG: In demselben Verfahren und demselben Rechtszug werden die Werte mehrerer Gegenstände zusammengerechnet und die entstandenen Gebühren aus diesem Gesamtgegenstandswert berechnet.

Stichwortverzeichnis

Fette Zahlen = §§, magere Zahlen = Randnummern